特许经营精品丛

成功构建特许经营体系
五步法

CHENGGONG GOUJIAN TEXU JINGYING TIXI
WUBUFA

李维华 著

企业管理出版社
ENTERPRISE MANAGEMENT PUBLISHING HOUSE

图书在版编目（CIP）数据

成功构建特许经营体系五步法 / 李维华著 .—北京：企业管理出版社，2021.2
ISBN 978-7-5164-2292-2

Ⅰ.①成… Ⅱ.①李… Ⅲ.①特许经营—研究 Ⅳ.① F713.3

中国版本图书馆 CIP 数据核字 (2020) 第 231129 号

书　　名：	成功构建特许经营体系五步法
作　　者：	李维华
责任编辑：	侯春霞
书　　号：	ISBN 978-7-5164-2292-2
出版发行：	企业管理出版社
地　　址：	北京市海淀区紫竹院南路 17 号　　邮编：100048
网　　址：	http://www.emph.cn
电　　话：	编辑部（010）68420309　　发行部（010）68701816
电子信箱：	zhaoxq13@163.com
印　　刷：	河北宝昌佳彩印刷有限公司
经　　销：	新华书店
规　　格：	170 毫米 ×240 毫米　　16 开本　　32.75 印张　　697 千字
版　　次：	2021 年 2 月第 1 版　　2021 年 2 月第 1 次印刷
定　　价：	98.00 元

版权所有　翻印必究　印装有误　负责调换

丛书序

让大家听得到、看得到、用得到的特许经营思想

起初我是不打算写序言的,因为我想直接向读者奉献关于特许经营的知识和实战技法的"干货"。

然而,我最终还是决定给 2021 年年初出版的这 5 本关于特许经营的书写个序言,毕竟还是有很多话要向读者说。

随着时代的发展以及特许经营理论研究和实践探索上的不断深入和扩展,特许经营这门学科的内容也在不断完善,本次出版的这 5 本书囊括了我奉献给读者的系统、前沿、科学、实战、全面的特许经营知识。

《特许经营学:理论与实务全面精讲》这本书早在 2003 年就作为大学教材出版了,当时的书名是《特许经营概论》。出版之后,我从未停止对这本书的更新:2005 年出版《特许经营理论与实务》;2009 年出版《特许经营学》。到现在,2021 年出版的《特许经营学:理论与实务全面精讲》又将和读者见面了。

关于招商的知识,最为严重的问题之一就是碎片化,即缺少相关全面化的系统性知识,这不得不说是特许经营学科招商分支理论的缺憾和漏洞。招商人因而不得不一直奋斗在对招商知识和实战技法完整性的不断寻求中,这显然已经严重影响了特许经营企业的发展。在这次出版的《招商理论与实务全攻略》一书中,我努力弥补这个空白,力求完整、全面分析研究招商的理论与实务,形成独立且完整的知识系统和实战技法策略。

《成功构建特许经营体系五步法》一书的成型基于两种积累。一是我把做顾问咨询与实践过程中遇到的问题、难点或障碍等都作为必须要攻克的课题,然后用科研的方式

给出理论上的解决方案；二是在形成理论上的解决方案之后，又把它们放到实践中反复检验直到确认有效。当然，这样的研究方法会占用较长的时间，但是，基于实践的研究是我的不可打破的底线。这本书中的步骤、模板、技巧、技法、工具等，都是经过反复验证的经验成果。

《选址学概论：单店选址理论与实务》这本书也是在我多次独立选址或参与选址的基础上对实战技法进行提炼和提升，并与理论有机融合的成果。实战和理论兼备的内容，才是真正值得学习的。这本书的一个显著特点是在传统的定性选址分析之外，在选址的定量分析上花了不小篇幅，其中很多表格、算法、模型都可以直接作为科学选址的工具。

《特许经营新思维》的介绍和来龙去脉，大家可以去阅读那本书的序言，此处就不赘言了。

我自1998年就产生的使命感一直督促着我去构建完整的特许经营学科的知识体系，我每时每刻都在尽已所能去做特许经营学科的修补和完善，为我早年提出的特许经营学科这座大厦添砖加瓦。

不断完善、增加内容，对完美的追求使我始终不敢、不愿意出版更新的书，我觉得要研究的内容太多，我一直在更新、更新、更新，也一直在等待一个最合适的时机。

2020年特殊的几个月里，我集中精力把之前零散的研究成果、碎片的笔记、特许经营学急需解决的系列问题、多年的心得体会和搜集的案例分析等做了全面、系统、科学化的梳理。那段日子，我完全颠倒了白天与黑夜，坚持每天写作至少12个小时，经常半夜一个人点灯熬油地研究和创作，或者在某个早晨因为一个灵感就爬起来码字。然而，一想到读者可以获得更好、更全、更新的特许经营知识，我就觉得辛苦也是一种人生的快乐。

梳理的过程是非常辛苦的，比如为了让知识和案例尽可能全面覆盖行业、品牌、成败、新老、国内外、大小、古今、宏观战略和操作细节、理论与实战、定性和定量、模板、逻辑、特色与融合等方方面面，我不得不花费大量的时间和精力去搜索和研究海量信息。我经常针对某一个企业的案例去研读几十上百篇文章，到不同店里去实际消费、体验和研究，去和相关经营者、管理者、员工、消费者、供应商交流，当然还有在我的顾问咨询项目里做实验。

本着内容必须精练、不说废话的原则，我一直在对书稿内容进行核心化加工整理。书中的某个案例分析、某个知识点讲解、某个观点，可能呈现出来只有几十个字，但这却是我从大量的研究资料、多年的店内运营体验中思索提炼出的精华。书中的一个普通数据，也都有可能是我多渠道获得，并反复校正的结果。至于那些首次公开的模型、公式、算法、工具等则是我的最新研究成果，全部都是仔细推敲并实际验证有效的成果。

为了读者能够应用书中的知识去实践，我还把20多年来的顾问咨询工作中积累的大量模板，包括目录、表格、文案、示意图、流程、手册等都收录于书中。我不担心被抄袭，相反，我希望大家能够积极主动地运用它们，因为知识的价值之一在于分享。以后我依然会持续研发更多、更新、更好的内容，这是没人能抄袭的。

还有，就像我一直讲的，我力图在讲解知识的同时，传达更多思想、方法和智慧，因为知识有专业划分，但思想、方法和智慧却是相通的。

这5本书只是我的又一个阶段性的成果，在特许经营领域，我还会初心不改，持续更新，也希望大家继续关注特许经营。

我要感谢我曾经和未来的所有读者、客户、学生、维华商创的同事、合作伙伴，以及书中所引用内容的作者们，是他们给了我很多灵感、启发或研究的方向。

感谢企业管理出版社的朋友们，是他们的信任和支持才使这5本书面世。

还要特别感谢我的最爱，也就是我的女儿，自从有了她，我生命的每一天都是春天，充满阳光，在我疲劳的时候，女儿的笑容总能让我能量满满。

最后，我坚信所有的读者朋友都能从书中有所收获。让我们一起努力，用特许经营的思维和智慧，用中国特许经营思想去实现我们的价值和梦想。

李维华

2020年10月14日于北京

目　录

引子 ………………………………………………………………………………… 1

第一篇　成功构建第一步：特许经营调研与战略规划、工作计划………… 3

　第一章　市场调研 ………………………………………………………………… 3
　　第一节　市场调研的对象与内容 …………………………………………… 3
　　【实例1-1】直接竞争者调研表 ……………………………………………… 10
　　【实例1-2】已有消费者调研问卷 …………………………………………… 16
　　【实例1-3】社会大众调研问卷 ……………………………………………… 18
　　第二节　市场调研的方法与原则 …………………………………………… 20
　　第三节　市场调研的步骤与报告内容 ……………………………………… 23
　　【实例1-4】市场调研报告全文示例 ………………………………………… 25
　第二章　内部调研 ………………………………………………………………… 32
　　【实例2-1】内部访谈提纲（针对企业内部人员，包括股东、高层、
　　　　　　　中层、基层等）………………………………………………… 34
　　【实例2-2】直营店员工调研提纲 …………………………………………… 51
　　【实例2-3】受许人/经销商/代理商之员工调研提纲 ……………………… 53
　　【实例2-4】访谈调研提纲（针对受许人）………………………………… 54
　　【实例2-5】访谈调研提纲（针对供应商）………………………………… 57
　　【实例2-6】访谈调研提纲（针对合作者，比如代加工商）……………… 57
　　【实例2-7】内部调研分析报告示例 ………………………………………… 58
　第三章　商业模式设计与可行性分析暨特许经营战略规划 ………………… 62
　　第一节　商业模式设计的四个层次 ………………………………………… 62
　　【专题3-1】就一个产品，如何做特许经营 ………………………………… 68
　　第二节　商业模式选择的评判模型——维华三类九条表 ………………… 69
　　第三节　商业模式设计与可行性分析暨特许经营战略规划的主体内容 … 73
　　【实例3-1】商业模式设计与可行性分析暨特许经营战略规划目录 ……… 77
　　【实例3-2】内部优势分析表 ………………………………………………… 89

【实例3-3】内部劣势分析表 ··· 89
【实例3-4】外部机会分析表 ··· 91
【实例3-5】外部威胁分析表 ··· 92
【实例3-6】单店财务预测表 ··· 98
【实例3-7】总部财务预测表 ··· 100
【实例3-8】企业风险与对策表 ·· 104
第四节 特许经营总部与单店战略规划的主体内容 ·· 106
【实例3-9】特许经营体系地域拓展战略举例 ·· 116
第五节 开店数量以及直营与加盟比例的计算 ·· 133
第六节 选择特许经营业务的波士顿－维华雷达法 ·· 140
第七节 维华四圈定位法与技巧 ·· 142
第八节 维华四维全产业链平台模型 ··· 144
第九节 基于功能区面积的单店类型划分的维华面积矩阵算法 ······························ 146
第十节 成功特许人的法、商特征 ··· 152
【专题3-2】特许人及特许经营体系存在的问题 ·· 159
【实例3-10】特许人可行性研究商业计划提纲 ··· 159
【实例3-11】实施特许经营项目所需的工具设备 ··· 162
第十一节 以"中国特许经营思想"为核心的大特许 ·· 163
第十二节 特许人优秀等级的划分标准——维华加盟指数（WFI） ····················· 167

第四章 组建项目工作组 ·· 172
【实例4-1】某餐饮公司特许经营项目组的自身人员组成与数量 ····················· 175
【实例4-2】某服装公司特许经营项目组人员组成与组织架构 ························ 176
【实例4-3】特许经营项目组岗位职责 ·· 176
【实例4-4】特许经营项目组保密协议 ·· 178
【实例4-5】特许经营项目组激励政策 ·· 180

第五章 制订特许经营工作计划与工作分配 ··· 182
【实例5-1】战略汇报与项目启动内容流程表 ··· 187
【实例5-2】每日晚例会制度与流程&手册完成与否的确定流程 ····················· 189
【实例5-3】工作任务指派单实例 ·· 191
【实例5-4】用于一天n问的每日汇报表 ··· 194
【实例5-5】特许经营体系构建五步法之项目工作计划 ·································· 195

目 录

第二篇　成功构建第二步：特许经营理念的导入和体系的六大设计、标准化、手册编制 211

第六章　特许经营理念的导入 211
- 第一节　培训和学习 211
- 第二节　特许经营全流程或受许人生命周期与特许人部门对应图 213

第七章　特许经营体系盈利模式的设计、标准化与手册编制 215
- 第一节　产品和服务组合设计：单店的四大元素方的主次收入模型 216
- 第二节　整个特许经营体系的全盘数据互动调整：维华三步循环算法 217

第八章　单店的设计、标准化与手册编制 227
- 第一节　理念识别（Mind Identity，MI） 228
- 【实例8-1】某企业MI手册目录 229
- 第二节　行为规范识别（Behavior Identity，BI） 229
- 【实例8-2】某餐饮企业的单店制度汇集 230
- 第三节　视觉识别（Vision Identity，VI） 231
- 【实例8-3】某企业VI的基本要素和应用要素 231
- 第四节　声音识别（Audio Identity，AI） 233
- 第五节　店面识别或空间识别（Store Identity，SI） 235
- 第六节　工作流程识别（Business Process Identity，BPI） 236
- 【实例8-4】拆卸轮胎操作流程与规范 237
- 【实例8-5】单店开店的BPI举例 238
- 【实例8-6】单店日常运营的BPI举例 251
- 第七节　其他识别（Other Identity，OI） 254
- 【实例8-7】某企业声音、灯光、温度、气味、影像管理手册目录 256
- 第八节　时代识别（Era Identity，EI） 257
- 【实例8-8】某药店连锁企业EI目录 258
- 第九节　单店的营业时间设计 260
- 第十节　正确认识店：两权分离、三权组合 264
- 第十一节　正确认识"店"：从"店"到"点"的根本转变 267
- 第十二节　科学计算两店之间的公平距离 269
- 第十三节　界定商圈等级或类别的两位数分级法、等消费线 272

第九章　总部的设计、标准化与手册编制 273
- 第一节　总部的组织架构设计原则和典型类型 273
- 第二节　总部选址需要考虑的因素 276
- 第三节　特许经营总部的23大核心职能部门 277

第十章　分部和区域受许人的设计、标准化与手册编制 ········· 279
　　第一节　分部和区域受许人整体设计··········· 279
　　【实例】区域受许人的运作手册··········· 282
　　第二节　区域受许人开店数量与特许经营费用的计算··········· 285
第十一章　特许经营体系架构的设计、标准化与手册编制 ········· 288
第十二章　特许权的设计、标准化与手册编制 ········· 290
　　第一节　特许权的概念··········· 290
　　第二节　特许权的三大部分··········· 292
　　【实例12-1】某企业特许权手册目录··········· 299
　　第三节　特许权开发与规划的原则和方法··········· 300
　　第四节　特许权的定价··········· 303
　　第五节　计算特许经营费用的9种方法··········· 310
　　第六节　加盟期及计算··········· 316
　　第七节　商业模式特许经营的分类··········· 319
　　第八节　标准化的相关内容和方法技巧··········· 321
　　【实例12-2】全部手册（含合同）第一稿编制结束后的工作··········· 325

第三篇　成功构建第三步：特许经营实体建立及运营、手册落地与团队建设········· 328

　第十三章　样板店的建立及运营、手册落地与团队建设 ········· 328
　第十四章　总部（分部）的建立及运营、手册落地与团队建设 ········· 331
　第十五章　设计、标准化与手册编制等的落地 ········· 332
　　第一节　设计、标准化与手册编制等的落地方法与技巧··········· 332
　　第二节　落地的日程安排··········· 334
　　第三节　区域受许人落地系列报告和方案··········· 334
　　第四节　单店落地系列报告和方案··········· 341
　　第五节　总部落地系列报告和方案··········· 342

第四篇　成功构建第四步：复制体系、招商体系的设计、标准化、手册编制与实施········· 344

　第十六章　复制体系的设计、标准化、手册编制与实施 ········· 344
　　第一节　营建体系的设计、标准化、手册编制与实施··········· 344
　　第二节　培训体系的设计、标准化、手册编制与实施··········· 348
　　第三节　供应链体系的设计、标准化、手册编制与实施··········· 351
　第十七章　招商的重要流程与管理 ········· 354
　　第一节　受许人生命周期或特许经营全流程与管理··········· 354

第二节　招商全流程及管理 ………………………………………………………… 356
　　第三节　合同签订流程与管理 ……………………………………………………… 359
　　第四节　招商说明会即 OPP 会议的流程与管理 ………………………………… 360
　　第五节　接待来总部考察的潜在受许人的流程与管理 …………………………… 368
第十八章　招商的重要手册、文件的编制 …………………………………………… 372
　　第一节　加盟指南的编制 …………………………………………………………… 372
　　【实例 18-1】某特许经营企业为受许人提供的十项支持 ……………………… 373
　　第二节　加盟条件双版本的编制 …………………………………………………… 381
　　第三节　招商战略规划的编制 ……………………………………………………… 385
　　第四节　加盟档案的编制 …………………………………………………………… 388
　　第五节　招商部工作手册的编制 …………………………………………………… 392
　　【实例 18-2】招商部工作手册目录 ……………………………………………… 392
　　第六节　加盟常见问题与回答手册的编制 ………………………………………… 393
　　第七节　受许人成败案例手册的编制 ……………………………………………… 396
第十九章　招商的渠道管理 …………………………………………………………… 399
　　第一节　特许人自主招商和外包招商的对比 ……………………………………… 399
　　第二节　招商渠道：被动的"等"式和主动的"找"式 ………………………… 402
第二十章　招商的人力资源管理 ……………………………………………………… 409
　　第一节　招商部部门职能、组织架构与岗位职责 ………………………………… 409
　　第二节　招商人员的激励管理 ……………………………………………………… 412
　　第三节　特许人企业招商部薪酬体系及绩效考核管理制度的编制 ……………… 416
　　【实例】招商部薪酬体系及绩效考核管理制度 ………………………………… 416
　　第四节　防止招商与后续的营建等工作脱节 ……………………………………… 429
第二十一章　招商的信息管理 ………………………………………………………… 431
　　第一节　潜在受许人信息的分配 …………………………………………………… 431
　　第二节　潜在受许人信息的管理与招商的四类记录跟踪表 ……………………… 432

第五篇　成功构建第五步：督导体系、合同及备案和信息披露的法律法规体系、
　　　　TQM 体系的设计、标准化、手册编制与实施 ……………………………… 436

第二十二章　督导体系的设计、标准化、手册编制与实施 ………………………… 436
　　【专题】建立对受许人的超级管控体系 ………………………………………… 442
第二十三章　合同及备案和信息披露的法律法规体系的设计、标准化、
　　　　　　　手册编制与实施 ………………………………………………………… 446
　　第一节　特许经营合同 ……………………………………………………………… 446
　　第二节　特许经营主合同 …………………………………………………………… 447

第三节　特许经营辅助合同 ································· 450
【实例 23-1】加盟意向书实例 ···························· 451
【实例 23-2】单店特许经营合同实例 ····················· 452
【实例 23-3】区域特许经营合同实例 ····················· 468
【实例 23-4】《市场推广与广告基金管理办法》实例 ······ 483
【实例 23-5】保证金合同实例 ···························· 484
【实例 23-6】商标使用许可合同实例 ····················· 486
【实例 23-7】特许经营授权书实例 ························ 487
第四节　备案和信息披露的法律法规体系 ················· 488
【实例 23-8】关于信息披露的保密协议书 ················ 493
【实例 23-9】信息披露的回执 ···························· 494
【实例 23-10】加盟店受训人员技术培训协议 ············· 494

第二十四章　TQM 体系的设计、标准化、手册编制与实施 ··· 497
【实例】TQM 及后续工作持续提升手册 ··················· 502

参考文献 ··· 507

引 子

本书的内容主要是讲解构建一个成功特许经营体系的五大步骤，并按照严格的时间与逻辑的先后顺序来描述，目的是使读者可以迅速、方便地按照书中所描述的那样一步一步地实施企业特许经营扩张的计划。每一大步骤中所涉及的相关知识在书中都有详细的讲解，如项目管理、商业计划、市场调研、竞争者分析、企业文化、全面质量管理、单店盈利、法律法规、战略、营销、人力、财务、信息系统、金融资本、标准化、手册编制、物流、特许经营费用、加盟期等，这些也都是特许经营的业内人士所必须熟悉的内容。

一个企业构建成功的特许经营体系或实现特许经营扩张需要经过以下五个大的步骤与阶段，如图 0-1 所示。

特许经营调研与战略规划、工作计划
- 市场调研
- 内部调研
- 商业模式设计与可行性分析暨特许经营战略规划
- 组建项目工作组
- 制订特许经营工作计划与工作分配

特许经营理念的导入和体系的六大设计、标准化、手册编制
- 特许经营理念的导入
- 特许经营体系盈利模式
- 单店
- 总部
- 分部和区域受许人
- 特许经营体系架构
- 特许权

特许经营实体建立并运营、手册落地与团队建设
- 样板店、手册、团队
- 总部（分部）、手册、团队

复制体系、招商体系的设计、标准化、手册编制与实施
- 复制体系
  - 全程：营建体系
  - 无形复制：培训体系
  - 有形复制：供应链体系
    - 供应商
    - 加工制造厂
    - 分销商
    - 物流配送
- 招商体系（战略战术、手册）

督导体系、合同及备案和信息披露的法律法规体系、TQM 体系的设计、标准化、手册编制与实施
- 督导体系
- 系列合同、备案和信息披露的法律法规体系
- TQM 体系

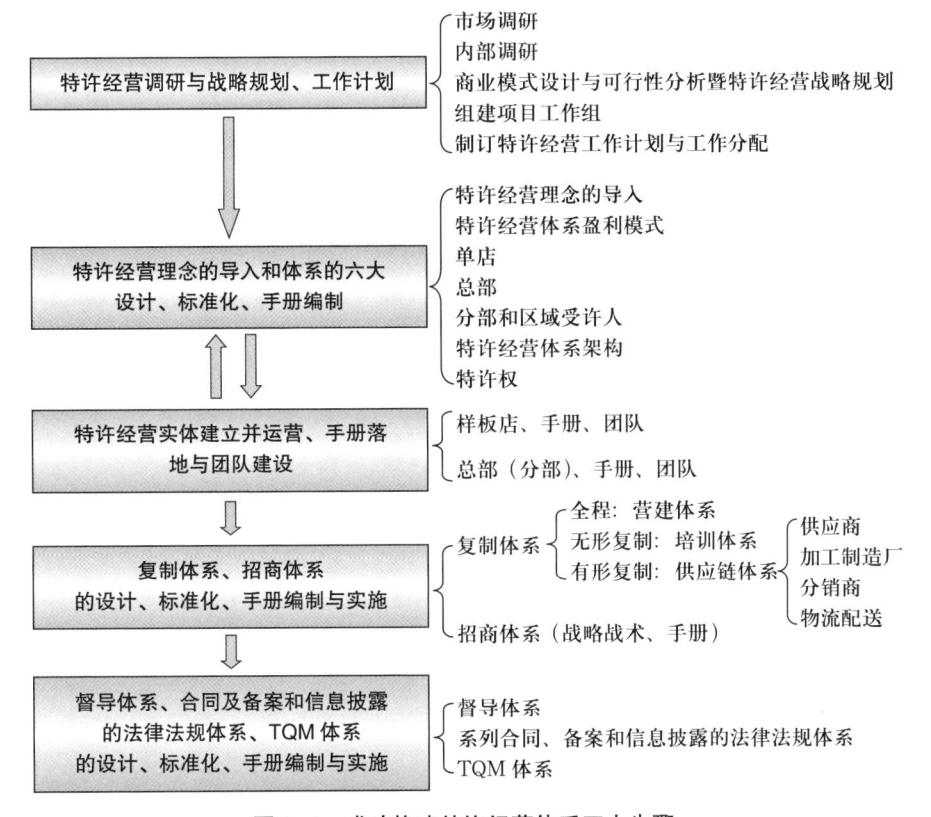

图 0-1 成功构建特许经营体系五大步骤

成功构建特许经营体系五步法

  这是一个按时间、逻辑顺序进行的步骤划分，企业在以特许经营方式扩张时，必须坚持循序渐进的原则，这五个步骤或阶段的每一个都是构建一个成功的特许经营体系所必不可少的。

  从大量特许经营企业的实际案例中，我们发现，对于失败的特许经营企业，其失败原因几乎都是由于上述某一个或几个步骤不完善，急功近利地省略了某一个或几个步骤中的某些内容，甚至缩减了某些步骤；相反，每一个成功的特许经营企业无一例外都是严格地按照上述五个步骤来打造自己的特许经营体系。

  因此，一个企业如果想通过特许经营这种模式来构建自己的网络和财富帝国，那么就必须严格地按照这五个步骤来行动。

第一篇　成功构建第一步：
特许经营调研与战略规划、工作计划

[**本篇要点**]

本篇的主要内容是讲解成功构建特许经营体系五步法的第一步，即特许经营准备，以及第一步之下的五项工作，即市场调研、内部调研、商业模式设计与可行性分析暨特许经营战略规划、组建项目工作组、制订特许经营的工作计划与工作分配。

在讲解的同时，笔者列举了大量的实际案例，以帮助读者更好地理解与掌握相关内容。

第一章　市场调研

第一节　市场调研的对象与内容

《孙子兵法》云"知己知彼，百战不殆"，企业在市场中运营也是如此，要想取得成功，必须首先对外部和自己内部分别进行调研。

请记住，我们这里的市场调研是围绕企业可否以及如何开展特许经营的商业模式而进行的，这是我们的市场调研的两个目的。

市场调研的内容至少要包括五个方面：行业调研，竞争者调研，消费者调研，潜在受许人调研，市场各方对本企业的产品、服务、品牌等的反应。如图1-1所示。

需要注意的是，对于市场调研的结果或发现的事实，企业必须切实地坚持至少两个思路或原则：利用和规避。即对于每一个调研结果，企业都要得出如何利用以及如何规避的对应结论。

下面来分别讲述企业市场调研的内容。

一、行业

行业的调研包括三个内容，即宏观环境、特许经营和连锁经营的状况以及行业概况。

（一）宏观环境

宏观环境调研的内容包括五大方面，常用的分析工具为PESTN法。如图1-2所示。

成功构建特许经营体系五步法

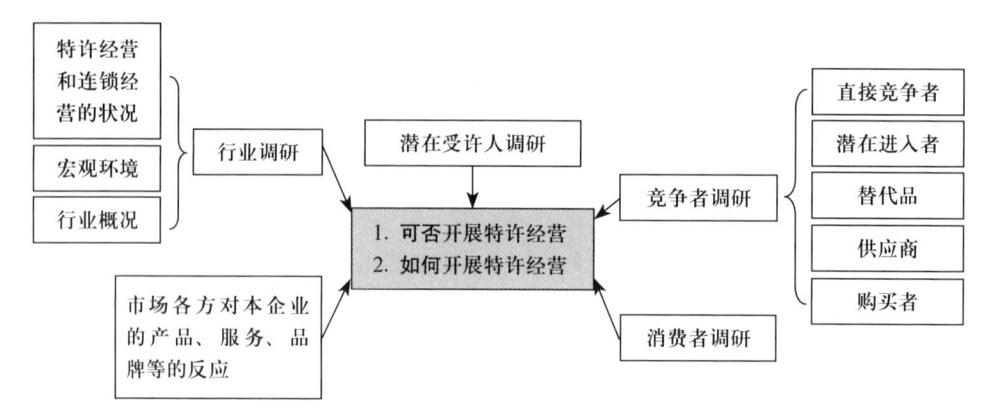

图 1-1 市场调研内容

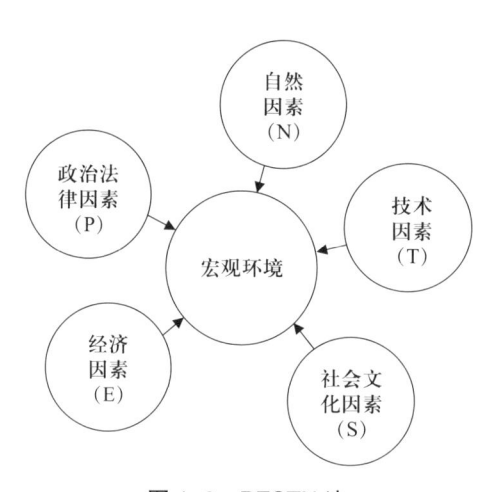

图 1-2 PESTN 法

1. 政治法律因素（Political Factors）

政治法律因素指的是国家的社会制度、执政党的性质、政治体制、经济体制、政府的方针、政策、法律、法规等。

政治法律因素会严重影响企业的运营。例如，日本优衣库在 2019 年下半年至 2020 财年第一季度中海外收入同比下跌创十年来最大跌幅，其中，韩国市场销售下降是主要因素之一。韩国市场销售下降的起因是 2019 年 7 月日本政府采取"经济报复"措施，限制向韩国出口半导体材料。此举迅速引发了韩国人对于日货的抵制，优衣库自然难逃厄运，7 月优衣库销量下降七成。不仅韩国消费者抵制购买优衣库的产品，就连有些货车司机、快递员都拒绝为优衣库送货。在韩国抵制日货潮中，优衣库销量急剧下降，甚至关闭多家门店。（资料来源：《每日经济新闻》，蔡鼎，《优衣库在韩国遇到了大麻烦》）

周大福有一个战略部门，其职责就是专门统计国家最近发布了什么、未来经济将会偏向什么区域，以便给高管做决定时提供参考。周大福的扩张策略侧重于考量是否符合国家的经济政策规划，如自从中国政府把推动城镇化建设上升为国家战略后，周大福认为城镇化将大幅度提高三、四、五线城市的消费力，所以其零售渠道就开始大规模地从一、二线城市下沉到三、四线城市。早从2014年开始，周大福在中国内地的2000多家店中，三、四线城市分店数量的整体占比已经从之前的20%提升到了40%。（资料来源：《第一财经周刊》，华薇薇，《周大福：未来在三四五线城市》）2018年4月，周大福更是提出新城镇计划，此后五年将在中国内地的新城镇开设不少于1000家店铺。2019财年，周大福三线城市净增加251家店，远高于二线城市新增185家店和一线城市新增50家店。至2019年底，周大福在三线及以下城市的门店数占比为37.4%。2020财年上半年，周大福在中国内地净开设333家门店，97.6%的净开店为加盟店，且过半位于三、四线及以下城市。未来，周大福将进一步把三、四、五线城市作为店面拓展的重点区域。（资料来源：《21世纪商业评论》，李惠琳，《周大福上半年净利润跌了20%，想靠这两招打翻身仗》）

按照前面讲的，企业必须对每个调研结果至少坚持规避和利用两个思路或原则，企业的具体做法如下。

一是寻找法律法规和方针政策中对于企业自身有利的地方并加以利用。例如，大学生创业、经济开发区、特区、残疾人职工的占比、国家的"一带一路"倡议、大众创业和万众创新、外资企业、高科技企业、环保、特殊产品（比如国家规定对于野生保护动物的喂养有财政补贴）、五年规划的重点发展行业、循环经济等的名头和背景都可能给企业带来诸多好处，包括工商登记注册、税收（比如大学生创业的税收会有很多减免）、资金（比如很多地方政府对于大学生创业都有财政资金的补贴）、人才（比如高科技企业会定期定额解决人才的户口问题）、土地等方面的利好。如果企业不了解这些法律法规和方针政策，或者不坚持利用的思路或原则，那么，即便是唾手可得的利益也会白白丧失。

二是寻找法律法规和方针政策中对于企业自身不利的地方并加以规避。例如，两店之间的距离限制（比如有的城市规定两家药店之间的直线距离不能小于250米）、行业工作人员的身份特殊要求、注册资金额、店铺位置（例如，餐饮店和居民楼的位置，儿童乐园关于楼层的规定）、面积规定（例如，北京政府规定，要办理食品经营许可证，餐饮场地需要大于60平方米，预包装食品场地大于30平方米）等，都是连锁企业在扩张发展时必须考虑的，否则，就可能会因违法违规而遭到损失。例如，国家对公务员的消费做出了严格的限制，甚至规定了茶、烟、酒、餐等的消费档次或品牌，因此，中高档以及主要依赖公务消费的行业就要立刻根据政策之变而改变自己。

2. 经济因素（Economic Factors）

经济因素主要包括宏观和微观两个方面。

宏观经济因素主要指一个国家的人口数量及其增长趋势、国民收入、国民生产总值、居民消费与储蓄倾向、银行利率、失业趋势、汇率、贫富差距、国家货币政策、财政政策及其变化情况，以及通过这些指标能够反映的国民经济发展水平和发展速度。这些因素会带来居民收入支出模式等的变化，而这些变化会对不同行业产生不同的影响。比如经济不景气时，二手、出租、贷款、维修、教育培训等行业会变好。

微观经济因素主要指企业所在地区或所服务地区的消费者的收入水平、消费偏好、储蓄情况、就业程度等因素。这些因素直接决定着企业目前及未来的市场大小。

3. 社会文化因素（Sociocultural Factors）

社会文化因素指的是居民教育程度和文化水平、宗教信仰、风俗习惯、审美观点、价值观念、性别比例、生育率、离婚和结婚数、死亡率、寿命、对政府的态度、移民率、生活方式、城乡人口比例、投资倾向、消费习惯等。

其中，文化水平会影响居民的需求层次；宗教信仰和风俗习惯会禁止或抵制某些业务的扩张；价值观念会影响居民对企业的目标、活动以及企业本身的认可度；审美观点会影响人们对企业活动的内容、方式以及成果的态度；生育率、离婚和结婚数、死亡率、寿命等会影响有些行业的发展规模；移民率会影响连锁店的统一性和本土化，比如现在的北上广深等大城市都有很多来自各地的外来人口，这就使得各种口味的餐饮都有生存空间；生活方式会极大地影响行业与企业的产品和服务定位，比如随着宅男宅女生活方式的养成，懒人经济和懒人服务应运而生，对于很多企业来说，线上点单、送货上门成为企业发展与壮大的利器。

由于对当地的社会文化没有摸透和适应，星巴克就曾经在不少国家遭到大败。举例如下。

在以色列开店的时候，星巴克坚持其一贯的高价做法，但是以色列人特别注重咖啡的品质和价格，当他们觉得星巴克的咖啡质量并不是特别突出可价格却十分高昂的时候，就不再选择星巴克，使星巴克的门店生意直线下滑。2003年，进入以色列第3年且开设了6家分店的星巴克被迫关闭了所有以色列的店面。

澳大利亚的市场也很相似，因为澳大利亚的咖啡店竞争者特别多，大街小巷遍布着各种咖啡馆，而星巴克的咖啡口味不是特别突出，所以在进入澳大利亚8个年头之后，星巴克被迫关闭了澳大利亚的84家门店中的60家。（资料来源：英为财情，《星巴克发家史》）

在意大利，星巴克遇到的也是口味和文化上的适应性问题。意大利是全球最大的咖啡豆进口国和欧洲最大的咖啡消费国之一，咖啡文化发达，分散在城市各个角落的独立咖啡馆占据了意大利咖啡消费市场的90%。咖啡一直都是意大利人的生命中的一部分，他们对咖啡的各种口味、价格的熟悉度是非常高的。在意大利本土咖啡店，一杯espresso的价格在1欧元左右，而星巴克的价格几乎是它的3倍。因此，口味没有特殊性但价格又很高的星巴克自然就不受欢迎了。另外，在文化适应性上，意大利人习惯站着喝一杯就走，而抱着电脑一泡半天是美式咖啡文化，所以星巴克的绝招亦即第三空间的魅力在意大利施展不开。

在巴西，因为对巴西人民而言，咖啡和足球是两大最爱，几乎家家都有自己的咖啡研磨机，所以，口味不被认为是很好的星巴克在 2006 年进入巴西后，用了 12 年才发展到全部自营的 100 多家门店。2018 年 3 月，星巴克出售分布在 17 个城市的 112 家门店，切换为单一特许加盟模式。（资料来源：财经下午茶，《星巴克打破"第三空间"》）

在现代社会，企业还必须重视 IP 经济，抓住流行趋势，就是抓住 80 后、90 后和 00 后的消费主力军。为了抓住他们，企业就必须得知道且非常精通什么是暴雪、什么是电竞、什么是 KOL、什么是漫威、什么是星战、什么是高达柯南、什么是联名款等。当然，对于经典的哆啦 A 梦、迪士尼之类的，企业也不能忘记。如果企业抓住这些流行趋势，威力会有多大？例如，仅 2019 年 6 月 3 日这一天，"优衣库 KAWS"的热词在天猫的总搜索人次达 83686，直接带动优衣库品牌的搜索量在当天暴增了 3700%。事后不到三天，百度资讯收录的有关此次事件报道的文章已多达 57900篇，内容包括：大批男男女女老老少少早晨七点就排队，队伍有千米长，有的门店的六七百件货品 5 分钟之内被抢光，甚至有人百米冲刺、葡匐穿越卷闸门、扒光模特身上的展示服、为争抢衣服打架等。这款联名 T 恤优衣库实际生产了 100 万件，按照每件 99 元计算，优衣库仅凭这一件 T 恤单品就创造了近 1 亿元人民币的销售额。实际上，这些单品的相当一部分在后来被炒到了每件 200~400 元，甚至还有的卖到近千元。（资料来源：投中网，王满华，《优衣库 KAWS 事件背后：借力"互联网营销"，传统企业重获"新生"》）

4. 技术因素（Technological Factors）

技术因素指的是行业的技术，包括硬技术（通常指自然科学技术）、软技术（通常指社会科学技术，比如管理、运营的技术）。

任何企业都必须把握所在行业的最新技术发展动态、趋势，进行研究开发费用、人员等方面的投入，以免因技术落伍而被淘汰。比如当业内企业都大力实施众筹、跨界、电商、微商等模式，以及广泛利用云计算、大数据、VR、AI、二维码等高科技时，如果你的企业还停留在传统的实体店上，那么你的失败几乎就是注定的。

除此之外，企业还应调研国家对业内科技开发的投资和支持重点、业内技术转移和技术商品化的速度、业内专利及其保护情况等，国家的这些动态常常决定一个行业的技术主流方向。

5. 自然因素（Natural Factors）

自然因素指的是自然资源、环境保护、地理因素等。

很多自然资源属于不可再生资源以及稀缺或产量有上限的资源，所以连锁企业在经营中涉及自然资源时，必须对此加以分析并形成对策。比如笔者在操作玉石、红木家具、农产品等项目时，就遇到产量的上限与连锁店的数量以及单店销售快慢之间的矛盾与协调问题，在此情况下，企业的连锁店体系必须采用创新的商业模式，否则很难生存，就更不用说发展了。

随着人类对人与自然的和谐关系的重视，每个企业都必须考虑、适应、促进环境保护。有损环境保护的业务必须得想办法取消，有利环境保护的业务则可以得到来自各个方面的支持。

在自然因素中，企业所处区域或所要开发区域的地理因素也会给企业的经营带来很大影响。例如，通常情况下，在沿海城市的海鲜连锁企业近水楼台先得月，进货方便、成本低，而内陆的企业做海鲜生意则比较困难；新疆地区和内地的交通不便，这就严重影响了连锁企业的物流和配送的质量、成本以及人才的招聘；宁夏地区独特的盐碱地土壤使得其羊肉的味道独具风格；等等。

气候也会影响一些企业的发展。比如对于服装业，气温就是影响其市场的一个关键因素。在全球气候变暖的时候，那些主营"保暖"服装的企业显然就需要转型了。杰富瑞分析师 Mike Allen 表示，日本零售商对季节性天气趋势很敏感，几乎所有服装零售商月度销售都受到天气波动的影响。例如，优衣库于 2019 年 7 月在日本的销售额同比大跌 10.3%，就连电商等数字化渠道的销售也出现下滑。优衣库表示，销售额的下降是因为反常天气影响，频繁的下雨天令消费者对品牌夏季产品的需求有所减弱。实际上，据日本气象厅数据，日本东京 2019 年 7 月起的一个多月时间里，日照时间只有 44 小时左右，为日本气象厅自 1890 年开始记录以来最少的日照时间。（资料来源：融易资讯网，《优衣库日本市场 11 月同比下跌 5.8%》）

（二）特许经营和连锁经营的状况

主要包括企业所处行业的如下信息。

（1）企业的经营与销售模式都有哪些，各种模式的比例分别是多少，这些年的模式变化趋势是什么，未来的主流模式是什么。

（2）企业特许和连锁的比例和趋势及原因，直营和加盟的比例和趋势及原因，备案企业的比例和趋势等。

（3）企业总部和连锁店的地域分布、规模、趋势等。

（三）行业概况

主要包括行业的历史、规模、特征、主要客户群、容量及潜力、发展趋势、竞争与合作情况、行业竞争的关键点等。

二、竞争者

我们可以采用经典的波特五力模型来分析主要竞争对手的情况以及力量对比。

五力模型法是哈佛大学教授迈克尔·波特（M. E. Porter）在其名著《竞争战略》中提出的一种结构化环境分析方法。该方法是波特在分析一个组织或企业在市场中的竞争要素时提出的，他认为企业的竞争主要来源于五个方面：供应商、购买者、潜在的进入者、替代品生产者以及企业直接的竞争者，如图 1-3 所示。

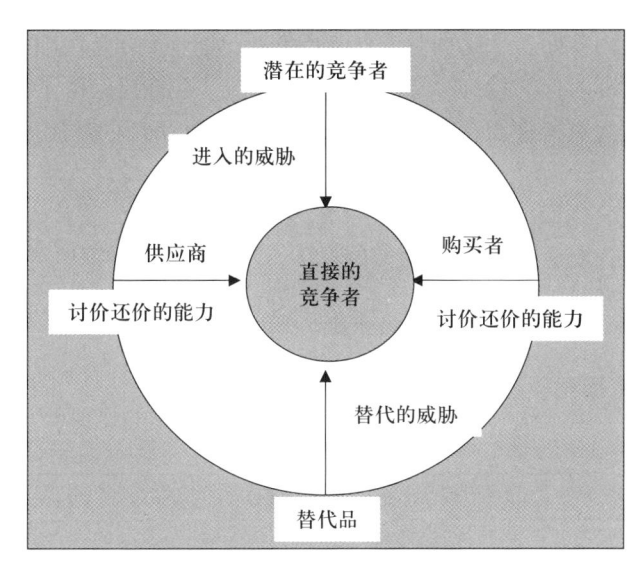

图 1-3 波特五力分析模型

第一，直接的竞争者指的是行业或地域内直接与本企业展开竞争的企业、个人或其他机构，它们可以与本企业在所提供产品或服务的全部方面形成竞争，也可以在部分方面形成竞争。

第二，因为任何一个行业或地域内都可能随时有新的直接竞争者产生，所以那些目前虽然不是直接竞争者，但有可能随时进入并展开直接竞争的所有企业、个人或机构都是本企业的潜在竞争者。一般而言，企业的上游供应商和下游销售商更容易成为企业的潜在竞争者，亦即企业价值链的上游和下游企业、个人或机构应引起企业的关注。

第三，几乎所有的产品或服务都存在替代品，其差别只是替代时间的早晚（因此替代品可以有现实替代品和未来替代品之分）和替代的程度大小不同而已（因此替代品有完全替代品和部分替代品之分）。通常，替代品限定了公司产品的最高价。但要记住的是，替代品对公司不只是威胁，还可能是机会。为了最大限度地减少因替代品竞争而带来的损失，企业必须仔细分析如下几个方面：①替代品给公司的产品和服务带来的是"灭顶之灾"呢，还是提供了更高的利润或价值；②购买者转而购买替代品的转移成本；③公司可以采取什么措施来降低成本或增加附加值，从而降低消费者购买替代品的风险等。

第四，供应商可以通过讨价还价的方式来提高供应价格，从而使本企业的成本上升，并最终导致企业利润的下降。这种来自供应商的竞争必须引起企业的注意。

第五，顾客同样可以通过讨价还价的方式与企业竞争，不过与供应商的竞争手段不同的是，顾客的竞争手段是使企业的产品价格降低，从而使企业收入减少，并最终导致企业利润的下降。

显然，对一个企业而言，没有或只有很小的进入壁垒、存在替代品、原料受到供货商控制、产品受到买方控制、现有行业内竞争激烈的产业环境是最危险的。

就调研的具体内容而言，比如对于直接竞争者，企业主要是精确、详细地调研这个行业的直接竞争者即对标的特许经营与连锁经营状况，包括已经做了特许经营的企业的招商战略战术、三大类特许经营费用与收取方式、特许权的内容与约束（包括特许经营费用、区域保护范围、加盟期、再特许的权利等）、营建、受许人培训、供应链（供应商、加工制造厂、分销商、物流配送等）、督导、研发、电商、受许人类型等具体内容。企业通常要准确地找出至少20个最直接的对手，然后全面、详细地对其进行调研。

调研直接竞争者时可以参考笔者为企业做顾问咨询时采用的直接竞争者调研表。

【实例1-1】直接竞争者调研表

直接竞争者调研表

企业基本信息			
企业名称			
企业地址			
注册资本		品牌	
商标及LOGO		核心定位与主要广告词	
是否备案		网址及简单评价	
App名称与基本功能、实用效果评价		微信、微博、头条、抖音、快手等名称及粉丝量、影响力	
企业成立日期		开展特许的日期	
联系方式		创始人	
直营店数量		加盟店数量	
单店毛利和净利		单店面积区间罗列	
年销售额		年利润	
是否为上市公司		外资、中资独资或合资	
连锁店分布区域		主要荣誉和称号	
企业简介			

第一篇　成功构建第一步：特许经营调研与战略规划、工作计划

续表

招商			
招商区域			
目标潜在受许人			
招商渠道			
招商广告媒介			
招商时的主要卖点			
招商团队人数与质量			
招商外包公司			
招商方法			
加盟优势			
加盟支持			
加盟流程			
加盟咨询回答方式	（固定电话、网谈通、微信、QQ、邮件、手机等）		
招商年投入		每年每月的招商数量	
招商其他情况			
授权与营建			
选址谁负责	（特许人，受许人）	给受许人施工图还是效果图	
受许人办证谁负责		加盟店谁装修	
总部驻店人员岗位、数量、时间起点与长度、工作内容、费用			
授权与营建其他情况			
受许人培训			
培训形式（课堂、实习等）		培训费用	
培训地点		培训师资	
培训内容		培训教材	
培训对象		培训考核	
培训时间		颁发证件	
培训其他情况			
供应链（供应商、加工制造厂、分销商、物流配送等）			
物流自建或第三方		物流配送费用	

11

续表

供应链内容	
供应链其他情况	

督导（客服）			
督导（客服）人员		督导（客服）内容	
督导（客服）形式			
督导（客服）其他情况			

研发			
研发人员		研发投入	
研发内容			
研发形式			
研发其他情况			

电商			
电商团队人数		电商平台名称	
电商与线下配合方式		电商价格与线下对比	
电商产品与线下对比		电商产品罗列	
电商宣传卖点		电商与线下导流状态	
电商销售额与趋势		电商占总销售比例	
电商未来规划		电商成本	
电商其他情况		电商利润率与月利润	

人力资源			
总部组织架构、岗位设置、人数与各部门人数		总部人力资源质量描述	
人力资源其他情况			

财务			
资金充裕状况		财务管理质量	
是否有ERP，若有，品牌是什么		是否准备上市	
财务其他情况			

盈利模式			
单店主营业务与销售、利润占比		单店辅营业务与销售、利润占比	
单店盈利模式			

续表

总部盈利模式	
盈利模式其他情况	

特许权	
特许权内容	
特许权其他情况	

特许经营费用			
费用类别罗列			
加盟金数量与收取方式		权益金数量与收取方式	
保证金数量与收取、退还方式		广告基金数量与收取方式	
特许经营费用其他情况			

加盟期	
加盟期时间	
加盟期其他情况	

加盟店（商）	
类别、面积与对应名称	
区域保护范围	
再特许的权利	
加盟店分布区域和对应数量	
店内人员岗位与数量	
单店日流水、毛利率、净利率	
特色产品与服务	
目标消费者	
加盟店的成功率	
对受许人的资格要求	
加盟店投资回报预测表	
加盟店其他情况	

法律法规			
备案情况		信息披露情况	
法律法规其他情况			

续表

其他			
标准化情况		手册情况	
生产基地/培训学校/中央厨房类的状况			
其他			

三、消费者

消费者调研的实质就是研究消费者市场，所谓消费者市场，是指所有为了消费而购买物品或服务的个人和组织所构成的市场。

在美国，星巴克拥有1万多名IT技术员，专门分析全球30000多家门店里各类消费者的消费频次、消费额、消费时间等，为运营和会员营销提供依据。（资料来源：俊世太保，《借力阿里，稳住咖啡霸主地位，星巴克做对了什么？》）

在消费者调研方面，企业应对下述各个方面进行描述与分析。

（1）影响消费者购买行为的主要因素。通常包括文化因素（比如文化、亚文化和社会阶层等）、社会因素（比如参照群体、家庭、社会角色与地位等）、个人因素（比如个人年龄所处生命周期阶段、职业、经济状况、生活方式、个性以及自我观念等）、心理因素（比如动机、知觉、学习以及信念和态度等）等。

（2）与购买有关的人员。所有参与购买决策过程的人员构成采购者的决策单位，市场营销学称之为采购中心。企业采购中心通常包括以下五种成员。

① 使用者，即具体使用欲购买的某种物品或服务的人员或机构。

② 影响者，即在企业外部和内部直接或间接影响购买决策的人员或机构。

③ 采购者，即在企业中有组织采购工作的正式职权的人员或机构。

④ 决定者，即在企业中有批准购买产品或服务的权力的人员或机构。

⑤ 信息控制者，即在企业外部和内部能控制市场信息流通到使用者、影响者、采购者和决定者的人员或机构。

个人采购中心的情况与上述的企业采购中心类似，此处不再赘述。

需要说明的是，上述五类参与人员中的几类可能是同一个人。比如对于一个单独就餐的成年人而言，其使用者、采购者和决定者就是同一个人，即这位单独就餐的成年人。

多数时候，只有上述五类参与人员同时做出同一个购买决策，购买行为才会实际发生，任何一类参与人员的不决定购买决策或购买决策的不一致都可能导致购买的最终失败。所以企业必须同时对上述五类参与人员进行营销或采取相关行动。

（3）人们的购买行为类型。根据参与者的介入程度和品牌间的差异程度，可将消费者的购买行为分为四种：习惯性购买行为、寻求多样化购买行为、化解不协调购买行为以及复杂购买行为。对具体的人而言，其购买行为并非终生固定，而会因时间、地点、情景等的变化而变化。

（4）购买决策过程。在复杂购买行为中，购买者的购买决策过程由引起需要、收集信息、评价方案、决定购买和买后行为五个阶段构成。购买者的需要往往由两种刺激引起，即内部刺激和外部刺激。通常，只有这五个阶段连续起来，最终的购买行为才会发生。按照木桶理论或链条理论，一个企业销售力度的强弱取决于上述五个阶段中的最弱环节。所以，企业在这五个阶段的每一环节都要加强并使之成为一个连续而非中断的整体。

（5）消费者收入的变化。消费者收入包括消费者个人工资、红利、租金、退休金、馈赠等收入。消费者的购买力取决于消费者收入，所以消费者收入是影响社会购买力、市场规模大小以及消费者支出多少和支出模式的一个重要因素。

（6）消费者支出模式的变化。消费者支出模式主要受消费者收入、家庭生命周期阶段、消费者家庭所在地点等方面的影响。

（7）消费者或顾客的细分。企业进行消费者分析时，要按一定的标准对消费者进行细分并准确描述每一类消费者的特征。

一般来说，消费者市场细分依据如表 1-1 所示。

表 1-1　消费者市场细分依据

因素类型	消费品市场	行业/组织市场
个人/组织特点	年龄；性别；种族；收入；家庭人口；生命周期阶段；地域；生活风格	行业；地域；规模；技术；盈利能力；管理
购买/使用状况	购买量；特定品牌；使用目的；购买行为；购买重要性；选择标准	应用；购买的重要性；数量；购买的频率；购买的过程；选择标准；分销渠道
用户对产品特性的需求和偏好	产品相似性；价格偏好；品牌偏好；需要的性能；质量	业绩要求；供应商的帮助；品牌偏好；需要的性能；质量；服务要求

资料来源：JOHNSON G，SCHOLES K. Exploring corporate strategy [M]. London：Prentice Hall，1993.

多数企业都偏爱在同一品牌下、同一类店面中进行更窄范围的消费者市场细分，有很多人常常拿"专注""赛道"为自己做注脚，比如在年龄这个维度上，多数企业都在上下 20 年的年龄段中定位。然而，优衣库的年龄定位是 6~60 岁的男人和女人，这是毫无疑问的男女通吃、老少咸宜的策略，尽管它可能会被一些定位专家们诟病，但是，优衣库在事实上成功了。实践是检验真理的唯一标准。

对消费者调研的不透彻会直接导致经营的失败，比如谭木匠的梳子在国内卖得不错，但在海外有些地方就不好。原因是什么呢？比如非洲人的头发天生就是蜷曲型的，很少有中国人的这种直发，所以非洲人的头发更适合排梳，而不是谭木匠销售的直梳。

四、潜在受许人

为了确定目标潜在受许人，要对企业的潜在受许人进行调研，主要的内容如下。

（1）潜在受许人是企业等组织时，调研的内容包括组织的名称、数量、地域分布、所在城市级别、加盟目的、投资额度、资金实力、选择特许人的依据、浏览的媒体、查找项目的渠道、对风险和收益的期望（冒险型、保守型或中间型）、有无商铺、资金来源、特殊要求、加盟意向的迫切性、意欲投资的城市级别、加盟的淡季和旺季时间、加盟的未来趋势等。

（2）潜在受许人是个人时，调研的内容包括数量、性别、年龄、职业、婚姻状况、分布省区市、所在城市级别、加盟目的、投资额度、资金实力、选择特许人的依据、浏览的媒体、查找项目的渠道、对风险和收益的期望（冒险型、保守型或中间型）、有无商铺、资金来源、学历、特殊要求、加盟意向的迫切性、意欲投资的城市级别、加盟的淡季和旺季时间、加盟的未来趋势等。

根据上述调研内容，就可以画出潜在受许人的画像，这个画像越准确，后续的招商成本就越低、速度越快、批量越大、精准度越高、加盟店成功率越高。

五、市场各方对本企业的产品、服务、品牌等的反应

通常，人们对自己的认识是不客观的，所以，我们需要通过外界对我们的反应来更准确地认识自己。企业也是一样，需要调研外界对于自己的反应。

（1）市场的反应者主要包括消费者，另外，还有竞争者、供应商、合作伙伴、政府、行业协会、媒体等。

注意，老板、股东、员工、独特供应商等对本企业产品、服务、品牌等的反应可以在对企业的内部调研里完成。

（2）反应的具体内容包括产品（类型、价格、包装、促销、渠道等）、服务、品牌、广告等所有方面。

对于市场各方对企业的反应，我们也可以设计一些问卷，比如已有消费者调研问卷、社会大众调研问卷，详情见下面的示例。

【实例1-2】已有消费者调研问卷

说明：该问卷以笔者服务过的一家连锁餐饮企业为例。

已有消费者调研问卷

亲爱的顾客：

您好！

感谢您对***一直以来的热爱和支持！为给您提供更优秀的产品和服务，请您花费宝贵的几分钟时间填写此份问卷，非常感谢！（您所填写的内容，我们会全部保密，务请放心；选择题可以多选；**凭您的手机号可以到本店享受一次8折优惠、免费成为会员**）

第一篇　成功构建第一步：特许经营调研与战略规划、工作计划

续表

1. 您的基本情况

　　性别：□男　□女

　　职业：□公务员　□学生　□上班族　□老板　□高管　□其他_____

　　学历：□高中及以下　□大专　□本科　□硕士　□博士

　　您的月收入：□2000元以下　□2000~5000元　□5000~8000元　□8000~12000元

　　　　　　　　□12000元以上

　　年龄：□18岁及以下　□19~25岁　□26~35岁　□36~50岁　□51~60岁

　　　　　□60岁以上

　　顾客性质：□附近居民或上班族　□路过

　　您的手机号码_____

2. 关于消费

　　我们品牌的知名度：□很有名　□有名　□一般　□不知道

　　您消费的目的：□请客　□自己用餐

　　您一年内光临本店的次数：_____　　平均每次消费金额_____元

　　平均每次消费人数_____　您最喜欢的产品_____

　　您消费时的同行人：□父母　□孩子　□爱人　□朋友　□同事　□商业伙伴

　　　　　　　　　　　□自己　□其他_____

　　您的消费时间：□中午　□晚上　□夜宵

　　您的等位时间：□1分钟以下　□2~5分钟　□6~10分钟　□11~30分钟　□30分钟以上

　　您是我们的会员吗？□是　□否　□计划成为会员

　　您是提前预订还是临时光临？□提前预订　□临时光临

　　您最经常的消费方式：□堂食　□外带　□叫外卖

　　您叫外卖时最经常的途径：□本店电话　□美团　□本店App　□其他_____

　　您喜欢的支付方式：□现金　□刷卡　□支付宝　□微信　□其他_____

　　您的光临方式：□自驾　□公交车　□地铁　□自行车　□步行　□出租车

3. 您之所以选择本店的原因：□距离近　□环境好　□产品好　□服务好　□价格低

　　　　　　　　　　　　　　□促销活动　□品牌　□其他_____

4. 您对本店的评价

　　　环境卫生：□满意　□不满意　□一般

　　　　　温度：□满意　□不满意　□一般

　　　　　装修：□满意　□不满意　□一般

　　　产品价格：□满意　□不满意　□一般

　　　　　分量：□满意　□不满意　□一般

　　　出品速度：□满意　□不满意　□一般

　　　　　口味：□满意　□不满意　□一般

　　品种丰富度：□满意　□不满意　□一般

　　　服务规范：□满意　□不满意　□一般

　　　　　礼貌：□满意　□不满意　□一般

　　　整体评价：□满意　□不满意　□一般

17

5. 您会给朋友推荐我们的店吗？□是　□否
6. 关于加盟
   您知道我们在招募受许人吗？□知道　□不知道
   您考虑加盟我们并开设一家这样的店吗？□是　□否　□说不清楚
7. 您认为我们店的优点是：
   _____
   _____
   _____
8. 您认为我们店的缺点是：
   _____
   _____
   _____
9. 您对我们店的建议是：
   _____
   _____
   _____

再次感谢您的支持！祝您事业发达、生活幸福！

年　　月　　日
**公司

【实例1-3】社会大众调研问卷

说明：该问卷以笔者服务过的一家童装专卖连锁企业为例。问卷通常会采用网络发放、街头全覆盖选择调研对象等形式。

童装消费调查问卷

亲爱的先生/女士：

　　您好！

　　为更好地服务包括您在内的童装消费者，请您花费宝贵的几分钟时间填写此份问卷，非常感谢！（您所填写的内容，我们会全部保密，务请放心；选择题可以多选）

凭您的手机号可以到_____享受一次8折优惠、领取精美礼物、免费成为会员。

1. 您的基本情况
   性别：□男　□女

续表

职业：□公务员 □学生 □上班族 □老板 □高管 □其他_____
学历：□高中及以下 □大专 □本科 □硕士 □博士
您的月收入：□2000元以下 □2000~5000元 □5000~8000元
　　　　　　□8000~12000元 □12000元以上
年龄：□18岁及以下 □19~25岁 □26~35岁 □36~50岁 □51~60岁
　　　□60岁以上
您的手机号码_____

2. 关于消费

您有几个孩子：□1个 □2个 □3个 □4个及以上
您孩子的年龄：□0~1岁 □1~2岁 □2~3岁 □3~4岁 □4~5岁 □5~6岁
　　　　　　　□6~7岁 □7~8岁 □8~9岁 □9~11岁 □11~12岁
　　　　　　　□12~13岁 □13~14岁 □14~15岁
您在购买童装时，通常购买的童装品牌是：_____（可填多项）
您最熟悉的童装品牌是：_____（可填多项）
您通常购买童装的渠道是：□网店 □街边店 □专卖店 □商场里的店 □微商
　　　　　　　　　　　□展销会 □其他_____
您消费的目的：□自家孩子用 □送亲朋好友
您一年内购买童装的次数：_____ 平均每次消费金额：_____元
您的购买时间：□早上 □上午 □中午 □下午 □晚上
您喜欢成为某品牌或某店或某商家的会员吗？□是 □否 □无所谓
您是某品牌或某店或某商家的会员吗？□是 □否
您喜欢的支付方式：□现金 □刷卡 □支付宝 □微信 □其他__
您光临店面的方式：□自驾 □公交车 □地铁 □自行车 □步行 □出租车
您之所以选择某店的原因：□距离近 □环境好 □产品好 □服务好 □价格低
　　　　　　　　　　　□促销活动 □品牌 □品类多 □尺码全 □其他_____
您消费时的同行人：□父母 □孩子 □爱人 □朋友 □同事 □商业伙伴
　　　　　　　　□自己 □其他_____
您喜欢与否一家童装店的考虑因素：□环境卫生 □温度 □装修 □产品价格 □款式
□品种丰富度 □服务规范 □礼貌 □距离 □其他_____
您喜欢的童装风格：□时尚 □休闲 □运动 □酷 □可爱 □居家 □怀旧 □经典
□田园 □日韩 □欧美 □舒适 □安全 □民族 □其他_____
您喜欢的童装材质：□棉麻 □牛仔 □混纺 □雪纺 □化纤 □其他_____
您获得童装信息的渠道：□路过看到 □广告 □朋友介绍 □其他__
您孩子的童装购买者：□父母 □亲戚 □朋友 □同事 □孩子自己 □其他_____
您孩子的童装购买者多数时候是：□父亲 □母亲 □亲戚 □朋友 □同事
　　　　　　　　　　　　　　□其他_____
您购买童装时，希望同时买到：□儿童饰品 □玩具 □亲子装 □其他_____

续表

您购买童装时,做出购买决策的人是:□大人　□孩子　□大人和孩子一起
您的孩子多大年龄时开始参与服装购买决策:□0~1岁　□1~2岁　□2~3岁 　□3~4岁　□4~5岁　□5~6岁　□6~7岁　□7~8岁　□8~9岁　□9~11岁 　□11~12岁　□12~13岁　□13~14岁　□14~15岁 再次感谢您的支持!祝您事业发达、生活幸福! 　　　　　　　　　　　　　　　　　　　　　　　　　　年　　月　　日 　　　　　　　　　　　　　　　　　　　　　　　　　　**公司

第二节　市场调研的方法与原则

一、市场调研的方法

市场调研的方法有很多,传统的方法包括实地调查法、访谈法、观察法、试验法、直接购买资料、用类似商业间谍的方法从竞争者那里获取、问卷法等。这些方法企业都可以使用,也可以针对具体的问题同时采用几种方法。

现在的时代是网络时代,因此,企业一定要学会使用网络这个利器。为最大化地节省时间和费用,企业可以先根据调研的目的、计划和内容去做网络上的信息搜集与整理,然后再根据网络调研之后缺少或不足的部分,制定并实施非网络的传统的市场调研规划。如此,调研的时间、成本会大大减少,而调研的效率、质量则会大大提升。

具体而言,市场调研的方法可以包括如下方面。

(1)查阅统计报告。除了政府的统计部门有这类资料外,有时这类资料还会以书籍、参考工具之类的形式公开对外出售。

(2)走访统计部门。直接上门拜访可以获得许多在公开渠道不能获得的深层信息。

(3)走访或咨询城市或地区的相关企事业单位、社会机构、行业协会和个人等。

(4)查阅图书、经济与商业报刊、网站、微信、微博等。耐心地搜索、查找是必需的,有时这样的调研会需要您将诸多零碎的资料信息进行整合。

(5)调研人员实地访查。实地感受的优点是直观、深刻、真实,缺点是容易形成片面、局部的浅层认识,而且这些认识通常是感性的,一般难以定量化。利用这种方法进行调研的效果在很大程度上取决于调研人员的自身能力与素质。

(6)走访或咨询、求助于广告代理公司和媒体、投资机构、行业协会甚至竞争对手等。这类机构中可能会有您所需要的现成的信息和数据,但有时您必须为这些资料付费。

(7)委托专业市场调研公司或研究机构。这样做的优点是节约了自己的人力,调研结果可能更专业、时间可能更短、调研信息的质量可能更高,但缺点是需要一定的费用,有时这种费用还可能非常昂贵。目前中国本土大约有数百家市调公司,其水平参差不齐，企业要慎重选择。

（8）下载或购买调研公司、商协会等的现成资料。

（9）目标对象抽样调研，可采用网上调研、电话调研、信函调研、入企访谈等方法。比如信函可采取问卷的形式，从而进行有针对性的抽样调研。

（10）业内从业人员的访谈。有时候，业内多年的从业人员、研究者、专家等能提供非常宝贵的、难得的信息和资料，可以使市场调研的效率大大提高，时间大为缩短。

（11）网络调研。在网络非常发达的今天，充分利用网上的资源可以在足不出户的情况下"尽知天下事"。

网络调研有很多技巧，具体如下。

① 善用不同的搜索引擎。因为不同的搜索引擎搜到的结果不同，所以不能只局限于某一种或几种搜索引擎。您一定要记得，除了百度之类的搜索引擎外，每个网站几乎都有搜索的功能，比如搜狐、新浪、企业的网站、协会的网站等，另外微博、博客、论坛、微信、QQ、抖音、头条等都可以搜索。

② 善用不同的搜索关键词。搜索时除了直接输入关键词之外，一定还要采用模糊及相关的方法，如此才能最大限度地搜索到更多、更全面的信息资料。模糊的意思是，搜索的关键词不要过于精确，而是要相对模糊，同时多几个相关的关键词，这样就可以查找到尽可能多的信息，否则会大大缩小搜索信息量和范围，使遗漏重要信息的可能大大增加。比如为了在网上对美容院连锁的情况进行调研，不能只是输入"美容业市场调研报告"这个关键词，而应该分别输入"美容 市场调研报告""美容 市场调研""美容 市场""美容"等多个关键词，这样搜索到的信息会更详尽和全面。

③ 尽量坚持看完每个页面。搜索时，您会看到某个搜索引擎下某个关键词的搜索结果可能会很多，但您一定要尽量地看完每一个页面，而不能只看前几页，因为极有可能的是，重要的信息会出现在后面的某个网页中。不用担心每个页面都看会消耗您大量的时间，因为网络上的内容重复度很高，而且，随着您对调研内容的逐渐熟悉，您的阅读速度会越来越快。

④ 强迫自己一定要对看到的每个页面都得出至少两条有用的结论。这种"强迫症"会使您漏掉的信息最小化。比如即便您看到的全是广告，您也应该得出类似"这个行业的企业很踊跃，大家争相做广告""广告传达的主要诉求包括一、二、三……"的结论；即使您看到的页面是招聘的消息，您也要能得出类似"企业招聘的热点岗位是……""企业都在大量招聘招商人员，说明企业都急于扩张连锁店"的结论。

⑤ 辨别真伪。网络上的信息真假并存，您要学会辨别真伪。通常，政府类的网站、门户网站、人民日报类的权威媒体、知名大V的微博或博客、有刊号的纸媒的电子版等更真一些，企业网站的内容、个人博客或微信存在虚假的可能性较大。

⑥ 边看边做笔记。在利用网络调研的方法填充事先做好的调研目录（这个事先做好的调研目录一定会随着调研的进行而不断更新，甚至出现翻天覆地的大更新）时，对于

能填充到对应目录里的"有用"信息，您肯定会直接摘取或复制到目录文件里，然而要切记的是，如果您看到的信息在目录里没有对应的章节，但"感觉"这个信息有用的时候，千万不要因为目录里没有对应的章节就放弃这个信息，而一定要把这个信息放到一个专门的文件里，比如调研日志里，或直接在原有的目录上增加新的目录，然后把这个您"感觉"有用的信息增加进去。在将来的某个时间，通过不断温习的方式，您或许会发现这个"感觉"有用的信息非常有价值。

⑦ 先用网络调研的方法完善目录，比如完善了三级目录之后（即便是这个目录，后续也可能会改变），调研者可以分别针对不同级别的目录名称采用网络调研的方法在目录名称之下填充信息。

（12）实验法。通过有预先目的和计划的实验，可以获得正常情况下不易获得的信息。

（13）桌上研究法。通过对某一或某些企业的信息资料进行研究，也可以获得相应的市场信息。

（14）参加会议。通过参加各种各样的博览会、展览会、高峰论坛、研修会、交流会、特训营、培训班、发布会、沙龙、讲座等，查看广告宣传，与专家老师和同行交流等，可以从不同的角度获得关于市场的有价值的信息。

（15）以应聘或招聘的名义获得资料或信息。

（16）以加盟、合作的名义获得资料或信息。

二、市场调研的原则

（1）围绕目的进行，不要随意放大或缩小调研的范围。

（2）节省成本的原则。在选择调研方法时，在效果相似的条件下，优先选用成本低、速度快的方法。同时，在调研活动中，应时时处处注意节约成本，比如当发现网上的资料非常丰富时，调研者就应该迅速减少甚至停止其余耗费成本的重复性活动。

（3）随时记录的原则。记录的方式可以包括笔记、录音、录像等。为此，调研人员在实际调研活动前，一定要带齐必备的工具，不然的话，可能会遗漏、搞错许多重要的信息。对于获得的资料，最好能妥善地备份，以免丢失或毁坏。

（4）随时根据实际进展进行修正的灵活性原则。调研者应根据实际工作的情况，灵活地对原计划书或实际调研活动进行修正，比如增减调研内容、改变调研方法、调整调研人员等。

（5）定期交流沟通的原则。在调研人员较多、项目较多、时间较长时，各调研人员或小组之间应保持定期的紧密交流沟通，以便随时掌握调研的现状和进展，避免做重复性的工作，同时互相交流经验、共享数据资料等。

（6）组织化进行的原则。市场调研必须有组织地进行，比如要有专门负责领导、监督和协调的人，具体的执行人员以及各种工作的分工实施人员。

（7）保存原始资料的原则。尽管在最后会从大量的原始资料中整理出完整的调研报告，但是调研中的原始资料，比如文件、照片、录音、录像、媒体报道原件、书籍等，必须妥善保存，以备后续查询、对照等时使用。

（8）边调研边记录结论或灵感的火花。在调研的时候，您可能会有各种各样的甚至是一闪而过的对于企业经营的灵感火花，不管真的有用还是您"感觉"有用，都一定要随手记录，而不能把调研与得出结论完全分开进行。

（9）尽量采用图表、数字的方式显示调研结果，尽量避免纯文字的描述、感性的词汇。

第三节　市场调研的步骤与报告内容

一、市场调研的步骤

按照时间顺序，市场调研可分为如下六个阶段或步骤（见图1-4）。

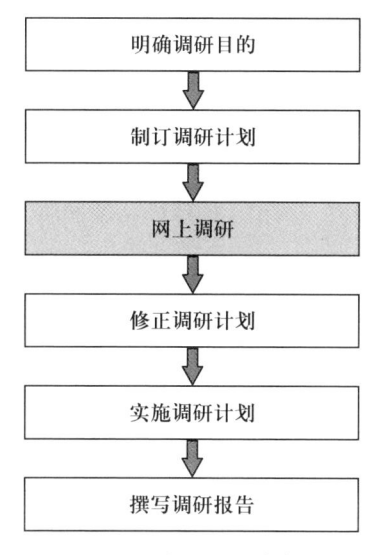

```
明确调研目的
    ↓
制订调研计划
    ↓
  网上调研
    ↓
修正调研计划
    ↓
实施调研计划
    ↓
撰写调研报告
```

图1-4　市场调研的步骤

第一步，明确调研目的。

目的一定要明确、具体，能为调研执行人员清晰、准确地理解和掌握。

第二步，制订调研计划。

因为市场调研是一项系统性的工作，对于后面的决策具有决定性的意义，所以企业一定要耐心、认真地制订市场调研计划。在某种程度上，该计划的好坏将直接决定市场调研的成败，进而决定特许经营体系的成败，所以必须引起企业的高度重视。

一般而言，市场调研计划的内容至少应包括如下几项。

● 调研目的

● 调研对象。采用罗列的方式把所有需要调研的对象标出来，为了方便，可以对他们按照某种标准进行分类。同时可以对每类调研对象做一个简单的说明，比如名称、地址、性质、联系方式等

● 调研原则。即调研人员工作时的一些指导性规定

● 调研程序。本次调研工作的流程包括调研计划和设计、分组实施、统计结果、分析结果、撰写报告等

● 调研内容。针对每一个调研对象，分别详细地列出对其进行的调研内容，调研的内容越详细，在实施调研活动时效率就会越高，并且不容易遗漏

● 调研安排。实际上是整个调研的工作任务分配计划，可以使用表格的形式详细地罗列出在整个调研工作中，针对每一个调研对象，其具体的调研方式、调研时间安排、调研人员（执行人）、交通工具、调研地点以及活动的经济预算等

● 调研需要的一些附件，比如消费者问卷调研表等

设计完市场调研计划之后，为了使市场调研计划能顺利、成功地实施，必须对相关的调研人员进行培训。

第三步，网上调研。

如前所述，针对每个调研的对象和内容，企业一定要首先用网络的方式进行调研，因为企业在网络调研之后可能会发现，所需要调研的内容大多数甚至全部都已经完成了。对于那些网络上没有的内容，再用非网络的传统调研方法去获得和补充。

第四步，修正调研计划。

根据上一步网络调研的结果，修正调研计划。

第五步，实施调研计划。

按照上面修正后的调研计划，用传统的非网络的方法实施调研。

第六步，撰写调研报告。

二、调研报告的内容

一般而言，一份完整、科学的市场调研报告必须至少包括以下这些内容。

（1）封面。在报告书的封面，一般会有如下信息。

● 标题，即本次调研的名称，还可以在主标题下加个副标题，比如《中国休闲服装市场调研报告——关于国内品牌》

● 本报告的委托人

● 本报告的实际执行人，即调研方

● 编制本报告的日期

（2）摘要或简介。把本次调研的结论概括出来。

要用非常简短凝练的语言，按照市场调研的时间顺序概述本次调研的基本情况，主要包括四个方面的内容。

第一，本次调研的原因以及目的。

第二，调研对象、内容、时间、地点、要点。

第三，调研方法。对所用方法及选用该方法的原因进行简短叙述，同时还要说明对于数据分析处理的方法，比如指数平滑分析法、回归分析法、聚类分析法等。如果这部分内容很多，可放在本报告的附件中。

第四，结论。本次调研的结论要直接、简单、全部罗列，最后一定要围绕本次调研的主要目的明确回答：可否开展特许经营，以及开展特许经营时的要点、原则和方向。

（3）目录。简介之后的部分应该是目录，这样可以使阅读者迅速地了解整个文件的篇章结构，并迅速地找到其最想看的内容。

在格式方面，一般而言，目录层次最多到三级，一级、二级和三级目录之间在文字大小、字体粗细、样式等方面可以有所区别，以便阅读者能清晰、准确、迅速地掌握整个调研报告的谋篇布局。

（4）正文。正文是市场调研报告的主体部分，主要包括全部调研结果和必要的市场信息，以及对这些情况和内容的分析评论等。

（5）结论与建议。结论和建议要与本次调研的目的以及正文部分的论述紧密对应。

（6）附录。包括参考资料、引用文件、数据汇总表、原始资料、补充说明、调研问卷等。

在编制调研报告时要注意以下几点。

① 能用图表说明的尽量用图表，因为这样的形式更直观，给人印象深刻，更容易发现问题和规律。各种图表也要综合应用，比如柱状图、条形图、饼状图、折线图等。

② 语言简洁、凝练。

③ 既要有好的内容，还要有优质的文本编辑、规范的排版，或者说，报告书应该"内外兼修"。

④ 原则上应严格遵守上面所列的报告书格式，但在必要的时候应予以适当改变。我们应该根据实际的不同需要，对报告的形式、风格加以调整，使市场调研报告能够有更丰富的内涵，更方便读者阅读。

【实例1-4】市场调研报告全文示例

目　录

1　前言
2　调研安排
3　产品或服务
　3.1　定义
　3.2　分类
　3.3　价格
　3.4　渠道
　3.5　卖点与主要广告语
　3.6　相关的文化
　3.7　发展简史
　3.8　发展特点
　3.9　主要问题

续表

- 3.10 规模、容量及潜力
- 3.11 主要客户群与消费特点
- 3.12 竞争的关键点
- 3.13 发展趋势
- 3.14 其他
4 行业
  - 4.1 宏观环境 PESTN 与 O（机会）、T（威胁）
    - 4.1.1 P（政治法律因素）与 O（机会）、T（威胁）
    - 4.1.2 E（经济因素）与 O（机会）、T（威胁）
    - 4.1.3 S（社会文化因素）与 O（机会）、T（威胁）
    - 4.1.4 T（技术因素）与 O（机会）、T（威胁）
    - 4.1.5 N（自然因素）与 O（机会）、T（威胁）
  - 4.2 渠道（或商业模式、经营模式）概况
    - 4.2.1 销售渠道或商业模式、经营模式
    - 4.2.2 渠道中连锁经营与特许经营的概况
  - 4.3 特许经营概况
    - 4.3.1 总部的数量
    - 4.3.2 总部地域分布
    - 4.3.3 特许经营的趋势
    - 4.3.4 直营和加盟的比例和趋势及原因
    - 4.3.5 备案企业的比例和趋势
    - 4.3.6 连锁店的数量规模
    - 4.3.7 连锁店面积的区间
    - 4.3.8 连锁店的地域分布
    - 4.3.9 其他
  - 4.4 国内行业概况
    - 4.4.1 定义
    - 4.4.2 分类
    - 4.4.3 相关的文化
    - 4.4.4 发展简史
    - 4.4.5 发展特点
    - 4.4.6 主要问题
    - 4.4.7 规模、容量及潜力
    - 4.4.8 企业盈利模式
    - 4.4.9 主要客户群与消费特点
    - 4.4.10 行业集中度
    - 4.4.11 行业竞争的关键点

续表

- 4.4.12 行业进入壁垒
- 4.4.13 主要品牌
- 4.4.14 电商状况
- 4.4.15 相关产业的影响
- 4.4.16 发展趋势
- 4.4.17 其他
- 4.5 国外行业概况
  - 4.5.1 定义
  - 4.5.2 分类
  - 4.5.3 相关的文化
  - 4.5.4 发展简史
  - 4.5.5 发展特点
  - 4.5.6 主要问题
  - 4.5.7 规模、容量及潜力
  - 4.5.8 企业盈利模式
  - 4.5.9 主要客户群与消费特点
  - 4.5.10 行业集中度
  - 4.5.11 行业竞争的关键点
  - 4.5.12 行业进入壁垒
  - 4.5.13 主要品牌
  - 4.5.14 电商状况
  - 4.5.15 相关产业的影响
  - 4.5.16 发展趋势
  - 4.5.17 其他
5. 竞争者（波特五力分析法）
  - 5.1 直接竞争者
    - 5.1.1 直接竞争者调研表结果分析
    - 5.1.2 主要对标即直接竞争者的特许经营概况分析
  - 5.2 供应商
  - 5.3 购买者
  - 5.4 潜在的进入者
  - 5.5 替代品生产者
6. 消费者
  - 6.1 社会大众调研问卷结果分析
  - 6.2 已有消费者调研问卷结果分析
  - 6.3 消费者其余状况补充
7. 潜在受许人
  - 7.1 组织性受许人

续表

　　7.2　个人受许人
8　外在各方对企业的反应
9　附件
　　9.1　调研表及问卷
　　　　9.1.1　直接竞争者调研表
　　　　9.1.2　已有消费者调研问卷
　　　　9.1.3　社会大众调研问卷
　　9.2　行业相关法律法规与政策
　　9.3　行业相关标准
　　9.4　行业相关商协会
　　9.5　行业相关大中专院校与社会培训
　　9.6　行业相关展会
　　9.7　行业相关专业媒体

内　容

1　前言

为科学构建＊＊公司的特许经营体系，维华商创（北京）企业管理策划有限责任公司受＊＊公司委托，于2018年11月20日至12月20日，以国内市场为主、国外市场为辅，对＊＊行业市场进行了市场调研，并在调研的基础上编制本报告。

2　调研安排

调研安排表

序号	调研目的	调研人	调研对象	调研时间	调研方法	调研地点	调研费用	备注
1					发放调查表			
2					访谈业内外人员			
3					实地考察			
4					查阅资料：统计部门、政府等			
5					网络搜索			
6					暗访			
7					以应聘或招聘的名义获得资料或信息			
8					以加盟的名义获得资料或信息			
9					从对标公司网站直接获取资料			
10					查阅新闻			
11					下载或购买调研公司资料			
12					委托专业调研公司			
13					沙盘、实验法			

续表

3 产品或服务
 3.1 定义
 3.2 分类
 3.3 价格
 3.4 渠道
 3.5 卖点与主要广告语
 3.6 相关的文化
 包括历史上的名人故事、文献记载、诗词、字画、典故、歌曲、书法、名称演变、民俗文学等。
 3.7 发展简史
 3.8 发展特点
 3.9 主要问题
 3.10 规模、容量及潜力
 3.11 主要客户群与消费特点
 3.12 竞争的关键点
 3.13 发展趋势
 3.14 其他

4 行业
 4.1 宏观环境PESTN与O（机会）、T（威胁）
 4.1.1 P（政治法律因素）与O（机会）、T（威胁）
 （1）宏观经济政策影响
 （2）行业政策影响
 （3）相关标准
 4.1.2 E（经济因素）与O（机会）、T（威胁）
 4.1.3 S（社会文化因素）与O（机会）、T（威胁）
 4.1.4 T（技术因素）与O（机会）、T（威胁）
 4.1.5 N（自然因素）与O（机会）、T（威胁）
 4.2 渠道（或商业模式、经营模式）概况
 4.2.1 销售渠道或商业模式、经营模式
 所有销售渠道或商业模式、经营模式的种类与比例、趋势。
 4.2.2 渠道中连锁经营与特许经营的概况
 在所有渠道中特许经营和连锁经营的比例和趋势及原因。
 4.3 特许经营概况
 4.3.1 总部的数量
 4.3.2 总部地域分布
 4.3.3 特许经营的趋势
 4.3.4 直营和加盟的比例和趋势及原因
 4.3.5 备案企业的比例和趋势

续表

4.3.6 连锁店的数量规模
4.3.7 连锁店面积的区间
4.3.8 连锁店的地域分布
4.3.9 其他
4.4 国内行业概况
4.4.1 定义
4.4.2 分类
4.4.3 相关的文化
包括历史上的名人故事、文献记载、诗词、字画、典故、歌曲、书法、名称演变、民俗文学等。
4.4.4 发展简史
4.4.5 发展特点
4.4.6 主要问题
4.4.7 规模、容量及潜力
4.4.8 企业盈利模式
4.4.9 主要客户群与消费特点
4.4.10 行业集中度
4.4.11 行业竞争的关键点
4.4.12 行业进入壁垒
4.4.13 主要品牌
4.4.14 电商状况
4.4.15 相关产业的影响
4.4.16 发展趋势
4.4.17 其他
4.5 国外行业概况
4.5.1 定义
4.5.2 分类
4.5.3 相关的文化
包括历史上的名人故事、文献记载、诗词、字画、典故、歌曲、书法、名称演变、民俗文学等。
4.5.4 发展简史
4.5.5 发展特点
4.5.6 主要问题
4.5.7 规模、容量及潜力
4.5.8 企业盈利模式
4.5.9 主要客户群与消费特点
4.5.10 行业集中度
4.5.11 行业竞争的关键点
4.5.12 行业进入壁垒

续表

  4.5.13　主要品牌
  4.5.14　电商状况
  4.5.15　相关产业的影响
  4.5.16　发展趋势
  4.5.17　其他
5　竞争者（波特五力分析法）
  5.1　直接竞争者
  5.1.1　直接竞争者调研表结果分析
  除了特许经营之外的内容。
  5.1.2　主要对标即直接竞争者的特许经营概况分析
  通常取前10~20家，对详细状况进行对比分析。
  按照特许经营战略的总部战略和单店战略的内容（详见第三章第四节）进行分析。
  （1）总部：模式、品牌、定位、核心竞争力、运营方式、企业文化、人力资源、财务、物流、供应商、营销、招商（受许人性质、受许人来源战略、加盟店投资与经营战略、受许人画像、招商渠道、招商政策、招商对象等）、营建、培训、督导、研发和技术、电商、公司专利、地址、地域拓展、产品（主辅产品、单店分区、自有品牌等）、特许权内容、特许经营体系四大元素方的主次收入模型、特许经营费用（加盟金、权益金、品牌保证金等）、免费支持、加盟期、关系资源、团队等。
  （2）单店：店面面积、选址与对应单店类型、单店数量、开店方式、区域布点、商号或店招、8I（MI、BI、VI、SI、BPI、AI、OI、EI）、陈列战略、店面人力、单店财务、单店物流、采购、仓储、配送、单店产品和服务、单店营销、营业时间、单店功能区、成本、收入，还有一些涉及行业的问题，比如对于餐饮店而言，还需要调研的内容至少包括厨房、燃料、锅、炒菜、摆盘、菜单等。
  5.2　供应商
  5.3　购买者
  从购买者讨价还价的能力导致拉低或提高企业竞争力的角度调研。
  5.4　潜在的进入者
  5.5　替代品生产者
6　消费者
  6.1　社会大众调研问卷结果分析
  6.2　已有消费者调研问卷结果分析
  6.3　消费者其余状况补充
7　潜在受许人
  7.1　组织性受许人
  组织的名称、数量、地域分布、加盟目的、投资额度、资金实力、选择特许人的依据、浏览的媒体、对风险和收益的期望（冒险型、保守型或中间型）、有无商铺、资金来源、特殊要求等。

续表

> 7.2 个人受许人
>
> 数量、性别、年龄、职业、婚姻状况、分布省区市、加盟目的、投资额度、资金实力、选择特许人的依据、浏览的媒体、对风险和收益的期望（冒险型、保守型或中间型）、有无商铺、资金来源、学历、特殊要求等。
>
> 8　外在各方对企业的反应
>
> （1）市场的反应者主要包括消费者，另外，还有竞争者、供应商、合作伙伴、政府、行业协会、媒体等。
>
> 注意，老板、股东、员工、独特供应商等对本企业产品、服务、品牌等的反应可以在对企业的内部调研里完成。
>
> （2）反应的具体内容包括产品（类型、价格、包装、促销、渠道等）、服务、品牌、广告等所有方面。
>
> 9　附件
>
> 　　9.1　调研表及问卷
>
> 　　　　9.1.1　直接竞争者调研表
>
> 　　　　9.1.2　已有消费者调研问卷
>
> 　　　　9.1.3　社会大众调研问卷
>
> 　　9.2　行业相关法律法规与政策
>
> 　　9.3　行业相关标准
>
> 　　9.4　行业相关商协会
>
> 　　9.5　行业相关大中专院校与社会培训
>
> 　　9.6　行业相关展会
>
> 　　9.7　行业相关专业媒体

第二章　内部调研

按照工作的先后顺序，企业的内部调研主要分为四大块内容。

一、网上、传统媒体等的信息整理

调研者首先应通过网络、传统媒体等搜索、查找企业的情况，这样的话，调研者就可以预先知道很多想要知道的信息，为后续的调研减少重复工作、缩短调研时间和提高内部调研的效率。

但要注意的是，因为网络、传统媒体等的信息真假难辨，所以调研者可以在下一步的内部访谈中根据实际情况逐一与企业核实。

此外，调研者应专门建立一个文件夹或设置实体的文件柜，以保存通过网络、传统媒体等搜索、查找到的所有原始资料。

二、内部访谈

访谈前应事先按照未来制定战略规划的需要，明确访谈的问题提纲、注意事项、访谈的时间、地点、对象等。

在内部访谈时，笔录和录音应同时进行，以免其中一个漏记或失效。

访谈的内容和对象要全面，至少包括以下几个方面。

1. 总部

主要的访谈对象包括董事长、股东、创始人、总经理、副总经理、中层管理者、普通职员等。访谈对象数量的确定要考虑访谈对象的代表性，比如副总经理应全部访谈，中层管理者可以选取几个有代表性的人员，普通职员可以按性别、表现好坏、入职时间长短、年龄大小等分别选取几个具有代表性的对象。

必要的时候，要访谈已经离职的人员。因为通常情况下，离职的人员可能更会讲真话以及透露特别的信息。

2. 渠道

主要的访谈对象包括经销商、代理商等。访谈对象数量的确定也要考虑代表性，比如经营状况好的和坏的各一个、东西南北地区的各一个、喜欢企业的和不喜欢企业的各一个、合作时间长和时间短的各一个等。

必要的时候，要访谈已经退出合作的人员。因为通常情况下，退出合作的人员可能更会讲真话以及透露特别的信息。

3. 生产工厂或加工基地或中央厨房或培训学校等

主要的访谈对象包括厂长、副厂长、工程技术人员、普通员工等。

必要的时候，要访谈已经离职的人员。因为通常情况下，离职的人员可能更会讲真话以及透露特别的信息。

4. 供应商

包括企业的各类供应商，也可以适当选取具有代表性的几个供应商，比如合作时间长的和短的供应商、合作关系好的和不好的供应商、大单供应商和小单供应商、外资供应商和内资供应商等。

必要的时候，要访谈已经退出合作的人员。因为通常情况下，退出合作的人员可能更会讲真话以及透露特别的信息。

5. 店铺

要选几个具有代表性的店铺，比如经营状况好的、坏的、中等的各一家，东西南北地区的各一家，面积大和面积小的各一家，直营店和加盟店各几家，老店和新店各几家，不同商圈类型的店各一家，等等。具体到某个单店时，访谈对象可以主要包括店长、管理人员（比如前厅的经理）、硬技术人员（比如后厨的厨师）、普通店员四类人员。

特别要注意的是，访谈时为了了解更真实的情况，有时访谈已离职的员工和已退盟的受许人比访谈目前在职的员工和正经营的受许人更有意义，因为这两类人已经不在体系内工作，所以他们会更无所顾忌地、一针见血地说出在体系内时不敢说的事情。

6. 其他

比如物流公司、配送中心、仓库等供应链上的各个业务单元等。

三、实地考察

实地考察的对象可以包括总部、加工基地、中央厨房、培训学校、店铺、关联公司、供应商等。

实地考察时，一定要记得至少获得文字记录、照片、录像、样品、实体资料等内容。

四、编制报告

把各类资料或调研结果编制成一份逻辑清晰、结论鲜明、内容全面、科学准确的内部调研报告。

【实例2-1】内部访谈提纲（针对企业内部人员，包括股东、高层、中层、基层等）

本内部访谈提纲是笔者为某咨询客户所做的文件，访谈对象是企业的内部人员。读者可在调研和诊断企业问题时将其作为参考。

为出版需要，部分内容已做改动。

```
                         目  录
1  访谈目的 ……………………………………………………………（页码）
2  访谈原则 ……………………………………………………………（页码）
3  访谈方式 ……………………………………………………………（页码）
4  访谈对象 ……………………………………………………………（页码）
5  访谈实施计划表 ……………………………………………………（页码）
6  关于本次访谈 ………………………………………………………（页码）
7  访谈问题概要 ………………………………………………………（页码）
   7.1  企业基本情况 …………………………………………………（页码）
   7.2  环境 ……………………………………………………………（页码）
        7.2.1  用PESTN法分析外在宏观环境 …………………………（页码）
        7.2.2  用波特五力模型分析行业竞争环境 ……………………（页码）
   7.3  资源和战略能力分析 …………………………………………（页码）
        7.3.1  资源评估 ………………………………………………（页码）
        7.3.2  公司自认为有利或缺乏的其他资源 ……………………（页码）
   7.4  文化、愿景与组织目标 ………………………………………（页码）
        7.4.1  文化 ……………………………………………………（页码）
        7.4.2  利益相关者的愿景 ……………………………………（页码）
        7.4.3  组织目标 ………………………………………………（页码）
   7.5  关于特许经营 …………………………………………………（页码）
```

续表

| 7.6 关于法律法规 …………………………………………………（页码） |
| 7.7 其他 ……………………………………………………………（页码） |
| 8 附录　访谈注意事项 …………………………………………………（页码） |

1　访谈目的

（1）为制定企业战略规划，收集企业股东、领导、员工关于企业情况的看法。

（2）就企业总体战略规划的思路和体系与企业高层、员工沟通。

（3）为企业日后的各项决策提供资料信息。

（4）发现企业存在的问题，为给出解决方案提供决策依据。

（5）就未来战略规划的核心和要点与企业内部人员进行预先沟通。

2　访谈原则

（1）如果受访者对某问题的回答是"否""目前尚未确定"或类似的否定性、含糊性答案时，应继续追问受访者的理解或意愿（注意，希望的目标应分两种：1年内的和5年内的）。

（2）对每个问题要求得到十分明确、具体的答案并在可能的情况下尽量用数字表示。

（3）尽量多地获得纸质、电子版、音频、视频之类的硬性资料。

（4）访谈备忘录整理后，请受访者确认并签字。

（5）在访谈时不要诱导对方，使他们自由、客观、真实地表达自己的想法、意愿与观点。

（6）对暂时无法获得答案的问题，应与受访者以书面的形式商定可以获得答案的准确日期及联系方式。

（7）向受访者解释必要的专业术语。

（8）最好采用单独访谈的方式，即受访者最好是一个人。因为如果有同事在场，该受访者可能不会畅所欲言或不会说真话。

（9）友好、文明地交谈，不要触及个人隐私。

（10）按照既定的访谈问题提纲进行，但不能呆板地完全遵照既定提纲，比如在访谈中发现了新的情况或问题时，可以即时增加或删除提纲内容。

（11）杜绝重复提问，如果受访者已经在前面问题的回答中给出了后面将要提问的问题的答案，则访谈者需要记录，不能再在后面重复提问已经得到答案的问题。

（12）不能任由受访者自由发挥，因为这样的话，访谈的时间会很长，通常情况下，只要获得了问题提纲中对应问题的答案，就立即打断受访者，进入下一个问题。

（13）设计完善的问题提纲，一次问完，后续尽量不要进行二次或多次访谈。

（14）营造轻松的氛围，不要变成审问、审讯。

（15）对于企业内部访谈，应按照高层、中层、基层的顺序进行。

（16）访谈获得的信息可以冗余，但不能少。

3 访谈方式

访谈的方式有很多，根据访谈的对象、内容等，可以分为如下几种。

（1）个人单独正式或非正式访谈。

（2）多人参加的集体讨论会。

（3）现场参观时的即兴提问。

（4）其他。

4 访谈对象

因为企业做的是一个从零起步的特许经营战略规划，所以我们的访谈对象应主要是企业的高层，具体如下。

（1）高层访谈。

（2）必要时吸收中层、基层。

5 访谈实施计划表

访谈实施计划表

访谈性质	地点	访谈时间	访谈人	访谈形式	受访人	备注
正式访谈	×××	年 月 日	×××	实地参观并进行高层访谈	重要股东、董事长、总经理	同时进行非正式访谈
正式访谈	×××	年 月 日	×××	实地参观并进行中层访谈	店长/副店长、财务主管、设计主管、装修主管、采购主管、展店部主管、网络信息主管、行政人事主管等	同时进行非正式访谈
正式访谈	×××	年 月 日	×××	实地参观并进行基层访谈	代表性员工	同时进行非正式访谈

下表为某服装公司内部调研计划安排（2018年11月）。

第一篇 成功构建第一步：特许经营调研与战略规划、工作计划

某服装公司内部调研计划安排表

日期，周	访谈时间	时长（分钟）	访谈性质	地点	访谈人	访谈形式	受访人
18—25日			研读**公司资料、对标资料、市场调研报告				
25日，周日	20:00前		顾问组抵**公司总部				
26日，周一	8:00—12:00	240	参观	总部、工厂、加盟店（老店、新店、经营好的店、经营不好的店，各1家）、直营店（老店、新店、经营好的店、经营不好的店，各1家）	顾问组	参观	顾问组随意抽取：店长、店员
	12:00—13:00	60	午餐+休息				
	13:10—15:10	120	正式访谈	总部会议室	顾问组	问答	董事长
	15:20—17:20	120	正式访谈	总部会议室	顾问组	问答	总经理
	17:30—18:30	60	正式访谈	总部会议室	顾问组	问答	副总经理
	18:40—19:00	20	晚餐				
	19:10—20:10	60	正式访谈	总部会议室	顾问组	问答	副总经理
	20:20—21:20	60	正式访谈	总部会议室	顾问组	问答	副总经理或重要股东
	21:30—22:30	60	正式访谈	总部会议室	顾问组	问答	副总经理或重要股东
	22:40后		顾问组总结、调整方向或内容				
27日，周二	8:00—8:40	40	正式访谈	总部会议室	顾问组	问答	人力主管
	8:50—9:30	40	正式访谈	总部会议室	顾问组	问答	财务主管
	9:40—11:20	100	正式访谈	总部会议室	顾问组	问答	物流主管
	11:30—12:10	40	正式访谈	总部会议室	顾问组	问答	品控主管

续表

日期，周	访谈时间	时长（分钟）	访谈性质	地点	访谈人	访谈形式	受访人
27日，周二	12:20—13:00	40	午餐				
	13:05—13:15	10	签约仪式	总部会议室	顾问组	拍照	公司项目组全体人员
	13:25—14:05	40	正式访谈	总部会议室	顾问组	问答	电商部主管
	14:15—14:55	40	正式访谈	总部会议室	顾问组	问答	企划部主管
	15:05—15:45	40	正式访谈	总部会议室	顾问组	问答	招商部主管
	15:55—16:35	40	正式访谈	总部会议室	顾问组	问答	市场部、营建部、选址部主管
	16:45—17:25	40	正式访谈	总部会议室	顾问组	问答	技术部主管
	17:35—18:35	60	正式访谈	总部会议室	顾问组	问答	2年工龄以上直营店长2个，经营好的店1个，经营不好的店1个
	18:40—19:00	20	晚餐				
	19:10—20:10	60	正式访谈	总部会议室	顾问组	问答	1年工龄以上加盟店长2个，经营好的店1个，经营不好的店1个
	20:20—21:20	60	正式访谈	总部会议室	顾问组	问答	1年以上工龄直营店店员1个，1年以上工龄加盟店店员1个
	21:30—22:30	60	正式访谈	总部会议室	顾问组	问答	**公司认为有必要参与访谈的人员
	22:40后		顾问组总结、调整方向或内容				

第一篇　成功构建第一步：特许经营调研与战略规划、工作计划

续表

日期，周	访谈时间	时长（分钟）	访谈性质	地点	访谈人	访谈形式	受访人
28日，周三	8:00—10:00	120	正式访谈	总部会议室	顾问组	问答	与**公司总部副总经理以上人员沟通调研体会
	11:30		顾问组回北京，做战略，约一周后回**公司总部，全面启动项目，项目启动流程如下： （1）召开**公司之特许经营战略沟通暨汇报会。客户方参加人：董事长、总经理、重要股东、副总经理。 （2）召开项目启动暨动员会，董事长和李维华老师致辞。客户方参加人：项目组全体成员。 （3）建立项目微信群。客户方参加人：项目组全体成员。 （4）自我介绍、互相认识。客户方参加人：项目组全体成员。 （5）战略讲解。客户方参加人：项目组全体成员。 （6）签订保密协议。客户方参加人：项目组全体成员。 （7）认领、分配指派单任务。客户方参加人：项目组全体成员。 （8）签领第一期指派单。客户方参加人：项目组全体成员。 （9）特许经营基本知识培训。客户方参加人：项目组全体成员。 （10）手册编制方法和技巧等培训。客户方参加人：项目组全体成员。 （11）讲解手册编制格式和文档管理要求。客户方参加人：项目组全体成员。 （12）宣读项目组工作制度。客户方参加人：项目组全体成员					

附：

（1）会议室配备Wi-Fi，能容纳7人以上。

（2）参观的时间若不够，可提前开始。访谈时间提前于或超出计划时间，则依次提前或延后。

（3）维华商创的顾问人员有5位：***（男），***（男），***（男），***（女），***（女）。

（4）为节省时间，餐饮一律为快餐。

（5）上述日程安排可以根据**公司的实际情况进行调整。

（6）尽量进行面对面的访谈，对于实在不能出席的被访谈人可以采用视频或电话访

谈的形式。

（7）原则上，应该实地考察的必须实地考察，但是对于因成本、时间、距离等不能参观的地方，务必保证用视频或全方位的照片显示，以确保传达的信息无误。

（8）原则上，访谈应从上而下即按照董事长、总经理、副总经理、部门主管等顺序进行。

6 关于本次访谈

（1）访谈内容以本次提纲为主，但有可能出现临时的问题。

（2）本次访谈结果将作为商业模式设计与可行性分析暨特许经营战略规划的关键指导。

（3）如果有纸质、电子版、音频、视频等硬性资料，请尽量提供。

（4）未能当场回答的问题，请当场约定以后答复的时间、人员、形式与联系方式。

（5）本次访谈的部分内容可能在以前的接触中已有所了解，但为了更加全面、准确、系统和正规化，仍然在本次访谈中重复提问，请理解并配合。

（6）×××公司的高层指重要股东、董事长、总经理、副总经理等战略决策层，中层指部门经理及以上人员，基层指总部员工与店面工作人员。

7 访谈问题概要

7.1 企业基本情况

（1）重要股东、董事长、总经理、副总经理本人的生活与工作经历如何？

（2）×××公司的创立日期？注册资金与投入资金？股份分配？

（3）×××的组织架构图？标明各部门名称、职责、等级、权限、负责人与人数。

（4）×××公司与集团公司的关系？画出结构图。

（5）集团公司的情况？未来战略规划？×××公司占集团公司销售额、利润的比重各是多大？公司希望未来这个比率是多大？

（6）成立×××公司的前期调研资料、可行性报告、方案等能否提供？

（7）×××公司目前的办公、生产、生活、后勤等设施、人员是否齐备？是否胜任？是否工作饱和？存在什么问题？

（8）×××公司的ERP实施情况如何？具体有什么软件？谁开发的？费用？应用状况如何？后续的开发计划？有哪些申请了专利？谁负责搜集信息与日常管理？

（9）×××公司总共有几家店？各店的名称？直营还是加盟？有合资、合作等类型的店吗？商标商号？开业时间？地址？谁选的址？面积？店内各区域的名称和面积具体数值？散台和包间的数量？餐桌和餐位数量？工作人员数量和质量（详细具体的人员名单，包括姓名、性别、学历、工作年限、工资福利、籍贯、职称等）？组织架构与岗位配置？日流水？毛利率？净利率？产品与服务的详细名录与价格、销售量、毛利率、净利率？产品或服务的销售额和数量的排名表？商圈？回收期？投资额？股东与股份比例？店的正面、左面、右面、里面各区域的照片？从单店门口向外观看的全景照片？几层？消费者画像？店铺是自有还是租赁？租金多少？租期多长？承租方是谁？最近的店面装修是几年前？常用的营销方法和销售手段？最近三年单店的财务报表？营业执照的照片？问题与建议？公司对每家店的未来规划和打算是什么？

竞争对手的状况，内容和上面相似，包括：直营还是加盟？合资、合作？商标商号？开业时间？地址？面积？店内各区域的名称和面积具体数值？散台和包间的数量？餐桌和餐位数量？工作人员数量和质量（详细具体的人员名单）？组织架构与岗位配置？日流水？毛利率？净利率？产品或服务的销售额和数量的排名表？产品与服务的详细名录与价格、销售量、毛利率、净利率？商圈？回收期？投资额？股东与股份比例？店的正面、左面、右面、里面各区域的照片？从单店门口向外观看的全景照片？消费者画像？店铺是自有还是租赁？租金多少？租期多长？承租方是谁？最近的店面装修是几年前？常用的营销方法和销售手段？最近三年单店的财务报表？营业执照的照片？等等。

上述关于单店的问题也可以制成如下所示的表格，发给各直营店和加盟店，让店内人员如实填写。

单店调研表

店名		店址	
店中店/独立店		是否为店中店的母店	
开业时间		建筑/使用面积	
该店选址人		房屋租金/押金	
商标		商号	
散台数量		包间数量	
餐桌数量		餐位数量	
日流水		毛利率	
净利率		回收期	
所在商圈		投资额	
人均消费		每平方米装修费	
股东与股份比例		消费者画像	
爆款产品		消费者最爱的前三名产品或服务	

成功构建特许经营体系五步法

续表

房屋来源	□自有　□租赁 □其他＿＿＿＿	店的性质	□直营　□加盟 □合资/合作 □其他＿＿＿＿
房屋租期		承租方	
本店楼层		上次装修日期	
店内各区域名称、面积		岗位配置、人数与组织架构	
单店内各区域照片			
营业执照的照片			
其他证照的照片			
单店正面照片		单店左面照片	
单店右面照片		从单店门口向外观看的全景照片	
常用的营销方法和销售手段			
问题与建议			
工作人员数量和质量（详见附表1）			
产品/服务信息（详见附表2）			
最近三年的单店财务报表（请附于表后）			

第一篇　成功构建第一步：特许经营调研与战略规划、工作计划

附表1　工作人员数量和质量

序号	姓名	性别	学历	年龄	上岗时间	本行业从业时间	工资	籍贯	职称/职级	备注
1										
2										
3										
4										
5										
6										
7										
8										

附表2　产品/服务信息

排名	名称	自有/外采	进货价	零售价	日顾客数	年销售量	毛利率	净利率	保质期/周转期	备注
1										
2										
3										
4										
5										
6										
7										
8										

（10）供应商。

● 目前×××公司的设备、设施、产品等的购买方式？供应商名称？价格？为什么从此供应商购买？什么是定做的（定做工厂名称、地址、规模、与其合作的时间、委托加工数量及计划、费用安排）？最好列出一张详细的表格。

● 厂家的供货及时性、货物质量如何？厂家的信誉如何？这些厂家同时为竞争对手提供同样的产品吗？生产的保密性如何？如何验收？

● 对于×××公司的设备、设施、产品等，未来计划自己生产吗？如果计划自己生产，那么大致计划在什么时间？在什么地点？

● ×××公司的原料等的购买方式？供应商名称？价格？为什么从此供应商购买？什么是定做的（定做供应商名称、地址、规模、与其合作的时间、委托加工数量及计

划、费用安排)？最好列出一张详细的表格。

● 原料供应商的供货及时性、货物质量如何？供应商的信誉如何？这些供应商同时为竞争对手提供同样的产品吗？生产的保密性如何？

● 对于×××公司的原料等，未来计划自己生产吗？如果计划自己生产，那么大致计划在什么时间？在什么地点？

● ×××公司可以轻易地更换上述供应商吗？5年之内呢？

● 哪些供应商的品牌比较有名？

● ×××公司和供应商之间的关系在未来5年内会发生什么变化？企业对供应商的未来期望或规划是什么？

● ×××公司对于哪些供应商而言是重要的买家？对于哪些是不重要的买家？未来5年内可能发生什么变化？

● ×××公司对于哪些供应商感到满意与不满意？原因是什么？

● ×××公司认为供应商的现状对自己产品的最大影响是什么？

● 这些供应商在国内同行业中的技术、质量、品牌（知名度）、费用档次？

● 为什么选择这些供应商？合作期限或合同期分别是几年？

● 物流（采购、配送、计调）的情况？物流公司名称、费用等？

● 和供应商发生过哪些法律纠纷？案由和结果呢？

● 关于供应商的其他说明？

（11）产品和服务的分类、名称、进货价、零售价、毛利率、净利率、销售量、未来趋势、品牌是外买还是自有、保质期、销售渠道等？要求具体、清晰、全面、具有逻辑性。

（12）产品和服务研发的过去、现在和未来规划如何？有大致的产品开发规划吗，还是只有要做一流产品的愿望？计划每年的研发资金是多少（比如占销售额的百分比）？

（13）产品和服务等有专利吗？

（14）产品和服务的物流配送历史、现状和未来规划？

（15）产品和服务的营销、促销方式？政策？效果？未来规划？

（16）×××公司广告的过去、现在和未来规划如何？广告费计划多少？

（17）×××公司的档次定位在中、高、低？以哪个档次为主？顾客群定位是什么？

（18）×××公司人员（包括生产、销售、后勤、采购、后厨、前厅等全部人员）培训、招聘情况？人员流动率多大？

（19）外聘顾问有哪些？简单描述情况。

（20）人力资源管理的方针、原则和具体规划是什么？能提供硬性资料吗？

（21）公司的现有人力资源一览表（姓名、性别、年龄、学历、户口、职称、工龄、政治面貌等）？包括总部和各连锁店的。

（22）品牌、商标、专利等的注册情况（包括注册的时间、地点、内容、注册人、注册的原件和复印件等）？将来做特许经营时计划用哪个品牌、商标、专利等？

（23）×××公司（包括公司、个人、产品、服务、品牌、商标等各个方面）曾经获得过什么证书、荣誉、奖励？

（24）×××公司参加了什么协会、机构？担任什么角色？计划加入什么协会、机构？担任什么角色？

（25）×××公司的特色是什么？与同行的区别在哪里？强在哪里？弱在哪里？

（26）从开源节流、增加利润的角度看，您认为×××公司可以或应该在什么地方开源？可以或应该在什么地方节流？

（27）公司、产品、技术、服务等的优势和劣势是什么？

（28）主要对标是谁？对标的基本情况？

（29）请过外部顾问吗？外部顾问咨询公司名称及咨询内容、费用、时间、结果？

（30）公司员工中哪些人参加过特许经营或类似的培训？培训的名称、内容、时间、地点、费用、结果？

（31）您对这个行业的看法是什么？

（32）希望我们顾问咨询公司帮您解决什么问题？

（33）所有有关公司的新闻报道？最好是拿到原样的报纸、网页、电视片等。

（34）公司做过什么广告宣传？具体的时间、媒介、内容、费用、结果等？

（35）关于供应链：几个环节？每个业务单元（供应商、加工制造厂、分销商、物流配送等）是另外独立的公司还是自己的公司？他们的基本情况？供应链的时间？成本？信息流、物资流、资金流的情况？进行过什么优化？未来的目标是什么？

（36）您还有需要补充的吗？

7.2 环境

7.2.1 用 PESTN 法分析外在宏观环境

（1）×××公司的什么产品（服务）、业务得到或将得到国家、地区的有关法律政策的限制或促进？

（2）环境保护的要求对产品（服务）有什么限制或促进？

（3）公司具体享受到国家或地方政府的什么有利待遇？有什么不利地方呢？

（4）政府、企业和社会研究机构对于×××公司产品（或相关技术）的重视程度如何？

（5）×××公司产品新技术的发明进展如何？

（6）×××公司的产品技术在国内、国际上的传播性如何？

7.2.2 用波特五力模型分析行业竞争环境

（1）×××公司所在市场的进入壁垒或难易程度如何？

壁垒主要体现为存在规模经济、产品差异优势显著、资金需求大、转入新行业的转换成本高、重建销售渠道与形成新的销售网络难、原有企业拥有别的优越条件等。

（2）已有的同行业公司对×××公司进入市场会采取什么反应？

（3）未来5年内进入者的威胁主要来自国内还是国外？具体有哪些公司呢？

（4）×××公司的竞争者通常在什么方面竞争？未来5年内的变化趋势如何？

（5）在未来5年内×××公司所在行业的市场竞争力度会增加还是减少？

（6）您认为消费者对×××公司满意的地方是什么？不满意的地方是什么？

（7）×××公司对未来连锁店体系的消费者画像是什么？

7.3　资源和战略能力分析

7.3.1　资源评估

综述：×××公司最先进的可以作为核心竞争力资源的技术或核心优势是什么？（可从人力资源、知识产权资源、组织管理资源、品牌资源、技术资源、信息资源、财务资源、市场资源、物质资源、关系资源、自然资源、宏观环境资源等企业必要资源的角度进行考虑。）

7.3.1.1　人力资源

（1）人力资源状况一览表能否提供（包括企业的外聘顾问）？

（2）哪些人是×××公司的强项和弱项？未来5年内的变化趋势如何？

（3）人员（包括总部管理人员、单店的店长、服务员、出纳、收银员等）的招聘渠道？

（4）岗前培训的时间、方式、内容、谁做培训、场地、教材、是否录音或录像、培训的效果？

（5）在岗培训的时间、方式、内容、谁做培训、场地、教材、是否录音或录像、培训的效果？

（6）人员的跳槽率如何？为什么跳槽？跳槽到哪里去了？

（7）工资福利水平如何？能按时发工资吗？

7.3.1.2　财务资源

（1）投资方各自的出资方式、数额？

（2）其他获得资金的渠道？

（3）与股东、银行等货币供应者的关系处理得如何？

（4）哪些是×××公司的强项和弱项？未来5年内的变化趋势如何？

（5）目前的资金紧张吗？

（6）公司的负债率、现金流？请提供最近3年的财务报表。

7.3.1.3　无形资产

（1）公司有较高价值的无形资产包括那些（品牌、商标、公司形象、专利、非专利技术、高价值员工等）？

（2）哪些是×××公司的强项和弱项？未来5年内的变化趋势如何？

（3）已经和计划申请什么专利？

7.3.1.4　关系资源

（1）公司有哪些可以利用的有价值的关系资源（政府、银行、媒体、受访者、供应商等）？

（2）哪些是×××公司的强项和弱项？未来5年内的变化趋势如何？

（3）×××公司的各投资方将投入哪些资源并要求哪些回报？

- 投入哪些资源（人、财、物、技术、销售网络等）？
- 要求的回报或利益的分配（管理人员的安排、董事会的构成、利润的分配等）？

（4）各投资方的详细介绍资料以及成立×××公司的前期调研资料、可行性报告、方案等？

7.3.1.5　市场资源

（1）×××公司的销售历史记录（包括所有产品或服务的名称、日期、受访者的大致描述、营销方式等的大致描述）？

（2）销售中的问题有哪些（价格、渠道、产品或服务质量、物流、人员、广告、促销、包装、分量、品牌等）？

（3）发展受许人的历史记录？详细描述曾经的加盟发展情况？已有受许人的名单和来源、特征、跟踪记录？联系人？

7.3.1.6　产品／服务资源

（1）目前×××公司在产品或服务上的最大优势、问题是什么？

（2）×××公司在未来5年内的构想与规划是什么？

（3）产品或服务遇到的顾客投诉主要是什么内容？处理结果如何？

（4）产品或服务被顾客表扬的主要是哪些？表扬了什么内容？

7.3.1.7　核心资源、能力

（1）您认为×××公司的核心资源、能力是什么？

（2）您认为×××公司在未来应把什么作为企业的核心资源、能力？

7.3.2　公司自认为有利或缺乏的其他资源

7.4　文化、愿景与组织目标

7.4.1　文化

×××公司的CI部分是否健全？已经有了什么？

（1）MI：企业最高目标、企业哲学、企业精神、企业道德、企业作风、企业宗旨等方面的情况？企业的期望或设想是什么？

（2）BI：各种人员、部门与工作流程的规章制度？一般制度、特殊制度和企业风俗各自的情况如何？已经有了什么和还缺什么？企业的期望或设想是什么？

（3）VI：已经有了什么和还缺什么？企业的期望或设想是什么？

（4）AI：情况如何？已经有了什么和还缺什么？企业的期望或设想是什么？

（5）SI：情况如何？已经有了什么和还缺什么？企业的期望或设想是什么？

（6）BPI：情况如何？已经有了什么和还缺什么？企业的期望或设想是什么？

（7）OI：情况如何？已经有了什么和还缺什么？企业的期望或设想是什么？

7.4.2 利益相关者的愿景

利益相关者的愿景描述表

利益相关者	愿景简单描述
1. 股东或所有者	
2. 管理人员	
3. 员工	
4. 消费者	
5. 供应商	
6. 合作伙伴	
7. 管制者（包括企业的上级主管部门和行会、商会等组织）	
8. 其他	

7.4.3 组织目标

7.4.3.1 公司的战略方向

（1）公司5年后会在什么领域从事经营？与目前的区别是什么？将会服务于哪些类型的顾客？

（2）有多元化的计划吗？具体的计划内容是什么？

（3）将会为将要发展的市场中的顾客提供哪些附加功能？

（4）为了满足未来的市场/顾客需求，×××公司需要哪些新的技术？

7.4.3.2 战略目标

（1）定量目标：对企业5年内或5年后的主要经营业绩预期指标进行精确的描述。

定量目标描述表

问题	简单描述
销售增长率	
市场份额	
投资回报	
利润	
其他在经营管理中的定量目标	

（2）非定量目标。

非定量目标描述表

问题	简单描述
组织机构	
分销网络	
新产品研发	
分销渠道	
巩固现有的行业或细分市场	
为市场渗透而开发特殊产品	
建立或完善营销系统	
有针对性的培训	
向市场投放新的产品或对老产品进行重新定位	
更新现场服务	
改进市场营销组合管理	
其他	

7.4.3.3　公司的社会责任

（1）内部方面：
- 员工福利？
- 工作环境？
- 员工职业生涯规划？

（2）外部方面：
- 环境保护？
- 产品的安全性？
- 决定在某些市场不出售吗？
- 与供应商的交易公平吗？
- 在雇佣上有歧视吗（性别、民族、户口、地区等）？雇佣制度是什么？
- 有什么社会慈善或公益活动？

7.5　关于特许经营

（1）谁提出要做特许经营的？时间？原因？

（2）公司的特许经营已经进行了什么？包括失败的情况、原因，以及成功的情况。

（3）您对特许经营的未来有什么想法或规划（包括特许权、费用、加盟期、拓展区域、店铺类型、商标或品牌的使用、招商、区域受许人还是单店受许人、授权、营建、培训、督导、电商、物流、财务等）？

可以按照总部和单店战略的目录来询问，这样有助于做出一个更符合企业思路的战略。

（4）关于加盟店的未来发展规划：每年多少数量？多少直营店、多少加盟店？在什么省区市？

（5）对于加盟店还有什么要求吗（比如面积、经营内容、受许人的条件）？

（6）公司里谁曾经在特许经营企业工作过？谁曾受过特许经营方面的培训？

（7）公司人员对特许经营知识的了解程度如何？

（8）将来加盟的单店的经营内容是什么？

（9）与同行相比，您认为我们招募受许人的优势是什么？劣势是什么？

7.6 关于法律法规

（1）在×××公司的商标、商号、专利、商业秘密等方面，有无侵权行为（包括我们侵别人的权和别人侵我们的权）？

（2）关于侵权行为有过什么法律诉讼吗？

（3）特许经营备案了吗？

（4）公司打过官司吗？尤其是与供应商、受许人以及员工的官司，请描述案由、结果。

（5）公司有专门的法律顾问吗？

7.7 其他

（1）公司的电商情况如何？

（2）公司的上市计划？

（3）希望我们顾问咨询公司帮助解决什么问题？提供什么资源？

（4）在后续的特许经营体系构建的过程中，什么事项是必须不能改变的？什么是必须得改变的？

8 附录 访谈注意事项

● 高层和员工要分开访谈。因为有些话要保密，当然也为了各自能畅所欲言地说心里话

● 制造轻松的气氛，不要太严肃

● 不要轻易打断受访者说话

● 控制好节奏，不要向无关的方向引导太多

● 把握主流问题，减少无关问题，以免浪费时间

● 提前通知受访者，以便其做好工作安排，有效防止他们在接受访谈时受到外界干扰

● 最好关闭手机

- 访谈前先说明本次访谈的目的、原则、注意事项等
- 圆桌会议室最好，建议采用访问者和受访者混合坐的方式，不要采用两方谈判的对立方式
- 对高层领导的访谈安排在晚上，因为他们白天忙，电话多
- 对员工的访谈安排在白天，因为晚上休息，不好占用时间
- 事先拟好题目，分好类，再分成更细小的题目，最好与访谈对象的水平相一致。比如对方文化水平不高时，尽量少用专业术语
- 一人主问，其余人辅助问，不要让谈话冷场
- 如果后面的问题在受访者前面的谈话中已经回答过了，访问者要记住：不能再问一遍了
- 最好两个以上的人同时记录，因为一个人可能要出去（比如上厕所）、可能有遗漏的地方（比如走神、没听清楚）等
- 做好详细记录，包括笔记、录音、照片

【实例2-2】直营店员工调研提纲

一、针对直营店店长的问题

（1）您的个人经历？最好是完整的个人简历。

（2）您什么时候进入公司的？先后经历了什么职位？主要负责什么工作？

（3）您喜欢现在从事的行业吗？

（4）您为什么要选择这个行业？

（5）您对这个行业的看法是什么？

（6）公司在这个行业的优势是什么？劣势是什么？

（7）您了解几家公司的竞争对手？与现在的公司相比，他们各自的优势和劣势分别是什么？

（8）您喜欢店长这个职位吗？如果想把工作做得更好，您觉得您的权力有什么限制吗？

（9）您觉得如何才能经营好一家公司的连锁单店呢？在财务、人事、市场、营销、管理等方面一一罗列。

（10）您接受过公司的什么培训？时间、地点、内容、讲师、效果是什么？有什么建议？

（11）您培训您的员工吗？时间、地点、内容、效果是什么？有什么建议？

（12）您觉得自己未来还会在公司发展吗？为什么？

（13）您将来如果继续在公司发展的话，您觉得自己的职位奋斗目标是什么？

（14）店里的业务怎么样？盈利状况呢？您认为是什么原因？

（15）店里现在的营业时间是怎么样的？您认为怎样比较合理？

（16）店里的高峰期都是什么时候？高峰期销售额占总销售额的比例（最好能画出高峰期比例图）？公司是如何进行倒班的？高峰时候是如何安排销售人员的？

（17）现在店里的顾客是自己主动上门的多，还是你们主动出击开拓来的多？在开发顾客方面，你们店都做了哪些努力？成效如何？这方面有没有认为可以让其他店学习的方法和经验？

（18）提供单店的历年财务报表。

（19）店里几个员工？您觉得员工数量够吗？每个员工的素质如何？您对人员方面有何建议？

（20）提供店里人员的简历和工资单。

（21）您对公司的评价？对老板的评价？对其余员工的评价？要一一罗列。

（22）您觉得自己的工作负荷很满、很重吗？

（23）您对公司的待遇满意吗？有什么想法或建议？您认为怎么改进比较合理？

（24）您觉得员工的积极性怎么样？在员工管理方面，最大的困难是什么？

（25）您觉得公司在培训方面做得怎么样？对日常工作的帮助有多大？

（26）在您现在的日常经营中，您觉得最大的瓶颈在哪里？怎么讲？

（27）您认为公司目前的发展、管理、经营等事务或状态之中，存在的问题有哪些？请一一罗列。目前亟须解决的问题是什么？您计划如何解决，或者您对未来的建议是什么？

（28）您认为公司目前的发展、管理、经营等事务或状态之中，好的方面有哪些？请一一罗列。您对这些方面的建议是什么？

（29）您这个店的顾客的来源、性别、年龄、职业等的划分是什么？最好有具体的表格或分布曲线图。

（30）客户投诉或赞誉多吗？一般都是因为哪些方面？对于投诉，有没有比较好的解决方法？

（31）您如何看待老顾客？平常是怎么维系老顾客的？有没有什么特别的方法或活动？

（32）提供销售额的全部财务报表。

（33）提供服务或产品的细目和详细的价格单。

（34）商圈中竞争对手那边的营业情况怎么样？为什么你们的营业收入比他们低/高？您认为竞争对手有哪些东西值得学习？

（35）您认为你们的价格相比而言是高还是低？顾客接受度如何？

（36）针对公司的未来新战略和战术等任何方面，您觉得还有什么要补充的吗？

二、针对直营店店员的问题

（1）您的个人经历？拿一份个人简历。

（2）您为什么要选择目前的这个行业？

（3）您喜欢这个行业吗？

（4）您对这个行业的看法是什么？

（5）公司在这个行业的优势是什么？劣势是什么？

（6）您了解几家公司的竞争对手？与现在的公司相比，他们各自的优势和劣势分别是什么？

（7）您什么时候进入公司的？先后经历了什么职位？主要负责什么工作？

（8）您喜欢现在的这个职位吗？如果想把工作做得更好，您觉得您的权力有什么限制吗？

（9）您觉得如何才能经营好一家公司的连锁单店呢？在财务、人事、市场、营销、管理等方面一一罗列。

（10）您觉得顾客对你们的满意度怎么样？

（11）您接受过公司的什么培训？时间、地点、内容、讲师、效果是什么？有什么建议？

（12）您培训过别人吗？时间、地点、内容、效果是什么？有什么建议？

（13）您觉得自己未来还会在公司发展吗？为什么？

（14）您将来如果继续在公司发展的话，您觉得自己的职位奋斗目标是什么？

（15）店里的业务怎么样？盈利状况呢？

（16）店里有几个员工？您觉得员工数量够吗？每个员工的素质如何？您对人员方面有何建议？

（17）您对公司的评价？对老板的评价？对其余员工的评价？要一一罗列。

（18）您觉得自己的工作负荷很满、很重吗？

（19）您对公司的待遇满意吗？有什么想法或建议？

（20）您认为公司目前的发展、管理、经营等事务或状态之中，存在的问题有哪些？请一一罗列。您计划如何解决，或者您对未来的建议是什么？

（21）您认为公司目前的发展、管理、经营等事务或状态之中，好的方面有哪些？请一一罗列。您对这些方面的建议是什么？

（22）如果公司给予您一定的支持或优惠让您加盟，您会加盟吗？为什么？

（23）针对公司的未来新战略和战术等任何方面，您觉得还有什么要补充的吗？

【实例2-3】受许人/经销商/代理商之员工调研提纲

（1）您的个人经历？拿一份个人简历。

（2）您为什么要选择这个行业？

（3）您对这个行业的看法是什么？

（4）公司在这个行业的优势是什么？劣势是什么？

（5）您了解几家公司的竞争对手？与现在的公司相比，他们各自的优势和劣势分别是什么？

（6）您什么时候成为这家受许人/经销商/代理商的员工的？先后经历了什么职位？主要负责什么工作？

（7）您喜欢这个行业吗？

（8）您喜欢您现在的这个职位吗？如果想把工作做得更好，您觉得您的权力有什么限制吗？

（9）您觉得如何才能经营好公司的事业呢？在财务、人事、市场、营销、管理等方面一一罗列。

（10）您接受过公司的什么培训？时间、地点、内容、讲师、费用、效果是什么？有什么建议？您认为如何培训，效果会更好一些？

（11）您培训过别人吗？时间、地点、内容、效果是什么？有什么建议？

（12）您觉得自己未来还会在受许人/经销商/代理商这里发展吗？为什么？

（13）您将来如果继续在受许人/经销商/代理商这里发展的话，您觉得自己的职位奋斗目标是什么？

（14）你们的业务怎么样？盈利状况呢？

（15）你们有几个员工？您觉得员工数量够吗？每个员工的素质如何？您对人员方面有何建议？

（16）您对公司的评价？

（17）您觉得自己的工作负荷很满、很重吗？

（18）您对待遇满意吗？有什么想法或建议？

（19）您觉得顾客对你们的满意度怎么样？

（20）您认为这家受许人/经销商/代理商目前的发展、管理、经营等事务或状态之中，存在的问题有哪些？请一一罗列。您计划如何解决，或者您对未来的建议是什么？

（21）您认为这家受许人/经销商/代理商目前的发展、管理、经营等事务或状态之中，好的方面有哪些？请一一罗列。您对这些方面的建议是什么？

（22）针对公司或者您这家受许人/经销商/代理商的未来新战略和战术等任何方面，您觉得还有什么要补充的吗？

【实例2-4】访谈调研提纲（针对受许人）

（1）您的个人生活与工作简历？

（2）您为什么选择这个行业？您之前做过这个行业吗？

（3）您对这个行业的看法是什么？

（4）您在加盟之前做过什么生意呢？

（5）您亲自经营吗？为什么？

第一篇　成功构建第一步：特许经营调研与战略规划、工作计划

（6）您还有别的工作吗？

（7）您当初为什么选择这个项目？

（8）您加盟后和加盟前的期望相匹配吗？为什么？

（9）您的加盟时间？

（10）您的店面的基本情况（参见前文的单店调研表）？

（11）您和总部的关系如何？为什么？

（12）您认识总部的多少人呢？对他们的评价？

（13）您和总部有过纠纷或官司吗？请描述案由、结果。

（14）加盟到期后您会续约吗？为什么？

（15）如果可以重新选择，您是否还会加盟？

（16）您退出加盟的原因是什么？

（17）您会给别的创业人推荐这个项目吗？

（18）您会继续加盟更多的店吗？

（19）您现有的店面属于哪个地段（商业区、住宅区、文教区等）？您认为连锁店选址在哪个地段最科学、最合适？

（20）您现有的店面是租赁还是购买的？

（21）您现有单店的出资是来源于您自己还是合伙？

（22）您现有单店的初期总投资是多少？您全部收回总投资的回收期是多长时间？

（23）您现在是自己亲自管理加盟店、经销或代理，还是委托别人管理加盟店、经销或代理？您认为哪种方式更好？

（24）您未来的职业生涯规划是什么？

（25）您现有单店的店员人数是多少？他们的性别、年龄、学历、工资、流失率情况如何？

（26）您现有店面的产品和服务分别有哪些？好的方面是哪些？不足的方面是哪些？请全部详细罗列。

（27）您认为现有产品在什么地方需要改进？

（28）您的店面产品是按照什么规则陈列的？在陈列方面您有什么好的建议吗？

（29）哪些产品或服务最好销售？为什么？

（30）哪些产品或服务最不好销售？为什么？

（31）请列出您的每个产品的进货价及销售价，请务必详细列出。

（32）如果公司规定了每家店都必须有月度最低销售额，您赞同吗？您认为最低月度销售额多少比较合理？

（33）您门店的大概库存数量、价值是多少？您觉得是否可以缩减？缺货的概率是多少？您如何控制库存？运输成本由谁来负担？有无区域仓储中心？

（34）您现有单店的全部收入分为哪几部分？请一定非常详细地罗列出来。

（35）您了解几家公司的竞争对手？分别是哪些呢？与公司相比，他们各自的优势和劣势分别是什么？您认为您的价格相比竞争者而言是高还是低？顾客接受度如何？

（36）每天从您的店门口路过的人有多少？其中，进店的人有多少？进店中实际购买的人又有多少？

（37）客户对您或公司的赞誉、投诉或不满意多吗？都是因为哪些方面？有没有比较好的解决方法？原因是什么？处理结果呢？

（38）消费者认为您的门店的优点是什么？不好的地方是什么？

（39）您现有单店的盈利情况如何？盈亏的原因是什么？请您详细地分析一下。

（40）您认为单店的全部收入中哪些部分会减少？

（41）为了扩大营业收入，除了产品销售之外，您建议或设想或计划增加哪些收入项目呢？请一定非常详细地罗列出来。

（42）您现有单店的全部支出成本、费用分为哪几部分？您认为哪些是可以节省的或不必要的？

（43）现在您的顾客是自己主动上门的多，还是您主动出击开拓来的多？在开发顾客方面，您都做了哪些努力？成效如何？

（44）在单店营销方面，您有没有什么好的方法或经验？您的营销妙招是什么？请不要吝啬，罗列出来与大家分享吧！

（45）您的顾客的来源、性别、年龄、职业等的划分是什么？对应的产品或服务分别是什么？

（46）您如何看待老顾客？您平常是怎么维系老顾客的？有没有什么特别的方法或活动？

（47）在您现在的日常经营中，您觉得最大的瓶颈在哪里？您的解决建议呢？

（48）您的员工的待遇怎么样？是比同行低还是高？

（49）您觉得员工的积极性怎么样？

（50）在员工管理方面，最大的困难是什么？

（51）店里现在的营业时间是怎么样的？您认为什么样的营业时间更合理？

（52）店里的高峰期都是什么时候？高峰期销售额占总销售额的比例如何？公司是如何进行倒班的？高峰时候是如何安排销售人员的？

（53）您对公司物流供货时间、速度、质量等方面满意吗？在物流和供货方面，您有什么好的建议吗？

（54）您对公司规定的单店制度、规范、流程等是否满意？您认为好的方面是哪些？不足的方面是哪些？

（55）加盟后，公司提供的运营手册有哪些？您对手册是否满意？您的建议是什么？

（56）公司对您加盟进行培训的时间是多长？谁进行的培训？在什么地方进行的？

所用的教材是什么？效果如何？您认为培训好的方面是什么？不足的方面是什么？您对培训的建议是什么？

（57）您觉得总部对您的支持好在哪里？不足在哪里？您的建议是什么？

（58）您认为公司的体系在您所在行业的优势是什么？劣势是什么？

（59）您和别的受许人交流过吗？时间？内容？结果？

（60）您对总部有别的什么建议吗（包括总部的支持、产品、物流、价格、培训、督导、广告宣传、研发、加盟期、特许经营费用、受许人年会季会等各个方面）？

（61）您对这个特许经营体系有什么建议吗？

【实例2-5】访谈调研提纲（针对供应商）

（1）您的企业情况简介？

（2）您和公司合作的内容是什么？合作的时间？合作的原因？

（3）您供应给公司的产品或服务在业内的地位、知名度等如何？您认为自己的这些产品或服务的优势和劣势是什么？

（4）您对于与公司的合作满意吗？满意和不满意的地方分别是什么？为什么？您的建议呢？

（5）公司的货款支付及时吗？

（6）您和公司因为价格、采购、验收、数量、质量等发生过纠纷吗？原因是什么？处理结果呢？

（7）您同时供应给哪些别的公司呢？

（8）您的供应能力足够吗？

（9）您和公司的未来合作规划是什么？

（10）您认为公司的优势和劣势是什么？

（11）您有可能自己建立销售终端吗？

（12）您对公司有什么别的建议吗？

【实例2-6】访谈调研提纲（针对合作者，比如代加工商）

（1）您和公司合作多长时间了？

（2）您对公司所在行业的看法是什么？

（3）公司在行业的优势是什么？劣势是什么？

（4）公司的货款或商品交付的时间、数量等方面如何？

（5）公司的诚信度如何？

（6）您了解几家公司的竞争对手？与公司相比，他们各自的优势和劣势分别是什么？

（7）您觉得公司好的方面和需要改进的方面有哪些？

（8）您如何看待与公司未来合作的前景？

（9）您和别的行业内的公司合作吗？他们与公司相比的话，您感觉他们有什么优势和劣势呢？

（10）您对公司有什么建议吗？

【实例2-7】内部调研分析报告示例

1 前言

（主要说明本次调研的背景）

为深入了解×××公司的内部运营和管理状况，更好地构建特许经营体系，维华商创按照内部调研的要求，由不同领域的专家顾问组成内部调研组，针对×××公司的内部运营和管理状况，采用发放调查表、访谈、实地考察、查阅资料、网络搜索、暗访等多种方式进行调研，并对调查结果进行认真汇总整理、分析研究，最后形成本报告。

2 公司基本状况

2.1 企业简介

2.2 目前的组织架构

2.3 主要股东

2.4 高层管理人员

2.5 现有业务与市场

2.6 产品或服务

……

3 调研安排计划

调研安排计划表

序号	调研目的	调研人	调研对象	调研时间	调研方法	调研地点	调研费用	备注
1					发放调查表			
2					访谈			
3					实地考察			
4					查阅资料			
5					网络搜索			
6					暗访			
7								

4 调研结果

4.1 调研表结果分析

4.1.1 单店调研表结果分析

4.1.2 直营店员工调研表结果分析

4.1.3 受许人/经销商/代理商之员工调研表结果分析

4.1.4 受许人调研表结果分析

4.1.5 已有消费者调研表结果分析

4.1.6 总部员工调研表结果分析

4.2 访谈、实地考察、查阅资料、网络搜索、暗访等结果分析

访谈、实地考察、查阅资料、网络搜索、暗访等的对象包括总部、受许人、经销商、代理商、供应商、合作伙伴、加工厂、直营店和加盟店等。

优势和劣势的内容罗列要有逻辑性、全面性和系统性，可以用如下几种方法。

（1）按照特许经营战略的总部战略和单店战略的内容（详见第三章第四节）进行分析。

① 总部：模式、品牌、定位、核心竞争力、运营方式、企业文化、人力资源、财务、物流、供应商、营销、招商（受许人性质、受许人来源战略、加盟店投资与经营战略、受许人画像、招商渠道、招商政策、招商对象等）、营建、培训、督导、研发和技术、电商、公司专利、地址、地域拓展、产品（主辅产品、单店分区、自有品牌等）、特许权内容、特许经营体系四大元素方的主次收入模型、特许经营费用（加盟金、权益金、品牌保证金等）、免费支持、加盟期、关系资源、团队等。

② 单店：店面面积、选址与对应单店类型、单店数量、开店方式、区域布点、商号或店招、8I（MI、BI、VI、SI、BPI、AI、OI、EI）、陈列战略、店面人力、单店财务、单店物流、采购、仓储、配送、单店产品和服务、单店营销、营业时间、单店功能区、成本、收入，还有一些涉及行业的问题，比如对于餐饮店而言，还需要调研的内容至少包括厨房、燃料、锅、炒菜、摆盘、菜单等。

（2）按照笔者的专著《企业全面资源运营论》中关于企业"必要资源"的划分类别[1]进行分析。

① 人力资源。对具体的个人而言，按其人力资源的具体内容可以分为体力人力资源、脑力人力资源和品性人力资源三大类，每一大类又可细分为若干具体的人力资源形式，如下图所示。

---

[1] 李维华. 企业全面资源运营论 [M]. 北京：机械工业出版社，2003.

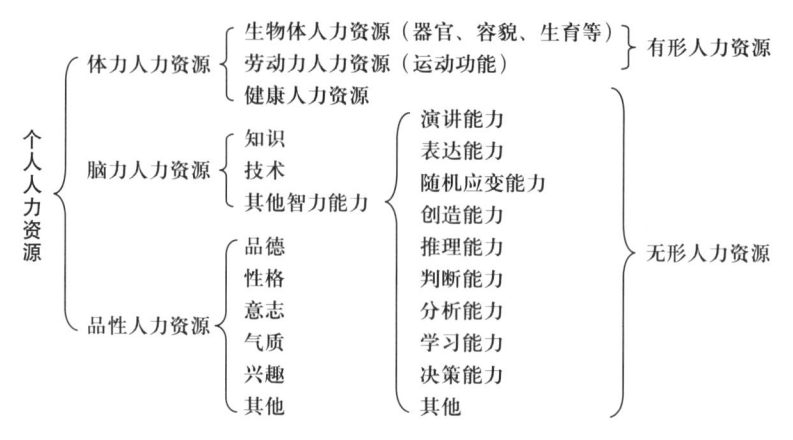

成功构建特许经营体系五步法

个人人力资源的分类图:
- 个人人力资源
  - 体力人力资源
    - 生物体人力资源（器官、容貌、生育等）— 有形人力资源
    - 劳动力人力资源（运动功能）
    - 健康人力资源
  - 脑力人力资源
    - 知识
    - 技术
    - 其他智力能力
      - 演讲能力
      - 表达能力
      - 随机应变能力
      - 创造能力
  - 品性人力资源
    - 品德
    - 性格
    - 意志
    - 气质
    - 兴趣
    - 其他
      - 推理能力
      - 判断能力
      - 分析能力
      - 学习能力
      - 决策能力
      - 其他
  — 无形人力资源

个人人力资源的分类图

按照企业有无可支配性与对于企业目的是否有用两个条件，可以从全社会所有现存人力资源中提取出企业全面人力资源。再按照该人力资源与企业是否存在雇佣关系，把企业全面人力资源进一步分为员工人力资源或企业人力资源以及相关人力资源（按具体内容又分为股东或所有者人力资源、顾客人力资源、供应商人力资源、政府人力资源以及社会公众人力资源）。如下图所示。

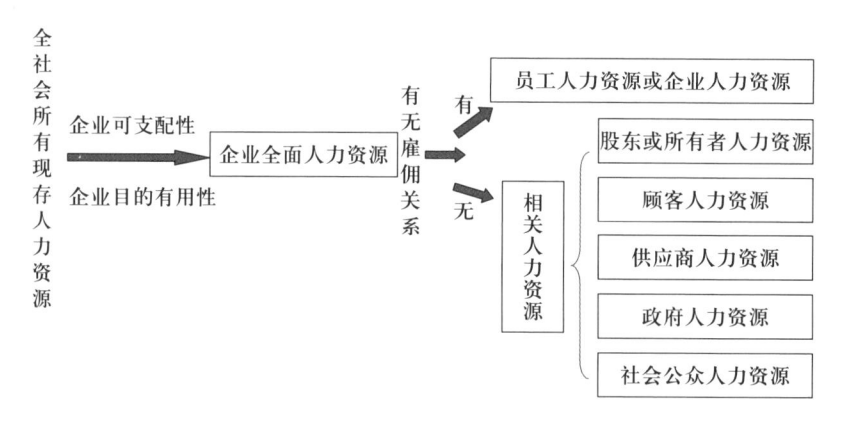

全社会所有现存人力资源 →（企业可支配性、企业目的有用性）→ 企业全面人力资源 →（有无雇佣关系）
- 有 → 员工人力资源或企业人力资源
- 无 → 相关人力资源
  - 股东或所有者人力资源
  - 顾客人力资源
  - 供应商人力资源
  - 政府人力资源
  - 社会公众人力资源

企业全面人力资源的分类图

② 财务资源（长期与短期资金；固定与流动资金；现金、股票、债券等）。

③ 物质资源（原材料、机器、设备、仪器、工具、易耗品、厂房、厂区以及包括半成品、完成品、废品、次品、退货等在内的物品等实物资源）。

④ 市场资源（客户、渠道等）。

⑤ 技术资源（软技术和硬技术）。

⑥ 信息资源（企业内部信息和外部信息）。

⑦ 关系资源（企业内部关系、外部关系）。
⑧ 宏观环境资源（方针政策、法律法规、社会风尚、民族文化传统等）。
⑨ 自然资源（时间、自然力、自然物质等自然因素）。
⑩ 组织管理资源（企业文化、管理哲学、管理程序、组织结构等）。
⑪ 品牌资源（产品品牌、企业品牌、服务品牌、个人品牌）。
⑫ 知识产权资源（商标、专利、秘方等）。
（2）按价值链的内容进行分析。
详见本书第三章第三节。

4.2.1 优势与利用建议

优势与利用建议表

序号	S（优势）	优势详细内容	利用建议
1			
2			
3			
4			
5			
6			
7			

4.2.2 劣势、问题与对策建议

劣势、问题与对策建议表

序号	W（劣势、问题）	劣势、问题详细内容	对策建议
1			
2			
3			
4			
5			
6			
7			

4.3 结语

（简明扼要地说明本次调研的核心结论）

综上，×××公司虽然具备明显的人力资源、营销渠道、资金实力等优势，但也存在着受许人死亡率过高、特许经营体系不健全和漏洞太多、标准化欠缺、手册编制严重不足、没有备案等弊端，所以，为了×××公司更好、更快、更持久、更安全地发展，建

议立即开展特许经营体系的全面构建工作。

5　附件

5.1　调研表

5.1.1　单店调研表

5.1.2　直营店员工调研表

5.1.3　受许人/经销商/代理商之员工调研表

5.1.4　受许人调研表

5.1.5　已有消费者调研表

5.1.6　总部员工调研表

5.2　访谈提纲

5.2.1　内部访谈提纲（针对企业内部人员，包括股东、高层、中层、基层等）

5.2.2　访谈调研提纲（针对受许人）

5.2.3　访谈调研提纲（针对供应商）

5.2.4　访谈调研提纲（针对合作者，比如代加工商）

5.3　资料名录列表

5.3.1　企业资料名录列表（资料单放在另外的文件夹、文件柜）

5.3.2　照片名录列表（照片单放在另外的文件夹、文件柜）

5.3.3　视频、音频名录列表（视频、音频等单放在另外的文件夹、文件柜）

第三章　商业模式设计与可行性分析暨特许经营战略规划

第一节　商业模式设计的四个层次

企业的商业模式主要包括四个层次，按照从大到小、从高到低、从宽到窄的顺序依次为产业链模式、渠道模式、连锁模式、单店模式，如图3-1所示。

```
产业链模式
    ↓
 渠道模式
    ↓
 连锁模式
    ↓
 单店模式
```

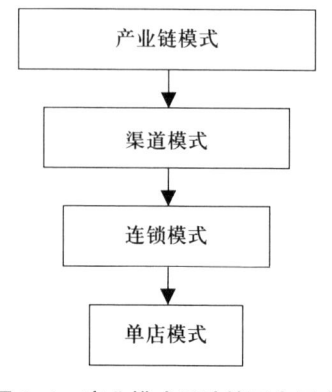

图3-1　商业模式设计的四个层次

第一篇　成功构建第一步：特许经营调研与战略规划、工作计划

一、产业链模式

产业链模式涉及的内容包括在企业的产供销这个产业链条里，哪些环节是企业自营的，哪些环节是采用特许经营之类的方式借助外在力量经营的。

简单地讲，设计、生产、销售、供应、售后等依次的流水线工序就组成了一个产品或服务的完整产业链（见图3-2）。当然，企业还可以在此基础上继续细分，比如生产部分可以再细分为零件生产、组装、检测、包装等。

设计 → 生产 → 销售 → 供应 → 售后

图3-2　产品或服务的完整产业链

实际上，只要合理规划，产业链的每个环节都是可以采用特许经营模式的。

比如笔者为某羊产业集团规划的第一、第二、第三产业的特许经营模式图，如图3-3所示。

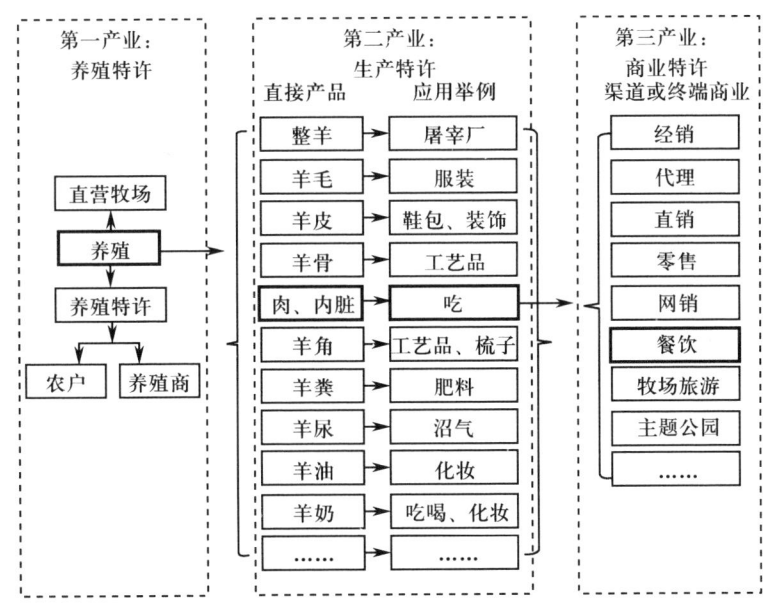

图3-3　某羊产业集团全产业链特许经营图

在上述全产业链模式之下，我们可以选择主业与主产品或服务，比如上图中的加粗方框部分。此集团的主业就是养殖、以羊肉和内脏为主做餐饮。

二、渠道模式

企业需要在大特许的模式下，把已有的和可能会有的产品或服务配对到最合适的模式中。

在配对产品或服务到模式的过程中，企业需要根据实际情况增加或减少产品与服

务、改变产品的特性（比如价格、包装、分量、品牌、功效、附加价值、目标顾客等），以防止渠道冲突。然后以传统的商业模式特许经营为主线，设计出配套的商业模式，使各种商业模式之间既不冲突，还能相互支持和促进。如图3-4所示。

图3-4 大特许的主干和四个组成

依然是上面的某羊产业集团的例子。在集团亲自经营的主产品是羊肉和内脏的情况下，可以把各类产品或服务与对应的商业模式配对，如表3-1所示。

表3-1 产品或者服务与商业模式配对表

序号	主要商业模式		模式主要目的	产品或服务	备注	辅助模式
1	线上	自建网店、App	• 获得利润 • 推广品牌 • 引流消费者到线下及其他渠道	羊肉干、卤肉熟食	使用子品牌，但厂家统一是某羊产业集团	跨界、免费、分公司
2		微商				
3		利用外在网店（京东、淘宝、天猫等）				

第一篇　成功构建第一步：特许经营调研与战略规划、工作计划

续表

序号	主要商业模式			模式主要目的	产品或服务	备注	辅助模式
4		经销		● 获得利润 ● 扩大品牌知名度 ● 进入更多的渠道	羊肉干、卤肉熟食、生鲜肉、内脏	主要销售给餐饮店、农贸市场、商超、食品工厂等企业用户	跨界、平台、免费、分公司
5		直销					
6		代理					
7	线下	实体店	火锅店	● 获得利润 ● 推广品牌 ● 引流消费者到线上及其他渠道	生鲜肉、内脏+餐饮服务	主要销售给终端个人用户	众筹、跨界、平台、免费、分公司
8			快餐店		生鲜肉、内脏+餐饮服务		
9			中式正餐店		生鲜肉、内脏+餐饮服务		
10			烧烤店		生鲜肉、内脏+餐饮服务		
11			生鲜店		生鲜肉、内脏		
12			卤肉熟食店		卤肉熟食+小菜+主食+服务		
13			混合式店		"生鲜肉、内脏+卤肉熟食+小菜+主食+餐饮服务+其他产品和服务"的不同组合		

当你的产品很多，而不同的产品可能需要采取不同的商业模式时，或者你有不同的渠道或商业模式，而每种渠道或商业模式又会适用于不同的产品时，该如何清晰地分配并据此设计出最简洁有效的组织架构呢？当然，这里的产品也可以是业务、服务、地区、时期等其他因素，这里的商业模式也可以简单地理解为渠道、通路等。

在这时，我们一定需要一个简单而实用的工具，就是如图3-5所示的"维华产品（或业务、服务、地区、时期等）-商业模式矩阵"，从而从不同产品、不同业务、不同服务、不同地区、不同时期等角度选择对应的合适的商业模式。图中的纵轴代表不同的商业模式或渠道、通路等，横轴代表不同的产品（或业务、服务、地区、时期等）。

商业模式		A	B	C	D	E	……
老商业模式	经销				✓		
	代理				✓		
	直销				✓		
	……						
主干	纯直营	✓	✓	✓			
	纯加盟	✓	✓	✓			
	托管式加盟						
	……						
新商业模式	微商					✓	
	京东、淘宝、天猫	✓	✓	✓	✓	✓	
	抖商					✓	
	快手					✓	
	企业App	✓	✓	✓	✓	✓	
	……						

产品（或业务、服务、地区、时期等）

图3-5 维华产品（或业务、服务、地区、时期等）-商业模式矩阵

在上图的基础上，我们可以用划"√"的方式来确定不同的产品（或业务、服务、地区、时期等）应该采用哪种合适的商业模式。当然，同一个产品（或业务、服务、地区、时期等）可能会采取不同的商业模式，同一商业模式也可能适用于不同的产品（或业务、服务、地区、时期等）。

假设我们已经根据不同的产品（或业务、服务、地区、时期等）匹配了不同的商业模式，如上图所示。因此，在组织架构设计上，我们就可以采取下述三种方法。

第一，按照"老商业模式""新商业模式""主干"，分别配备三个模式的总经理或负责人。

第二，按照不同的产品（或业务、服务、地区、时期等），配备不同的产品部或事业部总经理或负责人。

第三，按照每一个打"√"的产品（或业务、服务、地区、时期等）-商业模式来配备不同的负责人（当然可以一人多岗、一岗多职）。

需要注意的是，线上和线下的渠道是各有利弊的，企业应该取长补短，而不能偏激地认为哪一个更好。在互联网时代，实体店也并不是一无是处，相反，与线上渠道相比，线下实体店还是有很多优势的，具体如下。

（1）安全感和信任度更高。"跑得了和尚跑不了庙"这句老话说的就是这个道理，顾客在实体店消费不怕店家骗钱后跑路，因为想找到他们很容易；但是线上商家就不好说了，

可能双方交易了很多年都没见过面，所以安全感和信任度自然低很多。

（2）体验感丰富。在店里面，顾客可直接通过视觉、听觉、嗅觉、味觉、触觉等全方位地体验企业及其产品与服务。单店的8I设计科学的话，会大大扩大顾客的消费范围，提高单次消费额和消费的回头率。

（3）提货的即时性。顾客可以实现即买即用，这是绝大多数线上店根本无法实现的。

（4）压力导致的动力。因为实体店需要真金白银的投入，这些投入就是开店者的压力，当然也会直接转变为开店者的经营动力。

（5）销售模式的全面性。在店内，各种销售模式，包括面对面洽谈、直接销售、活动销售、会议销售等几乎都可以实施，从而实现销售额最大化。

（6）时刻存在的宣传。单店的物质性存在，包括其门头、店招、橱窗等本身就是24小时不停的广告，但凡路过的人都可以看得到。

（7）更容易植入新的产品。在已有的单店内增加新产品或服务很容易，在营业执照的合法范围之内，单店只需要划出一片区域，陈列上新产品或新服务或者增加一个服务人员就可以了。

（8）更合法。按照中国法律法规的现状，线上销售的很多形式在法律法规的符合性上是模糊的，所以存在一定的法律风险。但是实体店不同，国内关于实体店经营的法律法规相对比较齐全和成熟，单店经营的合法性更有保障。

（9）因为投资更大，所以可以吸收更优质的事业合作伙伴。一般而言，投资能力大的人的商业经营能力要强于投资能力小的人，比如前者的人脉、商业经验、资金实力等要更强，所以，以实体店的形式吸引受许人这样的事业合作伙伴时更能吸引优质的商业伙伴。

（10）归属感更强。比如微商，虽然有几千几万甚至几十万的全国代理商，但是这些代理商的相当一部分都是把微商作为兼职或业余爱好，或作为可有可无的生意，或作为纯粹的赚零花钱的手段，所以，这种心态下的代理商的组织归属感自然就很差。

（11）更易转化成大额购买。比如消费者在线上的时候，消费决策几乎完全凭自己单方做出，所以通常的购买额不会超出预想。而在线下店，商家可以通过服务员的介绍和推荐而改变顾客的想法，从而使顾客倾向于更大额的购买。

三、连锁模式

如果确定了采用"实体店"这样的商业模式，企业的拓展就必须得采用连锁经营了。这时，企业至少可以有三种连锁模式，即直营连锁、自愿连锁和特许经营。在这三种模式之下，又可以根据单店的两权分离（详见本书第八章第十节）衍生出很多的连锁拓展方式。

企业应根据自己的实际情况决定采用上述的一种或几种。

四、单店模式

单店模式涉及的内容主要包括店内产品和服务的选择、组合，比如主次产品的搭配，主次服务的搭配，是店内消费还是外卖、外带等（详见本书第七章第一节）。

【专题3-1】就一个产品，如何做特许经营

如果只有一个产品，也能做特许经营？当然。

其实，早在1865年，近代特许经营的鼻祖胜家缝纫机公司就以一个单品——缝纫机——而走上了特许经营之路，并因此在制造业掀起了特许经营的流行热潮，然后特许经营模式迅速发展到了第三产业以及更多的产业与行业、国家与地区。

正因为特许经营有胜家这样一段起源与故事，所以在笔者于十多年前把特许经营提升到商业模式并更进一步地提升到一种思维和智慧之前，几乎所有人都认为特许经营的本质就是一种渠道，或者说，特许经营就是一种销售产品的绝佳方式。

事实上是这样吗？没错，在销售渠道方面，特许经营绝对是秒杀一切渠道的。国际特许经营协会（IFA）关于特许经营的定义的第一句话就是"特许经营是一种分销产品或服务的方法"。欧洲特许经营联合会关于特许经营的定义的第一句话是"特许经营是一种营销产品和（或）服务和（或）技术的体系"。简单地讲，他们都认可或认为特许经营其实就是一种销售产品或服务的好方法、好渠道。但是按照笔者在2009年出版的《特许经营学》中的观点，这种认识是初级阶段和低层次的，因为现代特许经营更是一种商业模式，更是一种思维与智慧。

无论如何，一个现实就是，特许经营在销售产品或服务上，真的就如同美国著名预言家、畅销书《大趋势》的作者约翰·奈斯比特（John Naisbitt）所预言的那样，"特许经营无论何时都是唯一的最成功的营销理念"。

但是，如果你真的只有一种产品或服务或技术的话，也能像麦当劳、肯德基、7-11、希尔顿等那样做出店面并且实现整店复制式的特许经营吗？

答案是肯定的，而解决方案的关键是如何设计你的店面或"点"或用以做特许经营复制的"特许权"。事实上，如果你通过撕裂大脑（现在的流行语叫"脑洞大开"）的方式打开思维，你可以很多方法或思路，具体如下。

1. 一生二，二生三，三生万物

比如对产品进行品类、价格、式样等方面的扩展，如此，你就可以有很多而不是单一的产品了。如谭木匠，虽然起家的时候就只有梳子，但是这些梳子在材料、大小、图案等方面都有不同，因此，多种多样的产品就丰富得足以做成一家店面了。

2. 明修栈道，暗度陈仓

如果你只是卖35万元一台的干洗机给家庭，那么不用想，你的销售会非常困难。然而，如果你开设干洗店并且连锁到百城千店，那么，来购买干洗服务而非干洗机的人肯定会蜂拥而至，那些购买干洗机的客户就是更愿意或有能力出钱的干洗店的受许人。

按现在的时髦话说，这叫从2C变成2B。

比如早在中国的宋代，酒坊就开始四处开设饭店并因此形成了商业特许经营的雏形。其实，酒坊并不想也不擅长运营饭店，那为什么还要开设饭店呢？原因很简单，那个时代的人们买酒的时候只有饭店和酒坊这两个主要渠道，而不像现在，可以买酒的渠道还有商超、夜店、线上、专卖店等。所以，那个时代的酒坊主们就通过开设饭店的方式来销售自己的酒。以此类推，卖茶叶的可以开设茶馆、卖护肤品的可以开设美容院等。

3. 除了模式特许，还有产品特许

除了做店面的商业模式特许经营之外，还可以做别的类别的特许经营，比如产品特许，如此，哪怕是单一的产品也可以迅速找到恰当的渠道。从本质上讲，经销、代理、直销等老的渠道模式以及微商、电商、合伙人、无人零售等新的渠道模式的本质都是产品特许经营的具体表现形式，只不过在看起来不是特许经营而实质上就是特许经营的模式之中，"店"变成了别人的终端或人或虚拟的"点"或一台机器设备而已。

4. 把服务加进去

例如，虽然你只是销售一种轮胎，但是你的客户除了购买轮胎之外，一定还需要一些别的服务，仅仅是与轮胎这个单一产品发生最直接关系的服务就有轮胎的检测、补胎、换胎、四轮定位、动平衡、充气、清洗、保养等，这些服务已经足够你开一个店面并且足够让店里的伙计们很忙的了。当然，这还不算快修、简单的汽车美容等关联性的服务。所以，米其林的驰加不只是卖轮胎的，他们是提供以轮胎为核心的服务。

5. 给你的红花配些绿叶

"红花"指的是你已经有的单一产品，"绿叶"指的是为配合"红花"的销售而增加的一些辅助产品或服务。例如，全聚德的创始人本来可能就只擅长烤鸭子，但客人来了之后不能光吃烤鸭，还可能需要烤鸭之外的别的热菜，甚至会需要凉菜、酒水、主食等，如此，一间围绕烤鸭这个主产品的品类丰富的店面就诞生了。以此来看，德州扒鸡卖的就不只是扒鸡，某某肉夹馍卖的不只是肉夹馍，某某鸭脖子卖的不只是鸭脖子，等等。

……

最后，特别要提醒读者三点：一是你未必要以"开店"的形式销售你的产品或服务，特许经营不一定非得有实体店；二是现在的"店"的概念已经过时，你应该做的是"点"，它包括传统的实体店面、现代的虚拟店面以及所有网络上的"节点"；三是只要撕裂大脑、打开思维，你一定会找到无数个围绕你的产品"开店"的方法。

第二节　商业模式选择的评判模型——维华三类九条表

早在2010年的时候，笔者就说过"产品是根，模式是翅膀，人才是中心，品牌是目标和工具"。模式虽然如此重要，但在现实生活中，商业模式太多太多，以至于产品、服务或业务在推向市场时必须经历艰难选择，那就是在众多模式中选择最适合企业的那种或那几种。

比如对于一家养牛的企业，为了销售其牛肉，除了传统的经销、代理、直销以及现代的电商、微商等之外，其连锁的具体商业模式还可以有很多，包括火锅店、中式正餐店、快餐（牛肉面、牛肉汤等）店、烧烤店、铁板烧店、西式正餐店、鲜肉店、熟食店等。因此，企业首先要面临的问题就是选择其中一个或几个。

凭感觉、偏好来选择模式是不科学的，其导致的选择错误屡见不鲜。所以，我们必须对不同的模式有一个科学的选择标准和方法，否则，决策和方向的重大错误带给企业的不会只是一点经济损失，而几乎是灭顶之灾。

为了建立一个选择模式的科学标准和方法，我们首先需要做的就是研究在比较多种模式哪个更好时主要考虑的因素有哪几类。

根据笔者在特许经营领域20多年的学术研究和企业实践经验，企业在选择商业模式时，需要考虑的因素的核心其实主要是三个：外在的（有市场），内在的（擅长），内外结合的（利润或销量）。

企业在选择哪种模式时第一需要考虑的是是否有市场。此处的市场主要指的是两大类市场：单店产品（其消费者就是传统意义上的顾客，消费的内容包括有形的商品和无形的服务）的市场和特许权（其消费者是受许人）的市场。衡量前者有市场与否的最核心元素是该产品的市场容量和未来增长率、消费者对产品的持续热爱度、相同或类似产品的竞争压力；衡量后者有市场与否的最核心元素与前者很相似，包括特许权的市场容量和未来成长率、消费者对特许权的持续热爱度等，转化成特许经营的专业术语就是潜在受许人群体的市场容量、未来增长率以及是否容易复制、市场竞争激烈度。

企业在选择哪种模式时第二需要考虑的是企业是否擅长。主要指的是企业的相关资源是否具备，企业的资源是否足以支撑该模式的核心竞争力。企业核心竞争力的体现元素通常包括该模式是否能充分利用与发挥企业的核心竞争力、是否能充分规避企业的短板等。

企业在选择哪种模式时第三需要考虑的是利润或销量。利润和销量这两个元素在多数情况下是相悖的，只能二取一，但到底取舍哪一个其实很简单，因为取舍的唯一标准就是企业的战略目的。把利润和销量转化成特许经营的专业术语就是特许人从受许人处获益的大小、特许人可持续从受许人处获益的能力（例如，受许人需要持续地从特许人处采购只有特许人才有资格或能力供给的货品、原材料等。这样的好处是，特许人除了能持续获益外，也可加强对于受许人的管控力度）、加盟单店的成功率（为什么要这个？原因很简单，没有加盟店的成功，就没有特许人的成功，加盟店和特许人的成功是相互依存的）。

综上三点，我们可以总结出企业在选择模式时的三大类元素、九小类元素，简称"三类九条"，并按照便于计算和比较的统一的正向性描述把它们列在表格里，如表3-2所示。

表 3-2 维华三类九条表

序号	一级元素	二级元素	正向性描述
1	外在的（有市场）	潜在受许人群体的市场容量	大
2		潜在受许人群体的未来增长率	高
3		是否容易复制	容易
4		市场竞争激烈度	小
5	内在的（擅长）	是否能充分利用与发挥企业的核心竞争力	能
6		是否能充分规避企业的短板	能
7	内外结合的结果（利润或销量）	特许人从受许人处获益的大小	大
8		特许人可持续从受许人处获益的能力	大
9		加盟单店的成功率	高

有了上表之后，在实践之中如何进行定量的运用和操作？按照下述五个步骤进行即可。

第一，尽可能地罗列所有可能的商业模式。这一步的关键在于模式罗列的全面性，因为如果有模式未列举上，而在冥冥之中那个遗漏的模式恰恰就是最佳的商业模式，则企业就会失去选择最佳商业模式的机会。

在穷尽罗列商业模式时，可以用多种方法、从不同角度同时进行，如此就可以把商业模式遗漏的可能性降至最低。

具体的方法有反向思维法，比如对于养牛企业，如果企业的目的是卖牛肉，那可以从消费者的角度反向思考：社会大众都是从什么渠道消费牛肉的？如此，快餐店、生鲜店、火锅店、卤肉熟食店、电商等渠道或模式就自然而然地可以罗列出来。

穷尽罗列商业模式的方法还可以是直接罗列你已知的所有商业模式。

穷尽罗列商业模式的方法还有头脑风暴法，即邀请相关人士一起开会，大家放开思维、互相激发地罗列所有可能的商业模式。

穷尽罗列商业模式的方法还可以是调研国内外的所有竞争者，看看市面上的竞争者采取的都是什么商业模式。

第二，根据企业的战略目的，给每个元素赋予权重（根据企业战略目的的不同，相互比较后竖列打分。打分的方法有很多，比如可以寻找不同的人打分，最后取平均数）。权重的总值取 100 分。

第三，给每个模式的对应元素按照正向性描述打分（在同一元素下，相互比较后横栏打分）。每项的满分为 100 分。

第四，所有模式竖列加总得分。

第五，按得分高低选择最终的商业模式。分数越高，模式越可行。

注意：

（1）当每种商业模式的总得分都非常低时，企业需要重新思考，是否有遗漏的商业模式或者是否数据有错误，或者出现了什么意外的特殊情况。

（2）企业可以在不同的发展阶段，根据不同的产品选择不同的商业模式。

（3）企业可以同时选择几种商业模式，比如采用不同的商标或公司等。

现在仍然以养牛企业为例，假设该企业现在要做连锁店，那么，在火锅店、中式正餐店、快餐店（牛肉面、牛肉汤等）店、烧烤店、铁板烧店、西式正餐店、鲜肉店、熟食店等模式中选择时，维华三类九条表的打分结果如表3-3所示。

表3-3 维华三类九条表打分结果

序号	一级元素	二级元素	正向性描述	权重	火锅店	中式正餐店	快餐店	烧烤店	铁板烧店	西式正餐店	鲜肉店	熟食店
1	外在的（有市场）	潜在受许人群体的市场容量	大	15	90	30	90	80	50	15	80	90
2		潜在受许人群体的未来增长率	高	9	90	50	90	80	60	20	90	90
3		是否容易复制	容易	18	90	20	80	70	70	30	100	90
4		市场竞争激烈度	小	3	10	50	10	50	50	50	20	20
5	内在的（擅长）	是否能充分利用与发挥企业的核心竞争力	能	10	90	20	20	50	50	10	80	90
6		是否能充分规避企业的短板	能	5	90	20	90	90	90	20	90	90
7	内外结合的结果（利润或销量）	特许人从受许人处获益的大小	大	10	90	50	70	90	90	70	90	80
8		特许人可持续从受许人处获益的能力	大	15	90	50	50	90	90	30	90	90
9		加盟单店的成功率	高	15	80	30	80	60	60	40	90	90
	总计			100	8610	3410	6930	7430	6800	3045	8720	8690

从最后一行的"总计"可以非常直观地看到，按照得分从高到低，选择模式的先后顺序应该为鲜肉店、熟食店、火锅店、烧烤店、快餐店、铁板烧店、中式正餐店、西式正餐店。

根据实际的情况，我们既可以选择一种商业模式，比如鲜肉店，也可以选择几种商业模式的组合，比如鲜肉店、熟食店、火锅店的组合，即在一个大的火锅店内开设两个档口店（鲜肉店、熟食店）。在招募受许人时可以给创业人多种选择：火锅店＋熟食店＋鲜肉店，火锅店＋熟食店，火锅店＋鲜肉店，熟食店＋鲜肉店，熟食店，鲜肉店，火锅店。

第三节 商业模式设计与可行性分析暨特许经营战略规划的主体内容

任何企业在试图采用特许经营来扩张业务之前，进行可行性分析都是非常必要的。潜在特许人可以通过这一过程来获取足够的信息，以便做出是否开展特许经营的决策，这些分析对于说服那些将来的潜在受许人也具备很高的价值。另外，可行性研究报告也常被作为特许人筹集项目资金、争取项目支持、撰写商业计划书、编制后续的系列手册等的重要依据。

需要注意的是，可行性研究报告和商业计划书是两个不同的文件。可行性研究报告常被作为撰写商业计划书的重要依据，它是商业计划书的前提、基础和一个有机组成部分（通常作为商业计划书的附件），但二者在内容上有重叠。

可行性研究的主要任务是论证项目是否可行，商业计划的主要任务是对项目的实际运作做出安排。可行性研究通常是为了实现申请项目的批准或立项，商业计划通常是为了获得项目的投资和对未来的商业做出完整的安排。项目运作的一般程序是先进行可行性研究，待论证出项目可行后，再着手撰写商业计划书。

通常，一个完整的项目的商业模式设计与可行性分析暨特许经营战略规划应包括以下十六个部分：封面，简介或前言，目录，企业概述，特许经营项目背景、发展概况，企业内外的 SWOT 分析，市场分析，企业实施特许经营模式的充分性，企业实施特许经营模式的必要性，特许经营项目的战略规划，特许经营项目的技术可行性，特许经营项目的经济可行性，社会效益和社会影响分析，风险和对策，项目团队，附件。下面来逐条叙述。

一、封面

封面上主要是该商业模式设计与可行性分析暨特许经营战略规划的名称，研究单位或主要人员，编制此商业模式设计与可行性分析暨特许经营战略规划的日期。当然，封面上也可打上"内部资料，严禁外传""保密"之类的字词或语句。请参见图 3-6 的示例。

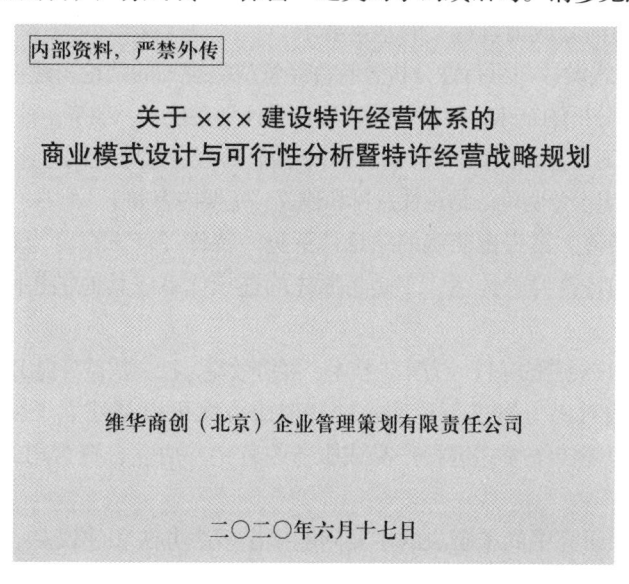

```
内部资料，严禁外传

        关于×××建设特许经营体系的
    商业模式设计与可行性分析暨特许经营战略规划



        维华商创（北京）企业管理策划有限责任公司


              二○二○年六月十七日
```

图 3-6 某企业的商业模式设计与可行性分析暨特许经营战略规划的封面

二、简介或前言

简介或前言的主要内容是总结和概括商业模式设计与可行性分析暨特许经营战略规划中所包含的全部信息。

简介应该用非常简洁精练的语言概括出本商业模式设计与可行性分析暨特许经营战略规划各主要部分的核心思想，亦即指出每个涉及领域中的主要内容，解释整个项目的可行程度，以及建议采取的行动或者此研究报告的结论。

之所以可行性研究报告与商业计划书都要在报告或计划书的开头就把全书的"浓缩本"呈现给读者，是因为那些可能的特许经营项目的决策者、参与者、感兴趣者一开始更关心的是该份报告或计划书的结论或结果，而不是该份报告或计划书编制的具体内容、过程、事实分析和那些原因的罗列。而且，有了简介或前言之后，会使读者的阅读效率大大提高，节省他们的时间。例如，当他们首先得知了结论后，如果对相关内容感兴趣，那么他们会自己查找到那些与结论有关的章节来阅读。有关资料显示，一位风险投资者可能会在一天之内读到几十甚至上百份可行性研究报告或商业计划书，那么显然的是，在初步筛选出他认定的那份或几份可行性研究报告或商业计划书之前，他不会、也根本没有足够的时间和耐心去仔细地阅读每份报告或计划书的每一个章节。因此，一个可行性研究报告或商业计划书的撰写人必须记住的事实就是，简介或前言的水平在某种程度上决定了整个项目的生死命运。如果开头的"浓缩本"不能打动读者的话，那么后边的内容再精彩，整本报告或计划书也十分有可能被忽略掉，因为阅读者已经放弃了进一步或详细阅读后文的机会。

简介或前言的字数一般应在300～1000字之间，最好不要超过1页纸。简明扼要、文字精练准确、涵盖整个商业模式设计与可行性分析暨特许经营战略规划的各个部分、得出明确结论是对简介或前言行文的基本要求。

其中，商业模式设计与可行性分析暨特许经营战略规划的结论与建议是最重要的部分。它主要是根据研究分析的结果，对特许经营项目或计划在技术、经济、社会影响等诸多方面进行综合的评价，对商业模式设计与可行性分析暨特许经营战略规划所建议的特许经营项目方案进行总结，提出十分明确的结论性意见和建议。主要内容如下。

（1）对特许经营方案提出明确的结论性意见。特许经营方案可能有两种最基本的形式：一是建设新的特许经营体系；二是将原先的连锁体系或其他销售网络改装或扩展成特许经营体系。

（2）对实施特许经营的条件、方案、技术、经济效益、社会效益等提出结论性意见。

（3）对主要的对比方案进行说明。这些对比方案可以是建立子公司，成立销售公司，按经销、代理等传统模式进行产品或服务的营销，成立合资公司，发展直营店，直销，等等。

（4）对可行性研究中尚未解决的主要问题提出解决办法和建议。

（5）对应修改的主要问题进行说明，提出修改意见。

（6）对不可行的项目提出存在的主要问题及处理意见。

（7）对可行性研究中主要的争议问题做出说明。

（8）对未来实施特许经营项目时的主要战略规划做出说明。

简介或前言可以有许多格式，但最基本的不外乎两种：一种是标题突出式，另一种是普通文本叙述式，分别见下面的两个实际例子。

例1　标题突出式

项目名称：构建 ××× 特许经营体系

1　特许经营——充分而必要

充分利用公司已有资源，发挥资源最大价值；提升公司品牌，加快发展速度，大大增强竞争力和可持续发展能力；还会因解决就业问题、增加社区服务、改善人们生活质量、满足潜在加盟人群的创业需要等而得到当地政府的大力支持。

总之，这是一个利国、利民、利公司的好项目。

2　企业战略概述

对A业务，构建全新的特许经营体系。

对已有老店，全部改造成直营店（部分直营店可以出售，作为特许加盟店或合作加盟店）。

对B、C、D业务，暂时直营，待发展成熟后再特许。

对公司开发的产品，将会在不对自己现有营销网络的产品销售造成直接和明显冲击的前提下，通过经销、代理等传统方式进入商超系统。

3　项目运作机制

企业与顾问专家共同组成项目组。

4　项目期限

初期3个月左右。

5　项目阶段

第一阶段：特许经营准备，20××年8月21日至20××年9月9日

第二阶段：特许经营理念导入和体系六大设计，20××年8月21日至20××年10月24日

第三阶段：特许实体运营网络的实施，20××年9月9日至20××年11月9日

第四阶段：招商、营建与复制体系的设计与实施，20××年9月9日至20××年11月9日

第五阶段：督导体系和TQM体系及特许经营的备案和信息披露，20××年9月9日至20××年11月9日

最终阶段以特许经营体系初步建设完毕，特许复制的硬件、软件、人力资源等基本齐备为标志。

6　项目启动资金及来源

×××元，其中×××元支付给顾问专家。

7　项目全程投资及来源

预计累计投资×××元，全部由公司提供。除启动资金外，其余资金将来自项目进行中收取的加盟费、现有以及新开店店面利润、可能的融资、产品销售收入等。

8　项目产值

预计3个月之后，公司将完成直营店改造18家、新建设加盟店5家、新增经销商（或代理商）15人，累计新增收入×××元。

9　项目风险与对策

本项目的主要风险在于竞争对手可能会同步行动、公司实施此项目的决心会中途改变、招聘不到合适的员工或受许人、短期内技术复制难以完成、资金供应连续性不能保证等，但只要公司上下齐心协力、坚定信念，那么在专家顾问的指导下，风险期就可以顺利度过。

10　待解决问题

对于未来特许经营规划中的特许费用、特许期限、区域发展战略、特许权、新体系的CIS等内容，要经过更详细的科学设计和市场调研后再最后确定。

成功构建特许经营体系五步法

例2 普通文本叙述式

概　要

在公司经营十年之后的今天实施特许经营模式充分而必要。它会在充分利用公司已有资源、发挥资源最大价值的同时，进一步提升公司品牌，加快发展速度，大大增强公司的竞争力和可持续发展能力；本项目的实施还会因解决就业问题、增加社区服务、改善人们生活质量、满足潜在加盟人群的创业需要等而得到当地政府的大力支持。总之，这是一个利国、利民、利公司的好项目。

因为本公司有诸多业务和产品，同时还有一些多元化的服务和经营，所以必须针对不同的业务、产品而实施不同的发展战略。对A业务而言，因为我们的核心技术、品牌存在于此，所以要构建全新的特许经营体系。对已有老店而言，全部按照新设计的CIS标准改造成直营店（部分直营店可以出售，作为特许加盟店或合作加盟店）。对B、C、D业务而言，因为我们不具有比竞争对手更强的技术、品牌等资源，所以暂时仍然实施直营，待发展成熟后再特许。对公司开发的产品而言，将会在不对自己现有营销网络的产品销售造成直接和明显冲击的前提下，通过经销、代理等传统方式进入商超系统。

在考虑到我们实际条件的情况下，项目的实施将会聘请×××作为专家顾问，合作方式为全程委托式顾问咨询服务，同时专家顾问、我公司高层、骨干以及新招聘员工共同组成特许经营项目构建组。

本项目的设计与建设雏形阶段为3个月左右，此后，我们将在设计好的模式下自我运作或与专家顾问另行确定合作模式。

初期的项目共分为五个阶段。第一阶段：特许经营准备，20××年8月21日至20××年9月9日；第二阶段：特许经营理念导入和体系基本设计，20××年8月21日至20××年10月24日；第三阶段：特许经营管理体系的建立，20××年9月9日至20××年11月9日；第四阶段：加盟推广体系的设计和建立，20××年9月9日至20××年11月9日；第五阶段：督导体系的构建和全面质量管理，20××年9月9日至20××年11月9日。最终阶段以特许经营体系初步建设完毕，特许复制的硬件、软件、人力资源等基本齐备为标志。

初期的项目启动费用（包括顾问费×××元、样板店建设费×××元、项目支出×××元）共计×××元。在初期的3个月之后，为了进一步发展和实施体系的设计模式，仍然需要投资×××元。所有费用全部由本公司提供，除启动资金外，其余资金将来自项目进行中收取的加盟费、现有以及新开店店面利润、可能的融资、产品销售收入等。

按正常情况预测，预计3个月之后，公司将完成直营店改造18家、新建设加盟店5家、新增经销商（或代理商）15人，累计新增收入×××元。

本项目的主要风险在于竞争对手可能会同步行动、公司实施此项目的决心会中途改变、招聘不到合适的员工或受许人、短期内技术复制难以完成、资金供应连续性不能保证等，但只要公司上下齐心协力、坚定信念，那么在专家顾问的指导下，风险期就可以顺利度过。

鉴于时间、成本、人力、战略等因素，本可行性报告仍然有一些待解决问题：对于未来特许经营规划中的特许费用、特许期限、区域发展战略、特许权、新体系的CIS等内容，要经过更详细的科学设计和市场调研后再最后确定。

最后，综合认定此项目为一个多赢的好项目，建议立即组织实施。

上述两种格式各有利弊，读者在实际操作中应根据自己的实际情况选用。一般而言，标题突出式简介或前言的优点在于重点突出、框架清晰、逻辑鲜明，阅读者可以迅速找到他最关心的几个问题的答案或结论。其缺点是作为关键部分的几个标题的选择有一定的难度，这是因为不同的阅读者可能关心的重点不同，所以标题的选择可能会有遗漏，并进而导致相关内容的遗漏。如果阅读者的阅读需求重点十分明显，亦即撰写人事先很清楚阅读者最关心的几个关键问题，那么采用这种格式就比较好。

普通文本叙述式简介或前言的弊端在于读者无法迅速理清该部分短文的重点和框架结构,而必须一字一句地阅读并自己归纳出重点和逻辑框架,因此有的阅读者可能会失去阅读的耐心,从而可能忽略某些关键字句。但其好处也正源于此,因为这种编排在客观上"强迫"阅读者去认真通读全文。如果阅读者的阅读需求重点不明显,亦即撰写人并不清楚阅读者更关心什么问题,或者为了照顾到阅读需求不同的阅读者的具体情况,或者此简介或前言要表达的内容很多且不容易归纳为几个标题,那么这种格式就会比较适合。

三、目录

简介或前言之后的部分应该是目录,这样可以使读者迅速地了解整个商业模式设计与可行性分析暨特许经营战略规划的宏观结构,并在需要时迅速地根据目录中的页码找到他最想看的内容。

其实我们在生活中也有这样的体验,比如当我们在书店买书时,我们首先翻看的内容往往就是书的目录部分,以查看它是不是有新颖、吸引人的地方,而如果一本书的目录层次混乱、没有亮点、逻辑不清甚至有错别字的时候,我们一般就不会买这本书。

因此,目录是商业模式设计与可行性分析暨特许经营战略规划撰写者的逻辑架构、思维条理、创新创意的首要体现,有时也是商业模式设计与可行性分析暨特许经营战略规划最出彩部分的缩影,对于在最短的时间内抓住读者的注意力、提高商业模式设计与可行性分析暨特许经营战略规划得到认可的概率具有非常重要的意义,不可忽视。

在格式方面,一般而言,目录层次最多到三级,一级、二级和三级目录之间在文字大小、字体粗细、样式、缩进等方面应该有所区别,以便阅读者能清晰、准确、迅速地掌握整个商业模式设计与可行性分析暨特许经营战略规划的谋篇布局。请参见以下某连锁餐饮企业的实例。

【实例3-1】商业模式设计与可行性分析暨特许经营战略规划目录

目 录

1 ** 公司概述
 1.1 基本情况
  1.1.1 目前的组织架构
  1.1.2 主要股东
  1.1.3 高层管理人员
  ……
 1.2 特许经营项目背景、发展概况
 1.3 现有业务与市场
 1.4 产品或服务
  1.4.1 波士顿矩阵图分析结果

续表

  1.4.2 消费人群与企业目标搭配度分析结果
  1.4.3 维华三类九条表打分结果
2 **公司的SWOT与PESTN分析
 2.1 **公司的内部环境分析（S、W）
  2.1.1 **公司的内部优势分析（S）
  2.1.2 **公司的内部劣势分析（W）与对策
 2.2 **公司的外部环境分析（O、T）
  2.2.1 **公司的外部机会（O）与机会点的PESTN分析
  2.2.2 **公司的外部威胁（T）与对策的PESTN分析
3 市场分析方面
4 **公司开展特许经营的充分性：经过调整，法律、商业方面皆具备充分性
 4.1 经过调整后，法律方面具备充分性
 4.2 经过调整后，商业方面具备充分性
5 **公司开展特许经营的必要性：非常有必要
6 **公司的具体战略
 6.1 总部战略
  6.1.1 模式战略：****
  6.1.2 品牌战略：****
  6.1.3 核心定位：****
  6.1.4 核心竞争力战略：****
  6.1.5 运营战略：****
  6.1.6 企业文化战略：****
   6.1.6.1 MI要点与原则：****
   6.1.6.2 BI要点与原则：****
   6.1.6.3 VI要点与原则：****
   ……
  6.1.7 人力资源战略：****
  6.1.8 财税战略：****
   6.1.8.1 财务资源配置战略：****
   6.1.8.2 融资与资本战略：****
   6.1.8.3 投资战略：****
   6.1.8.4 股利分配战略：****
   6.1.8.5 经营资本管理战略：****
   6.1.8.6 财务风险控制战略：****
   6.1.8.7 税收战略：****
   ……
  6.1.9 供应链战略：****
   6.1.9.1 供应商战略：****

续表

	6.1.9.2	加工制造厂战略
	6.1.9.3	分销商战略
	6.1.9.4	物流配送战略
6.1.10	营销战略：****	
6.1.11	招商战略：****	
	6.1.11.1	受许人性质战略：****
	6.1.11.2	受许人来源战略：****
	6.1.11.3	加盟店投资与经营战略：****
	6.1.11.4	受许人画像
	6.1.11.5	招商渠道
	6.1.11.6	招商政策
	6.1.11.7	招商对象
	6.1.11.8	其他
6.1.12	营建战略：****	
6.1.13	培训战略：****	
6.1.14	督导战略：****	
6.1.15	研发和技术战略：****	
6.1.16	电商战略：****	
6.1.17	公司专利等知识产权战略：****	
6.1.18	未来特许经营总部的组织架构：****	
6.1.19	地址战略：****	
6.1.20	地域拓展战略：****	
6.1.21	产品战略：****	
	6.1.21.1	主辅产品战略：****
	6.1.21.2	单店分区战略：****
	6.1.21.3	自有品牌战略：****
	……	
6.1.22	特许权内容战略：****	
6.1.23	特许经营体系四大元素方的主次收入模型战略：****	
6.1.24	特许经营费用战略：****	
	6.1.24.1	全部费用组合战略：****
	6.1.24.2	加盟金战略：****
	6.1.24.3	权益金战略：****
	6.1.24.4	品牌保证金战略：****
	……	
6.1.25	免费支持战略：****	
6.1.26	加盟期战略：****	
6.1.27	单店宏观战略：****	
	6.1.27.1	店面面积战略：****

续表

```
            6.1.27.2  选址与对应单店类型战略：****
            6.1.27.3  单店数量发展战略：****
            6.1.27.4  开店方式战略：****
            6.1.27.5  区域布点战略：****
      6.1.28  关系资源战略：****
      6.1.29  公司目前状况应对战略：****
      6.1.30  主要风险点规避战略：****
      6.1.31  项目运作队伍和运作方法：****
      ……
  6.2  单店战略
      6.2.1  商号或店招名称战略：****
      6.2.2  8I 战略
            6.2.2.1  MI 战略：****
            6.2.2.2  BI 战略：****
            6.2.2.3  VI 战略：****
            6.2.2.4  SI 战略：****
                  6.2.2.4.1  装修装饰风格：****
                  6.2.2.4.2  墙挂：****
                  6.2.2.4.3  空间效果：****
                  ……
            6.2.2.5  BPI 战略：****
            6.2.2.6  AI 战略：****
            6.2.2.7  OI 战略：****
            6.2.2.8  EI 战略：****
      6.2.3  陈列战略：****
      6.2.4  店面人力战略：****
      6.2.5  单店财务战略：****
      6.2.6  单店物流战略
            6.2.6.1  采购战略：****
            6.2.6.2  运输战略：****
            6.2.6.3  仓储战略：****
            6.2.6.4  计调战略：****
      6.2.7  单店产品和服务战略
      6.2.8  单店营销战略
      6.2.9  营业时间战略
      6.2.10  单店功能区战略
      ……
7  ** 公司开展特许经营项目的技术可行性
  7.1  建设特许经营体系的技术可行性
```

续表

```
    7.2  特许经营体系建设后运作与维护、升级的技术可行性
8   ** 公司开展特许经营项目的经济可行性
    8.1  资金来源可行性
    8.2  未来盈利可行性
         8.2.1  加盟单店的财务预测
         8.2.2  区域受许人的财务预测
         8.2.3  特许经营总部的财务预测
9   ** 公司开展特许经营项目的社会效益和影响分析
10  ** 公司开展特许经营项目的风险和对策
11  ** 公司开展特许经营项目的项目团队
12  ** 公司开展特许经营项目的工作计划
    12.1  ** 公司开展特许经营项目的计划与内容
    12.2  ** 公司开展特许经营项目的手册合同名录（拟）
13  ** 公司开展特许经营项目的可行性研究报告附件
    13.1  ** 内部调研诊断报告
    13.2  ** 市场调研报告
    13.3  ** 公司投资分析表
    13.4  ** 公司原有的各类硬性资料
    ……
```

由上面的例子我们可以看到，因为封面、简介或前言在目录页之前，所以目录的对象实际上就只包括13项主要内容。

四、企业概述

企业概述介绍的就是企业的基本情况，主要包括如下四个方面的内容。

（一）基本情况

包括企业简介、企业的名称、性质、地址、组织架构、人员情况、主要股东、注册资本、法人、高层管理人员、发展历史、注册商标、现有店面、经营状况、处于生命周期的哪个阶段等。

（二）特许经营项目背景、发展概况

这一部分主要应对特许经营项目的提出背景与发展概况做系统的叙述，说明特许经营项目提出的背景、实施原因、发起者、特许经营项目的团队成员、在商业模式设计与可行性分析暨特许经营战略规划前已经进行的工作及其成果、重要问题的决策过程、成功的经验和失败的教训、项目建议书等情况。

具体内容包括以下方面。

1. 项目提出的背景

说明国家有关的产业政策、技术政策，分析特许经营项目是否符合这些宏观经济要求。

成功构建特许经营体系五步法

对于政府特许经营项目自不必说，对于企业的特许经营项目也同样如此，不了解国家或行业的总体发展战略、趋势，肯定会为将来的特许经营体系埋下一个定时炸弹。目前我国国家宏观战略中的西部开发、东北振兴、中原崛起、关注农村、发展第三产业、解决就业、"两创四众"、扩大普及教育、扶持民族品牌、发展物流、五年规划、供给侧改革、"互联网+"等问题，都需要准备实施特许经营模式的企业仔细研究，以从中发现机会和不利之处。

2. 项目发起人、团队成员和发起缘由

（1）写明项目发起单位或发起人、团队成员。如果是合资项目，则要分别列出各方法人代表、注册国家、地址等详细情况。

（2）提出项目的理由。不论项目发起的理由是打造品牌、获取更多经济利益、强化竞争、扩张规模、抢占市场份额还是简单地模仿同行等，在可行性研究里都要明确地写明，因为这些项目理由需要在本商业模式设计与可行性分析暨特许经营战略规划里进行论证并作为战略决策的重要参考依据。

3. 项目发展概况

项目发展概况指的是本特许经营项目在商业模式设计与可行性分析暨特许经营战略规划前就已经进行的所有相关工作的情况。例如，调查研究情况、试验情况、项目建议书情况以及筹办工作中的其他重要事项。

（1）已进行的调查研究项目及其成果。

● 开展特许经营所需要的企业内外资源调研，包括特许经营、行业、法律法规、同行采取特许经营状况的调研及企业内部情况的调研等

● 市场调研，分为全国性和地区性市场情况调研，其中既包括企业本身的产品和服务调研，也包括特许体系和单店推广的市场调研、行业发展的调研等

● 已经设计出的手册、文件以及招商时的潜在受许人名录等

● 其他与未来特许经营体系的构建相关的调查与研究

（2）试验情况。已完成及正在进行的试验性工作的名称、内容及试验结果等，这些试验包括直营店的经营、法律手续的完备、商标的注册、网站的建设、物流体系的运营、与战略伙伴的合作、供应商的管理、企业系列手册的编制、企业文化的建设、样板店的建设、与潜在受许人的交谈和部分加盟店的营建等。

一个常见的情况是，国内的许多企业经常会经受不住众多潜在受许人强烈要求加盟和未来从加盟中赚取较大期望利润的诱惑，在没有任何特许经营体系的可行性论证、完整设计和系统规划之前就已经发展了数家加盟店。但等他们发展特许经营的热情和冲动冷静下来之后，又猛然发现自己原来在许多必需的方面都还大大欠缺，问题和麻烦也是一个接一个，自己的特许经营体系一片混乱，于是他们才决定聘请外界顾问来帮助构建规范科学的特许经营体系，并把特许经营当成一个工程来实施。那么在这种情况下，先前发展和建设加盟店的经验、体会、信息和教训等就都要完整、详细、准确地记录在商

业模式设计与可行性分析暨特许经营战略规划里，以作为制定商业模式设计与可行性分析暨特许经营战略规划的重要依据。

（3）项目建议书情况。

● 项目建议书的编制、提出及审批过程等

● 项目建议书及所附资料名称。项目建议书及所附资料会从不同侧面提供商业模式设计与可行性分析暨特许经营战略规划所需要的重要信息，必须将它们收藏好，以便日后查用

● 审批文件文号、审批人、日期及其要点等

（三）现有业务与市场

包括企业的业务内容、业务现状、市场占有率、目标市场、优势和劣势、渠道与模式、流水与利润、成本和费用、发展速度和效率、竞争者、核心竞争力、问题、团队建设、未来规划、处于生命周期的哪个阶段等。

（四）产品或服务

主要包括企业产品或服务的类型、名称、产量、质量、特色、竞争力、价格、毛利、净利、竞争者、未来市场、处于生命周期的哪个阶段等。这一点对于主要依靠自有产品或产品类别少的企业特别重要，因为加盟单店成功与否在很大程度上与这些产品或服务的性能、特色、价格等有关。

为了使企业在自己的众多产品或服务中明晰它们各自的地位和未来的发展战略，企业可以使用一些管理学上的工具或模型进行分析，比如波士顿矩阵就是一种对产品或服务进行分析的很不错的工具。

波士顿矩阵由美国波士顿咨询集团于1970年创立并推广，又称为"市场成长率 - 相对市场份额矩阵"。该矩阵把企业的产品、服务或业务分为四个基本大类，如图3-7所示。

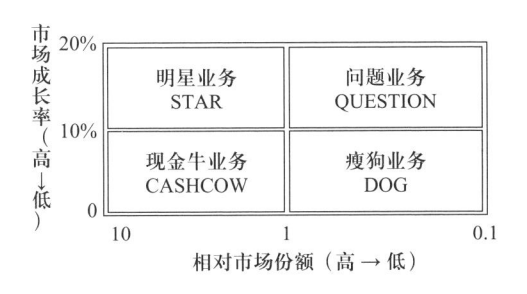

图3-7 波士顿矩阵

图中，纵坐标的市场成长率表示该业务的销售量或销售额的年增长率，用数字0～20%表示，并认为市场成长率超过10%就是高速增长（在现实经济生活中，有的企业的业务的年增长率可能会远远超过20%，因此纵坐标的上限就应做相应的修改）。

横坐标的相对市场份额表示该业务相对于同一市场中本企业的最大竞争对手的市场份额，用于衡量企业在相关市场上的实力。相对市场份额用数字0.1（本企业销售量是最大竞争对手销售量的10%）~10（本企业销售量是最大竞争对手销售量的10倍）表示，并以相对市场份额1为分界线（表示本企业的销售量和最大竞争对手的销售量旗鼓相当）。

其中，纵坐标的市场成长率是一个动态的指标，它反映企业的发展历史、过程和未来趋势；横坐标的相对市场份额则是一个静态的指标，反映的是企业目前所处的状态。因此，波士顿矩阵的实质是从动态和静态两个方面来分析研究企业的产品、服务或业务，具有高度的科学性与实战性。

按照上述的纵坐标和横坐标，我们可以把企业的不同业务划分为四种基本的类型，即明星业务（Star）、问题业务（Question）、现金牛业务（Cashcow）、瘦狗业务（Dog）。下面就分别介绍这四类业务的特点和企业的应对策略。

（1）问题业务是指高市场成长率、低相对市场份额的业务。这往往是一个公司的新业务，为发展问题业务，公司可以追加投资、增加设备和人员、改善经营管理、加强营销等，以便跟上迅速发展的市场，并超过竞争对手，这就意味着大量的资金投入或公司的大幅度改革。

"问题"非常贴切地描述了公司对待这类业务的态度，因为这时公司必须慎重回答"是否继续投资，发展该业务"这个问题。只有那些符合企业发展长远目标、企业具有资源优势、能够增强企业核心竞争能力的业务才能得到肯定的回答。

（2）明星业务是指高市场成长率、高相对市场份额的业务。这是由问题业务继续投资或改善而发展起来的，可以视为高速成长市场中的领导者，它将成为公司未来的现金牛业务。但这并不意味着明星业务一定可以给企业带来滚滚财源，因为市场还在高速成长，企业可能还必须继续投资、继续改善，以保持与市场同步增长，并击退竞争对手，保持自己的领先和优势地位。

企业没有明星业务，就失去了希望，但群星闪烁也可能会耀花了企业高层管理者的眼睛，导致做出错误的决策。这时必须具备识别行星和恒星的能力，亦即识别那些短期盈利业务和可持续盈利业务的能力，将企业有限的资源投入到能够发展成为现金牛的恒星上。

（3）现金牛业务指低市场成长率、高相对市场份额的业务，是成熟市场中的领导者，它是企业现金的来源。由于市场已经成熟，企业可以不必通过大量投资来扩展市场规模。同时，作为市场中的领导者，该业务享有规模经济和高边际利润的优势，因而给企业带来大量财源。企业往往用现金牛业务产生的现金来支付账款并支持其他三种需大量现金的业务。

（4）瘦狗业务是指低市场成长率、低相对市场份额的业务。一般情况下，这类业务常常是微利甚至是亏损的。瘦狗业务存在的原因更多是由于感情上的因素，虽然一直微利经营，但像人对养了多年的狗一样恋恋不舍而不忍放弃。其实，瘦狗业务通常要占用很多资源，如资金、管理部门的时间等，多数时候是得不偿失的，是企业沉重的负担。因此，企业可以采取果断的放弃战略，转而去把有限的资源投入到更能创造价值的业务上。

波士顿矩阵可以帮助我们分析一个公司的投资业务组合是否合理。如果一个公司没有现金牛业务，说明它当前的发展缺乏现金来源；如果没有明星业务，说明在未来的发展中缺乏希望。一个公司的业务投资组合必须是合理的，否则必须加以调整。

在明确了各项业务在公司中的不同地位后，就需要进一步明确战略。通常有四种战略，分别适用于不同的业务。

（1）发展：继续大量投资，目的是扩大业务的市场份额，主要针对有发展前途的问题业务和明星业务中的恒星业务。

（2）维持：维持投资现状，目的是保持业务现有的市场份额，主要针对强大稳定的现金牛业务。

（3）收获：实质上是一种榨取，目的是在短期内尽可能地得到最大的现金收入，主要针对处境不佳的现金牛业务及没有发展前途的问题业务和瘦狗业务。

（4）放弃：目的在于出售和清理某些业务，将资源转移到更有利的领域。这种战略适用于无利可图的瘦狗业务和问题业务。

需要注意的是，在现实经济生活中，某种具体的业务需要采取上述四类基本战略中的哪一种，是需要经过仔细、科学的具体问题具体分析后才能决定的，不能千篇一律地教条化对待，因为并不是哪一种业务一定要采取哪一种或几种战略，业务和战略之间并不存在一一对应的关系。比如图3-8为可能的实际业务与战略的对应关系。

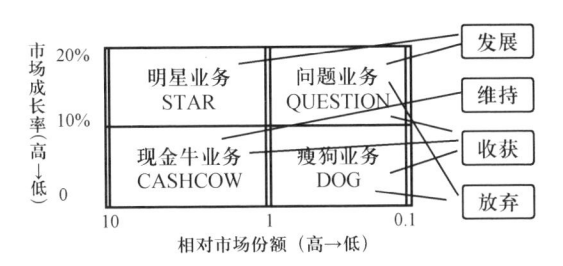

图3-8 业务类型与对应的战略

对企业业务所进行的波士顿矩阵分析可以帮助企业决定特许权的内容和对象。比如一般而言，企业特许的业务必须是有着良好未来前景的、必须是企业成熟的业务、必须是有着良好经济效益的，所以明星业务和现金牛业务更适合作为特许业务，这样的业务也更受受许人的欢迎。当然，由于特许经营模式的独特优势，企业采用特许经营的模式也可能促使其问题业务甚至瘦狗业务的好转。

另外，当企业的业务特别多和复杂而不利于特许经营的"复制"时，企业可以首先或前期从简单而少数的几个业务开始，待特许经营体系发展成熟后再慢慢扩大业务的范围，那么这时，波士顿矩阵的业务分析结果就可以给企业提供一个很好的特许权取舍建议。

关于利用波士顿矩阵选择特许业务的具体方法，请参见本书第三章第六节。

五、企业内外的 SWOT 分析

SWOT 分析中的 S、W、O 和 T 分别代表企业的优势、劣势、机会和威胁。因此，SWOT 分析实际上是对企业内外部条件各方面的内容进行综合和概括，进而分析组织的优劣势、面临的外部机会和威胁的一种方法。其中，优劣势分析主要是企业自身的实力及其与竞争对手的比较，而机会和威胁分析则主要是对外部环境的变化及其对企业的可能影响的分析。但是，外部环境的同一变化给具有不同资源和能力的企业带来的机会和威胁可能完全不同，因此，企业需要具体问题具体分析。

（一）内部环境分析即优势与劣势分析（S、W）

所谓竞争优势，就是指当两个企业处在同一市场或者说它们都有能力向同一顾客群体提供产品和服务时，一个企业超越其竞争对手的能力，这种能力有助于实现企业的主要目标。但需要注意的是，竞争优势并不一定完全体现在较高的盈利率上，因为有时企业可能更希望增加市场份额、实现企业规模化、获得可持续发展、赢得社会公众的认可等。

虽然竞争优势实际上指的是一个企业与其竞争对手相比的较强的综合优势，但是明确企业究竟在具体的哪一个方面具有优势更有实际意义，因为只有这样，企业才可以更有针对性地扬长避短，或者以实击虚。

由于企业是一个整体，并且由于竞争优势来源的广泛性，因此，竞争优势可以指消费者眼中一个企业或它的产品、服务、资源、能力等有别于其竞争对手的任何优越的东西。在做优劣势分析时必须从整个价值链的每个环节上，对企业与竞争对手做详细的对比，如产品是否新颖、制造工艺是否复杂、物流渠道是否畅通、价格是否具有竞争性、是否具有独特的资源、是否具有独家专利等。

如果一个企业在某一方面或某几个方面的优势正是该行业企业应具备的关键成功要素，那么，该企业的综合竞争优势就会强一些。需要指出的是，衡量一个企业是否具有竞争优势，应该从现有潜在用户的角度，而不是从企业的角度来分析。

企业在维持竞争优势的过程中，必须深刻认识自身的资源和能力，采取适当的措施。因为一个企业一旦在某一方面具有了竞争优势，势必会吸引竞争对手的注意。一般地说，企业经过一段时期的努力，建立起某种竞争优势后，就处于维持这种竞争优势的态势，竞争对手直接进攻企业的优势所在，或采取其他更为有力的策略，就会使这种优势受到削弱。

影响企业竞争优势持续时间的主要有三个关键因素：①建立这种优势要多长时间？②能够获得的优势有多大？③竞争对手获得更加有力的优势需要多长时间？如果企业分

析清楚这些因素，就会明确自己在建立和维持竞争优势中的地位。

因此，在这个部分，企业应分别详细地列出自己的优势和劣势。

（1）企业优势或强项（Strength，S）。

（2）企业劣势或弱项（Weakness，W）。

在具体的优劣明细类别上，企业可以按照不同的方式来逐一划分以及将其与竞争对手进行对比。

第一种方法是所谓的企业活动确认法，亦即比较或分析企业各项活动的优势和劣势。因为企业间不同的其中一个表现就是企业在各种活动上存在差异，这种差异就产生了不同企业间实际经营效果的差异，所以，我们可以通过分析每一种企业活动的优势和劣势，最后汇总得到企业的全部优势和劣势。

首先，让我们来看一下企业需要或将要进行的必要活动都有哪些。

传统的划分企业必要活动的方法是"黑箱"法。新古典企业理论把企业看成一个特殊的生产函数，一个内部没有摩擦的"黑箱"。[①] 如图3-9所示。

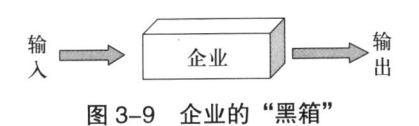

图3-9 企业的"黑箱"

"黑箱"法认为企业运营的实质就是将输入转换为输出的一个不断循环的过程，企业的主要任务其实就是让"输入—加工—输出"不停地和尽可能快地进行，并使其成为一个以输出价值最大化为目标的具有经济意义的循环。这种方法反映了在G—W—G'剩余价值规律支配下，企业运营者们对于生产加工企业的认识。

因此，按照这种观点，企业的必要运营活动就可分为供应、生产与销售三部分。企业的组织架构、部门设置与资源运营都围绕着这三种基本活动进行。但需要注意的是，此处的输入不单是原材料和动力的输入，还包括企业运营所需的所有其他资源的输入，比如资金、人力、机器设备、信息等。输出则指的是企业"黑箱"将所有输入进行加工或转换后所产生的通常意义下的产品或服务。"黑箱"中的具体活动则可以通过原料、半成品、成品的流程顺序而得到。在这种划分企业活动的方法之下，我们就可以将不同企业在供应、生产与销售上的各种具体活动进行一一对比，如此就可以得出企业的优势和劣势。

当然还有别的划分企业活动的方法，比如按照职能的不同，企业的活动可以分为人力、财务、计划、生产、营销、公关、后勤等；再比如，与"科学管理之父"泰勒共同奠定古典管理理论基础的法国著名管理学家法约尔曾按照技术职能人员的工

---

① 邓华庭，刘炼.浅论企业核心能力[J].理论与改革，2001（4）.

作性质，把企业活动分为管理、技术、商业、财务、安全、会计六个部分。[①]

另外，企业还可以按照价值链的方式来细分企业的活动并进行优势和劣势对比。按照价值链形成过程，企业的活动可分为基础活动与支持活动两大类。基础活动又分为内部后勤、运营、外部后勤、市场与销售和服务五类。支持活动又分为公司基础设施、人力资源管理、技术开发和采购四类。如图3-10所示。

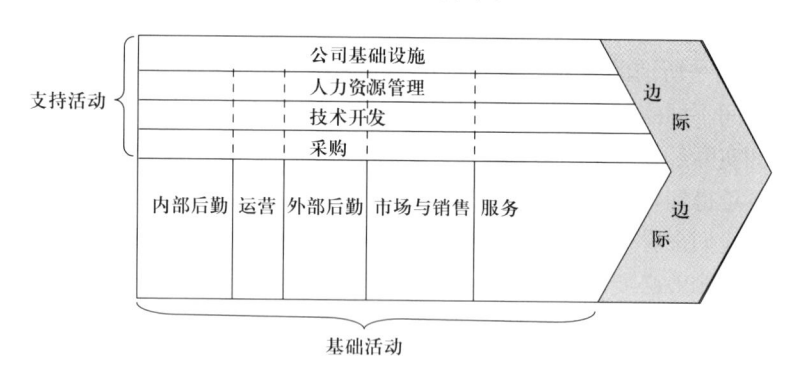

图 3-10　企业价值链形成过程

资料来源：约翰逊，斯科尔斯.公司战略教程［M］.金占明，贾秀梅，译.北京：华夏出版社，1998.

基础活动的具体内容如下。

①内部后勤：包括接受、储备、分配、输入产品或服务的活动，比如材料处理、库存控制和运输等。

②运营：将各种输入转化为最终的产品或服务，比如制造、包装、组织、测试等。

③外部后勤：部分接受、收集、储备、分销产品给顾客。对于有形产品，包括入库、原材料管理、运输等；对于无形产品（服务），如果有固定地点（如运动会等），安排将顾客送到服务地点等。

④市场与销售：提供一种使顾客意识到产品或服务，并且促使其购买的方法，包括促售产品、销售活动等。

⑤服务：包括所有能提高或保持产品或服务价值的活动，如安装、维修、培训、备件等。

在支持活动中，主要有采购、技术开发、人力资源管理与公司基础设施四项基本活动。

在实际中，我们可以根据企业的不同情况与我们研究问题的具体目的而选用不同的划分企业活动的方法，然后再针对每一个活动进行不同企业间的优势和劣势对比。

第二种方法是企业资源对比法。比如按照笔者的研究结论，企业的必要资源主

---

① 李兴山，刘潮.西方管理理论的产生与发展［M］.北京：现代出版社，1999.

要分为 12 种，即人力资源、财务资源、物质资源、市场资源、技术资源、信息资源、关系资源、宏观环境资源、自然资源、组织管理资源、品牌资源与知识产权资源。[①] 那么，企业间的优势和劣势对比与分析就可以把这 12 种资源作为对比的元素，从而得出各企业的优势和劣势。

当然还可以有更多的方法，企业应根据自己的实际情况灵活采用一种方法或综合采用几种方法。

【实例 3-2】内部优势分析表

这是笔者为北京一家火锅企业做的内部优势分析。

*** 内部优势分析表

优势方面	优势内容
从业经验	13 年的餐饮经验、10 家直营店、3 家加盟店的历史，为 *** 积累了丰富的行业经验，这些对于 *** 未来加盟店和特许经营体系的成功具有巨大的价值
人力资源	13 年的餐饮经验、10 家直营店、3 家加盟店的历史，为 *** 培养了一些高价值的餐饮经营、管理、技术等人才
原料资源	主要是羊肉和牛肉。公司自己的基地以及长期的合作关系使得产品的来源、配送、采购、价格、加工等比较成熟，有利于向外推广和对加盟商进行配送
行业资源	丰富的行业资源，包括同行业和相关行业的朋友、合作伙伴等
品牌资源	*** 火锅餐饮在北京同行业中拥有一定的知名度，多次荣获行业内的各种荣誉嘉奖。*** 的品牌知名度高而且声誉较好
产品与服务	单店拥有自己相对完善的系列产品与服务
研发资源	*** 具备一定的单独研发能力
失败教训	初期加盟的失败为公司积累了教训
制度流程	常年积累的相当数量的制度流程对于特许经营体系的标准化具有较高的参考价值
资金实力	13 年的历史为公司的大规模发展积累了一定的资金资源，这些资金对于公司特许经营项目的开展具有非常关键的作用
硬件设施	企业目前的相关硬件设施较为完善
关系资源	长期的合作以及董事长和总经理的个人积累，为企业的发展积累了宝贵的关系资源
……	……

【实例 3-3】内部劣势分析表

此案例是北京的一家火锅企业。

---

① 李维华. 企业全面资源运营论 [M]. 北京：机械工业出版社，2003.

*** 内部劣势分析表

劣势方面	劣势内容	对策
物流	目前 *** 的物流体系只能提供规模较小、数量稳定的产品配送，不能满足以特许经营方式大规模运营的需求	在第三方物流的基础上，逐渐过渡到自建独立的物流
知识产权资源	*** 公司在产品、服务等方面的专利申请尚欠缺，这对于加盟后的保密、加高竞争壁垒不利	立刻有计划地申请系列专利
老店改造	因为老店各具特点，不统一程度较大，尤其是外观、设备、设施等硬件方面的差别更是明显，所以如果强行改造老店的话，公司会遇到很大的阻力以及要付出很多的资金，并损失很大的经济利益	逐个研究对策，分别采取保留现状、部分改造、全部改造等方式
人力资源	企业内部人力资源，尤其是单店内的人力资源总体文化水平不高，提升空间有限或难度较大，所以这也会制约公司的进一步发展	内部培训 + 外部招聘 + 逐步优化提升
品牌资源	1. *** 品牌和 *** 品牌并存，多品牌的混乱现象必然会使加盟后所放弃的那个品牌的价值流失 2. *** 品牌在北京的知名度和影响力不算很大，在全国就更是很小	进一步研究，可以采取两种方案： 1. 集中打造单一品牌 2. 在不同品牌之下构建不同的特许经营体系，形成两条线的加盟模式
管理	目前公司特许经营总部的部门建设不够规范和完善，面临着完善原有体制和建立新体制的问题，任重道远	按照科学的要求重新规范和提升总部，从架构、人员、岗位等多方面入手
单店效益	部分单店的效益下滑会使来参观和了解的潜在受许人失去信心，不利于招募受许人	逐个分析，分别采取关店、改造等不同的措施
……	……	……

（二）外部环境分析即机会与威胁分析（O、T）

随着政治、经济、社会、科技、自然环境等诸多方面的迅速变化，特别是经济全球化、一体化进程的加快，全球信息网络的建立和消费需求的多样化、个性化等，企业所处的环境更为开放和动荡。这种变化几乎对所有企业都产生了深刻的影响。正因为如此，环境分析才成为企业的一项日益重要的常态工作。

环境发展趋势分为两大类：一类为环境威胁，另一类为环境机会。环境威胁指的是环境中不利的发展趋势或特点对企业所形成的挑战，如果不采取相应的战略战术行为，这种不利趋势将导致企业的竞争地位受到削弱。环境机会就是对企业行为有利的发展趋势或特点，抓住这些机会并做出适当的改变，该企业将拥有竞争优势。

对环境的分析也可以有不同的角度，例如，一种简明扼要的方法就是 PESTN 分析法，即从政治的（Political）、经济的（Economic）、社会文化的（Sociocultural）、技术的（Technological）和自然的（Natural）角度分析环境变化对本企业的影响。

总之，在商业模式设计与可行性分析暨特许经营战略规划这部分，应分两个基本角度进行详细的描述。

（1）外部机会（Opportunity，O）。

（2）外部威胁（Threat，T）。

注意，前面讲述的 PESTN 和 SWOT 的关系如图 3-11 所示。

图 3-11 PESTN 与 SWOT 的关系

【实例 3-4】外部机会分析表

此案例是一家连锁学校。

*** 外部机会分析表

序号	机会方面	主要趋势	机会点
1	政治（P）	国家政策要求积极发展民办教育，鼓励企业大力发展特许经营模式	国家提倡和支持企业发展特许经营模式，这为 *** 教育集团的发展和特许经营之路提供了政策保障
2	经济（E）	"双创"、城镇化、第三产业等都将是下一个阶段的经济增长热点。资本市场汹涌横流，急寻新的"经济洼地"	教育行业是目前中国最有前景的行业之一，是典型的第三产业。该行业的蓬勃发展对特许经营将会是最好的助力器与倍增器。中国资本的"买方市场"地位，将为 *** 教育集团特许经营的大发展提供充足而强劲的资本动力

续表

序号	机会方面	主要趋势	机会点
3	社会文化（S）	中国正处于传统文化的修复期。中华民族的伟大复兴，离不开中国传统文化的传播、复兴与再造	传统文化与传统经典教育是***教育集团最大的特色之一。顺应时代要求，迎合国家政策，是***教育集团未来最大的"风口"
4	技术（T）	高清录播技术、慢播技术、网络技术、智能技术、虚拟现实技术等现代科技日新月异，冲击着包括教育在内的各个行业	教学活动、教材、教学经验、教务管理等的"物化"、标准化与可复制性，在新技术条件下将成为可能、现实的选择。这将为***教育集团特许经营体系的构建及运行插上双翼
5	自然（N）	绿色、人本、智能校园将成为学校未来的重要方向	***教育集团在此方面将会拥有强大的后发优势
6	加盟趋势	各行业特许经营模式加盟势头迅猛	中国特许经营发展的历程表明，目前的特许经营加盟模式正呈快速增长趋势。中国近3亿的潜在受许人群体以及每年20.5%的创业增长比例，都为项目的连锁规模扩张提供了丰富的受许人资源
7	行业发展	教育行业如朝阳新升，光明无限，前途无限	行业兴，则企业兴；大河有水小河满，大河无水小河干。行业的大发展必将带来更大的利润、更多更好的机会与空间
8	市场形势	教育行业基本还属于"蓝海"，尤其是基础教育领域	巨大的市场发展潜力、市场需求和空间给***教育集团的特许经营拓展带来了大好机遇
9	李维华顾问咨询团队	维华商创在特许经营方面具有丰富的实战经验和众多的成功案例，可以提供"一站式"支持	全力依靠，全力配合，要相信专业的力量和团队是最好的
……	……	……	……

【实例3-5】外部威胁分析表

此案例是一家连锁学校。

第一篇　成功构建第一步：特许经营调研与战略规划、工作计划

***外部威胁分析表**

序号	威胁方面	主要内容	应对策略
1	政治（P）	国家相关政策还没有最后到位、落地，还有发生反复的可能	以高标准要求自己，遵行法律法规；仔细跟踪、分析、研究有关政策
2	经济（E）	目前的整体经济下行明显，GDP增长放缓	经济的不景气主要是传统产业，服务业的发展势头还是非常强的。要抢抓机遇发展自己，先占领教育产业的制高点，再寻找其他新的增长点
3	社会文化（S）	提高考试成绩与录取率仍是社会大众的主流诉求	坚持素质教育与应试教育两条腿同步走，以素质促进应试。将长远目标与近期目标充分结合，以素质教育作为主要追求，引领社会教育观念的进步
4	技术（T）	网络技术、虚拟现实技术等可能创造新的教学模式和商业模式，颠覆固有的教育产业格局	不断跟踪、研究、引进新技术，以支持、助力项目特许经营体系的快速、有序发展，同时发现和实践新的教育形态，成为新业态的实践者和引领者
5	自然（N）	国家对于环保、土地使用等的监管越来越强，分校的成本、选址都会受到影响	使用环保建材、校区远离闹市区、兼并收购已有学校等措施并用
6	同业竞争	整个教育行业群雄竞逐，竞争激烈	坚持特色、坚持自我，专注于细分市场，做细做强。同时进攻是最好的防守。发展自己、做大规模才是最终的解决之道
7	其他竞争者的模仿	完善高效的特许经营体系会招来许多模仿者	不断完善经营理念，用企业文化、特色、品牌、市场份额、网络、模式等方式来加大模仿的难度，不断制造竞争壁垒
……	……	……	……

（三）企业存在问题与对策

通过对企业内外环境的分析，企业应能看到自己存在的问题，这些问题都是企业发展的瓶颈，必须予以解决。为了方便分析，企业应在此处单独把企业存在的所有问题进行一个简单的罗列。这也是顾问咨询公司常用的企业诊断方式，因为只有找到了"病根"，才能有效地对症下药。

实际操作中，在分别列出企业的内部劣势、来自外部的威胁以及企业存在的问题的

同时，最好能针对具体的每个问题分别给出相应的解决方案或建议。

比如图 3-12 所示的 SWOT 组合的思维方式就是不错的选择。

	Strengths	Weaknesses
Opportunities	SO 以优势拥抱有利的机会	WO 以有利的机会克服弱势
Threats	ST 以优势克服威胁	WT 回避威胁，把弱势降到最低； 降低弱势，降低威胁

图 3-12　SWOT 组合

六、市场分析

见前文市场调研的相关内容。

七、企业实施特许经营模式的充分性

一家准备实施特许经营的企业，必须具备一些基本的条件，这些条件就是企业实施特许经营模式的充分性。通常，这些条件主要包括法（法律法规、政策）、商、技术、经济（主要指企业的资金筹措与投资收益）、社会效益等，如图 3-13 所示。

图 3-13　企业实施特许经营模式的充分性

由于技术、经济、社会效益是所有可行性研究的通用部分，所以我们把技术、经济、社会效益的内容放在后面，此部分专门研究特许经营企业所特别需要满足的法、商方面的条件，这些条件也是成功特许人的必备共性，详见本书第三章第十节。

八、企业实施特许经营模式的必要性

一般而言，应从企业本身所获得的经济效益及特许经营对宏观经济、社会发展所产生的影响等多个方面来说明特许经营的必要性。企业可以在假设自己实施了特许经营模式的情况下，自问下面这些问题。

（1）企业获得的利润是否可以增加？

（2）企业是否可以提高市场占有率？

（3）是否可以增强市场竞争力？

（4）是否可以扩大企业规模？

（5）是否可以提升品牌？

（6）是否可以更好地掌控通路终端？

（7）是否可以获得产品进入国际市场的优越条件和竞争力？

（8）是否可以对当地经济、社会发展产生积极影响，比如增加税收、提高就业率、提高科技水平等？

（9）是否可以更可持续地发展？

（10）与采用其他的扩张模式相比，比如直营、经销、代理、直销、电商、分公司、微商等，是否可以更好地实现企业的目的（比如扩张效率是否更高、效益更好等）？

如果您的企业对上述问题的回答都是"是"的话，那么，实施特许经营模式对您的企业而言就是必要的了。

九、特许经营项目的战略规划

这部分是对预想中的特许经营实施计划或特许经营战略规划进行描述。只有对特许经营的具体实施计划有了大致的安排，企业下一步所进行的技术、经济和社会影响等方面的可行性论证才有针对性，也才有实际的意义。

需要说明的是，此处的"战略"其实是对应领域的要点、原则或方向。

这些要点、原则或方向应详细到什么地步？最佳的状态是应详细到对实际编制和实施战术细节起到指导作用，比如编制和实施战术细节的人只需要围绕这些要点、原则或方向就可以独立地完成战术细节，而无须与制定此战略的人进行再次沟通。

（1）要点：包括特许人企业未来的发展要点，比如在人财物、产供销、招商、授权、营建、培训、物流、督导、电商以及企业特别需要注意的其他事项上的要点。这些要点可以是特许经营五步法中后四步每一步最关键的地方。要点一旦清楚，特许经营体系构建项目的团队成员就可以围绕要点展开工作。否则，大家在后续工作中的争议、疑问就比较多。要点越详细和全面，后续工作中的争议、疑问就会越少，工作速度和效率也就会越高。

（2）原则：就是特许人企业在未来的实际工作中应遵守的基本规则，比如设计特许经营费用时，可以前高后低，也可以前低后高。有了这样的原则，在战略之后的战术确定以及落地实施工作中，大家就有了工作的指导和依据。

（3）方向：当特许人企业对后续工作的要点或原则不清晰时，可以写出未来此项工作的目标或方向，即特许人企业以及后续的工作要往哪个方向发展，比如直营和加盟的比例、在地域上的扩张顺序等。

十、特许经营项目的技术可行性

因为特许经营体系的建设是一项具有技术性、知识性的工程，并非每个企业凭借自己的已有人员、已有技术和知识、已有资源就能完成。所以，本部分的主要内容是对企业进行特许经营体系建设的技术可行性进行论证。

这里的技术应包括两类，即建设特许经营体系的技术以及建设之后运作与维护、升级的技术。

（一）建设特许经营体系的技术可行性

一家企业建设特许经营体系包括三种最基本的方法，其他方法都是这三种方法的组合或变体。

（1）聘请特许经营专家作为本企业员工。

（2）求助于外部咨询公司或咨询个人、群体等"外脑"。

（3）组织自己的员工学习特许经营体系建设的有关知识，然后自己进行体系建设的操作。

这些方法在项目运作风险、企业支付成本等各个方面利弊不同，企业应仔细分析，以选择一种最为有利的方式。

（二）特许经营体系建设后运作与维护、升级的技术可行性

主要是指针对特许经营体系建设之后的实际运作和管理维护、升级等，企业是不是在人员、知识等技术方面有保障。具体地讲就是，企业成为特许人之后，能否保持自己的盈利性发展以及履行对受许人的承诺，比如各种广告宣传、品牌升级、研究开发、培训、督导、信息管理、财务管理、市场营销、物流配送等。

十一、特许经营项目的经济可行性

对企业的项目而言，经济可行性始终是必不可少甚至是最为关键的一个方面。同样，特许经营项目本身的实施以及特许经营体系运作后也都需要进行经济效果的测定和评估，所以，特许经营项目的经济可行性分析就包括以下两个大的方面。

（一）资金来源可行性

1. 资金来源的渠道

筹措资金时必须了解各种可能的资金来源，如果筹集不到资金，投资方案再合理，也不能付诸实施。通常，企业可能的资金渠道如下。

（1）国家预算内拨款。

（2）国内银行贷款，包括拨改贷、固定资产贷款、专项贷款等。

（3）国外资金，包括国际金融组织贷款、国外政府贷款、赠款、商业贷款、出口借贷、补偿贸易等。

（4）自筹资金。

（5）从投资公司、基金公司或个人处融资。

（6）预销售会员卡等形式。

（7）众筹。

（8）其他资金来源。

在商业模式设计与可行性分析暨特许经营战略规划中，要分别说明各种可能的资金来源、使用条件，对于利用贷款的，还要说明贷款条件、贷款利率、偿还方式、最长偿还时间等。

2. 项目筹资方案可行性

筹资方案要在对项目资金来源、建设进度进行综合研究后提出。为保证项目有适宜的筹资方案，要对可能的筹资方式进行比选。

在商业模式设计与可行性分析暨特许经营战略规划中，要对各种可能的筹资方式的筹资成本、资金使用条件、利率和汇率风险等进行比较，以寻求财务费用最经济的筹资方案。

3. 投资使用计划可行性

投资使用计划要考虑项目实施进度和筹资方案，使其相互衔接。最好编制一个投资使用计划表。

4. 借款偿还计划可行性

借款偿还计划是通过对项目各种还款资金来源进行估计得出的，借款偿还计划的最长年限可以等于借款资金使用的最长年限。制订借款偿还计划时，应对下述内容进行说明。

（1）还款资金来源、计算依据。

（2）各种借款的偿还顺序。

（3）计划还款时间。国外借款的还本付息要按借款双方事先商定的还款条件，如借款期、宽限期、还款期、利率、还款方式确定。与国内按借款能力偿还借款不同的是，国外借款的借款期一般是约定的。还本付息的方式有两种：一是等额偿还本金和利息，即每年偿还的本利之和相等，而本金和利息各年不等，偿还的本金部分逐年增多，支付的利息部分逐年减少；二是等额还本、利息照付，即各年偿还的本利之和不等，每年偿还的本金相等，利息将随本金逐年偿还而减少。国外借款除支付银行利息外，还要另计管理费和承诺费等财务费用。为简化计算，也可将利率适当提高进行计算，对此，在商业模式设计与可行性分析暨特许经营战略规划中要加以说明。

（二）未来盈利可行性

对于企业实施特许经营模式后的盈利状况，企业必须事先做一个财务预测。

财务预测其实就是一个投资与收益的估计，这一部分非常关键，它既是特许人企业自己实施特许经营的信心支撑，也是吸引潜在受许人加盟的"亮点"，有时，这也是吸引投资公司和基金公司的关键。在许多时候，关于单店、多店以及分部等的财务预测表或其部分还会被特许人放到其对外公开招商的加盟指南或招募受许人、合作者的广告上。因此，为了企业的实际利益、为了受许人的实际利益以及为了企业自身的良好声誉和反映特许人的财务专业水准，企业在预测时，必须尽可能详细、全面、科学、准确地估算投资费用以及项目所带来的利益。

具体而言，财务预测应包括以下四部分。

（1）受许人单店的财务预测，预测时期可往后延伸至 3～5 年或更多。这是用以检测单店受许人的经济效益的，它同时还是企业设计特许经营费用、加盟期等特许经营体系标准的依据。

【实例3-6】单店财务预测表

表1-20为某保健品零售连锁店的财务预测结果，预测的假设为中等城市、中等地段店铺、中等店面面积等平均状态。

单店财务预测表

单位：元

名称	序号	项目	说明	单价	数量	合计	备注
初始投资额	1	加盟金	加盟期3年	40000	1	40000	占总利润的3.8%
	2	品牌保证金	无违约，到期时可退	20000	1	20000	
	3	装修费	店面装修	1000	150	150000	毛坯房
	4	办公室	电脑	4000	2	8000	
			办公桌椅	1000	4	4000	
	5	服务区	按摩椅（床）、柜子等	5000	1	5000	
	6	会客区	沙发、茶几、饮水机等	6000	1	6000	
	7	会议区	投影机、电视、音响	8000	1	8000	
			会议座椅	40	100	4000	
	8	首批进货	成品	68	500	34000	
			试用装	5000	1	5000	
	9	人员工资	营建期工资	0	1	0	
	小计					284000	
月成本费	1	房租	月租金	12000	1	12000	
	2	权益金	月管理费	900	1	900	占月利润的2.8%
	3	人员工资	店长（合伙人）	0	1	0	
			健康咨询师	5000	1	5000	
	4	日常固定费用	水、电、暖气等	1000	1	1000	店面150平方米
			宣传、耗材	1500	1	1500	
			网费、电话费	500	1	500	
			试用装	5000	1	5000	
			其他杂费	1000	1	1000	
	小计					26900	

续表

名称	序号	项目	说明	单价	数量	合计	备注
每月盈利	1	受许人会销的直接销售产品差价月利润（3次/月）	每次活动产生1个一级代理	6000	1	6000	
			每次活动产生3个二级代理	4500	3	13500	
			每次活动产生5个三级代理	1800	5	9000	
	2	团队会销业绩给受许人分润月利润（3次/月）	每次活动产生2个三级代理	600	2	1200	
			每次活动产生3个三级代理	150	3	450	
			每次活动产生5个三级代理	30	5	150	
	3	受许人每月日常销售产品差价月利润	每次活动产生5个三级代理	2000	5	10000	
			每次活动产生10个三级代理	1500	10	15000	
			每次活动产生20个三级代理	600	20	12000	
	4	每月毛利润				67300	1—3项合计
	小计	月成本费				26900	
	合计	月净利润				40400	
回收期						7.03月	
年总出货量	1	第一年	合伙人+团队店	4700	12	56400	
	2	第二年	合伙人+团队店	56400	110%	62040	年销售额递增10%
	3	第三年	合伙人+团队店	62040	110%	68244	年销售额递增10%
	4	三年合计				186684	
年净利润	1	第一年		40400	12	200800	年利润-初始费用
	2	第二年		484800	110%	533280	年销售额递增10%

续表

名称	序号	项目	说明	单价	数量	合计	备注
年净利润	3	第三年		533280	110%	586608	年销售额递增10%
	4	三年合计				1320688	
备注	1. 以上利润测算中，针对的仅仅是受许人开店后直接销售的差价利润 2. 受许人在店内因销售产品发展团队后，后续倍增的下级团队业绩分润不计入其中							

（2）特许总部的财务预测，预测时期可往后延伸至3～5年或更多。这是用以检测企业实施特许经营模式后的经济效益的，如果这个预测结果是亏损的，那么企业实施特许经营就是不可行的，必须改为其他的商业模式。

【实例3-7】总部财务预测表

以下为某保健品零售连锁总部的财务预测结果，单店的预测假设为中等城市、中等地段店铺、中等店面面积等平均状态。

总部财务预测表

单位：元

序号	时间	项目	单价	数量	单店数量	小计	备注
1	第1年	产品销售利润	**	**	100	90240000	出厂价**，供货价**，差价**
		加盟金（平均值）	30000	1	100	3000000	每年新增单店数
		权益金（平均值）	800	12	100	960000	每年总计单店数
		合计				94200000	
2	第2年	产品销售利润	**	**	400	397056000	年销量递增10%
		加盟金（平均值）	30000	1	300	9000000	
		权益金（平均值）	800	12	400	3840000	
		合计				409896000	
3	第3年	产品销售利润	**	**	900	982713600	年销量递增10%
		加盟金（平均值）	30000	1	500	15000000	
		权益金（平均值）	800	12	900	8640000	
		合计				1006353600	
4	第4年	产品销售利润	**	**	1300	1561422720	年销量递增10%
		加盟金（平均值）	30000	1	400	12000000	

续表

序号	时间	项目	单价	数量	单店数量	小计	备注
4	第4年	权益金（平均值）	800	12	1300	12480000	年销量递增10%
		合计				1585902720	
5	第5年	产品销售利润	**	**	1600	2113926144	年销量递增10%
		加盟金（平均值）	30000	1	300	9000000	
		权益金（平均值）	800	12	1600	15360000	
		合计				2138286144	
6	五年利润总计					5234638464	
备注	1. 以上利润测算中，针对的仅仅是总部进行特许经营的单店产生的利润 2. 非单店的总部按级别奖励体系产生的总部利润，不计入其中							

加盟店发展数量规划表

序号	单店数量	第一年	第二年	第三年	第四年	第五年
1	当年加盟店数	0	100	400	900	1300
2	新增加盟店数	100	300	500	400	300
3	总计加盟店数	100	400	900	1300	1600

特许经营费用表

序号	项目	一线城市		二线城市		三线城市	
		旗舰店	标准店	旗舰店	标准店	旗舰店	标准店
1	加盟金（万元）	5	2	4	1.5	3	1
2	品牌保证金（万元）	3	1.5	2	1	1	0.5
3	权益金（万元/月）	0.12	0.08	0.09	0.05	0.6	0.03
4	营业面积（平方米）	200	100	150	80	120	60

（3）多店受许人的财务预测，预测时期可往后延伸至3～5年或更多。这是用以检测多店受许人的经济效益的。

（4）区域分部或区域受许人、次特许人等的财务预测，预测时期可往后延伸至3～5年或更多。这是用以检测区域分部或区域受许人、次特许人等的经济效益的。

一般而言，只有上述四个方面的预测结果都满意了，特许经营体系诸环节的运营才能畅通。当然，对于完全采用单店加盟而拒绝区域加盟形式的企业，就没必要进行区域受许人的财务预测了。

在上述的预测过程中，需要注意以下方面。

①先做单店财务预测，再做总部财务预测。

②一定要在 Excel 里进行，而且尽量全部用公式的形式进行计算，因为采用公式的好处是，在预测的过程中，当企业调整某个数据的时候，别的数据会自动跟着改变，这样，企业就可以以最快的速度看到调整结果。

③很多数据都是假设的，为了最终获得满意的结果，企业要随时调整一些数据。这个调整数据的过程是单店盈利模式设计的重要一环，也是确定一些设计数据的最重要环节之一。

④为了达到企业满意的结果（投资回收期、年净利润通常会作为重要的结果），为了招募受许人，企业必须根据加盟市场的行情调整数据。因此，预测表就必须使用根据市场行情确定的数据去计算出其他的相关数据，比如计算出装修的每平方米费用、三大类特许经营费用、单店的营业额等，一旦计算出来之后，这些数据就是以后实际工作中的目标或原则，企业需要想办法把这些数据变成现实。对于那些不能改变的固定数据，比如税收率、有些产品的成本等，企业可以运用不同的颜色标注出来。

⑤所有的数据一定要准确可靠、科学。比如税前扣除、按年分摊期限、押金或保证金之类的事项必须严格地遵守财务的相关规定或惯例。

⑥因为单店预测和总部预测、分部预测等做完之后，可能还需要多张表结合起来进行调整，所以，最好把上述这些预测表全部使用公式的形式链接起来，如此，后面调整某一个项目后在查看别的项目时就会迅速、便利得多。

⑦企业在预测的时候一定要尽可能详细，比如要尽可能地具体到每一个最小级别的计算项目。然而，当企业需要根据不同目的从表里截取的时候，则没必要详细到这么具体的细目上。比如对于公开发放的加盟指南里的投资回收预算表，则仅仅需要从上述这些详细的预算表里摘取主要的指标即可，而去掉那些涉及商业秘密的、有争议的、企业自己拿不准的、常识性的、没必要展示给公众的内容。

十二、社会效益和社会影响分析

在商业模式设计与可行性分析暨特许经营战略规划中，除了对以上各项经济指标进行预测、计算、分析外，还应对项目的社会效益和社会影响进行分析。在具体的分析方法上，除可以定量的以外，应对不能定量的社会效益或社会影响进行定性描述。

社会效益和社会影响分析的内容主要包括以下方面。

（1）项目对国家政治和社会稳定的影响，包括增加就业机会、减少待业人口带来的社会稳定效益、改善地区经济结构、提高地区经济发展水平、改善人民生活质量等。

（2）项目与当地科技、文化发展水平的相互适应性。

（3）项目与当地基础设施发展水平的相互适应性。

（4）项目与当地居民的宗教、民族习惯的相互适应性。

（5）项目对合理利用自然资源的影响。

（6）项目的国防效益或影响。

（7）项目对环境保护和生态平衡的影响。

（8）项目与法律法规、政策制度的相互适应性。

商业模式设计与可行性分析暨特许经营战略规划编制人员应根据项目的不同特点，对项目的主要社会效益和社会影响加以说明，以供决策者考虑。

十三、风险和对策

做任何项目都是有风险的，特许经营也不例外。潜在特许人必须充分估计到各种可能的风险，并针对每种风险提前设计好应对之策。

实施特许经营项目的风险可以分为特许经营体系设计规划阶段的风险、招募营建中的风险以及建成后的维护和升级风险。在风险具体类别上，具体如下。

1. 行业风险

行业风险指的是行业的生命周期阶段、技术更新速度、进入壁垒、行业波动性、行业集中度或零散度、竞争激烈程度等给企业带来的不确定性。

由于特许经营实施壁垒不高，本行业的业内竞争以及所有行业间的加盟市场竞争都将日趋激烈，因此会对特许经营体系的成功扩张带来一定风险，比如招不到、招不足、招不好受许人。

2. 市场风险

市场风险指的是市场中的竞争者、消费者、供应商、替代品以及潜在进入者等的诚信、变化、发展程度给企业经营带来的不确定性，比如产品和服务的供需变化、价格变化等。

3. 经营风险

经营风险指的是企业在运营过程中因决策失误、管理不善、贪污腐败、内部不团结、团队能力差等内部原因而导致的不确定性。特许体系的经营需要特许人企业采用系统、科学以及与时俱进的特许经营理论和技术，能否掌握并科学运用这些知识，也是一个风险因素。

4. 政治风险

政治风险又称为国家风险，指的是一国的社会制度、政治体制、政府政策、官员的行为等给企业经营带来的不确定性。宏观政治风险会影响所有企业，比如战争、政变、恐怖活动等；微观政治风险只影响特定的行业或企业，比如政府设立新的监管机构、改变税收政策等。

5. 法律风险

法律风险指的是约束企业经营的法律法规的完善性、执法公正性、变动性等给企业带来的不确定性，以及企业自身经营触犯了法律法规而给企业带来的不确定性。特许经营企业在迅速发展的过程中可能会碰到此类风险的缘由包括投资、商标、税收、行业或地区管制、融资等。

6. 财税风险

财税风险指的是企业财务结构不合理、投融资不当、税务管理不健全等给企业带来的不确定性。

7. 文化风险

文化风险指的是企业的异地异国经营、并购或组织内部因素变化给企业带来的不确定性，比如企业文化中的理念、价值观、道德、风气、哲学、精神等的变化给企业带来的发展、经营阻力或破坏。

8. 自然风险

自然风险指的是自然现象、物理现象和其他物质现象，如地震、水灾、火灾、风灾、雹灾、冻灾、旱灾、虫灾以及各种瘟疫等给企业带来的不确定性。例如，养殖企业会面临瘟疫的风险。

9. 社会风险

社会风险指的是个人或团体的过失行为、不当行为、故意行为或不行为给企业带来的不确定性。

【实例3-8】企业风险与对策表

本案例为某大型商业城。

企业风险与对策表

序号	风险类型	风险内容	规避办法	备注
1	市场风险	特许人不愿意落户**	政府给予优惠政策，建好金梧桐，吸引好凤凰；把特许人与好项目结合起来	政府可大力开发优越的住宅区，配套资源，以此吸引和留住特许人企业和团队
2		面对一、二线城市和三大经济圈的竞争压力	强调独特性，地方政府全力给予最好的政策，争取中央支持，与一、二线城市和国外城市合作，先人一步	
3		人流不够	政府在进入**的海陆空入口、市内要道等处宣传推广，引人流进入产业城	政府负责引流、给政策，这是项目成败的关键影响因素之一
4		人才不足	开办中国特许经营特训营或特许经营大学，对项目人才的获得采用吸引、自培等方式	
5	经营管理风险	招商不足	从招商的团队、政策、政府支持等入手	
6		**偏僻，没有人才愿意留下	打造最好的留人政策和环境	

续表

序号	风险类型	风险内容	规避办法	备注
7	经营管理风险	管理团队能力欠缺	全球招聘能人团队	
8		管理运营团队动力不足	以股份、待遇等留住和吸引人才	
9	政治风险	国家对备案的要求严格	从备案企业中招商；不以特许经营，以好项目、经销、代理等名义招商	
10		政府政策变动	以合同的形式约定必须遵守的条款	
11	财务风险	投资方资金不足	政府补贴，滚动发展，社会融资，金融贷	
12		以战养战的资金不足	投资方注资、银行贷款、政府补贴、基金投入等	
13	社会风险	部分受许人失败造成对项目的不信任	严格筛选、监管特许人企业	
14		对本土企业不信任	从外地、国外引进项目	
15		交通不便利	政府建设更便利的海陆空交通设施	
16		部分特许人欺诈	严把特许人入驻关，建立企业的信用监管体系，全程监控	

十四、项目团队

即使拥有再好的项目和再充足的资金等，如果没有一个合适的项目团队来具体操盘的话，那么该项目仍然是不可行的。实际上，许多风险投资人在判断某项目是否可行、是否值得投资时，其最关注的一个方面就是项目团队。

此部分内容应把计划实施此项目的团队的主要成员一一列出，并对每个人的计划职位、个人简历等做一个描述。

十五、附件

这部分是对主体部分的补充，主要是编制商业模式设计与可行性分析暨特许经营战略规划过程中的参考资料。凡属于项目商业模式设计与可行性分析暨特许经营战略规划范围，但在报告以外单独成册的文件，或者是商业模式设计与可行性分析暨特许经营战略规划的编制人认为有必要展示给读者的内容，均需列为附件，所列附件应注明名称、日期、编号、编制人等信息。

商业模式设计与可行性分析暨特许经营战略规划的附件可以有以下内容。

（1）项目建议书。

（2）项目立项批文。

（3）市场调研分析报告。

（4）企业内部访谈报告。

（5）企业原有的各类硬性资料。

（6）企业的一些关键问题研究报告。

（7）贷款意向书。

（8）环境影响报告。

（9）单项或配套工程的可行性研究报告。

（10）引进技术项目的考察报告。

（11）利用外资的各类协议文件。

（12）其他主要对比方案说明。

（13）特许经营基本知识、发展历史和利弊。

（14）其他。

第四节　特许经营总部与单店战略规划的主体内容

如何高效地做战略与策划？有几个经验和诀窍与大家分享。

第一，建立目录。可以使用既有的模板，或参考多个目录模板之后，做出一份具有全面性、适用性的目录。

第二，对照目录的内容，分别填空。填空的方法包括网络精准与非精准搜索、模仿借鉴同行与非同行、摘取最新的学术实践成果与经验、头脑风暴法、维华四圈定位法、维华四维全产业链平台模型、选择特许经营业务的波士顿–维华雷达法、维华面积矩阵法、维华三类九条表等。

第三，特别要注意的是，不要空坐着去想创意，而应采取有效方法激发创意。比如反复查看企业资料、搜索或查阅行业资料、查阅内调结果、到实际的店里体验，然后边阅读或体验，边逼着自己对于每段话、每份资料、每次体验都必须形成至少2个创意，并随时、第一时间填写到上述的目录空白里。

第四，在顾问团队去客户企业之前，团队应该凭借客户提前发送的企业资料、通过网络搜索或其他媒体渠道获得的客户资料等尽全力做出一个文件。当然，这个时候做的文件肯定不完善，但关键点是"一定要尽全力"做出你的能力与信息所及的最完美的文件。在此过程中，你会自然而然地激发出很多要与客户交流的问题等。之后，当你带着这些问题再去做客户内调时，你所提的问题就会非常专业且一针见血，同时，你可以瞬间明白很多原先百思不得其解的问题。如此，你的文件的质量会大大提升，你做这个文件的时间可能会从原来的十多天缩短到几天，效率可以提高很多倍。

第一篇　成功构建第一步：特许经营调研与战略规划、工作计划

特许经营战略规划的主体内容应包括至少两个方面，即总部的战略和单店的战略。下面分别来描述。

一、总部发展战略

举例来说，企业可以在如下方面对未来的特许经营项目做出战略规划。当然，企业应根据自己的实际情况，以前面所述的要点、原则、方向为内容，增加或减少下面所示的通常特许人企业总部战略所需要展示的部分。

（一）模式战略

企业的商业模式主要包括四个层次，按照从大到小、从高到低、从宽到窄的顺序依次为产业链模式、渠道模式、连锁模式、单店模式。具体内容详见本书第三章第一节。

（二）品牌战略

主要包括品牌的属性、结构、识别、延伸、管理、发展阶段等。

（1）属性：指的是企业在众多的品牌之中选择一个作为特许的品牌，还是全部放弃并重新创立一个品牌作为特许之用。

（2）结构：指的是选择单一品牌还是多品牌，是联合品牌（比如百盛集团下的肯德基、必胜客、塔可钟等）还是主副品牌（比如桔子酒店的主品牌"桔子"下有很多副品牌，包括桔子水晶酒店、桔子酒店精选等），总部品牌、门店品牌和商品品牌是否一致，等等。

（3）识别：指的是品牌的 MI、BI 以及 VI。

（4）延伸：指的是当未来企业向上下游延伸以及多元化发展时，品牌如何随之改变。

（5）管理：指的是谁管理品牌、如何管理品牌、品牌发展目标、品牌传播等。

（6）发展阶段：指的是品牌发展的几个阶段以及每个阶段的标志性结果与衡量指标。

连锁企业可以利用的品牌包括企业品牌、产品品牌、服务品牌以及企业内个人品牌，这四种品牌都可以进行操作。比如对于包装企业家、技术人员等个人的战略，应罗列出可包装的要点，包括不断失败的创业、十年如一日的科研等。

随着时代的发展，企业的名称也应与时俱进地改变，以此改变自己的品牌定位和大众对自己的品牌印象。比如，2007 年 1 月 9 日，苹果公司（Apple Computer Inc.）将名字中的 Computer 一词去掉，这意味着苹果公司的业务将不再局限于个人电脑，而是扩展到了消费类的更多的电子产品。更名的同一天，苹果公司就推出了第一代 iPhone 手机，以及 Apple TV 电视机顶盒。（资料来源：《IT 时代周刊》，李萧然，《苹果改名彰显市场野心，与微软打响数字家庭前哨战》）沃尔玛公司原来的全名是用了 47 年的 Wal-Mart Stores Inc.，从 2018 年 2 月 1 日开始，名称中的 Stores 这个单词将被去掉（资料来源：澎湃新闻，王歆悦，《沃尔玛沿用 47 年的公司名改了：从名字上撕掉"百货"标

签》),这个改名意味着沃尔玛不再把自己定位成狭义或传统意义上的实体店,而是把虚拟店(线上、直销、平台等)、前置仓、提货点、各地分公司等也囊括了进来。

历史上,中国A股市场共有1226家上市公司有过更名记录,其中有2次以上更名记录的公司有400多家,有3次以上更名记录的公司超过100家。(资料来源:百度百家号,假装文艺老青年儿,《太长见识了!河南这些公司名字竟然还有这么多讲究!》)

宜家家居有一个独特的策略,就是采用一体化的品牌模式。在产品品牌上,宜家把公司的2万多种产品分为宜家办公、家庭储物、儿童宜家三大系列。在宜家这个母品牌的强势支撑下,2万多种产品均建立了自己的品牌,从Sandomon(桑德蒙)沙发到Expedit(埃克佩迪)书柜,从Faktum(法克图)橱柜到Moment(莫门特)餐桌,甚至小到价值一元的香槟杯Julen(尤伦)。(资料来源:《进出口经理人》,魏雅华,《宜家为什么这样火?》)

目前,温德姆环球公司已经实现了酒店档次的全方位品牌分配,其20个品牌中,从经济型(6个品牌)到中档(5个品牌)、中高档(6个品牌)、高档(2个品牌)、超高档(1个品牌)的酒店品牌全有。(资料来源:豆丁网,《2017年酒店行业温德姆分析报告》)

企业在实施多品牌战略时应慎重,否则可能导致失败。例如,海澜之家在主攻"大众平价优质男装"成功之后开始实施多品牌战略,从最早的"男人的衣柜"的定位拓展到了女性、儿童等服装,服装领域也从商务休闲拓展到了运动装、职业装等。在海澜之家之后,其先后又创立了圣凯诺(量身定制的商务职业装)、爱居兔(中低端女性服装)、黑鲸(时尚运动装)、OVV(轻奢女装)、AEX(男装)、海澜优选生活馆(家居)以及男生女生(童装)等品牌。然而,因为经营不善,定位于女性服装的爱居兔很快就被出售。

对于不同行业的企业而言,品牌的多元化可能是刚需,也可能并不那么重要。比如对于那些年代愈久、品牌愈能从岁月沉淀中获得品牌升值的行业,企业就未必要建立至少在名称上与老品牌关联度不大的新品牌,这样的行业如白酒业、中药业、老字号餐饮业等,因为新品牌可能因为缺少内涵、文化、历史感而很难获得客户的信任。在这些行业,企业品牌多元化的最佳方法是在主品牌之后加个辅助品牌,比如同仁堂-健康、同仁堂-药膳等,如此就可以有效地延续消费者对于品牌的信任了。

但对有些行业而言,企业建立至少在名称上与老品牌关联度不大的新品牌就可能是刚需,比如时尚服装业、酒店业、美容美发业、珠宝首饰业等。在这些行业,岁月和年代的积累可能非但不是资产,还可能给企业带来负面影响,因为他们的主体消费群正在不断地年轻化与变化,年轻一代不信任老字号的科技、质量尤其是时尚度。这就很好地解释了包括海澜之家等在内的服装企业为什么旗下会接二连三地出现新品牌、国际酒店集团为什么会有几十个酒店品牌。

当然,有些企业可能会有这样的思维,即为了迎合年轻一代的消费者,老品牌未必一定要建立新品牌，也可以通过别的手段，比如设计更时尚的产品、采用更时尚的营销方式、聘请更时尚的明星、设计更时尚的店面形象等来传达老树发新芽的崭新品牌形象，或者干脆进入新的市场，比如国外和三、四线城市等。事实上，已经有很多企业这样做了，比如服装界曾经风行一时的美特斯邦威为了挽回颓势，连续投入巨大的人力、物力和财力去搞电商平台邦购网、有范 App、O2O 战略以及冠名互联网综艺节目、聘请代言人等，但是由于老品牌的品牌印象已经根深蒂固地存在于消费者的脑海里，因此虽然花了大量的资金，但也并不是很容易地就能去除掉的。

到底是更新老品牌，还是创立新品牌呢？一个比较简单的办法就是，企业可以计算并比较一下两个策略的成本费用。采取老树发新芽的策略时，企业需要为更新换代而付出的成本费用包括改变装修、产品、广告、代言人、团队、商业模式等方面的费用；创立新品牌的成本费用主要包括成功构建特许经营体系所需的费用。显然，当企业的品牌年数越长、店数越多、企业规模越大的时候，老品牌更新换代的成本费用就越大，所谓"船大难掉头""大象起舞难"之说正在于此，这时，创立新品牌可能就是更好的选择。相比美特斯邦威而言，同属温州、同属休闲服装定位但起步稍晚的森马服饰应对品牌老化的举措值得思考，森马转型的重点是做儿童服装品牌巴拉巴拉，且大力采用特许经营的方式。数据显示，到 2018 年时，儿童服装的营收已经占了森马总营收的 56.14%。到 2019 年初，巴拉巴拉已经在全国拥有超过 5000 家门店，连续 5 次蝉联天猫双 11 母婴行业 TOP 1。二者应对品牌老化的方式不同，结果亦大为不同。

2018 年，美特斯邦威刚刚度过巨亏期，盈利 4000 多万元，而森马却盈利 17 个亿。

根据美邦服饰 (002269.SZ) 发布的 2019 年度业绩快报公告，2019 年美邦实现营业收入 54.82 亿元，同比下降 28.59%；归属于上市公司股东的净亏损 8.13 亿元，上年同期盈利 4036.16 万元，同比下滑 2114.61%。而森马 2019 年度实现营业总收入 193.59 亿元，较上年同期增长 23.15%；实现归属于上市公司股东的净利润 15.46 亿元，同比下降 8.72%。一个亏了 8 亿元，一个赚了 15 亿元，差别就是这么大。

但无论如何，企业内在的与时俱进的创新力是一切延续品牌力手段的核心与基础。

（三）核心定位

核心定位指的是企业在市场与行业中的最主要位置。

可以运用维华四圈定位法来快速、准确、方便地找到企业的核心定位，具体操作方法请参见本书第三章第七节。

（四）核心竞争力战略

核心竞争力指的是企业的资源或能力，它们通常具备至少三个特点：企业自己独家拥有；别人很难模仿或超越；能给企业带来长期而非短期的价值。特许人企业一定要在自己的资源或能力中找到至少一个核心竞争力，如果没有，那就必须创造至少一个。缺少核心竞争力的企业是做不长、做不强、做不大的。

下列资源的全部或部分都可以成为企业的核心竞争力。

（1）人力资源：对具体的个人而言，按其人力资源的具体内容，可分为体力人力资源、脑力人力资源和品性人力资源三大类，每一大类又可再细分为若干具体的人力资源形式。

（2）财务资源：长期与短期资金；固定与流动资金；现金、股票、债券等。

（3）物质资源：原材料、机器、设备、仪器、工具、易耗品、厂房、厂区以及包括半成品、完成品、废品、次品、退货等在内的物品等实物资源。

（4）市场资源：会员、连锁店网络、供应商、渠道等。

（5）技术资源：软技术和硬技术。

（6）信息资源：企业内部信息和外部信息。

（7）关系资源：企业内部关系与外部关系（产、学、研、商、政、媒、商协会等）。

（8）宏观环境资源：方针政策、法律法规、社会风尚、民族文化传统等。

（9）自然资源：时间（比如企业历史悠久、部分产品陈放时间长而价值增加等）、自然力、自然物质（比如强调天然、原生态、野生、原产地、地理标志产品等概念）等自然因素。

（10）组织管理资源：企业文化、管理哲学、管理程序、组织架构、商业模式等。

（11）品牌资源：产品品牌、企业品牌、服务品牌、个人品牌。

（12）知识产权资源：商标、专利、秘方等。

（五）企业文化战略

比如强调的是地域文化、原材料的文化还是民族文化等，其思路或出发点可以是创始人、总部所在地、主打产品等。

企业最起码要设计出 MI、BI、VI 这三个识别体系的要点与原则或关键词。

（六）运营战略

笔者一直提倡的四句话其实就是企业的一种运营战略，即"产品是根，模式是翅膀，人才是中心，品牌是目标和工具"。

在"产品是根"上，企业可以同时提供质优价廉、品类齐全或严选或专一的有形的产品和/或无形的服务。

在"模式是翅膀"上，企业可以采用集团运作、事业部组合、全产业链渗透、特许经营贯穿始终等模式。

在"人才是中心"上，企业可以采用学历与资历并重、才能和品德兼具、用人唯贤、内部培养和外部挖人并用等战略。

在"品牌是目标和工具"上，企业可以以母品牌为根，生发出系列品牌；对于所有品牌，应尽量采用特许经营的方式，使价值剧增、资产做轻、规模做大、速度做快；等等。

2007 年前后，星巴克因为扩张过快进入了许多不相干的领域，业绩受到拖累。星巴克创始人舒尔茨回到星巴克，重新担任 CEO 并振兴了星巴克。舒尔茨回归后做的第一件和最重要的事情就是抓"产品",为此,他采取了一系列措施重新强调星巴克的咖啡品质,包括全美 7000 多家店铺暂停营业,重新培训咖啡师。(资料来源:好奇心日报,《舒尔茨彻底离开星巴克,他在 31 年里把卖咖啡豆的小店变成 28000 家门店的全球连锁》)

对于服装业这个人类最古老的行业之一,其产品本身也在不断变化。正如同解决了温饱之后的人们开始大吃大喝,而一旦品尝够了之后,又开始追求养生和返璞归真一样,解决了温饱之后的人们更倾向于以弥补缺憾的形式追求锦衣华服,而随着文明的进步,一旦感觉到并不需要"人借衣装马借鞍"之后,服装市场和消费趋势同样地开始追求返璞归真的一面,比如面料、舒适、功能。

优衣库紧紧抓住了这个趋势,果断推出其产品的核心卖点,即舒服、功能、高科技面料。优衣库的服装甚至因此被称为"基本款"。

当然,类似于优衣库这类企业,关键不能是低价,而是高品质下的低价。在品质方面,优衣库是非常值得企业学习的,比如业界的平均次品率一般是 2%~3%,优衣库则要求工厂把次品率降到 0.3%。并且优衣库对于次品本身的定位比一般的企业更严格,比如在 T 恤的表面,就算只有一根 0.5 毫米的线头,也算次品。(资料来源:品途商业评论,王海坤,《可怕的优衣库:错九次,就有九次经验》)

(七)企业人力资源战略

企业可以从人力资源管理的六大块进行分析,即人力资源规划、招聘与配置、培训与开发、绩效管理、薪酬福利管理、劳动关系管理。人力资源涉及的范围包括总部、直营店、加盟店、生产工厂等各种机构、部门和单位的人力资源。

对于中国目前的连锁企业,经常出现的人力资源问题包括跳槽率高、招聘难、缺店长、开店容易但招聘技术人员难、家族性质太浓等,企业可以对应地采取一些战略措施。

对于跳槽率高的问题,企业可以实施员工入股、每个岗位实行后备顶替人员制度、每个人必须带成功至少两个徒弟才能晋级或换岗等战略措施。

对于招聘难的问题,企业可以与一些机构进行战略合作,这些机构包括妇联、职业介绍所、政府的对外劳务输出部门、大中专院校、猎头公司、招聘平台等。还可以采取正式合同工和临时工、小时工、实习生等结合起来的方式。

对于缺店长的问题,企业可以与一些店长培训机构或学校合作(直接招聘毕业生、企业委托学校培训等)、实行单店的全员候选店长制(即对每个人都按照店长的要求进行培训)、与猎头公司或专业的招聘公司合作等。

对于招聘技术人员难的问题,企业可以自己开设专门的技术人员培训学校,但凡受许人加盟,就选送技术人员。

对于家族性质太浓的问题,应对家族人员和家族外职工一视同仁,同时严加约束家族人员,量才使用,举贤不避亲,要求他们不得超越自己的职位范围做事。只有对家族人员严格，对外人才能严格。

（八）财税战略

财税战略应包括财务资源配置战略、融资与资本战略（比如是采取自营的方式，还是进入资本市场筹集特许经营发展资金，上市的时间阶段是什么；是独资，还是合伙；未来要不要上市；等等）、投资战略、股利分配战略、经营资本管理战略、财务风险控制战略、税收战略等。

（九）供应链战略

1. 供应商战略

这里的供应商包括人力资源、财务资源、原料、设备、设施、工具、装修、家具、广告等所有资源的供应商。供应商战略的要点包括选择、更换、维护、升级、管理供应商的标准和方法等。

例如，企业可以先与现有市场上的供应商建立战略合作关系，然后在资金充足、供货量较大、具备相应的工艺技术等时，自己直接建厂或兼并收购相关的供应商。

特许人根据企业的发展阶段、需求量、谈判能力、每家店的实际情况，针对每种产品、原料、机器、设备、工具、耗材等，可分别考虑如下三种供应商战略。

（1）总部自己生产、加工或购买，然后统一配送。

（2）总部指定供应商，由各店自己直接购买。

（3）总部规定商品标准，各店自行选择供应商并购买。

为了解决库存问题、降低供应链成本、提高周转率等，现在很流行柔性供应链的SPA模式。其实SPA模式没那么玄乎与神秘，你只要记得几个关键点就可以了：全产业链把控，把企业作为构建与完善商业生态圈的"平台"，生产采用特许经营，终端采用连锁经营，抓住核心环节如设计、销售、物流、信息技术、以销定产等。目前，优衣库的商品从设计到上架开售，平均可缩短至13天。当然，SPA模式并不只是解决了连锁企业基本都头疼的物流、库存问题，它是以解决物流、库存问题为立足点，进而解决了全产业链的问题。

ZARA的采购战略叫"分散采购"，意思是ZARA40%的原料来源于集团内部，剩余60%来源于外部供应商，每家外部供应商的份额不超过4%。这种分散采购模式的优点是保证了ZARA在采购活动中拥有绝对的话语权，因为ZARA可以随时更换供应商，防止对某一家供应商形成依赖，供应商为了获得ZARA的生意也必然会在产品质量、价格等方面互相竞争。同时，分散采购也减少了因为采购量大而导致的供应商缺货的状态。在分散采购战略里，ZARA还会给供应商提供很多实质性的支持，比如当供应商的资金不够时，ZARA会提供类似于借贷的资金支持。（资料来源：思勤供应链，赵阳，《ZARA如何炼成"买得起的快时尚"产业帝国》）

2. 加工制造厂战略

很多特许人企业在工艺复杂、核心的产品上，通常会采取自己建厂自己制造的方式，但对于那些工艺简单、劳动密集型、非核心的产品通常会采取 OEM 的生产特许经营形式。

采取 OEM 形式时，可以有多种战略选择，比如是选择固定的工厂还是非固定的工厂，是选择很多的工厂还是少量的工厂，等等。

3. 分销商战略

按照供应链的通常或传统做法，从加工制造厂出来的产品会通过分销商批发给特许人。因此，特许人需要对不同的分销商制定相应的战略。

4. 物流战略

物流战略指的是在物流过程中，一个完整的物流链条上的每一个环节应当做什么、何时做和如何做。比如第三方物流与自建物流中心的战略分配与规划，包括采购、配送、计调、渠道、网络、物料管理、运输、仓储、信息系统、设施等。

不同的企业可以采用适合自己的物流战略，比如沃尔玛是自建配送中心，而7-11公司将配送工作委托给了第三方物流。自1978年以来，沃尔玛始终坚持自有车队和司机的物流模式，如此带来的好处便是增强了物流的灵活性，能持续为一线门店提供最好的物流配送服务，更好地促进商品在全球的销售。

（十）营销战略

营销战略包括目标市场、营销组合和营销费用预算等内容。

企业可以采用百花齐放的营销策略，广泛采用各种各样的营销手段，包括发布传统的媒体广告、网络营销、举办峰会论坛和公益讲座、跨界合作、包装和宣传企业与个人、上电视节目、组建协会等。

（十一）招商战略

招商战略包括如下内容。

（1）受许人性质战略。包括单店受许人和区域受许人的合理分配。例如，企业是计划采用单店特许经营、区域特许经营（又分为区域直接特许经营和区域复合特许经营等），还是采用别的特许经营形式；上述特许类型分别对应的地区、店型；等等。

（2）受许人来源战略。比如可以是业内单体店甚至连锁店的收编，也可以是业外招商，包括消费者转化、员工转化、与团体机构合作招商、外包招商等。

（3）加盟店投资与经营战略。指的是单店的产权和运营权的组合，具体内容请参见本书第八章第十节。

（4）受许人画像。针对个人受许人，包括受许人的年龄、地域、职业、性别、学历、经历等；针对组织受许人，包括名称、地域、行业等。

（5）招商渠道。包括主动渠道和被动渠道以及具体的细节、是否外包等。

（6）招商政策。包括优惠条件、团队激励等。

（7）招商对象。因为特许人可能有多种店面、店面有多种功能，所以我们可以重新确定店面类型或招商对象。以干洗店为例，店的主要功能是收衣服、干洗、熨烫、修补、发衣服。企业的招商对象当然可以是具备前述全部功能或流程的店，但如果这样的单店投资大、功能复杂，那么，势必会影响连锁网络的拓展速度、加盟店的实际运营等。如果企业改变一下思路，比如采取按功能或流程等分解的方法，重新确定招商对象店面的话，那么，企业的招商和发展就可能有较大的改观。比如我们按照功能、流程等把干洗店分为两类：一类是投资大但功能全的店（即具备前述各项功能的店，称为全功能店或母店）；另一类是只具备部分功能或流程的店，比如收衣点（主要的功能就是收衣服和发衣服，而把干洗、熨烫、修补的功能或流程交给前面的全功能店来做，这样的店我们称为子店）。如此，总部就可以分别招商母店和子店，或者总部在各地负责建立全功能或流程的母店或工厂，而全力招募子店。因为子店投资小、运营简单、非常适合社区，所以通过这种母子店的战略方式，特许人企业就可以实现更快速的网络拓展以及加盟店的更好运营。当然，别的行业也可以按照这个思路确定招商对象。

（8）招商的其他方面。包括意欲招商的地域、招商的投入、目前尚未备案时招商的规避方法等。

（十二）营建战略

营建战略应该描述的内容包括特许人在加盟店营建上的流程和制度等。

应该按照营建的工作内容和时间顺序，分别给出每步工作的要点、原则和方向。按照时间顺序，这些工作内容包括市场分析、商圈调查、选址、装修、办证、招聘、培训、设备进场、打扫卫生、产品陈列、开业策划、试营业、正式开业等。

例如，给了受许人选址手册后，特许人是远程指导，还是派人员亲自去受许人处选址、让受许人租赁特许人已经选好的地址等；特许人给受许人装修效果图，还是给施工设计图；特许人指定装修商还是确定装修商的资质而由受许人自己选择；加盟店装修完毕后，如何验收装修；特许人如何协助加盟店办证；在加盟店员工招聘上，总部如何配合；总部是否派人、派几个人驻店指导以及驻店指导的时间、收费等；加盟店开业时总部如何配合；等等。

（十三）培训战略

培训包括两部分：一是特许人对内部人员的培训；二是特许人对受许人的培训（包括签约后开业前的集中培训、开业后的持续培训）。培训战略的内容具体包括培训的时间、内容、地点、方式、费用、教材、对象、考核机制、发证规定、师资等。

（十四）督导战略

督导战略包括督导的部门、人员、方式、表格、奖惩、制度、流程、频率等内容。例如，是非现场督导还是巡店；有没有神秘顾客制度；是专项督导还是综合督导；要不要受许人档案；如何奖惩；采用什么现代科技进行督导；等等。

（十五）研发和技术战略

研发和技术战略包括研发的计划、对象、人员、投入等，以及技术的发展计划、要点、人员等内容。

（十六）电商战略

电商战略包括电商的渠道、对应的产品、产品价格等特性的区分、与线下的配合、部门的设置、与其他渠道在销售额上的比例、大数据如何管理与应用、如何导流等内容。

（十七）公司专利等知识产权战略

该战略涉及在哪些方面、如何、何时、何地、向谁申请系列专利等知识产权问题。

为了提高竞争者抄袭、模仿、跟进等的壁垒，公司应申请系列化的专利知识产权，申请专利知识产权的对象如下。

- 机器、设备、工具
- 产品
- 技术
- 服务
- 包装
- 装修
- 服装
- 配方
- 其他

（十八）特许经营总部的组织架构

要求画出近期以及未来特许经营总部的组织架构图，并说明各部门大致人力资源的数量和质量、岗位职责、分工流程界限、如何与已有的企业人员协调安排等。

（十九）地址战略

包括总部办公、样板店、运营中心、招商中心、培训中心、物流中心、生产或加工基地的地址战略等。

比如总部的地址。对于那些号称是重庆火锅的企业，如果把总部设在火锅之都重庆，那么，既方便总部与别的同行相互交流学习，也显得火锅更"正宗"；做电子产品的企业可以考虑把总部设在深圳这样的电子企业集中的城市，如此，对于招聘专业人才以及获取业内最新资讯大有帮助；有的城市不好招聘高端人才，企业可以考虑把总部设在北上广这些高端人才聚集的城市。

比如样板店，为了在招商时方便潜在受许人参观，可以把样板店设在招商中心的附近。

比如生产或加工基地，可以考虑设在地价便宜、招工方便、距离原料地近、用工成本低的城市或郊区。

比如物流中心，可以考虑设在对关税有利、交通发达、物流条件优越的城市。

（二十）地域拓展战略

例如，企业先进入哪些城市和地区，再进入哪些城市和地区；也可以按照直营、加盟的类别或大小店的类别分别确定进入的城市和地区。

特许经营企业的地域扩展战略分为广度式扩展和密度式扩展两种。前者指的是在全国各个地方或省（区、市）内各个城市布局店面，店与店之间的距离较大；后者指的是围绕已经开设的店，在紧挨着已有店面的商圈边缘位置开设新店面。密度式扩展更适合需要大规模统一配送物品的企业，因为这样可以降低物流成本、缩短配送时间和提高物流效率，比如沃尔玛的本土扩张采取的正是密度式扩展战略，即先在一个州发展，待这个州开满了之后，再向邻近的下一个州开新店。

沃尔玛在发展过程中采取的是从下到上、"农村包围城市"的地域扩展战略。在沃尔玛刚创立的时候，以零售巨头凯马特为代表的美国折扣店蓬勃发展，凯马特百货都是选择在人口5万以上的城市开店，为避开竞争，沃尔玛的策略是去人口1万左右的小镇开店，即便是少于5000人的小镇也可以开店。在沃尔玛成长起来之后，才慢慢在大中城市开店。

麦当劳、肯德基在中国的发展路线都是先占领一、二线的大城市，然后再向下进入三、四线城市。德克士、华莱士在上述战略失败之后，改为采取"农村包围城市"的战略，即先占领三、四线城市，再进驻大城市，结果也取得了一定的成功。

下面是企业地域拓展的几个实例。

【实例3-9】特许经营体系地域拓展战略举例

在地理扩张上，一个特许经营体系可以有很多种地域发展战略，具体如下。

1. 本地战略

本地战略是指以总部所在地或已有单店所在地的某几个地区为试点与基地进行经营，待体系成熟后再向邻近地区扩展。

这个战略主要适用于具有特许经营体系尚不成熟、特许人缺乏启动大面积网络的资源、已有市场领域的市场容量较为可观等特点的企业。

此战略的优点是企业的特许经营体系发展平稳，加盟的成功率高，企业依靠稳健的经营可以积累越来越多、越来越好的资源。但缺点是发展缓慢并很容易丧失市场机会。因为现在的市场竞争模仿性很强，一旦体系的模式、产品等被其他企业模仿并在其他地区快速复制，原企业将丧失宝贵的市场机会。

实际上，几乎每个成功的特许经营体系在其发展的早期采取的都是这种本地战略。

同时，本地战略也是许多国际性的特许人企业在进入别的国家或地区时先期采取的战略。比如为了占领中国西北地区的市场，不同的企业可能会采取不同的本地战略。有的全球性连锁企业会把基地设在西安，然后再辐射到其他区域。有的企业，比如家乐福，却把新疆作为基地，呈扇形向陕西、甘肃辐射。许多国际性的著名企业在进占中国市场时，其选取的基地多是北京、上海、广州、深圳、天津等经济发达、辐射力强大的地区，然后在此局部区域内实施本地战略。

2. 划地战略

划地战略是指企业不以总部所在地为起点，而是在全国划出几个具有影响力和辐射力的地区（比如广州、上海、北京、重庆等）建立试点，然后再以各个试点为中心向各自的邻近地区拓展，即在各个试点地区实施前面所讲的本地战略。

这种扩张战略适用于有一定实力、资源较为充裕、后勤供应能力强大、管理和控制系统完善的企业。

划地战略的优点是企业可以在全国的大市场中快速形成辐射效应和带动效应，借此发现企业自身的许多问题并及时改善，为企业下一步大面积、全面扩张奠定雄厚的基础。但其缺点就是企业需要付出许多因距离分散而产生的成本，比如运输、商品配送、信息管理、现场监督、会议、培训等成本。

这种战略的典型例子是德克士。德克士在中国发展的初期并不顺利，一个原因是它有着麦当劳、肯德基等强劲的竞争对手，另一个原因就是它求胜心切，试图采取与麦当劳、肯德基一样的大面积全国划区战略。在经历了几次挫折之后，德克士决定改用避实就虚的策略，即大力扩展省会城市，尤其是麦当劳、肯德基等强劲竞争对手暂时没有给予特别关注的市场，而不是原先的全面出击、四处开花。新的战略带来了出人意料的成绩：在云南省会昆明，当麦当劳、肯德基还没有重视这个市场时，当地人们就已经吃了数年的德克士炸鸡；在福建省会福州、河南省会郑州等省会城市，德克士也占据了绝对领先的优势。

3. 全国战略

全国战略是指企业对全国进行划区，同时启动全国网络，待体系成熟后伺机进行体系的国际化。

这种网络拓展战略适用于实力雄厚、资源充足、体系成熟、特许人扩张野心强烈的企业。

全国战略的优点是企业可以快速地占领尽可能大的市场区域并形成局部垄断，从而为企业带来巨大利益。但其缺点就是企业在广告宣传及体系的市场推广方面花费巨大，可能因扩张太快而冒失败的风险，网络的其他能力很难与体系的快速发展相协调（比如配送能力不足、信息管理欠缺、单店监控力度达不到等）。所以企业在采取这种战略时，一定要事先考虑清楚自己的资源储备是否足够、自己的能力是否足够。

4. 等待战略

等待战略是指企业没有特别的指定发展区域，在什么地区开店与否取决于该地是否有人加盟。

这种战略适用于实力较差、单店和总部之间的联系性相对较弱、单店的运营更多地依靠受许人的企业。

其优点是特许人企业不必花费巨大的市场推广费用来规划市场、招募受许人。其缺点就是这是企业的一种消极应战策略，扩张速度和质量都不理想，且因为总部没有足够的实力和意愿去密切关注受许人的实际运营,容易造成加盟店的失败,进而导致体系品牌遭到毁坏。

5. 区域战略

区域战略是指企业划定某个大致的区域,全力建设小范围的特许经营体系,待体系成熟后再扩展。

这种战略适合于体系尚不成熟、特许人企业需要用本地市场积累实力、企业单店的运营成功与否与企业本身的一些不可分割的性质有关(比如名人效应、地区特色、人脉资源、物流半径等)、外部竞争激烈的企业。

其优点是企业可以集中资源在本地市场占据优势地位,缺点是损失了大量的外部市场机会。

家电连锁企业中的国美和苏宁采取的是全国战略,而被国美并购前的永乐和大中采取的则更类似于区域战略,即他们分别在上海和北京独占一块,在全国其他地区明显存在空白市场,所以永乐和大中在竞争中始终处于不利和随时可能被并购的地位,这就是区域战略的最大弊端所在。

(二十一)产品战略

企业应确定出自己的主产品、辅助产品、独特产品以及爆款等,还可以从外来品牌、自有品牌的角度,从引流产品、主销售产品,高毛利产品、低毛利产品的角度等来确定产品战略。同时,在列出产品之后,企业还可以对各类产品的特点、生产制造、包装、价格、分量、卖点、毛利等进行要点性的描述。

比如对于餐饮店的菜品类,可以给出要点的内容包括色、香、味、形、器、营养、文化、故事等。对于羊肉类的火锅店,客人可能会点羊的全身各个部位,那么,我们就可以设计一个羊形的盘子,盘子的对应位置就放上羊的对应部位,这样一个全羊盘会十分新颖并受到顾客的欢迎。再比如,很多顾客在吃火锅时并不清楚每样菜品需要涮多长时间才能吃,所以企业可以在每盘菜上贴个标签,上面注明本菜品涮熟可吃的时间(比如8秒、10秒等)或熟了可吃的标志(比如羊肚上烫起泡泡即可食用等)。

很多零售店面受到一站式、商超、购物中心等的影响,动辄拥有几千、几万甚至百万、千万级的SKU(即库存保有单位),尤其是毫无直接生意经验的互联网企业,互相之间都在比拼谁的SKU更多。他们做出如此品类设定和管理的原因是希望消费者在购买时更方便,因为"总有一款适合你"。

然而,现在的时代变了,人们的生活节奏加快,产品的SKU太多,品牌太多,商家太多,广告太多,高仿太多,辨别商品好坏以及是否适合自己的技术要求越来越高等,以至于人们在选择商品时浪费了大量时间,很多人在不知道选哪个的时候,正趋向于不再选择。这个时候,以有限、少量、精品、畅销款为主打但是价格又低的"严选"品类管理模式正在流行。

不同于H&M、ZARA等动辄每年有几千个新SKU上市,每周都有上新的压力,优衣库非常淡定，反其道而行之，甚至把 SKU 压缩到 H&M、ZARA 等的十分之一，只是按季上新。但是，优衣库却在品类管理的另一些方面远远超过了 H&M、ZARA 等，那就是，优衣库在每个 SKU 上大幅度增加其他特性，比如同一款衣服的颜色可以多达 18 种；在尺码方面，除了标准常规尺码外，优衣库提供 11 种婴幼儿尺码、7 种特殊尺码，全面满足了各种体型的需求。（资料来源：带着南风看世界，《优衣库模式的分析和思考》；市值风云，《优衣库"KAWS 争夺战"背后的迅销集团：残酷商业史》）

因为不同的产品可能对应不同的操作模式，所以企业还可以设计出不同模式下的产品的名称、类别、价格、包装、渠道、分量等。

虽然 ZARA 和优衣库都属于快时尚的服装业，二者都将产品定位于时尚，强调客户体验、"好物低价"（亦即中国人常讲的物美价廉），但二者在具体的产品定位上还是有很大区别的。比如 ZARA 的产品战略是"款多，量少"，更强调时尚传递的"快"速度、时尚的最前沿、款式和品类的全面和多样，不注重广告，注重选址和黄金地段的大型店面；而优衣库则相反，是"款少，量多"，更强调基本款、百搭、功能、舒适和面料、科技，注重营销和广告。

AutoZone 的经营品类集中于专业度和复杂程度较高的易损件、维修件和其他零配件，比如车灯、后视镜等非标品的小零件，而不是轮胎、机油等标品。这样，AutoZone 既不会受制于米其林等标品巨头，也不会因单一品类的市场浮动受到过大的冲击。（资料来源：聚汽观察，《后市场投资热退潮，中国版 AutoZone 还能出现吗？》）

（二十二）特许权内容战略

企业要对现有的直营店中的产品、服务、设备、技术等进行系统化的梳理，以决定将来的加盟店里应该包括哪些内容，不应该包括哪些内容。

具体的操作可以从特许权的两大类主体内容上进行：无形的部分（理念、技巧、诀窍、文化、专利等），有形的部分（商标、装修、机器、设备、工具、原材料、产品等）。

（二十三）特许经营体系四大元素方的主次收入模型战略

具体内容详见本书第七章第一节。

（二十四）特许经营费用战略

特许经营费用包括三类，即初始费（加盟金）、持续费（特许权使用费、市场推广与广告基金）、其他费用（保证金、培训费、转让费、更新费、设备费、原料费、产品费等）。

特许经营费用战略应包括这些费用的内容、具体数值、计算方法、组合方式、交纳方式等。比如可以采用前低后高的方式、高价撇脂的方式等。

（1）全部费用组合。示例如表 3-4 所示。

成功构建特许经营体系五步法

表3-4 特许经营费用组合计划

序号	名称	数值	交纳方式	备注
1	意向书保证金	0.3万~0.8万元	一次性交纳	按工作（包括去受许人处考察与确定店址等）扣减；加盟后冲抵加盟金
2	签约到开业前的培训费	每人5800元	免	规定一个受许人前来培训的人员的类别和数量限制，差旅食宿自理
3	加盟金	见表3-5	一次性交纳	开业不退还
4	权益金	见表3-6	每月底交纳	前三月可免
5	软件许可费	每年2000元	每年初交纳	第一次使用就交费，此后每年初交费
6	品牌保证金	见表3-7	一次性交纳	一个加盟一次。加盟期内没有损害品牌的行为，加盟期满、受许人履行完合同义务后一次性退还本金，不计利息
7	机器设备设施配送价	≤市场公开价	随买随交	1. 公有品牌差价小 2. 自有品牌差价大
8	食材料包配送价	≤市场公开价	随买随交	1. 公有品牌差价小 2. 自有品牌差价大
9	驻店指导费	每日400元	提前一个月交纳	1. 小店免费15天，中店免费30天，大店免费45天 2. 免费计算日期从装修验收完成开始
10	免费的开业支持	公司付出的成本不高于加盟金的20%	—	尽量是不需额外大价钱购买的支持，比如自有网站宣传、高层剪彩、赠送手册等

（2）加盟金：假设按200元/平方米、150元/平方米、100元/平方米、50元/平方米收取。如表3-5所示。

表3-5 加盟金计划

店型（平方米）		一线城市	二线城市	三线城市	四线城市
		200元/平方米	150元/平方米	100元/平方米	50元/平方米
大店	600	120000	90000	60000	30000
	301	60200	45150	30100	15050
中店	300	60000	45000	30000	15000
	121	24200	18150	12100	6050
小店	120	24000	18000	12000	6000
	80	16000	12000	8000	4000

（3）权益金：假设每月按10元/平方米、8元/平方米、6元/平方米、4元/平方米收取。如表3-6所示。

表3-6　权益金计划

店型（平方米）		一线城市	二线城市	三线城市	四线城市
^		每月10元/平方米	每月8元/平方米	每月6元/平方米	每月4元/平方米
大店	600	6000	4800	3600	2400
	301	3010	2408	1806	1204
中店	300	3000	2400	1800	1200
	121	1210	968	726	484
小店	120	1200	960	720	480
	80	800	640	480	320

（4）品牌保证金：假设按120元/平方米、110元/平方米、100元/平方米、90元/平方米收取。如表3-7所示。

表3-7　品牌保证金计划

店型（平方米）		一线城市	二线城市	三线城市	四线城市
^		120元/平方米	110元/平方米	100元/平方米	90元/平方米
大店	600	72000	66000	60000	54000
	301	36120	33110	30100	27090
中店	300	36000	33000	30000	27000
	121	14520	13310	12100	10890
小店	120	14400	13200	12000	10800
	80	9600	8800	8000	7200

（二十五）免费支持战略

免费支持战略包括免费支持的内容、价值、交付方式和时间等，或者给出免费支持的成本范围，比如不超过加盟金的20%。

通常，特许人为受许人提供的免费支持内容包括以下方面。

（1）开业前的免费培训与指导（内容包括选址、装修、注册、办证、人员招聘、开业筹备、促销计划等）。

（2）一定数量的工作服。

（3）一定数量的宣传彩页、POP、菜单。

（4）一定数量的前台名片。

（5）特许权授权牌。

（6）奖证牌匾的复制品。

（7）驻店指导 7~21 天，根据店面大小的不同而不同。

（8）总部高层等亲临开业剪彩仪式。

（9）开业花篮。

（10）公司的网站宣传、广告支持。

（11）装修效果图。

（12）系列手册。

（13）24 小时热线答疑。

（14）免费赠送的其他物品或服务。

（二十六）加盟期战略

加盟期战略要规划未来各种类型的加盟店的合理加盟期，并说明原因或计算方法、依据。如表 3-8 所示。

表 3-8 加盟期计划

受许人类别		加盟期（年）
小店		2
中店		3
大店		4
区域受许人	省会、一线城市	6
	二线、三线城市	6
	四线城市及以下	5

（二十七）单店宏观战略

确定单店在宏观上的一些要点、方向或原则。

1. 店面面积战略

比如店面面积的分类以及分别适合什么地址、什么产品或服务、什么店面类型等。笔者为某美容院规划的实例如表 3-9 所示。

表 3-9 店面面积分类

店面名称	别名	面积（平方米）	产品或服务内容	适合地址	单店类型
小型店	白银店	80~120	● 产品Ⅰ ● 服务ⅠⅡ	● 中高档社区 ● 办公区 ● 商业区 ● 大型商场、购物中心内	● 店中店 ● 独立店
标准店	黄金店	121~300	● 产品ⅠⅡ ● 服务ⅠⅡ	● 中高档社区 ● 商业区 ● 大型商场、购物中心内	● 独立店

续表

店面名称	别名	面积（平方米）	产品或服务内容	适合地址	单店类型
旗舰店	钻石店	301~600	● 产品ⅠⅡⅢ ● 服务ⅠⅡⅢ	● 中高档社区 ● 商业区	● 独立店

全美市场份额最大的汽配零售商AutoZone（汽车地带）的线下门店平均面积为600平方米，其店面分为中心仓或分发中心（超过15万种SKU）、大型中心店（8万~10万种SKU）、中心店（3.5万~5万种SKU）和卫星店（2万~2.5万种SKU）四种类型。商品的配送由大店到小店逐级进行，最快当天即可送达。中心店每周会从分发中心补给多次，以保证产品在24小时内从中心店运送至卫星店，卫星店则专门负责最后一公里的配送。实际上，门店内大多数SKU从中心店到卫星店的耗时通常只需要30~60分钟甚至更短。卫星店的商品是大众化、最常用的配件，中心店的商品则是相对低频或特殊的配件。

截至2017年，AutoZone共有10个分发中心（2019年达到12个）、11个大型中心店（2019年达到35个）以及182个中心店（2019年达到205个）。平均每家分发中心所服务的门店数量接近600家，每个大型中心店覆盖周边17个中心店，每个中心店覆盖周围32家卫星店。（资料整合自爱分析@Charles）AutoZone将店面进行如此划分的好处是既保证了最小的店面距离顾客最近、便于选址、压低投资成本、覆盖更广泛的市场区域，又充分发挥了大店同时作为销售与仓库和物流配送中心的功能。

为了科学地规划出单店的合理面积，我们可以采用基于功能区面积的单店类型划分的维华面积矩阵算法。具体内容请参见本书第三章第九节。

2. 选址与对应单店类型战略

包括未来单店的地址要求、选址方法、总部选址还是受许人选址等，以及单店的分类，包括旗舰店、标准店、中心店、样板店，或者独立店、店中店、专柜等。

单店的类型可以按面积、地域、特许权内容、地理位置、商圈性质等进行划分，并给每一类冠以一个合适的名称，比如美容院可以称为月季店、牡丹店、玫瑰店。当然也可以简单直白地分为大店、中店、小店，或旗舰店、标准店、迷你店等。具体实例如表3-9所示。

因为特许人的单店有多种类别，所以特许人在开店类别上也有不同的战略设计，具体如下。

（1）直营店、加盟店。

直营店又包括总部直营店和分部直营店，加盟店又包括特许加盟店和合作加盟店，其划分依据主要是单店的产权不同。这些单店各自有自己的独特之处，区别点主要体现在总部对单店的控制力、总部获得的利益和投入的成本等方面。特许人应根据自己的实际情况制定一个符合自身战略发展需要的开店类别策略。

比如麦当劳、肯德基在刚进入中国时，对于中国这样一个陌生的市场，他们选择的战略就是仅发展直营连锁。其中，麦当劳进入中国后的初期，其所有店面均采取合资的方式开设。而且，他们对于加盟店的开设一直保持非常谨慎的态度，据说1999年麦当劳从中国台湾地区上万个申请人中只选择了3个人作为其加盟者。但是现在麦当劳已经把全部的加盟市场都交给了中信。

肯德基早在1987年便涉足内地餐饮市场，但一直到1993年才在西安开出第一家特许加盟店，而且还是"不从零开始"。在直营店和加盟店的地域分配上，肯德基设计了自己的独特策略，那就是在大中城市建立直营店，只在小城市、城镇等不发达的地区开设加盟店。只是从2006年开始，为了竞争的需要，肯德基才开始把开设加盟店的地区慢慢地扩大到大中城市。

德克士的策略则稍有不同，它是先在目标市场开设总部直营店，待打开市场后，再发展加盟店。在具体的加盟店发展策略中，他们又以特许加盟为主，合作加盟为辅。

国美的发展目标是在全国所有大型和超大型城市建立自己的直营连锁店，在这些大型城市周边的中小城市建立加盟店，最终形成一个覆盖全国的家电零售连锁网络。

全聚德在1993年时大力推崇加盟店的制胜战略，但在经历了一系列失败之后，全聚德集团高层反复在公开场合强调，今后的全聚德将以直营为主，加盟为辅，而且他们还会以控股等方式来增强即将到期的加盟店的直营性质。

与全聚德回归直营相反的是，为了应对激烈的餐饮市场竞争，小肥羊在初期把大力发展加盟店作为扩大规模、铺设网络的首要工具。上市成功后，小肥羊又开始大力削减加盟店，发展直营店。再后来，小肥羊整体卖给百盛集团。

（2）可以根据店的档次、面积、性质等划分开店的类别。比如可以把单店分为样板店、普通店等。

与康师傅同属顶新集团的德克士采取的开店类别策略就非常灵活，并对国内中小投资者具有很强的针对性，他们把店分为四个类别，即旗舰店、豪华店、便捷店、精巧店，面积从150平方米到600多平方米不等，投资额度从150万元到数百万元不等。那么，这些店型、面积、投资数额、回收期等方面均不同的单店"产品系列"就大大方便了不同背景和不同需求的投资者进行选择。正是这种灵活、创新的战略，使得德克士成为与麦当劳、肯德基并列的中国本土三大西式快餐连锁。

3. 单店数量战略

要求列出公司在未来至少三年内的每年新开设的直营店和加盟店的数量，以及各类型店的每年计划开设数量等。如表3-10所示。

表3-10　单店开设计划

店型	2019年	2020年	2021年	2022年	2023年
当年新加盟店	50	100	180	250	500

续表

店型	2019 年	2020 年	2021 年	2022 年	2023 年
当年新直营店	3	6	10	15	30
当年新店总数	53	106	190	265	530
累计新店	53	159	349	614	1144

特许人每年应该或能够开多少家店呢？请参加本书第三章第五节。

4. 开店方式战略

在具体的开店方式上，特许人可以有至少两种基本的选择。

（1）单独开店。指的是一家店、一家店地开，各店在开设时间、地域分布上并没有直接的约定关系。这是最普遍的开店方式。

如果是特许经营企业的话，这种开店方式的优点是各店之间不必互相等待，各单店也就因此没有因等待而产生的费用、时机延误以及对于开业吉日的选择争议等问题。这种开店方式的缺点是会使特许经营企业的总部对于单店的支持性管理变得复杂和麻烦，比如，为了节省成本费用，总部可能会召集不同的店面人员在同一个时间培训，所以这必然会使有的店面人员处于等待状态；对于各单店而言，因为没有区域性的伙伴一起开店，所以其群体正效应（包括采购成本、物流成本、广告宣传成本与效果等）会变小。

（2）集体开店。这个指的是特许经营企业在某区域内同时开设多家店。

很多实力强大的企业都会采取这种集体开店的方式，比如著名的便利店 7-11 在开店时，通常采取的就是地毯式轰炸的集体开店战略或被人称为的"多米诺战略"，它在某区域内以密集开店的方式，对市场形成压倒性优势，并借以达到规模效益。在日本的一些主要道路上，人们会连续地看到许多醒目的 7-11 招牌，这些地方被人们亲切地称作 "7-11 大街"。

星巴克往往也会选择在闹市区进行密集的集体布点，具体做法是将该区域内的多处黄金店址先行全部收入囊中，彻底消除竞争者进入的欲望和机会。比如星巴克在进入上海时，从淮海中路东方美莎到中环广场短短 1000 米的距离就开了 4 家店，以至于被有些人看作是在"圈地"。甚至在同一个建筑物，星巴克也会集体布点，比如在北京的东方广场，星巴克在地下一层、地上一层、二层同时开了三家咖啡店。

其他企业也有类似的行为，比如肯德基在天津市滨江道商业街不足千米的街道上布点 4 家餐厅。

沃尔玛建店时也会采取类似的"市场饱和战略"，亦即沃尔玛每进入一个新的区域时，都会以 20 英里左右为间隔开设单店，从而让沃尔玛的分店遍地开花，交织成连锁网络，使该地区的零售市场趋于饱和，不给对手以生存发展的余地。

集体开店的好处十分明显，具体如下。

① 降低物流成本。集体开店可以一次性地进行大批量的物流配送，减少配送车辆的行驶距离、时间、成本以及车辆的数量等，这样平均到每家单店的物流成本自然就低得多，配送效率也会高。如果在群店中心开设一个区域性的配送中心，则配送成本会更低。

② 保证商品或原料的新鲜度。因为距离短，配送可以做到及时、快捷，所以有些需要保鲜的商品的配送就非常方便。

③ 挤压竞争对手的开店空间。一定区域内的市场是有一个上限或市场饱和度的，大数量的集体开店可以以先发制人的策略侵占尽可能多的地盘，使后来者无处下手。

④ 提高地区的知名度，增强宣传效果。在某区域内重复出现某品牌店的直接效果就是，区域内的人们很快、很容易地就对该品牌产生熟悉感，这相当于大规模的广告宣传。

⑤ 降低广告成本。在多店区域内进行多店联合广告投资可以加大广告覆盖密度，增强广告效果。

⑥ 提高区域业务专员的活动效率。运营区域业务专员巡视各个店铺的距离缩短，来往于各个店铺之间更为方便，能够延长与店面交流的时间。

当然，集体开店也是有缺点的。比如为了有差不多的开业日期，各店之间要互相等待，这自然会产生一定的费用，导致时机延误，或带来对于开业吉日的选择争议等问题。

5. 区域布点战略

如同军事上的排兵布阵一样，特许经营企业也需要对自己的单店位置和整体局面进行全盘的规划，即所谓的布点、布局。对于店主，尤其是连锁企业而言，其店址的选择应该遵循的是整体布点、布局战略，而不是片面强调每个单店的得失，要有田忌赛马的整体意识。

布点、布局即抢占版图的实际行动。在不同的环境下，需要采取不同的布点、布局战略，如下几种战略可供特许人企业选择应用。

（1）抢占市镇的黄金地段。人群汇集的商业区是人们主要的消费地点，因此将店开在该区的黄金地段，是开店者抢占市场时的常用策略，尤其为实力强大、品牌知名的单店所惯于使用，这样可以使新进入的店面迅速扩大知名度和影响力，并可以获得不错的经济效益。但其缺点是强大的竞争者多，店面租金昂贵，店面稀缺且不容易获得，一旦失败将给企业造成较大损失，等等。

由于租金昂贵、人流密集以及品位等因素，黄金地段有时也是企业显示自己实力和品牌的一个较好舞台，但经营者切勿纯粹为了显示自己而不顾自己的实际情况，因为这样可能会导致相反的效果。

（2）目标商圈开店。根据自己的特色、产品或服务范围以及目标顾客的特征，每种类型的单店都会特别或只适用于几种类型的商圈，比如商业区、社区、办公区、交通区、文教区、金融区、厂矿区、娱乐区、景区、综合区等中的一个或几个，我们将其称为该单店的目标商圈。因此，特许人企业或单店在进入某地域进行布点时，就可以考虑进占这些目标商圈。

（3）交通要道开店。所谓路开到哪里，人就走到哪里。所以，贯穿各城市的主要道路常常是地方上人流最多的地方，也常常成为特许经营企业拓展单店的主要战场之一。但这种布点战略的缺点是季节变化、天气变化、市政规划变化等会影响单店的生意，而且路侧的停车位问题经常令人头疼。

（4）主要客户群体旁边开店。单店之所以选择某地址，其目的就是便于潜在顾客的到来和购买，因此，单店应学会分析自己的潜在顾客都聚集在什么地方，然后在其旁边开店即可达到非常好的营业效果。比如文具、书籍、眼镜之类的店就可以选择在学校的旁边，超市、便利店就要靠近居民区等。

针对目标消费群布点是麦当劳布点的重要原则之一。因为麦当劳的目标消费群是年轻人、儿童和家庭成员，所以在布点上，麦当劳一是选择人潮涌动的地方，如在地铁沿线布点，在交通集散点周边设点；二是选择年轻人和儿童经常出没的地方，比如在儿童用品商店或附近设点以方便儿童进入就餐，在百货商厦和大卖场开店中店以吸引逛商店的年轻人就餐。

但是这种布点战略同社区开店一样，也有一个消费上限的瓶颈问题。

特许经营的单店布点要随着特许人企业所处的不同经营阶段而有不同的战略，而在设点时除了必须考虑商品补给的可达性之外，最主要的还是应考虑每一间单店所需的市场规模。而多大的市场规模可维持一间单店的生存是开店初期就需要评估出来的。

在制订布点计划前，针对每一个城市，应依据消费能力或消费人口估计出市场容量，并精确预估可开店数。当每一个城、区、县都有了基本开店数后，就可根据特许人的体系发展策略来制订布点计划了。

（5）紧随竞争者开店。企业进入某个区域时，可以先找到自己在此区域的主要竞争者，然后在其旁边开店，或者是选择本行业的某个同业一条街进驻。此战略的优点是如果竞争者选择适当，那么对于新进入的企业而言，可以迅速借竞争者的人气、人流、广告等来打开自己的市场；此战略的缺点是容易遭到竞争者的反击。

（6）搭售布点。是指单店可以采取借人气的方式布点（比如在超市、交通枢纽、车站、景区等处开店），也可以与另外的单店体系建立战略联盟关系，比如麦当劳在中国准备开得来速店的时候，就果断地与在国内有着3万多个加油站的中石化结成战略联盟，在加油站合作开发得来速汽车餐厅。

（7）并购现有网点。如果成本适中、并购对象选择适当的话，并购某区域内的现有网点可能会是一个非常不错的选择。美国的百思买在进入中国市场时，采取的战略就是并购五星电器，从而在瞬间完成其在中国的众多网点布局。国美电器、苏宁电器等本土企业在扩张领地时，也频繁采取并购的战略。

并购的优点是可以迅速、有效地获得既有网点，尤其是在合适的地址无法或很难选择的时候，并购战略的优势就更为明显；但其缺点是如果操作不当，则会给并购者带来极大的风险。

（8）全面覆盖。指的是在某些区域，比如车站、机场、景区等人流高度集中的地方，为了获得最大数量的客户，经营者把店面布置在整个区域的各个关键方位。

为了保证每家店的成功，企业可以根据不同地区的实际情况采取不同的布点战略。比如华住集团在布局酒店的时候就根据城市级别采取不同的布点战略：在一线城市开店，没有独家商圈范围保护；在二线城市开店，经营数据不好的酒店考虑独家商圈范围保护；在三、四线城市开店，一定有独家商圈范围保护。这是因为在三、四线城市，如果没有独家商圈范围保护，开一个酒店，生意会很好，开多个酒店，消费群会被多家酒店稀释，酒店在短期内生意都会很惨，结果可能是没有一个门店可以存活。（资料来源：一点资讯，《攀登新高峰——2019华住世界大会演讲实录》）

（二十八）关系资源战略

为了未来的发展，企业应该明确用什么方式、由谁来运营哪几类关系资源。关系资源包括政府、大学、科研机构、协会、事业单位、企业、名人、专家、媒体等。

（二十九）公司目前状况的应对战略

要求对现有的各店按照盈利、一般、亏损等进行分类，然后针对不同类型的店提出一个合理的应对措施，比如关店、改造、提升、直营改加盟、内部承包等。

同时对公司目前的人、财、物、产、供、销等进行内部诊断与分析，对发现的各种问题给出解决的要点、原则和方向。

比如可以采取的战略要点有新开样板店、提升老店、培训现有团队、建设总部、建设加工厂、采取小规模招商倒逼法、采取三边政策（边设计、边落地、边完善）等。

（三十）主要风险点的规避战略

不同行业的风险点不同。比如针对药店的监管法律法规和地方规定非常多，所以，特许人必须建立专门的法务部门，对公司及门店的证件、经营、产品、人员、环境等各个方面在法律法规政策上的风险点进行地毯式清理。

（三十一）项目运作队伍和运作方法

包括项目组的团队组成、组织架构、岗位职责、工作制度、工作方式、专职还是兼职、待遇、激励措施、是自己干还是聘请外在顾问等。

（三十二）其他战略

对于上面没有提到的公司其他方面的事务，需要给出要点、原则和方向。

二、单店战略

（一）商号或店招名称战略

首先，必须确定商号或店招名称是什么。

其次，明确在商号或店招名称之下还可以有什么增加的内容。例如，可以在店招的右下角或恰当位置加上单店的数量编号（如全国连锁第180家店、NO.1007号店、全国连锁南京市第88号店等）、店的类型（如迷你店、旗舰店等）、定位关键词或广告词（如"维华商创"的广告词之一是：源自1998年）、二维码或联系电话（也可以是全国招商加盟的热线电话）等。

（二）8I战略

在进行单店设计时，必须记得要符合国家的法律法规以及行业标准。比如对于产妇月子护理中心来说，起居室和功能活动室应具有恒温设施及空气消毒设施，室温应保持在22℃~26℃，相对湿度在55%~65%，并适时开窗通风。

下面来详细介绍8I战略。

（1）MI战略。单店的MI战略应在前述总部的MI战略基础上进行延伸，包括企业的哲学、道德、价值观、精神、风气、宗旨等，然后再延伸出应用部分以及辅助部分（比如企业口号、广告语等）。

（2）BI战略。BI指的是单店的各种规章制度，包括一般制度、特殊制度、企业风俗三大类。

（3）VI战略。VI是由四个核心（LOGO、名称、标准字、标准色）延伸出的各类具体的应用部分，此处的战略部分主要描述四个核心的要点、原则和方向。

（4）SI战略。SI的规划项目包括设计概念、空间效果、装修装饰、平面系统、天花板系统、地坪系统、配电及照明系统、展示系统、壁面系统、墙挂、招牌系统、POP及陈列、材料、施工程序、价格、协助厂商配合作业原则等。

对于空间效果，要明确店内的风格，可以在传统、仿古、民族、西式、现代、简约、乡村、主题、另类等之间做出选择。

表3-11是笔者为某连锁餐饮企业单店的墙挂部分设计的战略要点。

表3-11 单店墙挂部分的战略要点

序号	内容	摆挂位置	备注
1	名人老外光临、领导视察的照片以及对本店的评价语录	过道和楼梯两侧	必须事先征得当事人的同意，以避免法律风险
2	故事文化墙	一进门的正面	
3	奖证牌匾、营业执照等	前台收银处	
4	养殖屠宰基地的全流程实景图	大厅	图片、文字说明配合使用
5	主要食材的雕塑	一进门的大厅处	
6	原料、产品的传说、诗词、绘画	大厅、包间	
7	主要原料的食用、药用价值	大厅、包间	
8	主要原料与竞争对手的对比表	大厅	

续表

序号	内容	摆挂位置	备注
9	特色、爆款、主打产品的介绍	大厅、包间、透明厨房外面、店招下的LED屏	故事、成分、特色、营养、功效、做法等
10	全国各地连锁店的插旗地图	前台收银处，或故事文化墙的边上	旗帜要做成可装卸的，因为连锁店数量在不断变化
11	本店原料品牌列表	自取调料处、透明厨房的外面	展示出本店所用的油、盐、酱、醋等的品牌
12	企业杂志或书籍、报纸等	等位区	可以设置落地的报刊架
13	岗位职责、操作流程等	具体的岗位上	

（5）BPI战略。包括单店的各种流程如何优化的要点、原则和方向。比如可以单个优化、整体协调，亦即先逐个流程进行单独优化，然后再放在一起，系统地实现整体最优。

（6）单店AI战略。包括单店的背景音乐、特殊声音、企业歌曲、对顾客的称呼、员工之间的称呼、企业口号、禁止用语等。

（7）单店OI战略。包括单店的温度、湿度、触觉、气味、光亮、影像等。

（8）单店EI战略。包括互联网、LBS、外卖、快递、自提等生活方式、商业方式等给顾客的体验性识别。

（三）陈列战略

可以包括如下内容。

（1）陈列的第一分类、第二分类、第三分类等原则，分类的原则或标准可以是功能、材料、价格、产地、大小、重量、主打或辅助等。

（2）贵重的物品要单独、宽松陈列，便宜的可以密集、堆放陈列。

（3）陈列架的材料、外形、大小、风格等。

（4）价格标签以及产品名称、功效、产地、品牌、用途、适合的消费者、附带服务、主要特性指标、附带的知识、证书等。

（5）陈列道具、灯光等。

（四）单店人力战略

包括组织架构、岗位设置、人员数量和要求、专职和兼职、来源、工资待遇、一岗多能、一人多岗等，也可以按照人力资源的六大块内容来设计。

（五）单店财务战略

包括单店的价格、收费等，具体如下。

（1）价格战略。包括不同产品和服务的定价、套餐销售的定价、折扣、优惠等。比如爆款产品高价、引流产品低价等。

第一篇　成功构建第一步：特许经营调研与战略规划、工作计划

一开始进入中国时，优衣库是想着按照日本的本土经验，以优质但低价的大众策略取胜，以解救被国外品牌收了过多品牌溢价费的中国消费者。然而事与愿违，这个低价的策略却使优衣库几乎没有生意。无奈之际，优衣库研究了市场之后决定提价，从定位大众的低价提升到白领级别的中等价格，即中国市场的价格要高出日本市场10%~15%。自此，提价之后的优衣库开始产生日渐增多的销量。但是你要记得，优衣库不是提到高价，因为高价可能会短期薅羊毛、长期死掉。

无印良品的价格明显高得离谱，在中国的价格比日本的高了近一倍，所以即便无印良品后来意识到价格过高而降价，但已经被得罪的消费者很难再接受了。（资料来源：《中国企业家》，潘宁，《潘宁口述：优衣库是如何在中国做大的》；《北京商报》，李铎、王运，《无印良品中国定价比产地贵1倍，下月起大幅降价》）

（2）收费战略。包括收费的方式（例如，先付费再消费，还是先消费再付费；是否统一收费到总部；是否是线上支付，然后线下直接取货或消费；等等）、采用什么收费机器和软件等。

（六）单店物流战略

包括物流的流程和制度、方式、费用等，具体如下。

（1）采购战略。

（2）运输战略。

（3）仓储战略。

（4）计调战略。

（七）单店产品和服务战略

包括单店产品和服务的构成、主要和辅助的划分、档次、品类的搭配、呈现形式等。比如在服务上，可以把员工从单纯的销售员变成消费顾问。又如，提供上门安装、私人订制、三包三保、产品试吃试用等服务。

（八）单店营销战略

包括营销的方式、渠道、人员、组合等。

（九）营业时间战略

包括开门时间、打烊时间、轮班换班交接班时间与事项等。关于营业时间的详细内容请参见本书第八章第九节。

（十）单店功能区战略

包括单店的区域划分、区域名称、区域功能、区域面积、区域位置、区域内设备设施装修规划等。比如对于餐饮店，可以设计出大厅散台与包间的各自面积、包间的数量、包间的席位数、大厅散台的席位数等。

最好的情况是能根据顾客的消费热点、单店的销售目的等画出一幅简单的单店功能区布局图。图3-14为某保健连锁店的功能区布局示例。

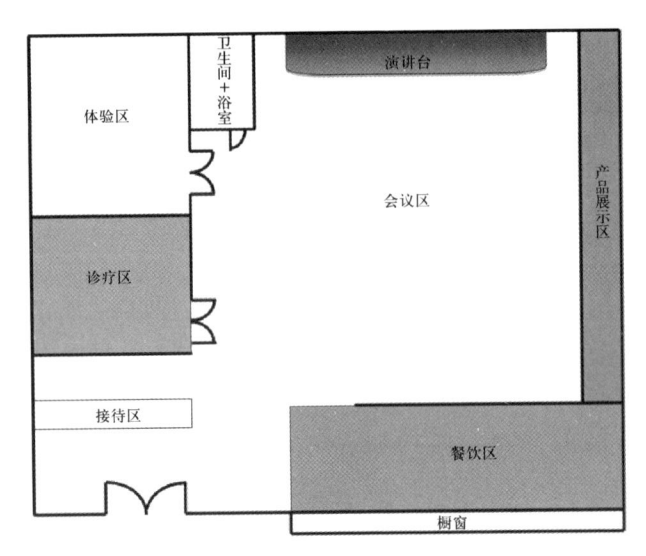

图 3-14　某保健连锁店的功能区布局

（十一）具体的设备工具等战略

比如对于火锅店而言，要包括燃料品种、锅的材质与大小、摆盘、器皿、菜单、桌椅等。

（十二）成本战略

包括成本的构成、类型、数量、挖潜降耗即节省成本的方法等。除了传统的深度节省支出之外，还应从宽度方面入手，具体如下。

- 第一维宽度节流——主营业务支出
- 第二维宽度节流——其他业务支出
- 第三维宽度节流——投资支出
- 第四维宽度节流——营业外支出
- 第五维宽度节流——所得税及其他税或附加

（十三）收入战略

包括收入的类型、数量、比例以及深度与宽度增加收入即开源增收的方法。除了传统的深度开源之外，还应从宽度方面入手，具体如下。

（1）营业收入。包括两个部分：一是主营业务收入，比如销售主要产品或提供主要服务的收入；二是其他业务收入。

（2）投资收入。指单店的经营者用单店的收入或利润进行各种各样的投资所获得的收入。

（3）营业外收入。比如货品进场费、供应商的节日赞助、旧物品出售收入、店址的房地产收入、会员卡费等。

（十四）其他战略

指的是单店中其他需要特别说明要点、原则和方向的内容。比如桌子上要不要有二维码、店内要不要有文艺表演、有些产品的加工要不要当着顾客的面进行、要不要举行消费仪式等。

第五节　开店数量以及直营与加盟比例的计算

在做战略或年度计划的时候，特许经营或连锁经营企业都回避不了的问题之一就是确定开店数量以及直营店和加盟店的比例。

上述数量和比例的确定主要取决于三个因素，即企业自己的资源容量、外在市场的限制以及企业自身的战略意图。下面分别进行讲解。

一、企业自己的资源容量

因为企业开出的单店，无论是直营店还是加盟店，都需要来自总部的资源支持，所以特许人首先需要考虑的是自己的资源能支撑多少家单店。

（一）估算特许人能够开设的加盟店的数量

通常，创业者开设加盟店的资源需要以下四大类。

（1）品牌、技术、专利、营建（选址、装修、办证、招聘等）、培训等，以 R1 表示。

（2）团队、运营、资金等，以 R2 表示。

（3）机器设备、工具、成品、原材料、耗材等实物，以 R3 表示。

（4）来自总部的指导、驻店、招商、督导与客服，以 R4 表示。

在确定了上述四大类资源之后，我们就可以做如下的分析了。

先考虑资源的容量或上限所决定的能够开店的最大数量。

在上述四类资源中，对于总部而言，通常情况下，R1、R2 是没有上限的。因为对于 R1 而言，总部的这些资源与加盟店的数量多少关系不大；对于 R2 而言，其都需要受许人付出，所以对总部的资源限制也是没有的。但是，R3、R4 是有上限的，因为总部对 R3 的拥有量有限，R4 所需要的总部的人力、资金、时间等也是有限的。

所以，总部应重点考虑 R3、R4 的资源容量，原则就是既要保证这些资源尽可能全部地被充分利用，也要保证这些资源不会处于亏欠状态。

在具体计算时，总部应把 R3 的资源容量分别列出来，然后除以开设一家加盟店所需要的资源量，就可以得出在每种资源饱和与不亏欠状态下能够开设的加盟店的最大数量，假设最后得出的结果分别是 n1、n2、n3、n4 等。然后，总部在 R3 的基础上能够开设的加盟店的数量就是 n1、n2、n3、n4 等中的最小值，以 min（n1、n2、n3、n4、…）表示。

再来考虑 R4。总部的指导、驻店能力是有上限的，受到工作人员的数量、工作能力、工作时间、不同店面的地理距离等的限制；总部的招商能力是有上限的，受到招商人数、招商能力、工作时间、广告数量与效果等的限制；督导的能力是有上限的，受到督导人数、督导能力、工作时间、督导方式（巡店还是远程监控）等的限制；客服能力也是有

成功构建特许经营体系五步法

上限的，受到客服人数、客服能力、需要回答的疑问的多少等的限制。总部应分别估算出上述资源或能力所能支撑的加盟店数量，假设分别为m1、m2、m3、m4等。然后，总部在R4的基础上能够开设的加盟店的数量就是m1、m2、m3、m4等中的最小值，以min（m1、m2、m3、m4、…）表示。

在得出了min（n1、n2、n3、n4、…）、min（m1、m2、m3、m4、…）之后，总部基于资源能够开设的加盟店的最大数量就是上述两个最小值的最小值，即：

特许人能够开设的加盟店的最大数量 =MIN-F

= min[min（n1、n2、n3、n4、…），min（m1、m2、m3、m4、…）]

实际操作示例如表3-12所示。

表3-12 公司有上限的资源及其对应的能够支撑的加盟店数量

序号	资源类别	资源名称	资源的上限数量，RL	每个加盟店需要的资源数量，RF	能够支撑的加盟店数量，CF（=RL/RF）	CF只舍不入的结果	备注
1	R3	机器设备	300件	1件	300	300	
2		工具	500套	3套	166.67	166	
3		成品	10万件	1000件	100	100	
4		原材料	200万件	3万件	66.67	66	
5		耗材	3万件	900件	33.33	33	
6	R4	总部的指导	20人	0.1人	200	200	
7		总部的驻店	30人	10/300=0.03人	1000	1000	按驻店平均时间10天，每年300天计算
8		总部的招商	15人	1/20=0.05人	300	300	按每人每年能招商20个计算
9		总部的督导	10人	1/50=0.02人	500	500	按每人每年能督导50家店计算
10		总部的客服	3人	1/100=0.01人	300	300	按每人每年能服务100家店计算
加盟店数量的最大值=所有能够支撑的加盟店数量的最小值					33.33	33	

134

第一篇　成功构建第一步：特许经营调研与战略规划、工作计划

由上表可以得出以下结论。

（1）公司这一年最多能开设33家加盟店。

（2）公司的资源配置严重不平衡，当开设33家加盟店时，支撑数量多于33家加盟店的资源被大量地浪费了。公司可以采取以下两种解决办法。

①为配合33家加盟店的数量，需要减少别的资源的配置，使其所支撑的加盟店的数量能够满足33家店即可，减少的方法包括减少资源上限或者增加每个加盟店需要的资源数量。

②选中大于33家店的某个能开设的加盟店的目标数量，用反算的方法重新进行资源的平衡配置，包括增加或减少资源上限，或者增加或降低每个加盟店需要的资源数量。

（二）估算特许人能够开设的直营店的数量

对于上述罗列的开设加盟店所需要的四类资源，开设直营店时全部需要总部自己投入，所以这四类资源就都是有上限的。

按照与前文计算加盟店的数量同样的原理，在罗列了每项资源的容量或上限以及存量之后，就可以计算出如下数值：

$$特许人能够开设的直营店的最大数量 = MIN-O$$
$$= \min[\min(u1、u2、u3、u4、\cdots), \min(v1、v2、v3、v4、\cdots),$$
$$\min(x1、x2、x3、x4、\cdots), \min(y1、y2、y3、y4、\cdots)]$$

实际操作示例如表3-13所示。

表3-13　公司有上限的资源及其对应的能够支撑的直营店数量

序号	资源类别	资源名称	资源的上限数量，RL	每个直营店需要的资源数量，RO	能够支撑的直营店数量，CC（=RL/RO）	CC只舍不入的结果	备注
1		品牌	∞	—	∞	∞	
2		技术	∞	—	∞	∞	
3		专利	∞	—	∞	∞	
4	R1	营建（选址、装修、办证、招聘等）	15人	1/12=0.08人	187.5	187	按每人可同时营建3个店，每个店的营建时间3个月，一年12个月计算
5		培训	5人	1/500=0.002人	2500	2500	按每人每年能培训500个店计算

续表

序号	资源类别	资源名称	资源的上限数量，RL	每个直营店需要的资源数量，RO	能够支撑的直营店数量，CC（=RL/RO）	CC只舍不入的结果	备注
6	R2	团队、运营	1000万元	8×0.5×12=48万元	20.83	21	按每店8个工作人员计算，每人月薪5000元。按人员工资储备资金每年1000万元计算
7		资金	500万元	25万元	20	20	按每店投资25万元计算，用于开店的储备资金500万元
8	R3	机器设备	300件	1件	300	300	
9		工具	500套	3套	166.67	166	
10		成品	10万件	1000件	100	100	
11		原材料	200万件	3万件	66.67	66	
12		耗材	3万件	900件	33.33	33	
13	R4	总部的指导	—	—	—	—	
14		总部的驻店	—	—	—	—	
15		总部的招商	—	—	—	—	
16		总部的督导	10人	1/50=0.02人	500	500	按每人每年能督导50家店计算
17		总部的客服	3人	1/100=0.01人	300	300	按每人每年能服务100家店计算
直营店数量的最大值=所有能够支撑的直营店数量的最小值					20	20	

注意，与前述加盟店的举例计算表相比，直营店的计算表增加了R1、R2的内容，R3的内容与加盟店基本一致，没有变化，而R4的部分内容有变化，变化的内容就是底色为灰色的部分（因为对于直营店而言，总部的指导、驻店和招商都是不需要的，直接算在前面的R2的团队和运营里了）。

由上表可以得出以下结论。

（1）公司这一年最多能开设20家直营店。

（2）公司的资源配置严重不平衡，当开设20家直营店时，支撑数量多于20家直营店的资源被大量地浪费了。公司可以采取以下两种解决办法。

①为配合20家直营店的数量，需要减少别的资源的配置，使其所支撑的直营店的数量能够满足20家店即可，减少的方法包括减少资源上限或者增加每个直营店需要的资源数量。

②选中大于20家店的某个能开设的直营店的目标数量，用反算的方法重新进行资源的平衡配置，包括增加或减少资源上限，或者增加或降低每个直营店需要的资源数量。

（三）特许人应该或能够开设的直营店与加盟店的数量，以及直营店和加盟店之间的数量比例分配

因为直营店和加盟店是各有利弊的，所以，除了"一条两法"[1]规定的必须至少有两家直营店之外，特许人可以根据自己的实际情况和目的去选择恰当的直营与加盟的比例。

当特许人自己开直营店的资金或人手不够时，可以加大加盟店的比例。

当单店开设起来之后，需要从总部或特许人处购买而特许人也可以借此获取差价之类的盈利时，可以加大加盟店的数量比例；反之，当单店开设之后很少需要从总部或特许人处购买而特许人借此获取的差价之类的盈利很小时，可以加大直营店的数量比例。

当特许人想要融资或上市并增加自己的股份比例或谈判砝码时，可以加大直营店的比例。

具体的算法是，因为总的资源是固定的，直营店和加盟店对于消耗资源而言是在总资源数量不变的基础上此消彼长的，所以特许人可以把直营店开设的数量和所消耗的资源与加盟店开设的数量和所消耗的资源放在一起进行计算，只要假设其中一个数值，另一个数值就自然地被计算出来了。如此反复调节，直到达到特许人的目标为止。

仍然是上面的实际例子，我们把两个表合并，如表3-14所示。

由表3-14可以清晰地看到，由于直营店和加盟店需要总部提供的资源不同，因此二者共同需要总部提供的资源（见表中的灰色底色部分）是在总和不变的基础上此消彼长的。

二、外在市场的限制

外在的市场容量会直接导致特许人的开店数量有上限。

有时，市场容量带来的上限是由于政府的原因，包括法律、法规、政策等导致的。比如政府规定两家药店之间的直线距离不能少于250米，那么企业需要计算在计划开店的地区内已经有了多少药店，以及这些药店之间的空档区域还能被允许开设几家店。

有时，企业的开店策略是跟随行业中的某个对标，比如店址就选在对标的店址附近100米之内，那么，这时企业开店数量的上限就是对手的开店数量。

---

[1] 即《商业特许经营管理条例》《商业特许经营备案管理办法》《商业特许经营信息披露管理办法》。

表3-14 公司有上限的资源及其对应的能够支撑的直营店、加盟店数量

序号	资源类别	资源名称	资源的上限数量,RL	每个直营店需要的资源数量,RO	每个加盟店需要的资源数量,RF	能够支撑的直营店数量,CC(=RL/RO)	CC只舍不入的结果	能够支撑的加盟店数量,CF(=RL/RF)	CF只舍不入的结果	备注
18		品牌	8	—		8	8			
19		技术	8	—		8	8			
20		专利	8	—		8	8			
21	R1	营建（选址、装修、办证、招聘等）	15人	1/12=0.08人		187.5	187			按每人可同时营建3个店，每个店的营建时间3个月，一年12个月计算
22		培训	5人	1/500=0.002人		2500	2500			按每人每年能培训500个店计算
23		团队、运营	1000万元	8×0.5×12=48万元		20.83	21			按每店8个工作人员计算，按人员月薪5000元，按人员工资储备资金每年1000万元计算
24	R2	资金	500万元	25万元		20	20			按每店投资25万元计算，用于开店的储备资金500万元
25		机器设备	300件	1件		300	300	300	300	总和不变，此消彼长的资源
26	R3	工具	500套	3套		166.67	166	166.67	166	总和不变，此消彼长的资源

第一篇 成功构建第一步：特许经营调研与战略规划、工作计划

续表

序号	资源类别	资源名称	资源的上限数量，RL	每个直营店需要的资源数量，RO	每个加盟店需要的资源数量，RF	能够支撑的直营店数量，CC（=RL/RO）	CC只舍不入的结果	能够支撑的加盟店数量，CF（=RL/RF）	CF只舍不入的结果	备注
27		成品	10万件	1000件		100	100	100	100	总和不变，此消彼长的资源
28	R3	原材料	200万件	3万件		66.67	66	66.67	66	总和不变，此消彼长的资源
29		耗材	3万件	900件		33.33	33	33.33	33	总和不变，此消彼长的资源
30		总部的指导	—	—		—	—	200	200	
31		总部的驻店	—	—		—	—	1000	1000	按驻店平均时间10天，每年300天计算
32		总部的招商	—	—		—	—	300	300	按每人每年能招商20个计算
33	R4	总部的督导	10人	1/50=0.02人		500	500	500	500	按每人每年能督导50家店计算。总和不变，此消长的资源
34		总部的客服	3人	1/100=0.01人		300	300	300	300	按每人每年能服务100家店计算。总和不变，此消彼长的资源
						20	20	33.33	33	

开店数量的最大值=所有能够支撑的开店数量的最小值

139

有时，企业对单店的地址是有限制的，比如必须得入驻商场、农贸市场或成为别人的店中店等，那么，计划开店区域的商场、农贸市场、母店等的数量就决定了企业开店数量的上限。

有时，消费者数量会带来企业开店数量的上限，比如月子中心，其开店数量的上限就取决于计划入住月子中心的孕妇的数量。

有时，创业者或潜在受许人数量也会带来企业开店数量的上限。例如，如果企业的潜在受许人定位为应届大学毕业生，那么，每年的应届大学毕业生中能够或愿意加盟企业的人数就是企业开店数量的上限。

三、企业自身的战略意图

根据内外因素分别计算出特许人应该或能够开设的店的数量之后，特许人具体选择哪个数值，则需要考虑自己的战略意图。

当特许人是为了摸索加盟的规律而试探性地开设加盟店时，开店数量应取小值。

当特许人是为了大规模地拓展连锁店时，开店数量应取大值。

总而言之，根据企业自己的资源容量、外在市场的限制以及企业自身的战略意图三个因素，特许经营或连锁经营企业就可以确定自己的开店数量以及直营店和加盟店的比例了。

第六节　选择特许经营业务的波士顿－维华雷达法

此方法建立在波士顿矩阵的基础之上。

比如某连锁企业的店内有多种类型的业务，包括美发、美容、足底按摩、文身、美甲、头部按摩等，为简便起见，按照业务的大小比例，将其合并归类为美发、美容、足底按摩、其他四种。

然后按照波士顿矩阵的纵轴和横轴分析之后，把这四类业务分别放在图 3-15 所示的位置。需要注意的是，当某项业务的市场成长率或相对市场份额很难确定的时候，应把这项业务放在中间的位置，比如图 3-15 所示的"其他"。

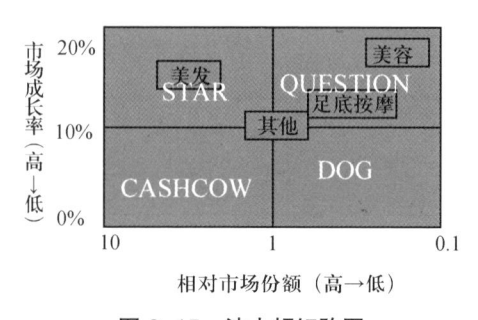

图 3-15　波士顿矩阵图

第一篇 成功构建第一步：特许经营调研与战略规划、工作计划

现在来选择哪几种业务适合目前做特许经营。

选择的原则是该项业务一定是特许人企业的成熟业务或最厉害的业务。原因很简单，通常情况下，受许人只有享受特许人成熟业务的权利，而没有与特许人共同探索新业务、作为特许人试验的"小白鼠"的义务。所以，在这个原则之下，企业的选择标准如下。

（1）市场成长率高的。因为至少你要考虑到加盟期通常都是有几年时间的，所以不能在加盟期里这个业务的市场不再成长或成长很慢，否则，对于受许人回收投资和未来的持续经营是有严重损害的。

（2）相对市场份额高的。因为通常而言，企业某项业务的相对市场份额高，说明企业这个业务的竞争力强，也通常会是企业的拳头业务或成熟业务。

在上述两个原则的指导之下，企业可以以波士顿矩阵的左上角为圆点，逆时针画圆，半径逐渐加大，先被圈到圆内的业务就是优先选择的业务。因半径逐渐增大的圆圈放在一起很像一个雷达，所以我们称之为雷达法。如图3-16所示。

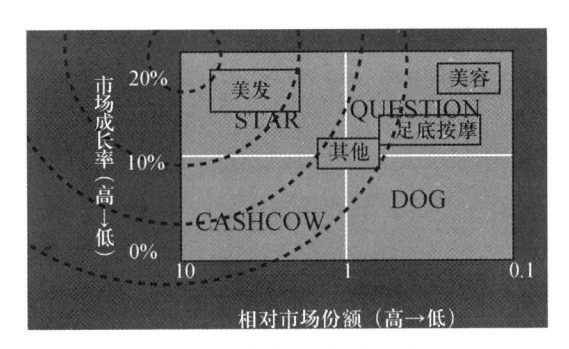

图3-16 波士顿－维华雷达图

从图3-16可以得出做特许经营业务的优先顺序为美发、其他、足底按摩、美容。但是考虑到"其他"的未来不确定性，所以不予选择；足底按摩和美容的相对市场份额太低，说明企业在这两块业务上的竞争力不强，所以也不选。最后得出的结论就是：这家企业当前适合做特许经营的业务是美发。

在实际使用波士顿－维华雷达法时，也可能遇到下面的情况。

比如某连锁火锅企业的业务包括肥牛、涮羊肉、饺子。经过分析后，各业务在波士顿矩阵的位置如图3-17所示。

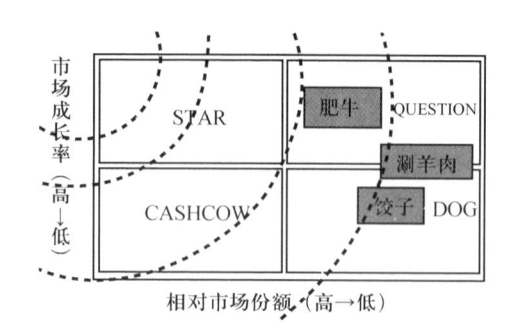

图 3-17 某连锁火锅企业的波士顿－维华雷达图

遇到图 3-17 这种情况的时候，也就是企业没有理想中的明星业务，也没有理想中的现金牛业务时，如果要做特许经营且企业对自己改善业务水平和资源有足够信心，企业就只能劣中选优了。所以，按照圆圈圈到的先后顺序，这家企业适合做特许经营的业务的优先顺序为肥牛、饺子、涮羊肉。

考虑到企业当前的实际状况，建议业务少而精，所以企业最后只选择肥牛和涮羊肉。但是又考虑到肥牛和涮羊肉的出现时间、风格、特色、消费人群等有很大的差异，最后企业决定分成两个单独的特许经营项目，即肥牛的特许经营体系和涮羊肉的特许经营体系。

第七节 维华四圈定位法与技巧

此方法简便易行，稍微受过训练的人都可以直接推演出企业的核心定位。

具体的步骤就是用精练的词组分别罗列出企业自身的核心资源与核心能力、消费者与市场的核心诉求、竞争者的核心诉求、企业的目标或愿景四块内容，然后在这四块内容里做组句游戏，比如每个圈子里取一个词组进行组合，当然，也可以在某个圈子里取多个、某个圈子里不取。由此，四个圈子的词组组合成的句子或四个圈子的交集部分就是企业的核心定位。

下面详细讲解维华四圈定位法的步骤。

第一步，罗列出企业自身的核心资源与核心能力。

罗列的方法可以是根据企业的产供销这个产业链罗列，也可以根据人财物等职能罗列，还可以根据企业的十二大资源罗列，比如人力资源、财务资源、物质资源、市场资源、技术资源、信息资源、关系资源、宏观环境资源、自然资源、组织管理资源、品牌资源与知识产权资源。

第二步，罗列出消费者与市场的核心诉求。

可以通过观看竞争者的广告来获取市场竞争的热点、焦点、难点等，因为企业的广告往往会强调企业的某个或某些长处，而这个或这些长处都是来源于企业的市场调研与消费者分析。比如火锅市场，有人强调自己的某个产品（比如新鲜毛肚、草原羊肉、秘制底料等)、有人强调自己的服务、有人强调自己的环境等。企业刻意强调的基本上都是他们认为的市场中的热点、焦点、难点,所以企业可以直接拿过来借鉴。企业也可以直接通过消费者调研或市场分析得到。

第三步,罗列出业内直接竞争者的核心诉求。

可以通过对直接竞争者的分析得到,比如直接竞争者认为的自己的优势点。这些优势点通常能够从直接竞争者企业的加盟指南、对外宣传或广告、企业介绍等资料里直接查到。

第四步,罗列出企业的目标或愿景。这个在企业做战略的时候就已经设计出来了。

经过以上四步之后,四个由词组组成的圈子就形成了,如图3-18所示。

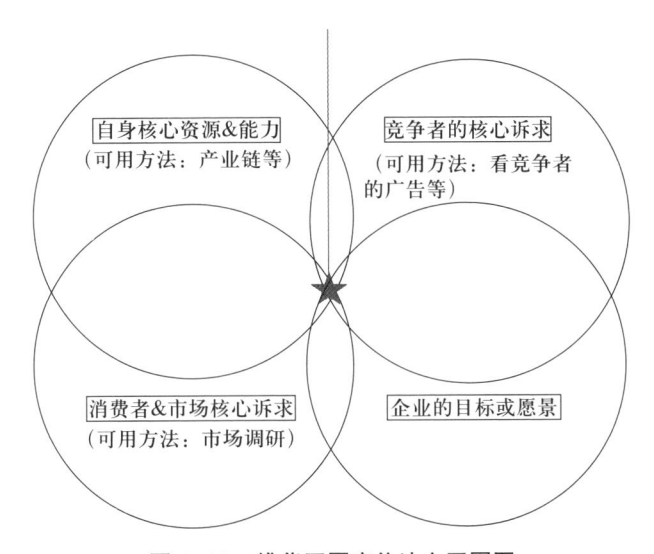

图3-18 维华四圈定位法之四圈图

使用上述罗列法时要注意以下几点。

(1)要求用最精练的词组表示,比如每个词组不超过5个字。

(2)一定要尽可能全地罗列,尽可能地不要遗漏。一旦遗漏,有可能会把企业的最佳定位错过。

(3)罗列时可以采用头脑风暴法、德尔菲法等。

以某火锅店为例,四圈罗列的结果如图3-19所示。

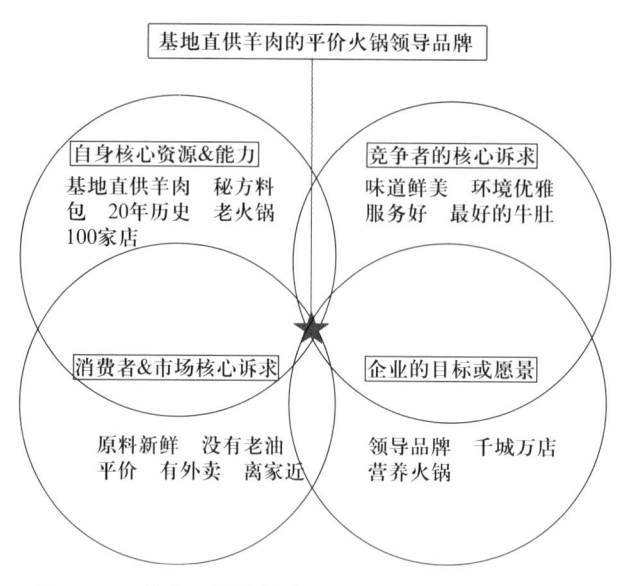

```
                    基地直供羊肉的平价火锅领导品牌

       自身核心资源&能力           竞争者的核心诉求
      基地直供羊肉  秘方料          味道鲜美  环境优雅
      包  20年历史  老火锅          服务好  最好的牛肚
      100家店


       消费者&市场核心诉求           企业的目标或愿景

      原料新鲜  没有老油           领导品牌  千城万店
      平价  有外卖  离家近          营养火锅
```

图 3-19　维华四圈定位法之四圈图（以某火锅店为例）

在画出如上的四圈图之后，企业就可以进行组句游戏了。

企业可以分别在第一个圈中取"基地直供羊肉"，第二个圈中取"平价"，第三个圈中取"领导品牌"（逆时针顺序），如此，组句后的结果便是：基地直供羊肉的平价火锅领导品牌。这个就是企业的核心定位。

当然，对于组句工作，企业也可以用头脑风暴之类的方法，以组合成不同的企业核心定位，然后大家再讨论，最后确定其中一个为最终的结果。

另外，企业也可以分别针对每个圈内的内容，按重要性顺序排列，然后全部取每个圈中排序第一的词组进行组合，如此也可以得出企业最终的核心定位。

第八节　维华四维全产业链平台模型

企业在发展到一定阶段之后，甚至在发展之初，就可能进行上下游、线上线下的延伸，以使企业的整体价值最大化，或增加企业的盈利点，或增加企业的优势，或增加企业的核心竞争力。

为此，我们可以假设任何一个企业的本质都是一个平台，一个把产业链上的各个环节进行有效对接的平台。

作为一个平台，企业需要延伸什么内容呢？我们可以用维华四维全产业链平台模型协助分析。

如图 3-20 所示，企业处于中央，恰似一个平台，其横向上可以向左、向右延伸，纵向上可以向上、向下延伸。

第一篇　成功构建第一步：特许经营调研与战略规划、工作计划

```
                    线上功能：
                    销售
                    广告宣传
                    客服
                    ……
                      ↑
                    纵向向上功能分配
   OEM                                          ●深度宽度开发消费者
   直接建厂     横向上游延伸   ┌──┐  横向下游延伸    （提供更多服务、跨界
   直接建设物流公司  ←────── │平台│ ──────→        合作共享消费者等）
   房地产或二房东              └──┘                ●深度宽度开发连锁网络
   直接建设装修公司                                  （变成广告位、变成商
   开设培训学校                                      铺的地产商等）
   为受许人提供贷款
   ……                       ↓
                    纵向向下功能分配
                    线下功能：
                    细分顾客服务
                    综合顾客服务
                    母子店搭配
                    ……
```

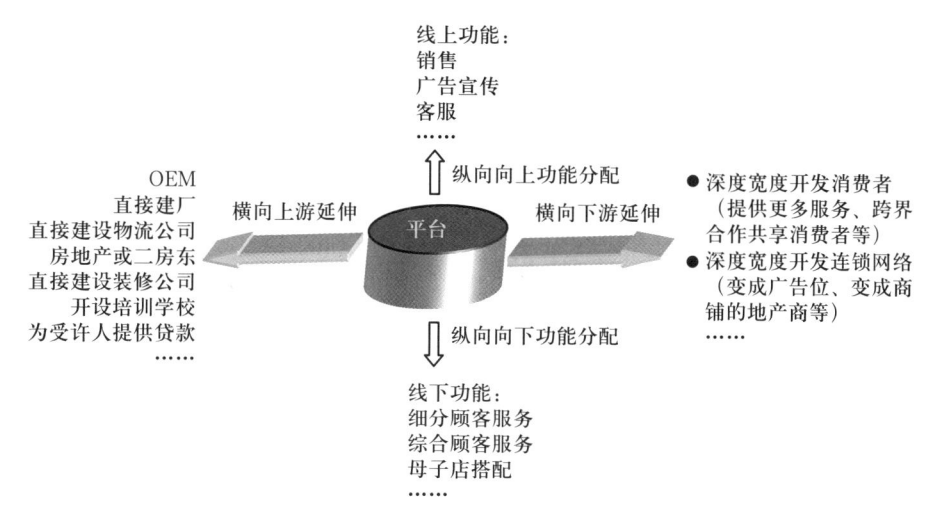

图 3-20　维华四维全产业链平台模型

　　向左延伸，企业可以直接从事供应商的业务，比如对于开店所需要的产品、生产工厂、物流、商铺、装修服务、人员、资本金融等，企业横向上游延伸的内容就包括产品的 OEM、直接建厂、直接建设物流公司、做受许人店铺的房地产开发商或二房东、直接开设装修公司、开设培训学校、为受许人提供贷款等。

　　向右延伸指的是企业的横向下游延伸，实际上就是对客户或消费者的再挖掘，包括深度与宽度开发消费者（比如为已有的消费者提供更多服务、与其他商家跨界合作共享消费者等）、深度与宽度开发连锁网络（比如把连锁店面变成广告位、把特许人变成商铺的地产商等）。

　　纵向向下功能分配指的是企业的线下功能，比如实体店可以有细分顾客服务、综合顾客服务、母子店搭配等。

　　纵向向上功能分配指的是企业的线上功能，比如线上可以有销售、广告宣传、客服等功能。

　　在罗列出了上述四类延伸之后，企业就可以根据自己的实际情况选择出在当前的状况下，企业可以有的业务以及未来可能有的业务。

　　下面举一个实际的例子。

　　比如对于月子中心连锁，总公司的平台定位可以为：链接"产褥期宝妈、宝宝"与"月子服务、育儿服务"的全产业链平台。

　　首先，企业需要打开思维，采用尽可能多的方法穷尽罗列，将公司的业务与功能进行上下左右的延伸。如图 3-21 所示。

145

成功构建特许经营体系五步法

线上：
- 直接销售
- 品牌营销
- 客户交流
- ……

- 产品设备等OEM
- 产品设备等直接建厂
- 直接建设物流公司
- 房地产或二房东
- 直接建设装修公司
- 开设培训学校
- 为受许人提供贷款
- ……

横向上游延伸 → 链接"产褥期宝妈、宝宝"与"月子服务、育儿服务"的全产业链平台 ← 横向下游延伸

纵向向上功能延伸 ↑
纵向向下功能延伸 ↓

- 为宝妈提供产前、产后的更多服务
- 跨界合作共享消费者
- 店内为母婴商家提供广告位
- ……

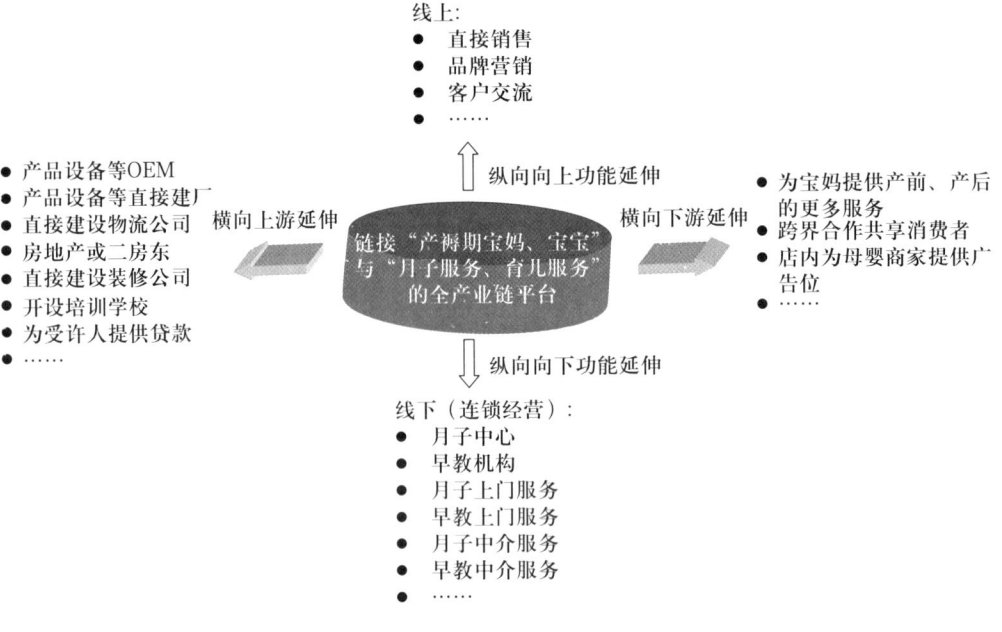

线下（连锁经营）：
- 月子中心
- 早教机构
- 月子上门服务
- 早教上门服务
- 月子中介服务
- 早教中介服务
- ……

图 3-21　某月子中心的维华四维全产业链平台模型

在图 3-21 的基础上，经过大家的分析与讨论之后，最后决定，企业初期的业务内容如下。

（1）横向上游部分：企业可以做的业务包括产品设备等 OEM、开设培训学校。

（2）横向下游部分：企业可以做的业务包括为宝妈提供产前、产后的更多服务，店内为母婴商家提供广告位。

（3）线上功能方面：企业可以做出 App 或网站，其功能是直接销售产品以及与客户交流。

（4）线下功能方面：企业可以做两类连锁经营的实体店网络，包括月子中心、月子上门服务。

第九节　基于功能区面积的单店类型划分的维华面积矩阵算法

连锁企业在发展中最重要的工作之一是计算出单店合理、科学的最小和最大面积，计算出划分成大店、中店、小店等类型时的每类单店的面积区间范围，以及在单店面积已知时确定单店的功能区组合等。

维华面积矩阵算法就是以功能区面积加总法为核心的一种单店类型划分的方法，可以帮助企业很好地解决前述问题。

此算法分为十个步骤。下面以某服装连锁企业为例详细说明。

第一步，把单店内的区域分为两大类：必须区域和可选择区域。

前者是指所有单店都必须设置的区域,后者指的是所有单店都可以选择性设置的区域。

第二步,罗列出上述两大类区域内的具体区域。

比如在本案例中,必须区域包括陈列区、换衣间、收银区、库房、熨烫间,可选择区域包括卫生间、办公区、顾客休息区,可选择区域分别以 A、B、C 来代称。

第三步,确定单店的核心区。

核心区指的是单店顾客接受店内服务或购买店内商品的区域,它通常体现了一个单店最主要的存在目的或意义,单店其他区域的存在都是为了保障这个核心区的功能正常进行。比如服装店的核心区就是陈列区,饭店的核心区就是就餐区,美容院、足疗馆、理发店的核心区就是顾客接受美容服务、足疗服务、理发服务的区域等。比如本案例的核心区就是服装的陈列区。

之所以要确定出核心区,是因为通常情况下,单店内其他区域的面积多数是按照核心区面积的一定比例来确定的,即确定了核心区的面积,就确定了其他区域的面积。

第四步,确定核心区之外的各区域面积与核心区面积的比例。

这个比例就是各区域面积占核心区面积的比值,我们称之为联动值。如果某区域面积不是占核心区面积的一定比例,而是一个固定值,那就直接写上固定值面积即可。

本案例中非核心区面积占核心区面积的比例如表 3-15 所示。

表 3-15 非核心区面积占核心区面积的比例

区域	属性	细分区域	占核心区面积的比例
必须区域	联动值	换衣间	0.1
		收银区	0.2
		库 房	0.1
	固定值	熨烫间	2 平方米
可选择区域	联动值	卫生间	0.15
		办公区	0.2
	固定值	顾客休息区	3 平方米

第五步,确定核心区的最小和最大面积。

如果企业事先知道或计划好要服务多少顾客、展示多少商品、放置多少设备,则根据前述的顾客数量、商品展示占地面积、设备占地面积等已知条件去确定核心区的面积。

比如某餐饮单店,如果要服务 20 位顾客的话,按照顾客人均占地面积 2.5 平方米的行业平均值(关于这个值,如果是快餐,可以取得小一些;如果是有档次、宽松的西餐厅,可以取得大一些),就可以计算出此餐饮单店的核心区即就餐区的面积为:20×2.5 平方米 =50 平方米。

如果企业只知道已有的产品和服务，要确定出最科学的核心区面积，可以采取以下方法：企业可以以面积为核心变量，进行详细的单店投资收入预算，反复调整其他变量，即可计算出最科学的核心区面积；也可以根据竞争者核心区面积的大数据统计结果来选择适合自己的面积；也可以直接抄袭主要对标的核心区面积；还可以在实际运营中通过试验获得。

在本案例中，单店核心区面积的区间设置为10~20平方米。

第六步，将可选择区域进行组合。

比如本案例中，单店除了必须区域之外，可选择区域的组合为不组合（表3-16中以"—"代表）、A、B、C、AB、AC、BC、ABC八种。

第七步，按照企业要划分的单店类型数量，在核心区面积的最小值和最大值之间，分别计算出核心区面积的划分类型区分值。

比如本案例中，在面积上，企业要分为三种单店类型，前面已经说明了核心区面积的最大值为20平方米、最小值为10平方米，那么，下面就可以用最简单的平均值划分法把核心区面积划分为三类。

$$最大值和最小值之差 = （20平方米 - 10平方米）= 10平方米$$
$$核心区面积区间间隔 = 最大值和最小值之差 \div 单店类型数量$$
$$= 10平方米 \div 3 = 3.3平方米$$

上述的3.3平方米就是核心区面积区间间隔，取整之后，以3平方米为核心区面积区间间隔。

由此，企业就可以得到核心区面积类型的四个区分值，其分别为10平方米、13平方米、16平方米、20平方米。需要说明的是，最后一个区分值即核心区面积的最大值是前面已经确定了的，所以不按照增加3平方米这个核心区面积区间间隔的方法计算。

由此，核心区按面积划分的三个类型就是：10~13平方米，13.1~16平方米，16.1~20平方米（对于13、16两个中间值，我们通常只需要加个小数点后的一位数，比如0.1，即把后一个变成13.1、16.1即可）。

第八步，在核心区面积四个区分值的基础上，按照非核心区与核心区的比例或固定值，分别计算出加上可选择区域的各类型单店总面积，即维华面积矩阵（表3-16中的阴影部分）。

注意，在计算此表的时候务必使用Excel，同时对于每个数值的计算都要使用公式，以便随时调整。

表3-16　加上可选择区域的各类型单店总面积

单位：平方米

序号	一类名称	属性	二类名称	最小面积	面积	面积	最大面积
1	核心区域	设定值	陈列区	10	13	16	20

续表

序号	一类名称	属性	二类名称	最小面积	面积	面积	最大面积
2	必须区域	联动值	换衣间	1	1.3	1.6	2
3			收银区	2	2.6	3.2	4
4			库房	1	1.3	1.6	2
5		固定值	熨烫间	2	2	2	2
6	小计		单店必须面积	16	20.2	24.4	30
7	可选择区域	联动值	卫生间 A	1.5	1.95	2.4	3
8			办公区 B	2	2.6	3.2	4
9		固定值	顾客休息区 C	3	3	3	3
10	加上可选择区域不同组合形式的单店总面积，即维华面积矩阵		—	16	20.2	24.4	30
11			A	17.5	22.15	26.8	33
12			B	18	22.8	27.6	34
13			C	19	23.2	27.4	33
14			AB	19.5	24.75	30	37
15			AC	20.5	25.15	29.8	36
16			BC	21	25.8	30.6	37
17			ABC	22.5	27.75	33	40
18	单店面积区间			16			40

其实根据表3-16，企业可以计算出很多有价值的数据，具体如下。

● 单店必须最小面积=（核心区域最小面积+必须区域最小面积）=16平方米
● 单店必须最大面积=（核心区域最大面积+必须区域最大面积）=30平方米
● 所有类型（即单店各种区域的所有可能组合方式）的单店面积取整之后的值，就是维华面积矩阵内的各个数值。为什么是"取整之后的值"？因为现实中的店面面积不可能全都是上述的这些数值，需要企业根据现实中的数值去比对维华面积矩阵中的值
● 单店最大面积=核心区面积最大时、可选择的区域组合形式是ABC时的面积值=40平方米=维华面积矩阵右下角的值
● 单店最小面积=单店必须最小面积=16平方米=维华面积矩阵左上角的值

第九步，根据上一步中计算的单店面积区间范围，按照企业要划分的单店类型数量，在最小值和最大值之间，分别计算出基于功能区面积的单店类型划分的区分值。

比如本案例中，单店面积区间范围是16~40平方米，那么，下面就可以用最简单的平均值划分法把单店分为三种类型。

单店面积最大值和最小值之差＝（40平方米－16平方米）=24平方米

单店面积区间间隔＝单店面积最大值和最小值之差÷单店类型数量

=24平方米÷3=8平方米

上述的8平方米就是单店面积区间间隔。

由此，企业就可以得到单店面积类型的四个区分值，其分别为16平方米、24平方米、32平方米、40平方米。需要说明的是，最后一个区分值即单店面积的最大值是前面已经确定了的，所以此处不是按照增加8平方米这个单店面积区间间隔的方法计算的。

由此，单店按面积划分的三个类型就是：16~24平方米，24.1~32平方米，32.1~40平方米（对于24、32两个中间值，我们通常只需要加个小数点后的一位数，比如0.1，即把后一个变成24.1、32.1即可）。

按照这四个区分值，企业可以用不同的颜色标注出不同类型单店的面积区间，如图3-17的阴影部分，从左到右依次为小店、中店和大店。

表3-17 基于功能区面积的单店类型划分的维华面积矩阵

单位：平方米

序号	一类名称	属性	二类名称	最小面积	面积	面积	最大面积
1	核心区域	设定值	陈列区	10	13	16	20
2	必须区域	联动值	换衣间	1	1.3	1.6	2
3			收银区	2	2.6	3.2	4
4			库房	1	1.3	1.6	2
5		固定值	熨烫间	2	2	2	2
6	小计		单店必须面积	16	20.2	24.4	30
7	可选择区域	联动值	卫生间A	1.5	1.95	2.4	3
8			办公区B	2	2.6	3.2	4
9		固定值	顾客休息区C	3	3	3	3
10	加上可选择区域不同组合形式的单店总面积，即维华面积矩阵		—	16	20.2	24.4	30
11			A	17.5	22.15	26.8	33
12			B	18	22.8	27.6	34
13			C	19	23.2	27.4	33
14			AB	19.5	24.75	30	37
15			AC	20.5	25.15	29.8	36
16			BC	21	25.8	30.6	37
17			ABC	22.5	27.75	33	40

续表

序号	一类名称	属性	二类名称	最小面积	面积	面积	最大面积
18	单店面积区间			16			40
19	单店面积类型的区分值			16	24	32	40

第十步，关于维华面积矩阵的几个实际应用。

例如，根据单店的实际面积数值，可以确定出可选择区域的组合种类。假设店面的实际面积是24.5平方米，企业比对维华面积矩阵，找到比24.5这个值小的最接近的两个值，即"24.4"和"23.2"（如表3-18中阴影部分所示），则该店有两种可能的可选择区域的组合方式：没有可选择区域和C型组合。

表3-18 根据单店的实际面积确定可选择区域的组合类型

序号		可选择区域的组合形式	最小面积	面积	面积	最大面积
10	加上可选择区域不同组合形式的单店总面积	—	16	20.2	24.4	30
11		A	17.5	22.15	26.8	33
12		B	18	22.8	27.6	34
13		C	19	23.2	27.4	33
14		AB	19.5	24.75	30	37
15		AC	20.5	25.15	29.8	36
16		BC	21	25.8	30.6	37
17		ABC	22.5	27.75	33	40

需要注意的是，将店面实际数值与维华面积矩阵中的数值比对时，应遵循以下原则。

（1）选中的维华面积矩阵中的比对值应小于等于店面实际数值。

（2）维华面积矩阵中的值应小于实际数值多少为合理呢？通常，店面实际值与维华面积矩阵中的值之差不能超过1平方米，以及不能超过上述单店的核心区、必须区域、可选择区域三类区域中面积的最小值，否则多出的这个差值的面积就可以再设置上述三类区域中的一个或几个了。

（3）多余的面积可以加到单店的核心区、必须区域、可选择区域三类区域中的任何一个，具体加到哪一个里，企业可以根据自己的实际情况决定。

再比如，维华面积矩阵还有一个反向的应用，即根据计划的可选择区域的组合类型，反向确定店面面积。

假设某受许人喜欢可选择区域的BC型组合方式，则按照维华面积矩阵，其实际店面面积比对维华面积矩阵后的值只可能有四类，即21平方米、25.8平方米、30.6平方米和 37 平方米（如表 3-19 中阴影部分所示）。

表 3-19　根据计划的可选择区域的组合类型确定店面面积

序号		可选择区域的组合形式	最小面积	面积	面积	最大面积
10	加上可选择区域不同组合形式的单店总面积	—	16	20.2	24.4	30
11		A	17.5	22.15	26.8	33
12		B	18	22.8	27.6	34
13		C	19	23.2	27.4	33
14		AB	19.5	24.75	30	37
15		AC	20.5	25.15	29.8	36
16		BC	21	25.8	30.6	37
17		ABC	22.5	27.75	33	40

如此，该受许人就知道该选多大面积的商铺了。

第十节　成功特许人的法、商特征

一、法律法规的充分性

按照我国于 2007 年 5 月 1 日实施的《商业特许经营管理条例》的规定，一家准备在中国境内开展特许经营活动的企业必须具备以下法律方面的特征或条件。

（1）拥有一个受法律保护的注册商标。因为加盟店将来要在其他地域使用本企业的品牌名称，所以特许人企业必须有一个受法律保护的注册商标。如果企业计划在全国开展特许经营，那么企业最好能注册一个全国性的商标。如果企业计划进入另一个国家，那么企业也应在另一个国家注册一个受保护的商标。

（2）具有营业执照或者企业登记（注册）证书。

（3）拥有至少 2 个直营店，并且经营时间超过 1 年。

（4）拥有成熟的经营模式，并具备为受许人持续提供经营指导、技术支持和业务培训等服务的能力。

（5）拥有开展特许经营的产品或者服务，如果是经批准后方可经营的，那么企业还应当具备有关批准文件。

（6）按规定进行备案和信息披露。

二、商业方面的充分性

企业可以一一对照下文的这些特征，如果都具备了，那么一般而言，我们就认为企业具备了在商业方面实施特许经营模式的充分性。

1. 成功的实践

只有成功的企业才可以实施成功的特许经营。

如何界定成功？大多数人是从盈利的角度考虑的，也就是说，企业如果想做一个特许经营许可人，那么在单店经营中或是直营连锁中，其单店首先应该是赚钱的。企业的产品或服务是否具有盈利能力是受许人投资的重要考察依据，特许经营业务如果达不到合理的盈利水平，特许经营将不具备市场竞争能力，也就失去了其存在的基础。而且，成功的单店管理可使特许人从中吸取经验，统一管理标准，提升整体管理水平，以保证其运营制度日趋完善。当然，界定成功与否时，不应只是围绕经济利益，还应考虑企业的社会效益。

2. 可知识化的模式

从某种角度理解，特许权的授予其实就是工业产权和／或知识产权的使用权或经营权的转让或出售，很大一部分就是广义的知识及其物化形式的转让，这就要求特许人在直营中取得的那些准备作为特许权内容来复制或克隆的知识和经验都是可以提炼、总结和物化的，即能够提炼成文字（或图片、视频等）、总结成可传授的技术与知识，并通过系列手册物化成易于传播的形式。如果成功的元素不能知识化，那就很难或根本不可能被复制、转移给受许人，这样的话，即使是再成功的模式也不能作为特许经营的形式。

3. 被克隆的模式

特许经营企业是通过对成功的克隆来发展的。针对各个不同地区的相同或相似的目标消费群体，特许经营许可人应有一套普遍适用的经营模式。无论加盟店开在哪里，都是样板店的翻版或大致翻版，无论是店面设计、店堂陈列、产品等顾客看得见的，还是经营管理、企业理念等顾客看不到的，都与特许总部的样板店在本质上是相同或相似的。有很多企业的直营店经营得很成功，但其成功是依赖某个人的思想或技术，而这样的思想和技术又不能被别人模仿或复制，所以，这样的单店即使再成功，也没有办法被别人克隆，也就因此不能开展特许经营。

比如笔者的一个餐饮店客户就是这样的，他的直营店成功的原因在于店内的一个明星员工，也就是说，顾客之所以来店里就餐，是因为顾客想看到这位明星员工。所以，由于粉丝的巨大效应，他的直营店生意超级好，也正因此，这个雄心勃勃的老板找到笔者，想做特许经营，想把生意这么好的店面进行万店裂变，复制到全国，克隆到全世界。这种店面适合做特许经营吗？答案是，如果店面生意好的原因仅仅是明星员工的粉丝效应的话，那么，这样的店面是不适合做特许经营的。为什么？因为明星员工这个店面的核心盈利元素无法复制。所以，为了实现万店裂变，这个老板需要在店面盈利的其他元素上打造出能复制的核心元素，比如品牌、爆款菜品、特色服务等。

事实上，不少企业的前几家直营店或样板店的盈利都是依靠企业主或员工们的人脉达成的，那么这样的盈利模式可以复制吗？企业可以搞特许经营招募受许人吗？

对这个问题的回答不能一概而论，要分具体情况而定。

（1）如果这种盈利式人脉的获得难度非常大或未来的受许人很难、不能获得这种人脉，则此基于人脉的盈利模式基本上是不能复制的，所以，企业搞特许经营时基本上都会失败。

（2）如果具备这种盈利式人脉的人群在社会上有足够的数量，比如说这个数量能满足企业招商数量与铺点的要求，同时企业也有足够的能力和可能性去招募到这些人成为受许人的话，那么，这种人脉式的盈利模式就是可以复制的。因为至少特许人企业可以在受许人条件里加上一条，即只有具备这种人脉的组织或个人才可以成为合格受许人；或者，企业努力寻找除了旧相识、关系之外能将陌生关系变成人脉的方法，一旦开发出此方法，则那些原先不具备盈利式人脉的受许人就可以具备盈利式人脉了，特许经营就此可以实现成功的复制。

4. 清晰的定位及独特性

一个成功的企业应该是一个定位清晰的企业。要做特许经营的企业更应该在品牌定位、企业定位、产品定位、消费者定位等方面全盘考虑，只有这样才能建立一个有个性和特色的特许经营体系。定位不清晰，经营业务缺乏独特性，加盟店就没有独特、长久的获利能力。因此，要实施特许经营模式的企业应认真分析并强化企业目前的经营特点和独特性，使其在众多相同或类似的企业中更具吸引力，在消费者心目中建立一个清晰明确的形象，包括商标、商号、独有业务、企业信誉等。

例如，运营一个汉堡包摊位的市场机会在当今商业社会中非常小。然而，如果拥有一个运营汉堡包店的独特方式，那么，在今天的市场上对其开展特许经营就是完全可能的。以温迪屋的运营为例，它通过引入汉堡包的内嵌式制作系统来获得蒸汽，使旁边的顾客在等待他的订货时看到冒着的热气。与之相对照的是，传统的汉堡包的制作方式是看不见的，制成后把它们放在一个暖气盘上等待有人来订购。温迪屋给顾客带来这样的印象，即它就在顾客的眼前为其制作汉堡包。凭着这一独特的定位，温迪屋的汉堡包在竞争激烈的市场中脱颖而出。

5. 特许人提供具有竞争力优势的产品和服务并以此作为特许经营体系的任务

任何特许经营都是基于营销一定的产品或服务的，因此，具有竞争力优势的产品和服务是一个特许经营体系生存发展的基本保障。而且，更重要的是，特许人的产品或服务应该在未来（至少在受许人加盟的期限之内）以及在受许人的经营区域内是有市场和竞争力的。

潜在受许人必须明白，特许经营的主要目的之一是发挥其作为销售产品和服务的分销网络的作用。当它按计划发挥作用时，从某种角度讲，特许经营只是产品和服务的一种分销方法。希望向消费大众销售他们的产品和服务的特许人最有可能建立并保护他们的分销系统。

一个极端的情况是，受许人要注意辨别那些以转让特许经营权而不是以授权出售优质产品和服务为经营目的的特许经营公司，因为这样的特许人多半是给受许人设置了欺诈陷阱。在辨别时，受许人应尽可能地不完全依赖于他们的个人经历或仅仅依据特许人的口头描述。受许人可以采用一些科学的、客观的方法，比如查阅特许人的信用等级系统以从中获得特许人的产品信息、阅读特许人的产品市场调研报告、要求特许人提供其产品和服务销售总收入的统计分析结果并将其与特许经营权转让的统计分析结果进行比较等。

6. 前景灿烂的市场

成功的特许经营企业的经营业务都有着很好的市场前景，都符合时代的文化与消费潮流。如果一个企业的业务只是在过去和当前短时间内有市场，缺乏长远的市场前景，就不会有受许人来加盟。即使加盟了，也会因生意不能长期盈利而导致受许人纷纷退出，最终导致整个特许经营体系的崩溃。

特许人最起码应该提醒自己的是，加盟店都是有一个几年时间的加盟期的，如果你的产品和服务在加盟期之内就已经开始没市场、没未来的话，那么，你可能要面临一大堆受许人的抱怨甚至诉讼。

7. 完整的体系

特许经营企业要在单店开发和运营管理、物流配送、培训督导、产品开发、促销推广、客户管理等方面形成一个完整的体系。

目前我国特许经营企业在体系的建设上还很不完备，很多号称特许经营的企业都缺乏体系的支持。有很多企业把特许经营误解为只是有畅销产品或是一个孤立的单店特许，还有的企业误认为只要有广告炒作就可以开展特许经营，而不需要建立一个科学的特许经营体系，不需要特许经营总部的管理和支持。虽然有企业这样做成功了，但这种成功一定是暂时的，不可能长久。

8. 持续的创新

创新是企业与体系长久生存的生命力源泉。特许经营虽然是克隆成功的业务，但并不是刻板、僵化、完全一成不变地克隆。因为再成功的业务，也需要有针对不同地区的消费文化和习俗的适应性，也就是说，特许经营需要创新。特许经营鼻祖胜家公司的衰落固然有多种原因，但其最重要的教训之一就是创新性太差，没有与时俱进地改变自己，企业里"一劳永逸"的"吃老本"思想过分严重，比如到了 20 世纪 80 年代，缝纫机市场的竞争已经非常激烈时，其产品却仍然是老一套。但需要注意的是，特许经营的创新需要遵循一定的程序，并不是受许人或特许人可以随心所欲地创新和改变。

9. 多赢的效果

成功的特许经营必然兼顾了特许人、受许人、顾客、供应商和政府等多方的利益。只有各方利益协调、稳定、持续增长，特许经营体系才可能成功运作下去。

10. 开发和实施特许经营项目的足够资金

在签下第一个受许人之前，特许经营企业就已经会有一些实质性的支出，比如聘请特许顾问费、招商费、广告宣传费、样板店试验费、体系设计及基本建设费等，所以企业必须在特许经营体系带来实质性的收入之前，具备覆盖前期支出费用的资金。

企业做特许经营前，至少需要支出四大类费用。

（1）总部费用，包括房租、装修费、办公设备费、最少一年的人员工资福利、办公费用等。

（2）两家直营店即样板店经营一年以上的费用，包括房租、装修费、机器设备费、日常费用、人员工资等。

（3）特许经营体系建设的费用。既然要发展加盟，那么，哪怕是简单粗陋的形式，企业也必须得有一个特许经营体系，包括最基本的一些内容，如手册编制、标准化、总部各部门人员或职能的配备，从而产生一定的费用。

（4）招商的费用，包括招商的系列文件与合同的编制、广告宣传、OPP会议或参展等实际的招商活动产生的费用。

11. 合适的业务

从理论上讲，对于所有的产品或服务都可以采取商业模式特许经营的方式，但是对于一个具体的企业而言，其可能需要根据不同的发展阶段、不同的产品或服务、不同的地域等仔细斟酌论证一下，因为有的暂时不适合或必须得改变之后才更适合做特许经营。关于什么样的企业或产品或服务等更适合做特许经营，戴维曾有如下建议[1]。

- 大多数餐馆可以采用特许经营方式，但是，那些需要厨师而不是工人的餐馆、有复杂菜单的餐馆更难以特许经营化
- 产品或服务有广泛的魅力、消费者认可的企业自然可以采用特许经营方式，只要市场趋势支持长期扩张即可
- 加盟店的业务利润能够补偿加盟费，并为受许人、特许人双方留有充分利润余地的企业一般适合开展特许经营
- 条块分割行业的、受益于品牌合并的企业（大多数是小企业和/或独立企业）是特许经营的候选人
- 稳定或正在成长的行业中的企业受到的管制明显要少，因此是可以采用特许经营方式的
- 拥有简单易行的内部体系，能够从劳动力大军中挖掘到合格候选人，或者可以培训受许人，使之在合理的时间内学会使用技术的企业可以考虑采用特许经营方式

12. 拥有做一个特许人的合适心态

特许经营在许多方面不同于其他的商业扩张模式，特许经营本身也会有一些弊端，比如要与别人在数年时间内分享品牌、成功经验、市场份额和利润等；特许人要用"double"原则来考虑和运营新商业帝国；特许人必须不断学习并掌握运营特许经营这种商业模式的理论和技术；受许人将来有可能成为特许人未来最强劲的竞争对手；特许人可能泄露商业秘密；特许人可能失去一部分与终端市场以及消费者直接接触的机会；等等。所以，特许人应该做好这方面的心理准备。

---

[1] 改编自 THOMAS D.Franchising for dummies [M]. New York：IDG Books，2000.

13. 充足的潜在受许人群体

无论如何，任何一个特许经营体系都必须要有受许人的支撑，否则就不能成为特许经营体系了。因此，准备实施特许经营的企业必须确保依据自己的加盟条件，可以招募到充足的受许人。

14. 经过时间考验的标准的特许经营体系

无论特许人用什么优美的词语来描述自己的特许经营体系，受许人都必须冷静地观察其体系的真相。其中，借助时间进行判断常常是一个很好的办法，因为一个特许经营体系能否给受许人带来利益必须经过实践的验证，实践是检验真理的唯一标准。

通常，那些长时间存在的特许人企业会更为可靠一些，而那些成立时间很短的特许人企业是很有风险的。受许人要仔细思考，自己到底值不值得去做那些成立时间很短但宣称自己充满魅力的特许人的"共同开拓者"，因为受许人极有可能仅仅是该特许人的单店加盟体系的"试验者"。

15. 特许人的有力支持

特许人的支持是特许经营这种商业模式对于受许人最具诱惑的方面之一，受许人不但要在合同上获得特许人的支持承诺，还必须通过诸如拜访特许人已有受许人的方式考察在实际运营中，特许人是否切实地遵守了自己的那些承诺。

特许人给予受许人的支持不仅包括最初的培训计划，还包括今后的支持（研究和发展、新员工培训与帮助、总部或特许人的驻店代表、现场培训、年会、广告、促销、物流配送、区域专营保护等）。一般而言，特许人提供的支持内容越多、力度越大、切实性越强，受许人的风险就会越小。

优秀的特许人企业对于受许人的支持通常可以归结为四句话：领进门，扶上马，送一程，保终生。

16. 足够的管理经验

在高速发展的特许经营领域，特别是雄心勃勃的扩张计划中，要实现预定的体系增长计划，特许人的财政资金和管理经验将十分重要。

管理对于企业经营的重要性是不言而喻的，所以即使特许人的产品和技术可能很好，但如果特许经营体系缺乏优秀的管理队伍和管理能力，那么它也不会存在得太久。

17. 特许人与受许人之间良好的互利关系

除非双方都认识到他们之间的关系是长期的合作伙伴，否则该特许经营体系很难发挥其潜力。而且，对于投入真金白银的受许人而言，拥有这种良好的关系会使其心理上更舒服一些。

只要给特许人现在已有的或退出体系的受许人打几个电话，就可以很容易地确定该特许人与其受许人的关系是否融洽。那些曾经受到受许人法律起诉的特许人必须引起潜在受许人足够的重视，但我们也应该搞清楚起诉的原因到底是什么。

18. 特许人为受许人提供的是符合市场要求的畅销产品而不是所有的产品

这项原则与前述第一条略微有所不同，但是，这是一个非常重要的细微差别。虽然特许人致力于销售产品和服务至关重要，但特许经营的主要属性是投资于经验证或符合市场需求的畅销品的机会。每个潜在受许人都应该尽量经营最好的产品和最有效的服务。受许人必须记住，加盟的目的是使自己能从特许人经过市场验证的产品和服务中获得利益，而不是替特许人销售一种新的或难以销售的产品或服务。

19. 特许人拥有良好的声誉

可以反映声誉的标志有很多，比如来自顾客、受许人、政府管理部门、合作伙伴、社区群众、供应商、媒体甚至竞争者等的信息都可以给潜在受许人的辨别提供有用的信息。

其中一个重要而简单的标志就是特许人是否拥有一个经认可的优质商标，这是特许经营权选择中的一项重要考虑因素。但需要注意的是，并不是所有知名的商标都是可以信赖的，也并不是所有有点陌生的商标都是不值得受许人投资的。我们只能将商标作为一种非常重要的鉴别特许人的标准之一，而不能像许多特许经营评估者那样，将商标识别列为特许经营权选择的第一原则。因为有的时候，即使不是一个家喻户晓的商标，但如果这家企业已经建立了提供优质服务的声誉，那么也是很好的加盟选择对象。

在现在发达的网络时代，受许人还可以有更简单、有效的方法，比如在网络的搜索引擎上搜索关于特许人企业的新闻、帖子、评论等信息，以此来获得更多的对于特许人企业的评价。但要注意，有的不正当竞争者可能会故意在网络上散布虚假的诋毁竞争者企业的信息，受许人要学会鉴别，不能仅仅根据某条信息就宣判某企业的声誉的"死刑"。

20. 特许人拥有精心策划的营销和商业计划，并向潜在受许人提供完整的培训

特许人的支持对于受许人是非常重要而关键的，而这些支持的很多内容其实都来自特许人的战略、战术规划能力以及特许人对受许人的培训。特许人的运营手册部分地包含了这些内容，而运营手册也是特许人对受许人培训的核心与精华。

但一般情况下，特许人不会把自己全部的营销战略规划、商业计划或者营运手册交给潜在受许人阅读，因为这些都是特许人的绝对商业秘密所在。潜在受许人评价任何特许经营体系的必要而简便的方法就是，通过观察现有受许人的运营来评价特许人的实施系统。只要拜访两三家具有代表性的特许加盟店，潜在受许人就能大致确定产品和服务的统一性以及职员培训和服务的统一性了。

21. 特许经营单店的良好投资收益报表

无论如何，受许人加盟特许人的最重要目的之一是获得足够的收益而不是体验破产与失败。所以，在短期内即可收回投资并在加盟期限内拥有较好的收益增长率的特许经营体系是值得投资的。否则，即使过了加盟期限后特许经营单店的利润会神奇地直线飞速增长，受许人也要慎重考虑或干脆拒绝这个特许经营项目，因为没有任何人可以保证特许人在受许人加盟期满或单店开始大幅盈利的时候仍然愿意与具有开拓功劳的受许人继续签订特许经营合同。所以，良好的特许经营项目应该是，能保证受许人在加盟期限内完全回收投资并有一个不错的盈利。为此，潜在受许人应要求特许人提

供相关的财务数据。

22. 优秀的管理团队

分工明确、执行力和创新力强大的运营团队是一个特许经营体系能够成功的核心与关键之一。

【专题3-2】特许人及特许经营体系存在的问题

特许人及特许经营体系存在的问题与被调查者认同的比率

存在问题	被调查者认同的比率
特许经营体系内维持标准、一致的程序与控制有困难	83.3%
获利情况不如预期	63.2%
受许人过分依赖特许人	58.8%
特许经营体系缺乏适当的加盟者	44.4%
缺乏地址合适的店面	44.4%
受许人被迫从特定的供应商进货	33.3%
政府政策与方法的滞后，造成经营上的困惑	33.3%

资料来源：国际特许经营协会的一项调查。

【实例3-10】特许人可行性研究商业计划提纲

以下是美国特许经营专家罗伯特·贾斯蒂斯和理查德·加德先生在《特许经营》一书中为读者推荐的特许人可行性研究商业计划提纲，可供参考。

特许人可行性研究商业计划提纲

Ⅰ. 概要（不超过1000字）

  A. 列出公司名称、地址、电话号码、联系人和头衔

  B. 用一句话概括业务类型

  C. 公司描述。用一段话概括业务活动/产品和客户

  D. 关键职员。用一段话或者一句话概括描述2～4个高级行政人员

  E. 用一段话描述启动成本和竞争

  F. 所需资金和所提供的抵押物品。用两句话陈述

  G. 资金使用声明。用一段话描述，要有财务历史信息（如果必要的话）、财务推算数据（3年）

  H. 资金偿付或者退出计划：对偿付或者公开销售证券做出解释

Ⅱ. 营销

  A. 主要营销目标和目的

    – 您最终想要做些什么？

    – 您准备何时做？

B. 市场计划和定价策略
- 详细描述产品/服务——是什么？功能？用途？
- 描述并讨论目标市场——谁？哪里？多少？人口统计数据——年龄、性别、收入和婚姻状况
- 定价——定价策略？（打败竞争者？加成率？）

C. 受许人招募计划和流程图
- 受许人概况——试图招募什么样的人？从哪里找？
- 流程图——计划和后续工作

D. 受许人计划书
- 销售小册子——讨论特许经营机会
- 启动成本
- 保密申请

E. 特许权出让/广告
- 怎样向潜在受许人推销特许权
- 媒体调配（报纸、直销、杂志等）

F. 受许人店址选择标准
- 您打算把特许权授予的范围界定在哪里？
- 人口统计数据——年龄、性别、收入、婚姻状况等

G. 开业盛典计划
- 说明谁做什么事、什么时候做、在哪里做、怎么做和为什么做
- 特许人成本？受许人成本？

H. 顾客广告（进行中）
- 促销、直销、公关
- 媒体调配
- 两个原创广告

Ⅲ. 管理
A. 经营手册
- 简述经营手册——有些要详细介绍

B. 培训手册
- 简述受许人培训手册

C. 总部——（特许经营体系）
1. 组织架构
- 包括图表和组织关系描述
2. 政策
- 内部：销售、雇员、财务控制
- 外部：银行信贷、支票、预约定购、利润
3. 人事（工资和薪水）
- 招募、岗位描述、绩效评估
- 工资和薪水的结构，福利，激励

D. 特许经营（加盟单店）
  1. 组织架构
     – 包括图表和组织关系描述
  2. 政策
     – 内部：销售、雇员、财务控制
     – 外部：银行信贷、支票、预约定购、利润
  3. 人事（工资和薪水）
     – 招募、岗位描述、绩效评估
     – 工资和薪水的结构，福利，激励
E. PERT 图
     – 预测、评估、考查技术
     – 活动和时间表
Ⅳ. 财务和会计
  A. 总部
   1. 交钥匙成本（解释并逐项列出）
   2. 资产或者无阻碍现金，抵押物，当前贷款（数量和类型）
   3. 预测现金流
      – 完成前 36 个月的预测——年度加总
      – 陈述所得数字的计算原理
   4. 形式损益表
      – 第一年按月计算、下两年按季计算——年度加总
      – 陈述所得数字的计算原理
   5. 形式平衡表
      – 完成启动以及前三年的平衡表制备
      – 陈述所得数字的计算原理
   6. 收入平衡分析（用标准单位制和/或美元）
   7. 比率分析
      – 计算和解释所选择的有用的比率，与行业平均数进行对比
   8. 税收准备
      – 联邦、州、社会保险、妇女补偿等
  B. 受许人
   1. 交钥匙成本（解释并逐项列出）
   2. 资产或者无阻碍现金，抵押物，当前贷款（数量和类型）
   3. 预测现金流
      – 完成前 36 个月的预测——年度加总
      – 陈述所得数字的计算原理
   4. 形式损益表
      – 第一年按月计算、下两年按季计算——年度加总
      – 陈述所得数字的计算原理

    5. 形式平衡表
        - 完成启动以及前三年的平衡表制备
        - 陈述所得数字的计算原理
    6. 收入平衡分析（用标准单位制和/或美元）
    7. 比率分析
        - 计算和解释所选择的有用的比率，与行业平均数进行对比
    8. 税收准备
        - 联邦、州、社会保险、妇女补偿等
Ⅴ. 法律方面
    A. 披露文件（UFOC）、合同、许可、商标
    B. 企业结构
    C. 保险：类型和数量
    D. 终止条款
Ⅵ. 附录
    A. 建筑计划
    B. 店面设计
    C. 坐标图
    D. 工作底稿
    E. 曲线图
    F. 布置
    G. 图表

【实例3-11】实施特许经营项目所需的工具设备

"工欲善其事，必先利其器"，为确保特许经营项目的顺利实施以及考虑到后期培训、广告、编制手册的需要，企业应配备下列办公设备和条件（如企业已有，可与别的部门共用）。

企业应配备的办公设备和条件

序号	名称	数量	功能要求	性质	主要用途
1	数码相机	1	能拍摄制图用的高清版照片	可共用	市调、设计、档案等
2	录音笔	1	至少连续录音8小时	可共用	会议、市调、档案等
3	DV	1	高清晰度，结果可转成光盘	可共用	培训、手册、会议、市调、档案等
4	打印机	1	激光打印机	可共用	文件、档案等
5	复印机	1	一般	可共用	文件、档案等

续表

序号	名称	数量	功能要求	性质	主要用途
6	传真机	1	一般	可共用	联络合作伙伴、广告、招聘、传文件等
7	车辆	1	一般	可共用	市调、联络、考察、督导、运输等
8	投影仪	1	一般	可共用	会议、培训等
9	电脑	人均一台	除制作图像的电脑必须高配置以外，其余电脑一般配置即可；至少2台手提电脑；能上网	专用	处理文件、保存档案、搜索信息、展示成果等
10	宽带网络	1	保证每个人高速上网	最好专用	搜索、联络、传文件、营销、调研等
11	移动硬盘	2	500G以上	专用	存储资料、传文件等

第十一节 以"中国特许经营思想"为核心的大特许

时代在不断发展，经常看到有些人在争论哪种商业模式最好。

为搞清楚这个问题，我们先来看什么叫"模式"。

所谓"模式"，其实就是解决某一类问题的方法论、方法集。因此，所谓"商业模式"，其实就是用于解决商业问题的一系列的方法论、方法集。

如果您想知道哪种商业模式最好，那么您必须首先要知道的就是您做商业的目的是什么。除社会效益等目的之外，在经济上，企业的主要目的无非是扩张企业、销售产品或服务、提高市场占有率、铸造一个著名的品牌等。

为了实现企业的目的，企业其实有很多的商业模式以供选择。

第一，老的商业模式有很多，包括直营连锁、自愿连锁、代理、经销、直销、设立分公司或办事处等。毫无疑问，每种商业模式都是各有利弊的，并不是在模式的任何特性方面，某种商业模式始终都比别的模式更好。

企业可以或应该在自己的业务、产品或服务上进行额外的分拆，根据适合性的原则拿出一些业务、产品或服务而采取老模式或新模式。比如 2018 年，雀巢公司以 71.5 亿美元收购星巴克零售咖啡业务，但不涉及星巴克门店业务。雀巢将获得在商场、超市等全球相关渠道推广、销售星巴克的 Seattle's Best Coffee、星巴克臻选、茶瓦纳、星巴克 VIA、Torrefazione Italia 袋装咖啡和茶的权利，雀巢的 Nespresso 和 Dolce Gusto 咖啡机也将从 2019 年起冠以星巴克的品牌名称。这极大地拓宽了星巴克的销售渠道，借由雀巢的影响力，将星巴克的消费包装型产品从覆盖全世界 28 个国家扩展至近 190 个国

家。（资料来源：《新京报》，张晓荣，《雀巢71.5亿美元完成收购星巴克零售业务》）

同时，星巴克中国的即饮产品由康师傅分销，与康师傅的合作意味着星巴克中国即饮业务将覆盖400多个主要城市的125000多个高端分销点。（资料来源：《经济观察报》，汪晓慧，《星巴克公布2022年中国目标：大陆门店6000家，营收达2017年3倍》）

第二，新的商业模式也有很多，包括电子商务、P2P、O2O、E2E、F2C、MM、众筹、众包、微商、跨界、平台、圈子、免费、直播等。这些商业模式也是各有利弊。

既然每种商业模式都有自己的优点和缺点，那么，对于企业来讲，正确的做法就应该是在选择商业模式时，不能刻意或片面地去追求某种所谓的"纯正"模式，而应该以某商业模式为基础或中心，糅合各种商业模式之长，而规避其各自之短。

举个大家都熟悉的例子，就是李小龙的拳法。李小龙在拳法上采取的就是融合的战略。例如，李小龙在咏春拳的基础上，很聪明地吸取了欧美的拳击、泰国的泰拳、日本的空手道、韩国的跆拳道、中国不同流派的武术等的优点和长处，甚至吸取了戏剧、恰恰舞等看起来与武术无关的艺术的长处，并同时规避了其各自的短处，最后成功地创造了专属于李小龙的"模式"——截拳道。李小龙之所以能成为一代大师，不是因为别的，正是因为他知道自己的拳法的目的所在：打倒对手。所以，李小龙的拳法其实是围绕这个目的而形成的。

企业家们从李小龙的例子中应该能明显地得出一个启发：既然现实生活中有那么多的商业模式，而且都是取得了一定成绩的商业模式，而企业的目的是扩张企业、销售产品或服务、提高市场占有率、铸造一个著名的品牌等，那么具体采用哪种商业模式，绝不是企业的目的。

所以，企业在做特许经营的时候，应该以特许经营这种商业模式为基础和主线，同时敞开心胸，放开眼光，广泛采纳各种新老商业模式的长处。例如，企业可以对自己的产品或服务设计另外的包装、价格、规格等，然后以经销的方式使其进入别的更广的渠道，从而在同一个品牌之下与自己的连锁经营或特许经营渠道网络遥相呼应，相辅相成；企业可以在区域市场开发上，把特许权作为一种特殊的商品来实施代理，从而更好地发挥区域受许人的作用。

企业要创造一个以企业名字命名的独特的商业模式，创造属于自己的、不是依附或从属于某个拳派的"截拳道"。如此，模式方为真正之模式，特许经营方为真正之特许经营。

2017年12月，沃尔玛宣布从2018年2月1日起将沿用了47年的"沃尔玛百货公司（Wal-Mart Stores, Inc.）"变更为"沃尔玛公司（Walmart Inc.）"。公司公告称："本次变更公司法定名称，表明了沃尔玛越来越重视为顾客提供无缝连接的零售服务，以满足顾客多种购物方式，包括在门店、网上、移动设备上购物，或是以门店取货和接受送货上门的方式购物。"（资料来源：澎湃新闻，王歆悦，《沃尔玛沿用47年的公司名改了：从名字上撕掉"百货"标签》）沃尔玛的行动其实就是在实施大特许的商业模式。

具体到实施这种大特许经营模式的细节上，连锁企业有许多文章可做。下面就举一些实战的方法和思路供企业参考和借鉴。

（1）在连锁分店的开设类别上，不要被"双轨制"限制住，只开设直营店和加盟店，而应该以"多轨"的思路进行，在连锁单店的投资上把单店的有形、无形投资等分类，然后由特许人、受许人或另外的投资方分别进行不同比例的投资，亦即除了直营、加盟之外，还可以有合伙店、合资店等多种经济形式。

（2）在对待直营店和加盟店时，特许人企业应从全局和长远来看，科学地规划两类店的开设地区、数量和速度等，不能仅仅狭隘地认为"加盟不如直营更赚钱"。

（3）在产品和服务的类别划分上，特许人企业也应敞开心胸，除了自己单独采购、加工或制造之外，还可以使用自由连锁或自愿连锁的形式。

（4）采取实体店和虚拟网店相结合的方式。

为了防止企业实体店和网店之间在商圈范围上出现冲突，企业应规划好产品在每类店上的分配以及价格、财务结算体系等。

（5）对生产、加工、销售、售后服务等价值链予以重新分配与整合。

连锁企业可以研究并重新分配与整合生产、加工、销售、售后服务等价值链，然后去开设不同产品和服务内容的店，这些店互相配合，能更好地、更灵活机动地把企业的市场做大、做强、做活。

（6）在连锁单店的经营权和所有权上，可以实现更有效、更创新的经营，比如单店的投资各方可以分别承担店长、技术人员、服务人员的职责或义务。

（7）特许人企业或连锁企业应该拓宽思路，开设多种类型的加盟店，比如根据受许人的权利范围不同，可以把特许经营分为单体特许或单店特许（Unit by Unit Franchising）、区域开发（Area Development）、代理特许或主体特许（Master Franchising）、二级特许或次特许（Sub-Franchising）四类。

（8）对特许人企业的产品和服务进行分类和再改造，使之分别进入不同的渠道。

比如根据消费者细分，对企业产品和服务的价格、数量、包装、规格等进行再改造，然后科学规划，把某些产品和服务输入特许经营的连锁店，而把另外一些产品和服务输入其他渠道，比如采取经销、代理、直销等老模式或者电商、微商等新模式。

特许人除了把上述老模式和新模式有取舍地融合之外，还应该加入两大块内容，即现代科技和现代经营理念。

第三，现代科技。比如云计算、大数据、App、互联网、二维码、LBS、智能设备、VR、AI、自媒体、黑科技、数据挖掘、数据抓取、呼叫中心、自动推送、区块链等。

例如，自2016年以来，沃尔玛就与IBM合作，在整个食品供应链中应用基于区块链技术的新级别可追溯性技术。这个区块链技术可及时将产品的来源细节、批号、工厂和加工数据、到期日、存储温度以及运输细节等产品信息，以及每一个流程的信息都记载在安全的区块链数据库上，沃尔玛可随时查看其经销的产品的原产地以及每一笔中间交易的过程,确保商品都是经过验证的。区块链技术可以大大节省对食物信息追查的时间。在传统食品体系中,食物从生产地到加工企业、仓库,经过配送,最后送达零售商的整个过程中,每个环节的信息都由纸张记录,一旦出现问题,追溯的时间通常要好几天。但通过区块链技术,以往需要几天的追查过程可以缩短到两秒钟。在出现食品问题的时候,这段时间可以减少不计其数的损失。除了这个产品追溯技术之外,沃尔玛已经申请并获得了多项关于区块链的技术专利。

第四,现代经营理念。比如法商德情、SMP、定量管理、资产→资本→资源→全面资源、撕裂大脑思维、轻思维(轻资产、轻奢、轻食……)、店→点、两权分离+三权组合等。

如此,特许人企业把上述四大部分,即老的商业模式的优点、新的商业模式的优点、现代科技、现代经营理念全部融合之后,再以传统的商业模式特许经营为主线形成的商业模式,才是适合这个时代、适合企业自身的最先进的商业模式。我们称之为大特许,亦即以"中国特许经营思想"为核心的大特许,真正地实现"特许经营+""实体店+"。如图3-22所示。

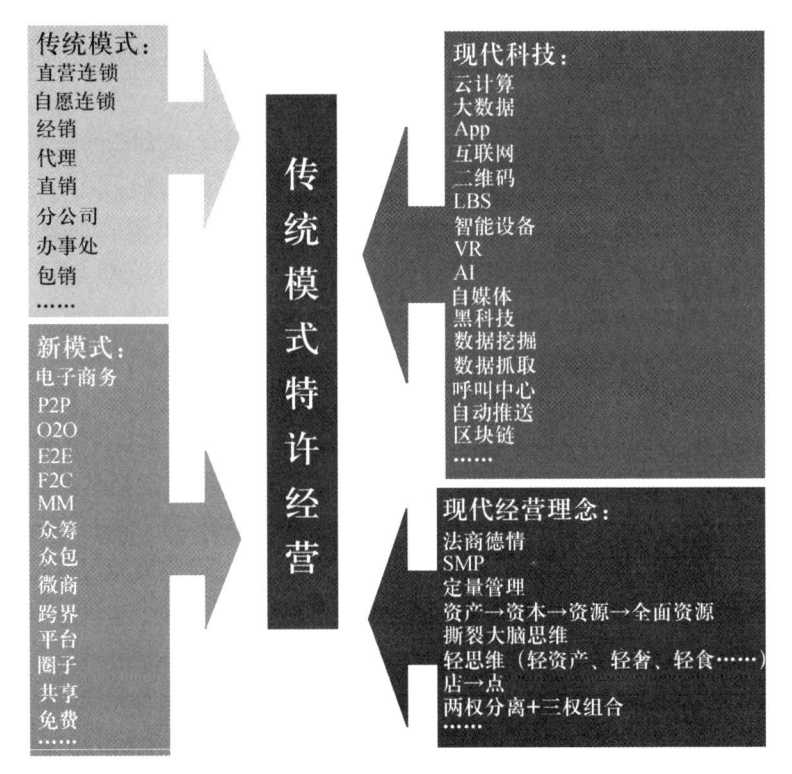

图3-22 以"中国特许经营思想"为核心的大特许

第十二节 特许人优秀等级的划分标准——维华加盟指数（WFI）

一、维华加盟指数产生的背景——时代的必然

自特许经营这种方式出现并迅速地成为创业者们创业的首选方式以来，已经帮助无数的连锁企业和店主快速、高效、低成本、低风险地实现扩张、占领市场、打造著名品牌，也已经帮助全世界数以千万计的创业人实现了他们的人生梦想。事实已经充分证明，特许经营与加盟在改变了创业人的人生的同时，也改变了我们共同生活的这个世界。

然而，不好的一面是，大量的创业者在选择特许人项目的时候，由于缺乏有效的选择依据和鉴别标准，在令人眼花缭乱的各色项目前面迷失了方向，结果便是大量的创业者或潜在受许人以失败、破产、遗憾终生的结局而倒在了自己的创业路上。

因此，各个有特许经营的国家和地区都在以各种方式试图建立选择特许人的有效依据，以最大化地减少特许人的欺诈行为，减少创业者加盟的失败风险。

在美国、欧盟、亚洲和非洲等国家和地区，政府以法律的形式强制特许人以类似于备案的方式获得严格条件下的特许经营的资质，并通过类似于签订正式合同前进行约定形式的信息披露（比如美国的UFOC，用23项详尽的主体细节内容来涵盖加盟时需要事先知道的事项）来进一步确保特许人项目的真实性以及创业者在最终决定选择前的知情权；研究机构与行业协会等以道德标准（比如丹麦的《丹麦特许经营协会社会责任与商业道德规范》）、创业知识、加盟技巧、品牌评选、匾牌评级（比如德国特许经营协会的"体系检验"）等指导创业者在海量的加盟项目面前选择真正值得加盟的好项目；媒体、已经进入和退出的受许人告诉计划进入者经验和教训；创业专家们则拿出了各种各样的选择项目的依据、标准、流程和方法；招商类的网站、平台、外包公司则以受许人的关注度、成交额等实际发生的数据来对项目进行热门排行。如此等等，不一而足。

但综观国内外，用以评价一个特许人项目可加盟性的指标、方式等都比较零散、随意、主观和缺乏科学性，所以，全世界特许经营界的一个总的事实就是，各方面都迫切地需要一个科学的、系统的，以及能真正有效地帮助创业者们选择、鉴别项目的依据。

在这样的背景之下，经过了几十年起起伏伏的发展，中国特许经营市场建立一个统一的加盟指数已是迫在眉睫、势在必行，于是，维华加盟指数应运而生。

二、维华加盟指数介绍

维华加盟指数（Weihua Franchise Index，WFI）的四大方面、60个细分指标基本涵盖了辨别一个项目优劣的全部方面。在特许人企业提供了这些指标的信息之后，按照设定的打分标准，最后计算出的一个总分就可以客观、综合地反映一个特许人项目的可加盟性。

为了便于比较，维华加盟指数的指标系统同时给出了两类数值：最低分或及格分，平均分或一般分。创业者需要记得的是：如果一个特许人项目的总分值低于最低分或及

格分,那么,这个项目是不值得加盟的;如果一个特许人项目的总分值在最低分或及格分与平均分或一般分之间,则这个项目的加盟价值不大,换句话说,就是加盟风险较大;只有那些高于平均分或一般分的特许人项目,才是优秀的加盟项目。

维华加盟指数是评价一个特许经营业务的优良度的重要的综合性指标,可帮助和指导创业者或潜在受许人在选择加盟项目时做出最终决策,也可作为特许人全面提升特许经营业务的主要依据。

该指数由笔者综合考虑了美国、欧盟、亚洲等多个国家和地区的政府、研究机构、行业协会、媒体等有关特许人加盟可行性的评判标准之后,结合中国目前特许经营市场的实际状况而构建,并于2014年2月9日正式发布。

三、维华加盟指数的具体指标与计算方法

请参见表3-20。

表3-20 维华加盟指数的具体指标与计算方法

一级指标	序号	二级指标	加减分规则	最低分或及格分	平均分或一般分
法	1	是否备案	备了加10分,否则扣50分	10	10
	2	备案时间	每1年加1分	1	3(从2007年算起)
	3	企业法人营业执照或其他主体资格证明	有的加10分,否则扣50分	10	10
	4	注册商标	有的加10分,否则扣50分	10	10
	5	国家法律法规规定经批准方可开展特许经营	有批准文件的加10分,否则扣50分	10	10
	6	至少两家直营店	有的加10分,否则扣50分	10	10
	7	至少两家直营店历史超过一年	有的加10分,否则扣50分	10	10
	8	按规定进行信息披露的	有的加10分,否则扣50分	10	10
	9	与特许经营相关而被政府部门处罚的	一次扣10分	0	0
	10	与特许经营相关而被法院处罚的	一次扣10分	0	0
	11	被受许人起诉且败诉的	一次扣10分	0	0
	12	符合国家发展规划与政策	是的加10分,否则扣50分	10	10

第一篇 成功构建第一步：特许经营调研与战略规划、工作计划

续表

一级指标	序号	二级指标	加减分规则	最低分或及格分	平均分或一般分
商	13	企业标志	有的加5分，否则不加不减	0	5
	14	专利、版权、专有技术等	有一项加5分，否则不加不减	0	5
	15	直营店数量	有一家加1分	2	5（以每家企业平均5家直营店算）
	16	直营店分布的省、区、市	一个省、区、市加1分，中国大陆外国家或地区的，一个加2分	1	5（以平均分布5个省、区、市算）
	17	直营店成功比率	85%以下的扣50分，86%~95%的加10分，96%以上的加40分	10	25
	18	加盟店数量	有一家加1分	1	5（以每家企业平均5家加盟店算）
	19	加盟店分布的省、区、市	一个省、区、市加1分，中国大陆外国家或地区的，一个加2分	1	5（以平均分布5个省、区、市算）
	20	加盟店成功比率	65%以下的扣200分，66%~75%的加10分，76%~85%的加20分，86%~95%的加30分，96%以上的加60分	10	60
	21	选址是否容易	很容易的加20分，一般的不加不减，不容易的扣20分	0	0
	22	企业成立年数	1年加3分	3	9（以平均3年计算）
	23	企业开展特许经营的年数	1年加5分	5	15（以平均3年计算）
	24	特许人或其关联方过去2年内破产或申请破产	有的扣50分，否则不加分	0	0
	25	具备完善系列手册的	有的加50分，否则扣200分	50	50
	26	具备完善系列合同的	有的加50分，否则扣200分	50	50

续表

一级指标	序号	二级指标	加减分规则	最低分或及格分	平均分或一般分
商	27	市场、企划、招商、营建、培训、督导、物流配送、研发等体系与部门健全的	缺一项扣30分，否则不加不减	0	0
	28	投资回报率	20%以下的加10分，21%~30%的加15分，31%~40%的加20分，41%以上的加30分	10	18
	29	单店初期投资额	10万元以下的加50分，11万~15万元的加40分，16万~25万元的加30分，26万~50万元的加20分，51万~100万元的加10分，101万元以上的不加分	0	75
	30	投资回收期	6个月以内的加50分，6个月~1年的加40分，1~2年的加30分，2~3年的加10分，3年以上的不加分	0	65
	31	中国特许经营第一同学会"维华会"会员	是的加50分，否则扣50分	0	0
	32	维华商创顾问辅导过的	是的加50分，否则不加不减	0	0
	33	维华商创培训过的	是的加50分，否则不加不减	0	0
	34	驰名商标	是的加50分，否则不加不减	0	0
	35	老字号	是的加50分，否则不加不减	0	0
	36	董事长或总经理为社会名人	一个加50分	0	0
	37	上市公司	是的加50分，否则不加不减	0	0
	38	有先进的MIS或ERP系统的	是的加30分，否则不加不减	0	0
	39	有成熟的电商或O2O体系的	是的加30分，否则不加不减	0	0
	40	行业地位	前3名加50分，前4~10名加20分，11名之外不加分	0	35

续表

一级指标	序号	二级指标	加减分规则	最低分或及格分	平均分或一般分
商	41	行业或品牌知名度	著名的加50分，知名的加20分，一般及以下的不加不减	0	35
	42	易于复制与克隆	是的加30分，否则扣30分	0	0
	43	定位清晰	是的加30分，否则扣30分	0	0
	44	特色明显	是的加30分，否则扣30分	0	0
	45	核心竞争力突出	是的加30分，否则扣30分	0	0
	46	市场前景灿烂	是的加30分，否则扣30分	0	0
	47	产品或服务的技术先进水平	落后扣50分，一般不加不减，先进加50分，很先进加100分	0	50
	48	创新能力	有的加30分，否则扣30分	0	0
	49	年营业额	每1000万元加10分	10	30（以平均3000万元计算）
	50	核心产品是自有品牌的或自有生产基地生产的	有的加10分，否则不加不减	0	0
德	51	与特许经营相关而被媒体负面曝光的	中央级媒体一次扣100分，全国级媒体一次扣30分，区域媒体一次扣15分，省市级媒体一次扣10分	0	0
	52	与特许经营相关而被媒体正面传播的	中央级媒体一次加100分，全国级媒体一次加30分，区域媒体一次加15分，省市级媒体一次加10分	10	78
	53	对外招商广告中有虚假宣传内容	扣50~100分	0	0
	54	慈善公益活动	全国性的一次加30分，区域的一次加15分，省市级的一次加10分	10	28
	55	荣誉牌匾奖项	中央级的一次加50分，全国级的一次加30分，区域的一次加15分，省市级的一次加10分	10	53
	56	产品或服务对消费者和社会的责任	有的加30分，否则扣30分	0	0

续表

一级指标	序号	二级指标	加减分规则	最低分或及格分	平均分或一般分
情	57	建立完善的受许人沟通体系	有的加30分，否则扣30分	0	0
	58	受许人月会、季会、年会	缺一项扣30分，有一项加20分	20	20
	59	现有和已退出的受许人满意度抽样调查	满意率50%以下的扣200分，51%~60%的扣100分，61%~70%的扣50分，71%~80%的扣10分，81%~90%的加50分，90%以上的加100分	50	75
	60	对受许人采取"服务""支持""感恩"而非"管理""管控""施恩"的心态和行为	是的加30分，否则扣30分	0	0
总分				334	884

第四章 组建项目工作组

在可行性论证之后，如果认为企业可以或应该实施特许经营，那么，企业就应尽快组织特许经营项目组，以专门实施这一个关系企业前途命运的系统性工程。按照笔者多年来的实践经验，企业在特许经营实施过程中，应广泛地采用现代项目管理的最新技术和知识，把项目管理（Project Management，PM）的有关内容和方法灵活地运用到特许经营体系的建设中。

首先，项目组成员的选择至关重要，因为项目的所有工作都是由这些成员去规划、实施的，所以，成员选择的好坏将直接决定项目的成败。一般而言，特许经营项目组最好是一个联合项目工作组，其成员应主要包括以下四类。

一、企业高层与一把手

因为特许经营项目牵涉范围大、对于企业的意义非凡、企业投入资源（人、财、物等）多等，所以为了确保项目的成功，必须由企业一把手亲自担任项目组组长，而且，企业高层中也一定要有其他人员亲自加入这个项目组中。

这样做至少有两个好处：一方面，项目组的工作协调、资源供给、措施推行等工作可以变得容易和有保障；另一方面，由于企业高层实际参加了项目组并一直及时跟踪项目的进度，因此他们对于特许经营体系的前前后后比较清楚，这也有利于他们以后对于特许经营体系的管理,有利于特许经营体系的发展。

二、外部专家和顾问

现在有许多专门从事特许经营业务咨询的公司、个人或其他组织,企业可以借助这些外脑的力量来提升特许经营项目的质量、进度和成功率。

但由于现在的顾问咨询市场比较复杂,良莠不齐,因此企业在选择顾问咨询公司或个人、组织时,一定要考察对方的以下几个基本方面。

第一,要有经验与成功案例,没有任何特许经营体系实践经验的顾问总是会给企业带来或多或少的风险。最好能让顾问提供一些对方做过的成功案例,企业可以从这些案例中大致地看到对方的一些实力。

第二,顾问以前的客户对其的反映也很关键。企业在借助外脑的时候一定要谨慎,要寻求正规的、名声好的、有一定实力的、有特许经营业界知名人士作为主要成员的顾问咨询公司或团队。

第三,顾问的知识面要宽。一个完整的特许经营体系的建设需要多方面的知识,如管理、法律、财务、人事、营销、物流、广告、信息系统等。所以,顾问的知识面一定要足够宽,或者对方是一个由各种专业人士所组成的咨询团队。早期的时候,国外的特许经营顾问主要由律师担当,但在特许经营体系已经日益复杂和更重视管理的时代,律师显然已不能完全胜任这份工作了,企业需要更多精通特许经营的管理类、经营类人才,律师已经如同会计师、信息专家等一样,只是其中一个组成人员而已。虽然顾问对于企业所在行业的熟悉能更有利于项目的实施,但这并不意味着顾问一定要对该行业熟悉,因为企业借助外脑的主要目的是借助其在特许经营方面的优势,而不是借助其在该行业方面的优势,这一点必须引起企业的注意。

企业若能正确、科学地使用外部顾问,则必能多只翅膀、少走弯路甚至避免死亡。为此,企业必须走出如下常见的对于顾问咨询的误区:顾问个个都是专家和天地人日月星无所不知的通才;顾问必须在大企业里工作过;请了顾问,企业自身便无须努力,只需坐等企业飞黄腾达;顾问一定能解决所有问题,包治百病;讲课动人的、专业技术强的就是高级顾问,木讷者必腹内草莽;出身企业的是实战派,身在大学的是理论派;年龄越大、在原企业职位越高者,越是好顾问;顾问不可能犯错;区区几页纸不值几十万或上百万顾问费;不懂、不通客户企业所在行业的顾问做不好顾问;全部驻扎在企业里的顾问才是好顾问;顾问的方案、计划必定是惊世骇俗并可出奇制胜、力挽狂澜的;迎合企业思路的顾问一定没创新力;没有大刀阔斧的改革不叫顾问咨询;等等。

第四,不要被顾问的表面现象迷惑,要看到对方的真才实学。顾问并不是人人都能做得了的,一个优秀的顾问不但在专业领域方面是专家,还必须在顾问咨询方面也是专家,因为顾问咨询本身也需要相当的技术和知识。遗憾的是,许多企业家相信那种巧言善辩的人,那么,把企业的前程交给这种只会动嘴、不会动手、更不会动脑的"顾问",其后果就可想而知了。所以,企业家在选择外部顾问时,一定要谨慎和冷静,保持清醒的判断力。

根据多年的顾问经验，笔者总结出了一个优秀或合格顾问的四项必备技能，这四项技能同等重要且缺一不可（对于一个优秀或合格的专家顾问团队而言，虽然不必每个顾问都"四项全能"，但这四项技能一定是整个团队所应具备的）。具体而言，这四项技能就是："说"，说的功夫对于培训客户、成功营销等至关重要；"写"，文本的功底不可忽视，尤其对于编制手册、文件、宣传材料等而言就更是如此；"做"，即顾问的执行能力要强，不但能说和写出优秀的策划文案，还能使之变为现实；"创"，即必须有创意、创新、创造能力，生搬硬套的"模板式"顾问往往会导致失败。

三、从企业各个部门抽调的负责人或骨干

首先，因为特许经营体系同样需要企业以其他商业模式运营时所设置的部门及岗位，比如财务、人力资源、信息、市场、供应、公关等，所以企业中高层人员及骨干只需在原有专业基础上另外学习特许经营的有关知识，很快就可以胜任特许经营体系的工作。

其次，在特许经营体系营建的过程中，项目组需要对企业的历史、现状进行了解与熟悉，以便据此制定特许经营体系的战略发展规划，而显然，这些中高层人员及骨干会对企业的总结性和前瞻性工作更为了解和熟悉。

再次，特许经营体系运作的"兵法"需要从企业已有的实践中回顾、总结、提炼、改进得来，而具体的工作流程、方法、注意事项、关键点、利弊等方面，也只有这些中高层人员及骨干最熟悉，所以，把他们吸收进项目组中，就可以确保企业原来最精华的工业产权和/或知识产权能够被提炼出来并被编入特许经营的系列手册。

最后，这些骨干在特许经营项目实施的几个月期间，和外请的专家顾问团队一起摸爬滚打，每天接受有关特许经营的各种各样的信息、知识、培训等，待项目结束时，这些骨干就会变成企业转型后的特许经营总部的骨干，帮助企业顺利地过渡到特许经营模式之中。

从另一个角度讲，企业特许经营体系的构建应该涉及以下四类部门或岗位。

（1）总部各职能部门。

（2）单店各关键岗位。

（3）区域分部各职能部门。分部也可以看成是总部的缩小版，所以如果区域分部的职能和总部的职能没有太大的差异，此部分可以忽略掉。

（4）其他部门。比如养殖种植基地、加工厂、中央厨房、物流公司等。

四、企业立即招聘的将来要作为特许经营体系管理和工作人员的新员工

因为企业将来成立的特许经营管理总部需要配有专门的工作人员，比如招商员、营建员、培训师、物流师、督导员、电商员、网络营销员、选址员、信息员等，所以，如果企业的现有人员不完全符合将来的需求，那么企业就应该立即招聘相应的专业人员，使他们从一开始就积极地投入到特许经营体系的设计之中，这样对于他们将来更胜任工

作以及特许经营体系的更好发展都是不无裨益的。

当然，如果企业现有人员充足，比如企业是把原来的连锁体系转型为特许经营体系的，那么企业就可以通过对原有人员和部门的重组来形成新的特许经营体系的组织架构，而不需要另外招聘人员。但无论如何，这些重新分配进特许经营体系中的人员都最好能在项目的开始就介入，与特许经营项目一起成长、成熟。

项目工作组成立后，为了使其顺利、高效地运转，应进行明确的分工，确定各个成员的岗位职责和责任范围，同时还要制定项目组工作制度（包括工作方法、考核办法、会议制度、保密制度、出差制度等）。

企业应保证项目组各项资源的到位，包括人员、资金、设备、场地等。同时，应向有关部门和人员进行宣讲，明确地告诉他们企业将进行特许经营体系的建设，并要求所有人员在特许经营项目的实施过程中给予积极的配合。

在特许经营体系建设过程中，项目组的组织架构应灵活易变，比如可以采用流行的项目组织架构形式——矩阵式组织。各个成员因项目进行的阶段、任务的不同而可以随时以兼职或专职的形式划归不同的项目分组。

【实例4-1】某餐饮公司特许经营项目组的自身人员组成与数量

某餐饮公司特许经营项目组的自身人员组成与数量

序号	原本职位	项目任职	数量	要求
1	董事长、总经理	兼职	1	
2	顾问	专职	4	
3	店长/副店长	专职	1	
4	前厅经理	专职	1	
5	厨师长	专职	1	本公司的项目组人员要求：本职经验丰富，文笔好，办公软件操作熟练，沟通能力强，善于总结与提炼，有一定的研究能力，适应专职或兼职的项目岗位要求
6	财务主管	兼职	1	
7	设计主管	兼职	1	
8	装修主管	兼职	1	
9	物流主管	专职	1	
10	展店部主管	专职	1	
11	网络信息主管	兼职	1	
12	行政人事主管	专职	1	
总计	专职10人，兼职5人，总共15人			

说明：

（1）项目组的多数成员最好是专职人员，因为兼职人员难以保证其工作时间、工作效率、工作进度和工作质量，最后会导致项目进展严重滞后。

（2）为最大化地节约成本、提高效率，项目组会在不同时间引入不同的现职人员。

（3）必须有意识地培养、使用、招聘专职人员，因为这些人员将来是特许经营总部的骨干。

（4）对于企业自己的骨干以及新招聘的人员，在构建特许经营体系的后续工作中，分配工作的依据除了考虑每人的擅长与专业之外，还要考虑以后对该人员的培养方向。例如，如果企业计划将某人培养成未来招商部的骨干、经理或负责人，那么就应把与招商相关的工作分配给他。

【实例4-2】某服装公司特许经营项目组人员组成与组织架构

```
项目组长：
    **公司董事长、李维华博士

项目执行组长：
    **（特许经营顾问）、**（总经理）
                                         项目秘书：**（特许经营顾问）

**公司骨干或新进人员                      特许经营顾问
项目对接人：**                           1.**、体系、手册、落地
一、总部                                 2.**、体系、手册、落地、营建、运营
1.**、总经理                             3.**、体系、手册、落地、招商
2.**、董事长特助（**、董事长特助高级助理） 4.**、体系、手册、落地
3.**、总经理助理                         5.**、体系、手册、落地
4.**、营销总监                           6.**、体系、手册、落地、法律
5.**、品牌经理
6.**、品牌部策划推广
7.**、市场部经理&董事长特助助理（**、市场经理）
8.**、**南区运营主任
9.**、人力专员
10.**、仓储物流经理
11.**、设计部经理
12.**、技术总监（**、技术部主任）
13.**、IT部总监
14.**、财务部总监
15.**、营销部门店督导
16.**、生产计划部经理（**、生产计划专员）
17.**、CM跟单部经理
18.**、FOB跟单部主任
19.**、采购部专员
20.**、品控部专员
21.**、商品服务部经理（**、商品服务部主任）
22.**、商品运营部经理
23.**、行政部专员
二、单店
24.**、店长
25.**、店长
```

某服装公司特许经营项目组人员组成与组织架构

【实例4-3】特许经营项目组岗位职责

一、项目组长的岗位职责

1. 对项目的整体方向、原则、进度等重大问题做出最终战略决策。

2. 协调各种人、财、物资源，保障项目顺利进行。

3. 对项目的阶段性成果、文件、记录等签字确认。

4. 全程参与、关注项目。

二、项目执行组长的岗位职责

1. 对项目的全程、全盘和全员负有计划、协调、组织、控制的责任，保证项目按时、按质、按量地完成。

2. 对除项目组长之外的所有项目组成员进行选拔、任用、工作分配、监督、考核、指导、激励、考勤，在项目结束后针对特许经营总部的合适岗位提出人员建议。

3. 应项目组长的要求随时汇报项目的相关情况。

4. 负责项目组的日常例会、点评、培训、确认完成、签字、答疑等工作。

5. 亲自承担部分的手册编制、执行落地等项目组成员都必须要做的工作。

6. 完成项目组长安排的其他工作。

三、项目秘书的岗位职责

1. 在项目执行组长和项目成员之间发挥上通下达的联络作用。

2. 负责通知、召集项目组成员参加例会，并做例会记录，以截图的形式于每日会后发到项目组微信群里，同时打印每日例会记录交执行组长签字，然后保存签字后的每日例会记录于自己处。

3. 负责会议、活动、咨询现场、咨询过程中重要节点事件的拍照、录像、撰写新闻等。

4. 做好整个项目期间的档案收集、保存等工作。

5. 督促特许经营顾问努力工作，负责全部特许经营顾问的考勤记录与统计每个人的工作质量、数量。

6. 亲自承担部分的手册编制、执行落地等项目组成员都必须要做的工作。

7. 完成执行组长安排的其他工作。

四、项目对接人的岗位职责

1. 做好整个项目组的办公条件配备、出差安排、外部资源协调等后勤工作。

2. 通知、召集**公司的项目组成员参加项目组的会议、活动等。

3. 督促、保障**公司的项目组成员努力工作，负责全部人员的考勤记录与统计每个人的工作质量、数量。

4. 协调**公司与维华商创的甲乙双方关系，为特许经营顾问的差旅食宿提供帮助。

5. 亲自承担部分的手册编制、执行落地等项目组成员都必须要做的工作。

6. 完成执行组长安排的其他工作。

五、**公司的骨干或新进人员的岗位职责

1. 遵守项目组工作各种制度和纪律要求，包括按时上下班、参加例会、汇报工作、编制手册、实际落地、学习等。

2. 努力工作，按时、按质、按量地完成所分配的任务。

3. 每日中午12点和下午4：30，准时把所有分配的工作任务的名称、进度百分数以及问题和建议发到项目组微信群里。

4. 在项目实施过程中，通过参加培训、参加每日例会、自学、与特许经营顾问交流、思考与领悟等方式，把自己变为本岗位、本行业以及特许经营与连锁经营领域的专业人才。

5. 亲自承担部分的手册编制、执行落地等项目组成员都必须要做的工作。

6. 完成执行组长安排的其他工作。

六、特许经营顾问的岗位职责

1. 积极主动地指导、协助和实际参与所对接**公司的人员的工作，对工作的最终结果、质量、数量、完成时间等负有首要责任。

2. 亲自承担部分的手册编制、执行落地等项目组成员都必须要做的工作。

3. 完成执行组长安排的其他工作。

【实例4-4】特许经营项目组保密协议

本保密协议书为两类：一类的甲方是具体实施特许经营项目的公司，签约的乙方是甲方的员工；一类的甲方是顾问咨询公司维华商创，签约的乙方是维华商创的员工或被雇佣方。上述两类协议书的内容相同，只是名称、地址等信息有变化。

甲方：	乙方：（签字）（项目组成员姓名）
公司地址：	身份证号：
联系方式：	手机号码：
甲方授权代表：（签字）	工作QQ：
日期：	工作微信：
	日期：

为使**公司得到更好、更快的发展，**公司聘请李维华及维华商创专家团队，并组织**公司内部相关人员参与，共同打造**特许经营体系。为明确乙方的保密义务，甲乙双方本着诚信原则平等协商，自愿签订并恪守如下保密协议。

第一条　声明

乙方确认在签署本协议之前已经详细审阅并理解了本协议的内容。

第二条　名词释义

本协议所称商业秘密指的是在**公司规范特许经营体系的过程中，**公司团队以及维华商创团队所提供、获得、编制、研发的所有手册、文件、课件、录音、视频等，以及该项目的时间、费用、团队成员、结果、步骤、形式、合同等相关商业秘密信息（以下简称"手册文件"）。

第一篇　成功构建第一步：特许经营调研与战略规划、工作计划

第三条　乙方无条件履行下列保守"手册文件"秘密的义务

（一）不刺探非本职工作所需要的"手册文件"，未经 ** 公司董事长 **、李维华同时允许，不得将"手册文件"的全部或部分内容披露给任何第三方。

（二）不得允许或协助任何第三方使用"手册文件"内容及相关信息（不允许范围包括但不限于出借、赠予、出租、转让、出售等）。

（三）不得利用所知悉的"手册文件"的内容，从事有损 ** 公司、维华商创的关联企业利益的行为。

（四）不要在公众场所谈论或者审阅涉及"手册文件"的内容。

（五）不要将写有"手册文件"内容的纸张或电子版放在第三方容易看到的地方。

（六）不要通过酒店、商业机构或会议中心的人员收发或复印涉及"手册文件"的内容资料。

（七）不要将"手册文件"拿出办公室，除非董事长 **、李维华同时同意用于公务目的，并且能够给予足够的安全防护。

（八）及时清理移动硬盘和电脑里不用的"手册文件"。工作电脑要设置密码（密码必须在 ** 公司董事长和李维华处备案），防止他人盗取。未经公司同意，不得将"手册文件"的任何内容发给第三方。

（九）"手册文件"完成后应立即将电子版交李维华保存，并在李维华指定人员的监督下从自己的电脑、硬盘等存储器内彻底删除该文件。"手册文件"在编制过程中和完成后，未经李维华同意，禁止任何人复制、保存、转移。

（十）传输"手册文件"只能用项目组登记备案过的、本合同最后写明的 QQ、微信或指定的存储设备（用于传输文件的存储设备保存在项目组秘书 ** 处），不得用 E-mail。

（十一）项目组成员互相借阅"手册文件"，只能由李维华中转，严禁直接对传。

（十二）登记备案过的 QQ、微信的对话记录、收发记录等不得删除，以备随时检查。在项目结束或乙方离开本项目组时，在李维华指定人员的监督下彻底清空该 QQ、微信所有关于本项目、"手册文件"等的聊天或发送接收记录。

（十三）乙方在项目实施期间，以及从甲方处离职或离开本项目后，除非甲方书面同意，否则，乙方不得对任何第三方声称曾经为该项目的成员之一。

第四条　违反保密义务的法律责任

（一）如乙方未履行本协议规定的保密义务，视情节轻重承担相应的违约责任，构成犯罪的依法移送司法机关。

（二）如乙方因前款所称的违约行为造成 ** 公司以及维华商创损失的，应当承担损失赔偿责任。

（三）与 ** 公司或维华商创有劳动关系的乙方，违反本协议约定的保密义务时，** 公司或维华商创有权给予处分甚至解除劳动关系。

第五条　生效期

本协议自甲乙双方签字之日起生效。

第六条　保密期限

本协议约定的保守商业秘密义务的甲方员工，不限于甲乙双方保持劳动关系期间，需终身保密。

第七条　争议与解决

因履行本协议发生争议的，甲乙双方可自愿平等协商解决。协商不成的，可向北京市 ** 区人民法院提起诉讼。

第八条　未尽事宜

本协议未尽事宜，按照国家法律或政府主管部门的有关规章、制度执行。

第九条　签约份数

本协议一式两份，甲乙双方各执一份。

甲方：（盖章）　　　　　　　　　　　　　　乙方：（签字）

甲方授权代表：（签字）　　　　　　　　　　日期：

日期：

【实例4-5】特许经营项目组激励政策

1　手册编制

1.1　奖金

手册编制人员的奖金激励政策

序号	评价指标	分数	备注
1	按时完成度		满分10分；每延迟1天扣5分
2	页数		10页计1分
3	承担手册数量		每承担1本手册加5分
4	每日两汇报的准时性		满分10分；漏掉一次汇报的扣3分
5	格式规范性		满分10分；修改超过3次的零分
6	内容质量		满分10分；修改超过3次的零分
7	创新性		满分20分；完全照搬公司已有内容、个人经验或模板、网络资料等的扣30分
8	负责人/执行人认真负责度		负责人满分4分，执行人满分10分
9	难度		满分20分
10	与顾问的配合度		满分10分

续表

序号	评价指标	分数	备注
11	遵守项目制度、服从管理		满分10分
总计			

注：
①上表1—5条由项目秘书根据实际情况给出分数。
②上表6—11条的打分人包括手册编制者本人（1人）、项目执行组长（2人）、项目组长（2人）。5人全部打分完成后，去掉最高分和最低分，取平均值。
③1分＝奖金10元。
④项目结束后，按照得分高低，选出优秀的前三名，每人奖励1000元。

1.2 精神

（1）按时、按质、按量完成手册编制任务的，在公司晋升考核、评优活动、内部讲师选聘、外派进修等中优先考虑。

（2）对没有按时、按质、按量完成手册编制任务的，考虑降级、降薪甚至辞退。

2 项目组中的实际工作

2.1 奖金

实际工作人员的奖金激励政策

序号	评价指标	分数	备注
1	按时完成度		满分10分
2	每日两汇报的准时性		满分10分
3	实际工作数量		每承担1项实际工作加3分
4	质量		满分10分
5	负责人/执行人认真负责度		负责人满分2分，执行人满分6分
6	难度		满分20分
7	与顾问的配合度		满分10分
8	遵守项目制度、服从管理		满分10分
总计			

注：
①上表1—3条由项目秘书根据实际情况给出分数。
②上表4—8条的打分人包括实际工作人员本人（1人）、项目执行组长（2人）、项目组长（2人）。5人全部打分完成后，去掉最高分和最低分，取平均值。
③1分＝奖金10元。
④项目结束后，按照得分高低，选出优秀的前三名，每人奖励300元。

2.2 精神

（1）按时、按质、按量完成实际工作的，在公司晋升考核、评优活动、内部讲师选聘、外派进修等中优先考虑。

（2）对没有按时、按质、按量完成实际工作的，考虑降级、降薪甚至辞退。

第五章　制订特许经营工作计划与工作分配

在商业模式设计与可行性分析暨特许经营战略规划完成及组建了特许经营项目工作组之后，下一步的任务就是制订一份完善、详细的特许经营工作计划，并按照已组建的项目组把工作分配到人。

科学家在论证人比动物高级时，总喜欢拿人造房子与蜜蜂筑巢相比较。他们认为人比动物高明之处即人和动物的本质区别是：人在房子开始建造之前就已经在大脑中有了房子的形象，而蜜蜂是没有的。这种区别实际上也是在说，人做事是有计划性的。人类的无数实践也早已证实，合理与科学的计划是事业成功的根本保证。正如宾夕法尼亚大学的杰克·吉多和陶森大学的詹姆斯·P.克莱门斯所言："简单地说，项目管理过程就是制定计划，然后执行计划。"[①]

有了一份精心设计的计划，可以有效地缩短项目进度，便于控制实施过程，获得考核的依据，提前为后面的工作做好准备，节约成本，保证项目实施质量。事实也证明，那些事先没有制订特许经营计划或计划得不好的企业，由于盲目推进特许经营体系的建设，结果往往是在打造自己的特许经营王国的过程中处于"救火"的忙乱和混乱状态，因为意外的事件总是不期而至。这样，不但特许经营的优势得不到有效发挥，还因为这样那样的问题而使企业承受了许多损失。因此，轻视计划不能不说是现在许多企业以特许经营方式扩展事业而失败的一个主要原因。

计划的方法本身也是在不断发展的。19世纪的工业革命催生了科学管理，也促进了计划方法的发展。继泰勒提出分工和专业化理论，甘特提出了迄今仍然广泛使用的、用有时间的线条图计划的方法，称为甘特图（条形图或横道图）。1956年，美国杜邦化学公司在探索更有效的维修工程施工计划时，提出了关键路线法（Critical Path Method，CPM）并编写了专用的计算机程序。与此同时，美国海军部为执行北极星导弹研究任务，提出了与CPM原理相同的网络计划方法——计划评审方法（Programme Evaluation and Review Technique，PERT）。此后，其他形式的网络计划方法，比如优先日程图示法（Precedence Diagramming Method，PDM）、图表审评技术（Graphical Evaluation and Review Technique，GERT）等也相继发展起来。所有这些方法都有自己的利弊和适用范围，企业或项目组应选择适合自己的一种或几种来使用。

一、特许经营工作计划制订步骤

通常而言，特许经营工作计划的制订主要有如下几个步骤。

[①] 吉多，克莱门斯.成功的项目管理［M］.张金成，译.北京：机械工业出版社，2004.

第一篇　成功构建第一步：特许经营调研与战略规划、工作计划

（1）定义特许经营体系建设的工作目标。目标要求清晰、明确、可行、具体和可以度量，能为有关的人员所理解并赞成。

（2）对特许经营项目进行工作分解（Work Break Structure，WBS）。把特许经营项目分解成工作细目，对工作细目继续分解，直到工作包（Work Package）亦即最低层次的细目为止，并在每一个细目旁指明负责部门或个人。目前，最常用来表示工作分解结构[①]的形式有三种。

①组织系统图形式，如图 5-1 所示。

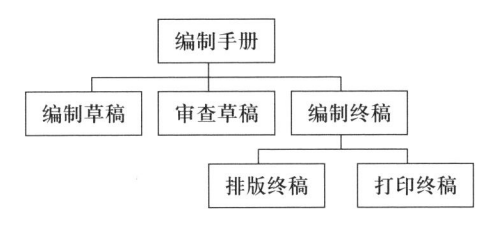

图 5-1　组织系统图形式

②缩进格式，如图 5-2 所示。

图 5-2　缩进格式

③气泡图格式，如图 5-3 所示。

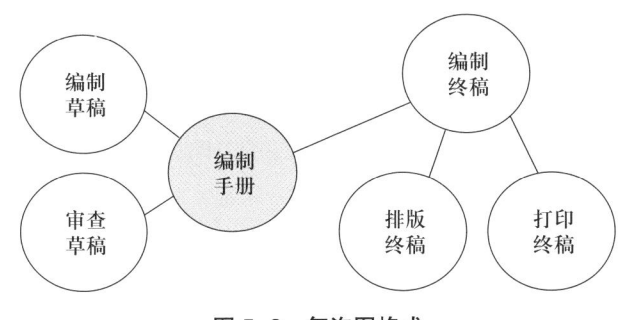

图 5-3　气泡图格式

---

① 波特尼.如何做好项目管理[M].宁俊，韩燕，翟文芳，译.北京：企业管理出版社，2001.

（3）界定活动。即界定对应于每一个工作包所必须执行的具体活动，但要注意，活动一定需要消耗时间，但不一定消耗人力，比如等待时间作用的过程等。

（4）绘制网络图。可以采用双代号网络模型，也可以采用单代号网络模型，主要为表明特许经营项目各活动之间必要的次序和相互依赖性。

网络计划模型由三个基本要素构成，即枝线（弧）、节点和流（见表5-1）。

表5-1 网络计划模型的三要素

网络计划模型	枝线（弧）	节点	流
双代号网络模型，又称箭杆式网络模型（两个节点表示一项活动）	组成项目的各项独立的活动（或任务）	各项活动之间的逻辑关系（先后顺序等）	完成各活动所需的时间、费用、资源等参数
单代号网络模型，又称节点式网络模型（一个节点表示一项活动）	各项活动之间的逻辑关系（先后顺序等）	组成项目的各项独立的活动（或任务）	完成各活动所需的时间、费用、资源等参数

资料来源：江景波，葛震明，何治.网络技术原理及应用［M］.上海：同济大学出版社，1997.

（5）进行时间与资源估计。主要包括每项活动所需时间的长短和资源的类别、数量等，此处的资源主要指资金和人力。

（6）对每项活动进行成本预算。成本预算的依据主要是每项活动所需资源的类别和数量。

（7）编制特许经营项目进度计划及预算。根据特许经营项目的要求，即是在固定时间下的成本最小，还是在固定成本下的时间最短，抑或要求资源平衡等，分别采用网络有关分析技术（比如CPM法）和资源规划技术（运筹学内容）进行项目的时间、成本预算。

（8）编制特许经营项目的进度安排表。在上述估算进度及预算的基础上排出特许经营项目活动的进度日程表，表中应明确标出每段时间内所发生活动的类别、资源使用状况（包括物力、资金等）、负责与执行的部门或人员、计划达成的目标以及阶段的考核标准等。

在实际应用中，特许人企业可以以简单方便的分阶段的任务指派单的形式来代替甘特图，比如工作任务指派单。

二、特许经营工作计划内容

特许经营工作计划的内容具体如下。

（1）确定要达到的目标。主要包括特许经营项目开展的时间、成本、特许经营体系的状态三个细分目标。

（2）确定计划所包含的所有活动。活动指的是计划实施过程中相对独立的工作、工序或任务等。

（3）确定实施计划及完成各项活动的具体方法。比如特许经营项目开展前、开展中和收尾时的各项活动的完成方法。

（4）确定特许经营工作计划中各活动的逻辑顺序（紧前活动、紧后活动及无关活动）以及具体的实施时间（最早开始时间、最早结束时间、最晚开始时间、最晚结束时间、活动的过程时间等）。

（5）确定计划实施期间各种资源（人、财、物、信息等）的需求数量及时间（最早获得时间、最迟获得时间及概率）。

在实际工作中，按照特许经营项目实施的时间顺序和工作内容，特许经营工作计划书应包括以下四个阶段的内容（见图5-4）。

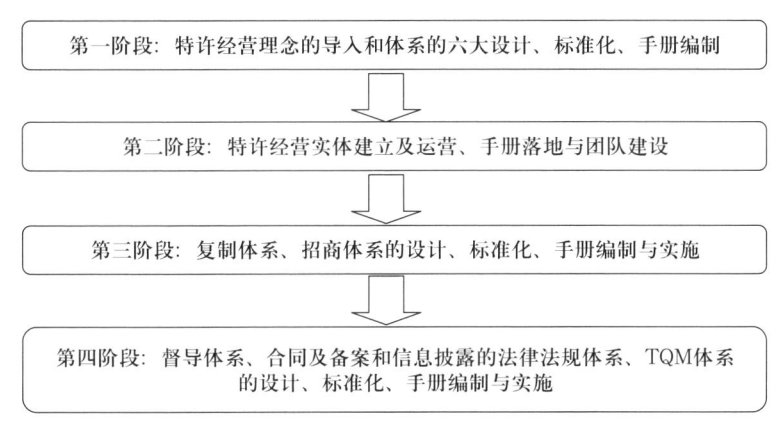

第一阶段：特许经营理念的导入和体系的六大设计、标准化、手册编制

第二阶段：特许经营实体建立及运营、手册落地与团队建设

第三阶段：复制体系、招商体系的设计、标准化、手册编制与实施

第四阶段：督导体系、合同及备案和信息披露的法律法规体系、TQM体系的设计、标准化、手册编制与实施

图5-4　特许经营工作计划书应包括的四个阶段的内容

后文将分别叙述这四个阶段的内容。

三、计划的实施与控制

计划制订好了以后，关键就在于实施，而实施的关键又在于控制。

美国研究项目控制（包括对工作、资源、时间的控制）的专家詹姆斯·华德（James Ward）的研究发现，对于一个大的信息系统开发咨询公司而言，有25%的大项目被取消，60%的项目远远超过成本预算，70%的项目存在质量问题是很正常的事情。[①] 只有很少一部分项目能按时完成并达到项目的全部要求。华德最后认为，正确的项目计划、适当的进度安排和有效的项目控制可以避免以上这些问题。汉斯·萨姆海恩（Hans Thamhain）认为，高效地实施和使用项目管理控制技术是项目成功的关键，"许多项目经理的失败就是因为未能理解如何正确使用项目控制技术"。因此，经过深入细致的研究后，萨姆海恩就有效的项目控制得出了以下结论：融入团队，保持技术和工作进程的

---

① WARD J.Productivity through project management: controlling the project variables [J]. Information systems management, 1994, 11(1).

一致性，建立标准的管理方法，预见困难与矛盾，培育一个富有挑战性的工作环境和集中精力不断改进。[①]

在实践操作中，对计划的控制实质就是密切监视和关注所有影响计划实施进程的因素，及时将这些因素反映到计划的实施中，并决定修改计划或调整影响因素以保证特许经营项目目标的实现。同时，随时收集实际计划进程的信息并与计划的事先安排相比较，找出存在差距的原因并采取相应的对策。

在控制中需要特别注意以下几点。

（1）连续控制。对计划的控制应该贯穿于整个计划实施的始终，随时对计划进行监控和修正。

（2）全员控制。特许经营工作计划实施过程中，所有人员都有对计划进行控制的责任，每个部门、每个人员都应对自己所承担的任务负起责任。每个特许经营项目组都应建立以项目经理为中心的全员控制体系。

（3）正确设定报告期。报告期就是将实际与计划进行比较以了解进展情况的时间间隔或周期。报告期的长短根据项目的复杂程度和时间期限，可以为小时、日、周、月、双月、季等。一般而言，报告期越短，控制成本越高，控制效果越好。在实际的工作中，我们可以使用"一天 n 问"的简单方法。具体而言就是，项目组秘书每天会 n 次地询问所有项目组人员的工作进度，要求所有人员必须以总工作量的百分数汇报截至汇报时间点的工作完成量。当然，也可以要求所有项目组成员每天 n 次地在项目组 QQ 群或微信群里汇报工作完成量的百分数。对于紧急的任务，n 可以是 3 或更多；对于不紧急的任务，要求 n 最少为 1。

（4）及时收集实施信息。在报告期内需要收集的实施信息有四类。

①实际执行中的数据。

- 活动开始或结束的实际时间
- 使用或投入的实际成本

②有关项目范围（任务）、进度计划和预算变更的信息。

③影响计划实施的因素。

- 自然原因、人为原因
- 公司内原因、公司外原因
- 直接原因、间接原因

④结果。主要指每项工作指派实际达到的结果是什么。

（5）将各种变化随时反映到计划中。应对计划随时进行修正，以使计划及时、准确地反映出外界的变化情况。同时，计划的变更应让所有可能涉及的部门及人员在第一时间内知道。

---

① THAMHAIN H.Best practices for controlling technology—based projects[J]. Project management journal，1996（11）.

（6）合理配置资源。每项特许经营项目活动都需要企业投入一定的资源，但因为资源的有限性和稀缺性，企业必须合理地配置资源。配置的领域主要包括两部分：一是用于特许经营项目的资源和用于企业其他运营活动的资源之间的配置；二是特许经营项目的内部资源配置，即特许经营项目使用的各项资源之间的配置（比如资源平衡、资源约束下的配置等）。

四、工作分配

工作分配就是以工作指派单的形式确定工作名称、负责人、执行人、对接顾问、要求完成结果、起始和终止日期等内容。

负责人指的是负责某项工作的全部事项的人。

执行人指的是按照负责人的要求或安排，具体执行要求或安排的人。

对接顾问指的是负责指导、协助负责人和执行人完成工作的人，比如可以是外聘的专家顾问。

在分配工作时，应遵守以下一些基本的原则。

（1）专业对口。公司原有的招商、营建、培训、物流、督导等部门的人员，在负责对应的体系构建工作时，应继续留在原专业领域。

（2）注意工作的前后工序。因为有的工作的开始时间点必须是另外某项工作的结束时间点或者另外某项工作的中间某个时间点，所以在分配工作时，要综合考虑不同工作的前后工序、上下承接顺序，做出合理安排，以保证每个人都尽量工作满负荷、效率更高，不要使某人或某项工作处于无效等待上道工序结束的状态。

（3）双向选择与硬性指定相结合。每个项目组人员都要主动认领与自己的专业或职责领域相对应的工作。对有些项目任务，其与项目组人员的专业或职责领域的对应并不是很清晰或者同时跨了几个专业或职责领域，这时，项目组长需要综合考虑后硬性指派人员负责、执行和对接。

（4）在确定每项工作的人员、起始时间、终止时间以及要求完成的结果之前，都必须与具体的负责人、执行人以及对接顾问交流、确认。

（5）综合协调，避免有人忙、有人闲的不良状态。

【实例5-1】战略汇报与项目启动内容流程表

**公司战略汇报与项目启动内容流程表（2018年12月）

序号	日期	时间	时长（分）	事项	地点	企业的参与人员	备注
1	12月9日	乘坐最早一班飞机，顾问组抵达**。最好在早上8：50前抵达**。因顾问组人员需要常驻，甚至可能长达数月时间，所以，为节省费用，建议选择稍好些的经济型酒店。顾问组还是上次的五个老师					

成功构建特许经营体系五步法

续表

序号	日期	时间	时长（分）	事项	地点	企业的参与人员	备注
2		9:00—12:00	180	战略研讨与确定	会议室	董事长、董事长助理、总经理、副总经理	** 讲解
3		13:30—13:46	16	项目启动＆动员会	会议室	项目组全体成员	董事长和李维华各致辞8分钟
4		13:46—13:49	3	建立项目微信群	会议室	项目组全体成员	群主为企业负责人或李维华
5	12月9日	13:50—13:58	8	项目组成员自我介绍、互相认识	会议室	项目组成员全体	李维华主持。每人30秒，介绍姓名、职务、专业或擅长领域。项目组秘书用电脑列表并投影到大屏幕，以便接下来分配工作
6		14:00—16:00	120	战略讲解	会议室	项目组全体成员	** 讲解
7		16:05—16:20	15	签订保密协议，一式三份	会议室	项目组全体成员	李维华主持
8		16:20—16:35	15	认领、分配指派单任务	会议室	项目组全体成员	李维华主持
9		16:40—16:50	10	签领第一期指派单，一式三份	会议室	项目组全体成员	李维华主持
10		16:50—18:50	120	特许经营基本知识培训	会议室	项目组全体成员	李维华
11	12月10日	9:00—12:00	180	手册编制方法和技巧等培训	会议室	项目组全体成员	李维华
12		13:30—13:50	20	讲解手册编制格式和文档管理要求	会议室	项目组全体成员	李维华

第一篇　成功构建第一步：特许经营调研与战略规划、工作计划

续表

序号	日期	时间	时长（分）	事项	地点	企业的参与人员	备注
13	12月10日	13:50—14:10	20	宣读项目组工作制度	会议室	项目组全体成员	李维华主持
14		13:50，开始进入实际项目工作					

说明：

（1）会议室配备Wi-Fi，能容纳7人以上。

（2）访谈时间提前于或超出计划时间，则依次提前或延后。

（3）维华商创顾问人员共5位：***（男），***（男），***（男），***（女），***（女）。

（4）为节省时间，餐饮一律为快餐。

【实例5-2】每日晚例会制度与流程＆手册完成与否的确定流程

为更好地推进**公司特许经营项目的实施，早日让**公司腾飞，特制定此制度，望大家周知恪守。

1. 所有人必须按时参加会议，时间为下午4：30，地点在三楼会议室。会议室有变动的时候会提前通知。有事不参加者请向**总经理请假。

2. 所有人在中午12点以及下午4：30的时候把当天的工作任务名称、进展（以百分数的形式显示）在项目组微信群里汇报。

3. 会议由**总经理和项目组长**老师主持。

4. 会议流程如下图（见附图1）。

5. 每次会议的记录者为**，记录内容包括：时间、地点、参会人员、缺席人员，以及汇报者的汇报要点、点评人的点评要点、领导的工作新安排。此会议纪要每日打印，交**总经理和项目组长**同时签字，然后保存在**处。

6. **把每日会议记录的电子版于当日发到项目组微信群里。

7. 手册完成与否的确定流程如下图（见附图2）。

8. 若手册完成，必须至少提前一天申请在例会上逐字逐句讲解，然后大家讨论是否通过。此讲解同时起到培训项目组全体人员的作用。

9. 本制度开始实施日期为****年**月**日。解释权归**公司特许经营项目组。

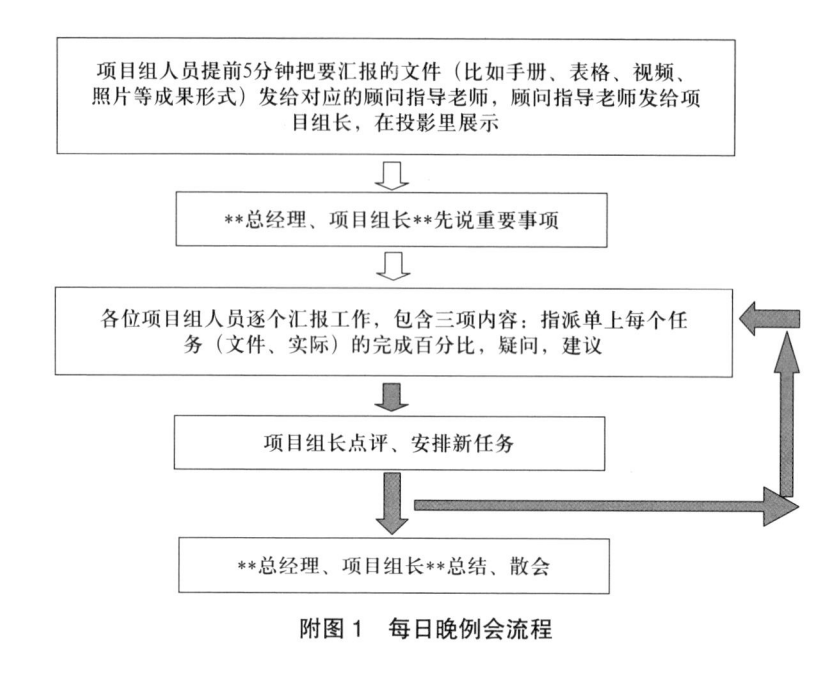

成功构建特许经营体系五步法

```
┌─────────────────────────────────────────────┐
│ 项目组人员提前5分钟把要汇报的文件（比如手册、表格、视频、│
│ 照片等成果形式）发给对应的顾问指导老师，顾问指导老师发给项│
│ 目组长，在投影里展示                        │
└─────────────────────────────────────────────┘
                    ⇩
        ┌──────────────────────────────┐
        │ **总经理、项目组长**先说重要事项 │
        └──────────────────────────────┘
                    ⇩
┌─────────────────────────────────────────────┐
│ 各位项目组人员逐个汇报工作，包含三项内容：指派单上每个任│ ←┐
│ 务（文件、实际）的完成百分比，疑问，建议    │  │
└─────────────────────────────────────────────┘  │
                    ⇩                            │
        ┌──────────────────────────────┐         │
        │ 项目组长点评、安排新任务     │ ────────┘
        └──────────────────────────────┘
                    ⇩
        ┌──────────────────────────────┐
        │ **总经理、项目组长**总结、散会 │
        └──────────────────────────────┘
```

附图1　每日晚例会流程

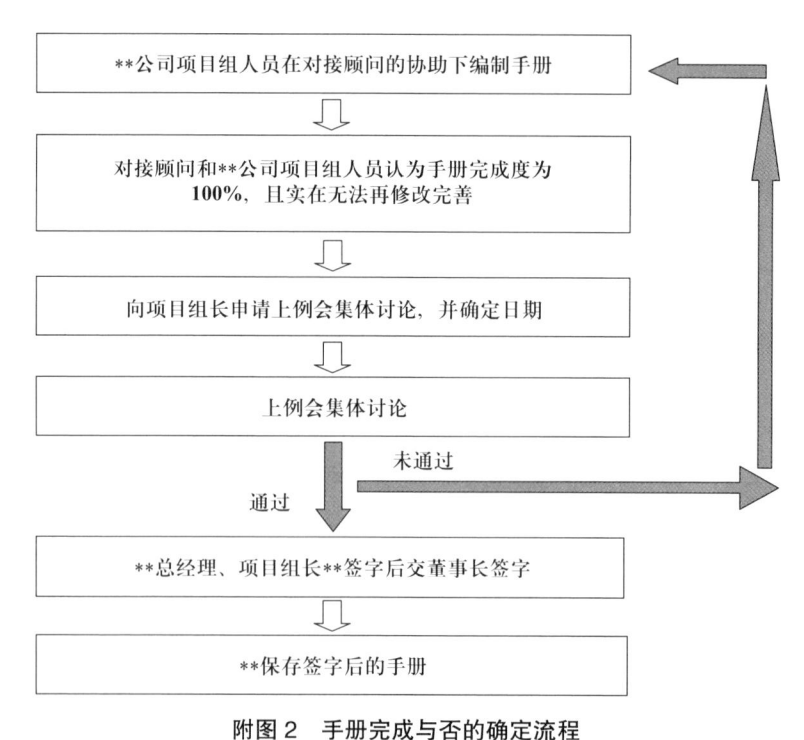

```
┌─────────────────────────────────────────────┐
│ **公司项目组人员在对接顾问的协助下编制手册  │ ←┐
└─────────────────────────────────────────────┘  │
                    ⇩                            │
┌─────────────────────────────────────────────┐  │
│ 对接顾问和**公司项目组人员认为手册完成度为  │  │
│ 100%，且实在无法再修改完善                  │  │
└─────────────────────────────────────────────┘  │
                    ⇩                            │
┌─────────────────────────────────────────────┐  │
│ 向项目组长申请上例会集体讨论，并确定日期    │  │
└─────────────────────────────────────────────┘  │
                    ⇩                            │
        ┌──────────────────────────────┐         │
        │       上例会集体讨论         │         │
        └──────────────────────────────┘         │
              通过    未通过 ───────────────────┘
                    ⇩
┌─────────────────────────────────────────────┐
│ **总经理、项目组长**签字后交董事长签字      │
└─────────────────────────────────────────────┘
                    ⇩
        ┌──────────────────────────────┐
        │   **保存签字后的手册         │
        └──────────────────────────────┘
```

附图2　手册完成与否的确定流程

第一篇 成功构建第一步：特许经营调研与战略规划、工作计划

[实例5-3] 工作任务指派单实例

×××特许经营项目第一阶段任务指派单（2月）

指派时间：****年**月**日下午2:30

序号	工作任务简称		负责人	执行人	对接顾问	要求结果	备注	1	2	3	4	5	6	7	8	9	10	12	13	14	15	16	17	23	24	25	26	27	28	1
1	确定项目组人员		**	**	**	结构图、职责说明																								
2	召开项目动员说明大会		**	**	**	动员、分工、互相熟悉																								
3	搜集公司硬性文件系列研究	目录	**	**	**	文件																								
		搜集	**	**	**	文件																								
		目录	**	**	**	文件																								
	配备工具	实施	**	**	**	齐备																								
4	内部访谈及报告	计划初稿	**	**	**	文案																								
		计划终稿	**	**	**	文案																								
		实施	**	**	**	完成计划																								
		结果整理	**	**	**	文案																								
		培训说明会	**	**	**	掌握																								
5	市场调研及报告	计划初稿	**	**	**	文案																								
		计划终稿	**	**	**	文案																								
		实施	**	**	**	完成计划																								
		结果整理	**	**	**	文案																								
		培训说明会	**	**	**	掌握																								

成功构建特许经营体系五步法

续表

序号	工作任务简称		负责人	执行人	对接顾问	要求结果	备注	1	2	3	4	5	6	7	8	9	10	12	13	14	15	16	17	23	24	25	26	27	28
6	战略规划	初稿	**	**	**	文案																	春						
		讨论会	**	**	**	文案																	节						
		终稿	**	**	**	文件																							
		培训说明会	**	**	**	全体掌握																							
7	特许经营知识培训	初稿	**	**	**	文案																							
		终稿	**	**	**	文案																							
		实施	**	**	**	培训	录像																						
		考核	**	**	**	95%通过																							
8	企业介绍手册	初稿	**	**	**	文案																							
		讨论会	**	**	**	形成意见																							
		终稿	**	**	**	文案																							
		培训说明会	**	**	**	全体掌握																							
9	MI手册	初稿	**	**	**	文案																							
		讨论会	**	**	**	形成意见																							
		终稿	**	**	**	文案																							
		培训说明会	**	**	**	全体掌握																							
10	BI手册	初稿	**	**	**	文案																							
		讨论会	**	**	**	形成意见																							
		终稿	**	**	**	文案																							
		培训说明会	**	**	**	全体掌握																							

第一篇 成功构建第一步：特许经营调研与战略规划、工作计划

续表

序号	工作任务简称		负责人	执行人	对接顾问	要求结果	备注	1	2	3	4	5	6	7	8	9	10	11	12	13	14	15	16	17	23	24	25	26	27	28	1
11	VI手册	初稿	**	**	**	文案																					此起，15天内完成			
		讨论会	**	**	**	形成意见																									
		终稿	**	**	**	文案																									
		培训说明会	**	**	**	全体掌握																									
12	SI手册	初稿	**	**	**	文案																					此起，15天内完成			
		讨论会	**	**	**	形成意见																									
		终稿	**	**	**	文案																									
		培训说明会	**	**	**	全体掌握																									
13	AI手册	初稿	**	**	**	文案																									
		讨论会	**	**	**	形成意见																									
		终稿	**	**	**	文案																									
		培训说明会	**	**	**	全体掌握																									
14	OI手册	初稿	**	**	**	文案																									
		讨论会	**	**	**	形成意见																									
		终稿	**	**	**	文案																									
		培训说明会	**	**	**	全体掌握																									

注：①每个文案的三级目录要在一天之内初步拟订，讨论并最终确定。
②每个文案的撰写至少要在上述计划的完成日前1天结束，距完成日期的剩余时间用于讨论和修改。
③每个文案的初稿完成流程均是：设计三级目录→讨论目录→确定目录→搜集资料，填充内容→讨论内容→修改→形成初稿。
④上述计划日期遇节假日顺延。

指派人签字： 日期： 年 月 日
负责人签字： 日期： 年 月 日
执行人签字： 日期： 年 月 日

193

关于上述任务指派单，为发挥其最大价值，要记住以下几点。

（1）负责人和执行人都要签字。这样的话，如果到期谁不能按时完成任务，那么，就可以按照签过字的任务指派单来进行相应的处罚。

（2）所有签过字的任务指派单都应一式四份：一份交项目组长保管，一份交负责人保管，一份交执行人保管，一份交人力资源部或档案部门保管。

（3）可以把任务指派单张贴在企业或项目组的公示板上，以起到随时提醒项目组人员的作用。

（4）在任务指派单下发前，要把此指派单上涉及的所有负责人和执行人召集到一起，做一个集体的、公开的"战前动员"，对指派单进行详细说明，并举办签字仪式，确保每个负责人和执行人都能对自己的工作及计划进度完全、准确地理解，这样有利于鼓舞士气、明确各自职责、确保计划按设计展开。

【实例5-4】用于一天n问的每日汇报表

需要注意的是，文件名字的格式为：执行人姓名-公司名称-手册名称。比如：李维华-维华商创-企业介绍手册。

每日汇报表

任务名称	×××× （公司）-××× 手册			
起始年月日	___年__月__日		完成年月日	___年__月__日
负责人	×××		总任务数量	×××
执行人	×××		总任务数量	×××
指导顾问	×××		备注	
序号	第×天	进度（%）	年 月 日	问题与建议
1	1 中午	××	2018/12/19	×××，或无
2	下午			
3	2 中午			
4	下午			
5	3 中午			
6	下午			

第一篇　成功构建第一步：特许经营调研与战略规划、工作计划

续表

序号	第×天		进度（%）	年　月　日	问题与建议
7	4	中午			
8		下午			
9	5	中午			
10		下午			
11	6	中午			
12		下午			
13	7	中午			
14		下午			
15	8	中午			
16		下午			
合计完成天数			总页数		总字数

【实例5-5】特许经营体系构建五步法之项目工作计划

下面是笔者为一家美容美发公司做的特许经营项目工作计划的简缩本，可以帮助读者更好地了解特许经营体系成功构建的五个基本步骤。但考虑到该企业的实际情况、产权保密、顾问合同规定、企业发展战略、咨询需求、顾问费用等因素，前文所讲的五个步骤中的某些步骤及细节在此处忽略了，希望读者在阅读借鉴时注意。该公司名称以 ABC 来表示。

ABC 公司特许经营项目工作计划
——成功构建特许经营体系五个步骤

总体战略

ABC 公司成功构建特许经营体系或实现特许经营扩张基本要经历五个大的步骤与阶段。

时间甘特图

步骤	项目名称	活动任务	8.21	8.24	8.26	8.27	8.28	8.29	8.30	8.31	9.1	9.2	9.3	9.4	9.5
第一步：特许经营调研与战略规划、工作计划	市场调研	撰写市场调研提纲	■												
		调研实施		■	■										
		撰写市场调研报告					■								
	内部调研	撰写内部调研提纲		■											
		分析 ABC 公司已有硬性资料													
		高层访谈					■								
		中层、基层员工、第三方等访谈													
		实地考察、调研													
		撰写内部调研报告													
	编制 ABC 公司商业模式设计与可行性分析暨特许经营战略规划	初稿						■	■	■	■				
		讨论、修改、确定											■	■		
	组建项目组	讨论、确定组成人员、分工、编制项目组工作制度与手册												■	■	

196

第一篇 成功构建第一步：特许经营调研与战略规划、工作计划

续表

步骤	项目名称	活动任务	8.21	8.24	8.26	8.27	8.28	8.29	8.30	8.31	9.1	9.2	9.3	9.4	9.5
第一步：特许经营调研与战略规划、工作计划	制订特许经营工作计划	编制ABC公司特许经营项目工作计划或指派单													
		召开项目发布会与动员会，讲解项目工作计划，签订指派分工，签订保密协议，讲解和培训ABC公司商业模式设计与可行性分析暨特许经营战略规划													

步骤	项目名称	活动任务	9.6	9.7	9.8	9.9	9.10	10.15	10.16	10.17	10.18	10.19	10.20	11.9	11.12
第二步：特许经营理念的导入和体系的六大设计、标准化、手册编制	特许经营理念的导入	培训特许经营的系统化知识													
	盈利模式设计	盈利模式手册，包括经营模式设计、产品和服务组合设计、整个特许经营体系的全盘数据互动调整等内容													
	单店设计	单店组织架构与人员编制手册													
		VI手册													
		SI手册													
		单店礼仪标准与服务技能手册													

197

成功构建特许经营体系五步法

续表

步骤	项目名称	活动任务	9.6	9.7	9.8	9.9	9.10	10.15	10.16	10.17	10.18	10.19	10.20	11.9	11.12
第二步：特许经营理念的导入和体系的六大设计、标准化、手册编制	单店设计	声、光、温、味、像管理手册						■							
		单店工程装修流程						■							
		单店营销手册						■							
		单店人力资源手册						■							
		单店财务与税收手册						■							
		单店物流手册						■							
		……													
	总部设计	公司介绍手册	■	■	■	■	■	■							
		总部组织架构与职能手册	■	■	■	■	■	■							
		总部行政与人力资源手册	■	■	■	■	■	■							
		总部财务与税收手册	■	■	■	■	■	■							
		总部营销手册	■	■	■	■	■	■							
		研发手册	■	■	■	■	■	■							
		电商手册	■	■	■	■	■	■							
		……													
	分部和区域受许人设计	分部组织架构与职能手册								■					
		区域受许人组织架构与职能手册								■					
		分部运营手册								■					
		区域受许人运营手册								■					
		……													

198

第一篇 成功构建第一步：特许经营调研与战略规划、工作计划

续表

步骤	项目名称	活动任务	9.6	9.7	9.8	9.9	9.10	10.15	10.16	10.17	10.18	10.19	10.20	11.9	11.12
第二步：特许经营理念的导入和体系的六大设计、标准化、手册编制	特许经营体系架构设计	特许经营体系架构手册													
	特许权设计	特许权手册													
第三步：特许经营实体建立及运营手册落地与团队建设	样板店	建立、运营样板店及完善单店手册、单店团队													
	总部（分部）	建立、运营总部（分部）并完善总部（分部）手册、总部（分部）团队													
第四步：复制体系、招商体系的设计、标准化、手册编制与实施	复制体系	营建体系	营建手册													
		培训体系	受许人培训手册													
		供应链体系	供应商管理手册													
			加工制造厂管理手册													
			物流配送手册													
			……													
	招商体系		招商部工作手册													
			加盟指南、加盟申请表													
			招商的四类记录跟踪表													
			加盟常见问题回答手册													
			……													

199

成功构建特许经营体系五步法

续表

步骤	项目名称		活动任务	9.6	9.7	9.8	9.9	9.10	10.15	10.16	10.17	10.18	10.19	10.20	11.9	11.12
第五步：督导体系、合同及备案和信息披露的法律法规体系、TQM体系的设计、标准化、手册编制与实施	督导体系		督导手册													
			……													
	合同及备案和信息披露的法律法规体系	特许经营的系列合同	受许人受训人员培训与保密协议													
			加盟意向书													
			单店特许经营合同													
			多店特许经营合同													
			区域特许经营合同													
			市场推广与广告基金管理协议													
			商标使用许可协议													
			保证金协议													
			特许经营授权书													
			……													
		备案和信息披露的法律法规体系	特许经营备案手册													
			特许经营信息披露手册													
			关于信息披露的保密协议书													
			信息披露的回执													
			……													
	TQM体系		TQM及后续工作持续提升手册													
			……													

第一篇　成功构建第一步：特许经营调研与战略规划、工作计划

第一步　特许经营准备

1.1　市场调研

市场调研

活动名称	负责人	参加人	时间	备注
撰写市场调研提纲	×××	×××	1天	• 全面、详细、彻底（行业分析、五力分析、客户、外部的机会和威胁、其他） • 注意：单店的要素是一个重点 • 形成ABC公司市场调研提纲
调研实施	×××	×××	3天	• 可以采取的方式有网络调查、实地考察、购买相关资料等
撰写市场调研报告	×××	×××	7天	• 形成ABC公司市场调研报告

1.2　内部调研

内部调研

活动名称	负责人	参加人	时间	备注
撰写内部调研提纲	×××	×××	1天	• 全面、详细、彻底 • 形成ABC公司内部调研提纲 • 注意：单店的要素是一个重点
分析ABC公司已有硬性资料	×××	全体顾问	3天	• 标明有疑问的地方，留在调研中解决 • 注意：单店的要素是一个重点
高层访谈	×××	项目领导小组组长、项目领导小组执行组长、记录人员	2天	• 内容应全面，绝无遗漏（企业历史、现实及未来、战略、十二种资源、其他等） • 注意：单店的要素是一个重点 • 以会议形式进行 • 录音（×××） • 记录（×××） • 形成ABC公司内部调研——高层访谈备忘录
中层、基层员工、第三方访谈	×××	×××	1~2天	• 集体访谈与个别访谈相结合 • 注意：单店的要素是一个重点 • 形成ABC公司内部调研——中层、基层员工、第三方访谈备忘录
实地考察、调研	×××	×××	1天	• 注意：单店的要素是一个重点 • 注意拍照 • 感受实体或随时进行顾客访谈
撰写内部调研报告	×××	×××	2天	• 形成ABC公司内部调研报告

附：需要 ABC 公司提供的文字、图片、视频、音频等硬性资料

1. 公司的组织架构和各部门人员配置
2. 公司介绍
3. 业务、技术和产品介绍
4. 公司各类对外宣传册（文本、电子版等）
5. 公司各类关于自身的音、像资料
6. 公司各类广告（文本、实物、电子版等）
7. 外界对公司的写实报道等
8. 公司的各类荣誉
9. 公司及各部门规章制度
10. 各类合作、对外合同
11. 加盟店的各类合同、文本资料、备忘录等
12. 公司的各类照片
13. 单店及总部的各类手册（文本、电子版等）
14. 公司及各店的管理财务报表（近三年）
15. 所有工作人员档案及相关记录
16. 店内各类说明、POP、优惠券、代金券、宣传广告、促销政策
17. 各店产品和服务明细
18. 公司内部的培训教材、资料
19. 公司各类执照、证件的复印件
20. 各类人员的名片各一张
21. 装修装潢图纸的复印件
22. 公司各类广告、营销、促销、合作、交易、商业计划书等文件
23. 特许经营筹备组前期做的各类文件
24. 公司内部杂志、报纸、下发文件
25. 公司年终总结报告、会议备忘录、战略规划
26. 供应商合同、名录等详细资料
27. 消费者资料
28. 市场调研资料
29. 公司认为有必要让顾问了解的其他资料

第一篇　成功构建第一步：特许经营调研与战略规划、工作计划

1.3 ABC公司商业模式设计与可行性分析暨特许经营战略规划

ABC公司商业模式设计与可行性分析暨特许经营战略规划

活动名称	负责人	参加人	时间	备注
撰写文本	×××	×××	11天	● 形成ABC公司商业模式设计与可行性分析暨特许经营战略规划初稿
讨论、确定ABC公司商业模式设计与可行性分析暨特许经营战略规划	李维华	项目组全体人员以及ABC公司高层	2天	● 形成ABC公司商业模式设计与可行性分析暨特许经营战略规划

1.4 组建项目组

1.4.1 组织架构

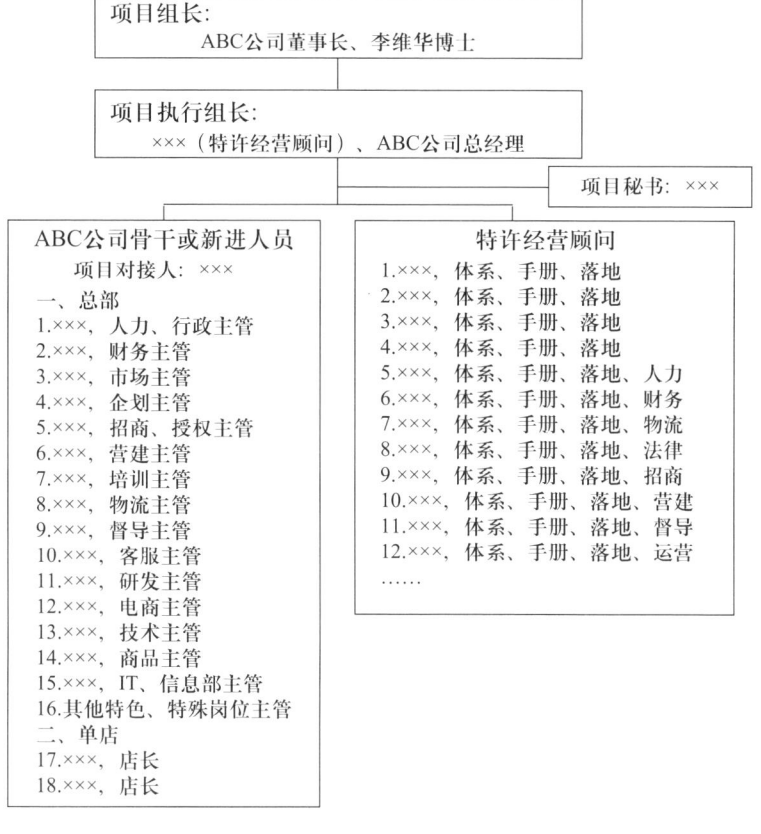

```
项目组长：
    ABC公司董事长、李维华博士
         │
项目执行组长：
    ×××（特许经营顾问）、ABC公司总经理
                                    │
                            项目秘书：×××
```

ABC公司骨干或新进人员	特许经营顾问
项目对接人：××× 一、总部 1.×××，人力、行政主管 2.×××，财务主管 3.×××，市场主管 4.×××，企划主管 5.×××，招商、授权主管 6.×××，营建主管 7.×××，培训主管 8.×××，物流主管 9.×××，督导主管 10.×××，客服主管 11.×××，研发主管 12.×××，电商主管 13.×××，技术主管 14.×××，商品主管 15.×××，IT、信息部主管 16.其他特色、特殊岗位主管 二、单店 17.×××，店长 18.×××，店长	1.×××，体系、手册、落地 2.×××，体系、手册、落地 3.×××，体系、手册、落地 4.×××，体系、手册、落地 5.×××，体系、手册、落地、人力 6.×××，体系、手册、落地、财务 7.×××，体系、手册、落地、物流 8.×××，体系、手册、落地、法律 9.×××，体系、手册、落地、招商 10.×××，体系、手册、落地、营建 11.×××，体系、手册、落地、督导 12.×××，体系、手册、落地、运营 ……

组织构架图

1.4.2 职责简单说明

（1）项目领导小组组长确保项目顺利实施，其职责如下。

成功构建特许经营体系五步法

- 战略制定
- 宏观指导
- 协调资源
- 项目管理

（2）项目领导小组执行组长具体执行项目领导任务。

- 安排、领导、管理、监督、考核项目人员的具体工作
- 负责文本的完成、计划的落实

（3）项目人员具体执行项目领导小组组长及执行组长安排的任务，包括事务执行、文本撰写等。

1.4.3 讨论、确定组成人员

讨论、确定组成人员

活动名称	负责人	参加人	时间	备注
讨论、确定组成人员	李维华	项目领导小组组长、项目领导小组执行组长	2小时	• 主要是确定 ABC 公司参加本项目的人员（人员必须有充足的时间、能力、兴趣投入到本项目中） • 必要时为 ABC 公司的未来特许总部招聘新人员 • 录音和记录 • 形成会议备忘录

1.5 制订特许经营工作计划与工作分配

制订特许经营工作计划与工作分配

活动名称		负责人	参加人	时间	备注
编制 ABC 公司特许经营项目工作计划		李维华		3天	• 项目实施的全程计划
项目小组成立	宣布成立、动员	ABC 公司董事长、李维华	项目组全体成员参加	0.5小时	• 录音和记录 • 形成会议备忘录
	项目成员自我介绍、搭档人员对接	李维华		0.5小时	
	讲解项目工作规划	李维华		0.5小时	
	现场分工	李维华		1小时	
签订指派单		李维华		0.5小时	一式三份
签订保密协议		李维华		0.5小时	一式三份

续表

活动名称	负责人	参加人	时间	备注
讲解和培训 ABC 公司商业模式设计与可行性分析暨特许经营战略规划	李维华	项目组全体成员参加	3 小时	• 录音和记录 • 项目组全体成员参加

若需招聘，立即安排招聘事宜。由 ABC 公司总经理、一名高级特许经营顾问负责实施

第二步　特许经营理念的导入和体系的六大设计、标准化、手册编制

2.1　培训与学习

培训与学习

培训内容	负责人	参加人	时间	备注
特许经营的系统化知识	李维华 ××× ××× ××× ××× ……	项目组全体成员	2~3 天	• ABC 公司特许经营项目总部的未来专职人员是重点 • 以李维华专著《特许经营学》为主教材，其他书籍为辅助读物 • 配合学员的自学

若有新员工，则要加入企业文化的培训（企业历史、现状及未来）

2.2　六大设计

2.2.1　盈利模式设计

盈利模式设计

活动名称	负责人	执行人	时间	备注
经营模式设计	×××	×××	2 天	• 形成对应文件
产品和服务组合设计	×××	×××	2 天	• 形成对应文件
整个特许经营体系的全盘数据互动调整	×××	×××	3 天	• 形成对应文件

2.2.2　单店设计

单店设计

活动名称	负责人	执行人	时间	备注
单店组织架构与人员编制手册	×××	×××	2 天	• 形成对应文件
VI 手册	×××	×××	21 天	• 可以外包
SI 手册	×××	×××	7 天	• 可以外包

续表

活动名称	负责人	执行人	时间	备注
单店礼仪标准与服务技能手册	×××	×××	2天	● 形成对应文件
声、光、温、味、像管理手册	×××	×××	2天	● 形成对应文件
单店工程装修流程	×××	×××	4天	● 形成对应文件
单店营销手册	×××	×××	4天	● 形成对应文件
单店人力资源手册	×××	×××	3天	● 形成对应文件
单店财务与税收手册	×××	×××	3天	● 形成对应文件
单店物流手册	×××	×××	3天	● 形成对应文件
……	……	……	……	……

2.2.3 总部设计

总部设计

活动名称	负责人	执行人	时间	备注
公司介绍手册	×××	×××	3天	● 形成对应文件
总部组织架构与职能手册	×××	×××	3天	● 形成对应文件
总部行政与人力资源手册	×××	×××	3天	● 形成对应文件
总部财务与税收手册	×××	×××	3天	● 形成对应文件
总部营销手册	×××	×××	3天	● 形成对应文件
研发手册	×××	×××	3天	● 形成对应文件
电商手册	×××	×××	3天	● 形成对应文件
……	……	……	……	……

2.2.4 区域分部设计

区域分部设计

活动名称	负责人	执行人	时间	备注
分部组织架构与职能手册	×××	×××	3天	● 形成对应文件
分部运营手册	×××	×××	3天	● 形成对应文件
……	……	……	……	……

2.2.5 特许经营体系架构设计

特许经营体系架构设计

活动名称	负责人	执行人	时间	备注
特许经营体系架构手册	×××	×××	3天	● 形成对应文件

2.2.6 特许权设计

特许权设计

活动名称	负责人	执行人	时间	备注
特许权手册	×××	×××	3天	● 形成对应文件

第三步 特许经营实体建立及运营、手册落地与团队建设

特许经营实体建立及运营、手册落地与团队建设

活动名称	负责人	执行人	时间	备注
建立、运营样板店及完善单店手册、单店团队	×××	×××	15天	● 要求实体运营正常 ● 要求手册完善 ● 要求手册与实际一致 ● 要求培养一支通晓单店全流程的单店团队
建立、运营总部并完善总部手册、总部团队	×××	×××	15天	● 要求实体运营正常 ● 要求手册完善 ● 要求手册与实际一致 ● 要求培养一支熟练运营总部各职能的总部团队

第四步 复制体系、招商体系的设计、标准化、手册编制与实施

4.4.1 营建体系的设计、标准化、手册编制与实施

营建体系的设计、标准化、手册编制与实施

活动名称	负责人	执行人	时间	备注
营建手册	×××	×××	3天	● 形成对应文件

4.4.2 培训体系的设计、标准化、手册编制与实施

培训体系的设计、标准化、手册编制与实施

活动名称	负责人	执行人	时间	备注
单店统一配送独有物品表	×××	×××	3天	● 形成对应文件
培训手册	×××	×××	3天	● 形成对应文件

4.4.3 供应链体系的设计、标准化、手册编制与实施

供应链体系的设计、标准化、手册编制与实施

活动名称	负责人	执行人	时间	备注
物流配送管理手册	×××	×××	3天	● 形成对应文件
供应商管理手册	×××	×××	3天	● 形成对应文件
供应链管理手册	×××	×××	3天	● 形成对应文件
加工制造厂手册	×××	×××	3天	● 形成对应文件

4.4.4 招商体系的战略战术、手册编制与系列合同

招商体系的战略战术、手册编制与系列合同

活动名称	负责人	执行人	时间	备注
招商规划	×××	×××	3天	● 形成对应文件
招商手册	×××	×××	3天	● 形成对应文件
加盟指南、加盟申请表	×××	×××	3天	● 形成对应文件
加盟申请人跟踪记录表	×××	×××	1天	● 形成对应文件
加盟常见问题与回答手册	×××	×××	3天	● 形成对应文件
加盟政策手册	×××	×××	3天	● 形成对应文件
……	……	……	……	……

第五步 督导体系、合同及备案和信息披露的法律法规体系、TQM体系的设计、标准化、手册编制与实施

5.5.1 督导体系的设计、标准化、手册编制与实施

督导体系的设计、标准化、手册编制与实施

活动名称	负责人	执行人	时间	备注
督导手册	×××	×××	3天	● 形成对应文件

第一篇　成功构建第一步：特许经营调研与战略规划、工作计划

5.5.2　特许经营的系列合同

特许经营的系列合同

合同名称	负责人	执行人	时间	备注
受许人受训人员培训与保密协议	×××	×××	1 天	● 形成对应文件
加盟意向书	×××	×××	0.5 天	● 形成对应文件
单店特许经营合同	×××	×××	0.5 天	● 形成对应文件
区域特许经营合同	×××	×××	0.5 天	● 形成对应文件
市场推广与广告基金管理协议	×××	×××	0.5 天	● 形成对应文件
商标使用许可协议	×××	×××	0.5 天	● 形成对应文件
保证金协议	×××	×××	0.5 天	● 形成对应文件
特许经营授权书	×××	×××	0.5 天	● 形成对应文件
……		……	……	……

5.5.3　备案和信息披露的法律法规体系的设计、标准化、手册编制与实施

备案和信息披露的法律法规体系的设计、标准化、手册编制与实施

活动名称	负责人	执行人	时间	备注
特许经营备案手册	×××	×××	3 天	● 形成对应文件
特许经营信息披露手册	×××	×××	3 天	● 形成对应文件
关于信息披露的保密协议书	×××	×××	0.5 天	● 形成对应文件
信息披露的回执	×××	×××	0.5 天	● 形成对应文件
实际的备案工作	×××	×××	3 个月以上	● 备案成功
其他法律工作	×××	×××	不定	● 形成完备的法律体系

5.5.4　TQM 体系（全面质量管理体系）的设计、标准化、手册编制与实施

TQM 体系（全面质量管理体系）的设计、标准化、手册编制与实施

活动名称	负责人	执行人	时间	备注
TQC 及后续工作持续提升手册	×××	×××	3 天	● 形成对应文件
……	……	……	……	……

说明：

以上的时间安排主要针对设计、标准化、手册编制的工作，具体实施的时间不计算在内。因此，随项目的进展，可能会发生如下变动。

（1）时间提前或推后。

（2）人员必要的调整。

（3）工作计划的修正。

（4）其他必要的修正和变化。

【练习与思考】

（1）请比较可行性分析报告与商业计划书的区别和相同之处。

（2）虚拟或实际找一个项目，然后编制一个实际的市场调研方案和内部访谈调研提纲。

（3）请思考为什么特许经营体系的构建要采用项目管理的方式进行。

（4）虚拟或实际找一个特许经营项目，然后编制一个五步法项目工作全程规划书。

（5）阅读一本有关项目管理的书，然后写一篇读书笔记。

（6）虚拟一个特许经营项目，然后编制一个可行性分析报告暨特许经营战略规划。

（7）特许经营工作计划与其他工作计划的异同是什么？

（8）除了书中列出的以外，您认为成功特许经营体系的共性还有哪些？

（9）寻找一个特许人企业，实际运用维华三类九条表、波士顿–维华雷达法、维华四圈定位法、维华四维全产业链平台模型、维华面积矩阵等进行分析。

（10）寻找一个特许人企业，为其量身定制大特许的商业计划。

第二篇　成功构建第二步：
特许经营理念的导入和体系的六大设计、标准化、手册编制

[本篇要点]

本篇的主要内容是详细讲解特许经营体系构建五步法的第二步，即特许经营理念的导入和体系的六大设计、标准化、手册编制，包括特许经营体系盈利模式、单店、总部、分部和区域受许人、特许经营体系架构、特许权等的设计、标准化与手册编制。

同时，本篇还对单店的四大元素方的主次收入模型、维华三步循环算法、单店的8I设计、营业时间设计、店的两权分离与三权组合、从"店"到"点"的根本转变、科学计算两店之间的公平距离、界定商圈等级或类别的两位数分级法与等消费线、特许权的开发与规划的原则和方法、特许权的定价、计算特许经营费用的9种方法、加盟期及计算、再特许权利的特许经营分类、标准化的相关内容和方法技巧、特许经营全流程或受许人生命周期与特许人部门对应图等进行了详细的讲解。

本篇的目的是使读者切实掌握本步的操作步骤并能实际运用。

第六章　特许经营理念的导入

第一节　培训和学习

毫无疑问，实施特许经营模式是企业的一个重大业务变更或经营转型，同时，特许经营本身也是一种与传统的经营模式有着本质区别的全新商业运营模式，因而，在企业切实进行特许经营的实际运作之前，有关人员尤其是将来准备进入特许经营体系从事具体职能工作的人员，必须首先从理念上充分认知和熟悉特许经营的方方面面。

特许经营理念导入的基本手段有两类：培训和学习。

一、培训

关于培训，企业可以请高校、研究所（中心）、顾问咨询公司以及社会上特许经营方面的专家、学者来企业里讲课，也可以派出人员参加一些有关方面的培训班、特训营等，然后，进修过的人员再在企业里讲课。

培训的内容应以特许经营相关知识和技术为主，但同时也应涉及其他相关知识，比如营销知识、本企业意欲进行特许经营的行业的知识等。在课堂教学的同时，可以采用案例讨论、实操演练、小组讨论、角色模拟、学员个人讲演、市场调研、卖场实习、实地参观等各种灵活的方式，从而既能激发学习兴趣和学习动力，又能产生良好的教学培

训效果。

培训的具体内容可以分为四个部分。

1. 关于特许经营

主要包括特许经营的起源与发展简史、各国和各地区的特许经营发展概况、特许经营的基本理论知识（定义、性质、利弊、类别、关键名词、合同、手册、费用、特许权、与其他经营方式的比较、原则等）、特许经营涉及的行业、特许经营关系、特许经营相关的法律法规、相关行业的发展、特许经营操作的流程、特许经营的未来等。

2. 关于本行业

主要包括本行业的基本情况、历史与未来、产品或服务、国内外同行竞争者、上下游企业的价值链等。

3. 关于单店

主要包括 CIS、单店组织架构、各岗位描述、基本礼仪、选址、公关、商品陈列、盘点、顾客服务、营销促销、商圈调查、MIS 系统、销售技术、各种规章制度等，亦即关于单店在开店和运营中的所有活动、流程、安排。

4. 关于营销

主要包括三个方面的市场营销学基本内容。

（1）消费者行为：消费者的需求和欲望及其形成、影响因素、满足方式等。

（2）供应商行为：供应商如何满足并影响消费者的欲望。

（3）市场营销机构行为：辅助完成交易行为，从而满足消费者欲望的机构及其活动。

培训的方式有两种基本类型：集中培训和临时培训。企业可以在此二者的基础上灵活地采取适合自己的形式。集中培训可以安排在项目实施的初期，由专门的授课教师（比如从外部请来的专家和学者）进行。在特许经营项目的实施过程中，还应该配合项目的最新进展，及时地进行相关内容和知识的培训，亦即开展临时培训。在项目的实施过程中，各个职能部门的人员对自己的本职工作领域比较熟悉，而对其他领域却很陌生，但整个体系是一个有机的整体，各部分之间需要紧密衔接，因此，为了互相提高和协调发展，为了使特许经营体系本身从一开始就保持高度的一致性与整体性，项目组内部可以采取互相培训的方法，亦即不同的小组、不同的成员之间互相讲课、互相交流、共同提高等。

集中培训应召集企业里所有与特许经营相关的人员参加，在条件允许的情况下，也可以实施企业的全员培训，从而增强大家对特许经营意义的认识以及对企业特许经营项目的信心。

各种临时培训可以灵活采取正式或非正式的形式进行，比如可以办企业板报、发行内部册子、建立内部局域网、召开阶段性总结报告会、每日晚例会上点评加培训、参加外面的培训班等。总之，其目的就是要保证项目的进展以及各相关知识、信息在项目组的各成员之间实现共享。每次临时培训的参加人员可以是与该知识相关的人员，一般可由项目组长指定，当然，也可以是项目组成员之外的企业其他人员，目的是使全企业的人员都来关心、了解、支持和投身于特许经营项目的建设。

二、学习

除了以培训的方式在企业内部、上下导入特许经营的理念之外，另一个较好的理念导入方式就是鼓励员工主动学习有关特许经营的理论与实战知识、技术。为此，企业可以采取以下措施。

（1）购买、借阅、复印与特许经营相关的书籍、报纸、杂志、光盘等，开办企业内部图书馆，供大家借阅学习。

由于现在国内的特许经营书籍种类众多而且良莠不齐，因此，为了保证学习的效率和效果，可以请对特许经营熟悉的专家推荐。

除购买之外，为节省成本和获取更多的资料，企业也可以到所在地的政府图书馆、大学图书馆、社区图书馆、研究所（中心）资料室等处借阅，或者复印后放入企业的内部图书馆。

许多从事特许经营顾问咨询服务和研究的企业、研究所（中心）和个人等处也有相当多的特许经营书籍出售。

对于经典的外文书籍或文章，企业可以组织人员翻译后再学习。

（2）指定或推荐若干知名的特许经营知识网站，鼓励员工上网学习，比如中国特许经营第一网就是目前国内特许经营方面最权威的网站之一。

需要注意的是，网上的知识虽然有随时更新的优点，但也有一些不可回避的缺点，比如内容不全面、个人观点盛行等。由于许多网站纯粹是为了宣传自己或鼓吹特许经营，其提供的特许经营知识并非完全正确，因此，读者阅读时应保持辨别吸收的态度。

对于一些外国的网站，企业可以组织专门的人员进行翻译、整理，然后打印成册，放在企业内部的共享区域里，在企业内部传阅。

现在关于特许经营的网站很多，企业可以在上面找到许多文章。企业也可以在一些搜索引擎里输入"特许""特许经营""加盟""连锁"等相关关键词进行查找，可以找到很多文章。另外要注意，因为不同的搜索引擎搜索出的结果不同，所以应使用不同的引擎搜索。

最后，为了真正激发企业内员工学习特许经营的主动性和积极性，企业应制定一些鼓励学习的措施，比如加强考核、开展知识竞赛、设置奖项等。

第二节　特许经营全流程或受许人生命周期与特许人部门对应图

即将进入特许经营领域的人，首先必须熟悉特许经营模式的整体流程，以此让特许人总部的每个人明确每个部门、每个人在何时主导或介入、配合受许人，受许人也可以以此明确在不同的阶段、不同的问题上该求助特许人总部的哪个部门、哪个人。

图6-1以单店加盟为例，多店加盟、区域加盟可以之为参考。

成功构建特许经营体系五步法

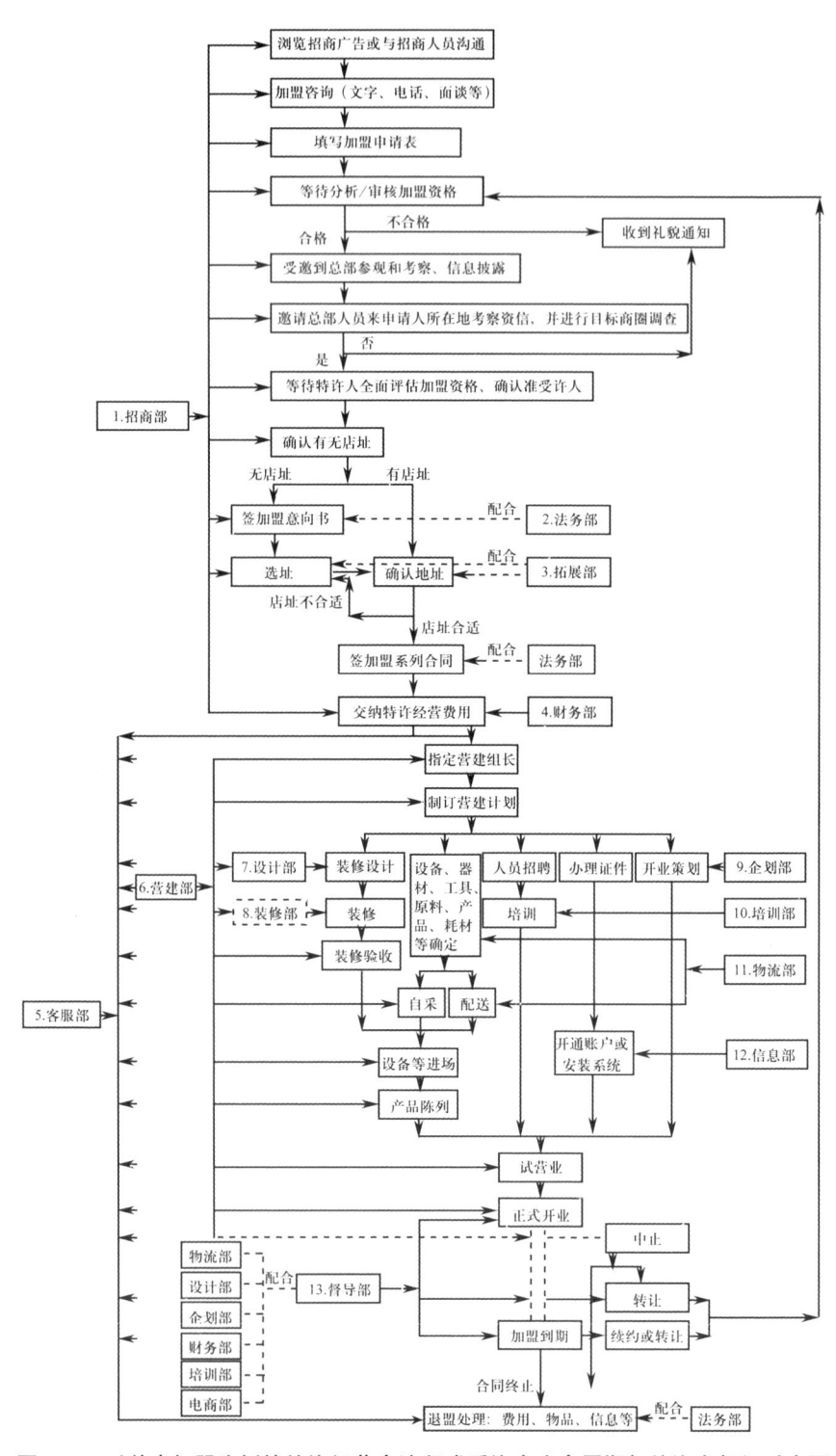

图 6-1 以单店加盟为例的特许经营全流程或受许人生命周期与特许人部门对应图

第七章　特许经营体系盈利模式的设计、标准化与手册编制

除了导入特许经营理念之外，特许经营项目第二阶段的另一个重要任务就是进行未来特许经营体系的基本设计、标准化与手册编制工作。

特许经营体系设计、标准化与手册编制的内容包括六大部分，按时间顺序依次为盈利模式、单店、总部、区域分部、整体框架、特许权（见图7-1）。

```
盈利模式
  ↓
 单店
  ↓
 总部
  ↓
区域分部
  ↓
整体框架
  ↓
 特许权
```

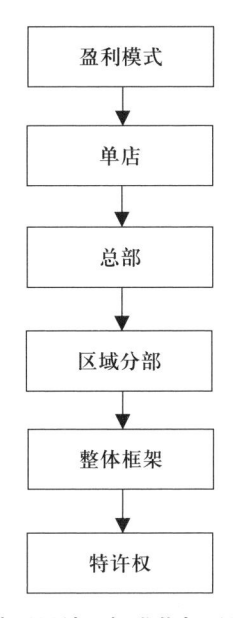

图7-1　特许经营体系设计、标准化与手册编制的六部分内容

我们先来看第一部分，即盈利模式的设计、标准化与手册编制。

盈利模式设计的主要内容包括经营模式设计、产品和服务组合设计、整个特许经营体系的全盘数据互动调整等。

盈利模式设计的根本在于单店盈利模式设计，而单店盈利模式设计至少包括如下内容。

（1）单店面积确定。

（2）各项成本、费用、支出、毛利、回收期等的确定。

（3）出品价格和毛利设计。

（4）维华主次收入模型。

（5）爆款定位。

（6）选址定位。

（7）单店组织架构设计。

（8）供应链定位。

（9）单店定位。

（10）核心竞争力定位。

第一节　产品和服务组合设计：单店的四大元素方的主次收入模型

根据不同的商业模式，企业应设计不同的产品和服务组合。

对于实体店的模式，我们可以按如下步骤设计。

第一步，用维华三类九条表的方法选择具体的实体店形式。比如可以选择的实体店形式包括火锅店、快餐店、中式正餐店、烧烤店、生鲜店、卤肉熟食店、混合式店等。

第二步，确定具体的单店经营模式。比如在上一步选择了做"火锅店＋生鲜肉排档＋卤肉熟食排档"这个主体产品之后，企业需要确定如下事项。

（1）次产品：比如如果有顾客喜欢店内卤肉熟食的味道，店内就可以销售调料包给顾客。

（2）产品呈现形式：比如堂食、外带、外卖的组合。

（3）服务：比如除了餐饮服务这个主服务之外，是否还有吸引顾客的擦鞋、美甲等次服务。

具体实施的时候，企业可以列出单店的四大元素方的主次收入模型。

一般而言，特许经营体系的四大基本元素就是总部、直营店、分部或区域受许人、加盟店（多店受许人的内容参照单店受许人即可），企业要分别列出这四大元素方的主次收入。

比如对于一家火锅店而言，按最简单的类型考虑，其四大元素方的主次收入模型可以如表7-1所示。

表7-1　单店的四大元素方的主次收入模型

	主要收入来源	次要收入来源	备注
总部	• 直营店的收入 • 加盟店的收入：加盟金，食材、料包配送给受许人的差价 • 财务资本运作	• 来自受许人的权益金 • 来自受许人的品牌押金、保证金 • 给受许人的机器设备等的配送差价 • 酒水等合作返点	随着企业发展，主次收入可能会变动
直营店	• 餐饮：菜品、主食、酒水	• 广告收入 • 周边产品销售 • 推荐受许人的提成 • 酒水买店费 • 服务费 • 其他	各店不同，主次收入可能不同
分部或区域受许人	• 自己直营店的收入 • 区域内开发或管理加盟店的收入	• 承担总部指定任务的佣金或返点、扣点 • 财务资本运作	对不同性质的区域受许人而言，主次收入可能不同

续表

	主要收入来源	次要收入来源	备注
加盟店	● 餐饮：菜品、主食、酒水	● 广告收入 ● 周边产品销售 ● 推荐受许人的提成 ● 酒水买店费 ● 服务费 ● 其他	各店不同，主次收入可能不同

第二节　整个特许经营体系的全盘数据互动调整：维华三步循环算法

在实际的特许经营活动中，特许人企业往往都有很多的困惑和疑问，举例如下。

● 总部要不要做加盟？
● 做了加盟之后能不能赚钱？
● 加盟和直营哪个更赚钱？
● 做了加盟之后多赚了还是少赚了？多赚多少？少赚多少？
● 特许人从哪个地方入手增加自己的利益？
● 特许人从哪个地方入手增加受许人的利益？
● 如何科学地设计三大类特许经营费用才能实现特许人和受许人的双赢？
● 服务业后续没有像零售业那样的继续供货的利益，那么服务业的总部如何持续地从受许人处盈利？
● 单店投资大的企业和单店投资小的企业，哪个更适合加盟？
● 从经济效益的角度看，特许人招收什么样的受许人更适合？
● ……

对上述这些问题，目前市场上的解决方案都是进行定性的分析或干脆拍脑袋决策，以至于出现了很多投资悲剧和尴尬。比如，有的企业做了加盟之后发现，加盟体系获得的利益抵不上总部为了加盟的支出，或者都抵不上总部人员的工资和办公场地费用；企业做了加盟之后，发现要么总部赚钱、受许人不赚钱，要么受许人赚钱、总部不赚钱；等等。

针对如直营和加盟哪个更赚钱的问题，下面举一个小例子。

麦当劳2017年第一季度财报显示，虽然总部的直营店收入为34.11亿美元、加盟店收入只有22.64亿美元，但是在扣除成本之后，总部的直营店收入仅5.95亿美元，而总部的加盟店收入为18.33亿美元。总部来自加盟店的利润是来自直营店利润的3倍多。（资料来源：吉林大学商学院，《想不到你是这样的麦当劳》）

根据麦当劳2017年的年报，直营店全年收入为127.19亿美元，加盟店全年收入为101.01亿美元，虽然直营店收入高于加盟店，但直营店的成本高达104.09亿美元，加盟店的成本只有17.90亿美元。不考虑销售、财务、广告等费用，我们粗略地计算一下麦当劳的利润构成，则来自直营店的利润为22.01亿美元，来自加盟店的利润为73.34亿美元，加盟店带来的利润远高于直营店。（资料来源：联商网，掌柜攻略TK，《解读麦当劳加盟模式：3万家加盟店，一年赚74亿美金》）

然而，为什么仍然有些人固执地认为加盟店不如直营店赚钱，或在实际运营中加盟店不如直营店赚钱呢？最主要的原因之一就是没有设计好盈利模式。对于总部或特许人而言，直营和加盟的盈利模式是不同的。对于每个特许人企业而言，都要量身定制地设计自己独特的加盟盈利模式，而不能只是简单地模仿别的企业，比如依赖加盟金、权益金或者原料和产品的配送差价。还是麦当劳的例子，在来自加盟店的收入中，房租占了大部分（66%），其次是权益金（33%），加盟金是最小的一部分，只占不到1%（资料来源：爱范儿，方嘉文，《汉堡薯条是"副业"，麦当劳其实就是搞地产的？》）。正是因为掌握了特许经营的真正知识，所以麦当劳才坚定不移地把不断扩大加盟、缩小直营作为自己的百年战略。

除了定性解决前述问题之外，我们还需要通过建立一系列科学的盈利模型和公式来计算出相对精确的结果，以及给出解决前述诸多问题的清晰思路。

特许人不能只从单方面设计总部或单店的盈利模式，而应该从系统的角度出发去设计整个体系的盈利模式，进行单店与总部盈利模式的数据互动调整。

特许经营体系的盈利模式分为四个最基本的主盈利模式。

（1）直营店盈利模式。

（2）加盟单店盈利模式。

（3）总部盈利模式。

（4）区域受许人或分部盈利模式。

上述四个盈利模式中，最关键的是总部和加盟单店、直营店的盈利模式，因为区域相当于一个缩小型的总部，所以区域受许人或分部的盈利模式可以参照总部进行设计；多店受许人的盈利模式可以参照加盟单店的盈利模式，只不过是在店的数量上增多了而已。

此处的总部盈利模式包括从直营店和受许人处盈利的两类模式。本书主要计算总部从受许人处盈利的模式，且只计算直接的现金收入与支出，不计算因此而带来的品牌等无形资产的增值收入或贬值支出。

下面是笔者一直强调的盈利的宗公式（Ⅰ）：

$$利润 = 收入 - 支出（成本 + 费用） \qquad 公式（Ⅰ）$$

任何经济单元，包括总部、单店等，只要抓住一个原则即可，即经济单元追求的是利润，是收入和支出的差，所以经济单元的盈利模式主要就是收入和支出的有机的源流组合。我们从四个方面来阐释特许经营体系、总部与单店盈利模式的算法模型。

一、从单店的经济效益上看加盟店是否可行

（1）在收入上，假设总部给加盟店和直营店的配货价格一致，则加盟店和直营店在产品价差的收入上的区别是不大的。但是因为受许人投入了真金白银，所以受许人的努力程

第二篇　成功构建第二步：特许经营理念的导入和体系的六大设计、标准化、手册编制

度应该比直营店的员工更大，从而加盟店的销售收入应该是大于同等条件下的直营店的。

（2）加盟店比直营店多支出了加盟金、权益金、保证金等特许经营费用，所以加盟店的销售量必须高于同等条件下直营店的销售量才能保证此多支出的部分是可以被补偿的，如此加盟店才能运营下去。

（3）因为特许人的批量性购买等规模效应，所以加盟店比直营店或受许人自己独立开店少支出或节省的费用也有很多，比如可能会包括装修费、机器设备原料费等。

以上表述可以用图 7-2 简单地示意。

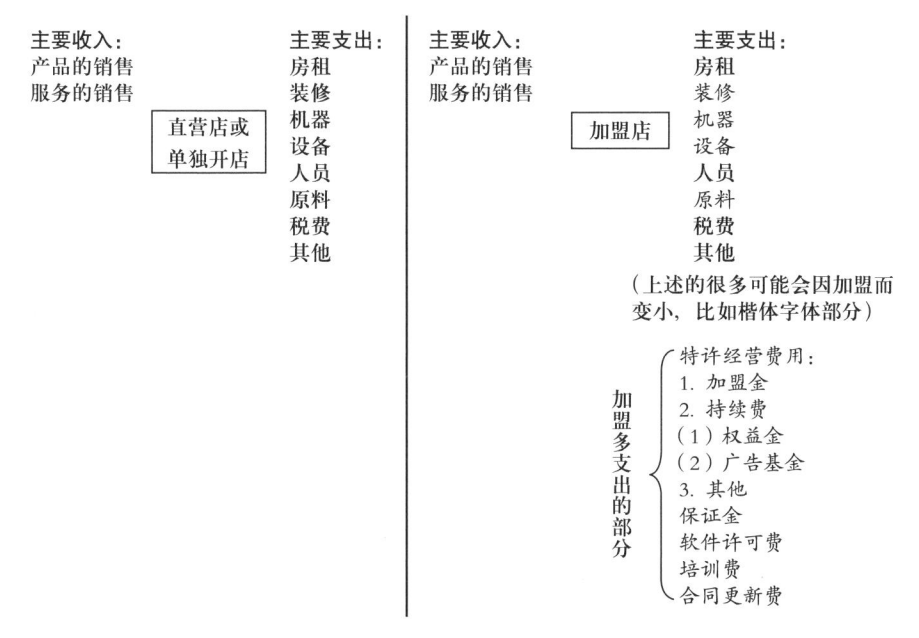

主要收入： 产品的销售 服务的销售	主要支出： 房租 装修 机器 设备 人员 原料 税费 其他	主要收入： 产品的销售 服务的销售	主要支出： 房租 装修 机器 设备 人员 原料 税费 其他
直营店或 单独开店		加盟店	

（上述的很多可能会因加盟而变小，比如楷体字体部分）

加盟多支出的部分：
特许经营费用：
1. 加盟金
2. 持续费
（1）权益金
（2）广告基金
3. 其他
保证金
软件许可费
培训费
合同更新费

图 7-2　直营店或单独开店与加盟店的主要收入支出对比图

那么，从经济效益上看，受许人选择加盟店而非独立开店必须满足下述条件，即公式（Ⅱ）：

（加盟店销售量增加部分的净利润+加盟少支出的部分）≥特许经营费用

公式（Ⅱ）

从上述公式（Ⅱ）我们可以得出很多结论，具体如下。

（1）为了使加盟可行，或者为了使受许人获得更大的利益，总部应尽量在加盟店的装修、机器、设备、原料等方面发挥批发购买的规模效应，以降低受许人的支出。最起码，特许人应努力使受许人购买机器、设备、原料等的费用低于受许人独立开店时的支出。

（2）因为加盟要比独立开店多支出，所以受许人必须更努力地销售，才能使加盟店的收入赶上自己独立开店的收入。

（3）特许人的特许经营费用要小于等于加盟店销售量增加部分的净利润和加盟少支

出的部分之和。

（4）特许人必须招募合格的受许人，比如努力程度足够、单店所需经营资源优秀等，以确保"加盟店的销售收入应该是大于同等条件下的直营店的"这一假设变成现实。

二、从总部做加盟前后的经济效益上看总部是否适合做特许经营

（1）总部和受许人在收入和支出的很多项目上是此消彼长的关系，即互为收入支出，比如特许经营费用，对总部是收入，对受许人就是支出。

（2）总部做加盟之前来自单店的收入只有一项，即产品价差。

（3）总部做加盟之后，可以差价配送的物品的范围主要包括总部配送给受许人的店铺（比如麦当劳式的二房东）、装修、机器、设备、原料等。

（4）做加盟之后，总部来自单店的收入增加了两项：特许经营费用（三大类，十多个小类）和因为加盟店销售量增大（假设受许人比直营店的员工更努力）而增加的总部供货收入。

（5）做加盟之后，总部的支出增加了两大类：第一类是为加盟这种模式的支出，主要包括四项，即特许经营体系构建的支出，对加盟店的赠送，招商的支出（包括广告宣传支出、招商人员支出、管理办公支出、召开项目说明会之类的活动的支出等），以及对于受许人"领进门、扶上马、送一程、保终生"的支出（主要包括营建、培训、督导、客服等）；第二类是受许人流水中除去交给总部的权益金的部分，即加盟店流水中被受许人留存的部分。

以上表述可以用图7-3简单地示意。

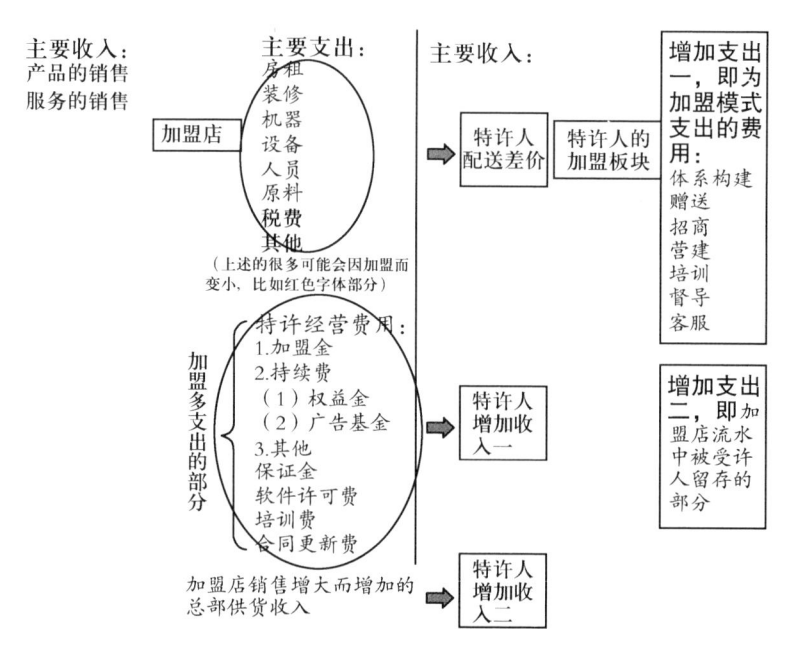

图7-3 加盟店主要支出与特许人为加盟而得到的主要收入对比图，以及特许人为加盟而付出的主要支出项目图

第二篇　成功构建第二步：特许经营理念的导入和体系的六大设计、标准化、手册编制

那么，总部做加盟要想比直营更赚钱的前提条件，或者加盟可行的条件就是：

总部做加盟多收入的部分≥总部做加盟多支出的部分　　　公式（Ⅲ）

即：

特许人配送差价＋特许经营费用＋加盟店销售增大而增加的总部供货收入≥为加盟模式支出的费用（体系构建＋总部对加盟店的赠送＋招商＋营建＋培训＋督导＋客服等）＋加盟店流水中被受许人留存的部分　　　　　　　　　　　　　公式（Ⅳ）

如果上述条件满足，则我们可以认为在经济效益上，这个企业是可以做特许经营的。

从上述公式（Ⅳ）我们可以得出很多结论，具体如下。

（1）连锁企业从直营转做加盟时，在经济效益上可行的前提条件是企业因加盟多收入的部分必须大于等于企业为加盟多支出的部分。

（2）做加盟后，为使加盟模式比直营模式更有利，特许人企业应着重增加以下两部分的数值：特许经营费用（即图7-3中的"特许人增加收入一"），受许人比直营店多销售而带来的总部供货利益（即图7-3中的"特许人增加收入二"）。

（3）若是服务业而非零售业，则因为加盟店增加销售给总部带来的供货利益不大，所以特许人只能重点加大特许经营费用。

（4）单店的主要支出（包括房租、装修、机器、设备、原料、人员等）越大的企业，其越适合开展加盟，因为特许人在这一部分节省的支出亦即特许人从加盟店的房租、装修、机器、设备、原料等方面赚取的差价或利益越大。

（5）特许人做加盟后为追求最大化的经济效益，应重点压缩两大块因为加盟模式而发生的支出，包括为加盟模式支出的部分，以及受许人流水中除去交给总部的权益金的部分，换句话说，就是总部应收取尽可能高的权益金。

三、从经济效益上看如何使受许人和总部双赢

我们可以通过三个步骤即采取维华三步循环算法来解决这个问题。

第一步，先建立加盟店收入支出的盈利公式或模型。

一定要得出至少三类结果。

第一，三类支出。

（1）成本：包括单店投资的成本类别明细与具体数额，越详细越好，成本项目包括装修成本、机器设备成本、家具成本、登记注册等开办费、开业盛典成本、特许经营费用中的加盟金等。

（2）费用：包括单店日常运营中的费用类别明细与具体数额，费用项目包括人员工资、房租、水电气费、广告宣传费、原材料费、特许经营费用中的权益金和广告基金以及培训费等。

（3）税。

第二，收入。

包括收入的明细与具体数额，比如产品销售收入、服务提供收入、进店费、总部的

奖励或返点等。

第三，利润及相关。

（1）毛利。

（2）毛利率。

（3）净利。

（4）净利率。

（5）回收期。

上述项目类别和明细一定要尽量用Excel的公式形式表示，因为这样的话，我们在具体地调整数据时，只需要改变其中一项，其他对应类别的数值就会瞬间自动改变。

我们可以把上面的三类支出和收入、利润及相关变成表7-2。

表7-2　加盟店收入支出盈利表

序号	一级名称	二级名称	数额	备注
1	成本	装修成本		
2		机器设备成本		
3		家具成本		
4		登记注册等开办费		
5		开业盛典成本		
6		加盟金		
7		……		
8	费用	人员工资		
9		房租		
10		水电气费		
11		广告宣传费		
12		原材料费		
13		权益金		
14		广告基金		
15		培训费		
16		……		
17	税			
18	收入	产品销售收入		
19		服务提供收入		
20		进店费		
21		总部的奖励或返点		

续表

序号	一级名称	二级名称	数额	备注
22		……		
23	利润及相关	毛利		
24		毛利率		
25		净利		
26		净利率		
27		回收期		

第二步，建立总部收入支出的盈利公式或模型。

一定要得出至少三类结果。

第一，三类支出。

（1）成本：包括总部投资的成本类别明细与具体数额，越详细越好，成本项目包括总部装修成本、办公设备成本、家具成本、登记注册等开办费。

（2）费用：包括总部日常运营中的费用类别明细与具体数额，费用项目包括人员工资，房租，水电费，办公费，广告宣传费，赠送加盟店的物品或服务等的费用，向受许人提供体系构建、招商、营建、培训、督导、客服等服务的费用。

（3）税。

第二，收入。

包括收入的明细与具体数额，比如产品差价、机器设备等差价、原材料差价、加盟金、保证金、持续费（权益金、广告基金）、软件许可费等。

第三，利润及相关。

（1）毛利。

（2）毛利率。

（3）净利。

（4）净利率。

（5）回收期。

上述项目类别和明细一定要尽量用Excel的公式形式表示，因为这样的话，我们在具体地调整数据时，只需要改变其中一项，其他对应类别的数值就会瞬间自动改变。

我们可以把上面的三类支出和收入、利润及相关变成表7-3。

表7-3　总部收入支出盈利表

序号	一级名称	二级名称	数额	备注
1	成本	装修成本		
2		办公设备成本		

续表

序号	一级名称	二级名称	数额	备注
3		家具成本		
4		登记注册等开办费		
5		……		
6	费用	人员工资		
7		房租		
8		水电费		
9		办公费		
10		广告宣传费		
11		赠送加盟店的物品或服务等的费用		
12		向受许人提供体系构建、招商、营建、培训、督导、客服等服务的费用		
13		……		
14	税			
15	收入	产品差价		
16		机器设备等差价		
17		原材料差价		
18		加盟金		
19		保证金		
20		持续费（权益金、广告基金）		
21		软件许可费		
22		……		
23	利润及相关	毛利		
24		毛利率		
25		净利		
26		净利率		
27		回收期		

第三步，调节受许人和总部互为收入支出的公共部分。

由前面的内容我们清晰地看到，加盟店和总部在收入和支出上的很多地方是此消彼长的，亦即一方的收入是另一方的支出。因此，在上面的两个表都分别列出来并分别计

第二篇　成功构建第二步：特许经营理念的导入和体系的六大设计、标准化、手册编制

算出来之后，接下来的工作就是调整这两个表内的数字。

先正算，再反算以确定假设值。通用预算表算出结果之后，需要反算以决定需要修改哪些假设值。比如我们认为受许人满意的月利润是2万元，但按假设值后得出的通用预算表的值却是1万多元，因此，我们需要在先假设月利润是2万元的前提下，反过来去审视和修改前面的假设值，使得最终的月利润是2万元。在如此反算和修改假设值的过程中，三大类特许经营费用、日销售额、装修标准等自然就被确定了。这些被确定的假设值就是特许人与受许人需要去努力变成现实的。

具体调节时要注意以下几点。

（1）以加盟店与总部的"利润及相关"内的各值为核心与目标。

（2）重点调节受许人和总部互为收入支出的公共部分（比如三大类特许经营费用）的值，尤其是图7-3中楷体字体部分的内容。

（3）辅助调节上述两表中各个其他指标。

但无论如何调节，调节数值的最终目标是使特许人和受许人都获得"可接受"的经济效益，此经济效益的主要指标就是"利润及相关"的毛利、毛利率、净利、净利率、回收期。

何为"可接受"？对于优秀特许经营体系的加盟店来说，其盈利的最佳状况是在同行的平均水平以上。对总部来说，底线是因加盟而获得的收入要能负担起为了特许而必须发生的支出。当两者发生冲突时，以受许人的利益作为优先考虑。

在上面反复调整数值的过程中，三大类特许经营费用、受许人必须增加的销量、总部对受许人的赠送产生的支出、总部为了加盟模式而发生的支出等特许人与受许人都非常困惑的事项不但可以迎刃而解，而且可以计算出非常科学、准确、公平的数字。

在调节的过程中要注意如下事项。

（1）对于特定的企业，有的指标是不可调节的。比如有的特许人规定了权益金的数量并且不愿意做出改变。那么，在这种情况下，我们可以调节别的部分的值。

（2）当发现有的数值无论如何调节，都不能满足我们的要求时，要围绕上述两个表格去改变企业的收入支出类型。比如，当我们无论如何调节都发现单店的收入的数值太少时，我们除了在既有收入的数值上想办法（如增加销售量、提高售价）之外，还可以采取其他办法（如增加收入的类别）。例如，除了提供单纯的产品之外，单店内还可以增加服务项目，销售毛利高的其他产品。

（3）坚持双赢的原则，即在经济效益上要实现特许人和受许人的双赢，只有这样，特许经营关系才能更长久。

（4）上述数字的调节要考虑到特许人的长远发展战略。

（5）上述数字并不是一成不变的，而应该是动态的，即随着企业的发展，数字应随时做出相应的适当调整。

（6）一定要树立一个意识，那就是只要我们打开思维去想办法，那么上面的每个数

字都一定是可调节的。即便是"税"这样的内容也是可以调节的，比如，如果我们采用合理的避税手段，把总部放在特定的税收优惠地区（如经济开发区、总部基地、孵化园等），使单店户主为应届大学生或少数民族或下岗职工等特殊群体，那么，"税"就是可调节的。

（7）具体店、具体算。通用预算表的所有值都是平均值的预估，针对具体的某家店，必须进行单独、相对精准的核算。

（8）假设值有可能是能力差导致的错误结果。通用预算表的假设值只是目前店面的平均值，但是务必记得：统计结果反映现实情况，但结果不一定是科学或正确的。比如，在计算通用预算表时，我们的假设值是70%能销售，30%库存。这个情况实际上是目前的店面销售能力差导致的，并不是真实情况，而从70%提高到100%或更多正是特许人与受许人共同的义务和责任。

（9）加盟指南的数据按中上等的好结果计算。对外招商时我们应按照成本费用取中下低、收入利润取中上高的原则去算，如此才会使得加盟更有吸引力，但前提是各个数值都是有可能实现的，不能瞎编胡吹。

因为上述三个步骤需要反复循环计算才能最终确定结果，所以我们将它命名为维华三步循环算法。

经过上述三个步骤之后，总部和加盟店各自收入与支出的类别、数字就都可以确定，因此各自的盈利模式也都确定了。在此基础上，其他盈利模式也就确定了。比如区域受许人的盈利模式包括两大主要内容：区域受许人自己的直营店（实际上就是总部的加盟店）的盈利模式，代行总部部分职能的盈利模式。前者参照加盟单店的盈利模式，后者把收入和支出列出后，再结合总部、区域受许人的下级加盟店的收入支出重合部分进行调整即可。

四、整个体系的全盘盈利模式布局

从整个体系而言，就像打仗一样，特许人不应刻意追求每场仗都是胜利的，或者说，不应追求一城一池的得失，而应放眼全局，追求整体盈利，而非局部盈利。

比如在连锁药店领域，有些城市规定两店之间的直线距离不能低于250米，所以，为了占领某个区域，特许人可以采取的一种方法就是每隔250米开设一个店。虽然这样布局的结果是可能会使有些店很难盈利，但从整个区域的角度来看，区域内的消费者只能选择该体系的其他店消费，这样，特许人就在这个区域牢牢地独家占领了市场。再比如，有时为了拦截竞争对手，特许人会在最关键的两个位置都开设一家店，而其中一家店的生意可能不好，但这个店却成功地阻止了竞争者的进入。虽然上述整体布局战略是可行的，但是从法、商、德、情四个角度讲，那些不盈利的店一定要是特许人的直营店，而不能把加盟店作为整盘赢棋中的弃子。

第二篇　成功构建第二步：特许经营理念的导入和体系的六大设计、标准化、手册编制

第八章　单店的设计、标准化与手册编制

从某种角度讲，特许经营体系的产品其实就是单店，因为从表面来看，特许人以特许经营方式进行扩张的行为就是在不停地复制单店，而整个特许经营网络就是由这许许多多的单店作为节点连接而成的。即使特许人采用了中间性质的组织，比如设置了区域受许人、国外总特许人、特许经营的分销商或代理商等，这些也不过是为了更好地复制单店服务，是复制单店的一种手段而已，单店才是特许经营最原始和最终的产品。

另外，单店是整个体系的窗口，是特许经营体系直接与顾客接触，直接展现特许人优秀企业文化、优秀产品和高质量服务的一线阵地，单店的成败将直接决定体系的成败。再者，目前市场上最常见、最受欢迎的特许经营业务也是单店特许（多店受许人也往往是在单店加盟成功后，再进一步加盟更多单店的）。因此，特许人在进行特许经营体系开发设计时，设计好单店是非常关键的。

那么，单店设计的内容都有哪些呢？我们可以这样来理解单店的设计，亦即当我们拿到这个设计方案之后，我们完全可以在脑海中全方位地展现出未来单店的形象以及它从零开始的整个建设与日常运营过程，一个陌生者凭这个设计就可以完全建立一个形象既定的单店并良好地按既定规则进行运营。

所以，单店设计的内容就是一个单店从零开始建设并保持正常运营这个全程中所涉及的所有事物，或者说，其主要的内容就是单店的 CIS，指 MI、BI、VI、AI、SI、BPI、OI、EI 八大部分，简称单店的 8I。

单店设计的 8I 指的是单店设计时的八个识别，即 MI（Mind Identity，理念识别）、BI（Behavior Identity，行为规范识别）、VI（Vision Identity，视觉识别）、SI（Store Identity，店面识别或空间识别）、AI（Audio Identity，声音识别）、BPI（Business Process Identity，工作流程识别）、OI（Other Identity，其他识别）、EI（Era Identity，时代识别）。这八个识别的设计顺序如图 8-1 所示。

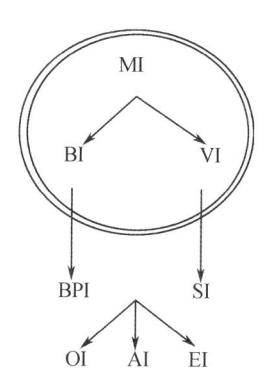

图 8-1　单店 8I 设计的顺序

通过上述八个方面的设计，我们可以明显地看到，单店的设计结果或效果实际上就是把顾客进店之后所看到的、听到的、闻到的、感觉到的、摸到的、联想到的、品尝到的等都设计出来，让顾客处于一个全方位的体验之中，让空气中的每一个分子都变成营销的利器，如此，单店的销售自然就会大大增加。而这些，正是实体店相比线上店的最重要优势之一，实体连锁企业应科学地设计以放大这些优势。

通常，特许人企业会把上述这些内容编制成单店的系列手册，比如MI手册、BI手册、VI手册、AI手册、SI手册、BPI手册、OI手册、EI手册等。

在实际使用中也可以把上述手册合并，比如把单店手册分类两类：单店开店手册与单店运营手册。前者的内容是单店在开业前所进行的一系列工作，包括市场分析、商圈调研、选址、装修、办证、设备进场、人员招聘、产品陈列、内部营业、试营业、开业策划、正式开业等；后者的内容是单店正式开业之后所需要进行的一系列工作，包括人财物的运营、产供销的协调、日常运营管理、每日开业前中后的运营管理等。

下面就来详细讲解这八个识别。

第一节　理念识别（Mind Identity，MI）

理念识别是指一个企业由于具有独特的经营哲学、宗旨、目标、精神、道德、作风、价值观等而区别于其他企业。MI是CI的灵魂，它对另外七个"I"具有决定作用并通过另外七个"I"表现出来。在理念识别的要素中，企业的群体价值观是核心要素。一般而言，特许经营企业的理念可以单独编制成一本手册，称为MI手册。

理念识别包括两大部分内容：一是基本要素；二是应用要素。

理念识别的基本要素包括企业价值观、企业经营哲学、企业宗旨、企业目标、企业精神、企业道德、企业作风、企业使命、企业经营理念、管理思想、分配原则、人本理念、人际关系准则、行动准则、服务理念等。

理念识别的应用要素包括企业信念、企业经营口号、企业标语、守则、座右铭等。

MI是8I中第一个需要做的识别以及在8I中处于纲领性地位的识别。有些企业认为MI的内容很虚，其实是因为企业在设计好MI之后没有进行后续的两个工作，那就是MI的宣传贯彻与落地实施。如果企业只是把MI作为口号喊在嘴上，作为条幅或标语挂在墙上，那么其意义和作用将大打折扣。正确的做法应该是企业设计好MI之后，在企业上下以及供应商与消费者等中进行宣传贯彻，以让每个人都能深刻、准确地理解MI。之后，企业应将MI落地实施，比如要求企业内的每个人都在自己的言谈举止等方面严格地以MI作为原则和指导。如此，企业的MI就会从虚的变成实的，其巨大的作用和威力也才能发挥出来。

【实例 8-1】某企业 MI 手册目录

1　设计说明	2.1.9　管理思想
1.1　为什么要导入 CIS（企业识别系统）	2.1.10　分配原则
1.2　关于 MI	2.1.11　人本理念
2　理念识别	2.1.12　人际关系准则
2.1　理念识别的基本要素	2.1.13　行动准则
2.1.1　企业价值观	2.1.14　服务理念
2.1.2　企业经营哲学	2.2　理念识别的应用要素
2.1.3　企业宗旨	2.2.1　企业信念
2.1.4　企业目标	2.2.2　企业经营口号
2.1.5　企业精神	2.2.3　企业标语
2.1.6　企业道德	2.2.4　守则
2.1.7　企业风气	2.2.5　座右铭
2.1.8　企业使命	2.2.6　宣传语

第二节　行为规范识别（Behavior Identity，BI）

行为规范识别是指在 MI 的统帅下，企业组织及全体员工的行为和各项活动所体现出的一个企业与其他企业的区别。BI 是企业形象策划的动态识别，从 BI 实施的对象来看，它包括内部活动识别和外部活动识别。BI 是理念识别的最主要载体。

BI 包括企业行为和企业制度两方面。企业行为包括企业家的行为、企业模范人物的行为、企业员工的行为；企业制度包括企业领导体制、企业组织机构、企业管理制度。

从企业管理制度的角度，企业的制度可以分为一般制度、特殊制度和企业风俗三类。

一般制度指的是企业内的正常工作制度，比如单店的考勤制度、请假制度、晋升制度、退换货制度等。

特殊制度指的是企业有别于其他企业的制度，比如某火锅店在客人等位的时间里会为客人提供美甲、擦鞋之类的免费服务。同仁堂自 2010 年开始，在每年农历二月初二龙抬头这一天，会在同仁堂的老药铺举行净（敬）匾仪式，亦即在"志公雅之意，同仁初始创；怀仁德之心，承道自岐黄"的特别晨训训词声中，由员工或合作伙伴的代表擦拭三块匾额："同仁堂""灵兰秘授""琼藻新栽"。如此庄严隆重的仪式，对于提升员工的质量意识、品牌意识等具有非常大的意义。

企业风俗指的是员工自觉遵守的不成文的规定，比如有的企业虽然没有规定必须加班，但是大家都把加班作为习惯，从而在企业形成了比赛谁044更勤奋的风气。

在特许经营企业中，可以把相关的各种制度集合起来，编制成一本单独的手册，称为企业制度汇编，具体内容和形式请参见笔者的专著《特许经营与连锁经营手册编制大全》。

【实例8-2】某餐饮企业的单店制度汇集

1. 迎宾制度
2. 传菜制度
3. 点菜制度
4. 下单制度
5. 上菜制度
6. 收台制度
7. 清台制度
8. 摆台制度（桌椅、餐具）
9. 洗碗制度
10. 值台制度
11. 酒吧员制度
12. 冷荤间制度
13. 刨肉制度
14. 砧板制度
15. 刨肉制度
16. 面点制度
17. 员工餐制度
18. 煤气房制度
19. 店面卫生制度
20. 员工宿舍管理制度
21. 采购制度
22. 验收采购制度
23. 收银制度
24. 出纳制度
25. 会计制度
26. 工程制度
27. 冷库管理制度（盘点……）
28. 库房管理制度（盘点……）
29. 服务员送客制度
30. 厨房管理制度
31. 打包制度
32. 酒水菜品类调退还制度
33. 投诉处理制度
34. 事故处理制度
35. 培训考核制度
36. 单店的各种表格、单据
37. 顾客档案表制度
38. 轮班制度
39. 工资福利制度
40. 奖罚制度
41. 防火、防盗制度
42. 例会制度
43. 仪容、仪表制度
44. 称呼制度（员工之间的、对顾客的）
45. 报损制度
46. 泔水垃圾处理制度
47. 单店的保密制度
48. 设备设施使用管理制度
49. 卫生间卫生制度
50. 开市前准备制度
51. 员工申诉制度
52. 员工晋级制度
53. 评优制度
54. 电话管理制度
55. 营业时间制度
56. 来宾参观接待制度
57. 拾遗物品处理制度
58. 小费收取制度
59. 报销制度
60. 单店的财务制度
61. 夜间值班制度
62. 打折制度
63. 新产品、新服务研发制度
64. 买单制度
65. 发票制度
66. 预约定餐制度
67. 包场制度
68. 外卖制度
69. 酒水买店制度
70. 吧台陈列制度
71. 菜品展示制度
72. 低值消耗品管理制度
73. 物品补充制度
74. 物品提领制度
75. 空调管理制度
76. 背景音乐管理制度

续表

77. 灯光管理制度	86. 布草管理制度
78. 特殊顾客服务制度（老、弱、病、残、孕、VIP……）	87. 考勤管理制度
	88. 文件档案管理制度
79. 外宾服务制度	89. 刀具管理制度
80. 供应商管理制度	90. 停车场管理制度
81. 员工规范管理制度	91. 消毒管理制度
82. 开酒瓶管理制度	92. 打烊管理制度
83. 客人加点酒水菜品制度	93. 店长巡视管理制度
84. 斟酒制度	94. 店长签单制度
85. 工作服管理制度	……

第三节 视觉识别（Vision Identity，VI）

视觉识别指一个企业区别于其他企业的独特的名称、标志、标准字、标准色等视觉要素及其组合。

VI 的表达必须借助某种物质载体，VI 是整个企业形象识别系统中最形象直观、最具有冲击力的部分。人们对 CI 的认识往往就是从 VI 开始的，实际上，早期的所谓 CI 策划其实就是 VI 策划。

VI 的核心是企业名称、LOGO、标准字、标准色，这四个部分的设计占整个 VI 设计的时间最长，通常为两周左右。在这四个核心元素设计出来之后，其他衍生与延展部分的设计速度就快了，通常需要七天左右。

VI 分为企业视觉识别的基本要素和企业视觉识别的应用要素两类。前者包括企业名称、企业品牌标志、企业品牌标准字、企业标准色、企业专用印刷字体、企业象征造型与图案、企业宣传标语和口号等；后者包括企业固有的应用媒体（企业产品、办公室器具和设备、招牌、标识、气质、制服、衣着、交通工具等）与配合企业经营的应用媒体（包装用品、广告、企业建筑、环境、传播展示与陈列规划等）。

【实例 8-3】某企业 VI 的基本要素和应用要素

企业 VI 识别的基本要素可包含下列方面。

1. 图形标志标准制图（Standard Cartography）
2. 明度规范（Brightness）
3. 辅助色彩（Accessory Colors）
4. 中文标准字体（横式）[The Logotype in Chinese (horizontal)]
5. 中文标准字体（竖式）[The Logotype in Chinese (vertical)]
6. 英文标准字体（The Logotype in English）

7. 中英文标准字体组合（横式）[Chinese and English Combined Logotype（horizontal）]

8. 中英文标准字体组合（竖式）[Chinese and English Combined Logotype（vertical）]

9. 中文专用字体（Typeface in Chinese）

10. 英文专用字体（Typeface in English）

11. 标准组合形式（标志与中文）[Graphic Image Combined with Chinese（horizontal）]

12. 标准组合形式（标志与中英文）[Graphic Image Combined with Chinese and English（horizontal）]

13. 标准组合形式（竖式）[Graphic Image Combined with Chinese（vertical）]

14. 标准组合形式（标志与英文）（Graphic Image Combined with English）

15. 企业品牌与分支机构名称的组合（简称）（Graphic Image Combined with the Names of Corporation Branches）

16. 组合形式的色块反白规范（Variation of the Combined Graphic Image）

17. 辅助图形（Accessories）

18. 标志底纹（The Backdrop）

19. 禁止组合（Banned Combinations of Graphic Images）

企业VI识别的应用要素可以包含以下十个部分。

企业VI识别的应用要素

1. 办公用品系列
（1）名片；（2）公函信纸（常用）；（3）公函信纸（小规格）；（4）常用信纸；（5）告示传达纸；（6）常用型信封；（7）航空信封；（8）开窗信封；（9）牛皮纸信封（大）；（10）牛皮纸信封（小）；（11）贺礼信封；（12）常用便笺；（13）便笺（函文起草纸）；（14）介绍信；（15）员工申请表格；（16）邀请函；（17）贺卡；（18）证书；（19）明信片；（20）有价证券；（21）优惠券；（22）贴纸；（23）公文卷宗；（24）公文夹；（25）资料袋；（26）笔记本；（27）专用袋
2. 企业证件系统
（1）工作证；（2）名牌；（3）徽章；（4）臂章；（5）出入证
3. 账票系列
（1）订单；（2）账单；（3）报表；（4）送货单；（5）合同书；（6）票据；（7）收据；（8）通知单；（9）财务报表夹套
4. 制服系列
（1）企业职员夏季办公服装；（2）企业职员冬季办公服装；（3）企业管理人员礼服系列；（4）企业工作服系列；（5）研究人员工作服系列；（6）工作帽；（7）领结、手帕；（8）领带别针、领带；（9）公事包

续表

5. 企业指示符号系列
（1）企业名称招牌；（2）企业内部公共标识系统；（3）建筑物外观招牌；（4）大门、入门指示；（5）参观指示；（6）厂区规划指示牌；（7）车间告示牌
6. 办公环境设计规范
（1）办公室环境空间设计；（2）公司门厅接待处；（3）办公室设备（式样、颜色）；（4）部门牌；（5）告示牌；（6）记事牌；（7）公告栏；（8）茶具、烟具、清洁用品；（9）办公桌上用品
7. 交通工具系列
（1）公司交通车（车体、车厢标志）；（2）公司工程车、工具车；（3）各类货车；（4）小车（车用饰物和标示牌）
8. 产品应用系列
（1）商标（名称及图形）；（2）系列产品品牌；（3）产品容器；（4）产品标贴及标签；（5）产品内包装；（6）包装纸；（7）包装箱；（8）包装封条；（9）购物手提袋；（10）产品说明书
9. 广告应用系列规范
（1）报纸广告样式；（2）杂志广告样式；（3）直邮广告样式；（4）日历；（5）海报；（6）户外路牌广告；（7）展示灯箱；（8）电视广告；（9）电台广告；（10）广告宣传单；（11）业务明细表；（12）技术资料；（13）促销礼品；（14）商品目录单；（15）企业宣传册
10. 公司出版物、印刷物
（1）企业报纸；（2）公司简史；（3）年度报告表；（4）调查资料、调查报告；（5）奖状、感谢信

通常，企业都会单独编制彩色的 VI 手册。

第四节 声音识别（Audio Identity，AI）

声音识别指的是一个企业的歌曲、口号、规定用语、标志性声音、背景音乐、对顾客的称呼、内部员工之间的互相称呼等。进行声音识别设计是现在企业比较流行的一个做法，其效果也非常好。其实，不但企业，国家、城市、学校、协会、学会等都开始设计自己的声音识别体系了。

声音识别的设计和实施改变了单店原先"静悄悄"的气氛，使单店更人性化。当然，声音识别要与单店本身的其他几个识别搭配好才能相得益彰，否则就会起反作用。比如在理发店，如果您在接受理发服务时，店里的背景音乐是激烈昂扬的摇滚曲，听之令人禁不住想疯狂地舞上一圈，那么这时候，您会对拿着电动工具在您头部工作的理发师感到放心吗？显然不会。而如果此时店里放着轻柔舒缓的乐曲，您肯定会感到无比的放松，一次理发服务也会变成一次愉快的经历，这就是声音的妙处。

但是企业要注意的是，在公共场所播放背景音乐需要取得音乐知识产权方的相应许

成功构建特许经营体系五步法

可并向其支付一定的费用,这是国际通行的准则。比如中国音乐著作权协会对超市使用背景音乐的收费标准是:营业面积不足 100 平方米的每年收取 217.50 元;超过 100 平方米的,每增加 25 平方米增收 34.80 元。此外,还可协商收费。

虽然现在仍然有许多商家在免费地播放背景音乐且没有受到任何的起诉,但随着我国在知识产权保护力度上的逐渐加大,免费的音乐终将会成为历史。事实表明,我国正在有越来越多的商家开始自觉地遵守这一国际准则。

除了歌曲之外,企业也可以设计自己的"呼喊",比如沃尔玛在受到韩国企业的启发之后,也搞了一个沃尔玛式的呼喊,具体内容如下。

(领呼)
我们一起说 W！我们一起说 M！
我们一起说 A！我们一起说 A！
我们一起说 L！我们一起说 R！
我们跺跺脚！我们一起说 T！
(齐呼)
我们就是沃尔玛（WALMART）！
顾客第一沃尔玛！
天天平价沃尔玛！
沃尔玛,沃尔玛！
呼！呼！呼！

如此响亮的呼喊既给沃尔玛平添了一份特色和乐趣,也大大振奋了沃尔玛员工的精神。

店内员工的标准化用语也是一种声音识别,该识别对于单店形象的塑造具有非常关键的作用,不可小视。下面是 7-11 便利店在员工声音方面的一些规定举例,从中我们完全可以感受到 7-11 的那种热心、热情和热烈。

- 在柜台看见顾客进店,大声喊"欢迎光临"
- 在柜台看见顾客出店,大声喊"非常感谢"
- 在上货、清扫、陈列时看见顾客进店,高喊"欢迎光临"
- 在上货、清扫、陈列时看见顾客出店,高喊"非常感谢"
- 从临时存货间出来,走进销售场时,高喊"欢迎您"
- 与顾客擦肩而过时,说"欢迎您"
- 清扫时挡住了顾客的道路立即道歉说"对不起",并立即停止手中的活儿
- 在验货、上货时,若由于货物笨重造成通道狭窄,要向身旁的顾客说"请",并把地方让开

第二篇　成功构建第二步：特许经营理念的导入和体系的六大设计、标准化、手册编制

- 其他店员在喊"欢迎光临、非常感谢"时，自己也随声高喊
- 对顾客的寒暄用语一般有五种标准形式："欢迎您""非常感谢""是，知道了""请稍稍等一会儿""非常抱歉"
- 店员在换班离开商店时必须咏唱规定的誓言："今天又是美好的一天，我们满怀着自信和热情，为尊敬的顾客提供最大的满足。面对着店铺，面对着商品，我们怀着深深的爱。不忘奉献的精神，为实现自己的理想而努力工作。"
- 对顾客的用语有"早上好""中午好""晚上好""请慢走""您辛苦了""您劳累了""请多休息""真热呀""春天来了""樱花马上要开了""天气转凉了""真是冷呀"等
- 下雪天，有小孩进来时，要高喊"小心摔倒"
- 面对顾客的提问、碰到行人问路时，店员绝对不能说"不知道"
- 顾客结算时，必须高喊"欢迎您"
- 在顾客购买盒饭和食品时，要问一句"需要加热吗"
- 顾客等待时，一定要说"让您久等了"
- 只有一个店员结账，而有很多顾客等待结账时，要向同事高喊"请给顾客结账"
- 当很多顾客在另一处等待结账时，要说"请到这边结账"

企业内同事之间的称呼也需要设计，比如在中国的一些企业中，同事之间在私下场合可以称呼"张姐""李哥"，但在商业场合（比如谈判场合、有顾客在的场合等），这种称呼就不恰当，需要改成职务上的称呼（比如足疗店里的员工之间会互相称呼1号、8号等，美容院的员工之间会称呼张技师、王技师等，餐饮店则称呼张经理、王厨等），不然会使人感觉企业很不规范。

在针对客人的语言上，不同的企业也需要根据自己的特色来专门设计，切不可盲目模仿。比如对于餐饮企业而言，送别客人时可以热情地说"欢迎常来"，但对于医疗卫生、婚介等企业而言，"欢迎常来"则显然不妥。又如对于中餐厅而言，可以称呼儿童顾客为小弟弟、小妹妹，而对于西餐厅，即便是儿童顾客，通常也称呼其为先生、女士。

为了不让顾客感到厌倦，可以在不同的时间播放不同风格的背景音乐。例如，阿尔迪（奥乐齐）店内播放的背景音乐，从开门到打烊，都是不同的，没有重复的播放。

对于声音识别，企业可以编制成单独的手册，也可以将其融入别的手册之中。

第五节　店面识别或空间识别（Store Identity，SI）

我们当然可以把SI当作VI的延伸，但别忘了，SI的重点是在三维空间、装潢规格化方面。

SI与传统装潢设计最大的不同就是，它是系统性、模块化设计，而非定点式设计，这样做的好处是它更能适应连锁发展时所碰到的每个店面尺寸、建筑结构不一的问题。

SI的规划项目包括：①总则部分；②管理原则；③商圈确定；④设计概念；⑤空间设计部分；⑥平面系统；⑦天花板系统；⑧地坪系统；⑨配电及照明系统；

⑩ 展示系统；⑪ 壁面系统；⑫ 招牌系统；⑬POP 及陈列；⑭ 管理部分；⑮ 材料说明；⑯ 施工程序；⑰ 估价；⑱ 协助厂商配合作业原则；等等。

通常，产品的陈列设计也是在 SI 部分完成的。

注意，SI 与传统装潢设计是有着本质区别的，不论是方法上还是逻辑上都大不相同。以前连锁店的装潢只是针对某一个定点尺寸设计，以后的店便从原始的那家复制。但您要明白的是，每家店面的条件均不相同，所以当第二家店具有不一致的房屋结构条件时，设计就会做些修改，以此类推。到第 20 家店时，原先的设计就可能已经走样了，再加上施工单位也会因地区不同而更换，这就大大地增加了单店装潢外观走样的概率。而且，这样针对每家店分别设计也耗费时间、精力和资金，使得单店的复制效率大大降低，复制成本大大提高。而 SI 的规则是针对所有可能的情况来设计，除了少数是固定尺寸外，其他所有要素的设计全部遵循比例或弹性规范原则，所以 SI 能更好地防止店面在外观和装潢上走样。

SI 与传统装潢设计之间的详细比较如表 8-1 所示。

表 8-1　SI 与传统装潢设计之间的比较

	SI 设计	传统装潢设计
设计标的	针对各种尺寸	针对单一尺寸
设计方式	系统性、规格化	缺乏弹性及应变能力
外在形象（image）	一致性高	容易各式各样
设计费用	较高	较低
平均单店设计费用	很低（加盟时可摊提）	很高
施工时间/费用	短/少	较长/较高
加盟促进	较易	较难
运用情况	先进企业大多采用	未充分规划者采用

通常，SI 会被编制成单独的手册。

第六节　工作流程识别（Business Process Identity，BPI）

工作流程识别指的是企业或单店所有必要工作的流程和步骤描述。这一点对于特许经营非常关键，因为顾客能享受到实际消费利益的根本还是在于企业或单店开发的统一的工作流程。

例如，麦当劳为每个工作都设计了一个最科学的流程，经过长年累月的整理、提炼和科学设计，现在一家麦当劳单店需要的工作共有 2.5 万条标准操作规程，这些规程都被写进麦当劳长达 500 多页的作业手册中，其中仅对如何烤一个牛肉饼就写了 20 多页。有了这样标准化、简单化、细节化的流程，麦当劳当然就可以快速地复制其成功之道了。

企业可以把相关的流程都罗列出来并放在一起，然后就可以发现，很多流程是完全可以"关停并转"的，如此的组合式流程优化可以大大提高企业的工作效率，降低成本，加快速度。

因为流程有时间的顺序，所以企业在编制这类手册的时候，为了更好地体现手册的简单化、实战化和细节化，最好是先画出流程图，然后再根据流程图的每个内容进行详细的解释。下面是笔者为某汽修连锁店编制的拆卸轮胎操作流程与规范。

【实例8-4】拆卸轮胎操作流程与规范

一、拆卸轮胎操作所需用具

拆卸轮胎操作所需用具

序号	用具名称	参考图片

二、总流程图

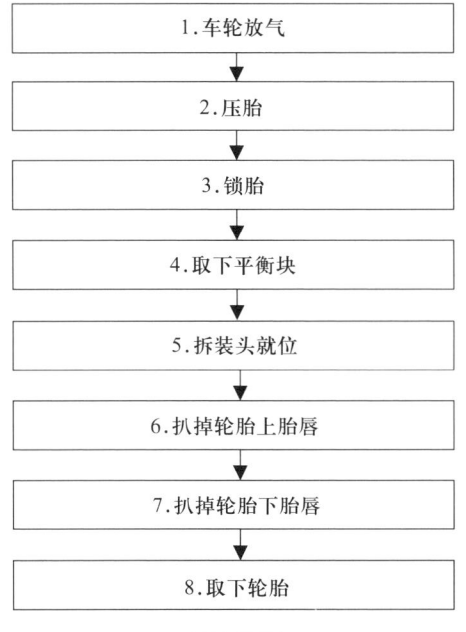

1. 车轮放气
2. 压胎
3. 锁胎
4. 取下平衡块
5. 拆装头就位
6. 扒掉轮胎上胎唇
7. 扒掉轮胎下胎唇
8. 取下轮胎

总流程图

三、流程环节详细解释

（1）车轮放气。使用气门芯钥匙拧下气门芯放出轮胎内的气体，然后将气门芯钥匙放归至原处。

（2）压胎。使用压胎铲将轮胎与轮辋进行初步分离。

（3）锁胎。将车轮放置在圆转盘上，踩下撑夹踏板，将车轮锁定在圆转盘上。

（4）取下平衡块。如果轮胎上的平衡块为卡箍式的，则需使用平衡锤将轮辋外缘的平衡块卸下。如果平衡块为粘贴式的，则不需要将轮辋外缘的平衡块卸下，最后将平衡锤放归至原处。

（5）拆装头就位。将垂直轴置于工作位置，使拆胎头靠近轮缘，推动锁紧按钮锁紧后拆胎头，使拆胎头与轮辋距离应为 4~5mm。

（6）扒掉轮胎上胎唇。使用撬杠将轮胎上胎唇撬至拆胎头上。

用脚点踩踏板，让转盘顺时针旋转，直到胎缘全部脱出为止。为了避免损坏轮胎气门嘴，操作时应将其离开拆装头右边 10mm 左右。如果拆胎受阻，应立即停车，上抬踏板，让转盘逆时针转动，消除障碍。

（7）扒掉轮胎下胎唇。

①将靠近拆抬头一侧的轮胎上抬。

②使用撬杠将轮胎下胎唇撬至拆胎头上。

用脚点踩踏板，让转盘顺时针旋转，直到胎缘全部脱出为止。如果拆胎受阻，应立即停车，上抬踏板，让转盘逆时针转动，消除障碍。

（8）取下轮胎。将轮胎直接从轮辋上取下。

四、拆卸轮胎操作注意事项

（1）操作扒胎机时建议用脚点踩开关。

（2）在拆胎过程中，尽可能使身体与转盘保持适当的距离。

【实例 8-5】单店开店的 BPI 举例

按时间的先后顺序，一个单店的开店流程通常包括确定单店的选址原则、目标市场调研和分析、初选地址、对初选地址进行商圈调研、分析并确定店址、装修、人员招聘与培训、证照办理、设备进场、产品陈列、开业筹备、试营业、正式开业等。

关于单店的选址，请参见笔者的另一本专著《特许经营学》，本处不再赘述，而只从"装修、人员招聘与培训、证照办理"开始讲起。

（一）装修、人员招聘与培训、证照办理

1. 装修

选定店址后的任务就是按照单店的 SI 进行装修，通常特许人都会提供给受许人一份设计好的装修图纸或效果图以及装修的其他注意事项文件，比如装修的材料要求、对装修商资格的要求、装修合同范本等，有的特许人还可能会为受许人推荐装修商并监督整个装修过程。通常，装修完毕后的单店是需要经过特许人的验收与认可的，这是为了保证整个体系复制的统一性。

注意，因为单店装修工程包括前期的设计、中期的施工以及后期的通风，所以时间较长（对1000平方米左右的店，其装修时间一般在3个月左右，更大的店和装修更复杂的店，其装修时间可能会更长），同时，装修的费用也可能非常巨大，所以单店在装修时必须做好时间、费用、材料、质量、工作顺序等的管理。为此，需要单店事先做一个装修工作计划。

下表为某单店装修计划，供读者参考。

现在，正有越来越多的特许人拥有自己的装修公司或装修方面的战略合作伙伴，受许人可以考虑接受这样的装修商的服务。如果特许人没有装修公司或没有给受许人推荐装修商，那么，选择一个正规的、有经验的装修商有时会给加盟店的装修带来极大的便利和较高的效率。

单店装修时，既可以让装修商包工包料（这样对您的好处是省事，您不必再为装修的琐碎事件费心费力；但缺点是装修的费用高昂，装修商有可能在材料、费用等方面蒙骗您），也可以单店自己购买原料，装修商只负责工程（这样做的好处是您可以省下一些费用，并且如果您懂得材料的话，还会避免您受到无良装修商的欺诈；但缺点是您会较费心、费力）。

2. 招标

对于较大规模、较大数额的装修，一定要采取招标的形式，这不仅是因为法规要求您必须这样做，而且因为招标的形式还可能为您带来诸多好处，比如能选出更好的装修商、避免负责装修的人员贪污受贿、降低装修成本等。

在具体的招标项目中，您可以分别做三维设计（即房间立体效果图设计）、装修监理、装修施工这三方面的招标，当然也可以把三维设计和装修施工合并起来招标，因为一些装修公司在装修施工的同时，也提供三维设计服务。但相当一些装修施工公司的三维设计很不专业，而且他们有可能把三维设计的工作转包出去，如此一来，价钱会较高，质量未必更好，所以如果可能的话，建议您最好是分开招标。

不要不舍得监理的钱，因为这个钱花得很值，毕竟非专业的人士是很难严格控制装修的进度、成本、质量等关键指标的，这些方面的任何一个出了问题，都会给您未来的经营带来巨大的麻烦。

那么，如何招标呢？

首先，您要制定一份招标书，可以采取如下几个方法。

● 写出您对可能来投标的人或企业的想法，包括您对他们的要求、您觉得自己应尽的义务等内容。不要怕没逻辑性，也不要刻意追求您在此处所罗列的内容的条理性，甚至是科学性与正确性，只要是您的想法，您尽管写出来，因为您还要利用后面的一些方

某单店装修计划（初稿）

序	任务简称	负责人	执行人	2018年5月 19-28	2018年6月 01-20	2018年7月 14-27	2018年8月 12
1	平面图、天花图			19-21			
2	施工图			22-24			
3	报消防审批			23-28	01-03		
4	效果图			28	01-03		
5	施工						
	水电基础等				07-14		
	门头				14-20		
	室内					14-27	
	院落					14-20	
	通风						12

法来修正它

- 寻找一些相同、相似、相关甚至无关领域的招标书，并结合您上面所罗列的内容，试着编制一份格式规范的招标书。寻找招标书的示范本或样本有很多方法，比如您可以在搜索引擎里输入关键词进行查询，您可能会在一些法律、合同和律师类的网站里找到大量的范本；除此之外，您还可以通过查询图书馆、向朋友借阅等方式获得招标书的模板。在这一步里，您要切记的是：所有的模板都只能拿来借鉴，而决不能抄袭或简单地修改
- 如果您有招标书涉及领域的朋友，那就太好了，一定要请朋友帮您看看，或许他的三言两语胜过您好几天的思考
- 为了避免法律上的麻烦，建议您找个有经验的律师来帮您最后把一下关，因为仅仅凭借您个人的感觉有时是有极大的风险的

做完招标书后，就可以寻找愿意投标的公司了。您可以利用网络、大黄页之类的工具书等来查找可能会参与投标的公司。您还可以通过公开的广告、说明会等形式来招标，但这种招标形式的缺点是很可能泄露您的商业秘密，因为您的竞争对手可能会以投标的名义来旁听并窃取您的商业机密。本着举贤不避亲的原则，您可以通知您的朋友参与竞标，但要注意，您必须公正地对待每个投标人，而决不能考虑友情、关系、面子等问题，在您的心中必须只有一个判断标准，那就是：谁的产品或服务的性价比最好，谁就是中标者。

当众多的投标方案堆在您面前的时候，您要冷静、客观和公正地评审。匿名评审、邀请不同领域的专家共同评审、民主评审等都是很不错的审标方法。

在最终确定了中标者后，千万别忘了通知那些落选的投标者并对他们的积极参与表示最衷心的感谢。

装修完毕后，受许人还应按照SI的要求将设备、工具、材料、商品等摆放、陈列好。

3. 人员招聘与培训

在装修的同时，受许人就可以招聘未来单店的工作人员并对他们进行培训。当然，人员的招聘与培训还可以再提前或推后一些时间，这要根据培训的时间、装修的时间、培训内容的难度等各方面的具体因素来决定。如果出于对支付工资等因素的考虑而需要将时间安排得非常紧凑时，受许人可以采用倒推时间法来计算人员招聘和培训的起始时间，亦即受许人从这些人员的上岗之日起向前倒推，通过顺序的时间安排使人员在培训刚结束时正好可以上岗。当然，为稳妥起见，把时间安排做得有些弹性可能会更好。

4. 证照办理

一般而言，因为有些证件或执照的办理需要较长的时间，手续也较为繁杂，所以受许人应该在特许人授权完成之后立即着手办理未来单店的系列证照。

受许人应凭特许人颁发的一些证件、证明等进行证照的办理。对于那些没有从商经

验的受许人，特许人还会提供具体的指导或直接派人协助办理。

在不同的行业开店时需要办理的证照并不完全相同，甚至在不同的地区、不同的时间开店时所需要办理的证照也不完全相同。一般而言，所有类型的店都需要营业执照和税务登记证。

通常，单店在正式开业前可能需要办理的证照包括以下内容。

- 营业执照（在工商局办理）
- 税务登记证（在税务局办理）
- 消防许可证（在消防局办理）
- 治安许可证（在派出所办理）
- 卫生许可证（比如餐饮店、便利店、酒吧等必须办理）
- 出版物发行许可证（书店必须办理）
- 酒类商品零售登记证（销售酒类的店必须办理）
- 排污许可证（比如餐饮业）
- 从业人员健康证（比如餐饮业、按摩保健业）
- 环保意见书（比如餐饮店、酒吧等必须办理）
- 从业人员资质证明（比如眼镜店的验光师、药店人员、房产中介人员、美容院人员、美发人员、保健按摩人员等都需要办理从业资质证明）
- 烟草专卖证（销售烟草的必须办理）
- 文化许可证（比如书店、舞厅等）（在当地文化部门办理）

（二）设备进场、产品陈列

在装修之前，您就要清楚地知道您的店里需要哪些设备，因为有些大型设备可能在装修过程中就得进入单店安装。

通常，在装修完毕后，可以进行产品的陈列。

（三）开业筹备

本步骤的主要内容是为单店的开业做最后的准备，包括设计开业仪式、购置必需物品、彻底检查以前工作的遗漏并立即弥补、选定开业时间、确定开业邀请人士、与有关银行接洽以安排信用卡设施、在可靠的银行开户等。

在开业筹备中，以下几个重要方面需要给予特别的关注。

1. 开业仪式

国内著名电器连锁公司国美非常注重开业初期的"第一把火"，它常常会采取一些具有轰动效应的开业策划手段。其具体活动包括在新店开张前1～4个月在当地媒体多次大幅刊登高薪厚禄的招聘启事以及承诺消费者"天天低价"的广告，以此来达到"未见其人，先闻其声"的效果。同时，国美还很善于炒作造势，比如国美在开业前均要精心策划推出价格低得惊人的特价机，当市面上29寸超平彩电还是2000元上下时，国美就推出699元的特价机，极端的时候甚至推出过一元的特价机，这种噱头的结果就是每家国美

第二篇 成功构建第二步：特许经营理念的导入和体系的六大设计、标准化、手册编制

店新开业时都是人山人海，场面火爆。然后，国美再主动组织媒体进行长篇累牍的跟踪报道，以使新店实现开门红和一鸣惊人的巨大效果。

企业应根据自己的实际情况量力而行，没必要非得把开业仪式搞得很隆重。在这一点上，沃尔玛做得就不错，尽管它有着世界上任何其他零售企业都难以匹敌的实力，但它在中国却继续保持其一贯的"小气"风格。据媒体报道，沃尔玛哈尔滨店开业时，开业仪式很简单，只是在中山分店门前小广场搞了一台民俗风味浓厚的表演而已。因为庞大隆重的开业仪式需要花费企业很多的资金，与其如此搞门面功夫，倒不如把省下的钱真真切切地用来改善企业的经营。

2. 开店时机

开店时机的选择非常重要，企业可根据本行业过往的绩效以及自己的实际情况，选择在旺季或淡季开店。旺季开业的好处是单店开业后可以直接实现开门红，对于鼓舞士气、迅速收回一些投资等非常有利；淡季开业的好处是可以给单店以比较充足的时间来调整自己。

笔者在为一家足底保健加餐饮的大型单店做开业策划时，许多人都一致认为应该在10月1日开业，因为他们都看好十一黄金周的巨大潜在市场需求。但笔者经过仔细分析后认为不妥，而应选在9月24日，主要理由如下。

（1）因为要请媒体朋友，所以在不影响其正常工作的前提下，根据经验，最好选在周六、周日。

（2）因为10月1日的国庆是大节日，企业计划邀请的很多重要嘉宾在快到9月底时就会准备度假事宜或提前外出度假，所以尽量不要定在月底前三天。

（3）10月1日当天难以请到嘉宾和媒体，因为大节时期，他们中的大部分人都去度假了，在休息时间打扰也有诸多不便。

（4）单店应有几天的服务、经营、市场预热和调整时间，以为10月1日可能的大规模服务做准备。

（5）单店老板和当地人比较看重风俗和图个吉利，而皇历显示，9月底适于开市的日期为9月30日（周五）、9月26日（周一）、9月24日（周六）、9月18日（周日），适于交易的日期为9月24日（周六）、9月18日（周日）。

所以，在综合考虑了上述五个方面的因素之后，开业日期宜定为9月24日（周六）。

3. 开业策划

为了保证在开业的第一天，单店的各项事情都有条不紊地进行，在开业前（越早越好，因为邀请嘉宾、购置物品、申请政府方面的批准等都需要时间）做个科学、完整的策划是必须的，条件许可的话，还可以事先演练一番。

下面的实例是笔者为一家企业做的开业策划案，其中考虑到了开业诸多方面的事务，供读者参考（为出版需要，有改动）。

某单店的开业仪式策划书

1 活动名称

开业仪式

2 活动目的

- 宣传、推广品牌，通过媒体发布软广告，为单店营销铺路
- 振奋员工精神

3 活动意义

- 对外：宣传、推广品牌，争取开门红
- 对内：展示自我形象

4 活动举办人

×××康体俱乐部

5 活动承办人

×××康体俱乐部

6 活动参加人

- 全体人员
- 特邀嘉宾
- 媒体

活动参加人

序号	×××康体俱乐部	特邀嘉宾	媒体
1	全体员工	（略）	（略）
2	专家顾问	（略）	（略）
3	管理团队	（略）	（略）
4	股东投资人	（略）	（略）

7 活动时间

****年10月16日，周日，上午10：00整。

8 活动地点

×××康体俱乐部

9 活动的具体事项安排与费用预算

9.1 活动安排

第二篇　成功构建第二步：特许经营理念的导入和体系的六大设计、标准化、手册编制

活动安排表

序号	事项	地点	负责人	预算（元）	起止时间	备注
1	讨论确定本策划		（略）			
2	设计服务联系卡、宣传单页、易拉宝、小礼品、手提袋		（略）			
3	开始联系嘉宾、领导、媒体		（略）	200		
4	整理出席人员名录、首次发放邀请函		（略）	100		
5	确认照相人员（×××）、录像人员（×××）、主持人（×××）		（略）			每个任务2人，以应急
6	购买气球（门2.5m×2.4m）、绶带、花篮（由×××定，8个）		（略）	1000		
7	印刷名片、服务联系卡		（略）	200		
8	准备好小礼品（×××康体俱乐部的手提袋、手表、×××红绸带的×××的书、×××的彩页、×××吉祥物、新闻通稿、服务联系卡），提醒×××康体俱乐部准备好服务材料		（略）	200		
9	打印新闻通稿		（略）	50		
10	制作开业仪式时间表，准备用于新闻发布会的条幅、红布、红地毯		（略）	3000		
11	再次提醒和确认嘉宾、领导、媒体		（略）			

续表

序号	事项	地点	负责人	预算（元）	起止时间	备注
12	检查所有准备事项，准备剪彩用的红布、红花、剪刀、购买嘉宾胸花、签到簿、签到笔		（略）			
13	确认所有事项准备妥当，确定开业当日的人员安排		（略）			
14	布置现场		（略）		08:00—10:30	
15	迎接客人与客人的自由参观	院门口	（略）			● ×××新闻发布会现场签到 ● 发放小礼品、服务联系卡（每人2张）、开业仪式时间表 ● 请客人先自由参观，告知会议时间与地点
16	召集客人开会		（略）		10:25—10:30	
17	新闻发布	主持人宣布新闻发布会开始		（略）		10:30	
		介绍所有来宾				10:30—10:40	
		×××总裁致辞				10:40—10:50	10月16日
		×××致辞				10:50—11:00	
		×××致辞				11:00—11:10	
		×××致辞				11:10—11:20	
		×××致辞				11:20—11:30	
18	剪彩	院门口	（略）		11:30—11:45	
19	冷餐酒会（策划方案找×××）	××馆	（略）		11:45—13:30	×××，×××，×××
20	服务1	××馆	（略）		13:30—15:30	
21	服务2		（略）			
22	服务3		（略）			

9.2 广告配合

广告配合安排表

序号	名称	项目	负责人	执行人	备注
1	电梯广告	周边调研	（略）	（略）	×××周边的高档小区、公寓、别墅群、写字楼等
		谈判	（略）	（略）	
		制作发布	（略）	（略）	
2	交通台广告	联系	（略）	（略）	计划做一个采访性节目，FM103.9
		发布	（略）	（略）	
3	×××节目	联系	（略）	（略）	最好在正式开业一周前播出
4		实施	（略）	（略）	
5	内部营销	实施	（略）	（略）	
6	×××四个门的广告指示牌	谈判	（略）	（略）	一定要在试营业一周前到位
7		制作安装	（略）	（略）	
8	精准营销对象实地考察	国旅	（略）	（略）	"体验北京，体验健康"，给公司提成
		中旅	（略）		
		马场	（略）		广告
		高尔夫俱乐部	（略）		
		房展	（略）		广告、发单子
		车展	（略）		
		高层人才市场交流会	（略）		
		MBA班	（略）	（略）	拿到名录，电话、邮件直销
		总裁班	（略）		
		高级经理人班	（略）		
		中央党校	（略）	（略）	拿到名录，电话、邮件直销
		青年企业家协会	（略）		
		女企业家协会	（略）		
		高档酒吧、餐饮店、宾馆	（略）	（略）	广告
		高档别墅区	（略）		
		高档公寓	（略）		广告，比如电梯广告
		宝马、奔驰、奥迪的经销处	（略）		广告
		车友会	（略）		合作，赞助，搞活动
		直投杂志	（略）	（略）	广告
		会议、论坛	（略）	（略）	广告、发单子
9	论坛上发帖子		（略）	（略）	每天坚持发多遍

9.3 人员分工

人员分工表

序号	职责	姓名	工作地点	备注
1	• 布置食疗吧会场 • 挂条幅 • 铺地毯 • 挂气球门 • 摆花篮	（略）	（略）	开业当天 7：30 开始
2	• 签到 • 发放礼品 • 告知客人自由参观	（略）	（略）	9：30—10：25 一定要根据邀请函发放，注意保管好物品
3	召集客人开会	（略）	（略）	
4	主持人	（略）	（略）	
5	拍照	（略）	（略）	
6	录像	（略）	（略）	
7	剪彩持彩人	（略）	（略）	身高一致，形象好
8	剪彩托盘人	（略）	（略）	形象好
9	放气球人	（略）	（略）	

说明：

- 总负责人：×××
- 除安排的人外，其余店内员工各就各位
- 情况需要时，可随时调用店内合适的人员

9.4 置办物品及预算

总负责监督、执行人：×××

置办物品及预算表

序号	名称	数量	获得方式	用途	预算（元）	执行人	备注
1	邀请函	40	购买+打印	邀请嘉宾	50	（略）	
2	服务联系卡	1000	定制	客人联系	300	（略）	
3	宣传单页	1000	定制	宣传	2000	（略）	
4	易拉宝	3	定制	POP	240	（略）	院门口、前台、×××吧入口

第二篇　成功构建第二步：特许经营理念的导入和体系的六大设计、标准化、手册编制

续表

序号	名称		数量	获得方式	用途	预算（元）	执行人	备注
5	组合礼品袋		14	组合	赠送嘉宾		（略）	对象：10个媒体+×××1人+×××1人，另有2个备份
6	组合礼品袋内细目	手提袋	1000	定制	宣传、赠送	（略）	（略）	
7		手表	14	赞助	赠送嘉宾	（略）	（略）	
8		系上红绸带的×××的书	14	购买	赠送嘉宾	（略）	（略）	
9		×××的彩页	14	内取	赠送嘉宾	（略）	（略）	
10		×××的彩页	1000	内取	赠送嘉宾	（略）	（略）	
11		×××的彩页	14	内取	赠送嘉宾	（略）	（略）	
12		吉祥物	14	内取	赠送嘉宾	（略）	（略）	
13		新闻通稿	14	内取	赠送嘉宾	（略）	（略）	
14	花篮		8	购买	摆放	1000	（略）	
15	气球			购买	装饰门、升空	100	（略）	门2.5m×2.4m，在院门口
16	绶带		5	购买	挂身上	150	（略）	签到2人，迎宾2人，托剪彩盘1人
17	条幅		1	购买	挂在门厅	80	（略）	
18	红布1		1	购买	铺主席台桌	30	（略）	
19	红地毯		1	购买	铺路	500	（略）	
20	红布2		1	购买	铺剪彩托盘	15	（略）	
21	托盘		1	购买	剪彩托盘	10	（略）	
22	彩绸和红花		5	购买	剪彩的彩条	100	（略）	5个花
23	剪刀		4	购买	剪彩	8	（略）	
24	胸花		14	购买	嘉宾佩带	28	（略）	
25	签到簿		1	购买	签到	50	（略）	
26	签到笔		2	购买	签到	20	（略）	
27	麦克风		1	内取	会议发言		（略）	
28	名片		10	定制	联络	200	（略）	管理层一人一盒
29	鲜花		2	购买	放在主席台	60	（略）	
累计						11221		

10 风险和对策

主要的风险和对策见下表。

风险与对策

序号	风险	对策
1	媒体、嘉宾、领导缺席、迟到	定期催促
2	准备不周,缺少东西	事先反复检查确认
3	当日阴天下雨,无法户外剪彩	改成户内
4	分配人员临时不能上岗	事先安排好后备人员,人员随时补位

11 附件

11.1 邀请函、时间表、嘉宾名录

附件一:邀请函(略)

附件二:×××康体俱乐部开业仪式时间安排

×××康体俱乐部开业仪式时间安排表

序号	事项		地点	起止时间
1	来宾签到,参观店馆		整个俱乐部	9:30—10:00
2	新闻发布	主持人宣布新闻发布会开始	×××馆	10:30
		介绍所有来宾		10:30—10:40
		×××致辞		10:40—10:50
		×××致辞		10:50—11:00
		×××致辞		11:00—11:10
		×××致辞	9月24日	11:10—11:20
		×××致辞		11:20—11:30
3	剪彩		院门口	11:30—11:45
4	午餐		×××馆	11:45—13:30
5	服务1		×××馆	13:30—15:30
6	服务2			
7	服务3			

11.2 服务联系卡

(略)

11.3 宣传单页

(略)

第二篇　成功构建第二步：特许经营理念的导入和体系的六大设计、标准化、手册编制

11.4　易拉宝

（从宣传单页上挑选）

11.5　小礼品

（×××吉祥物）

11.6　手提袋

（×××设计）

（四）试营业

单店在正式开业前，最好能进行3~7天的试营业。试营业期间，不要对外在顾客服务，只进行内部的测试，比如你可以邀请自己的亲朋好友来光临，通过他们的模拟消费来发现单店的问题并立即纠正。

（五）正式开业

一家新店的诞生，是受许人自己事业的开始，是可喜可贺的事，应该给予应有的重视。同时，这既是受许人借此向公众宣布单店的诞生、广做宣传的机会，也是考验每位培训后的员工是否能提供到位的服务，并迅速进行调整的时机。因此，举办一个有特色的开业仪式是很有必要的，开业仪式也是运营过程中一个极重要的环节。

在开业当天，所有工作人员都要按照事先的开业策划和演练进行，彼此之间密切配合，力争把开业仪式办得完满。

为了配合新店的开业，受许人可以举办一些公关活动，比如邀请名流参加、赠送奖品、打折出售、免费体验、开业酬宾、为社区做公益活动等。

一般而言，正式开业后的1~2个月属于单店的试运营期，亦即单店的人员对各种事务、流程、技术、环境等熟悉的时期。受许人要密切关注店内的各种事项，及时发现问题，及时处理，并随时保持与特许人的紧密沟通。

综上，企业在对单店进行设计时，上面所讲的开店流程设计是一个非常重要的方面，因为将来特许经营总部负责营建的人员要根据这个规定去协助受许人建设单店，受许人也要根据由这个规定改编成的单店开店手册去进行自己的开店作业。

【实例8-6】单店日常运营的BPI举例

单店日常运营的BPI指的是单店在日常运营过程中所需要做的所有工作的流程。通常，特许人企业把这一部分内容编制成一个单独的手册，称为单店运营手册，其主要内容见下面的实例。

某企业的单店运营手册

致受许人

1　概述

2　单店理念

2.1　基本要素（包括企业价值观、企业使命、企业哲学、企业精神、企业风气、企业目标、管理思想、行动准则、服务理念、经营理念、事业领域、经营方式、组织经营模式等）（还可以从另外的角度来描述这一部分，比如企业经营策略、管理体制、分配原则、人事制度、人才观念、发展目标、企业人际关系准则、员工道德规范、企业对外行为准则、政策等）

2.2　应用要素（主要包括企业信念、企业经营口号、企业标语、守则、座右铭等）

3　单店组织架构、岗位职责及店内区域划分

3.1　A型店（包括组织架构、岗位职责、店内区域划分等）

3.2　B型店（包括组织架构、岗位职责、店内区域划分等）

3.3　C型店（包括组织架构、岗位职责、店内区域划分等）

3.4　其他类型（包括组织架构、岗位职责、店内区域划分等）

4　人力资源计划与管理

4.1　人员招聘与任用

4.2　员工培训

4.3　员工管理（包括员工档案管理、工作分配、员工考核、员工参与、员工收入等）

5　顾客服务与顾客管理

5.1　顾客服务与管理的原则

5.2　顾客信息管理（包括顾客信息系统的建立、顾客信息的搜集、顾客信息系统的应用等）

5.3　顾客的保持和开发

5.4　处理顾客投诉（包括处理顾客投诉的原则、流程等）

5.5　提高服务质量

6　促销计划与管理

6.1　促销的目的和依据

6.2　促销的类型

6.3　关于促销方式的建议

6.4　其他需要说明的事项

7　竞争者调研

7.1　调研项目

7.2　调研方法

7.3　调研结果分析

8　货品管理

第二篇　成功构建第二步：特许经营理念的导入和体系的六大设计、标准化、手册编制

  8.1　订货

  8.2　收货

  8.3　出货

  8.4　耗料

  8.5　库存

  8.6　盘点（包括盘点的目的、分类、要点、流程、人员等）

9　财务管理

  9.1　简易建账（包括目的、内容、六大会计要素和一个会计等式等）

  9.2　填制审核凭证

  9.3　登记账簿

  9.4　成本核算

  9.5　清查与分析

10　店内日常作业管理

  10.1　营业时间

  10.2　营业作业管理（包括营业前准备、营业中、营业后及店内安全防范等）

11　与总部的沟通

12　称呼制度

  12.1　对顾客的称呼

  12.2　内部互相称呼

  12.3　对其他相关人士的称呼

13　规章制度

  13.1　会议制度

  13.2　人事管理制度

  13.3　采供工作制度

  13.4　固定资产管理制度

  13.5　安全保卫制度

  13.6　员工管理制度（包括考勤制度、礼貌服务、仪容仪表、接待礼仪、形体动作、禁止行为等）

  13.7　仓库管理制度

  13.8　宿舍管理制度

  13.9　前台管理制度

  13.10　其他制度

14　奖惩条例

  14.1　晋升条例

  14.2　惩罚条例

14.3 其他处罚条例（比如各个具体工种的处罚条例）
15 常见问题分析及处理
16 附件
  附件一 公司介绍
  附件二 特许经营费用安排
  附件三 产品和服务的价格体系
  附件四 常用电话列表
  附件五 会员卡制度

企业要对上述内容进行详细的设计或描述。设计的人员不但要有零售方面的专家，还应吸收特许人原来体系单店中的一线工作店员，由此设计出的特许经营体系单店实际运作的日常运营流程才能具有实战性和竞争力。

第七节　其他识别（Other Identity，OI）

对于一个单店而言，除了上述的六个识别之外，还包括其他一些识别，比如气味识别、温度识别、湿度识别、亮度识别、触觉识别等，这些都是一个单店传递给任何进入或未进入本店的人的综合感觉的一部分。

一、气味识别

一些餐饮店会刻意地在其店里散播其特色产品的诱人味道，甚至向店外散播这种独特的味道，借此来吸引消费者前来就餐。因此，设计、实施一套好的气味识别系统确实可以给单店带来免费宣传的巨大作用。实际上，路边的一些小摊、食品零售商（比如销售包子、烧鸡、烤鸭、麻辣烫、羊肉串等）等很早就知道并每天都在使用这种气味识别战略。从相反的方面讲，如果某单店没有注意到气味识别战略的重要意义，那么它就有可能因为气味的不当而使自己不受消费者的欢迎。比如笔者曾去过的一家著名超市，其气味设计就欠妥。该超市在入口附近设置了水产品专卖区域，结果，任何人只要一进入超市，首先闻到的就是扑面而来的腥味，十分刺鼻，甚至在整个购物过程中，那股腥味始终存在，这就严重影响了许多消费者的购物体验。一个极端的例子是，许多街头小店的店主吃睡都在店内进行，所以顾客一进门立刻就会被"熏"出来，如此之味道，还怎么奢望顾客盈门？

美国《时代》周刊曾发表了一篇题为《香味和感受》的文章，称气味可以改变人们的消费行为，一些商家正在利用这一点大做生意。在美国一家拥有400个分店的床上用品连锁店里，一种使消费者充满购物兴致的诱人香味到处弥漫。专门为零售商设计香味的公司Scent Air建议他们使用混合了木绒、琥珀、豆蔻、肉桂和香柠檬味道的香氛，这样可以缓和消费者的情绪。目前，提供香味的服务被广泛地需要着——从商场、旅馆到赌场，甚至是博物馆，因为越来越多的研究证明，香味可以影响人们的消费行为。Martin Lindstrom在《品牌感受》一书中写道，尽管现在大多数商业信息来自视觉，但

第二篇　成功构建第二步：特许经营理念的导入和体系的六大设计、标准化、手册编制

真正让消费者记住的还是气味。实验表明，气味可以唤起一个人的感情，比如柑橘的气味使人振奋，而香草则让人平静。拿捏香味是一件很复杂的事情。Scent Air 为 Westin 酒店创造了一种独特的香味，该香味混合了绿茶、天竺葵、绿藤、黑雪松和小苍兰的味道，从而为酒店休息室营造了静谧的气氛。Scent Air 的首席执行官说："调制香氛是一门科学，更是一门艺术。"（此资料来源于《经济参考报》，编译者为李圆）

星巴克就很善于利用气味进行营销，为了让店里始终充满咖啡的香味，星巴克规定店内禁烟、禁止员工用香水、禁用化学香精调味的咖啡豆、禁售其他食品和羹汤，以力保店内充满咖啡自然醇正的浓香。（资料来源：店帮主，虞三娘，《不只是喝咖啡——日本匠人精神打造别致星巴克空间体验》）

二、温度识别

温度识别同样重要，在店内保持适宜的温度，使顾客在店内感觉到舒适应该是店主们努力的方向和目标之一。实际上，在炎热的夏季和寒冷的冬季，许多人在购物时考虑的一个主要因素就是温度。如果单店的温度不使人感到惬意，那么，顾客肯定不会逗留太久甚至根本就不会进店，如此一来，单店的生意自然就会一落千丈。

三、湿度识别

店内的湿度同样重要，虽然人们对湿度的感觉不如对温度那样敏感，但对于较长时间待在单店内的人而言，还是能感觉到湿度的重要性的。所以在北方比较干燥的地区，很多宾馆为了吸引客人，房间内通常会放置加湿器。而在南方梅雨季节的时候，宾馆内就需要放置除湿的设备了。

四、亮度或灯光、光线识别

单店的亮度或光线也非常重要，它的强弱、色彩等光特性因单店的不同而不同。比如酒吧、茶馆、咖啡厅、按摩室、KTV 一类的店，其店内光线可以不必特别明亮，因为昏暗的环境似乎更浪漫，更便于人们之间放松地交谈。相反，有些单店，比如商场超市、零售店、餐厅等就必须保持足够的亮度，否则消费者在选择商品时会非常吃力。除了整个单店的亮度需要设计之外，单店内的某些具体对象的高度也需要设计，比如商品、设备、装饰等可能需要与整个单店的亮度不同，单店可以借助光的强弱、色彩等特性来突出或弱化这些对象。比如笔者曾经去过深圳一家很有名的西餐厅，对它的印象特别深刻，因为它的亮度设计思路非常值得借鉴。这家店里面的光线比较暗，整个店内的照明几乎全靠每张餐桌上的一支蜡烛。在这样的亮度之下，餐厅里的气氛就显得比较浪漫、安静、高雅而又有些神秘，比较符合其针对白领、小资等消费人群的市场定位。更重要的一点是，笔者经过仔细研究之后发现，因为它的光线比较暗，所以这家店在地面、墙壁、装饰品等方面就节省了一大笔费用，原因再简单不过了：客人反正看不清楚，为什么要用好的材质呢？

再比如，据新闻报道，为了防止民众在地铁卧轨自杀，日本铁路公司把地铁内的日光灯换成了蓝色的灯泡，以此让乘客冷静下来，避免冲动。据悉，一些心理学家对日本

地铁进行了长达 10 年的研究发现，那些用蓝色灯光的地铁站的自杀率比用日光灯的地铁站的自杀率降低了 84%，可能是由于蓝色灯光能让人身心放松下来，从而更加理智地思考问题。此前，日本铁路公司在横滨市弘明寺站、水户市内原车站等地铁站安装蓝光灯后，再无人卧轨自杀。

上海的星巴克咖啡烘焙工坊（Starbucks Reserve Roastery）是星巴克在全世界销售额最高的店面，平均每天客流 8000 人，销售额 43 万元以上。在这个星巴克精心打造的高端店里，其灯光布置是非常值得称道的。澎湃新闻的文章《星巴克门店设计的这点小心思，你看得穿吗？》曾转述某专业室内设计师的评价说：每盏灯之间的距离都是经过测算的，所以会有阴影区和明亮区，且这种射灯可以 360 度旋转调整方向，你可以发现，无论你坐在哪一个方向，灯光都不会直射在你的脸上。

五、触觉识别

在触觉识别方面，宜家家居的做法就非常好，它打破了中国本土一些家居企业的传统做法：不许顾客在沙发、床等家具上试坐或触摸，以免弄坏、弄脏等。相反，宜家家居鼓励顾客在其出售的沙发、家具上试坐或触摸，从而使顾客切实地体会到产品的优越性能，增加消费机会。另外，现在的大部分超市也都越来越多地采用开放式的产品陈列和销售方式，其目的之一就是增加顾客触摸和体验产品的机会。

六、影像识别

在店内的影像识别上，企业可以在墙壁、前台播放企业的介绍视频、广告片、产品说明或别的适合的视频。

通常，企业对于 OI（其他识别）的设计既可融入不同的手册之中，也可单独编制成一本 OI 手册或声音、灯光、温度、气味、影像管理手册。

下面是笔者为某电子产品零售店设计的声音、灯光、温度、气味、影像管理手册。

【实例 8-7】某企业声音、灯光、温度、气味、影像管理手册目录

1　背景音乐管理制度	1.7　企业炫铃的统一
1.1　总则	2　称呼及礼貌用语制度
1.2　音乐播放人	2.1　总则
1.3　营业时间的音乐	2.2　称呼
1.3.1　早上	2.2.1　敬称
1.3.2　上午	2.2.2　职业称谓"姓＋职务"
1.3.3　中午	2.2.3　称呼、用语忌讳
1.3.4　下午	2.3　礼貌用语
1.4　背景音乐播放的注意事项	2.3.1　日常文明用语
1.5　光盘的保存	2.3.2　电话文明用语
1.6　音响设备的维护维修	2.3.3　服务文明用语

续表

3　灯光管理制度	4.1　总则
3.1　总则	4.2　专人负责
3.2　灯光设计要求	4.3　节约资源
3.2.1　基本照明	4.4　日常管理
3.2.2　商品照明	5　影像管理制度
3.2.3　装饰照明	5.1　总则
3.3　灯光管理要求	5.2　专人专管
3.3.1　有效节约	5.3　可视影像播放时间及内容
3.3.2　灯的分类	5.4　可视影像播放的注意事项
3.3.3　专人专管	5.5　影像设备的维护维修
3.3.4　闭店检查	6　气味管理制度
3.4　灯具清洁	6.1　总则
3.5　灯具的维修维护	6.2　店面正常、非正常味道
4　温度管理制度	6.3　员工需注意的事项

第八节　时代识别（Era Identity，EI）

时代识别指的是因为时代而出现的科技、互联网、LBS、外卖、快递、自提等生活方式、商业方式等带给顾客的体验性识别。

比如科技的体验，包括虚拟技术、拓展实体店面陈列空间的触摸屏、机器人、支付方式、RFID、人脸识别、语音识别、区块链等。

比如因互联网的出现而产生的线上体验，包括在淘宝、京东、微信、微博、抖音、头条等上面浏览和交易。商家们正在顾客所能接触到企业的所有互联网入口上竞争，以尽力实现顾客的两点时代体验：①顾客通过任何一种喜欢或习惯的线上方式均可直达商家；②无论以哪一种线上方式接触到商家，顾客都可以方便、快捷地实施查看、咨询、交易、退换货等行为，而不必仅仅使用商家所喜欢或习惯的那几种。

比如以LBS为基础的定位搜索体验。这种体验对于顾客迅速地找到店面、导航路线等具有非常重要的意义。显然，如果一家店面的位置在网络上搜索不到，那么就可能会丧失很多消费者。

比如外卖、快递、自提等的体验，从而扩大覆盖范围，提高方便性，保证品质，在过程中随时显示数据。正因为如此，越来越多的商家开始激烈地比拼线下网络布局、快递或自提的费用、送达时间、品质、外卖包装等。

【实例8-8】某药店连锁企业EI目录

1 远程审方
  1.1 总部公司远程审方项目的介绍
  1.2 总部远程审方的组织架构和岗位职责
  1.3 适用对象
    1.3.1 适用店面类型
    1.3.2 适用消费者类型
  1.4 操作流程
  1.5 规章制度
2 专家远程诊断
  2.1 总部专家远程诊断项目的介绍
  2.2 总部专家远程诊断的组织架构和岗位职责
  2.3 适用对象
    2.3.1 适用店面类型
    2.3.2 适用消费者类型
  2.4 操作流程
  2.5 规章制度
3 互联网相关
  （加盟商、加盟店、消费者能看到和使用的互联网相关项目）
  3.1 公司微信公众号
    名称，号码，介绍，首页图例，粉丝数，功能……
  3.2 公司微博
    名称，地址，介绍，首页图例，粉丝数，功能……
  3.3 公司抖音号
    名称，号码，介绍，首页图例，粉丝数，功能……
  3.4 公司快手号
    名称，号码，介绍，首页图例，粉丝数，功能……
  3.5 公司百家号
    名称，地址，介绍，首页图例，粉丝数、功能……
  3.6 公司网站
    名称，网址，介绍，首页图例，功能……
  3.7 公司网站网谈通之类的在线聊天工具
    名称，地址，介绍，首页图例，功能……
  3.8 公司App
    名称，网址，介绍，首页图例，功能……
  3.9 公司QQ公众号
    名称，网址，介绍，首页图例，粉丝数，功能……

续表

3.10 公司小红书号
　　　名称，网址，介绍，首页图例，功能……
4　LBS
　4.1　图例
　4.2　店面申办LBS的流程
　4.3　使用方法
　4.4　规章制度
5　外卖外送
　5.1　外卖外送项目的介绍
　　　（覆盖范围、方便性、时间、费用、品质保证、过程中的随时数据显示）
　5.2　外卖外送的组织架构和岗位职责
　5.3　适用对象
　　　5.3.1　适用店面类型
　　　5.3.2　适用消费者类型
　5.4　操作流程
　5.5　规章制度
6　外卖代存自取点
　6.1　外卖代存自取点项目的介绍
　6.2　外卖代存自取点的组织架构和岗位职责
　6.3　适用对象
　　　6.3.1　适用店面类型
　　　6.3.2　适用消费者类型
　6.4　操作流程
　6.5　规章制度
7　线上电商
　7.1　京东店
　　　7.1.1　外卖外送项目的介绍
　　　7.1.2　外卖外送的组织架构和岗位职责
　　　7.1.3　适用对象
　　　　　7.1.3.1　适用店面类型
　　　　　7.1.3.2　适用消费者类型
　　　7.1.4　操作流程
　　　7.1.5　规章制度
　7.2　淘宝店
　　　7.2.1　外卖外送项目的介绍
　　　7.2.2　外卖外送的组织架构和岗位职责
　　　7.2.3　适用对象
　　　　　7.2.3.1　适用店面类型

续表

7.2.3.2　适用消费者类型 　　　7.2.4　操作流程 　　　7.2.5　规章制度 　7.3　天猫店 　　　7.3.1　外卖外送项目的介绍 　　　7.3.2　外卖外送的组织架构和岗位职责 　　　7.3.3　适用对象 　　　　　7.3.3.1　适用店面类型 　　　　　7.3.3.2　适用消费者类型 　　　7.3.4　操作流程 　　　7.3.5　规章制度 　7.4　其他线上电商店 　　　7.4.1　外卖外送项目的介绍 　　　7.4.2　外卖外送的组织架构和岗位职责 　　　7.4.3　适用对象 　　　　　7.4.3.1　适用店面类型 　　　　　7.4.3.2　适用消费者类型 　　　7.4.4　操作流程 　　　7.4.5　规章制度 8　线上支付 　8.1　支付宝 　　　8.1.1　介绍 　　　8.1.2　二维码 　　　8.1.3　流程 　　　8.1.4　制度规范 　8.2　微信 　　　8.2.1　介绍 　　　8.2.2　二维码 　　　8.2.3　流程 　　　8.2.4　制度规范

第九节　单店的营业时间设计

时间是单店设计的一个重要元素，科学的时间设计可以给单店节省巨大的成本以及带来更好的经济效益。遗憾的是，这样一个重要的内容却被很多单店经营者忽略了，目前也鲜有人对单店如何科学地设计时间做非常细致和系统的研究，有的只是一些零散的文章在零散地叙述一些行业、企业或单店的个案。实际上，单店的时间安排大多是参考

第二篇　成功构建第二步：特许经营理念的导入和体系的六大设计、标准化、手册编制

惯例或同行的做法，至于为什么要有这样的时间安排，恐怕很多单店的经营者也说不出个根本性的理由。

看似简单的单店时间设计其实有非常多需要研究的内容，比如单店营业的起始时间、打烊时间、营业中的休息时间、员工交接班的时间、班前会的时间、班后会的时间、不同部门或岗位的工作时间等。这些时间的设计与多种因素有关，包括单店所在的行业、地理位置或商圈、消费者特征、竞争、营销或促销、法律规定、季节、成本等。而时间的设计又影响着单店的人员分配、岗位设置、营销策略、产品和服务价格、经营成本和经济效益等。所以，研究和设计科学的单店时间是一项非常重要的工作。

一、单店的营业起始时间和打烊时间与行业很有关系

从现实来看，我们可以举一些例子，比如通常早餐店的营业时间是早上5点到上午10点，正餐店的营业时间是上午10点到晚上11点，银行的营业时间是上午9点到下午5点，足底按摩店的营业时间是上午10点到晚上12点，商场超市的营业时间是上午9点到晚上11点，等等。

但需要注意以下几方面。

（1）各行业单店的营业高峰期不同，比如通常正餐店的高峰期是中午和晚上两个时期，大概的时间是上午11：30到下午1：30和下午5：30到晚上9：30，足底按摩店的高峰期是下午7点之后，商场的高峰期是下午6点之后，等等。因此，单店要根据自己的营业高峰期来合理地安排直接服务人员和货品，以免到时因服务能力不足而影响了营业，进而失去了顾客。相反，在非营业高峰期，单店就可以或应该少配置直接服务人员，或者安排准备与制作货品的非直接服务人员为将要到来的营业高峰期做好营业准备。

不同岗位或部门的人员在营业高峰期和非高峰期的工作负荷是不同的，单店应合理配置人员数量、货品数量和进行时间分配。

在营业高峰期，即便是经营状况一般的单店，其消费者来源也大多不成问题，但在非营业高峰期，如何吸引顾客前来消费则是单店经营者需要认真研究的一个课题。

单店为了均衡营业高峰期和非高峰期的人流以及刺激消费，可以在其他方面做一些规定。比如在价格方面，在营业高峰期可以按正常价格甚至高价格营业，而在非营业高峰期则可以按低价来接待消费者。我们在实际中看到很多单店都这样做了，而且效果也不错，比如KTV在下午4点之前的价格要远远低于下午4点之后。

还要注意的是，除了一日之内的各段时间存在营业高峰期和非高峰期外，不同的"日"也会有高峰期和非高峰期的区别，单店同样要合理地安排好高峰期和非高峰期的各项工作。

（2）24小时的营业时间要慎重设计。目前，许多行业都开始提供24小时营业服务，比如酒吧、便利店、药房、酒店，甚至有些餐饮店、超市。但现实数据表明，24小时营业这种时间安排的效果并不都很好，因为普遍的反映是"不值"，即收益不能超过成本。

一般而言，如果周边的人群有夜生活的习惯，比如娱乐区，可以设置24小时的营业制度，否则没必要。由麦当劳公布的中国24小时餐厅名单可以看出，这些餐厅基本上都位于核心商业圈、居民住宅区、火车站和大卖场附近。对于为什么有的店24小时、有的店不是24小时，以及实施了24小时的营业制度之后，单店的人员配置、产品种类、价格设定、安全管理、成本控制等一系列问题如何解决，单店的经营者需要深思，因为这绝不是想当然，而是有着科学的因素在其中。所以，单店在实行24小时营业制度的时候，一定要谨慎地根据自己的实际情况来安排，不能因为别人这样做了就盲目跟进。

（3）单店应考虑在非营业时间的工作安排。通常的思路是，单店在非营业时间让全体员工放假休息。但实际上，有些单店突破了这种思维的局限，比如一些饭店在非营业时间会改成酒吧，银行在非营业时间会设置24小时的自动取款机等，这些其实都是很好的思路。另外，单店的日常会议、评比会等也可以安排在非营业时间举行。

二、时间的设计必须考虑单店所处的地理位置或商圈

不同国家的单店的营业时间是不同的。在美国，因为交通拥堵的问题，大家需要早起的时间越来越提前，所以为早起消费者服务的单店的营业时间就要适应这种实际情况，比如目前，一度从6点开始的早餐高峰被提前了一个小时。为迎合这种新的变化，美国1万多家麦当劳中有大约75%的店会在早上5点开门，大约30%的店在某些时候24小时营业。在中国，麦当劳从2006年初开始设立24小时服务餐厅，到2016年已经超过1000家店，占其总店数的50%左右，而且麦当劳对外透露其在日后会加大24小时餐厅业务的推广力度。

即便同一国家，不同地域的单店的营业时间也不相同。比如同样是24小时营业制度，麦当劳在中国各地的实施情况是不同的，其中上海有50%是24小时餐厅，北京为35%，深圳和广州约为60%。再比如，南方人喜欢吃早茶，因此，其早餐的时间甚至可以一直延续到下午3点。但在北方，这种提供早餐的营业时间恐怕就是没必要的。南方城市较热，所以夜生活丰富，而北方气温相对较低，所以夜生活不如南方丰富，那么在这种不同的生活习惯之下，同类单店的营业时间也就有了许多的不同。

在同一城市之中的不同地理位置，单店的营业时间也要有所区别。比如在老年人集中的地方，可能早起的消费者多，因此，营业时间可以适当提早。但在年轻人居多的地方，因为他们更偏爱夜生活，所以一些单店的营业时间可以拖后一些。比如在一些专以夜生活消费者为服务对象的区域，单店可能会在晚上8点以后才正式开门，而如果反过来的话，则有可能使单店的生意处于较差的状态。

三、消费者特征直接决定单店的营业时间

对于KTV、酒吧、足底按摩店等，一般而言，消费者更多的是在下午5：30以后去消费，所以这些单店的营业时间就可以以晚上为主。如果其他时间的顾客非常少，营业的收益不足以抵消成本和费用，则单店甚至可以放弃其他的营业时间，比如只在晚上5：30以后营业。

第二篇 成功构建第二步：特许经营理念的导入和体系的六大设计、标准化、手册编制

比如国外某著名旅游度假胜地就有这样一家饭店，他们只在度假旅游最旺盛的几个月开业，其余时间就关门，全体员工放假。如此潇洒的时间安排的背后更多的是精明，是对营业时间准确与科学的设计。

但是否放弃业务不多的营业时间是一个非常严肃的问题，需要经过单店仔细和科学的分析，因为有时在业务不多时照常营业虽然不能获得直接的经济效益，但这种做法可能会通过良好形象的塑造、更方便消费者等使单店赢得更长久的经济利益和品牌美誉度。

比如一些超市发现早起锻炼的老人特别喜欢在晨练之后顺便买些菜回家，所以他们就把超市的门前改装一下，每天早上开个早菜集市。实际上，即便不能因此而取得多少直接的经济效益，超市的这种做法也是值得的，为什么？因为至少它方便了周边群众，赢得了赞誉和名声，积聚了人气，培养了与社区的良好关系。

简而言之，消费者的性别、年龄、工作、收入等都会影响其消费时间，进而影响单店的营业时间。因此，对于单店而言，准确把握消费者的消费特征是至关重要的。

四、竞争会决定单店的营业时间

如果您的同行竞争者把营业时间延长或者推后了，那么您就要仔细研究实际情况、科学应对。不要小看时间这个元素，有时候哪怕是您的竞争对手仅仅将其营业时间提前了半小时，都有可能使原本属于您的顾客跑到竞争对手那里去。

但是，一味地与竞争者比赛时间的长短、早晚是没意义的，您要分析时间的改变究竟是否能带来实际的效益，然后再决定是否跟进竞争者的行动。

五、营销或促销会影响单店的营业时间

有的单店在营销或促销时可能会改变时间安排，比较典型的是提前或推后时间。

最常见的例子是，在节假日的时候，单店的营业时间要针对消费者的时间改变而做一些改变，因为这个时候的消费者可能会提前或延长消费时间。

比如在十一黄金周的时候，国内很多单店都会延长营业时间，以吸引更多的消费者前来消费。一些大型商场在圣诞节期间，特别是24日、25日会延长营业时间至深夜12点或凌晨2点左右。

在一些单店开业的时候，为了使更多的消费者聚在店门前以打造热闹的场面，他们可能会把单店的开门时间稍微拖后一些。

六、单店的营业时间必须符合法律法规

对于有些行业、有些地区的单店，政府主管部门会强制性地规定其营业时间，这些规定是单店的经营者所必须清楚的。

德国对商店营业时间有严格的限制。1956年，西德联邦议院通过的《商店关门法》规定，德国商店的营业时间在周一至周五为7：00至18：30，周六为6：00至14：00。1989年，修改后的《商店关门法》允许周四将营业时间延长到20：30。1996年，再次修改的《商店关门法》允许商店周一至周五从6：00至20：00营业，周六的营业时间

可以延长到 16：00。到了 2003 年，德国联邦议院将周一至周六商店关门的时间统一修改为 20：00。

我国对于营业时间也有一些法律法规的限制。比如《娱乐场所管理条例》规定娱乐场所每日凌晨 2 时至上午 8 时不得营业。

这些法律法规有的是全国性的，有的是地区性的，但是对于单店的经营者而言，熟悉相关的法律法规是在市场经济中立足的必需条件。

七、季节会影响营业时间

比如在夏季，因为人们外出纳凉、休息的时间增多，所以一些单店的营业时间会延长，而在冬季，则可以缩短营业时间。

八、成本会影响营业时间

日本纤研新闻社曾开展了一项针对购物中心内设服装专卖店的调研，结果显示，由于深夜营业引发了一系列问题（比如员工对工作不满、售货员容易感到孤独、夜间销售业绩较差、员工回家太晚担心安全得不到保障、商业设施的长时间营业与环境保护的潮流格格不入等），已经有一些购物中心完成了对营业时间的调整，将关店时间由晚上 11 点提前到 10 点。据介绍，某百货企业将关店时间提前 1 个小时后，月平均工资支出减少了 100 万日元以上。从这个例子可以看出，单店的成本会影响营业时间，反过来，营业时间也会影响单店的成本。

总之，单店应在实际经营之中不断地总结规律，分析同行和非同行的时间制度，结合自己的顾客消费时间统计曲线，以消费者为中心和依据，以让消费者百分百满意为原则，综合考虑单店的经济效益和社会效益、短期效益和长期效益，系统分析单店所在的行业、地理位置或商圈、消费者特征、竞争、营销或促销、法律规定、季节、成本等时间设计的元素，制定一个科学合理的日、周、月、季、年的时间制度。如此地坚持下去，则单店一定可以从时间中获得效益、获得竞争力。

第十节　正确认识店：两权分离、三权组合

有很多人曾经问过笔者这样一些问题：我的特许经营体系内的一个店如果是特许人投资、受许人经营，那么，这样的店叫什么名字？如果是受许人投资、特许人经营，那又叫什么名字？如果是特许人和受许人共同投资，那么这样的店又叫什么名字？如此等等，不一而足。

其实，上述问题的正确答案是：人们完全不必纠结于那些店的名字（当然，它们事实上都有一个名字，比如直营店、加盟店、托管店、合作加盟店等），而更应该注重商业的实质或本质，即在多数情况下，对于特许经营或连锁经营企业而言，在市场容量允许的前提下，企业追求的应该是开店，而非仅仅是一个作为符号的店名。原因很简单，只要开设了新店，开了更多的店，那么企业的产品或服务就可能会有更大的销售额，企

第二篇　成功构建第二步：特许经营理念的导入和体系的六大设计、标准化、手册编制

业的品牌也可能会因此有更大的提升。

为了更快速、更大量、更成功地开店，特许经营或连锁经营企业应该像笔者的博士论文亦即第一本著作《企业全面资源运营论》所提及的那样，撕裂大脑，用无穷罗列的思维去组合资源，以求最大化的效果。

为此，我们可以把一个店的产权和经营权分开，然后去研究它们之间的关系，如此就会产生很多种店的形式，也正好回答了人们关于店的名字之类的疑问。

一个店的产权所有者，即一个店的投资者（指的是单店的实体投资）可以有三方：特许人，受许人，第三方（见图8-2）。

一个店的经营权所有者，即一个店的实际经营者也可以有三方：特许人，受许人，第三方（见图8-2）。

图 8-2　单店的两权分离、三权组合

在确定了上述三类产权方以及三类经营方之后，我们就可以得出以下四个层面的组合了。

第一，单就产权而言，其投资方组合至少可以有6种形式。

（1）特许人全部投资。

（2）受许人全部投资。

（3）特许人投资+受许人投资。

（4）特许人投资+受许人投资+第三方投资。

（5）受许人投资+第三方投资。

（6）特许人投资+第三方投资。

第二，单就经营权而言，其经营方组合至少可以有7种形式。

（1）特许人经营。

（2）受许人经营。

（3）特许人经营+受许人经营。

（4）特许人经营+受许人经营+第三方经营。

（5）特许人经营+第三方经营。

（6）受许人经营+第三方经营。

（7）第三方经营。

第三，在明确了投资方组合和经营方组合之后，下面来进行产权和经营权的组合，我们会发现其组合方式就更多了。

（1）特许人全部投资的情况下，有至少3种形式的组合，分别是：特许人经营，特许人经营+第三方经营，第三方经营。

（2）受许人全部投资的情况下，有至少7种形式的组合，分别是：特许人经营，受许人经营，特许人经营+受许人经营，特许人经营+受许人经营+第三方经营，特许人经营+第三方经营，受许人经营+第三方经营，第三方经营。

（3）特许人投资+受许人投资的情况下，有至少7种形式的组合，分别是：特许人经营，受许人经营，特许人经营+受许人经营，特许人经营+受许人经营+第三方经营，特许人经营+第三方经营，受许人经营+第三方经营，第三方经营。

（4）特许人投资+受许人投资+第三方投资的情况下，有至少7种形式的组合，分别是：特许人经营，受许人经营，特许人经营+受许人经营，特许人经营+受许人经营+第三方经营，特许人经营+第三方经营，受许人经营+第三方经营，第三方经营。

（5）受许人投资+第三方投资的情况下，有至少7种形式的组合，分别是：特许人经营，受许人经营，特许人经营+受许人经营，特许人经营+受许人经营+第三方经营，特许人经营+第三方经营，受许人经营+第三方经营，第三方经营。

（6）特许人投资+第三方投资的情况下，有至少3种形式的组合，分别是：特许人经营，特许人经营+第三方经营，第三方经营。

由上述结果我们会发现，单店的产权和经营权组合形式至少有34种。

而34种中的每一种都可能正好回答了有些特许经营或连锁经营企业的疑问。

比如特许人全部投资、特许人经营的店，通常称为直营店。

比如受许人全部投资、受许人经营的店，通常称为加盟店或特许加盟店或纯加盟店。

比如受许人投资、特许人经营的店，通常称为特许人的托管店，也称为投资理财店，因为对受许人而言，他的投资行为更像投资理财：我只管出资，你们来负责经营和获利。

比如特许人和受许人共同投资的店，通常称为合作加盟店。

如此等等，不再一一赘述。

上述34种两权组合的店面形式，其实在实际的商业生活中都是可行的，企业要根据内外条件和资源以及自己的战略目的，灵活地采用其中几种甚至全部。

比如通常情况下，特许人为了实现自己的轻资产化运作，单店的投资可以全部由受许人负责，总部不参与实际的投资。但是，如果该店对于总部的意义重大，比如明星加盟、在具有中心辐射地位的城市或地段、特许人为了上市而需要积累不被剥离的自有资产等,总部可酌量投资入股,当然可以是成为小股东或控股。

为了加盟店的投资成功,既可以由受许人独立投资,也可以由受许人采用合作、合伙、众筹等方式投资。如此,就可以使得很多资金实力不足的受许人迅速具备充足的投资额度,大大加快特许人的开店速度。对于需要大额投资的加盟店而言,这些组合的效果非常明显。

比如对于一家连锁宾馆,可以由受许人投资,特许人委派自己的店长驻店管理,而宾馆里的布草清洗、线上揽客、餐饮等业务可以交给第三方经营。如此组合可能会获得三方的最优资源,从而使该店获得更好的盈利,提高经营的专业性。

第四,在明白了上述34种两权组合之后,我们再来看第四个层面的组合,即针对第三种权力——分利权的组合。

同样,我们依然采取"撕裂大脑,用无穷罗列的思维去组合资源"的方法,以求最大化的效果。

对于投资方和经营方而言,其各自分得的企业利润完全可以与其投资比例不同,如此灵活多变的分利方式会比纯粹按投资比例进行分配的传统方式更具激励意义。也就是说,除了按照投资比例进行分配的传统方式之外,单店的利润还可以根据双方事先约定的比例进行分配,或采取其他方式。

比如对于受许人投资、特许人经营的托管店而言,双方的分利方式可以是:在加盟店的投资回收之前,受许人和特许人的分利比为8∶2,而在加盟店的投资回收之后,受许人和特许人的分利比就可以变为4∶6。这样的分利方式在前期对于受许人是公平的,因为投资风险是其最重要的考虑因素,而一旦受许人的投资回收完毕,投资风险就没有了,剩下的就是受许人要谋求的利润了,而这个时候,特许人提取更大比例的利润也更公平,更能激励特许人的托管运营团队。

当然,每种分利方式都可以与上述34种两权组合进行再次组合,其结果就是,单店的三权组合种类非常多。

总之,对于特许人企业而言,其目的是在允许的前提下开设更多的店,如果因地制宜地进行三权组合的话,则特许人企业的开店速度、单店的经营质量、人员的干劲、经营的风险等方面就会有明显的改善。

第十一节 正确认识"店":从"店"到"点"的根本转变

对于饭店、便利店、服装店、足疗店、药店等,大家都明白它们是"店"。但对于另一部分,虽然名称上没有"店"这个字,比如美容院、足疗馆、超市等,但其实指的也是"店"。

那么,关于"店",我们应该如何定义呢?

大家通常所认识和理解的店一般包括独立店、店中店和专柜三类。

但自从有了互联网之后,"店"又增加了一种,即虚拟的店,当然这种虚拟的店既可以是商家自己建设的，比如自己建立 App、网店等，也可以是借助别人的平台建设的，比如在淘宝上开设自己的网店等。

然而这还远远不够，如果我们把思维进一步深化，透过事情的表面现象看待最深处的本质时，我们应该看到，除了上述传统店和虚拟店之外，分公司、经销商、代理商、城市合伙人、直销点、办事处、分校、分站甚至家庭、个人等"点"的实质也是"店"。

所以，对于"店"的全新分类应该如图 8-3 所示。

```
店是什么？
         ┌ 独立店
     传统 ┤ 店中店
         └ 专柜
店 ┤
     虚拟 ┤ 自建
         └ 外借
         ┌ 分公司
     点   │ 代理商
         │ 办事处
         └ ……
```

图 8-3 "店"的全新分类

对"店"进行重新分类之后，无论您是做一个店，或者做连锁经营或特许经营，还是做任何的企业或不是企业的事业机构等，您的视野、方法、结果等各个方面都会发生翻天覆地的改变。

以企业举例来说，当您的观念从"店"转到"点"的时候，您至少可以立即获得如下巨大好处。

（1）用于传统实体店的思路、方法等可以举一反三、融会贯通地运用到虚拟店和"点"上面。比如传统实体店选址、装修、陈列等的思路、方法，对于虚拟店同样适用，因为虚拟店也需要选址（比如可以自己建设，也可以选淘宝、天猫等网络平台），也需要装修（比如颜色、布局、整体效果等），也需要陈列（比如主次产品以及辅助道具的选择、安放等）。

（2）对于"点"，比如分公司、经销商、代理商、城市合伙人、直销点、办事处、分校、分站等，您完全可以举一反三、融会贯通地运用传统店的思路、方法。比如您可以运用特许经营和连锁经营的模式去标准化、规范化、统一化各个"点"，可以按照特许经营的理论去招募、营建、培训、督导各个"点"，如此，就可以迅速而有效地提升各个"点"的经营质量，进而大大提升企业经营水平。

（3）企业在发展业务时，比如连锁企业总部在拓展自己的网络时，不能只埋头苦攻传统店的三种形式，还应该同时开设虚拟店和积极发展"点"。企业应针对不同的时期、不同的产品或服务、不同的地理位置，灵活地选择运用传统店、虚拟店和"点"这三种商业组织形式，完全不必拘泥于某一种。当然，这三者在渠道等方面可能会有冲突，这就需要企业去有机地融合、科学地分配、一体化地操作。如此，企业在扩张速度、品牌发展、因地制宜等方面一定会有巨大的提升。

（4）对于每一种分类本身，企业在实际操作时，都应考虑每一种更细分类的组织形态的实际可行性，条件允许的话，应采取更多的选择，从而增加成功的可能性。这种打开思维的做法一定会使企业的经营迈上一个更大的台阶。比如，企业在开传统店时，不一定非得要独立店，也可以开设店中店和专柜；企业在开设网店时，至少有两种选择，即自己建设和借用别人的平台；企业在外地设"点"时，未必一定是分公司，也可以是办事处、合伙人、分站等形式。

总之，从"店"到"点"的转变，虽然只有一字之差，但结果却是天壤之别。只要树立了更广义的"店"的理念，企业所学的很多知识就可以融会贯通起来，企业的实际发展和扩张也会更快速。

第十二节　科学计算两店之间的公平距离

在连锁企业的拓展过程中，必须解决的重要问题之一就是相邻的两家店之间距离多远才最科学合理。关于两店之间距离的重要性，我们可以从法、商两个方面来论述。

首先。从法律上来讲，如果某店是加盟店的话，那么按照特许经营的规则和行业惯例，特许人必须保证该加盟店有一个科学合理的商圈或足够的消费人群数量，以保证该店能达到双方事先预期的盈利目标，而这一条通常会被写到特许经营合同里。

其次，从商业上来讲，一方面，如果相邻两家店之间的距离设置过大，则可能导致两种不良后果：要么是有的顾客会服务不到（因为距离远，顾客不愿意来店消费），要么是因为顾客来店消费过多（因为附近没别的店，只能拥挤到一家店来消费）导致店面无法提供足够的服务。无论上述哪一种情况，都会直接导致一个非常不好的结果，那就是顾客的不满和抱怨。更何况，第一种情况还会严重浪费连锁企业的商圈和消费者潜力，因为有一些消费者没有被店面的有效服务范围覆盖，产生了店面有效服务的盲区和荒地。另一方面，如果两家店之间的距离设置过小，则显然它们之间会互相竞争，结果是每家店都"吃不饱"，盈利水平直线下降甚至亏损。

既然无论从法律上还是从商业上来讲，两店之间距离的科学合理设计都是必需的，那么，我们应该如何设计这个距离呢？

传统的以及大多数企业的做法都是简单地规定一个所谓的"半径"或"距离"，比如规定每个店面在半径1千米之内不再设第二家店，或者两店之间的直线距离不得低于2千米。从表面上看，这种方法非常简单易行，大家似乎也少有争议，但其实这种做法是非常不科学、不合理的。为什么呢？且不说商圈本身根本就不是圆形的这一个常识，也不说虽同是1千米的直线距离，但因步行、开车、绕弯等不同交通工具、不同实际路径曲线会导致顾客到店时间差别非常大，仅仅按"半径"或"距离"这个物理长度来决定两店之间的距离就是不合理的。比如火车站、闹市区等人流密度非常大的地方，可以不到100米就开一家，在人群密集的大型购物中心内，甚至可以每层都开一家相同的店面；但在人口稀少的郊区、居民区等，可能每隔8千米才有必要开一家。

那么，在考虑两店之间的距离时，应参照什么因素呢？根据笔者多年的研究，在设置两店之间的距离时，真正应考虑的是有效消费人群的数量及消费者的实际到达时间。

具体而言，通过如下三个步骤，我们便可以科学合理地确定某地是否该开店，以及店与店之间的距离。

第一步，计算单店盈利所需要的周边商圈总人口数。

对于某行业的某单店而言，假设周边商圈中可能会在该店消费的人群比例为20%（这个称为"有效消费者比例"，用 r 表示），即每100中人会有20人进店消费。再假设每人每年来到该店消费的额度是1000元（这个称为"单客年有效消费额"，用 m 表示）。

则周边商圈中每百人的年消费潜力（hm）是：

$$hm = 100 \times r \times m$$
$$= 100 \times 20\% \times 1000$$
$$= 20000（元）$$

再假设该店每年保本最低需要20万元的流水收入（这个称为单店的"盈亏平衡线"，用 dc 表示），则这个店得以生存（不是盈利）的周边人群数量（这个称为单店的"盈亏底线有效消费者数量"，用 dp 表示）就是：

$$dp = (dc \div hm) \times 100$$
$$= (200000 \div 20000) \times 100$$
$$= 1000（人）$$

要注意的是，这个1000人只是有效消费者数量，所以，加上无效消费者数量之后，便是该店周边商圈的全部人群数量（用 tp 表示），即：

$$tp = dp \div r$$
$$= 1000 \div 20\%$$
$$= 5000（人）$$

所以，我们最后得出的结果是，如果该店要想生存下去，即不赔不赚的话，则其周边商圈的总人口必须至少是5000人。但这5000人只是该店生存所需要的最少人群，该店若要盈利，此人口数量还必须扩大。

假设该店可盈利的目标流水或总部允许的目标流水是保本流水或前述"盈亏平衡线"的3倍（这个称为"盈利的流水倍率"，用 pr 表示），则最终确定的该店周边商圈内的人群数量为（这个称为"商圈最终人群数量"，用 fp 表示）：

$$fp = tp \times pr$$

第二篇　成功构建第二步：特许经营理念的导入和体系的六大设计、标准化、手册编制

$$=5000×3$$
$$=15000（人）$$

至此，我们的计算就结束了。结论就是，如果该店要实现预期的盈利水平的话，则该店周边商圈内的总人口数至少应为 15000 人。

当然，我们还可以用上述方法，根据该店的服务能力上限计算出该店能服务的最大人群数（这个称为"最大服务消费者数"，用 mp 表示），假设为 20000 人。

则我们最后可以确定的是，该店的允许周边商圈人群数（这个称为"商圈允许人群数量"，用 ap 表示）应该是：

$$fp \leq ap \leq mp$$

第二步，以顾客实际到达的时间为依据画出商圈的实际形状。

决定顾客是否来店的因素有很多，包括单店的商品、环境、服务、品牌、宣传等自身因素以及顾客的购买习惯、行业特点等外在因素，但总体来讲，决定绝大多数顾客是否来店的首要因素是距离。注意，这里讲的距离不是直线距离，而应是顾客以某种交通手段到达该店的时间性的距离。比如，顾客商圈为 1 千米的说法是不严谨和错误的，应该把顾客商圈定义为步行 10 分钟或开车 3 分钟，这种描述更为科学。

在上述第一步中，我们计算出了商圈最终人群数量为 15000 人之后，假设该店的顾客愿意为到店所花费的时间为步行 10 分钟，我们就可以按照如下规则画出该店实际的商圈曲线：以店为中心，沿着到达该店的道路，向四周发散，以步行 10 分钟或小于这个时间（因为可能在不到 10 分钟的情况下，商圈内的人群总数就已经达到了前面所预计或设计的 15000 人）为依据确定商圈的周边结束点，然后把这些点连接起来，就是该店实际的商圈曲线，如图 8-4 所示。

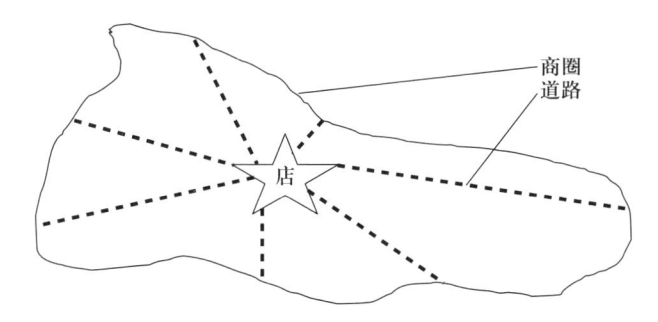

图 8-4　以顾客实际到达的时间为依据画出商圈的实际形状

关于上图的说明如下。

（1）上图中的虚线是实际存在的到达该店的道路。

（2）每条道路的实际到店时间是相同的（都是 10 分钟或小于 10 分钟的时间段），因为有的道路可能只能步行、有的可开车等。

如上画出步行 10 分钟的商圈图之后，会出现三种情况，即按照步行 10 分钟画出

的商圈的实际人群数（ep）可能会大于、等于或小于前面计算或设计的 15000 人（fp）。这三种情况分别对应的解决措施如表 8-2 所示。

表 8-2 三种情况比较与对策

比较	对策
ep > fp	只要不超出"最大服务消费者数"，即 mp，该商圈就可以为该店的专属独占商圈；如果超出"最大服务消费者数"，则建议在附近增设一家新店，以服务前面的店无法提供服务的消费者；原来的店的商圈应以小于既定的 10 分钟的时间段来重新划分，直到商圈内的实际人群数等于 15000 人为止
ep < fp	这是最理想的状态，该商圈即为该店的专属独占商圈
ep=fp	此时商圈内的实际人群数是不足的，该店达不到预先设计的盈利水平，不建议在此商圈内开设单店；或者，该单店需要采取别的手段以突破步行 10 分钟的障碍，比如提供免费购物班车、外送等

第三步，相邻店的地址确定。

通过上述步骤确定了某店的实际商圈之后，下一家相邻店的地址和商圈就能随之确定了。具体方法就是，沿着上个店的商圈边缘，同样以 10 分钟或小于 10 分钟的时间段向外沿着实际存在的道路进行发散，然后重复上述第二步的做法，如此，就可以确定最合理的单店商圈以及单店的合适地址。

综上所述，根据周边商圈内的总人口数与顾客实际到达的时间这两个主要指标，连锁企业就可以清晰地确定每家店的实际商圈，进而确定两店之间的实际距离。只有如此，才能既充分利用单店商圈里的每一个消费潜力，不造成任何的浪费，又不至于因服务力不足而得罪顾客。

第十三节 界定商圈等级或类别的两位数分级法、等消费线

开店时，如何界定商圈等级或类别？很多企业在拓展连锁店时，经常是以城市级别作为商圈等级或类别划分的标准。其实，这样的划分是完全错误的。为什么？因为城市的级别和商圈的等级或类别并不完全对等。比如北京这样的一线城市的六环的商圈等级可能还不如三线城市的市中心的商圈等级更高。

那么，如何界定商圈的等级或类别？正确的方法应该是两位数分级法，即以 1、2、3、4 等代表一线、二线、三线、四线等城市，而以 0.1、0.2、0.3、0.4 等代表城市内的一类、二类、三类、四类等商圈。所以，按照消费力的标准，城市的商圈等级或类别就可以划分为：一线城市可以有 1.1、1.2、1.3、1.4、1.5 等类别的商圈；二线城市可以有 2.1、2.2、2.3、2.4 等类别的商圈；依此类推。如图 8-5 所示。

	一线	二线	三线	四线	五线
一类商圈	1.1	2.1	3.1	4.1	5.1
二类商圈	1.2	2.2	3.2	4.2	
三类商圈	1.3	2.3	3.3		
四类商圈	1.4	2.4			
五类商圈	1.5				

图 8-5　直线型的等消费线

需要注意的是，从消费力上讲，1.4、2.3、3.2、4.1 等商圈可能是相同的。如此，在消费力平均分布的情况下，我们可以做出同类别商圈的分类组合，进而可以得出如图 8-5 所示的对角线，这个对角线就是等消费线，代表着在同一消费力下不同城市的商圈类别。

当然，这个等消费线未必是直线，有时还可能是曲线，比如经过计算之后，等消费线还有可能如图 8-6 所示。

	一线	二线	三线	四线	五线
一类商圈	1.1	2.1	3.1	4.1	5.1
二类商圈	1.2	2.2	3.2	4.2	
三类商圈	1.3	2.3	3.3		
四类商圈	1.4	2.4			
五类商圈	1.5				

图 8-6　曲线型的等消费线

两位数分级法、等消费线的具体应用非常多，具体如下。

（1）作为选址、开店的依据。比如那些原先认为自己的店适合开在三、四线城市的核心圈（即 3.1、4.1）的连锁企业就会恍然大悟，适合开店的商圈可能还包括 2.2、1.3 以及 3.2、2.3、1.4 等类别的商圈。如此，按照两位数分级法以及等消费线的商圈界定方法，企业就不会错过适合开店的商圈，开店的地域范围和数量也就大大增加。

（2）作为连锁店定价的依据。类别相同的商圈的商品或服务的定价可以相同。

（3）作为招商时收取特许经营费用的依据。类别相同的商圈的加盟店的特许经营费用可以相同。

第九章　总部的设计、标准化与手册编制

第一节　总部的组织架构设计原则和典型类型

特许经营企业作为一个由总部自己的机构与众多受许人和加盟店所组成的庞大而复杂的系统，要求有严密和科学的管理。在特许经营体系运行中所发生的人事、财务、物

流、培训、督导等众多烦琐的事务都必须在总部的统一管理下有条不紊地处理，任一环节的失误都可能导致整个体系不可挽回的损失。

而特许经营体系各部门、各环节、各流程、各阶段及各方面的有效、高效运转，都离不开总部的领导和管理。有人形象地将特许经营体系的总部比作体系的"龙头"。有了一个科学设置、高效和强有力的总部，才能使整个特许经营体系保持生机和活力，并在激烈的市场竞争中立于不败之地。

总部设计的内容主要是总部的组织架构以及各部门的岗位设置、工作职责分配与描述。

在设计时，企业应遵守如下几个基本原则。

（1）在设置部门或岗位的时候，不管部门或岗位的数量有多少，也不管这些部门或岗位之间如何合并，有一点必须记住的就是：形式可以多变，但企业的职能内容一个都不能少。

（2）组织架构应尽量扁平化，不要设置过多的管理层级。

（3）"副总经理"这一岗位不宜过多，一般小型企业2～3个足矣，大的企业集团在5～7个也足够了。

（4）要因事设岗，使每个岗位或部门的工作满负荷，不要有多余的人员。

（5）关联性强的部门最好能有一个统一的上级来管理，不然，如果工作之间的协调性不好的话，会大大影响企业的工作效率。

（6）岗位或部门的设置是动态的，即企业应根据自身的发展有计划地调整、优化组织架构。比如在企业很小的时候，可以把不同的岗位或职能合并在一起，实行一人多职、一岗多能，但当企业发展得较大的时候，就可以逐步地分设成不同的岗位或部门。

（7）先设置部门或岗位，再按岗位要求配置相应素质的人员，按工作量确定人员数量。

（8）要有计划地设置人员的紧急顶岗机制或人员后备机制，以免因某人突然离职而导致企业的某项职能瘫痪。

（9）相对于直营模式而言，特许经营模式所独有的职能有两个：招商和授权。

（10）特许人可以将每个职能变成一个部门，也可以按照一人多职、一岗多能的原则进行合并。

实际的组织架构设置因总部本身性质的不同而不同，下面我们分三种典型的基本情况来叙述。

第一种即特许经营体系是特许人唯一业务的情况。

其总部的组织架构可以如图9-1所示。

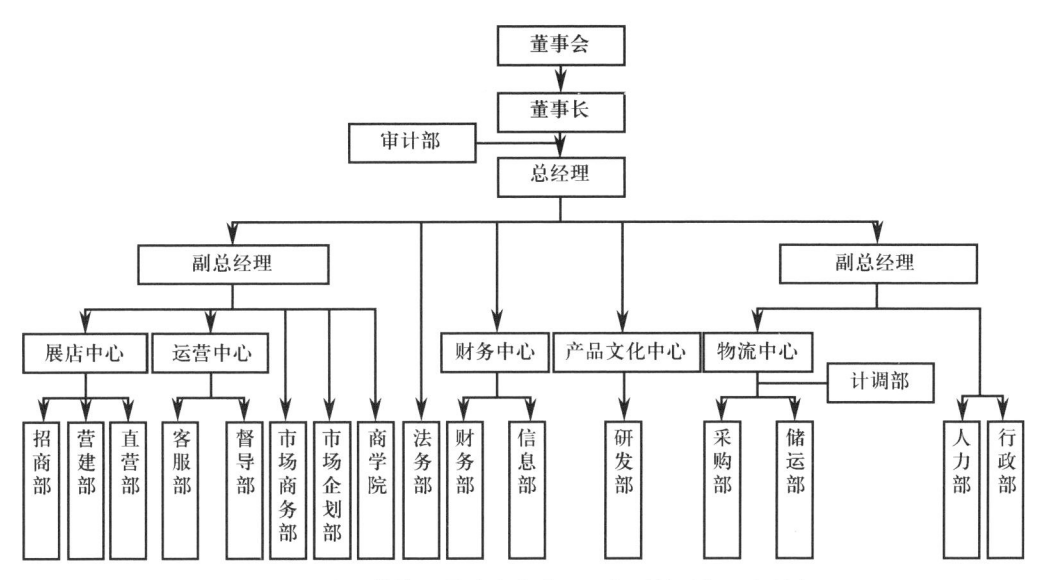

第二篇　成功构建第二步：特许经营理念的导入和体系的六大设计、标准化、手册编制

图 9-1　特许经营体系是特许人唯一业务时的总部组织构架图

第二种即特许经营体系仅是企业业务之一的情况。

其总部的组织架构可以如图 9-2 所示。

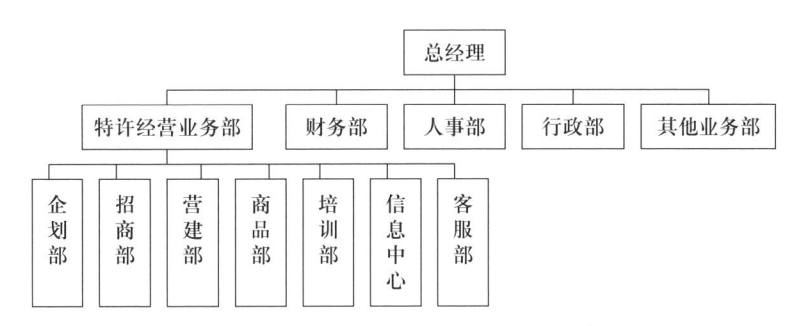

图 9-2　特许经营体系仅是企业业务之一时的总部组织构架图

因为总部有多种业务，所以为避免部门的重复设置和实现整个公司的协调一致，特许经营的一部分职能将由总部统一的、公共的部门来负责完成。

第三种即企业有生产工厂的情况。

其总部的组织架构可以如图 9-3 所示。

275

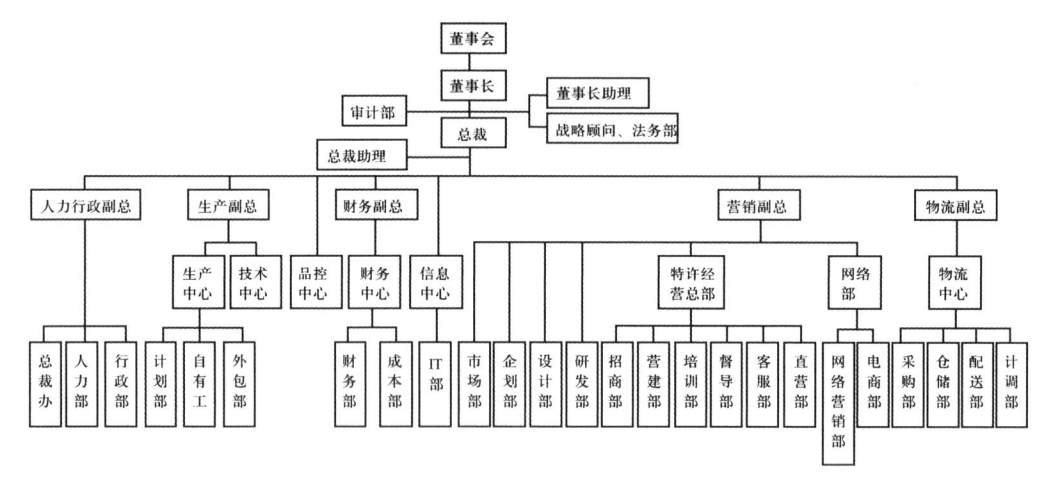

图 9-3　企业有生产工厂时的总部组织架构图

在设计出上述特许经营组织架构之后，企业需要针对每个部门进行人员的数量确定、要求确定、分工确定、岗位制度确定和工作流程确定，最后形成系列的总部手册，具体如下。

- 总部组织架构与岗位职能手册
- 总部人力资源管理手册
- 总部财务管理手册
- 总部物流管理手册
- 总部行政管理手册
- 总部商品管理手册
- 总部信息系统管理手册
- ……

当然，总部也可以把上述这些单独的手册加以合并，统称为总部手册。

第二节　总部选址需要考虑的因素

总部选址很重要吗？是的，这就如同一个国家选择首都一样非常关键。很多特许、连锁企业的产品、模式等非常优秀，但仅仅因为总部选址不当，就导致企业发展停滞甚至崩盘，这不得不说是非常遗憾的事情。而有的企业自从搬迁总部之后，便得到了迅速的发展。

总部在选址时应考虑的因素至少包括以下几点。

（1）能否招聘到适合特许经营体系的层次与规模的人才。当你有几百家店时，你的总部就需要一大批高层次、高学历的人才，而这些两高型人才多数位于一、二线城市，所以为了发展，你的总部可以选在北京、上海或省会城市。

（2）是否是行业集聚地。很多地方已经或渐渐具有行业集聚的特点，比如顺德一个镇就集聚了数千家家具企业，监控摄像类企业集聚在深圳，宜宾曾是中国女鞋之都，重庆的火锅连锁数量在中国首屈一指，东莞汇聚了大批服装企业，等等。因为大批的同行企业集聚，所以这些行业集聚地区也就成了行业内的人才、信息、产品、技术、资本、物流、研发等的集散中心，企业可以相对容易地在这里找到需要的各类顶级资源。因此，你的总部或总部的有些部门就可以设在这些行业集聚地区。

（3）是否有地方特色标签。比如，总部位于四川的川菜连锁在感觉上要比总部在上海的川菜连锁更正宗，总部在乌鲁木齐的新疆干果连锁给人更可信的感觉。所以，你应该考虑你的企业给人的感觉是否具备一定的地方特色标签。

（4）总部是否需要拆分，以分别设在不同的地方。比如，你可以把总部的行政、运营、招商等中心设在北京、上海或省会城市以便招聘到合适的人才，利用大城市的资源和发挥大城市的影响力、辐射力，把研发中心设在行业人才集聚区以便及时获得资源，而呼叫中心、工厂、养殖基地之类则宜设在用工成本更低的三、四、五线城市，等等。

（5）是否有合适的物流、交通等条件。如果总部需要不断发货、接待客户等，则总部一定要设在交通发达的地方，否则，糟糕的交通会严重影响企业的发展。事实证明，那些没有高铁、飞机的城市通常不适合设立总部。

当然，企业在选择总部地址时，也要考虑到政策优惠、国家扶贫战略、成本费用等。但无论如何，企业都应该综合考虑多种因素之后，通过定性、定量评估来确定，而绝不能凭单一因素就草率定下地址。

第三节　特许经营总部的23大核心职能部门

一、特许人在加盟店开业过程中与受许人发生关系的4个核心职能部门

1. 招商部

招商部的主要职能是制定招商政策、流程，发布招商消息或寻找受许人，与潜在受许人洽谈、答疑，签订特许经营合同。

签订合同、完成财务交费之后，招商部移交受许人档案和工作给营建部。

2. 营建部

营建部主导性负责受许人签订特许经营合同之后的工作，包括选址、装修、办证、招聘、设备器材进场、陈列、内部营业或试营业，一直到正式开业。在这期间，总部的拓展或选址、培训、物流、设计、装修、企划、财务等部门要配合好，按照营建部的统一指挥随时工作。

正式开业之后，营建部移交受许人档案和工作给督导部、客服部。

3. 督导部

从单店正式开业开始，督导部进入工作。

督导部的主要职能是在受许人整个生命周期中对受许人、加盟店进行主动性的检查、监督、指导，保证加盟店在遵守规则的同时尽量盈利，完成销售任务。

4. 客服部

从受许人签订加盟系列合同并完成交费开始，客服部进入工作。

客服部的主要职能是在受许人整个生命周期中对受许人、加盟店、产品的各种问题进行答疑和联系相关部门解决。同时，负责加盟店在加盟期内转让、到期续约、到期终止等事项的对接。

二、特许人在加盟店营业过程中与受许人发生关系的 9 个核心职能部门

1. 法务部

以非诉讼为主，以诉讼为辅。主要职能是处理公司的各种法律法规问题，包括备案、信息披露、知识产权等。

2. 拓展部

又称选址部。主要职能是指定店址标准并负责实际选址。

3. 财务部

负责公司的财务和税务，财务包括筹集、运营、分配、监督资金等，税务包括缴纳税款以及合理合法避税。

4. 设计部

负责平面和空间的设计，同时负责视频、音频等的设计和制作。给受许人的装修协助可以有三种：只给效果图，通常免费；帮助做装修设计图，可免费，也可以按低于市场价收费；用自己的装修公司或装修合作伙伴直接给受许人装修。

5. 装修部

负责单店的装修工作。

6. 企划部

负责企业活动、单店开业、产品促销等的策划，包括创意、文案（媒体采访、领导发言、软文等）。

7. 培训部

受许人招聘人员之后，按照岗位比例（或全员）将其送到总部或区域分部接受统一培训，统一获得上岗证。培训主要分四大块内容，即硬技术、软技术、企业文化、特许经营规则。

8. 物流部

主要是对总部统一配送的产品、原材料、机器设备、器材、工具、耗材、工服等实施四项职能，即采购、仓储、配送、计调。

9. 信息部

设计或采购信息系统，并对整个体系的信息系统进行运营、维护、升级或更换。

三、特许人在加盟店营建和正常营业过程中很少直接与受许人发生关系的 10 个核心职能部门

1. 人力资源部

主要负责特许人自己的人力资源的管理和运营。

2. 办公室

负责的内容通常是行政和后勤、公关的集合。

3. 基地或工厂

负责原材料或成品、设备、器材等的制造。

4. 审计部

通常负责审计总经理及以下的所有事务的财务事项。

5. 市场部

研究企业的外部市场（行业、竞争者、消费者、潜在受许人以及外部各界对企业的反应）和内部市场，为企业决策提供信息依据。

6. 电商部

负责产品与服务的线上经营。

7. 网络营销部

负责公司的网站、微信、微博、头条、抖音等的运营以及互联网营销。

8. 品牌部

负责公司品牌的运营、维护和升级。

9. 战略部

负责制定、修改公司的战略。

10. 其他

第十章　分部和区域受许人的设计、标准化与手册编制

第一节　分部和区域受许人整体设计

特许经营体系的分部或区域受许人有几种不同的类型，主要的区别就在于分部或区域受许人的权利和义务，比如有的分部或区域受许人只能自己建设多家单店而不能再特许，有的则可以再特许出去，有的则既能自建单店又能再特许。

分部或区域受许人的建设是一个非常重要的问题，尤其在 CIS 的统一以及充分反映特许人的风格方面。但遗憾的是，目前国内的许多特许经营企业对于分部或区域受许人的 CIS 缺乏足够的关注。其表现之一就是，我们经常可以看到模式一致的单店，却几乎看不到模式一致的分部或区域受许人。有的特许经营体系的分部或区域受许人甚至仍

然是该区域受许人原来企业的模样，从其外观、理念、规章制度、行为作风、企业风格等方面完全看不出它所代表或加盟的特许人的痕迹。这对于特许经营体系的发展是不利的，特许人必须改变这种现状，重视对分部或区域受许人的 CIS 的设计与推行工作。

对于分部或区域受许人的设计要讲究原则性和灵活性的有机结合。

比如对于那些为了建设特许人体系的区域网络而单独成立的分部或区域受许人而言，特许人要为他们设计一整套的 CIS，包括 MI、BI、VI、AI、SI、BPI、OI、EI 八个部分，那么这些分部或区域受许人的对外形象和内里特征就更像是总部的一个简缩版。

分部或区域受许人组织架构的设计其实就是总部的压缩和减少，比如根据特许人对分部或区域受许人的权利、义务要求，分部或区域受许人在总部的职能上有所减少或压缩。

对于那些仅以再特许为自己企业一部分业务的分部或区域受许人而言，因为他们本身有自己的一套 CIS，他们只是将再特许作为自己赚取额外利益的一项业务而已，所以，特许人必须在特许经营体系的 CIS 与这些分部或区域受许人的 CIS 之间寻求一个平衡。虽然最好的情况是要求分部或区域受许人按照特许人设计的一整套分部或区域受许人 CIS 来建设一个单独的分部或区域受许人，但也应允许分部或区域受许人根据实际情况保留自己的一些特色，因为这样对于特许人特许经营连锁店网络的推广是有好处的，否则很容易因为特许人条件的过于苛刻而失去很多潜在的分部合作者。特许人可以采用一些变通的手法，比如要求分部或区域受许人在有关特许经营体系的对外往来上，采用有特许经营体系标志的一些文件、函单、声音、图像、行为特征甚至精神风貌等，而在非特许经营业务上，则可以按照他们自己的一套 CIS 来做。

分部或区域受许人的 BPI 应根据各个特许人对各类分部或区域受许人的具体要求来设计，亦即总部要对不同分部或区域受许人的工作流程、步骤等进行分别的规定和描述，以便分部或区域受许人有章可循。如同单店一样，分部或区域受许人的 BPI 设计也分为两类：分部或区域受许人的开设 BPI 与分部或区域受许人的日常运营 BPI。

一、分部或区域受许人的开设 BPI

分部或区域受许人的开设 BPI 指的是一个分部或区域受许人从确定选址原则一直到开业这期间应做的工作。其步骤分为确定分部或区域受许人的选址原则、目标市场调研和分析、初选地址、分析并确定地址、装修、人员招聘与培训、证照办理、开业筹备、正式开业等。读者可以参照前面单店开店 BPI 的有关内容，所不同的在于以下方面。

（一）确定分部或区域受许人的选址原则

因为分部或区域受许人的主要任务并不是对顾客进行直接的营业，而是开发、管理和服务自己区域内的单店网络，所以分部或区域受许人的选址原则就与单店的选址原则不同。一般来说，分部或区域受许人应以下述各项为通用原则。

（1）便于开发、管理区域的单店网络。

（2）便于进行单店网络的物流配送、信息传递等辐射性工作。为此，分部或区域受许人的位置最好是该区域网络的中心或可以方便地成为区域网络辐射中心的地方。

（3）可以靠近其中一个单店，这个单店通常为分部或区域受许人自己建设的直营店，也经常被作为这个区域网络的样板店。有的还把分部或区域受许人和直营店连成一体，做成前店后部的形式，也非常不错，这样，分部或区域受许人的人员就可以经常到单店的现场去实践，便于发现问题。

（4）因为分部或区域受许人不是一线市场的终端，不需要考虑最终消费者的消费便利性，所以为了节省费用，分部或区域受许人的地址可以选择在一个便宜些的地段，而未必选在商业的黄金地段。

（5）交通方便。

（6）市政等公用设施齐全。

（7）可以获得。

（8）拥有期限要与分部或区域受许人的特许合同期限匹配。

（二）目标市场调研和分析

因为分部或区域受许人的市场开发计划是针对招募受许人或开设区域内多家单店的，所以除了进行开设单店所要做的市场调研和分析之外，还应着重对有加盟意向的潜在受许人进行调研和分析。这一点与单店不同，单店的市场调研分析重在本商圈内的潜在顾客，分部或区域受许人的市场调研分析则重在本区域内的潜在受许人。

为了在所特许的区域建设特许经营网络，分部或区域受许人应对整个区域的经济状况、市场环境、人口统计、自然地理、人文风俗等进行宏观的调研分析，以便决定在这个区域铺设特许经营网络的数量、进度、规模等。

（三）分析并确定地址

根据选址原则和对目标市场的调研分析，分部或区域受许人可以选择几个候选的地址，然后逐一比较各自的利弊，同时考虑到分部或区域受许人的长期战略发展，最后确定一处地址为分部或区域受许人的所在地。

（四）人员招聘与培训、证照办理

分部或区域受许人招聘的人员与单店的人员是不一样的。通常情况下，单店的人员多是零售终端的执行层，其目的是保证一个单店的正常运转；而分部或区域受许人的人员多是市场开发、后勤服务和管理人员，其目的是保证一个区域特许经营网络的正常运转，保证这个区域内的多家单店正常运转。

同时，因为分部或区域受许人的业务性质与单店不完全相同，所以分部或区域受许人要办理的证照也与单店不同。比如，单店受许人可以是个体户，但是分部或区域受许人一般必须是企业。

（五）开业筹备与正式开业

分部或区域受许人的开业虽然不必像单店的开业那样，为了扩大地域影响而搞一个别开生面的开业仪式，但分部或区域受许人的开张也要做一些必要的公关和宣传工作，比如在有关媒体上发布开张信息等。

二、分部或区域受许人的日常运营 BPI

分部或区域受许人的日常运营 BPI 指的是分部或区域受许人在开张以后的日常运营中所进行的所有工作的流程、步骤等。根据分部或区域受许人类型的不同，其日常运营工作也是截然不同的，比如，分部或区域受许人可能会具有如下四项职能。

（1）开发区域市场，在所在区域进行受许人的招募和加盟店的营建，建设区域的特许经营网络。

（2）为区域单店网络做后勤服务，如商品配送、信息管理、与总部联络、培训等。

（3）管理整个区域网络和区域内的各单店。

（4）与总部约定的其他工作。

三、分部或区域受许人的运作手册

特许人企业在设计上述两项内容的同时，就可以编制出分部或区域受许人的运作手册。例如，区域受许人的运作手册应包括如下内容。

【实例】区域受许人的运作手册

1 手册介绍

1.1 简介或前言

主要强调特许经营体系的成功运作在于特许人和受许人双方共同努力和付出，指出本手册的意义以及编制目标，概括指出本手册的大致内容和目录框架。

1.2 手册使用指南

指出本手册的使用和保管事项，包括谁、在什么地方、以什么方式、为什么目的、针对什么内容时可以使用等。

1.3 手册的修订

指出本手册的修订办法、修订程序、修订人、修订周期、修订消息如何发出以及受许人应如何对修订通知做出响应等。

1.4 关于手册保密

指出手册的保密规定以及违反保密规定的后果，比如规定任何人都不许抄录或复印本手册的任何内容，也不得以口头传达、录音或其他方式将内容转告他人。如果必须向他人透露，必须经过特许人总部的书面认可，否则，将被视为违反特许经营合同，特许经营合同可能因此而终止。

2 区域特许经营

2.1 特许人的权利

主要介绍特许人的权利。

2.2 特许人的义务

主要包括特许人对区域受许人的初期开业支持、初期培训和持续培训支持、营销广告支持、区域保护等方面。

2.3　受许人的权利

2.4　受许人的义务

2.5　特许权

对本体系的特许权组成进行描述，包括有形的和无形的两部分。

2.6　产品和服务

对特许业务中的产品和服务进行说明，因为特许人的有些产品和服务不是或暂时还不是特许的内容之一。

2.7　特许人与受许人之间的沟通

3　区域受许人开设

3.1　确定区域受许人的选址原则

3.2　目标市场调研和分析

3.3　分析并确定地址

3.4　人员招聘与培训、证照办理

3.5　开业筹备与正式开业

4　区域受许人的日常运营

4.1　招募与营建次受许人

4.1.1　招募流程

招募次受许人是有些区域受许人的主要或大部分工作，虽然它的这项工作类似总部的招募受许人，但它们之间还是有区别的。比如有的特许人会规定，区域受许人只有权利与次受许人签订加盟意向合同，如果要最终签订特许经营合同，那么还需要特许人与区域受许人招募的次受许人签约。但有的特许人则给予区域受许人与其招募的次受许人直接签订特许经营合同的权利。

手册的这一部分必须详细地说明本体系的区域受许人招募次受许人的全部流程。

4.1.2　招募组织架构与岗位职责

因为要招募次受许人，所以区域受许人的招募组织架构以及人员岗位职责等也要说明。

4.1.3　招募战略

区域次受许人的招募方法、招募规划等内容也要予以详细的说明，以指导区域受许人的招募工作。

4.1.4　营建次受许人

说明区域受许人在营建次受许人过程中应承担的职责、应实施的工作的内容和流程等。

4.2　库存与物流

因为有的区域受许人要承担部分或全部物流配送的职责，所以本部分内容应至少包括如下方面。

4.2.1 存货管理（存货量、货物调配、存货盘点、补货、验货程序、货物差错等）

4.2.2 退／换货管理（条件、程序等）

4.2.3 货款管理

4.3 财务管理

区域受许人的财务管理比较复杂，因为其可能需要管理三个方面的财务，即区域受许人的财务、自己直营店的财务、次受许人的财务，所以本部分要分别对这三块内容进行说明。

4.3.1 区域受许人财务管理

4.3.2 区域直营店财务管理

4.3.3 次加盟店财务管理

4.4 人力资源管理

本部分内容是区域受许人的人力资源管理，至少应包括如下方面。

4.4.1 组织架构

4.4.2 岗位职责描述

描述经理、职员、收银员、物流人员、营销人员、招募人员、保安人员等的岗位职责。

4.4.3 资历

说明所有工作人员的岗位条件等。

4.4.4 招聘

包括广告发布、面试安排、面试提问、观察与评估、讨论薪金、录取、受雇前健康检查、个人资料存档、迎新等工作。

4.4.5 激励

4.4.6 培训

4.4.7 薪酬管理

4.4.8 考核

4.4.9 解除、终止、延续劳动合同

4.4.10 工作时间

规定工作日、用餐时间、公共假期、班休时间、上下班时间等。

4.4.11 员工福利

包括年假、病假和住院假、婚假、丧假、产假、员工折扣等。

4.5 市场营销／促销

主要包括两大方面的营销和促销：一是招募次受许人活动的营销和促销；二是单店的营销和促销。本部分必须对这两个方面进行讲解，重点是招募次受许人活动的营销和促销，因为单店的营销和促销会在单店手册里详细描述。

4.6 客户服务

主要包括两大方面的客户服务：一是对次受许人的服务；二是对单店客户的服务。本部分必须对这两个方面进行讲解，重点是对次受许人的服务，因为对单店客户的服务会在单店手册里详细描述。

4.7 区域管理/督导

管理与督导区域特许经营体系是区域受许人的主要工作内容之一，本部分应详细讲解区域管理和督导的方法、流程、技术等。

4.8 信息管理

对信息自下而上的收集、整理、分析、汇报、传递等工作，以及信息自总部向下的传递、监督、管理等工作进行描述。

4.9 受许人培训

对次级受许人进行培训，尤其是后期的持续培训越来越为众多区域受许人的职责之一。此处重点描述的就是区域受许人如何实施对次级受许人的培训，包括培训的时间、地点、频率、内容、方式、费用、师资、教材等。

5 附件

5.1 单店特许经营合同

5.2 区域特许经营合同

5.3 系列单店运营手册

5.4 总部及各部门联系方式

第二节 区域受许人开店数量与特许经营费用的计算

在实际经营中，许多特许人企业都会采取区域特许的方式来实现自己的快速扩张，因此，如何科学地确定区域受许人在某区域内可开设连锁店的上限数量、每年的开店数量，以及如何计算并收取区域受许人的特许经营费用等就成为非常重要的问题。

一、确定区域内可开设连锁店的上限数量

关于这个数量的计算方法其实有很多，下面只介绍两个简单可行、易于操作的计算方法，特许人企业据此可以直接计算出区域内可开设连锁店的上限数量。

1. 面积计算法

这个方法的原理就是以城市为单位，以某类型的店为计算模型，根据单店的商圈保护范围，计算出该市的城区可开设单店的最大数量。开店上限数量的计算公式为目标计算区域的面积除以对应城市级别的单店的商圈保护面积。如果某公司有多种类型的店面，比如面积不同的几种店面，则计算时可取中间面积的店面类型作为代表。

本书将以笔者的一个顾问咨询客户，即某连锁有限公司（以下简称 ABC）为例进行说明。

ABC 按城市级别、单店面积两个指标来设置不同的商圈保护范围（按半径的米数计算），如表 10–1 所示。

表 10–1　按城市级别、单店面积两个指标设置的商圈保护范围

单位：米

	省会、直辖市	省会、直辖市之外的城市	县级市及以下
旗舰店（800 平方米以上）	1500	2000	2500
标准店（400~800 平方米）	1200	1500	2000
小型店（200~400 平方米）	900	1200	1500

在计算时，我们可以取"标准店"所对应的商圈保护范围作为计算依据。

那么，对于一级城市南京，我们查到其城区面积为 4844 平方千米，建成区面积为 513 平方千米，所以 ABC 在南京可开设的单店的最大数量是：

$$513/(3.14\times 1.2^2)=113.5$$

由此，我们认为 ABC 在南京城区可开设的单店的上限数量为 113 家。

注意，我们在这里之所以不取"城区面积"，而取"建成区面积"，原因是为了对区域受许人更公平、更优惠，我们只计算目前（我们称之为"目前计算法"），而不计算未来。实际上，某城市区域受许人开店的上限数量是在不断增加的，对于发展速度快的城市尤其如此。为了避免这种目前计算法给特许人带来的未来损失（因为建成区面积的增大必然会增加开店上限数量，但区域受许人却依据既有合同坚持较小的开店上限数量），建议特许人给予区域受许人的加盟期不宜过长，通常可以取单店受许人加盟期的 2~3 倍。因为 ABC 的单店加盟期是 3 年，所以 ABC 的区域受许人的加盟期就可以是 6~9 年。

2. 人口计算法

这个方法以城市为单位，以某类型的店为计算模型，开店上限数量的计算公式为该城市的城区人口数量除以某类型店所能覆盖的人口数量。

仍以 ABC 为例，先来计算 ABC 的每家单店需要多少人口来为其提供充足的客源。

比如依据科学规划，ABC 的 800 平方米标准店的每天平均消费人数为 480 人。

再假设平均每家 ABC 单店周边人口的 3%（这个数字其实也是特许人在该城市的预期市场份额，会因城市的不同而不同。在竞争激烈的大城市，这个值要小些；在竞争不激烈的中小城市，这个值会大些）会到店里消费，他们平均每人每周消费 2 次，一年的消费日按 365 天计算。

所以，如果设定一年之内，ABC 的单店周围的商圈所需要的总人数为 X，则我们可列出方程式如下：

$$X\times 3\%\times 12\times 8=480\times 365$$

求解可得：X=60833 人。

也就是说，每 60833 人的区域，就可以开设一家盈利状况不错的 ABC 的单店。

以南京为例，查到其人口数量为：全市户籍人口 617.2 万人，常住人口 741.3 万人，市区户籍人口 534.4 万人。

为保守起见，我们以常住人口 741.3 万人为计算依据，则南京市可开设 ABC 的单店的上限数量就是：

$$741.3 万 /60833=121（家）$$

3. 综合结果平衡

通过对面积计算法结果和人口计算法结果进行比较与平衡，我们基本可以得出结论：ABC 在南京市的开店上限为 113~121 家。在实际之中，为简便起见，我们可以取中间值，即 117 家。

二、确定区域受许人每年的开店数量

作为特许人企业来讲，总部希望或要求区域受许人在一定的时间内、以一定的年增长速度完成上述的上限开店数量。比如 ABC 规定，南京的区域受许人要在 10 年内完成 117 家店的开店计划，10 年的开店速度增长率为每年增长 35%（这个值是中国特许经营企业的年平均增长率）。

假设 ABC 的南京区域受许人在第一年的开店数量是 X，则我们有如下的方程式：

$$X \times (1+1.35+1.35^2+1.35^3+1.35^4+1.35^5+1.35^6+1.35^7+1.35^8+1.35^9)=117$$

求解得：X=2 家。

同时，依次可求得后 9 年区域受许人每年新开店的数量，依次为 3、4、5、7、10、13、18、24、31。

但考虑到特许人企业给区域受许人的加盟期是 6~9 年，我们取中间值，即 8 年的加盟期，则区域受许人在其加盟期内每年新开店的数量依次可以设定为 2、3、4、5、7、10、13、18。

三、特许人向区域受许人收取的特许经营费用

在区域受许人上交给特许人的特许经营费用上，仍然可以坚持加盟金一次性交纳，权益金、广告基金按周期（比如月、季、半年、年等）交纳，其余费用具体问题具体对待。

具体费用的计算可按如下方法进行。

1. 加盟金

仍如上例，在 8 年的区域加盟期内，ABC 在南京市的区域受许人应该发展的总店数为 62 家。假设 ABC 给予区域受许人的每家单店受许人的加盟金折扣为 60%（区域受许人可以以全额的加盟金发展区域内的次受许人，或自己直接投资开店，如此，区域受许人在加盟金这块可以获得 40% 的收入），则区域受许人需要交纳给特许人的一次性加盟金为：

$$62×60\%×7.2 万 =267.84（万元）$$

说明：ABC 的"标准店"的加盟金为 7.2 万元。

2. 权益金（又叫管理费、特许权使用费）和广告基金

区域受许人因为替特许人开拓区域而获得的这部分利益的分配可以有两种方式：第一种是区域受许人直接向区域内的所有加盟店收取权益金、广告基金等费用，然后按约定比例上交给特许人；第二种是区域内的单店受许人全部将费用上交给特许人，然后由特许人按约定比例返还给区域受许人。

但无论哪种方式，权益金和广告基金的计算都可按如下方法操作。

仍如上例，在 8 年的区域加盟期内，ABC 在南京市的区域受许人应该发展的总店数为 62 家。假设 ABC 给予区域受许人的每家单店受许人的权益金或广告基金折扣为 60%，则区域受许人可以以全额的权益金或广告基金发展区域内的次受许人，或自己直接投资开店，如此，区域受许人在权益金或广告基金这块可以获得 40% 的收入。

3. 其余费用

对于保证金这一费用，因为特许人在受许人无违约的情况下要原数返还，所以特许人可以不给区域受许人分配这个收入，当然，特许人也可以以很小的比例奖励一下区域受许人。

对于总部配送的物品，比如原料、设备、工具、器材等，特许人企业可以给区域受许人一个折扣，然后区域受许人再全价给其区域内的次受许人。

第十一章　特许经营体系架构的设计、标准化与手册编制

这个设计、标准化与手册编制实际上是对整个特许经营体系的战略性宏观设计、标准化与手册编制，主要包括特许经营体系的组织架构。

标准的特许经营体系的组织架构如图 11-1 所示。

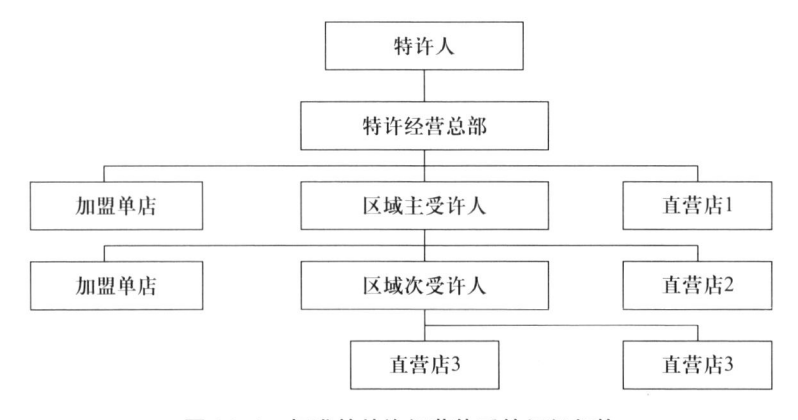

图 11-1　标准的特许经营体系的组织架构

第二篇　成功构建第二步：特许经营理念的导入和体系的六大设计、标准化、手册编制

需要注意，上图中的三个"直营店"是不相同的："直营店1"是特许人的直营店，"直营店2"是特许人的加盟店、区域主受许人的直营店，"直营店3"是特许人的加盟店、区域次受许人的直营店。

根据实际情况，这个特许经营体系的组织架构可以有相应的变化。比如，有的特许人的总部和特许经营总部是合二为一的；有的特许人不设置区域受许人这一环节，而是直接招募加盟单店；有的特许人只设置区域主受许人而没有区域次受许人；有的特许人只设置区域受许人而不直接设置总部的加盟单店；等等。

设置区域受许人是有利有弊的，特许人企业需要根据自己的实际情况，仔细研究后再决定。

特许人企业采用区域受许人模式发展其特许权业务的主要优点如下。

（1）区域受许人有指定地区的独家经营权，区域复合受许人还可以再次转授特许权，因此他们积极拓展市场，愿意做广告投入。

（2）因为特许人不再需要直接管理众多的加盟店，而只需要直接管理区域受许人，所以特许人对整个特许经营体系的管理层级明显扁平化，其管理变得简单，管理效率提高，管理成本下降。

（3）如果招募到合适的区域受许人，则特许经营体系的网络扩展速度会非常迅速。

（4）因为特许人企业直接签订合同的另一方数量较少，所以出现法律纠纷的可能性和管理成本都降低了。

特许人企业采用区域受许人模式发展其特许权业务的主要缺点如下。

（1）因为区域受许人要经营区域业务，或者还必须同时经营好自己的直营店，所以要求他们有很丰富的工作经验和较多的资金、资源等，但这样的合格区域受许人是不易寻找的，从而会使特许人企业的招募速度变得缓慢。

（2）由于区域受许人负责的不是一个单店的商圈，而是一大片市场领域，因此一旦他们出了问题或者经营不善，就会对整个特许经营体系产生较大的影响。比如麦当劳公司就不采用区域特许经营制度，其原因正如创始人克拉克所说的："如果你卖出一大块区域的特许权，那就等于把当地的业务全部交给了他。他的组织代替了你的组织，你便失去了控制权。"

据有关媒体报道，著名服装公司**集团在发展区域受许人的过程中，就碰到了许多头疼的问题。比如**集团发现，围绕订货的一系列问题并不是由消费者、市场、次受许人或终端的单店受许人说了算，而是由打着自己小算盘的、买断了区域专营权的区域受许人说了算。所以，当区域受许人进的旧货没有卖完时，其就会继续给下面的加盟单店推旧货，而不是当时**集团刚开发的新货，这就造成了企业的产品总是赶不上时尚的市场假象。同时，因为这种持续推旧货、压新货的恶性循环，区域受许人上报给总部的市场销售信息、顾客反馈、最新流行趋势、产品品类分析等就不是"最新"的，信息的失真则又进一步造成了**集团总部的决策失误，其损

失是可想而知的。

针对我国受许人加盟意愿的调查显示，大多数创业人希望的加盟形式是单店加盟，而非区域加盟。

第十二章 特许权的设计、标准化与手册编制

第一节 特许权的概念

特许人特许的是什么？其实就是特许权，它是特许人与受许人双方发生特许经营关系的基础，特许人依靠拥有和开发、出让特许权获得利益，受许人则付出一定的代价使用或经营该特许权，整个特许经营体系就因特许权而存在，特许经营学研究的核心也是特许权的运动规律。因此，从特许权的角度讲，特许经营的实质就是围绕着特许权（包含工业产权和/或知识产权）的交易。

什么是特许权？不同的人对特许权的理解不尽相同。

特许权，又叫特许经营权，是特许人所拥有，或有权授予别的组织或个人的商标、商号、CIS系统、专利、经营诀窍、经营模式等无形资产，以及与之相配套的有形产品、无形服务等。它是特许经营运作的中心。

特许权分为广义的特许权和狭义的特许权。广义的特许权包括上述所讲的无形资产和有形产品、无形服务的组合，狭义的特许权仅指商标、商号、专利、经营诀窍、经营模式等无形资产。通常意义上所说的特许权是狭义的特许权。

简单地讲，特许权就是特许人授予受许人的某种权利，受许人可以在约定的条件下使用或经营特许人的某种工业产权和/或知识产权。特许权可以是单一的元素，如产品、商标、专利等；也可以是若干业务元素的组合，如某产品制造方法、销售方法等；还可以是所有业务元素的组合（一套完整的经营模式），如快餐店的经营模式、洗衣店的经营模式等。

特许权的内容主要由特许经营合同及特许经营系列手册来说明和规定，因此，特许经营合同和特许经营系列手册亦被称为特许权的两个主要文件。当然，特许人也可以编制单独的特许权手册。

特许权的具体组成与特许经营的类型有关，不同类型的特许经营对应着不同的特许权。特许经营可以分为以下六种基本类型，即商标特许经营、产品特许经营、生产特许经营、品牌特许经营、专利及商业秘密特许经营和商业模式特许经营。不同类型的特许经营所对应的特许权主要内容分别如下。

一、商标特许经营

其特许权主要内容如下。

（1）注册商标。
（2）适用规定。

二、产品特许经营

其特许权主要内容如下。

（1）产品系列名录。
（2）销售价格体系。
（3）销售方式。
（4）售后服务。
（5）系列产品。

三、生产特许经营

其特许权主要内容如下。

（1）生产工艺。
（2）关键技术。
（3）主要设备。
（4）厂房要求。
（5）现场管理系统。
（6）质量标准。

四、品牌特许经营

其特许权主要内容如下。

（1）品牌名称。
（2）品牌标识（颜色、图形、代表物等）。
（3）品牌标语。
（4）品牌形象代表。
（5）品牌定位。
（6）品牌管理。
（7）品牌对市场提供的实际服务和商品。

五、专利及商业秘密特许经营

其特许权主要内容如下。

（1）对应的专利或商业秘密。
（2）适用规定。

六、商业模式特许经营

因为商业模式特许经营特许出去的是一整套资源组合，或者说，特许经营的内容其实就是建立并运营一个成功单店所需要的全部硬件和软件，即特许人复制出去的就是"店"，所以商业模式特许经营就有一个俗称，那就是"整店复制"。因此，商业模式特许经营的特许权内容就可以分为以下三个基本部分。

（1）硬件或有形部分。

（2）软件或无形部分。

（3）特许权的约束。

详细内容见下文。

第二节 特许权的三大部分

如前所述，不同的特许经营类型对应着不同的特许权，企业应根据自己的特许经营模式进行特许权的设计、标准化与手册编制。

特许权包括三大部分，即硬件或有形部分、软件或无形部分以及特许权的约束。

前两者要求特许经营体系的所有加盟店和直营店都是基本一致的，所以需要企业根据已有的现实和将来体系发展的计划，提炼出企业需要的统一的特许权，并要求以明确的媒介（比如文字、图案、照片、视频、音频等）予以表达，而最常见的形式便是文本。

同时，因为这些将来都要被编制成单独的特许权手册，以及被写入特许经营合同或作为合同的附件，所以文本的描述部分应使未来的受许人可以准确把握企业特许权的内容，即要有很好的读者界面。

特许权的约束对不同的受许人是不同的，它同时还受到多种因素的影响，企业要具体问题具体分析。

为便于设计与描述，企业的特许权模型设计文本应包括以下三个部分（见图12-1）。

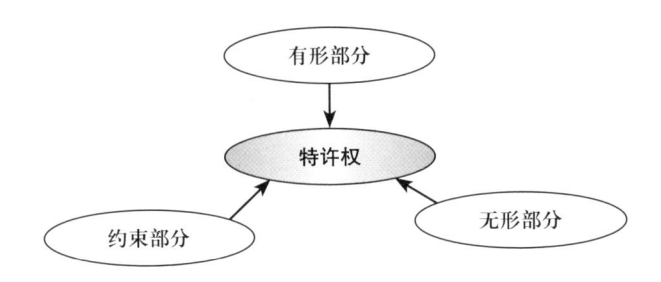

图 12-1 特许权模型设计文本的三个部分

一、特许权的有形部分

特许权的有形部分主要包括与单店运营有关的 VI、SI、产品、原料、机器、设备、工具等。

企业应对其进行详细的描述，包括其物理属性（颜色、形状、重量、尺寸、密度、部件组成、物理寿命等）、化学属性（酸碱性、对外界温度和湿度等的反应等）与社会属性（产地、品牌、价格、性能、经济寿命、使用程序和工艺等）。

当然，这一部分也可以以产品描述书、原料描述书、设备及工具描述书等形式予以单独列示，必要时应配以图案和照片等。

不同的内容应由不同的专业人士来描述。比如，产品和原料方面，可以由企业的工艺师（餐饮业的厨师、美容业的技师、特别产品的研发人员等）来描述；设备和工具方面，可以由其实际操作者来描述，然后由采购者、开发者等补充。

我们可以用表 12-1 的形式列出所有有形部分的信息，也可以单独编制成一本手册，比如单店设备器材手册。

表 12-1 特许权的有形部分列表

序号	名称	店内位置	用途	数量	材质	品牌	单价	配送给受许人价	尺寸	是否统采统配	备注						

二、特许权的无形部分

特许权的无形部分主要包括单店的品牌、MI、BI、AI、BPI、OI、专利、技术、诀窍等。这些通常是特许权的核心部分，因为无形资源的价值通常要大于有形资源。

（一）企业文化

企业文化对于特许经营是极为重要的，有学者甚至认为，特许经营的本质之一就是特许了一种企业文化，因此，他们认为广义的企业文化其实就是特许经营体系的核心——特许权。准备实行特许经营的企业必须全面了解、正确认识企业文化，因为无论是在企业的特许权设计阶段，还是在特许权的授予以及整个体系的营建、管理、维护和升级阶段，企业文化始终都是一个起决定性作用的因素。

1769 年，当世界上第一家现代意义上的企业在英国诞生的时候，企业界实行的基本都是经验管理。自从福特汽车厂实行流水线生产以来，企业的管理开始向科学管理转变，并以 1911 年泰勒出版《科学管理原理》为科学管理形成的标志。

发端于 20 世纪 30 年代、流行于 60—70 年代的行为科学为 80 年代兴起的企业文化理论奠定了雄厚的理论与实践基础。70 年代末，日本经济实力的增强对美国乃至西欧经济形成了挑战，由此引发的研究日本战后崛起之谜的热潮，真正掀开了企业文化理论的面纱。80 年代初，企业文化研究领域四部著作的出版标志着企业文化理论的正式形成，这四本著作就是威廉·大内的《Z 理论——美国企业界怎样迎接日本的挑战》(1981)、托马斯·彼得斯与小罗伯特·沃特曼的《寻求优势——美国最成功公司的经验》(1981)、特雷斯·迪尔和艾兰·肯尼迪的《企业文化》（1982）、斯卡尔·阿索斯的《日本的管理艺术》（1982）。

现在的企业文化理论形成了两大派别：以美国麻省理工学院的沙因为代表的定性研究派与以密西根大学工商管理学院的奎恩为代表的定量研究派。

据目前的资料来看，关于企业文化的定义有100多种。但总体来说，人们对于企业文化的认识分为两类，即狭义的企业文化和广义的企业文化。其中：

狭义的企业文化 = 意识范畴

广义的企业文化 = 物质文明 + 精神文明

= 硬件 + 软件

= 外显文化 + 隐性文化

= 表层文化 + 深层文化

笔者更认同企业文化的广义定义，并认为"企业文化 = 理念文化 + 物质文化 + 制度文化"。

在日渐崇尚软管理、以人为本、注意永久激励、依靠人的品性实现自律的今天，优秀的企业文化有利于提高企业产品或服务的文化含量和技术含量，满足消费者的需求；有利于企业利用国内国际两种资源和开拓国内国际两种市场；有利于提高企业的综合竞争力；等等。美国管理学家法兰西斯这样评价企业文化的价值："您能用钱买到一个人的时间，您能用钱买到劳动，但您却不能用钱买到热情，您不能用钱买到主动，您不能用钱买到一个人对事业的奉献。而所有这一切，我们企业家都可以通过企业文化的设置而做到。"可见企业文化的意义之重大。

概括地说，企业文化的意义和作用主要体现在五个方面。

（1）导向作用：把企业员工引导到确定的目标上来。

（2）约束作用：成文的或约定俗成的企规企风对每个员工的思想、行为都起到很大的约束作用。

（3）凝聚作用：用共同的价值观和共同的信念使整个企业上下团结。

（4）融合作用：对员工潜移默化，使之自然地融合到群体中去。

（5）辐射作用：企业文化不但对本企业，还会对社会产生一定的影响。

美国的约翰·科特教授与其研究小组曾用11年的时间，研究了企业文化对企业经营业绩的影响，结果如表12-2所示。

表12-2 企业文化对企业经营业绩的影响

单位：%

	重视企业文化的公司	不重视企业文化的公司
总收入平均增长率	682	166

第二篇　成功构建第二步：特许经营理念的导入和体系的六大设计、标准化、手册编制

续表

	重视企业文化的公司	不重视企业文化的公司
员工增长率	282	36
公司股票价格增长率	901	74
公司净收入增长率	756	1

企业文化由于其巨大的实际价值，很快受到企业家的青睐。例如，IBM是世界上第一家导入CI的公司，随后，世界上的著名大公司，如可口可乐、麦当劳、3M、东方航空、马自达（Mazda）、索尼（Sony）、第一劝业银行、三井银行、美能达、宏碁（ACER）等也大张旗鼓地进行了CI的导入。

企业文化与特许经营的关系十分紧密，二者有许多异曲同工之处，因此，企业不能不加强对企业文化理论的学习。

笔者认为，企业文化并不是企业能设计出来的，它是通过CIS或CI的导入逐步在企业里形成的（见图12-2），CI就是通过统一的整体传达系统将企业文化外化为企业形象的过程。所以，我们设计的并不是企业文化，而是CIS或CI。

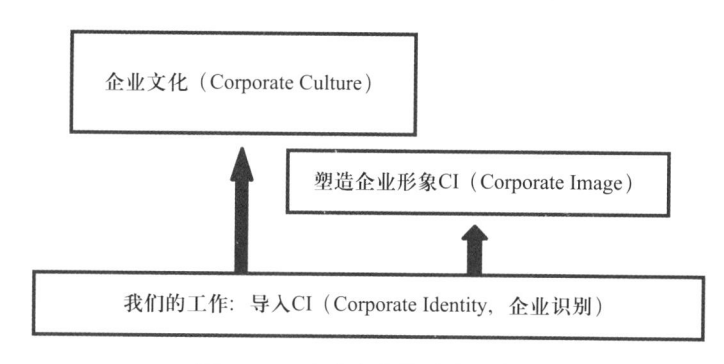

```
        ┌─────────────────────────────┐
        │ 企业文化（Corporate Culture）│
        └─────────────────────────────┘
                    ▲
                    │        ┌───────────────────────────────┐
                    │        │ 塑造企业形象CI（Corporate Image）│
                    │        └───────────────────────────────┘
                    │                    ▲
                    │                    │
        ┌───────────────────────────────────────────────────────┐
        │ 我们的工作：导入CI（Corporate Identity，企业识别）     │
        └───────────────────────────────────────────────────────┘
```

图12-2　企业文化的形成示意图

企业在设计与导入CI的过程中，必须坚持如下几个原则：全方位推进原则（适应企业内外环境，符合企业发展战略，MI、BI、VI、AI、SI、BPI、OI、EI并重，具体措施合理配套）、以公众为中心原则（进行准确的公众定位、努力满足公众的需要、尽量尊重公众的习俗、正确引导公众的观念）、实事求是原则（对外展示企业实态、从员工实际出发、正视企业劣势和不足、立足企业的现实基础）、求异创新原则（独特的企业文化观念、视觉要素不同凡响、企业制度创新、CI的实施手段新颖别致）、两个效益兼顾原则（经济效益和社会效益）。

在导入程序上，应坚持如图12-3所示的逻辑顺序。

成功构建特许经营体系五步法

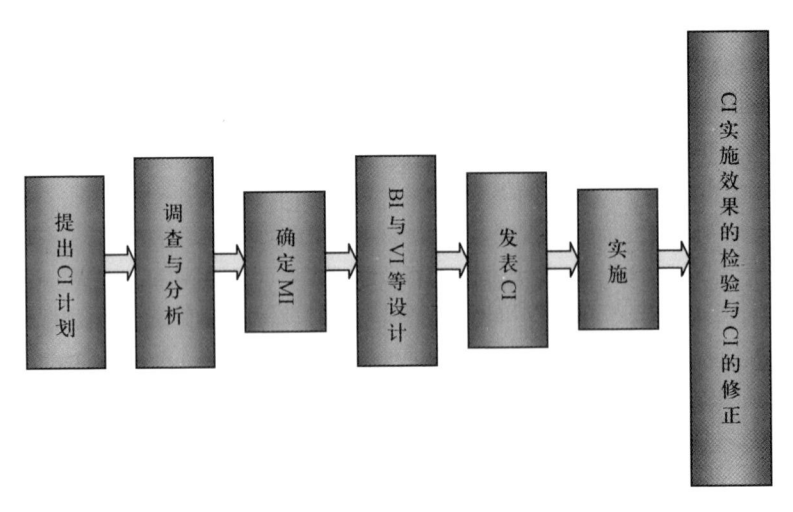

图 12-3　CI 的导入程序

在设计与导入 CI 的全过程中，我们始终都要记住文化管理区别于其他管理的几个方面，即文化管理是以人为中心进行管理、下功夫培育共同的价值观、企业制度与共同价值观协调一致、管理重点由行为层转到观念层、实行"育才型"领导以及软管理与硬管理的巧妙结合。

如果特许经营体系是由原来的企业整体地转化而来，即原来的企业在组成特许经营体系之后自动消失了，那么新的特许经营体系的企业文化可以与原来的企业文化不同，也就是说，企业可以形成一种全新的企业文化，但也可以适当保留原来企业文化中的合理、固执成分。如果特许经营体系是原来企业管辖下的形式，即新成立的特许经营体系并不造成原企业的消失，那么特许经营体系的新企业文化应该与原来企业的文化保持高度的和谐，不能有明显的冲突。比如在理念方面的一致性、制度方面的相似性、VI 色彩与字体等方面的搭配性、SI 风格的继承性、AI 的和谐性、OI 的协调性等。或者，新构建的特许经营体系的企业文化应是原先企业文化的合理、科学延伸。

由于特许经营体系又被分为两个最基本的组成部分，即总部和单店，因此，在我们设计 CIS 的时候，应先设计出总部的相关 CIS，然后在此基础上延伸设计出单店的 CIS。所以，单店的 CIS 完全是总部 CIS 的延伸，它自己并不能独立成为一套 CIS。这是必须引起企业注意的，因为在现在的许多企业里，往往出现总部和单店两套不同的 CIS 同时并存的状况，这显然不利于充分发挥 CIS 的宣传作用，也容易使外界对企业的形象产生混乱的感觉。

在 CIS 的设计中，重点应是 MI、VI、AI、SI、OI 的设计，因为这些设计的延伸性较好，同时 MI 作为一个纲领性的部分，基本上为以后的诸设计提供了一个指导原则。对于 BPI，虽然需要企业在以后的单店、分部、总部和整个体系的建立过程中不断地根据实践进行修正，但由于企业立刻就需要按照这个设计进行体系的建设，因此这部分的

第二篇　成功构建第二步：特许经营理念的导入和体系的六大设计、标准化、手册编制

设计主要是在企业以前的经验、最新的理论与技术以及企业对未来的希望三个方面的共同指导下进行的。

最后，需要强调指出的是，因为 CIS 的内容牵涉许多专业方面的特殊知识，而仅凭企业现有人员的知识和技术是不足以完成这个项目的，所以，为了确保企业 CIS 的设计与导入成功，企业最好请外部的咨询顾问公司或个人辅助进行。或者，企业可以把整个特许经营建设项目外包给某一个专门做特许经营顾问咨询的专家团队，这样不仅能够实现 CIS 设计与导入的专业化，而且由于整个项目都由一个专家团队来做，也能较好地保证子项目之间的衔接性和一致性。

（二）技术部分

这部分内容主要包括特许人用于复制给受许人的专利、技术、诀窍等。

这部分应对一些关键性的技术进行详细的描述，以便受许人能在日后的单店运营中随时运用、学习、体会和研究。

按不同的标准，技术可以有不同的分类。

按照技术的属性，技术可以分为硬技术和软技术两类。简单地讲，在企业里，所谓硬技术，指的就是工程类技术，而软技术则指管理类技术。自然技术多属于硬技术，社会技术与思维技术则多属于软技术。

按照技术的存在形态与可传授性质，技术可以分为隐性技术与显性技术两类。隐性技术指的是不能以语言、文字、声音、图像等通常的方式进行交流或不可传授的技术；显性技术则指性质与隐性技术恰恰相反的技术。隐性技术便于企业保密，但不利于企业对此技术进行继承。显性技术虽然有很好的传播效果，但容易被别人学习、复制，保密性较差。企业针对技术的活动主要有四类。

● 将隐性技术变为显性技术，使个别员工的技术为公司所用，使公司的技术为员工掌握以便更好地为公司服务

● 将隐性技术变为隐性技术，使公司员工彻底掌握公司运作的关键技术，提高公司的整体技术水平

● 将显性技术变为隐性技术，使员工学习、掌握并熟练运用公司的技术

● 将显性技术变为显性技术，使公司的技术变为可以传授的，以延续公司的技术水平

作为企业而言，既应该学会把员工个人的隐性技术转变为显性技术，以促进公司整体技术水平的提高，并防止公司资源个人化的不利状况出现；也应该学会把显性技术变为隐性技术，以增强企业的保密性，促进员工个人技术水平的提高，并提高企业对于其他竞争者的技术壁垒。

按照企业价值链的环节，技术可以分为研发技术、试制技术、定型技术、工艺设计技术、供应技术、生产技术、销售技术、售后服务技术等几类。对于每一环节的技术，按照职能的不同，又可以分为更细的小类。

按照技术对于企业的重要性，技术可以分为关键技术、重要技术和一般技术三类，或者分为核心技术与非核心技术两类。关键技术是企业竞争力的主要支撑，重要技术是企业竞争力的辅助性要素，而一般技术则是企业可以通过交易或合作的方式从外界获得的普通技术。

按照技术是否属于专利，技术可以分为专利技术和非专利技术两类。在专利技术中，根据专利申请和有效的区域，可以分为国际性专利、国家专利、地区专利、企业专利等几类；按照专利法的规定，可以分为发明专利、实用新型专利和外观设计专利三类。需要记住的是，专利不仅仅是对一项工艺或设计的权利，也可以是对一个地区的市场的权利。

企业在对特许权的技术部分进行设计时，最好能根据上述分类选择一个标准，以免出现混乱、重复、遗漏。当然，在必要的情况下，企业也可以采用一种分类为主，其余分类为辅的方式来描述企业的技术。

通常，企业对于各种技术的描述会融入不同的手册之中，而不是单独形成一本集合式的手册。

三、特许权的约束部分

在授予特许权时，特许人要附加一定的约束和限制，比如时间限制、区域限制、数量限制、再特许限制等。

对于特许权约束中的时间限制、区域限制、数量限制、再特许限制等的设计，要根据企业的实际情况、特许人的管理能力、特许经营体系的发展战略规划、特许经营体系的未来发展趋势、竞争者的状况、法律法规的范围、潜在受许人的类型等进行综合考虑后再决定，不能盲目地抄袭别家企业的做法。

时间限制指的是受许人使用或经营特许权有一定的时间期限，超过这个时间期限，特许权便不可再使用或经营，受许人如想继续使用或经营，需要续签特许经营合同。这个时间期限其实就是加盟期。在时间约束方面，一般而言，国内的特许经营期限为2年以上，平均在4～5年（《商业特许经营管理条例》规定一般为3年），国外多为10～15年。期限的具体计算方法请参见本书关于特许经营费用及加盟期的内容。

区域限制指的是受许人拥有这个特许权之后，其可以使用或经营该特许权的地理范围。如果是单店加盟，则其受许区域可能就是该单店的合理商圈，或者合同约定的其他范围；如果是区域加盟，则其受许区域就是双方特许经营合同所约定的地理范围，比如可以是某个行政区域。在地域方面，应保证每一个可能开设的单店都有独立而无本体系自家人相竞争的商圈，即每个单店的核心商圈之间是彼此相切，而不能有所重叠，否则会引起不同受许人之间的竞争，从而在损害受许人利益的同时损害特许人的利益。

数量限制指的是受许人可以开设的加盟店的数量。单店加盟的数量只能是一个，多店加盟的数量则是多于一个。对于区域受许人，通常会在合同里约定每年的最低和最高开店数量。在数量方面，应根据受许人的选择而定，单店受许人当然只能有一个，多店

第二篇　成功构建第二步：特许经营理念的导入和体系的六大设计、标准化、手册编制

或区域受许人则可以有多个，但对于区域受许人，企业应限制其可能的最少单店数量和最多单店数量，其数量上限和下限的衡量标准就是应使各个单店的核心商圈相切。

再特许限制指的是受许人可否再将其"买"来的特许权授予另外的第三方。单店受许人一般是不可以再将特许权授予其他人的，区域受许人或多店受许人则可能会有权利再发展次受许人。是否可以再特许主要取决于企业自己的意愿和对体系发展战略的理解。

通常，特许经营企业会编制一本单独的特许权手册，当然也可以将对特许权的设计融入其他的手册之中。

为了有效地保持体系的统一性，同时保持每个店的本土化和本店化，我们可以采用菜单式选择特许权的方法。具体做法就是，企业把特许权的有形和无形部分分别标准化之后编号，比如1—100号，我们称之为特许权内容的菜单。具体到某个单店的时候，该店可以根据自己的实际店址、商圈、消费者特点以及战略目的等在上述的1—100号之中选择适合自己的，可以少选，但不能超出这个1—100号的范围。但是单店选择的时候一定要有总部人员的参与，在总部的指导下进行选择。如果有的店发现适合自己的产品或服务在1—100号的菜单里没有，单店的正确做法应该是向总部申报，然后由总部研究是否采用。如果总部决定采用的话，那么总部就对这种产品或服务进行标准化，然后把该产品或服务加到总部统一的特许权内容菜单里。之后，总部对所有体系内的单店公布新增加的特许权内容菜单，所有单店都可以在新增加的特许权内容菜单里选择是否选用最新的产品或服务。

【实例12-1】某企业特许权手册目录

1　商标	8.4　再特许限制
2　商号	8.4.1　区域受许人
3　MI、BI、BPI、AI、OI（略）	8.4.2　区域代理受许人
4　VI 与 SI（略）	8.5　开店数量限制
5　业务、产品（略）	8.6　开店类型
6　店面经营管理与工程技术（略）	9　受许人开业前的免费内容
7　配送物品	9.1　培训
8　特许权的约束	9.2　设备、器材、物品、用具
8.1　加盟期	9.3　赠送给单店受许人的手册
8.2　特许经营费用	9.4　赠送给区域受许人的手册
8.3　区域限制	9.5　驻店
8.3.1　单店加盟的商圈保护	9.6　开业赠送
8.3.2　区域受许人的区域保护	

第三节　特许权开发与规划的原则和方法

作为一种特殊的产品，企业的特许权也需要开发与规划。

一、开发与规划的原则

（1）以市场需求为出发点，对潜在受许人有较强的吸引力。特许权的消费者就是潜在受许人或潜在的投资人、创业者，因此，特许人企业必须研究这些消费者的投资意向、投资爱好和投资能力等消费特征。比如在行业上，必须清楚潜在受许人更喜欢加盟哪个行业；在具体的企业加盟上，必须清楚潜在受许人希望特许人提供什么样的内容，即特许权的内容；在特许权的包装、价格、售后服务等方面，必须清楚潜在受许人的希望都是些什么；等等。

只有特许权满足了潜在受许人的消费需求，特许人企业在招募受许人时才能取得更大的成功。

为此，特许人企业需要事先做一个市场调研，而不能闭门造车地去开发和规划特许权。

（2）以竞争为导向，实现与竞争者的差异化，确保竞争优势。对于那些潜在投资人而言，他们可以选择许多行业中的许多家企业。因此，在众多的特许权产品面前，消费者最终会购买谁家的产品，则取决于特许人企业的竞争能力。

特许人在设计特许权时，必须考虑到竞争的因素，以竞争的思维去开发和规划自己的特许权，所以企业在开发出自己的特许权后，一定要与其他企业的特许权进行比较。

需要注意的是，对于某家具体的特许人企业而言，其竞争对手是拥有特许权的许多行业中的许多企业，而不仅仅是同行业中的企业。比如虽然你是做美容院特许经营的，假设你的加盟店的投资需要20万元，那么，你在招商方面的竞争者就不仅仅是传统意义上的同行，所有那些开店需要投资20万元左右的其他行业的特许人，也是你最直接的竞争者。因为对于拥有20万元左右开店实力的潜在受许人或投资人而言，如果具备回报合适、感兴趣或擅长等条件，他当然可以选择加盟开设一家投资在20万元左右的美容院、快餐店、便利店、花店、服装店、美发店、美甲店、卤食店或房产中介店等，而通常很少会固执地非要加盟哪个行业。

（3）系统化原则。因为商业模式特许经营的特许权是一整套商业运作资源（包括硬件、软件和约束三大部分），所以特许人在开发和规划特许权时，应系统化地进行，而不能偏重或遗漏某些方面。应使特许权成为一个有机的整体，只有其各部分互相搭配、相得益彰、协调一致，才能组成一个能帮助受许人取得成功的完整特许权。

比如有的特许人企业只注重特许权中的硬件，却忽视了软件，那么这样的特许经营最终可能导致加盟店形似而神不似；反之，则会使加盟店缺少统一的形象。

（4）动态化原则。因为随着时间的变化，消费者即潜在受许人的需求是在不断变化的，所以特许人的特许权也应做出相应的改变。比如与之前相比，如今潜在受许人可投资额更大、女性更多、年轻人更多、三线和四线需求上升、学历更高、希望项目小轻快等，这些变化都应引起特许人的注意，以相应地更改自己的特许权。没有好的特许权"产品"，就不会有好的受许人"消费者"。

在特许权的重要内容即具体的产品上，特许人也要不断地改变以适应时代的变化。比如肯德基刚进入中国时只有8种产品，到了2014年时已经有了66种，到2018年，菜单上的品种已经多达上百种。肯德基平均每年推出20多种新品，必胜客每年有两次20%以上的菜单调整。（资料来源：商媒体，《全球排第一的餐饮集团：一年入账565亿，餐厅超4万家，员工超百万》；凤凰网，《让肯德基在中国称王的男人，退休后被业内人赞功成名就，全身而退》）

（5）可复制和便于复制原则。特许权将来是要授予受许人使用的，因此特许权一定要具备可复制性，否则就无法实施特许经营了。

对于有些企业或行业而言，当经营一家单店需要经营者具备一定的资质时（例如装修企业），如果资质是不可特许的，则依靠这样的特许权内容就无法发展合格的受许人。

如果单店的经营主要依赖特定的无法复制的资源（某个名人、独特的地理条件等），那么这样的特许权内容就无法复制，也就招不到受许人。

除了可以复制之外，特许权还要便于复制，便于未来受许人理解和学习。

（6）内容逐渐丰富原则。企业在开发与规划特许权时应有所取舍，不一定在刚开始做特许经营时就对所有的业务内容都进行特许，因为这样的结果可能是使特许经营以及管理的难度加大、成本增高，最终导致整个特许经营体系的失败。

最好的办法是逐渐丰富特许权的内容，即在开始的时候把那些易于复制的、成熟的、有特色的业务内容或产品项目作为特许权的内容，随着企业的发展和成熟，再逐渐在特许权里增加新的内容。

（7）合法合规性原则。特许权的内容及其授予一定是合法合规的。例如，特许人的商标一定是合法注册的，许可受许人使用的软件等一定是特许人有权利许可的，等等。

（8）经济性原则。特许权的授予必须能使特许人企业和受许人在经济上双赢，除了特许人可以获得利润之外，复制给受许人的内容也必须能给受许人带来利润，否则是无法招收到合格受许人的。为此，在如今潜在受许人或投资人、创业者都喜欢小投资的市场环境下，特许人应想方设法降低自己的单店投资即特许权的"价格"，把自己的特许权变得更"经济"，如此，招商的难度会更小，特许经营网络会铺设得更快。比如五星级酒店因为投资大，其潜在受许人的人群基数就很小，因此其招商和网络扩展的速度就比较缓慢，而投资在三四百万元的经济型酒店的招商就相对容易。

（9）充分利用企业现有资源和优势并相互适应、促进、增长。

（10）充分考虑企业实际业务和经验积累，力求有自己的特色。

（11）充分考虑企业核心竞争力。

（12）充分考虑体系运营维护与控制的因素。最好能使受许人长期地依靠、依赖特许人，如此才能使受许人死心塌地地跟着特许人长期走下去。例如，特许人独有的、加盟店运营必不可少的原材料就可以用于控制受许人。

（13）将企业未来的发展与实际相结合。

（14）保密。必须有效防止特许人商业秘密的泄露，比如直接给配方不如配送料包。

二、开发与规划的方法

想做特许经营的企业可以有许多种方法来开发和规划自己的特许权，以下只是一些举例。

1. 模仿同行业特许人的做法

模仿同行业特许人的做法是最简单的方法。企业可以对本行业内不同特许人的特许权内容进行比较，然后根据上文的开发和规划原则设计出一套个性化的特许权。

2. 参考非同行业特许人的做法

除了模仿同行业特许人的做法之外，参考非同行业特许人的特许权内容往往会给企业的特许权开发和规划带来灵感，这些灵感也可能使特许人在竞争中脱颖而出。

比如麦当劳的转租店址、肯德基和必胜客的整体移交、7-11便利店的设备融资、有些总部为受许人提供的员工代招代培、酒店业常见的委托管理等都很有特色，也都取得了一定的成功。

3. 自己独立开发和规划

企业可以根据上文中关于特许权的定义来开发和规划。这种方法特别适合于那些所在行业暂时还没有出现特许人的企业。因为是行业内的第一家特许人企业，没有经验可借鉴，没有例子可对比，所以此种特许权的开发和规划难度较大。同时，所有的特许人企业都应在前两种方法的基础上采用第三种方法，即自己独立开发和规划。

上述三个方法可以归纳为一抄、二仿、三创新，但是大家要记住的是，我们不能只是简单地抄或仿，而是应该以借鉴的心态去抄、以学习的心态去仿，最终还是要依靠自己的创新。

著名快时尚品牌ZARA有一个成功秘诀，那就是"快"，如每20分钟设计一件衣服，每年设计超过18000种新款，平均每2~3周就能有新款上架，而其他企业从设计到店面销售至少需要数月甚至半年多的时间；普通的品牌一年一般只有两个Collection，但ZARA一年可以有15~20个Collection。而要实现如此之快的设计速度，如果你不具备一抄、二仿、三创新的思维，你是很难做到的。ZARA是如何做到的呢？据悉，ZARA雇用了大量买手或时尚信息员或者就是自己的设计师，他们常年穿梭于全球各时装大牌的专卖店、模特秀场、时装发布会，同时查看时尚穿搭指南、浏览各类社交媒体、观看电影甚至分析线上电商平台中顾客搜索的关键词等，迅速发现市面上已经出现或即将出现的流行款式，然后把这些信息传递给ZARA总部的300~500名专职设计师。设计师则以最快的速度通过一抄、二仿、三创新进行设计。很快，在别的品牌刚发布还没上架前，ZARA就已经卖出几十万件了。

当然，如果你没有"科学、合理、合法"地一抄、二仿、三创新，你就可能有麻烦了。即便是 ZARA，也因为"抄"引起了很多争议，网络上很多文章都声称 ZARA 抄袭过一众大牌以及多位独立设计师曾就 ZARA 涉嫌抄袭的问题发起过抗议活动等。据时尚商业快讯消息，Diesel 母公司 OTB 起诉 ZARA 母公司 Inditex 集团抄袭其 Diesel 牛仔裤、Marni 凉鞋设计的案件已获胜诉。米兰法院法官 Claudio Marangoni 认为 ZARA 的行为已构成抄袭与侵权，要求 Inditex 集团立即召回侵权物并停止销售，并为每件产品支付 235 美元的赔偿金。

关于 ZARA 的资料整理自：

（1）金投网，《电商也打不垮："H&M"、"ZARA"们的核心优势是什么？》

（2）网易新闻，Yachueh，《超级产品：快时尚鼻祖，以"快"取胜，该创始人走上首富之路》

（3）慧聪网，《巨头危机丨当韩都衣舍超越优衣库，成为 ZARA 在中国最担忧的对手之后……》

（4）三分钟学经营，《从裁缝铺到全球最大时装零售商，看看 Zara 如何改变一座城市？》

（5）36 氪，《每年推出 12000 个款式，成为快时尚最稳的老铁，ZARA 是如何做到的？》

（6）福布斯中文网，陈树哲，《UR：有比肩 Zara 的野心，五年在中国开 100 家店》

（7）凤凰网房产，《ZARA 创始人原来是地产大佬，曾是世界首富》

第四节 特许权的定价

在市场营销中，价格是最重要的因素之一。其实，在经典的营销理论中，所谓的 4P（产品——Product；价格——Price；渠道或地点——Place；促销或宣传——Promotion），其中之一 P 讲的就是价格。

同样，对于特许权这样一个特殊的商品而言，其价格，亦即特许经营费用，对于特许权的营销或特许人对受许人的招募也是非常重要的一个因素。

但要注意的是，除了具有价格的共性之外，特许经营费用这个特许权的价格与普通商品的价格还是有着一些本质区别的（见表 12-3）。

表 12-3 特许经营费用这个特许权的价格与普通商品的价格的区别

序号	项目	普通商品的价格	特许权的价格——特许经营费用
1	数值的数量	一个数值	一系列数值组合
2	类别	单类数目	三类数目（加盟金、持续费和其他费用）
3	形式	通常是固定值	既可能是固定值，也可能是相关值的比例

续表

序号	项目	普通商品的价格	特许权的价格——特许经营费用
4	支付方式	通常是一次性支付完毕	既有一次性支付部分，也有需要长期、定期持续支付的部分，还有先支付而后面需要退还的部分
5	对商品的权利	交换的是商品的所有权	交换的是特许权的使用权或经营权
6	同类商品的差异	同类商品价格只是数量上的差异	特许权的价格不只是数量上的差异，在类别、时间、方式、名称等方面都可能不同

因为同是某种商品的价格，所以特许经营费用的确定，即特许权的定价策略可以参照普通商品的定价策略。但因为特许经营费用与普通商品的价格有着上述一些本质区别，所以在特许经营费用的确定，即特许权的定价上也有着一些与普通商品的定价不完全相同的地方，不能将普通商品的定价理论和方法直接套用到特许权上，而需要根据特许权的特殊之处做一些适当的调整。

一、特许权的定价目标

概括起来，特许人确定特许经营费用的目标或意图包括以下几个基本方面。

1. 尽可能多地吸收受许人，以便快速铺开本体系的单店网络，增强企业竞争力

一般而言，特许经营企业的网点越多，其与供应商谈判的资本就越大，分摊到各店上的采购成本和费用就会越低，所以特许人都有扩大企业网点数目的倾向。

同时，对某些行业而言，因为只有当某地区的网点数达到一定规模后，单店才能盈利，所以这也会促使特许人企业加快网点的扩张速度。为了扩大网点数目，制定对受许人而言具有吸引力的特许经营费用政策显然是必不可少的。

另外，在店铺地址资源越来越稀缺的今天，抢占有利的地盘和地段不但是竞争的有力手段，有时甚至是生存的必要做法。

在这种目的下的特许人追求的更多是企业规模和网点数量，是成本降低所带来的企业收入的增加，所以通常情况下，其特许经营费用会比较低，费用政策也比较宽松。

2. 实现特许经营费用的最大化

一些特许人把特许经营费用作为企业的利润来源之一，追求的是收入的直接增加。所以通常情况下，其特许经营费用会比较高，费用政策会比较严格。

3. 质量领先

为了提高特许权的质量，保证特许权交易的成功，特许人必须投入高资金来进行特许权的研发、设计与交易实施，这就需要特许人用较高的特许经营费用来弥补高投入。显然，在这种目的下的特许人的特许经营费用通常会比较高，因为"一分钱，一分货"。

二、特许权的价格弹性

所谓价格弹性，指的是需求变动的百分比与价格变动的百分比的比值，换句话说就

是，价格变动百分之一会使需求变动百分之几。

对于价格缺乏弹性的商品（价格弹性小于1），商品价格的下降或上升对商品需求的刺激不大，所以这类商品适宜于稳定价格或适当提价，比如水和食物等生活必需品。对于富有弹性的商品（价格弹性大于1），商品价格的稍微变动就可能引起需求量的大幅变化，所以为了扩大这类商品的销量，可适当降价，比如一些非必需品、奢侈品。

对特许权这种特殊的商品而言，它显然不是消费的必需品，而更具有奢侈品的特征。所以，一般而言，其价格弹性是大于1的，即它属于价格富有弹性的一类。事实上，实施零加盟金政策的特许人的火爆加盟场面，以及加盟项目中以中小企业为主的现象就已经充分证明了这一点：价格低，需求就旺。

正因为特许权的价格弹性大，所以特许人为了多招募受许人，就可以采取降低特许经营费用的措施，以此刺激潜在受许人加盟。

三、特许经营费用的底线——特许权的成本

正如所有的商品在定价时都会考虑其成本——通常为价格的底线——一样，特许经营费用中的每一类也都有一定的底线。

特许人在受许人开业或正常运营之前为其所做的支持和服务等的总成本，就是加盟金的底线。要注意的是，特许人的前期成本中，有些成本是专门为某受许人做的，容易计算，但有些成本则是需要分摊到众多受许人身上的，比如在受许人与特许人接触之前的招商宣传成本，为没坚持到最后签订特许经营合同的申请人付出的咨询、考察、参观等成本，这部分成本是需要特许人估算的，因为没法拿出精确的数据。

对于权益金的底线，其等于特许人设计、规划、开发、经营和维护特许权的所有耗费在众多受许人之间的分摊。从理论上讲，所分摊的受许人应包括现有的和未来的所有受许人，但现有的受许人数目很容易得到精确的数字，而未来的受许人数目却根本不可能有准确的数字，所以这个未来的数字就只能依靠特许人的估计了。

对于广告基金的底线，其等于特许人所做的广告宣传的所有耗费（不应包括特许人为招募受许人而做的广告宣传的耗费或受许人业务不能直接受益的广告宣传的耗费）在众多受许人之间的分摊，所分摊的受许人通常是现有的受许人，不包括未来的受许人。

对于其他费用的底线，也应根据特许人所做工作的实际付出或机会成本来估算，下面举例说明。

因为履约保证金的目的是在受许人不履约、不及时支付应向特许人支付的款项时用于补偿，所以其底线从理论上讲应该等于"应向特许人支付的款项"、特许人为追回此款项而需要的耗费和特许人因受许人不履约而造成的可能损失。

因为品牌保证金的目的是保证受许人不做有损特许经营体系品牌的事，所以从理论上讲，其底线应等于受许人做了有损品牌的事后，特许人为修复被损害的品牌到原状（至少是这样）所需的耗费。

培训费的底线等于特许人为受许人所做培训的耗费，包括教材、师资、教室、教

具、实习、考核、发证等。有些耗费是专为某受许人做的，有些则是需要在现有的和未来的所有受许人身上进行分摊的。专做的部分容易测算，但分摊的部分仍然需要特许人进行估计。

对于特许经营转让费的底线应该这样来理解，因为受许人发生转让时，特许人需要对新的受让人（即新的受许人）重新进行审核、培训等一系列工作，同时因为转让还可能使加盟店业务受到影响，进而影响到特许人的收入（比如，如果店的销售额减少，则以销售额的百分比来收取一定权益金的特许人的收入也会减少），所以，特许经营转让费的底线就应等于上述所有这些特许人的耗费和收入减少的部分。

对于合同更新费的底线应该这样来理解，因为在合同续约时，特许人需要对受许人能否续约、如何续约等做出调查，同时为保证续约的顺利进行，特许人还要进行合同续签、重新培训等新工作，所以这些耗费的总和就是合同更新费的底线。

设备、原料和产品费的底线在原则上应等于特许人购买或生产的成本再加上运输至受许人处的一切耗费。

四、特许权定价的方法

与普通商品的定价方法一样，特许权的定价也包括以下三类基本方法。

（一）成本导向定价法

1. 成本加成定价法

所谓成本加成定价法，是指对于每一类特许经营费用而言，其最终出示给受许人的价格等于该费用的底线加上特许人试图赚取的利润。

这种方法适合于成本相对容易测算或估计的费用项目，比如加盟金，培训费，设备、原料和产品费等。

2. 目标定价法

所谓目标定价法，是指根据估计的收入和估计的分摊数量来制定价格的一种方法。

这种方法比较适合于易于估算收入和分摊数量的分摊型的费用项目，比如广告基金。

（二）需求导向定价法

特许权的需求导向定价法是一种以市场需求强度及消费者即受许人的感受为主要依据的定价方法，主要包括认知价值定价法、反向定价法和差别定价法三种。

1. 认知价值定价法

所谓认知价值定价法，就是特许人根据潜在受许人对特许权的认知价值来制定价格即特许经营费用的一种方法。

因为"认知"是一个人的主观意识，所以这种定价方法比较适合于难以估算成本或价值的费用项目，比如品牌保证金、权益金等。

2. 反向定价法

所谓反向定价法，是指特许人依据受许人能够接受的费用值，计算自己从事对应工作的成本和利润后，逆向推算出分摊到每个受许人身上的费用。

这种方法比较适合于易于估算收入和分摊数量的分摊型的费用项目，比如广告基金。

3. 差别定价法

所谓差别定价，也叫价格歧视，是指特许经营费用会因某些指标或因素的不同而有差异。差别定价的主要形式如下。

● 受许人差别定价，即特许人对不同的受许人收取不同的特许经营费用，但要注意，不能引起受许人的反感或造成有的受许人借机"倒卖"特许权。针对新老受许人、国内外受许人、某地区的第一个受许人和后面的受许人、单店受许人和多店受许人或区域受许人等，可以采用此种定价方法

● 特许权形式差别定价，即特许人对不同的特许权分别制定不同的特许经营费用。比如单店面积（大店和小店等）、地域（一线、二线和三线、四线城市等）、加盟店数、加盟店内经营的特许人的业务等不同，特许经营费用就不同。这种形式需要特许人科学地计算不同特许权之间的费用差别比例，以免造成不公平

● 时间差别定价，即特许人在不同时期对特许权分别制定不同的特许经营费用。比如特许人可以在刚招募受许人时优惠一些，而特许经营品牌成熟后就将特许经营费用提高等。

（三）竞争导向定价法

竞争导向定价法是指特许人在制定特许经营费用时，主要参照竞争对手的费用水平，与竞争者的费用保持一定的比例。在特许经营中常用的竞争导向定价法是随行就市定价法，指特许人按照行业的平均现行价格水平来定价，其结果可以高于、等于、低于平均价格，具体要根据企业的内外环境、企业的战略、企业的实际市场地位等来确定。

五、特许权定价的基本策略

定价既是科学，也是艺术。特许人在给特许权定价的时候，要坚持科学与艺术相结合的原则。常见的特许权定价的基本策略有如下几种。

（一）折扣定价策略

特许人为了激励受许人及早加盟和激励更多的投资人加盟，可以采取价格折扣的办法来促销，比如现金折扣（比如直接降低特许经营费用）、数量折扣（比如对多店受许人、区域受许人降低特许经营费用）、时间折扣（比如对在某段特定时期加盟的投资人降低特许经营费用）等。

（二）地区定价策略

意思是对于不同地区的受许人，特许经营费用要不同。这是因为对于不同的地区，特许人提供支持和服务、进行管理等的成本是不同的，所以特许人可以考虑为不同的地区制定不同的特许经营费用。例如，一、二线城市的特许经营费用可以高于三、四线城市。

（三）心理定价策略

1. 声望定价

所谓声望定价，是指特许人利用受许人因仰慕特许人的声望而产生的某种心理来制定特许经营费用，比如故意定成高价。这种策略通常适合于著名的品牌或在市面上风行一时的特许人。

2. 尾数、整数定价

所谓尾数、整数定价，是指特许人利用受许人的某种数字认知心理，使制定的特许经营费用更易于被受许人接受。比如对于加盟金，特许人更倾向于选择某整数值，但对于设备、原料和产品费，则不适宜整数值，因为整数会使顾客疑虑：特许人根本没仔细计算过其价格，而只是为了凑整才有此价格，所以这个价格不会合理。

对于尾数，则要讲究技巧。比如同是数字6、8、9，有的人认为数字吉利，易于接受；但有的人则认为，特许人在故意凑成吉利的数字，因此对价格的真实性不信任。

3. 招徕定价

所谓招徕定价，是指特许人利用部分受许人求廉的心理，特意将特许经营费用中某几类的价格定得较低以吸引受许人。在特许经营中常见的手段是把加盟金定得较低（其实，特许人是把部分加盟金转移到了别的费用名目上，即通过抬高其他费用来弥补加盟金减少的损失），因为许多潜在的投资人或受许人都特别关注这个数值，而忽略其他费用。

（四）习惯性定价策略

对于特许经营费用中的某些项目，如果市场上已经形成一种惯例性的价格或范围，比如保证金、货品折扣与返点、权益金的比例、广告基金的比例等，那么特许人在定价时就必须考虑这些惯例，因为如果破例可能会导致潜在受许人数量的急剧下降。

（五）系列定价策略

所谓系列定价，指的是特许人将加盟店按一定的标准进行分类，比如按面积、地域等，然后针对每个类别的加盟店制定专门的特许经营费用，形成价格系列。顾客在价格比较中找到自己喜欢的档次，得到选购的满足。但要注意的是，系列定价应与统一定价结合起来使用。

（六）新兴特许权的定价策略

特许人刚开始推出特许权招商时，可以采用如下定价策略。

1. 撇脂定价

所谓撇脂定价，是指在特许人刚推出其特许权时，把特许经营费用定得很高，以攫取最大利润。但如果定价过高，则对潜在受许人不利，受许人的招募数量可能会不足，因此这种定价策略具有一定风险。

这种定价策略是有一定的适用条件的，具体如下。

● 有足够的潜在受许人群体，他们的特许权需求相对缺乏价格弹性，即使把价格定

得很高，其加盟欲望也不会显著下降

● 较高的特许经营费用使潜在受许人减少，但不会抵消较高的特许经营费用所带来的利益

● 在特许经营费用较高的情况下，特许人的特许权仍然是市场上的稀有商品，没有可相提并论的竞争者或替代者

● 较高的特许经营费用使潜在受许人产生一种联想与感觉，即这个特许经营体系是真正的著名大品牌

2. 渗透定价

渗透定价是指特许人把特许经营费用定得很低，以在短期内吸收更多的受许人，迅速扩大特许经营网络。但如果定价过低，则对受许人有利，对特许人最初获得收入不利，若特许人的资金实力不强，将很难长期承受，从而导致自己品牌的衰落。

这种定价策略也是有一定的适用条件的，具体如下。

● 潜在的受许人群体对特许经营费用的数额极为敏感，低价会刺激投资人大量加盟

● 加盟店的增多所带给特许人的利益（比如特许人可以凭借加盟店销售特许人的利润可观的产品、设备等）能抵消特许人因渗透性低价而导致的特许经营费用的损失

● 过低的特许经营费用不会引起市场上实际和潜在的过度激烈竞争

3. 温和定价

温和定价策略又称满意价格策略、平价销售策略，是介于撇脂定价和渗透定价之间的一种定价策略，它兼容上述两种定价策略之长，采取适中价格，基本上能够做到使特许人和受许人双方都比较满意。

这种定价策略的优点是风险较小，在正常情况下可按期实现目标利润。但较为保守，容易失去高额利润或市场机会。

（七）特许经营费用组合策略

这一部分请参照本书有关特许经营费用组合的内容。

六、特许权价格变动的原因

（1）降价的主要原因可能包括以下几点。

● 特许权已经被开发出来并比较完善，总部也已经建立，企业里积存着大量专门为特许权交易而存在的资源，如果没有受许人的进入，则这些投入就会浪费，资源就会过剩

● 在激烈的市场竞争中，原有的特许经营费用在吸引受许人方面已不具竞争力

● 通过降价来提高市场占有率，铺设网点，以期形成良性的"马太效应"

（2）提价的主要原因可能包括以下几点。

● 特许人的品牌价值上升，原有的特许经营费用已经不适合如今的高价值品牌了

● 由于通货膨胀，物价上涨，特许人的成本费用跟着提高。在这种情况下，特许人可以调整价格来应对通货膨胀，具体的做法包括推迟公布特许经营费用、在合同上规定

调整条款、增加收费项目、取消费用优惠、取消利润率低的产品或服务项目而改由受许人自行解决、降低特许权的质量等

● 潜在受许人数量太多，或者是特许权供不应求，特许人可以通过提价的方式来减少潜在受许人的数量

七、潜在受许人对特许经营费用变动的反应

（1）潜在受许人对特许经营费用降低的反应可能有如下几种。

● 这个特许经营企业的特许权落伍了，特许经营业务的市场需求大幅度下降，新兴特许经营企业的新的特许权将成为未来发展主流

● 这个特许经营企业有某些问题，不能招募到足够的受许人

● 特许人可能急切需要以特许经营费用来激活其资金流，解决其财务困难

● 这个特许经营费用可能还会继续下降，所以现在先观望观望再说

● 特许人对受许人的支持和服务"打折"了，特许权的质量下降了，加盟的成功率下降了

● 为了竞争，特许人开始搞优惠了

● 事实证明以前的特许经营费用不符合市场需求，定价有点离谱，没有人加盟

（2）潜在受许人对特许经营费用提高的反应可能有如下几种。

● 要求加盟的人太多，特许人不得不依靠提价来减少潜在受许人数量

● 这个特许权确实不错，成功率应该很高

● 特许人想在特许经营费用上赚得更多

● 特许人的品牌升值了

● 特许经营费用可能还会继续提高，所以加盟的事情需要提上日程了

● 特许人应该增加了新的对受许人的支持和服务项目

八、特许人对竞争者特许权价格变动的反应

在异质特许权市场上，即两者的特许权并不相似，而是各有特色，则竞争者的特许经营费用变动对本企业的影响并不是直接的和立即的，企业应仔细分析其变动的原因，然后再决定是否采取相应的措施，而不能盲目地、立即地跟随。

但在同质特许权市场上，即两者的特许权很相似，则如果竞争者降价，企业通常就应该随之降价，否则市场很快就会被竞争者占领。如果竞争者提价，那么本企业的选择可以有多种，既可以跟着提价以赚取更多的特许经营费用，也可以保持价格不动甚至降价以吸引更多的受许人，争夺受许人市场。

第五节 计算特许经营费用的 9 种方法

特许经营费用有三类，即加盟金、持续费（权益金和广告基金）、其他费用（保证金、软件许可费、培训费等）。

对于特许经营费用，我们可以用多种不同的方法分别计算，然后综合比较各种计算

方法的结果，如此就可以更接近真实、科学的特许经营费用值。

特许经营费用的计算方法具体如下。

一、"前期支持成本+利润，再用系数调节"的算法

比如对于加盟金而言，可以用这一方法计算。

从加盟金的目的来看，加盟金由三部分组成或受到三个因素的制约，即加盟金的数额是由特许人的前期支持成本、特许人的期望利润以及加盟金调节系数这三个方面决定的，如图 12-4 所示。

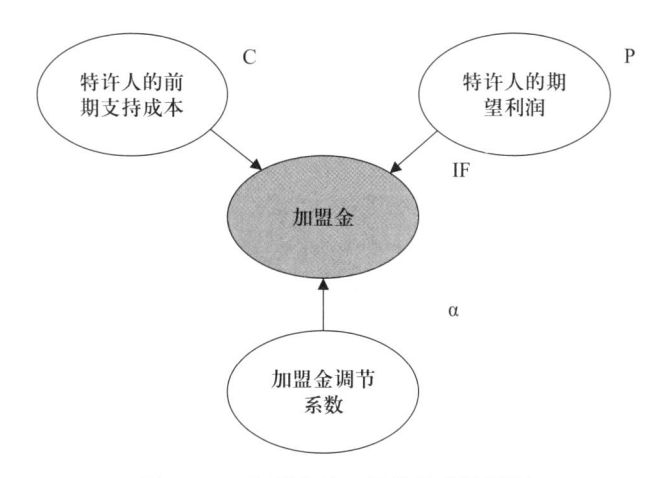

图 12-4　加盟金的三部分组成示意图

如果用函数的形式来表示就是：

加盟金 =f（特许人的前期支持成本，特许人的期望利润，加盟金调节系数）

或

$$IF=f（C，P，\alpha）$$

具体内容参见笔者的专著《特许经营学》。

二、行业统计比例法

这个方法就是利用业内统计结果进行估算，比如加盟金通常为单店开业前期总投资的 5%～10%，权益金通常为加盟店流水的 1%～10%，广告基金通常为加盟店流水的 0%～5%

三、随行就市法

该方法是对业内企业，尤其是比您的企业强的和比您的企业差的对标企业的费用进行统计，然后按从小到大的顺序画出曲线图。

需要注意以下几点。

（1）费用数值相同的对标应重复显示，不能归为一个数值和一个企业。

（2）调研的对标数量越多、强弱企业越全面，则此曲线图越准确和越实用，据此确定的特许经营费用的数值也越准确。

（3）有的对标可能会由于特殊原因而使曲线图中的数值出现异常现象，比如有的对标企业的权益金收高了，有的为了拓展市场而将加盟金降低为零甚至负数等，因此在调研对标的加盟金数值时，应同时查看其另外两类特许经营费用，如果发现处于异常状态，应将此数据剔除并对其进行单独分析。

举个例子，假设我们调研完对标的加盟金后，其数值排列如表12-4所示。

表12-4 对标的加盟金

单位：万元

对标企业	对标	对标	对标	对标	对标	对标	对标	对标	对标	对标	对标	对标
加盟金	1	1	1	2	2	3	3	3	3	3	5	5	10

画出曲线图如图12-5所示。

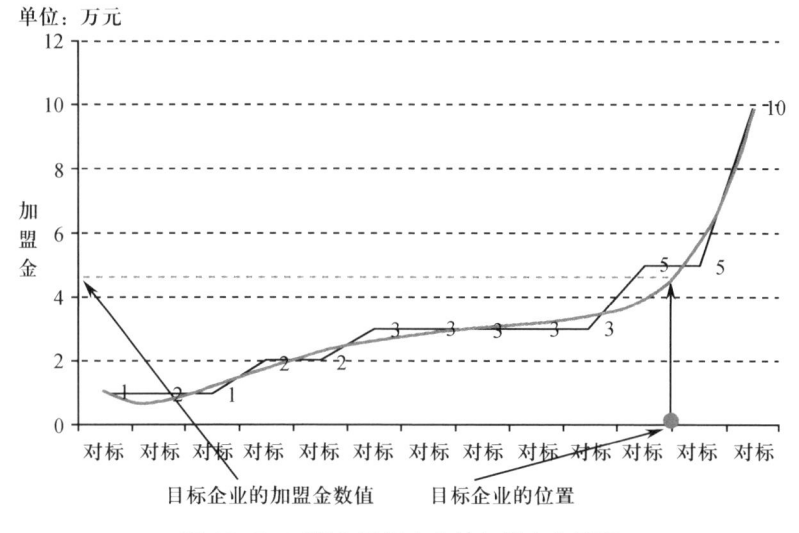

图12-5 对标与目标企业的加盟金曲线图

之后，根据您的企业的不同情况确定您在曲线中的位置，从而就可确定您的特许经营费用的值。

（1）根据您的企业在市场中的地位确定位置。如果您认为自己的企业是市场中的领导者或第一品牌，则您可以取最高值甚至比最高值再略高；如果您认为自己只是市场中的新手，则您可以取最低值甚至比最低值再低一些。

（2）根据有无意外情况确定位置。您的企业如果上了影响巨大的电视类节目、有重要名人光临、突然被媒体大规模传播等，则特许经营费用可迅速加高，甚至一步跃升到同行业的最高值。

（3）根据企业的战略意图确定位置。如果企业的战略意图是渗透、撇脂或介于二者之间，则对应的特许经营费用档次就可以是低、高、中。

（4）位置的确定还有很多办法，比如可以根据市场份额、品牌知名度、与您处于同等市场地位的企业的位置、您计划或目标中的位置等来确定企业的位置。

当然，上述曲线图还有一个作用，那就是可以拿现在的费用数值来反推企业的市场位置，以此检查这二者是否吻合。若不吻合，则需要仔细查找原因并重新定位或重新确定特许经营费用的数值。

四、战略调整法

战略调整法指的是特许人企业根据自己的实际战略意图或目的来调整特许经营费用。

（1）若特许人的战略目的是通过收取加盟金赚取较高的利润，则加盟金应该取大值。

（2）若特许人的战略目的是通过加盟店数量增多的方式去占领地盘，形成影响力，提高品牌价值，则加盟金甚至权益金都应该取小值，如此才能吸引更多的创业者加盟。

（3）若特许人的战略目的是让加盟店销售特许人的产品、原料、设备、机器或工具等并因此赚取差价，则特许人应尽量收取更低的加盟金、权益金、广告基金，以吸引更多的创业者进来。

（4）若特许人的战略目的是通过资金运作获取更多的利益，或者说，特许人自认为有资本运作、金融运作的较强能力，则除了保证金多收之外，其他都可以降低。这是因为，虽然受许人在没违约的情况下，特许人要在加盟期满后把保证金退还给受许人，但是加盟期的那几年时间已经足够善于资本运作和金融运作的特许人钱生钱了。

五、维华对角差值均等算法

因为加盟店所处的城市、加盟店本身的面积等因素的不同，所以对其收取的特许经营费用也应该有所区别，如此才能更公平，更易被受许人接受。

所谓维华对角差值均等算法，是指我们在用其他方法计算出了加盟金或权益金或保证金等的最高值和最低值之后，可以采取以下步骤。

第一步，建立两维费用表。一个维度是加盟店所处的城市级别，另一个维度是加盟店的面积。如表12-5所示，假设加盟金的最大值是10万元，即一线城市、大店的加盟金是10万元；加盟金的最小值是3万元，即三、四线城市和小店的加盟金是3万元。

表12-5　两维费用表（以加盟金为例）(1)

单位：万元

店型	一线城市	新一线城市	二线城市	三、四线城市
大店	10			
中店				
小店				3

第二步，确定左下角和右上角的值。比如可令这两个值相同，等于上一步两对角值

的平均值，即（10+3）/2=6.5。如表 12-6 所示。

表 12-6　两维费用表（以加盟金为例）(2)

单位：万元

店型	一线城市	新一线城市	二线城市	三、四线城市
大店	10			6.5
中店				
小店	6.5			3

第三步，在横向和纵向上相对均匀即差值相对相同地向右、向下逐渐递减数值。

先看第一行，最大值 10 与最小值 6.5 之间的差值是 3.5。3.5 除以列数减去 1（即 4-1=3）的结果四舍五入是 1.2。因此，第一行最大值之后的第一个值就是 10-1.2=8.8，第二个值是 8.8-1.2=7.6。填入表 12-7。

对于第三行，最大值 6.5 与最小值 3 之间的差值是 3.5。3.5 除以列数减去 1（即 4-1=3）的结果四舍五入是 1.2。因此，第三行最大值之后的第一个值就是 6.5-1.2=5.3，第二个值是 5.3-1.2=4.1。填入表 12-7。

表 12-7　两维费用表（以加盟金为例）(3)

单位：万元

店型	一线城市	新一线城市	二线城市	三、四线城市
大店	10	8.8	7.6	6.5
中店				
小店	6.5	5.3	4.1	3

第四步，算出第一列、第三列的中间值，其等于最大值和最小值的平均值，即第一列的中间值为（10+6.5）/2=8.25，四舍五入为 8.3，第二列的中间值为（6.5+3）/2=4.75，四舍五入为 4.8。填入表 12-8。

表 12-8　两维费用表（以加盟金为例）(4)

单位：万元

店型	一线城市	新一线城市	二线城市	三、四线城市
大店	10	8.8	7.6	6.5
中店	8.3			4.8
小店	6.5	5.3	4.1	3

第二篇　成功构建第二步：特许经营理念的导入和体系的六大设计、标准化、手册编制

第五步，算出第二行的空白数值，算法与上述第三步的算法完全相同。

最大值 8.3 与最小值 4.8 之间的差值是 3.5。3.5 除以列数减去 1（即 4-1=3）的结果四舍五入是 1.2。因此，第二行最大值之后的第一个值就是 8.3-1.2=7.1，第二个值是 7.1-1.2=5.9。填入表 12-9。

表 12-9　两维费用表（以加盟金为例）（5）

单位：万元

店型	一线城市	新一线城市	二线城市	三、四线城市
大店	10	8.8	7.6	6.5
中店	8.3	7.1	5.9	4.8
小店	6.5	5.3	4.1	3

在经过了上述五个步骤之后，不同级别城市的不同面积的店的加盟金就确定了。

六、特许经营三类费用的组合算法

特许权这种特殊商品的价格与普通商品的价格的区别之一在于，特许权的价格不是一个单一的数值，而是由三类支付方式、支付时间等不同的费用所组成。所以，在确定特许权的价格时，需要把这三类费用放在一起，进行整体的协调与平衡。

特许权这种特殊商品的消费者即受许人在对不同的特许人进行费用方面的比较时，其所比较的不仅仅是三类费用的某一个或某几个，而是全部费用的组合这个整体。所以特许人应以系统或平衡的思维来看待每个单项的费用，并通过改变每类具体的费用项目，实现在整体费用总值不变的情况下，特许经营费用的组合对受许人更有吸引力。具体地讲，费用的平衡有时间上的平衡、数额上的平衡、类别上的平衡、收取方式上的平衡等多个方面。比如加盟金和权益金分别是受许人需要交纳的前端和后端费用（以加盟店开业为时间划分标志），因此在时间的平衡上，特许人企业可以采用的费用组合方式就包括前低后高、前高后低、前后均衡等。

七、反向算法

反向算法是指先假设特许经营的三类费用，然后计算加盟店的收入、支出、利润，再计算总部的收入、支出、利润，最后把加盟店和总部的收入、支出、利润放在一起，调节加盟店和总部的每一项收入、支出、利润，在加盟店的投资回报比对标更具竞争力、加盟店与总部双赢这两个大的前提下，确定特许经营的三类费用。

八、以举一反三的思维充分利用普通商品的定价方法和策略

当您把特许权当成一种商品的时候，您一定会举一反三地把普通商品的定价方法移植到特许经营费用的确定上，因为二者的原理是一模一样的。

普通商品的定价方法有很多，具体如下。

（1）成本导向定价法。成本加成定价法、目标定价法。

（2）需求导向定价法。特许权的需求导向定价法是一种以市场需求强度及消费者即受许人的感受为主要依据的定价方法，主要包括认知价值定价法、反向定价法和差别定价法三种。

（3）竞争导向定价法。竞争导向定价法是指特许人在制定特许经营费用时，主要参照竞争对手的费用水平，与竞争者的费用保持一定的比例。在特许经营中常用的竞争导向定价法是随行就市定价法，指特许人按照行业的平均现行价格水平来定价，其结果可以高于、等于、低于平均价格，具体要根据企业的内外环境、企业的战略等来确定。

普通商品定价的基本策略如下。

（1）折扣定价策略。比如现金折扣、数量折扣、时间折扣等。

（2）地区定价策略。是指对于不同地区的受许人，特许经营费用有所不同。

（3）心理定价策略。包括声望定价、尾数与整数定价、招徕定价。

九、固定值和比例的转换算法

特许经营费用可以按固定值收取，当然也可以按比例收取。比如对于权益金而言，特许人可以按照受许人的每月流水或利润或配送物品价值的一个比例收取，而在有些时候，比如加盟店的流水不好确定、特许人和受许人双方对于利润有争议（比如对于成本、费用和收入的具体组成是否适当有争议）等，则特许人也可以向受许人每月收取一个固定的数值，如此，双方的争议以及未来的利润作假行为就会被大幅度减少。

那么，如何在固定值和比例之间进行转换呢？方法其实很简单。比如每月收取高权益金的固定值确定之后，就可以将此固定值除以估计的平均月流水或利润，如此就可以得到比例值；如果权益金是按月流水或利润或配送物品价值的比例收取，则固定值就可以是此比例乘以平均月流水或利润或配送物品价值而得出的数值。

综上，多种方法得出的结果总比单一方法得出的结果更接近真相。所以，在用不同的方法对特许经营的三类费用进行计算或调整之后，我们就可以在不同的结果之间进行综合比较，然后就可以选择一个更正确或更科学的数值了。

第六节　加盟期及计算

加盟期，即特许经营的期限，指的是特许经营双方缔结的特许经营合同所规定的合同持续时间，一般以"年"为单位。

不同特许经营体系的加盟期是有很大差异的，不同行业的加盟期也各有不同（见表12-10）。

表12-10　不同行业的特许经营协议的有效期年限分布

单位：%

类型	1年	5年	10年	15年	20年	永久	其他	总计
所有受调查者	0.9	16.1	45.4	12.2	20.0	3.0	2.4	100

续表

类型	1年	5年	10年	15年	20年	永久	其他	总计
餐馆（所有类型）	0.0	3.5	31.6	15.8	49.1	0.0	0.0	100
旅店、汽车旅馆和露营地	0.0	20.0	10.0	10.0	60.0	0.0	0.0	100
休闲、娱乐和旅游	0.0	0.0	58.3	16.7	8.3	16.7	0.0	100
汽车产品和服务	0.0	6.9	37.9	27.6	24.1	3.4	0.0	100
商业援助和服务	4.0	24.0	48.0	8.0	16.0	0.0	0.0	100
印刷、复印、标志品和服务	0.0	14.3	21.4	14.3	50.0	0.0	0.0	100
就业服务	0.0	33.3	38.9	5.6	5.6	5.6	11.1	100
养护和清洗服务	0.0	35.3	52.9	0.0	5.9	5.9	0.0	100
建筑和家庭修缮	0.0	19.4	51.6	19.4	3.2	6.5	0.0	100
便利店	0.0	25.0	75.0	0.0	0.0	0.0	0.0	100
洗衣和干洗	20.0	0.0	80.0	0.0	0.0	0.0	0.0	100
教育产品和服务	0.0	40.0	40.0	20.0	0.0	0.0	0.0	100
租赁服务：汽车和卡车	0.0	0.0	100.0	0.0	0.0	0.0	0.0	100
租赁服务：设备和零售	0.0	0.0	0.0	100.0	0.0	0.0	0.0	100
零售：非食品	0.0	9.5	61.9	4.8	19.0	4.8	0.0	100
零售：食品（非便利）	3.4	17.2	37.9	17.2	13.8	0.0	10.3	100
健康和美容服务	0.0	10.0	60.0	10.0	5.0	5.0	10.0	100
房地产服务	0.0	50.0	50.0	0.0	0.0	0.0	0.0	100
杂项服务	0.0	23.1	57.7	3.8	7.7	3.8	3.8	100

资料来源：Arthur Anderson & Co. Franchising in the Economy, 1989–1992 [M]. Washington DC: International Franchise Association, Education Foundation, Inc., 1992.

即使属于同一个行业的特许人，其加盟期也可能差别很大。下面以餐饮业为例进行说明（见表12-11）。

表12-11 国内外餐饮特许人企业的加盟期对比

单位：年

国外餐饮特许人企业的加盟期		国内餐饮特许人企业的加盟期	
特许人名称	加盟期	特许人名称	加盟期
赛百味	20	重庆小天鹅投资控股（集团）有限公司	3~5

成功构建特许经营体系五步法

续表

国外餐饮特许人企业的加盟期		国内餐饮特许人企业的加盟期	
特许人名称	加盟期	特许人名称	加盟期
麦当劳	20	成都谭鱼头投资股份有限公司	3~5
肯德基	10	成都老房子餐饮管理有限公司	5~10
汉堡王（Burger King）	20	重庆苏大姐餐饮文化有限责任公司	3
Sonic 免下车餐馆	20	成都巴国布衣餐饮发展有限公司	3
达美乐（Domino's Pizza）	10	重庆德庄实业（集团）有限公司	3
Quizno's 三明治	15	马兰拉面快餐连锁有限责任公司	5
塔可钟（Taco Bell）	20	内蒙古小肥羊餐饮连锁有限公司	3~5
北京好伦哥餐饮有限公司	8	北京友仁居餐饮集团	3
马来西亚玛利朗国际快餐公司	8	沈阳老边饺子有限公司	1~5

从上表我们可以看出，国际知名餐饮业的加盟期普遍较长（大多在 8～20 年），而国内餐饮业则普遍较短（平均为 4 年左右）。在别的行业里我们也可以看到类似的现象，即不同特许人之间的加盟期是有很大差别的。那么，为什么会有这个差别呢？或者说，究竟特许人应该如何为自己确定一个比较科学合理的加盟期呢？

笔者以为，一个合理的特许经营加盟期应该由两段时间组成，即：

加盟期 = 投资回收期 + 盈利期

首先，一个加盟期必须至少等于该单店的投资回收期。这是显然的，因为受许人如果要加盟，那么特许人就至少应保证受许人能收回投资。这个投资回收期就是一个加盟期的底线，即投资回收期是一个加盟期的最小值。所以，我们通过这个公式就可以明白，为什么政府特许经营项目的加盟期一般都比较长，多达数十年甚至上百年，其主要原因就是政府特许经营项目的投资大、投资回收期长。

但显然，受许人投资加盟的目的绝不仅仅是为了收回投资，他还希望在收回投资之后能有一段盈利的时间，即要求有一个合理的盈利期。因此，对于投资回收期差不多的加盟店而言，其加盟期的区别就在于特许人给予受许人的盈利期。至于盈利期的长短，它并不完全取决于特许人的主观意愿，而还要受一些外在客观因素的制约，比如加盟金和权益金、加盟店盈利率、行业更新性、体系成熟度、竞争等。

1. 加盟金和权益金

因为受许人支付加盟金和权益金换回的是一个加盟期内特许人的品牌、支持、商标、技术诀窍、经营模式、经验等，即购买了一个加盟期内特许权的使用权或经营权，所以对同一个特许人而言，如果收取的加盟金和权益金较高，那么相应地，也应给予受许人较长的加盟期。

2. 加盟店盈利率

当单店盈利率较高时，就意味着受许人可以在较短的时间内收回投资并获取一定的利润，因此，特许经营的期限稍微短些并不对受许人产生太大的影响。相反，如果单店盈利率较低，那么受许人收回投资并赚取一定利润的时间也就较长，在这种情况下，加盟期太短对受许人是不利的，所以，为了达到双赢的目的，特许人应适当延长加盟期，使受许人有充足的时间赚取利润。

3. 行业更新性

不同行业的技术、流行、品位等方面的更新速度是不同的。有些传统行业，比如餐饮，往往在很长一段时间内都不会有内容和形式的大改变。但对有些行业而言，比如IT、时尚产业、新兴产业、高科技产业等，其内容和形式变化得就很快。对这种更新速度快的行业，因为特许人需要与时俱进地改变特许权的内容和形式（包括 MI、BI、VI、AI、SI、BPI、OI），以实现可持续发展和在竞争中立于不败之地，所以加盟店也相应地要做出改变。在这种情况下，由于特许经营合同的约束作用以及受许人的心理惯性束缚等原因，加盟店可能对改变进行抵触，那么这就会阻碍整个特许经营体系的前进和发展。对于这种情况，特许人要有足够的预见性并采取相应的对策，其中一个对策就是采取较短的加盟期，以便在需要改变体系时灵活应对。

4. 体系成熟度

体系成熟度对于加盟期的影响非常大。因为成熟的体系在特许权的各个方面都已经比较完善，且它们不会有很大或根本的改变，所以特许人可以采用较长的加盟期以稳定发展。那些尚处于摸索和实验阶段的特许人则恰恰相反，为了给自己将来的改变留出空间和余地，最好不要采取较长的加盟期，以免把自己束缚在特许经营合同之中。其实也正是由于这个原因，国外发达国家的成熟特许经营体系的加盟期普遍要比中国同类特许人的加盟期长。

5. 竞争

因为我们处在一个充满竞争的时代，所以特许人在确定加盟期的时候，绝不能忽略竞争的因素。一般情况下，如果两个特许经营体系各方面的条件都差不多，那么潜在受许人可能会偏爱加盟期长的那一个。

当然，最后计算出的加盟期还要符合法律法规的规定，比如我国《商业特许经营管理条例》第二章第十三条规定："特许经营合同约定的特许经营期限应当不少于 3 年。但是，被特许人同意的除外。……特许人和被特许人续签特许经营合同的，不适用前款规定。"

第七节 商业模式特许经营的分类

按照受许人的授权领域大小，商业模式特许经营最基本、最常见的形式有两种。

成功构建特许经营体系五步法

一、单店特许经营模式

单店特许经营模式是指特许人将自己成功的单店经营模式许可给某一个受许人（称为单店受许人）来经营，受许人只能开设一家特许经营单店。从严格的意义上讲，受许人只在单店的物理空间内享有特许人许可的所有权利，在单店的物理空间外则不享有这种权利，这就意味着特许人在一家加盟单店的街对面再授权新的受许人开设加盟单店是合法的。不过，特许人为了保护受许人的利益，避免受许人之间出现恶性竞争，都会将单店受许人的权利扩大，如规定围绕单店的一定范围内（比如方圆1千米）不再授权新的受许人，这个做法通常被称为单店的商圈独占保护政策。如今，这种做法已成为特许人企业的惯例并被写进了特许经营合同之中。

特许人企业采用单店受许人模式发展其特许权业务的主要优点如下。

（1）单店受许人有小区域（通常是受保护的一个商圈）独家开设单店的经营权，对受许人拥有的资金量要求不高，单店经营业务相对简单、易于管理，因此便于招募受许人。

（2）即便个别受许人经营不善，特许人企业的整体市场也不会亏掉很多，因为亏掉的最多只是该加盟店所在的商圈。

特许人企业采用单店受许人模式发展其特许权业务的主要缺点如下。

（1）受许人无权再转授特许权，只负责一个单店的业务，因此单店受许人的积极性受限，不愿做广告宣传。

（2）特许人对受许人的招募及管理成本较高。

（3）因为加盟店要一家一家地开，受许人要一个一个地招，所以特许经营体系的网络扩展速度可能会比较缓慢。

（4）因为特许人企业直接签订合同的另一方数量众多，所以产生法律纠纷的可能性和管理成本都提高了。

二、区域特许经营模式

区域特许经营模式是指由特许人将指定区域内的独家特许经营权授予受许人，受许人可将特许经营权再授予其他申请者，也可由自己在该地区开设特许经营店，从事经营活动。

区域特许经营模式又分为以下两类。

（1）区域直接特许经营模式。区域直接特许经营模式是指特许人将自己成功的经营模式授权给一个受许人（称为区域受许人），区域受许人在规定的经营区域内（通常会在合同中严格界定并由地图表示）经营，并且按合同规定，区域受许人必须在规定的时间内开设若干家加盟店，以使该区域内店铺的数量达到一定的规模。由于是直接特许，因此区域受许人只能开设直营加盟店，不能再授权给其他人。

（2）区域复合特许经营模式。区域复合特许经营模式是指特许人将自己成功的经营模式授权给一个受许人（称为区域主受许人），区域主受许人在规定的经营区域内（通常会在合同中严格界定并由地图表示）经营，并且按合同规定，区域主受许人必须在规定的时间内开设若干家加盟店，以使该区域内店铺的数量达到一定的规模。但由于是复合特许，因此区域主受许人既可以开设直营加盟店，也可以再授权给其他人（比如次级受许人）开设单店。

特许人企业采用区域受许人模式发展其特许权业务的主要优点如下。

（1）区域受许人有指定地区的独家经营权，区域复合受许人还可以再次转授特许权，因此他们积极拓展市场，愿意做广告宣传。

（2）因为特许人不再需要直接管理众多的加盟店，而只需要直接管理区域受许人，所以特许人对整个特许经营体系的管理层级明显扁平化，其管理变得简单、管理效率提高、管理成本下降。

（3）如果招募到合适的区域受许人，则特许经营体系的网络扩展速度会非常迅速。

（4）因为特许人企业直接签订合同的另一方数量较少，所以产生法律纠纷的可能性和管理成本都降低了。

特许人企业采用区域受许人模式发展其特许权业务的主要缺点如下。

（1）因为区域受许人要经营区域业务，或者还必须同时经营好自己的直营店，所以要求他们有很丰富的工作经验和较多的资金、资源等，但这样的合格受许人是不易寻找的，这可能会使特许人企业的招募速度变得缓慢。

（2）由于区域受许人负责的不是一个单店的商圈，而是一大片市场领域，所以一旦他们出了问题或者经营不善，就会对整个特许经营体系产生较大的影响。

第八节　标准化的相关内容和方法技巧

标准化是为了有利于特许经营模式的复制、有利于特许经营体系的管理和控制或保持整个特许经营体系的一致性，这是特许经营的优势和竞争力之一。特许经营企业实施标准化就是为了形成复制的"原型"或"样板"及指导原则，这样，企业就可以按照"原型"或"样板"及指导原则进行一个个单店的复制，并保证体系内的每家单店无论在有形还是无形方面都保持"大同小异"。标准化是特许经营最基本的原则之一，也是连锁经营最基本的特色之一。

一、标准化的对象

标准化的对象包括总部、分部和单店三个。

二、标准化的内容

（一）从业务角度看

特许经营企业的标准化就是指特许人对其业务运作的各个方面，包括流程、步骤、外在形象、产品或服务等硬软方面，经过长期摸索或谨慎设计之后提炼出一套能够随着特许经营网络的铺展而适应各个地区加盟店的全体系统一的模式。

（二）从企业识别系统角度看

从企业识别系统的角度而言，标准化就是企业 CIS（Corporate Identity System）的导入与建设或其结果，而现代广义的 CIS 包括 MI（Mind Identity，理念识别）、BI（Behavior Identity，行为规范识别）、VI（Vision Identity，视觉识别）、SI（Store Identity，店面识别）、AI（Audio Identity，声音识别）、BPI（Business Process Identity，工作流程识别）、OI（Other Identity，其他识别）、EI（Era Identity，时代识别）八个部分。

（三）从营建和软件的角度看

特许经营的标准化还可按照标准化的内容将其主要分为两大类：硬件标准化和软件标准化。

（1）硬件标准化主要指 VI、SI、产品、原料、机器、设备、工具等有形或可见部分的标准化。

（2）软件标准化主要指 MI、BI、AI、BPI、OI、EI、技术、诀窍、专利、商业秘密等无形或不可见部分的标准化。

一般而言，硬件标准化的设计、实施和复制都比较容易，而软件标准化的设计、实施和复制则要难得多。

（四）从动态和静态的角度看

（1）从动态的角度，特许经营的标准化是指各种作业或工作的标准化。其标准化的格式内容即 4WTPHDA 具体如下。

What，作业名称

Why，作业目的

Tool，作业需要的机器、工具、设备、服装等

Where，在哪里作业

People，负责人和执行人是谁

How，作业全部步骤的流程图以及是否进入下一步骤的标准

When，每一步骤的作业时间

Detail，每一步骤的详细解释、要点强调

Attention，作业中的注意事项

（2）从静态的角度，特许经营体系的标准化是指对不会随着时间而需要发生一系列变化的作业的描述。具体如下。

①人员：生理特征、社会特征、礼仪、仪容仪表、服装等。

②环境：VI、SI、装饰等。

③物料：产品、半成品、原料、耗材、机器、设备、工具等。

④知识信息：理念、歌曲、技术、专利、诀窍、商标、商号等。

⑤制度、表单。

⑥其他。

三、标准化的方法和技巧

企业在实际的操作过程中可以组合性地使用下述方法和技巧，以达到最佳的标准化效果。

（一）核心化

比如对于火锅店，可以把最核心的料包按口味、原材料等做成不同的标准件，然后统一配送给各店，同时告知各店料包的使用方法，比如配多少水、加热多长时间等。

（二）机器化

通过机器的形式配送到各店，由机器来代替人工操作，从而实现操作流程和结果的标准化。随着机器人技术和自动化的发展，机器代替人工操作的范围、可靠性、精确性得到提升，企业应积极研发或采用比人工更容易标准化的机器、设备、工具等。

比如现在很多餐饮店的前厅、后厨都在使用机器，如后厨的削面机、包饺子机等。

Costa 之所以一直赶不上星巴克的发展，其原因之一就在于标准化。星巴克用的是全自动咖啡机，从磨豆出粉到制成浓缩咖啡全部是自动完成的，这样使出品的每一杯浓缩咖啡都实现了标准化的品质和口感；而 Costa 采用的是传统半自动的咖啡机，从磨豆、打粉、压粉到出品的各个环节都很依赖咖啡师的技巧和水平，所以会使咖啡口感参差不齐。（资料来源：聚府食堂，《唯一能和星巴克抗衡的 Costa，为什么很少有人去喝？》）

（三）分解化

如果一个复杂的操作、产品难以整体复制的话，企业可以把这个复杂的工作、产品分解成若干简单的工作、产品，然后分别对每个简单的工作、产品予以标准化，最后再组合起来，如此就可以实现整体的标准化。

分解的内容可以有很多，既可以按流程进行分解，也可以按照工作内容、人员进行分解。比如对于教师讲课的标准化，可以按照流程分为课前、课中和课后，然后分别进行标准化；也可以按照教材、教具、案例、作业、考核、教学形式等内容进行分解，然后分别进行标准化。

（四）（半）成品化

对于产品，可以由统一的中央工厂、中央厨房等做成批量的统一化的成品或半成品，然后配送给各店，各店只要稍做处理甚至不处理即可提供给顾客。

（五）培训化

企业可以通过对人员的培训达到标准化。如果培训的难度大、周期长、需要保密等，企业可以采用一些替代性方法，比如总部派员进驻加盟店实行托管经营。许多服务性、技术性的企业，比如美发、足疗、美容等，通常都会开设专门的培训学校或与大中专院校合作，专门给各店输送符合体系要求的人才，这也是一种很好的标准化方式。麦当劳的标准化方法之一就是在全球各地开设麦当劳大学，以严格的培训内容、时间、考核等来保证各个加盟店和直营店的标准化。

（六）科技化

企业可以运用现代化的科技实现服务或产品的标准化。比如由于医学专家、名师等的技能和经验非常难以通过培训来获得，因此可以通过远程诊断、视频课堂等形式实现产品或服务的标准化。

比如笔者接触到的一位医学专家，擅长通过手诊来诊断患者，但手诊的技术不是短期内能够练成的，于是各店就按照医学专家的要求拍出患者手部不同角度的照片传到总部，然后由这位医学专家通过照片进行手诊，如此，就很好地解决了各店专家诊断标准化的问题。

（七）巡演化

关键岗位或服务的标准化可以通过人员在各店巡回服务的方法来实现。这种方法适用于明星剧院、名师讲座、专家门诊等。但其缺点就是各店消费者获得服务的时间间隔较长，而且会受到人员生病、人员的工作时间有上限、服务店数不能太多等的限制。

（八）工艺化

比如餐饮，如果采用煎炒烹炸的工艺，标准化比较难，但是如果转化工艺，如采用蒸煮炖的方法，标准化就会变得简单。

（九）联盟化

因为单店产品和服务等的供应者可能会有全国甚至全球的连锁企业，这些连锁企业的店面或分支机构遍布全国或全球，所以特许人企业可以与他们以战略联盟等方式合作，把部分产品、服务等外包给他们，如此，就可以借助这些合作伙伴的标准化实现自己的标准化。

（十）有形化

无形的东西，尤其是知识、经验、技术等通常比较难以标准化，如果把它们变成有形的东西，标准化就容易多了。

四、标准化的原则

（1）大同小异。企业的标准化必须与各店的本地化有机地结合起来，原则就是特许经营的核心、关键要素必须统一，非核心、非关键的要素应该或必须本地化。

（2）动态。标准化是一种常态、动态的工作，企业应与时俱进地修改和完善。

（3）提高效率。

（4）压缩时间。

（5）降低成本。

（6）增加效益。

（7）保证质量。

（8）便于督导。

（9）可复制或再现。

（10）准确。标准化的结果最好用数字即定量的方式呈现，而尽量避免模糊的词语。比如与其说"加一小把盐"，不如说"加5克盐"。

（11）保证不同时间和空间下的统一。

第二篇　成功构建第二步：特许经营理念的导入和体系的六大设计、标准化、手册编制

（12）消费者体验一致。

（13）合法合规。企业的标准化内容应符合或超过国家和地区的法律法规标准、行业标准，甚至符合或超过国际标准。

五、标准化的流程

标准化的流程通常包括标准化规范的制定、发布、实施、检查、不断修改与完善。

六、标准化的文件体现形式

主要就是标准化后的各种手册，包括文本、视频、音频、图片等形式。

为了保证标准化的效果，企业可以在岗位悬挂或张贴关键的标准化制度或流程、增加抽检环节、设置指挥者等。

【实例12-2】全部手册（含合同）第一稿编制结束后的工作

全部手册（含合同）第一稿编制结束后，特许人需要做如下工作。

一、手册（含合同）分类

手册（含合同）分类

序号	手册（含合同）名称	交付总部还是受许人	交付电子版还是纸质版	交付时间	交付册数	收取费用	是否做成PPT课件	手册（含合同）使用者	手册（含合同）知晓者	手册（含合同）持有者	手册（含合同）更新者	备注
1												
2												
3												
4												
5												
6												
7												
8												
9												
10												
11												
12												
……												
总计												

二、手册（含合同）落地与更新

将总部、区域受许人或分部和单店的手册（含合同）选择样板店或在店数不多的情况下全部进行落地。收集一周内和一月内总部和店面人员根据手册（含合同）实施后的反馈，由上表中的"手册（含合同）更新者"进行手册（含合同）的更新。

三、手册（含合同）全部更新后做课件

把需要给总部、区域受许人或分部、单店做培训的手册（含合同）或培训内容全部做成以PPT为主的课件形式。然后，讲师试讲、专家点评、讲师改善。最后，确定课件和讲师以及授课的方法、案例、教具、地点等。

四、总部培训

对总部员工进行手册（含合同）大培训。培训的教材或内容包括总部的手册（含合同）、区域受许人或分部的手册（含合同）和单店的相关手册（含合同）。培训对象是相关手册（含合同）的对应部门、部门员工以及相关部门或人员，即每本手册（含合同）的使用者、知晓者、持有者、更新者都必须参加该手册（含合同）的培训。

五、区域受许人或分部培训

对区域受许人或分部员工进行手册（含合同）大培训。培训的教材或内容包括总部的手册（含合同）、区域受许人或分部的手册（含合同）和单店的相关手册（含合同）。培训对象是相关手册（含合同）的对应部门、部门员工以及相关部门或人员，即每本手册（含合同）的使用者、知晓者、持有者、更新者都必须参加该手册（含合同）的培训。

六、单店培训

对单店员工进行手册（含合同）大培训。培训的教材或内容的教程或内容包括总部的手册（含合同）和单店的相关手册（含合同）。培训对象是相关手册（含合同）的对应部门、部门员工以及相关部门或人员，即每本手册（含合同）的使用者、知晓者、持有者、更新者都必须参加该手册（含合同）的培训。

七、总部办公室布置

（1）划区分岗：按照总部的组织架构划定不同部门的工作区域和岗位，在每个区域上张贴"**部"标牌，在每个岗位上张贴岗位名称标牌。

（2）职责流程上墙：部门工作职责、主要流程上墙。

（3）企业文化：墙壁上张贴企业文化摘录、员工活动照片等。

（4）企业简介：上墙。

（5）招商专用：全国店面插旗地图，带店面照片的店面详细列表，受许人签约照片，受许人培训照片，受许人集体开会照片，系列手册（含合同）的实际罗列展示。

（6）荣誉和背书：摆放企业获得的奖证牌匾、名人光临的照片。

（7）产品：核心产品或产品模型、产品名录的展示。

（8）迷你型标准店面展示。

（9）其他。

第二篇　成功构建第二步：特许经营理念的导入和体系的六大设计、标准化、手册编制

八、区域受许人或分部办公室布置

参照上述总部的布置。

九、店内布置

（1）可视化：严格划线或用胶条等标注和区分不同的区域。
（2）岗位上墙：张贴岗位工作职责和主要流程。
（3）法律法规：张贴法律法规要求的证图牌匾。
（4）企业文化：墙壁上张贴企业文化摘录、员工活动照片等。
（5）企业简介：上墙。
（6）招商专用：全国店面插旗地图，带店面照片的店面详细列表，等等。
（7）荣誉和背书：摆放企业获得的奖证牌匾、名人光临的照片。
（8）产品：核心或促销产品的介绍。
（9）其他。

十、项目组的考核与奖励

按照特许经营项目组考核与激励政策，对项目组所有人员进行考核与奖励。

【练习与思考】

（1）请设计一份特许经营理念导入培训的内容目录。
（2）寻找一个实际的特许人企业，为其量身定制特许经营全流程或受许人生命周期与特许人部门对应图。
（3）寻找一个实际的特许人企业，为其量身定制单店的四大元素方的主次收入模型。
（4）寻找一个实际的特许人企业，运用维华三步循环算法确定总部和加盟店的盈利模式。
（5）寻找一个实际的特许人企业，为其设计单店的8I。
（6）试着开发单店的营业时间设计模型。
（7）如何在招商过程中实际运用"两权组合、三权分离"的思维？
（8）谈谈你对"店"与"点"关系的认识。
（9）寻找一个实际的特许人企业，为其确定两店之间的公平距离。
（10）谈谈你对等消费线的认识。
（11）试着构建一个总部选址的算法模型。
（12）寻找三家不同的特许人企业，评价其总部组织架构的合理与不合理方面。
（13）寻找一个实际的特许人企业，为其设计分部或区域受许人的组织架构。
（14）寻找一个实际的特许人企业，为其设计特许经营体系架构。
（15）寻找一个实际的特许人企业，至少使用四种方法为其计算特许经营费用。
（16）寻找三家不同的特许人企业，评价其加盟期的合理与不合理方面。
（17）你认为标准化还有什么好的方法和技巧呢？
（18）你认为第一稿全部手册（含合同）编制完成后还需要做些什么工作呢？

第三篇　成功构建第三步：
特许经营实体建立及运营、手册落地与团队建设

[本篇要点]

本篇的内容包括三个部分：一是讲解样板店的建立及运营、手册落地与团队建设；二是讲解总部（分部）的建立及运营、手册落地与团队建设；三是讲解设计、标准化与手册编制等问题。

本篇的目的是使读者在实践方面能切实进行特许经营实体建立及运营、手册落地与团队建设。

在上个阶段的设计完成之后，接下来的工作便是按照设计的模式建设特许经营管理体系，并在实践中完善原先的设计，同时进一步提炼出企业的工业产权和/或知识产权，以及准备特许出去的经营模式。

在此过程中，要达成三个最基本的目标。

（1）硬件方面：建立、实际运营并逐步完善样板店、总部（分部）及特许经营网络。

（2）软件方面：完成两套手册的提炼和完善工作，即单店系列手册和总部（分部）系列手册。

（3）团队方面：训练出一支通晓单店、总部（分部）建设与运营的全套知识、技术的骨干队伍。

第十三章　样板店的建立及运营、手册落地与团队建设

一、关于样板店的基本知识

在正式讲述样板店建设及运营之前，我们首先要对样板店的有关知识有一个基本的了解。

在类型上，一个特许经营体系的样板店有许多种，其基本的三种是：特许人建立与管理的，区域受许人建立与管理的，区域受许人或单店受许人建立而由特许人指定为样板店的。

在数量上，为了便于该样板店辐射区域内的单店，便于潜在受许人等相关人员学习、培训和参观等，样板店应在每个辐射可及的区域内都建立一个。而可辐射的区域的大小，则由特许人根据实际区域的交通情况、可能来店的人员数量和频率、样板店本身

第三篇　成功构建第三步：特许经营实体建立及运营、手册落地与团队建设

的投资成本等因素来人为地确定，并不是一个固定不变的数值。

在样板店的投资方式上，总部的样板店基本上是特许人独资建设，区域的样板店可以由特许人独资建设而交由区域受许人管理，可以由特许人和区域受许人合资建设，可以由区域受许人独资建设并管理，也可以由单店受许人建设而由特许人或区域受许人指定为区域内的样板店，等等。

样板店因为"样板"而受到的影响是多方面的，我们应全面地看待这些影响。因为样板店要承担别的非样板店所没有的一些工作，比如接待来访者和参观者、作为培训实习基地、试验新的技术和产品等，所以它的经营会受到一定的影响。这些影响里既有正面的因素，比如因"样板"效应而吸引更多的顾客、具有更高的知名度、获得总部或区域受许人的额外关注、人气也更旺等；但也有一些消极的因素，比如因为承担额外的任务而需要更多的花费、试验失败会造成不利影响、非顾客人员的拥挤会影响店内生意、实习生的上岗会影响产品与服务的质量等。

本阶段所指的样板店是特许人所建立并管理的整个特许经营体系最原始的样板店，它是特许经营体系的复制"原件"，是特许经营网络的原始节点，是特许人工业产权和/或知识产权浓缩后的外化组合体，是特许人继续研究开发更先进的工业产权和/或知识产权的基地，是检验前期特许经营设计实效性的最佳地点，是受许人及其他相关人员接受培训、实习、参观的样板，是潜在受许人认识特许经营体系的一面镜子，是促使潜在受许人下决心加盟的关键场所，是特许经营体系核心竞争力的源泉和表现形式，是企业验证单店魅力并增强特许经营项目工作组的信心的机会。因此，样板店的建设对于特许人及整个特许经营体系而言是至关重要的，如果特许人企业想通过特许经营的方式走向成功，那就从建设一个成功的样板店开始吧。

二、单店团队的建设

企业应遵照前面设计的单店模式进行样板店的建设，并在建设的实际过程中，随时发现问题，随时更改和记录关于单店的设计内容。如果可能，最好的办法是总部成立一个单店工作小组，专门、全程、全面地跟踪样板店的建设全过程和单店运营的方方面面。这样，这个小组就可以非常方便、高效地参与单店的建设，并保持单店手册的随时更新和完善。建设样板店的过程是一个非常重要的总结经验并完善企业单店手册的过程，仔细地研究、分析、记录这个过程对企业而言是十分重要的，企业不可白白地浪费这一宝贵机会。同时，样板店小组的成员因为全程、全面地参与了单店的建设和运营并亲自对单店手册的细节进行了研究和完善，所以他们将来必定是在理论与实践上建设单店、管理单店、运营单店的专家，企业也可以借此机会为自己培养出一批将来营建单店的骨干人员。总之，企业必须切记，样板店建设的两个任务，即实践建设和完善手册都必须做好，不可偏废其一。建设单店的过程可以为企业带来许多重要价值，企业一定要充分利用这个难得的机会。

如果特许人的所有样板店并不是从零开始建设，而是从已有的店改装而来，那

么关于单店手册的部分内容固然可以得到完善的机会和时间，但单店开店手册的有些方面却没有机会经受过程的检验。此时，特许人企业必须记住，这个单店手册的全部都是一定要经过实践检验并用实践来修正和完善的，特许人企业可以采取这样的办法在以后的时间尽可能早地补上实践检验和跟踪的内容，即负责单店手册完善的样板店小组在建设以后的加盟店时进行全程的跟踪和全面的接触。

三、样板店的数量

对于样板店的建设数量，企业应根据自己的体系拓展战略来确定。如果体系决定在几个不同的区域同时推广与建设特许经营网络，那么它就可以在这几个区域分别建设模式一致的样板店。这样的好处是不同地区的独特市场环境会使原先设计的单店经营模式经受更复杂的考验，总部或特许人也可以在不同的市场环境下摸索一条可以推而广之的单店经营之路。如果总部只是想摸索关于单店建设和运营的一些规律并只在有限区域内进行特许经营体系的试扩张，那么特许人企业就可以只在本区域内建设一家样板店，待成熟后再向外推广。

世界零售巨擘沃尔玛在新进入某市场时坚持的一个原则就是先开"SAMPLE"即样板店，沃尔玛的目的就是拿这个样板店做试验，通过不断吸收当地文化，摸透市场消费趋向，熟悉和了解当地消费习惯，分析销售差异，不断调整和改善，以建立一套完整的管理体系和适合当地的运营模式。等到各方面发展成熟后，沃尔玛才开始建立自己的连锁分销网络。比如沃尔玛自1996年在深圳开了两家样板店后，到1998年才开始开第三家，其中的两年时间就是一个试验的过程。坚持这一稳妥推进原则是沃尔玛在全球各地开店成功的重要保障。

四、使样板店真正成为"样板"

为了使样板店可以真正成为特许经营体系的"样板"，企业应注意在建设样板店的过程中，使单店在投资与管理等方面真正成为一个独立的实体，而不能依旧保持总部或特许人的一个直营店那样的性质。比如在计算样板店的投资收益时，应该如实列出加盟费以及别的受许人需要付出的费用，这样计算的结果才更有"样板"性。样板店建立起来后，企业应使其独立运营和独立核算，这样可以验证将来受许人的单店是否可以盈利。

最后，千万要记住的是：在样板店建立、试运营以及完善单店手册的时候，一个铁定不变的原则就是，所有这些实体和软件的目的都是为了将来的复制。所以，当我们在建立单店的时候，一定不要认为只是在做这一个单店，而要记住将来是要覆盖全国甚至全球的单店。很多企业在做样板店的时候，对于购买设备、器具等事项，只考虑了把这个单店做得很美，而完全忽略了将来复制时的物流配送、单店成本、本土化等，所以等他们在建设加盟店或复制单店时才突然发现，无法或很难实现特许经营体系的统一。

第十四章　总部（分部）的建立及运营、手册落地与团队建设

本阶段的另一个重要任务就是特许经营总部（分部）的建立、网络雏形的建设及试运营，同时，在此建设与运营的过程中，还要对总部（分部）的系列手册进行系统化的编制、修正与完善，以及建设一支骨干管理与运营团队。

同样，总部（分部）及网络雏形的建设也要遵循前面阶段的设计，并组建一个专门的总部（分部）及体系小组进行全程的参与、全面的接触，这样可以为特许经营体系培养一批管理专家，更有效率地完善总部（分部）系列手册。但是需要注意的是，在某种程度上，总部（分部）的手册比单店的手册更具有动态性，因为总部（分部）的管理和运营水平、方法、技术等都需要随时更新，而且只要体系有延伸，总部（分部）的职能就会发生改变，至少在职能的数量上需要增加。因此，总部（分部）及体系的工作小组要有长期完善总部（分部）系列手册的思想准备。为了防止小组中人员的变动给总部（分部）系列手册的延续性带来伤害，企业应尽量使小组人员保持稳定，同时采取积极的个人资源企业化、隐性知识显性化的知识管理（Knowledge Management，KM）策略和手段。

在建设总部（分部）及网络体系的过程中，应联络将来整个体系正常运营所需要的一些外部合作伙伴。特许人企业可以与产品供应商、装修商、运输物流公司、设备制造商、工具供应商、设计印刷商、广告商、金融部门、信息服务部门等合作者进行洽谈，以确认他们有能力且愿意以优惠、长期、稳定、互利的方式与本企业进行战略联盟式的合作。

必要的时候，此阶段可以招聘将来特许经营体系所需要的工作人员，使他们早点熟悉体系的历史、早点参与体系的实际运营，这样对于他们日后的工作及特许经营体系的高效运转都是大有裨益的。

在建设特许经营网络的雏形时，企业也应注意搜集关于潜在受许人的一些信息，比如社会人士对样板店、总部（分部）及网络体系的反应等。

实际上，不管在样板店的建设及其系列手册的编制中，还是在总部（分部）的建设及其系列手册的编制中，特许人企业都要特别关注的一个极为重要的方面就是，借此机会形成、培养和锻炼一支自己的骨干团队。如果团队的成员能与企业一起成长，即从零开始就跟着企业摸爬滚打，经历企业的成败起落，对企业在标准化、规范化、不断成熟过程中的来龙去脉都非常清楚，那么他们对企业文化的理解会是非常深刻的，对企业的事项等会是非常熟悉的，这样的人才就是企业未来的骨干。人是企业最宝贵的资源之一，所以特许人企业在构建特许经营体系的整个过程中，都要刻意地去培养自己的团队，以为将来的持续、稳定发展储备人力资源。

第十五章　设计、标准化与手册编制等的落地

第一节　设计、标准化与手册编制等的落地方法与技巧

在特许经营体系策划、系列手册编制完成后，需要通过落地实施来检验策划是否有效果以及效果有多大，不能付诸实施并产生实际效果的策划方案是没有任何意义的。所以，如何科学地落地实施就是特许经营企业必须考虑的内容。

下面是方案落地的一些具体的指导原则或方法、技巧。

一、编制落地计划

包括落地的人员、时间、步骤、单店对象、费用、目标等。

二、三条线

严格来讲，特许经营体系的落地包括总部的落地、分部或区域受许人的落地、单店的落地。

按照落地的三条线，落地的团队也应分为三组：总部落地组，分部或区域受许人落地组，单店落地组。上述三组分别负责总部、分部或区域受许人和单店的方案和手册的落地。

每组由组长、副组长、组员组成落地的工作组。如图15-1所示。

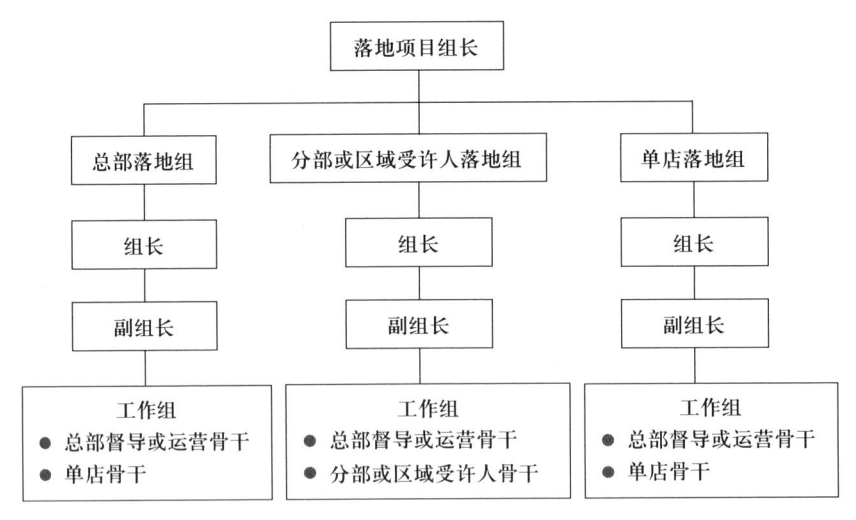

图15-1　特许经营体系的落地项目组组织架构

工作组指的是企业指定的、未来要自己去承担各店或总部各部门落地实施工作的骨干组成的临时项目组。比如对于餐饮企业来讲，工作组的成员应是总部的督导或运营骨干、直营店的店长和后厨的主管。他们在选定的样板店全程落地的过程中既要学会、做到所有落地的流程等，又要能够独立完成单店的其他方案或手册的落地实施工作。

落地的店选几家？单店落地组选择哪个店或哪些店呢？先后顺序是什么？

如果人手足够的话，同时落地也没有问题。否则，就只能依次来落地了。通常，从企业实际紧急需要的顺序讲，可以先落单店，再落分部或区域受许人，最后落总部。

选落地的店时，最好选择特许经营体系中的样板店或标准店，也就是特许人计划按照其样式进行复制的那家店。这些店最好是直营店，因为通常情况下，加盟店只有享受总部成熟体系、知识等的权利，没有与总部一起试验的义务。在样板店或标准店的落地完成之后，企业自身工作组中总部的督导或运营骨干等单店落地人员就应立刻进行其他店的落地实施。至于加盟店，可由总部培训部人员实际到达加盟店指导落地。当然，如果确信只通过培训就能有效落地的话，那么，总部也可以召集加盟店的相关人员来总部进行统一的落地培训，然后由这些受训的加盟店人员回到各自的店进行店面的落地，这样可以大大地节省时间、节省成本、提高效率。

三、两"边"

这个指的是特许人企业应一边落地已完成的方案与手册，一边不断地修改实际操作或手册。

四、两种落地方案

一是方案与手册每完成一个或一批，就立刻组织落地实施一个或一批。

二是全部方案或手册都完成再统一去落地实施。

五、落地六部曲

落地工作过程六部曲如图15-2所示。

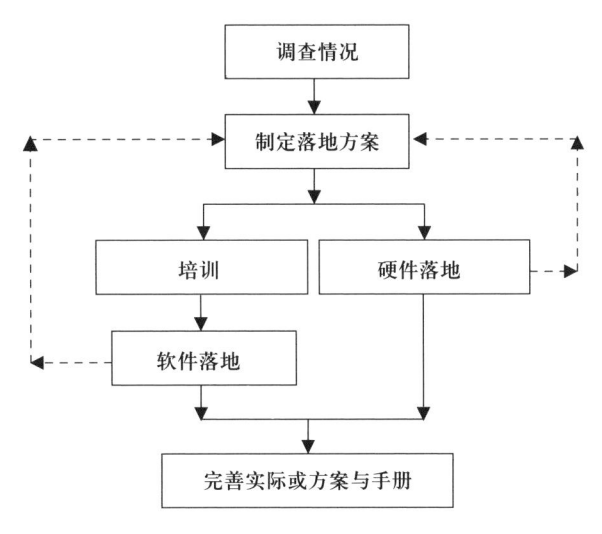

图 15-2 落地工作过程六部曲

首先，调查落地对象的情况，据此制定落地方案。

其次，对于流程、制度、方法类的软件，先是按照已确定的方案与手册对相关人员进行培训，然后由受训人员完全按照方案与手册在实际中实施。同时对于单店的装修、设备、器材等硬件，按照已确定的方案与手册进行实际修正。

最后，在实施过程中发现方案和手册与实际有不同的地方时，要么修改方案和手册，要么修改实际。但无论修改哪一个，必须最终确保方案和手册与实际完全一致，且一致后的结果一定要以方案与手册的形式体现。

六、硬性执行方案与手册

对于每项落地工作，首先要绝对、严格地按照大家事先已一致认可的方案与手册进行实际的操作，然后在实操中发现问题后，再决定去修改方案与手册或修改实际。

七、日日总结，日日改进

每天都要坚持在下班后开总结例会，把当日落地工作中的问题、建议全部罗列出来，采用文字的形式共享给整个落地项目组，以指导次日及以后的落地工作，便于不同的落地组、落地人员互相借鉴与学习。

八、不论是分部或区域受许人的落地，还是单店的落地，都必须先落地样板，再全面落地

这是稳妥的做法，因为这样能保证即便落地时出现问题，其影响面也不会很大。

九、不论是分部或区域受许人的落地，还是单店的落地，都必须编制至少三份报告

三份报告即落地前报告、落地方案、落地前后对比报告。

落地前报告是为了更好地制定落地方案。

落地前后对比报告是为了检验前期的策划、手册等是否有价值。

第二节　落地的日程安排

举例如表15-1所示。

要注意，在实际的工作中，企业应根据自己的实际情况决定落地的顺序（总部、分部或区域受许人、单店）、负责人、执行人、配合人、落地的样板、时间等。

第三节　区域受许人落地系列报告和方案

一、样板区域受许人

（一）样板区域受许人落地前报告

至少包括区域受许人的以下内容。

（1）名称、地址、股东、股东比例、注册额、组织架构、各岗位名称和对应员工人数、加盟时间、加盟期、法人姓名、公司面积等基本情况。

（2）年营业额、年毛利、年净利、成本。

（3）分类的产品或服务：销售件数、营业额、年毛利、年净利、成本。

（4）人员积极性、熟练度、标准化程度、能力、信心、忠诚度。

（5）公司硬件的标准化程度。

第三篇 成功构建第三步：特许经营实体建立及运营、手册落地与团队建设

表 15-1 ** 公司落地日程安排

序号	月份	日期	事项	负责人	执行人	配合人	地点	备注
1	1月	28日之前	完成所有手册	维华商创顾问组	联合项目组	联合项目组	**	
2	1月—2月	1月29日—2月19日	春节和招商订货会	—	—	—	—	等待**公司人员空出时间
3	2月	20—23日	区域受许人调查与选择，编制样板区域受许人落地前报告	维华商创顾问组	总部的3个督导负责人	**区域受许人所有员工	**	
4		24—25日	编制样板区域受许人落地方案	维华商创顾问组	维华商创顾问组	**区域受许人所有员工	**	
5		2月26日—3月6日	物料等制作、设备等购买、补充装修等	维华商创顾问组	总部的3个督导负责人	**区域受许人所有员工	**	
6		2月26日—2月28日	人员培训	维华商创顾问组	总部的3个督导负责人	**区域受许人所有员工	**	
7		1—5日	样板区域受许人手册落地与完善	手册落地与手册完善，形成区域受许人系列手册的最新版	维华商创顾问组	总部的3个督导负责人	**区域受许人所有员工	**	
8	3月	6日	编制样板区域受许人落地后对比报告	维华商创顾问组	总部的3个督导负责人	**区域受许人所有员工	**	
9		6—30日	继续落地检验一个月	维华商创顾问组	总部的3个督导负责人	**区域受许人所有员工	**	顾问远程指导
10		31日	编制样板区域受许人落地后对比报告	总部的3个督导负责人	总部的3个督导负责人	**区域受许人所有员工	**	顾问远程指导

335

成功构建特许经营体系五步法

续表

序号	月份	日期	事项	负责人	执行人	配合人	地点	备注
11	4月	1—2日	编制全部区域受许人落地培训的方案	总部的3个督导负责人	总部的3个督导负责人、培训部所有员工	总部各部门	**	顾问远程指导
12		3—7日	通知时间、地点、费用、内容等给所有区域受许人	总部的3个督导负责人	总部的3个督导负责人、培训部所有员工	总部各部门	**	顾问远程指导
13		8—11日 全部区域受许人落地	区域受许人培训	总部的3个督导负责人	总部的3个督导负责人、培训部所有员工	总部各部门	**	顾问远程指导；培训区域受许人学习系列运营手册，同时请**样板区域店长说法谈感受经理现身说法谈感受
14		13—27日	区域受许人落地	总部的3个督导负责人	总部的3个督导负责人、培训部所有员工	总部各部门	**	顾问远程指导
15		28—29日	区域受许人落地总结与表彰大会，编制全部区域受许人落地前后对比报告	总部的3个督导负责人	总部的3个督导负责人、培训部所有员工	总部各部门	**	顾问远程指导

第三篇 成功构建第三步：特许经营实体建立及运营、手册落地与团队建设

续表

序号	月份	日期	事项		负责人	执行人	配合人	地点	备注
16	2月	20—23日		单店调查与选店，编制样板单店落地前报告	维华商创顾问组	6家店的店长；总部与**的各3个督导负责人	**区域总经理	**	临街店与商场店各3家，经营状况分别是好、中、差，共6家
17		24—25日		编制样板单店落地方案	维华商创顾问组	维华商创顾问组	**区域总经理	**	
18		2月26日—3月6日	样板单店手册落地与完善	物料等制作、设备等购买、补充装修等	维华商创顾问组	6家店的店长；总部与**的各3个督导负责人	**区域总经理	**	
19		2月26日—2月28日		人员培训	维华商创顾问组	总部的3个督导负责人	6家店的所有员工	**	
20		1—5日		手册落地与手册完善，形成单店系列手册的最新版	维华商创顾问组	总部的3个督导负责人	—	**	
21	3月	6日		编制样板单店落地前后对比报告	维华商创顾问组	总部的3个督导负责人	—	**	
22		6—30日		继续落地检验一个月	维华商创顾问组	总部的3个督导负责人	**区域受许人所有员工	**	顾问远程指导
23		31日		编制样板单店落地前后对比报告	总部的3个督导负责人	总部的3个督导负责人	**区域受许人所有员工	**	顾问远程指导

337

成功构建特许经营体系五步法

续表

序号	月份	日期		事项	负责人	执行人	配合人	地点	备注
24	4月	1—2日	全部单店落地	编制全部单店落地培训的方案	总部的3个督导负责人	总部的3个督导负责人、培训部所有员工	总部各部门	**	顾问远程指导
25		3—7日		通知时间、地点、费用、内容等给所有单店	总部的3个督导负责人	总部的3个督导负责人、培训部所有员工	总部各部门	**	顾问远程指导
26		8—14日		单店培训	总部的3个督导负责人	总部的3个督导负责人、培训部所有员工	总部各部门	**	顾问远程指导；培训区域受许人学习系列运营手册，同时请**样板单店店长现身说法谈谈感受
27		15—27日		单店落地	总部的3个督导负责人	总部的3个督导负责人、培训部所有员工	总部各部门	**	顾问远程指导
28		28—29日		单店落地总结与表彰大会，编制全部单店落地前后对比报告	总部的3个督导负责人	总部的3个督导负责人、培训部所有员工	总部各部门	**	顾问远程指导

第三篇　成功构建第三步：特许经营实体建立及运营、手册落地与团队建设

续表

序号	月份	日期	事项		负责人	执行人	配合人	地点	备注
29	3月	7日		总部调查，编制总部落地前报告				**	
30		8—9日		编制总部落地方案				**	
31		10—16日	总部手册落地与完善	物料等制作，设备等购买，补充装修等				**	
32		10—12日		人员培训	维华商创顾问组			**	
33		13—17日		手册落地与手册完善，形成总部系列手册的最新版		总部各部门负责人	总部各部门所有员工	**	
34		18—19日		落地总结与表彰大会，编制总部落地前后对比报告				**	

339

（6）对总部的信心、服从度、黏性。

（7）直营店数、加盟店数。

（8）加盟店满意度。

（二）样板区域受许人落地方案

至少包括区域受许人的以下内容，即时间、地点、人员、事项、流程、制度、结果或效果、成本费用和注意事项等。

（三）样板区域受许人落地前后对比报告

与落地前的内容一一对应，即至少包括区域受许人的以下内容。

（1）名称、地址、股东、股东比例、注册额、组织架构、各岗位名称和对应员工人数、加盟时间、加盟期、法人姓名、公司面积等基本情况。

（2）年营业额、年毛利、年净利、成本。

（3）分类的产品或服务：销售件数、营业额、年毛利、年净利、成本。

（4）人员积极性、熟练度、标准化程度、能力、信心、忠诚度。

（5）公司硬件的标准化程度。

（6）对总部的信心、服从度、黏性。

（7）直营店数、加盟店数。

（8）加盟店满意度。

二、全部区域受许人

（一）全部区域受许人落地前报告

至少包括全部区域受许人的以下内容。

（1）名称、地址、股东、股东比例、注册额、组织架构、各岗位名称和对应员工人数、加盟时间、加盟期、法人姓名、公司面积等基本情况。

（2）年营业额、年毛利、年净利、成本。

（3）分类的产品或服务：销售件数、营业额、年毛利、年净利、成本。

（4）人员积极性、熟练度、标准化程度、能力、信心、忠诚度。

（5）公司硬件的标准化程度。

（6）对总部的信心、服从度、黏性。

（7）直营店数、加盟店数。

（8）加盟店满意度。

（二）全部区域受许人落地方案

至少包括全部区域受许人的以下内容，即时间、地点、人员、事项、流程、制度、结果或效果、成本费用和注意事项等。

（三）全部区域受许人落地前后对比报告

与落地前的内容一一对应，即至少包括全部区域受许人的以下内容。

（1）名称、地址、股东、股东比例、注册额、组织架构、各岗位名称和对应员工数、加盟时间、加盟期、法人姓名、公司面积等基本情况。

（2）年营业额、年毛利、年净利、成本。

（3）分类的产品或服务：销售件数、营业额、年毛利、年净利、成本。

（4）人员积极性、熟练度、标准化程度、能力、信心、忠诚度。

（5）公司硬件的标准化程度。

（6）对总部的信心、服从度、黏性。

（7）直营店数、加盟店数。

（8）加盟店满意度。

第四节　单店落地系列报告和方案

一、样板单店

（一）样板单店落地前报告

至少包括样板单店的以下内容。

（1）直营还是加盟、名称、地址、股东、股东比例、注册额、组织架构、各岗位名称和对应员工人数、加盟时间、加盟期、法人姓名、单店面积、商圈名称等基本情况。

（2）年营业额、年毛利、年净利、成本。

（3）分类的产品或服务：销售件数、营业额、年毛利、年净利、成本。

（4）人员积极性、熟练度、标准化程度、能力、信心、忠诚度。

（5）单店硬件的标准化程度。

（6）对总部的信心、服从度、黏性。

（7）顾客的满意度、投诉数量。

（二）样板单店落地方案

至少包括样板单店的以下内容，即时间、地点、人员、事项、流程、制度、结果或效果、成本费用和注意事项等。

（三）样板单店落地前后对比报告

与落地前的内容一一对应，即至少包括样板单店的以下内容。

（1）直营还是加盟、名称、地址、股东、股东比例、注册额、组织架构、各岗位名称和对应员工人数、加盟时间、加盟期、法人姓名、单店面积、商圈名称等基本情况。

（2）年营业额、年毛利、年净利、成本。

（3）分类的产品或服务：销售件数、营业额、年毛利、年净利、成本。

（4）人员积极性、熟练度、标准化程度、能力、信心、忠诚度。

（5）单店硬件的标准化程度。

（6）对总部的信心、服从度、黏性。

（7）顾客的满意度、投诉数量。

二、全部单店

（一）全部单店落地前报告

至少包括全部单店的以下内容。

（1）直营还是加盟、名称、地址、股东、股东比例、注册额、组织架构、各岗位名称和对应员工人数、加盟时间、加盟期、法人姓名、单店面积、商圈名称等基本情况。

（2）年营业额、年毛利、年净利、成本。

（3）分类的产品或服务：销售件数、营业额、年毛利、年净利、成本。

（4）人员积极性、熟练度、标准化程度、能力、信心、忠诚度。

（5）单店硬件的标准化程度。

（6）对总部的信心、服从度、黏性。

（7）顾客的满意度、投诉数量。

（二）全部单店落地方案

至少包括全部单店的以下内容，即时间、地点、人员、事项、流程、制度、结果或效果、成本费用和注意事项等。

（三）全部单店落地前后对比报告

与落地前的内容一一对应，即至少包括全部单店的以下内容。

（1）直营还是加盟、名称、地址、股东、股东比例、注册额、组织架构、各岗位名称和对应员工人数、加盟时间、加盟期、法人姓名、单店面积、商圈名称等基本情况。

（2）年营业额、年毛利、年净利、成本。

（3）分类的产品或服务：销售件数、营业额、年毛利、年净利、成本。

（4）人员积极性、熟练度、标准化程度、能力、信心、忠诚度。

（5）单店硬件的标准化程度。

（6）对总部的信心、服从度、黏性。

（7）顾客的满意度、投诉数量。

第五节 总部落地系列报告和方案

一、总部落地前报告

至少包括总部的以下内容。

（1）地址、股东、股东比例、注册额、组织架构、各岗位名称和对应员工人数、直营店店数、加盟店店数、法人姓名、公司面积等基本情况。

（2）年营业额、年毛利、年净利、成本。

（3）分类的产品或服务：销售件数、营业额、年毛利、年净利、成本。

（4）人员积极性、熟练度、标准化程度、能力、信心、忠诚度。

（5）总部硬件的标准化程度。

（6）直营店和加盟店的盈利比例、持平比例、亏损比例。

（7）区域受许人、加盟店对总部的满意度、投诉数量。

（8）顾客对总部的满意度、投诉数量。

二、总部落地方案

至少包括总部的以下内容，即时间、地点、人员、事项、流程、制度、结果或效果、成本费用和注意事项等。

三、总部落地前后对比报告

与落地前的内容一一对应，即至少包括总部的以下内容。

（1）地址、股东、股东比例、注册额、组织架构、各岗位名称和对应员工人数、直营店店数、加盟店店数、法人姓名、公司面积等基本情况。

（2）年营业额、年毛利、年净利、成本。

（3）分类的产品或服务：销售件数、营业额、年毛利、年净利、成本。

（4）人员积极性、熟练度、标准化程度、能力、信心、忠诚度。

（5）总部硬件的标准化程度。

（6）直营店和加盟店的盈利比例、持平比例、亏损比例。

（7）区域受许人、加盟店对总部的满意度、投诉数量。

（8）顾客对总部的满意度、投诉数量。

【练习与思考】

（1）试以本章所学知识来解释某些特许经营体系失败的原因所在。

（2）请思考如何使样板店更具有代表性。

（3）该步骤的手册应该由谁来编制？为什么？

（4）如何正确处理样板店与特许经营体系内其他单店之间的关系？

（5）寻找一个实际的特许人企业，为其设计落地的日程安排。

（6）寻找一个实际的特许人企业，为其设计区域受许人落地系列报告和方案、单店落地系列报告和方案、总部落地系列报告和方案。

第四篇　成功构建第四步：
复制体系、招商体系的设计、标准化、手册编制与实施

[本篇要点]

本篇第一节主要讲解特许经营的复制体系及其三个子体系即营建体系、培训体系以及供应链体系的设计、标准化、手册编制与实施；第二节主要讲解招商的重要流程与管理；第三节主要讲解招商的重要手册、文件的编制；第四节主要讲解招商的渠道管理；第五节主要讲解招商的人力资源管理；第六节主要讲解招商的信息管理。

本篇的目的是使读者掌握特许经营的复制体系和招商体系的设计、标准化、手册编制与实施。

第十六章　复制体系的设计、标准化、手册编制与实施

因为商业模式特许经营的复制本质是"整店复制"，而"店"包括有形和无形两部分，所以特许经营的复制就包括以下三大块。

（1）全程的营建体系，主要是从零开始建设起一家店。

（2）无形的复制体系，复制的内容包括单店的理念、诀窍、技术、专利等，其复制的最主要手段就是培训，因此无形的复制体系通常指的就是培训体系。一般而言，与有形的复制相比，无形的复制难度更大。

（3）有形的复制体系，复制的内容包括单店的装修形象、机器设备、工具、产品、原材料等，除了装修形象之外，其余部分复制的最主要手段就是依靠供应链体系。

下面分别讲述复制体系的三个子体系。

第一节　营建体系的设计、标准化、手册编制与实施

在双方签订完合同之后，特许人应立即组织实施对受许人单店的营建工作。

受许人的生命周期图表明，签订合同后，特许人和受许人的关系开始由原来的一直上升变为可能的上升、不变和下降三种状态，所以这个时候是搞好特许人和受许人关系的关键与起点。在签订特许经营合同或加盟意向书之后，特许人应立即进行以下三项关键性的工作。

（1）立即为该受许人指定一名总部人员，作为该加盟店的营建负责人或称为营建组长。

（2）营建组长应立即与受许人协商确定如表16-1所示的单店营建日程表，并请相

关的负责人和执行人签字。

（3）营建组长及总部要一直积极主动地推动加盟店的筹备以及后续的运营。

下面以某餐饮连锁企业的单店营建日程表为例（为出版需要有所改动，比如工作任务删除详细的内容、日程的安排没有全部罗列出）进行说明。

特许人企业针对每个加盟店都要有一个专门的营建小组。

虽然特许人在受许人加盟的前前后后都给予了其大量、详细的培训和指导，但在受许人实际建立单店并运营时，特许人一般还应派遣总部人员或委托分部相关人员前去实地指导和帮助，以便加盟店可以顺利地开张和运营。

在单店开业时，总部可以派遣高层人员亲临现场开业仪式，以示对受许人的支持和重视。

为了确保加盟单店开业后正常度过试运营期，特许人总部可以派遣管理、技术等各个关键方面的专家在受许人单店进行为期 1~3 个月的跟班指导，直至受许人可以完全独立地进行正常的单店运营。跟班指导或总部人员驻店指导的形式、费用、人数、时间、地点、内容等应事先在合同里约定。

在帮助受许人营建的过程中要注意以下几个事项。

（1）要注意对整个营建过程进行记录，包括营建过程中出现的所有问题。不管是经验还是教训，比如受许人的表扬和抱怨、营建人员的经验和体会等，都要完整、详细、准确地用文字、图片、视频等形式进行记录，然后总部要根据这些问题对总部的管理及一些手册进行整改与完善。

要让每次的营建都同时成为特许人企业改善与提高自己的一次机会。

负责人员应每日查看事先的营建计划，保证营建的进度和质量。

（2）时刻对照系列手册与合同，不能让加盟店轻易更改体系的统一化规定，因为这些更改将会直接影响到日后对于加盟店的管理和督导，影响到整个体系的一致性，影响到未来纠纷处理的合法性。比如有的受许人在营建加盟店的过程中，可能会要求更改店名、更改设备、更改原料供应商、更改软件系统等，那么，特许人企业应遵照已经签订的特许经营合同和系列手册的规定来处理这些要求。

（3）对于在营建过程中出现的与已签订的特许经营合同的内容不一致的任何更改，最好形成由相关方面签字确认的书面文件，以备将来的责任追究甚至法律交涉之用。

（4）特许人企业应按照自己的广告宣传、合同约定、手册内容等实施加盟店的营建，不能轻易违背承诺，因为营建时期往往是特许人和受许人之间的关系首次出现裂痕和分歧的时期，违背承诺的做法极容易导致日后受许人的抱怨甚至法律诉讼。

上述内容可以单独编制成一本手册，即单店营建手册。

成功构建特许经营体系五步法

表 16-1 单店营建日程表

工作任务	负责部门	负责人	时间(天)	5月	6月	7月	8月	9月
选址	受许人和总部	****	40					
签订加盟合同		****	1					
平面设计	装修公司	****	3					
招标		****	10					
签订装修合同	受许人	****	1					
工程装修		****	40					
卫生清理		****	1					
工程验收		****	1					
证照办理		****	20					
员工工服		****	30					
店长招聘		****	27					
厨师长招聘		****	27					
前厅经理招聘		****	27					
会计招聘		****	13					
前厅员招聘(主管人员)	营建部	****	20					
前厅员工招聘		****	20					
后厨员工招聘		****	20					
总部培训(店长)		****	20					
总部培训(厨师长)		****	20					
总部培训(前厅经理)		****	20					

第四篇 成功构建第四步：复制体系、招商体系的设计、标准化、手册编制与实施

续表

工作任务	负责部门	负责人	时间（天）	5月	6月	7月	8月	9月
总部培训（会计）		****	7					
前厅培训（员工）		****	10					
后厨培训（员工）		****	10					
公共课培训		****	2					
结业考核		****	1					
前厅设备（选购）		****	10					
前厅设备（订购）		****	30					
前厅设备验收（入库）	受许人	****	3					
后厨设备（选购）		****	10					
后厨设备（订购）		****	30					
后厨设备验收（入库）		****	3					
原材料、调料的订购		***	10					
原材料、调料的配送	物流部	****	30					
原材料入库	受许人	****	3					
电器设备的摆放		****	3					
电器设备的安装与调试	营建部	****	3					
餐厅卫生/布置		****	3					
桌椅的摆放		****	1					
餐具类分配与摆放		****	1					
开业策划		****	40					
试营业前准备		****	3					
菜品的试做		****	3					
试营业		****	7-30					
隆重开业		****	1					

347

第二节　培训体系的设计、标准化、手册编制与实施

在特许经营中，受许人一般不具备欲加盟的特许人企业或其所在行业的特殊的技能或商业经验，但受许人要想取得成功，又必须具备这些特殊的技能或商业经验，所以特许人对受许人的培训就非常重要。通过对受许人的培训，不但可以让受许人了解特许人的业务开展程序、运作方法等专业知识和技能，更重要的是可以让受许人理解特许人的经营理念和发展目标，加强特许人与受许人之间的沟通，便于双方更好地合作。

放眼全球，我们不难发现，成功的特许人无不在培训上特别重视。例如，麦当劳在对受许人的培训方面精益求精，其培训时间长达一年，受许人的培训不但包括课堂讲授，还包括在实际的单店里实习、在各个岗位上锻炼和考核等。麦当劳还专门建立了汉堡包大学，为受许人、管理者和管理助理等提供全方位的系列化培训。

在 7-11 各地总部，每周都要举行会议，交流经验，检查总部的政策和方针是否得到贯彻与落实。7-11 每年花在此类会议与培训上的费用高达 3 亿日元左右。这也许就是 7-11 蓬勃发展的根源所在。

各个特许人企业在培训的手段和形式上也在不断更新，比如沃尔玛已经开始使用虚拟现实（VR）的设备和技术。通过 VR 技术，你可以处在任何环境之中，比如在商场的特定产品区、过道，或某个具体的岗位上。你可以成为任何一个你想成为的虚拟人员，比如商场的管理者、收银员、顾客等，也可以与你的同伴分别扮演不同的角色。总之，一切都与真实的社会更接近。这样的 VR 技术会使培训场景更加逼真，角色扮演更加容易，培训效果更加显著。更重要的是，每个远在异地的人都可以用更低的成本、足不出户地完成效果更好的培训，再也不用长途奔波、费时费力费钱地集中在某个场所接受培训了。（资料来源：东方财富，《沃尔玛（WMT.US）用 VR 选拔和考核中层管理者》）同样使用 VR 进行培训的希尔顿酒店表示，VR 能够将传统的培训从 4 个小时缩短到 20 分钟。（资料来源：映维网，黄颜，《Facebook 为希尔顿提供 VR 培训解决方案，涉及全球 6000 多家酒店和度假村》）

按照时间顺序，对于受许人的培训可分为签约前的培训，签约后、开业前的培训，以及运营中的培训三类，每类培训的主要目的不同，具体如下。

一、签约前的培训——展示企业，吸引潜在受许人加盟

可以包括如下内容。

（1）特许经营基本知识介绍。

（2）受许人素质及自我评估。

（3）如何选择特许人、回避特许经营陷阱。

（4）企业的历史、成就与经营目标。

（5）企业的理念与文化。

（6）企业特许经营业务分析。

（7）企业特许经营财务分析。

（8）特许经营合同及其他系列合同（标准版）分析。

（9）如何签约。

（10）如何筹备加盟事业。

（11）案例分析与讨论。

因为签约前培训的最主要目的是吸引潜在受许人加盟，所以在培训的同时，还可以适当组织潜在受许人实地参观特许人的样板店，进行实际的体验消费，或安排本体系的优秀、成功受许人现身说法，也可以聘请一些特许经营界的知名专家、学者、教授等以第三方的身份来讲解特许经营或对本体系进行案例分析，与潜在受许人现场互动答疑。

需要注意的是，尽管此时的培训主要是为了吸引和招收受许人，但此次培训还是特许人企业展示企业形象、建立更多关系的一次交流活动。

在培训的时间方面，因为这个培训本身具备招募说明会或发布会的性质，所以时间不宜过长，最好能在一天之内完成。

这部分培训通常是免费的，但潜在投资人需要自己负担差旅费。

这部分培训的主要承担者是特许人企业的招商部门。

二、签约后、开业前的培训——保证加盟店的顺利开张

（一）培训内容

特许人为签约之后的受许人提供的培训主要分为四大块内容。

（1）硬技术。比如餐饮的烹饪技术、美容院的手法等。

（2）软技术。指的是人、财、物、产、供、销等经营管理方面的技术。

（3）企业文化。

（4）特许经营的规则。主要指的是特许人和受许人双方的权利、义务。

具体而言，可以有如下这些内容。

（1）特许人的理念与文化的深度、广度培训。

（2）特许经营合同及其他系列合同（加盟版）分析。

（3）特许经营系列手册详细讲解。

（4）如何运作加盟事业。

（5）如何与特许人相处。

（6）详细的企业介绍。

（7）行业的深度研讨。

（8）单店运营及管理

签约后培训的主要目的是让受许人充分、准确地理解或掌握特许人企业的理念、技术、历史、知识、产品和服务等，使受许人顺利、成功地开设并运营其加盟店，所以这部分的培训是特许权能否转化为受许人生产力的关键。因此，此时的培训重心应是加盟店的运营，应增加受许人实习、实际锻炼的时间和机会。其时间短则几周，长则一年，甚至更长时间。

（二）培训费用

这部分的培训费用通常是包含在受许人所交纳的加盟金中的，所以受许人无须再为这部分培训另外付费。但如果是总部下店培训，则受许人要承担总部人员的差旅食宿费；如果是受许人派员到总部接受培训，则受许人培训人员的食、宿、差旅费自理。

另外需要说明的是，如果单店的人员特别多，那么给新开加盟店的所有人员都做培训将是总部一项非常艰巨的工作。因为人多，培训的场地、师资、费用、教具、手把手教练的时间、实习的岗位等都会受到一定的限制，所以培训的效果可能会不好。在这种情况下，特许人企业可以根据自己的实际情况，在加盟店的同种岗位中只培训部分岗位人员，而不是全部岗位人员。例如，如果某服务员岗位需要 30 名服务员，那么总部可以只为受许人免费培训 20 名，受许人需要对其他人员也进行培训时，总部可以收取一定的费用。

（三）培训课程

此阶段的培训课程可以分为两个基本的大类，即公共课和专业课。

公共课指的是单店的所有人员都必须接受的培训内容，比如熟悉企业历史、概况、企业文化、行业市场、总部职能、单店职能、单店业务、单店人力资源管理、财务制度、单店常用表格、安全管理、特许经营知识、市场营销、督导内容等。

专业课指的是具体各岗位人员所需要接受的岗位性、专业化培训内容。这时，特许人可以分别对不同岗位的人员进行培训。

一般而言，可以先进行专业课的培训，再进行公共课的培训。公共课的培训可以在受许人当地进行，而专业课的培训最好在总部进行，因为总部有充分的、良好的实习、观摩场所。

麦当劳的汉堡包大学提供两种课程的培训：一种是基本操作讲座课程（Basic Operations Course，BOC），内容是制作产品的方法、生产及质量管理、营销管理、作业与资料管理和利润管理等；另一种是高级操作讲习课程（Advanced Operations Course，AOC），主要用于培训高层管理人员，内容包括 QSC&V 的研究、提高利润的方式、房地产、法律、财务分析和人际关系等。（资料来源：百度百科"汉堡包大学"）

（四）培训时间

在培训的时间方面，特许人企业应保证培训的效果，所以时间不宜太短。一些著名的、成功的特许人的培训时间一般都会以月、季和年来计算，而很少以天、周来计算。

但在培训中需要注意的是，为了最大限度地节省培训时间，减少培训成本和增强培训效果，特许人应总体安排好培训时间，尤其是做好公共课和专业课的时间分配与衔接。最好按照开业时间采用倒推法，画出一个详细的招聘、培训人员时间图，如图 16-1 所示。

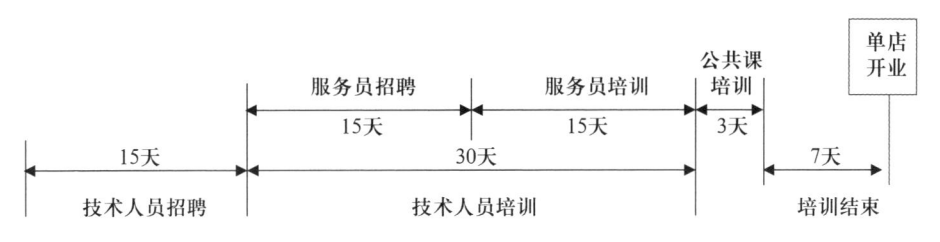

图 16-1 招聘、培训人员时间图

在培训中需要注意以下几点。

（1）在总部的培训可连续地进行，不同的受许人来了后可直接参加培训，不需等待。

（2）在受许人当地的培训主要由即将驻店的人员承担。

（3）在条件许可的情况下，特许人应将第一次的培训进行录像，或进行重点流程、环节、工作的录像，并以光盘形式下发给受许人，以便受许人和单店人员在日后的经营过程中随时学习。

这部分培训的主要承担者是特许人企业的营建部门和培训部门。

三、运营中的培训——保证本体系的统一、升级

培训的内容可以包括以下方面。

（1）如何运作加盟事业。

（2）加盟事业的延续、升级与退出。

（3）特许人新技术、新运营方法、新制度等。

（4）特许经营体系的创新与变革。

在加盟店的运营过程中，特许人企业应及时将自己体系的更新的技术、理念、知识、政策等，以及对于受许人、单店、体系等在运营过程中出现的问题等的纠正措施，及时、准确、高效地传达给受许人，以使整个特许经营体系不断创新，保持生命活力。

这部分培训可与体系的督导结合起来进行。

这部分培训的费用可以向受许人收取，也可以免费。

培训的形式可以多种多样，除了特许人企业组织师资进行培训之外，受许人之间的相互交流也是很好的形式，比如特许人企业定期举行的受许人会议就是一种很好的形式，因为受许人之间可以有充分的经验交流和教训分享。

这部分培训的主要承担者是特许人企业的培训部门和督导部门。

第三节 供应链体系的设计、标准化、手册编制与实施

一、供应链体系

供应链指的是特许人企业的产品或原材料从源头到最终到达消费者手中的整个过程中，各个相对独立的业务单元所组成的完整的信息（信息系统）、物资（物流配

送体系）、资金（支付体系）等链条，包括从供应商、加工制造厂、分销商、特许人指定的仓库或配送中心、终端门店到消费者的全部过程、活动与业务单元，如图16-2所示。

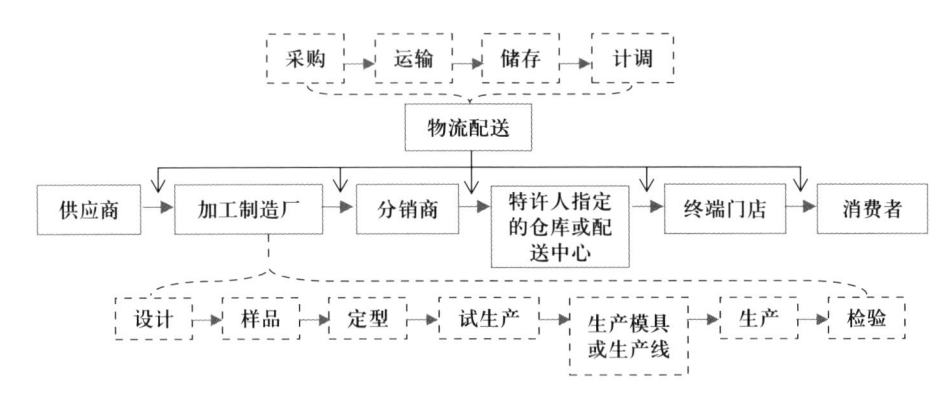

图16-2 完整的供应链示意图（物资的正向流动线路）

在供应链体系的设计、标准化、手册编制与实施中，企业需要注意以下几点。

1. 供应链的最终服务对象是消费者

供应链的各业务单元，包括信息、物资、资金等的流动都应该以消费者为最终服务对象，所以，特许人企业应从消费者的需求、特性等出发，逆向建立、协调、精简、优化供应链。

2. 供应链的核心业务单元是特许人

在把握消费者的需求、特性等的同时，特许人负责建立、协调、精简和优化整个供应链。

供应链常常是特许人企业盈利的关键点，也是其核心竞争力所在。

3. 供应链管理的目的是压缩时间、成本

企业进行供应链管理的目的是尽可能精简、优化上述供应链的业务单元、环节，以压缩从源头到最终消费者或者逆向流动时的时间、成本。

快速响应消费者和市场的变化，以最低的成本提供给消费者产品或服务，这才是商业的终极目的和企业之间比拼的重点。

4. 物资流动的正向和逆向

在物资流动上，供应链的顺序通常是如图4-2所示的各业务单元从左到右。但也可能是逆向流动，比如当退货或返修、调货等情况发生时，商品或原材料就可能发生逆向流动。

5. 信息流动的正向和逆向

在信息流动上，供应链的顺序应该是双向或全体共享的。比如特许人可以把从消费者处获得的信息直接反馈给供应商、加工制造厂或物流配送商，以使他们做出快速反应；特许人也可以把商品在供应商、加工制造厂、物流配送商、终端门店等的信息反馈给消费者，以让消费者第一时间掌握商品信息。

6. 资金流动的正向和逆向

在资金流动上，供应链的顺序可能是逆向流动，比如可能会出现结款期"赊账"的情况：供应商对于加工制造厂、加工制造厂对于分销商、分销商对于特许人、特许人对于终端门店、终端门店对于消费者都可能产生结款期"赊账"的情况。

7. 供应链条正在变短

不同行业的特许人、不同的企业可能会对上述链条进行精简、优化，以提升整体供应链的效率。比如特许人可以直接跳过分销商而直接从加工制造厂甚至供应商处拿货。

8. 物流配送贯穿整个供应链

物流配送贯穿在整个供应链当中，发挥着非常重要的作用。物流配送的功能主要是四个，即采购、运输、储存和计调或调货。

9. 各业务单元可以是开展战略合作的不同公司，也可以是同一家公司的多元化

供应链的上述各业务单元既可以是开展战略合作的各自独立的公司，也可以由其中一个公司比如特许人企业通过投资、收购等垂直纵向多元化方式形成。

但无论如何，特许人企业应积极参与到整个供应链的每个业务单元、环节的活动中。例如，参与到供应商的原材料种植或养殖中，从种子、饲料等入手，从源头把控产品的成本、质量或特性；参与到加工制造厂的设计和生产流程中，以使制造过程更机动灵活、时间更快、成本更低；参与到物流配送商的配送过程中，为所有业务单元设计更科学的物流配送方式，从而提升物流的效率，缩短时间，降低成本，保证业务单元的正常运转；参与到从门店到消费者的物流配送中，实现快速送达；等等。

二、供应商管理或有形部分（或实物）复制的三种形式

对于加盟店的装修、原料、耗材、产品、设备、机器、工具、服装等有形的部分或实物，特许人企业可以采用三种复制形式。

1. 统采统配

特许人统一从供应商（包括自己的工厂、加工基地等）处购买，然后配送给加盟店。

此模式的优点是特许人的统一大批量购买可以获得更低的供应商价格以及保证产品的质量和各店的统一性。当特许人的某类实物采购量足够大时，特许人可以贴牌生产、直接建厂或收购上游供应商，形成自有品牌，如此可以给自己带来更大的利润。同时，特许人也可以使自己生产的实物按照品牌、类别、包装、容量等的不同进入别的渠道，从而形成更好的大特许模式。

此模式的缺点是特许人的采购人员可能因此而贪污腐败，特许人对供应商、供应链的管理变得复杂。同时，按照惯例，特许人统一采购并配送给受许人的实物的价格不能高于受许人自己从公开市场上购买的同质量、同型号实物的价格，所以，这可能导致完全从外部采购的特许人的差价盈利空间不大。

2. 指定供应商

对于有些实物，特许人可以指定一个或几个供应商，然后由加盟店自己采购。

此模式的优点是增强加盟店在采购中的即时性，减少对特许人统采实物价格的质疑等，特许人也不必因为统采而负担产品的质量、供货及时性等连带责任。

此模式的缺点是加盟店难以获得批量购买时的更低价格，因此导致加盟店盈利降低。

3. 指定标准

特许人只是指定实物的质量、型号或品牌等标准，由加盟店按照此标准自行采购。

此模式的优点是特许人对供应商、供应链的管理变得简单，不必因为统采、指定供应商而负担产品的质量、供货及时性等连带责任。

在实际操作中，上述三种模式可以结合起来使用，也可以按照实物的不同，使用其中的一种。

但是，越来越多的特许人倾向于第一种，即统采统配的模式，因为这样对于整个体系的统一性、产品和服务等的质量把控具有更大的好处。

第十七章　招商的重要流程与管理

全球商业特许经营的实践历史证明，受许人是特许经营体系的决定性一环。没有受许人的加盟和加盟店的营建，也就谈不上特许经营体系的发展。特许经营体系的生存和发展是由特许人和受许人之间的"伙伴"关系决定的。因此，能否招募到合格的受许人并高质量地营建加盟店是特许经营体系成功的关键一步，也是最基本的一步。

本节将重点讲解关于招商的系列内容。

第一节　受许人生命周期或特许经营全流程与管理

即将进入特许经营领域的人，必须首先熟悉特许经营模式的各个模块在时间上顺序发生的整体流程，这样，特许人总部的每个部门、每个人可以明确在何时主导或介入、配合受许人，受许人也可以明确在不同的阶段、不同的问题上该求助特许人总部的哪个部门、哪个人。

图 17-1 所示的流程图以单店加盟为例，多店加盟、区域加盟可以之为参考。

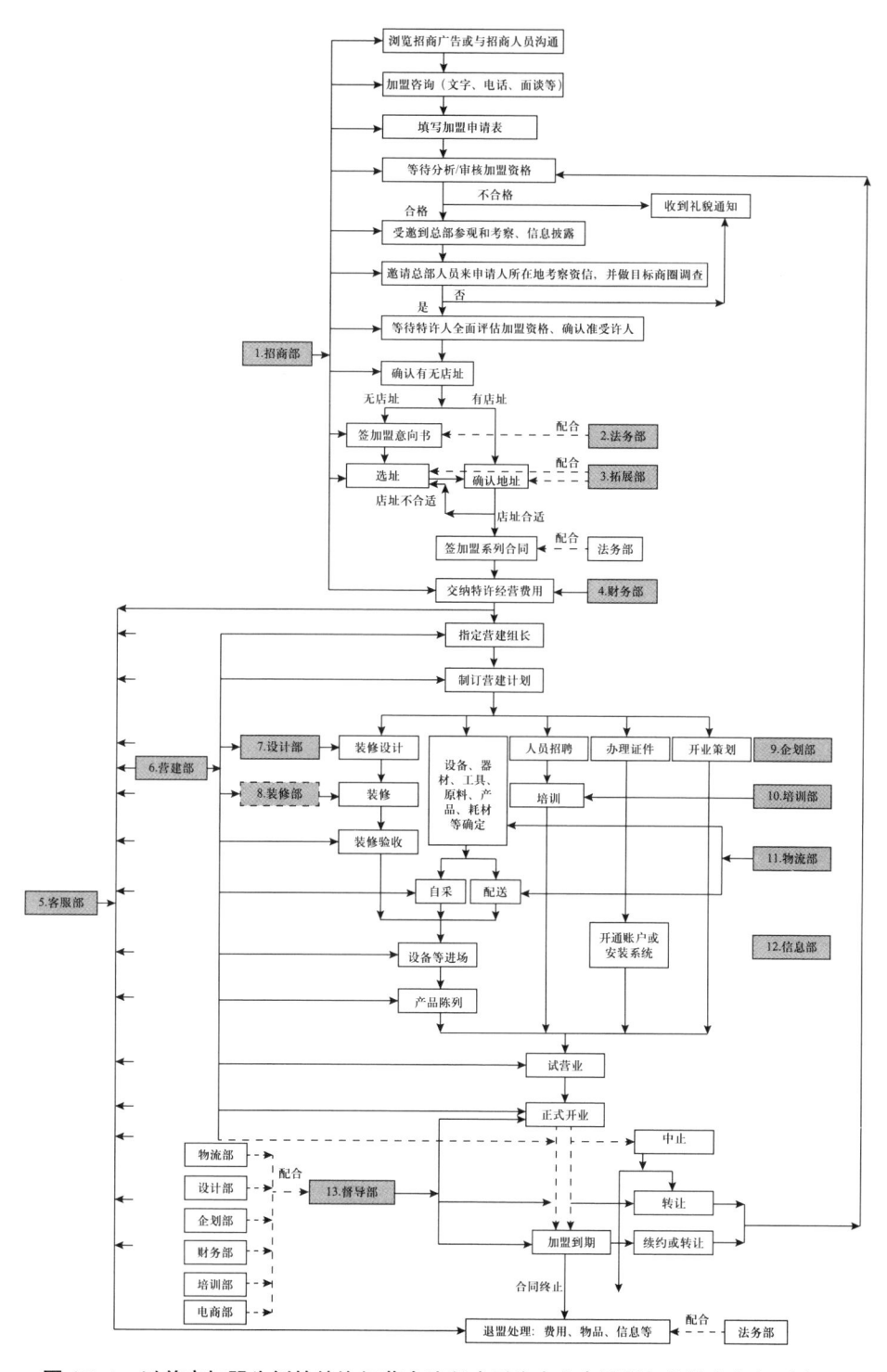

第四篇 成功构建第四步：复制体系、招商体系的设计、标准化、手册编制与实施

图 17-1 以单店加盟为例的特许经营全流程或受许人生命周期与特许人部门对应图

第二节　招商全流程及管理

不同企业的招商流程大同小异，下面举一个通用的例子（见图17-2），企业在实战中需要根据自己的实际情况进行适当的修改。

```
根据总部经营计划制定招商战略规划、工作计划
          ↓
制定加盟指南（含加盟条件、加盟政策等）、特许经营系列手册、合同等文件
          ↓
  发布招商信息    主动寻找潜在受许人
          ↓
  回答咨询（文字、电话、面谈等）
          ↓
  向加盟申请人发放加盟申请表、加盟指南
          ↓
  指导加盟申请人填写加盟申请表
          ↓
  分析/审核加盟申请表
     合格↓    不合格→
  邀请加盟申请人到总部参观和考察、信息披露
          ↓
  赴加盟申请人所在地考察加盟申请人资信，并做目标商圈调查
          ↓
  全面评估加盟申请人加盟资格，确认准受许人
     是↓    否→ 礼貌通知，存档
  确认准受许人有无店址
   无店址↓   ↓有店址
   签加盟意向书
       ↓       ↓
   指导选址 → 确认地址
       店址不合适↑ ↓店址合适
              签加盟系列合同
                 ↓
              催收特许经营费用
```

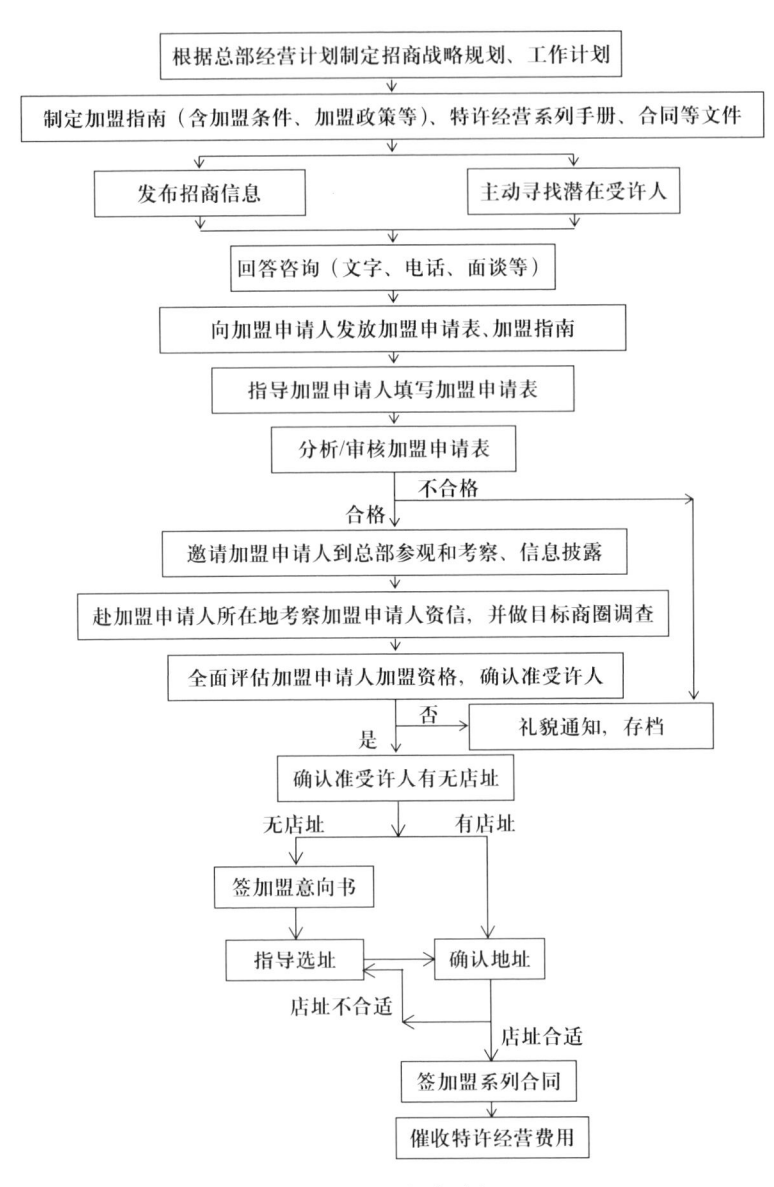

图17-2　招商流程

下面分别对上面的每一步骤做详细解释。

第四篇　成功构建第四步：复制体系、招商体系的设计、标准化、手册编制与实施

一、根据总部经营计划制定招商战略规划、工作计划

招商战略规划详见下文相关内容。

工作计划是在招商战略规划的基础上，经过团队的集体讨论，用一个甘特图将全年的招募行动计划展示出来。

应用甘特图的好处在于：在一张纸上，对各种资源在时间和空间上的分配做出充分和清晰的展示，同时明确地显示责任人和工作进度要求。

二、制定加盟指南（含加盟条件、加盟政策等）、特许经营系列手册、合同等文件

这是一项政策性、专业性相当强的工作。工作人员应当多做调查研究并多方征求意见。在此过程中，头脑风暴法、外包给专业团队等都是不错的方法。

具体细节请参见本书相关内容。

三、发布招商信息与主动寻找潜在受许人

这是招商渠道中的被动渠道与主动渠道，具体内容请参见本书第十九章第二节。

四、回答咨询

具体的文字、电话、面谈咨询的优缺点，加盟咨询的常见问题与回答，电话的技巧，话术的技巧，招商的四类记录跟踪表的记录与整理等，请参见本书的相关章节。

五、向加盟申请人发放加盟申请表、加盟指南

现在是电子时代，所以招商人员可以向加盟申请人发放电子版的加盟申请表、加盟指南，这样可以在节省成本的前提下，大大提高发放和回收的效率，也方便招商人员录入咨询者的信息。

通常，加盟指南可以做成小视频或 PPT，如此，在背景音乐的衬托下，通过专业设计的颜色、布局、图片、动画、声音等，可以大大增强加盟指南的效果。

六、指导加盟申请人填写加盟申请表

尽可能地要求加盟申请人完整真实地填写加盟申请表，然后尽快地回传给招商人员。

七、分析 / 审核加盟申请表

由招商人员（或在招商主管的协助下）进行初审，针对合格者安排下一步工作，针对不合格者礼貌通知并将加盟申请表存档。在可能的情况下，一个地区至少要选择两个加盟申请人作为候选对象。

八、邀请加盟申请人到总部参观和考察、信息披露

到总部考察的流程和注意事项等请参见本书相关章节。

请记住，因为《商业特许经营信息披露管理办法》第四条明文规定，"特许人应当按照《条例》的规定，在订立商业特许经营合同之日前至少 30 日，以书面形式向被特许人披露本办法第五条规定的信息……"，所以，为了遵守法规规定的"30 日"时间要求，招商人员应在加盟申请人来总部参观和考察的第一时间，对其进行信息披露。

潜在受许人来考察时，务必注意以下几点。

- 潜在受许人上交当地的行业市场分析报告，主要包括竞争者、消费者的特点
- 潜在受许人若有店址，带上照片和平面图
- 潜在受许人持有效证件（包括身份证）到总部考察，内容包括参观总部、直营店与加盟店，时间为1～2天，潜在受许人的费用自理或总部负责一部分
- 总部对潜在受许人进行信息披露的内容包括特许人企业的信息披露书与特许经营合同标准文本
- 若潜在受许人对总部考察满意，则进入下一步

九、赴加盟申请人所在地考察加盟申请人资信，并做目标商圈调查

加盟申请人可能没有生意经验、为了加盟而故意为之、对市场的判断有失误等，所以，加盟申请人提供的加盟申请表的信息可能是错误的。因此，如果可能，招商人员最好赴加盟申请人所在地考察加盟申请人资信，并做目标商圈调查。

十、全面评估加盟申请人加盟资格，确认准受许人

此时，招商人员应把加盟申请表和加盟档案一起交给受许人评定小组的成员，小组成员分别背靠背地评定。在评定过程中，招商人员应随时回答受许人评定小组成员关于该加盟申请人的问题。

当然，最佳的方法是受许人评定小组的成员召开专门的评定会议，由招商人员现场讲解该加盟申请人的情况，然后由受许人评定小组成员当场给出分数和结论。

如果受许人评定小组的结论是该加盟申请人是合格的，则该申请人就是准受许人，否则，礼貌通知申请人并将加盟申请表和加盟档案存档。

十一、确认准受许人有无店址、签订加盟意向书、指导选址、确认地址

对没有店址的，应该先签订加盟意向书，在受许人交纳意向书保证金之后，特许人企业委派拓展部或营建部人员指导、协助准受许人选择合适的地址。通常，特许人会要求潜在受许人至少提供两个候选店址。

对于有地址的准受许人，特许人企业委派拓展部或营建部人员确认该地址是否合适，如果合适，则进入下一步的签约阶段；如果地址不合适，则特许人企业委派拓展部或营建部人员指导、协助准受许人选择合适的地址。

通常，准受许人邀请特许人的人员去准受许人当地考察、确认所选中的地址时，总部考察人员的差旅食宿费等从所交纳的保证金中扣除，不足部分由准受许人补齐。

十二、签订加盟系列合同

包括签订主合同与系列的辅助合同。

十三、催收特许经营费用

初期的特许经营费用（不含权益金、广告基金等持续费用）收取完毕后，招商人员的工作就告一段落，加盟档案就可以移交给对应的营建人员了。

第三节　合同签订流程与管理

特许经营的系列合同分别在什么时间签订呢？图 17-3 是特许人和受许人签订合同的流程关系图，可供企业参考。

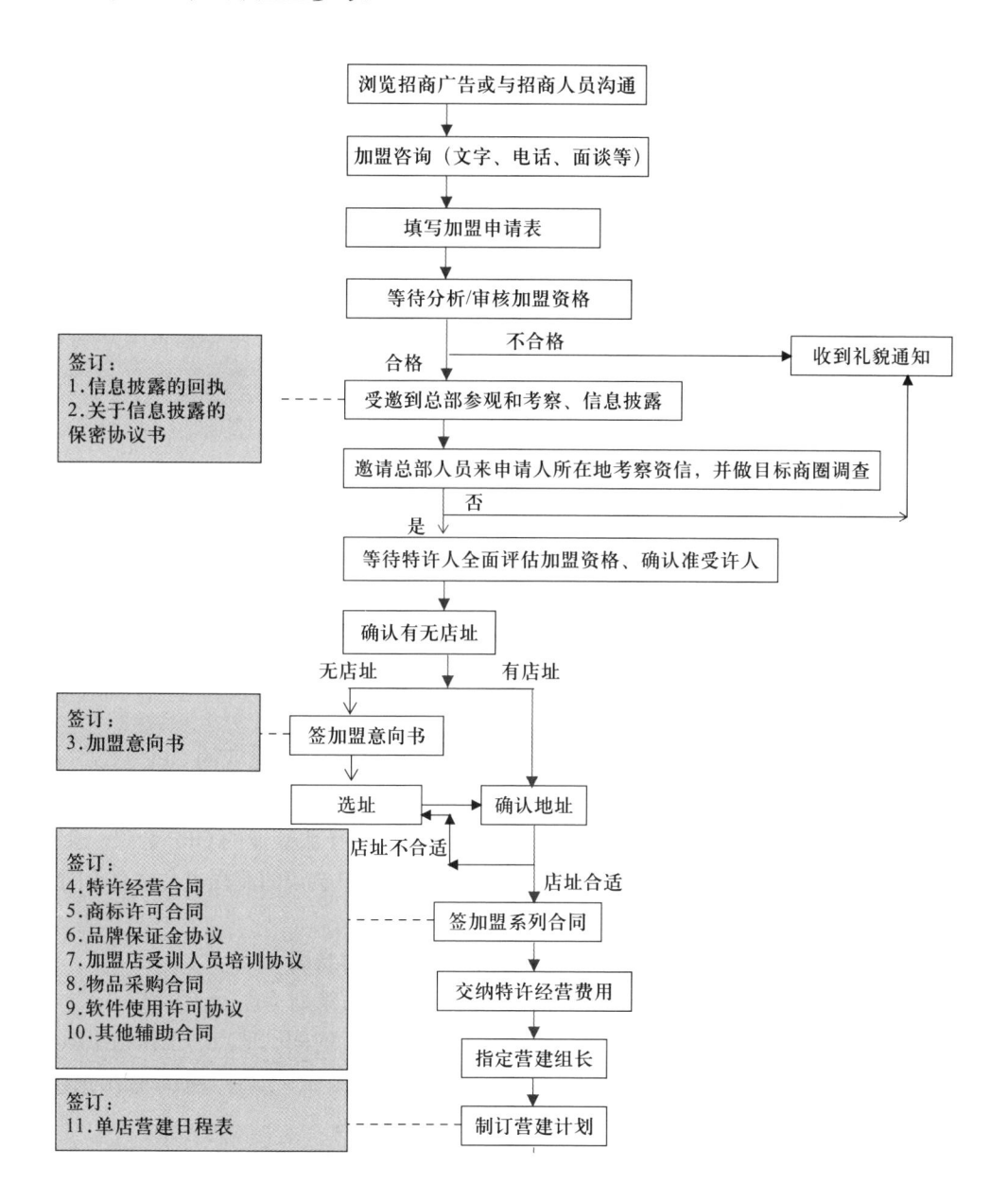

```
                      浏览招商广告或与招商人员沟通
                                ↓
                      加盟咨询（文字、电话、面谈等）
                                ↓
                          填写加盟申请表
                                ↓
                      等待分析/审核加盟资格
                         合格 ↓    不合格 →  收到礼貌通知
  签订：              受邀到总部参观和考察、信息披露
  1.信息披露的回执              ↓
  2.关于信息披露的      邀请总部人员来申请人所在地考察资信，并做目标商圈调查
    保密协议书                  ↓ 否 →
                              是 ↓
                      等待特许人全面评估加盟资格、确认准受许人
                                ↓
                           确认有无店址
                      无店址 ↓       ↓ 有店址
  签订：
  3.加盟意向书 ---- 签加盟意向书
                         ↓
                        选址 ←→ 确认地址
                      店址不合适     ↓ 店址合适
  签订：
  4.特许经营合同
  5.商标许可合同
  6.品牌保证金协议  ----  签加盟系列合同
  7.加盟店受训人员培训协议      ↓
  8.物品采购合同        交纳特许经营费用
  9.软件使用许可协议            ↓
  10.其他辅助合同          指定营建组长
                                ↓
  签订：
  11.单店营建日程表 ----  制订营建计划
```

成功构建特许经营体系五步法

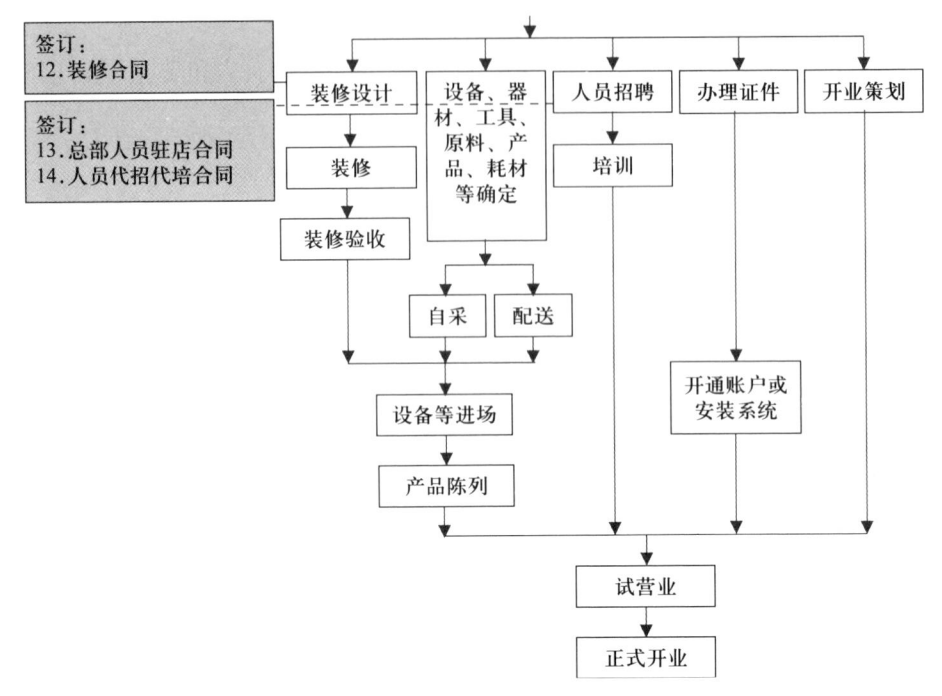

```
签订:                        装修设计 — 设备、器 — 人员招聘 — 办理证件 — 开业策划
12.装修合同                              材、工具、
                                        原料、产     培训
签订:                        装修         品、耗材
13.总部人员驻店合同                      等确定
14.人员代招代培合同
                            装修验收
                                        自采  配送
                                                                 开通账户或
                                                                 安装系统
                                        设备等进场

                                        产品陈列

                                              试营业

                                              正式开业
```

图 17-3　签订合同的流程关系图

第四节　招商说明会即 OPP 会议的流程与管理

一、说明招商说明会即 OPP 会议对本公司招商工作的重要性

二、招商说明会举办流程图

每个行业、企业的招商说明会的内容不同。比如，对于化妆品业的 OPP 会议，会有现场的化妆效果展示；对于食品业的 OPP 会议，会有现场的试吃；对于视力优化连锁的 OPP 会议，会有现场的消费体验和现场效果展示；对于服装业的 OPP 会议，会有现场的模特走秀；等等。因此，每个行业、每个企业的 OPP 会议的流程也会略有不同。

通常，OPP 会议的主要流程都是相同的，如图 17-4 所示。

三、编制 OPP 会议策划案（含会议流程）、工作推进甘特图

通常，在总指挥的领导下，由招商部负责编制 OPP 会议策划（含会议流程）。

OPP 会议策划案（含会议流程）应至少包括会议目的、时间、地点、工作组组织架构、工作组人员配备和岗位职责、会议制度、现场的会议流程、预估人数、费用预算、投资回收预算、风险与对策等。

其中，会议流程应至少包括整个会议期间的活动（可能包括参观、体验消费、晚宴、文艺演出、旅游、演讲、培训、答疑、现场会议等），以及这些活动的时间、地点、参加人员、注意事项。

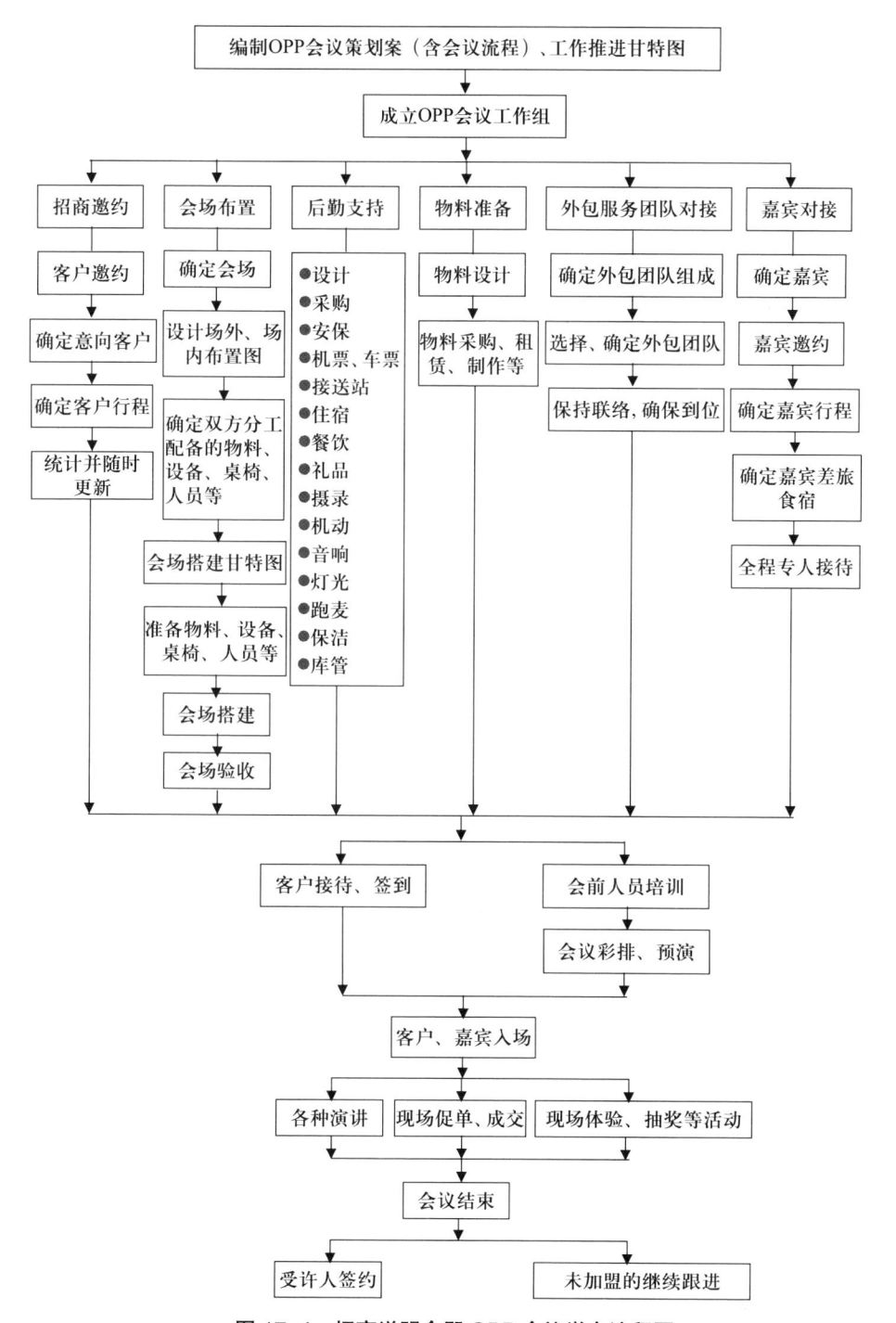

第四篇 成功构建第四步：复制体系、招商体系的设计、标准化、手册编制与实施

图 17-4 招商说明会即 OPP 会议举办流程图

四、OPP 会议工作组

通常，OPP 会议工作组可以采用如下的组织架构（见图 17-5）。

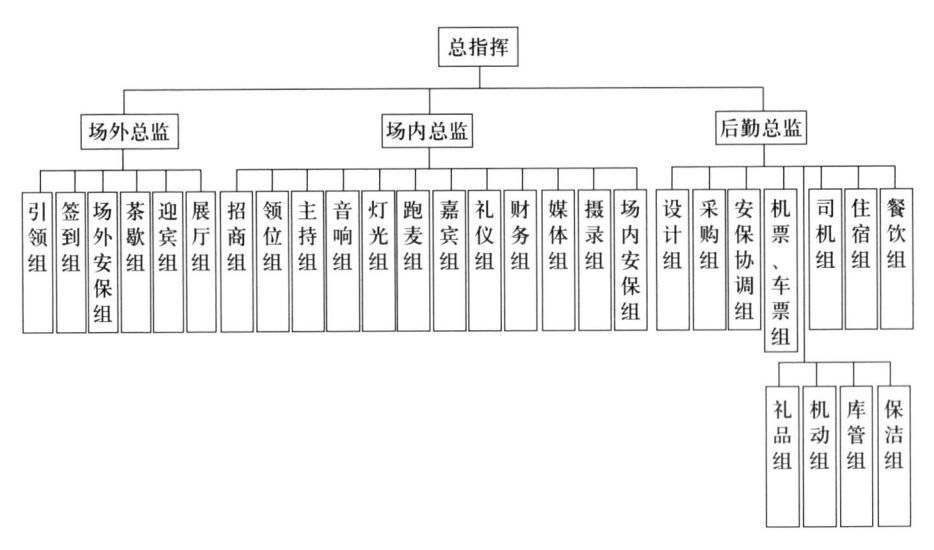

图 17-5　OPP 会议工作组的组织架构图

五、OPP 会议各工作小组的人员配备与主要职责

各小组的人员数量要根据会议规模而定，但是，为了在保证工作质量的前提下节省成本和费用，应当尽可能地让人员兼职，比如在工作不忙时或者之前的工作完成之后，就可以兼职做别的或后续的工作。

比如，餐饮组可以负责茶歇组的工作，在茶歇组工作的空档时间，就可以担负领位组、机票或车票组的职责。

比如，在酒店的接待与签到组可以由招商组兼任，一旦签到完毕，接待与签到组就可以做其他工作了。

比如，迎宾组在参会人员都进入会场之后，就可以做其他工作了，如负责礼仪组的工作。

比如，跑麦组的工作可以由安保组兼职负责。

比如，机票、车票组和住宿组人员可以互相兼职。

比如，如果租用酒店的会场，那么，茶歇组、餐饮组、保洁组只要有一个企业的人负责对接、检查、提醒、督导就可以了。

如果参加会议的潜在受许人人数很少，比如只有几十个，那么很多人都是可以一人多岗、一岗多能的。

OPP 会议各工作小组的人员配备与主要职责具体如表 17-1 所示。

第四篇　成功构建第四步：复制体系、招商体系的设计、标准化、手册编制与实施

表 17-1　OPP 会议各工作小组的人员配备与主要职责

序号	岗位名称		人员数量（通常情况下）	主要职责
1	总指挥		1个	• 对整个会议负总责，保证会议正常、成功召开 • 培训、指挥、管理、督导所有工作小组、成员 • 参与接待重要参会人员，比如嘉宾 • 处理重大的突发状况
2	场外总监		1个	• 培训、指挥、管理、督导引领组、签到组、场外安保组、茶歇组、迎宾组、展厅组，确保各小组工作正常进行 • 处理场外重大的突发状况 • 随时向总指挥汇报工作并执行总指挥安排的其他工作
3	场内总监		1个	• 培训、指挥、管理、督导招商组、领位组、主持组、音响组、灯光组、跑麦组、嘉宾组、礼仪组、财务组、媒体组、摄录组、场内安保组，确保各小组工作正常进行 • 处理场内重大的突发状况 • 随时向总指挥汇报工作并执行总指挥安排的其他工作
4	后勤总监		1个	• 培训、指挥、管理、督导设计组、采购组、安保协调组、机票/车票组、司机组、住宿组、餐饮组、礼品组、机动组、库管组、保洁组，确保各小组工作正常进行 • 处理后勤上的重大突发状况 • 随时向总指挥汇报工作并执行总指挥安排的其他工作
5	场外组	引领组	2个	• 引领参会人员到达规划区域候场
6		签到组	2个/百名参会者	• 负责所有参会人员的现场签到、签名墙签字 • 核对参会人员的身份，严格执行会议纪律，只放行携带参会证的人员
7		场外安保组	1个/百名参会者	• 指引车辆的行驶和停放，负责参会人员和车辆的安全 • 负责维持场外的秩序 • 协助签到组处理没有携带参会证的人员 • 负责场外的防火防盗等安全保卫工作
8		茶歇组	2个	• 制作、准备、撤除茶歇 • 在参会人员茶歇期间现场服务，仔细观察，及时处理其他问题 • 负责现场茶水的添加

363

成功构建特许经营体系五步法

续表

序号	岗位名称	人员数量（通常情况下）	主要职责
9	场外组 / 迎宾组	由关键位置数量决定，通常为3~5个	• 在场外关键位置（如大堂、拐弯处、电梯口等）为参会人员指引会场位置 • 积极主动，讲究礼仪，热情欢迎
10	场外组 / 展厅组	由展厅面积和参展数量决定，通常为2~5个	• 负责展厅的布置、介绍、卫生、秩序、安全等工作
11	场内组 / 招商组	10个/百名潜在受许人	• 陪同自己的客户，负责本组参会人员的氛围调动、舞台配合（比如鼓掌、回答舞台上人员的提问等） • 负责对本组参会人员的动员、解释、销售、现场成交 • 引领本组参会人员现场交费 • 将本组参会人员的情况随时报告场内总监，按命令处理，比如协助安保人员将有负面影响的参会人员带离现场 • 为本组参会人员提供其他必要的服务
12	场内组 / 领位组	2个	• 按照事先规划的区域位置，准确引领参会人员到达指定位置 • 向参会人员简短介绍会场的卫生间、茶歇区、交费的财务区等位置
13	场内组 / 主持组	1~2个	• 按正常流程、内容主持会议 • 及时处理舞台上的突发状况
14	场内组 / 音响组	1个	• 负责不同背景音乐的播放 • 负责视频等的播放 • 负责演讲人的PPT的播放或配合播放 • 确保麦克风正常工作
15	场内组 / 灯光组	1个	• 负责现场的灯光设计和关闭开启
16	场内组 / 跑麦组	1~2个	• 负责将麦克风以最快的速度送到需要的人员处，用完后立即收回并关闭以免有杂音 • 确保所有麦克风正常工作
17	场内组 / 嘉宾组	1个/3个嘉宾	• 全程陪同嘉宾并随时提供服务 • 负责安排嘉宾的食宿 • 提醒嘉宾上台时间等行程安排
18	场内组 / 礼仪组	2个	• 负责上台嘉宾、发言者的引领 • 负责按台上待领人员的顺序携带礼品、奖品、证书、牌匾等上台，等待颁奖人颁奖

第四篇　成功构建第四步：复制体系、招商体系的设计、标准化、手册编制与实施

续表

序号	岗位名称		人员数量（通常情况下）	主要职责
19	场内组	财务组	1个/百名潜在受许人	• 准备好合适的充足的零钱 • 准备好刷卡机并保证其正常工作 • 接受潜在受许人的交费并准确做好记录 • 负责携带和所收款项的安全 • 负责会议中的其他财务会计工作
20		媒体组	1个/3个媒体	• 负责媒体人的接待和服务 • 负责提供给媒体新闻通稿
21		摄录组	2个	• 负责全场、全程的拍照、录像，保证清晰度、专业度、美观度，并存到硬盘里交给总指挥 • 负责关键人物、关键场景的拍照和录像
22		场内安保组	1个/百名参会者	• 负责场内的安全保卫工作 • 在会议期间不得随意开门关门，不能随便放人进入或离开 • 按照场内总监的命令立刻处理现场突发状况
23	后勤组	设计组	2个	• 负责会议所需要的各种图形、视频、音频、物品、场景、布置、布局等的设计
24		采购组	2个	• 采购会议所需要的各种物品，保证物美价廉
25		安保协调组	1~2个	• 协调场外和场内安保人员的调度 • 保证安保人员的数量、质量和工作胜任度
26		机票、车票组	1个/百名参会者	• 负责嘉宾的差旅订票 • 协助潜在受许人进行差旅订票
27		司机组	由需要接送的人员数量决定	• 接送参会人员 • 运送会议物资 • 保证运输畅通、安全、及时
28		住宿组	1个/百名参会者	• 负责嘉宾的酒店房间订退 • 协助或指导潜在受许人进行酒店房间订退
29		餐饮组	1~2个	• 负责按时、按量、按质、安全地完成参会人员的餐饮接待
30		礼品组	1~2个	• 负责礼品的统计、发放和记录 • 严禁私自违规发放
31		机动组	2个	• 随时候命，听从总指挥的安排
32		库管组	1个	• 对会议所需物品进行保管，按规定发放、登记
33		保洁组	2个	• 负责场内外的环境卫生、垃圾处理
总计				

六、招商邀约

需要注意的事项如下。

（1）根据招商工作甘特图，在 OPP 会议前预留充足的时间对潜在受许人进行邀约。

（2）确定客户参加的标准是客户的订票信息截图或拍照。

（3）参会客户的名录必须随时更新，包括客户的姓名、性别、公司名称、职务、地址、身份证号、手机、是否住宿以及对住宿的要求（酒店的星级、大床房还是标准间、住宿时间和天数、单独住还是愿意与别的参会者同住等）、民族（如果是回族的话，必须安排清真餐饮）等。

（4）如果公司计划在现场成交或支持现场付款，则需要告诉客户可能需要支付的款项范围区间，同时提醒客户现场可以接受的支付方式，比如信用卡支付、现金支付、微信支付等。

七、会场布置

会场的布置包括场内、场外的布置。

场内布置的内容包括桌椅、茶歇区、包裹行李寄存处、嘉宾休息室、礼品存放处、主席台、主席台背景图、摄录机机位、围绕会场周边的大型喷绘、受许人刷卡区、后台化妆间与更衣室等。

场外布置的内容包括入场红地毯、大型喷绘、供合影的背景喷绘图或条幅、道路指示牌、产品陈列、迎宾队伍与花篮等。

当然，如果可能的话，最好在酒店内外也进行相应的布置，比如设置签到台、用酒店 LED 展示会议名称、设置印有公司欢迎词或企业文化宣传语或会议名称的大型喷绘、设置烘托喜庆色彩的气球或花篮或彩色旗帜等。

八、后勤支持

如果可能，接送站的车辆最好进行设计与布置，比如张贴印有会议名称的贴纸等。

接站的司机应根据不同客人的抵达时间和地点，提前规划好车型、路线和时间。

安保人员务必提前至少一天熟悉整个会场的布局，并制定安保方案和预案。

在酒店预订房间的时候，最好能有 10% 左右的预留房，以防有的客户突然光临。原则上，参会的潜在受许人、外包服务团队、嘉宾、媒体等应分开居住。

安排参会人员住宿时，尽量避免有加盟意向的人和可能对加盟有负面看法的人一起，因为后者可能会不利于公司成交。

招商人员最迟要在自己邀约的客户到酒店之后，亲自前往酒店表示热烈欢迎，并就会议事项进行简短的介绍和答疑。如果可能的话，与客户共进晚餐。

九、物料准备

物料最好都能有 5% 左右的预留部分，以应对现场丢失等意外情况。所有物料必须专人负责采购或制作，专人负责库管，专人负责发放，并严格发放流程和制度。

十、外包服务团队对接

企业举办 OPP 会议时，按照时下的惯例，通常可以将如下几类服务外包，即主持、摄录、音响、礼仪、安保、车辆、餐饮等。

主持人一定要牢牢记住台词、嘉宾称谓、环节名称等关键内容。

十一、嘉宾邀约

可能邀约的嘉宾包括专家名人、成交讲师、媒体、现身说法的受许人、演艺明星等。

十二、客户接待、签到

在酒店的大堂设置专门的喷绘、指示牌、签到桌椅、签到墙。因为事先有统计好的客户到达时间，所以企业应根据客户到达的高峰和低谷合理配备接待和签到人员，不要让客户等待过久。同时记得拍照和录像。

即便客户再多，也要把工作做细致，包括登记每个客户的信息，发放参会证、必要的材料和小礼品等。

十三、会前培训、彩排与预演

在会议前一定要进行多次的人员培训、彩排与预演，以提前发现问题并解决。麦克风、计划播放视频音频文件的电脑、移动硬盘、电源、插座、投影 LED 大屏、抽奖用的软件、摄录机等必须全部现场试用，需要充电的确保充电完成，需要电池的确保采购充足的电池。

十四、现场会议

布置会场时，应把专家名人、成交讲师、媒体、现身说法的受许人、演艺明星、会场参会的潜在受许人等所在的区域分开，可以用不同的桌椅以示区分。

参会的潜在受许人的入场顺序以及在会场上的座位，可以按照地区进行分组，也可以按照邀约他们的招商人员进行分组。入场时，由招商人员引领各自的组进入。入场后，对招商人员而言，一定要坐在客户那一组或几组，并负责氛围调动、舞台配合（比如鼓掌、回答问题等）、销售、动员、解释、现场成交、服务等工作。当客户太多时，招商人员可以请示招商总监派人协助。

会议现场的音响一定要大声，演讲人要充满激情，与全场热烈互动，并适时地加入演艺明星的表演、抽奖、播放公司视频等提升会议气氛的活动。

现场应严格禁止任何人拨打手机、交头接耳、四处走动、打瞌睡。

公司的工作人员最好统一服饰，以显示公司整齐划一的形象。

现场参会人员比较多、会场比较大的时候，各组工作人员最好配备对讲机，以便随时联络。

十五、现场成交

一定要事先准备好充足的加盟意向书或合同以及收款人员和设备、可能要找的零钱。

十六、会议结束后的收尾

对于现场签约的客户，应立即实施催收款项、引领其选择首期货品等签约后的事项。

对于没有签约的潜在受许人，可以组织再一次的现场促单，或进行私下的成交沟通。

对于返程的客户，需要协调好送站的司机与车辆。

将前述的内容依据企业的实际情况细节化、标准化、实战化之后，就是 OPP 会议手册。

第五节 接待来总部考察的潜在受许人的流程与管理

特许人企业应事先制定一套标准化、规范化的流程与制度，并在日后的实际执行中不断地予以完善。在潜在受许人来考察前，特许人应将双方沟通好的考察日程安排表发给潜在受许人并请其确认。该日程表应安排紧凑，尽量不要浪费时间，因为从外地赶来的潜在受许人每天都要支出可能较高的差旅食宿费。在潜在受许人实地考察时，特许人企业应尽量不收取额外的费用。如果可能，特许人可以将几个不同的潜在受许人安排在同一个时间来考察，即让考察者一批批地来，而不要一个一个地来，这样做的原因是单个接待的成本高，而同时接待几个潜在受许人的成本会因为分摊而变得更低。

在接待潜在受许人考察之前，负责对接的招商人员或其他人员需要事先填写客户接待申请表（见表 17-2）进行申请。

表 17-2 客户接待申请表

申请部门				申请人		
客户姓名		性别		来访人数		来源地
接待规格	□一级 □二级 □三级			来访时间		
客户性质	□单店受许人 □多店受许人 □区域受许人 □供应商 □其他_____					
来访内容						
来访人员	姓名	职务		联系电话	身份证号码	
交通安排	来访交通方式：_____ 接待时间：_____ 接待地点：_____ 是否要接机/火车/船：□是 □否 航班/车次/船号：_____ 飞机/火车/船的起始地：_____ 终点地：_____ 接机/火车/船的时间：_____ 接机/火车/船的地点：_____					

续表

交通安排	是否需要订返程机票/火车票/船票：□是　□否 返程时间：＿＿月＿＿日＿＿点＿＿分　返程地点：＿＿＿＿＿＿＿＿ 座位档次：＿＿＿＿＿＿		
住宿安排	是否代客户预订宾馆：□需要　□不需要 结算方式：□公司承担　□客户自理 预订酒店名称/地址：＿＿＿＿＿＿＿＿＿＿＿＿＿＿ 客房类别：双人间：＿＿＿间，＿＿月＿＿日到＿＿月＿＿日 　　　　　单人间：＿＿＿间，＿＿月＿＿日到＿＿月＿＿日		
公司接待人员		客户预计到达公司时间	＿＿年＿＿月＿＿日 ＿＿点＿＿分
预算	考察总费用：＿＿＿元；公司承担费用：＿＿＿元；业务部门承担费用：＿＿＿元		
审核		审批	

在客户来考察之前，最好与客户商谈并确定一个考察的日程安排表，包括时间、地点、参加人员、事务、需要携带的东西、注意事项等，如表17-3所示。

表17-3　考察日程安排表

日期，周	时间	活动事项	地点	参加人	考察形式	公司陪同考察人	备注
3日，周日	21:00前	抵达	宾馆	考察团	—	招商人员	请客户吃夜宵
4日，周一	8:00—12:00	参观	总部、工厂、样板店	考察团	参观、体验	招商人员	—
	12:00—13:00	招待午宴+休息	饭店	考察团	交流	招商人员	招商总监参加
	13:10—15:30	公司介绍	总部会议室	考察团	讲解、问答	招商人员	招商总监、工程师参加
	15:30—17:30	合同谈判	总部会议室	考察团	谈判	招商人员	总经理、招商总监参加
	17:35—17:45	签订意向书	总部会议室	考察团	签约	招商人员	● 拍照、合影、发新闻 ● 总经理签约
	18:00—20:00	饯行晚宴	饭店	考察团	交流	招商人员	董事长、总经理、招商总监参加
5日，周二	8:00后	返程	—	考察团	—	招商人员	赠送小礼品

接待来总部考察的潜在受许人时,主要有如下几个事项需要特许人企业注意。

一、接站和送站

对于本市的潜在受许人而言,这个问题可以不去考虑。但对于外地来的潜在受许人而言,特许人要根据自己的实际情况,做出是否接送站、如何接送站、谁去接送站、接送站费用等问题的规划与安排。

(1)是否接送站。企业要衡量接送站的利弊,然后再决定。接送站的利就是给潜在受许人更大的方便、更人性化的待遇,使其感受到特许人企业的热情,但其弊就是特许人要为此付出额外的人力、财力和物力等。需要说明的是,如果特许人企业没有接送站的安排,那么企业一定要为潜在受许人提供一个清晰、准确的交通路线图。

(2)如何接送站。特许人企业接送站可以有多种方式,比如坐公交车、打的或驾驶企业的车辆等,每种方式也都各有利弊。通常,为了显示企业的实力,特许人企业最好安排车辆前去接站。

(3)谁去接送站。特许人企业里去接送站的人可以是专门的接送站人员(比如司机、办公室人员等)、负责联系此受许人的招商人员、临时指派的人员等。

(4)接送站费用问题。这确实是一个令人头疼的问题,因为接站的直接支出费用可能不多,但因此而付出的时间、人力(因为接站人员在接站期间不能再从事别的工作)等潜在和间接成本却可能不小。对于特许人企业而言,如果向潜在受许人收费的话,会显得自己"小气""不热情""商业味道太浓",但如果不收的话,长期下来,这笔支出确实不小。

就目前的实际情况来看,如果是单个的潜在受许人前来考察的话,大部分的特许人企业是不安排接送站的。但如果是几个不同的潜在受许人同时来的话,特许人企业会更倾向于提供免费的接送站服务。

二、谁与到总部考察的潜在受许人沟通

毫无疑问,最合适的人选就是之前负责与该潜在受许人一直沟通的招商人员。当然,特许人企业还可以安排一些别的人员作为辅助者来帮助招商人员沟通。

潜在受许人来总部实地考察的话,他要问的问题就不只是电话沟通里的简单事项,而是有备而来,其问题自然会涉及特许人企业的经营管理、技术、法律、财务、供应、信息系统、人力资源、文化等诸多方面,而让一个招商人员知晓所有这些问题的答案显然是不现实的。但从另一个角度讲,特许人企业又不可能把每个相关部门的人员都找来回答该潜在受许人的咨询,因为这样会浪费人力,同时,企业的人多、潜在受许人少的局面会使潜在受许人感觉不自在。因此,特许人企业可以安排一个或几个辅助的谈手来协助主谈手与潜在受许人进行沟通。具体安排谁做主谈手,谁做辅助谈手,选几个辅助谈手,企业要根据具体的情况来定。比如对于餐饮企业,一般而言,企业可以派一个主谈手(就是此前与该潜在受许人一直进行沟通的那个招商人员),两个辅助谈手(一个是后厨负责人员,一个是前厅的管理人员)。如果负责该潜在受许人的招商人员经验不

足的话，特许人企业可以委派一位招商总监级的高手作为主谈手。

无论如何，当潜在受许人来总部考察时，特许人企业的一把手都应尽量抽出时间接见潜在受许人。

三、谁全程陪同

一般而言，特许人企业可以委派此前与该潜在受许人一直进行沟通的那个招商人员全程陪同。

当然，在考察期间，特许人企业可以委派办公室的工作人员、负责考察事项的人员甚至企业高层等协助进行一些必要的陪同和考察工作。

四、在哪里谈

与潜在受许人沟通的具体地点可以包括总部会议室、单店、总部的一些其他场所（比如生产工厂、配送中心、设计中心、培训学校等）、潜在受许人入住的宾馆等。

不同的时间、不同的沟通内容应对应于不同的地点，比如合同谈判最好在总部会议室等正式的商务场合里进行，介绍企业的单店、配送中心等时最好配合着实地的考察等。

五、向潜在受许人提供什么资料

特许人企业应事先设计好在潜在受许人考察期间需要向潜在受许人提供的资料。

那么，特许人应该提供什么内容呢？

《商业特许经营管理条例》规定："特许人应当在订立特许经营合同之日前至少30日，以书面形式向被特许人提供本条例第二十二条规定的信息，并提供特许经营合同文本。"所以，为了尽快在合法的时间期限内签订正式的特许经营合同，建议特许人在可能的情况下，尽量在此时向前来考察的潜在受许人进行信息披露。即便特许人企业发觉该潜在受许人只是浅层的考察，并没有深度的加盟意愿，企业也应进行全面的信息披露。

如果要全面披露的话，那么具体的信息披露内容要符合2012年4月1日起施行的《商业特许经营信息披露管理办法》的要求，不能遗漏，以免将来出现法律上的麻烦。要特别强调指出的是，企业在进行信息披露时，一定要注意保密，比如要求潜在受许人签订保密合同。

同时，如果进行信息披露，特许人企业还一定要让潜在受许人出具其接受了特许人企业信息披露的书面确认回执。

六、向潜在受许人介绍的内容是什么

潜在受许人来总部考察的话，总部首先要做的事情之一就是全面地向其介绍公司情况。所以，介绍的内容、顺序、时间和形式等也需要系统地安排与设计。

在介绍的内容上，因为此时的潜在受许人还没有签订正式的特许经营合同，所以特许人企业要注意保密。

在介绍的形式上，企业可以做一个非常漂亮的视频、幻灯片等，然后用多媒体的形式展示给潜在受许人，这样的效果会非常直观、轻松。当然，企业也可以通过手册、图片甚至是纯粹的语言等来介绍，但这样的介绍可能会稍微枯燥一些。

七、实地考察

潜在受许人实地考察的对象可能包括直营店、加盟店、配送中心、生产基地、总部等。特许人企业要事先安排好考察的路线、陪同人员、被考察目的地的接待者等，同时要做好这些考察活动的费用预算和控制。

八、协助安排差旅食宿

通常，来考察的潜在受许人的差旅食宿是自理的。但特许人可以为他们，尤其是外地的潜在受许人提供一些力所能及的帮助，比如帮助联系适当的酒店、协助预订机票或火车票等。

要特别注意的是，现在有些人开始利用特许人企业的招商"热心"来行骗，包括向特许人企业骗吃骗喝、"借"钱后逃匿等，这样的案例已经见诸媒体，特许人企业要小心。

九、记录和后续跟踪

在潜在受许人来总部考察期间，特许人企业一定要做好关于此次考察的记录工作和后续的跟踪工作，尽量让这次实地考察变成签订正式特许经营合同的序幕。

特许人企业把上述九项内容细节化、标准化、科学化之后，就形成了来总部考察的潜在受许人接待手册。

第十八章　招商的重要手册、文件的编制

第一节　加盟指南的编制

加盟指南的主要内容分为三大部分，即正文文字、图案和通常被作为附件的加盟申请表。每部分的具体内容如下。

一、正文文字部分

1. 市场的容量、前景、政府支持等介绍

主要描述特许人企业所在市场的容量和前景、政府对这个市场的关注与支持。为了具有充分的说服力和可信度，一定要用引自权威机构的具体数字或事实来佐证自己的观点。

2. 特许人简介（名称、历史等）及联系方式

联系方式包括电话、微信、QQ、传真、E-mail、网站、地址、邮政编码、来本企业的交通路线等。

3. 特许人特许经营体系的优势及所提供的支持

文字一定要精练、优美、深刻、煽情而又不浮夸，比如可以使用一些增强语言效果的排比、对仗格式等。以下实例是某特许经营企业为受许人提供的支持。

第四篇　成功构建第四步：复制体系、招商体系的设计、标准化、手册编制与实施

【实例 18-1】某特许经营企业为受许人提供的十项支持

为了最大限度地保障所有受许人的成功，总部会给予受许人在业内具有竞争力的倾心支持。

1. 全程指导：从选址、装修、办证、招聘、培训、开业策划、宣传到开业的全流程指导，确保您无忧开业

2. 特惠扶持：前期 15~28 天不等的免费驻店指导，免收前三个月的权益金，确保单店开业后的运营走上正轨

3. 全面配送：从机器、设备、工具，到原材料、产品、耗材等，全面配送，让您更轻松、更节省成本

4. 同步管理：24 小时的网络论坛、答疑热线、专人督导等客户服务确保您与总部的同步实时管理

5. 终身培训：总部导师下店培训与总部金牌学校高端培训相结合的受许人终身培训计划将确保您的竞争力

6. 量身策划：总部企划人员既统一、又度身打造市场方案，更加有助于受许人个人创业成功

7. 成熟模式：10 年行业积累、3 年成功加盟试点、2 次体系升级等资历塑造了一套成熟的财富加盟模式

8. 无限共享：受许人定期大会、店长俱乐部等，为您提供分享开店感悟、共享财富经验的无限交流平台

9. 即时信息：多方实践经验、流行趋势速递、业内最新动态，让您时刻掌握最新行业信息，先人一步

10. 强势人力：包括但不限于为受许人推荐学员、为受许人的大型活动派遣总部专家等

每个企业都有自己的独特优势，企业一定要善于发现和挖掘自己的长处，并用语言描述出来。一般而言，企业的着眼点应是人无我有、人有我强、人强我特的方面。

其实有时候，即使别人也有的优势，只要我们的语言措辞修饰得好，能把它表达出来而不是假设读者知道，企业也能看起来胜人一筹。

记住，创业者之所以选择加盟而不是独立创业，其最根本的原因之一就是希望能获得来自特许人的支持，对于支持，受许人的心态是"多多益善"，所以特许人既要尽量无遗漏地把自己的支持项目和内容表达出来，又要学会把这些支持项目拆分成一个个独立的内容，这样显得支持更多，也更受受许人的欢迎。

4. 一些宣传口号或企业文化的摘录

通常为企业理念，即 MI 部分。

5. 已有的加盟店及本招募文件所要招募的受许人的数量、地区

如果能用图（比如一张中国的全景地图，需要招募受许人的地区和已存在受许人的地区分别用不同的颜色或图形标记）表示则会更直观、生动些。

6. 加盟条件即对合格受许人的要求

记住，对外版本的加盟条件不能太过具体、苛刻，因为这很可能使一些本来合格的受许人不敢咨询。笔者建议这些要求稍微"含糊"和"大众化"一些，即尽量不让每一个可能合格的潜在受许人产生自己被排除在外的感觉。条件的数量也不要太多，因为"言多必失"，一般不要超过 4 条。

7. 成功的受许人、满意的消费者

在加盟指南里放一些具有代表性的受许人和消费者，通过他们自身的实际变化或现身说法来证明此项目的加盟魅力与消费前景。

8. 专家推荐、背书、奖证牌匾、荣誉等

尽量多放一些在这个项目所在的行业领域有威望和影响力的专家的语录、推荐，某权威机构推荐项目之类的背书，一些不同机构颁发的奖证牌匾等内容。

9. 常见问题回答，即 Q&A

挑选一些经典的、能突出本企业特色和长处的、经常被问及的问题，问题数目一般不超过 5 条，注意问和答的语言都要简练、准确、生动。

常见的问题如下。

- 加盟开店的风险如何防控？
- 加盟店里的爆款特色产品或服务是什么？
- 我们的加盟体系与别的加盟体系的区别是什么？
- 加盟的优惠政策有哪些？
- 特许经营体系的业务主要包括哪些内容？
- 加盟店的产品和服务主要有哪些？
- 我们与其他品牌的同类店的区别在哪儿？
- 除了单店加盟外，可以区域加盟吗？
- 受许人可以是几个人、几个公司或几个合作伙伴共同拥有吗？
- 受许人应支付的特许经营费用主要有哪些？（如果别处已经有了费用的列表，此问题就不要再重复）
- 受许人在选择店址方面能获得哪些指导与帮助？（如果别处已有，此问题就不要再重复）
- 特许人如何提供装修方面的帮助？（如果别处已有，此问题就不要再重复）
- 特许人为受许人提供哪些培训？（如果别处已有，此问题就不要再重复）
- 受许人会得到何种营销及广告支持？（如果别处已有，此问题就不要再重复）
- 由特许人安排物品采购时，特许人是否加价或收取佣金？

第四篇　成功构建第四步：复制体系、招商体系的设计、标准化、手册编制与实施

- 加盟店里出售的商品或提供的服务有无限制？
- 特许人如何对商品进行统一配送？（如果别处已有，此问题就不要再重复）
- 总部如何保障加盟店的运营品质？
- 一家加盟店开业需要多长时间？

10. 特许经营相关费用的介绍

最好列成表格的形式，这样更直观、美观、清晰、易于记忆，也可以与单店的类型组合成同一张表格（见表18-1）。

表18-1　某特许经营企业的特许经营费用结构

单位：万元

店型	意向书保证金			加盟金			权益金			合同履约保证金			品牌保证金		
	一线	二线	三线	一线	二线	三线	一线	二线	三线	一线	二线	三线	一线	二线	三线
小型店（150~300平方米）															
标准店（301~500平方米）															
大型店（501~1000平方米）															
超大型店（1001平方米以上）															

11. 单店受许人（或区域受许人）投资回收预算表，即投资回报分析表

注意，因为不同地区（比如一级城市、二级城市、三级城市、县城、镇）的经济状况不同，所以房屋租金、人力成本、能源价格、装修费用、税收等也会不同。因此，企业在做投资回收估计时有两种办法可以采用。

（1）全部计算。全部计算每个有代表性的经济层次的市场中每种规模的店的投资回收状况。下面举一个实际的例子，如表18-2所示。

（2）选取代表。如果企业不想展示得如上面那样详细，则可以选取有代表性的店进行预算。比如选取中等或平均经济水平的单店所在的市场作为预算商圈，选取规模、经营状况等也是中等的店作为预算对象。

另外还要注意，预算表中不但要有单店（或区域受许人）的经营状况数据，还要有受许人前期所需的一次性投资数额。同时，在预算表边上的合适位置，一定要加上一句"此表仅供参考，不作为投资承诺"之类的话，以规避自己的责任和提醒潜在受许人注意投资风险。

成功构建特许经营体系五步法

表18-2 某特许经营企业的单店投资回报分析表

单位：万元

	店面类型	月均收入	月均支出	月均利润	一次性投入	预计回收期（月）	前期所需资金
一级城市	商场专柜	×××	×××	×××	×××	×××	×××
	店中店	×××	×××	×××	×××	×××	×××
独立店	A型（××～××平方米）	×××	×××	×××	×××	×××	×××
	B型（××～××平方米）	×××	×××	×××	×××	×××	×××
	C型（××～××平方米）	×××	×××	×××	×××	×××	×××
二级城市	店面类型	月均收入	月均支出	月均利润	一次性投入	预计回收期（月）	前期所需资金
	商场专柜	×××	×××	×××	×××	×××	×××
	店中店	×××	×××	×××	×××	×××	×××
独立店	A型（××～××平方米）	×××	×××	×××	×××	×××	×××
	B型（××～××平方米）	×××	×××	×××	×××	×××	×××
	C型（××～××平方米）	×××	×××	×××	×××	×××	×××
三级城市	店面类型	月均收入	月均支出	月均利润	一次性投入	预计回收期（月）	前期所需资金
	商场专柜	×××	×××	×××	×××	×××	×××
	店中店	×××	×××	×××	×××	×××	×××
独立店	A型（××～××平方米）	×××	×××	×××	×××	×××	×××
	B型（××～××平方米）	×××	×××	×××	×××	×××	×××
	C型（××～××平方米）	×××	×××	×××	×××	×××	×××

注：此表仅供参考，不作为投资承诺。

第四篇　成功构建第四步：复制体系、招商体系的设计、标准化、手册编制与实施

12. 加盟流程（最好画成流程图的样式）

不同企业的加盟流程基本类似，但还有略微不同之处。下面给出一个例子作为参考，如图 18-1 所示。

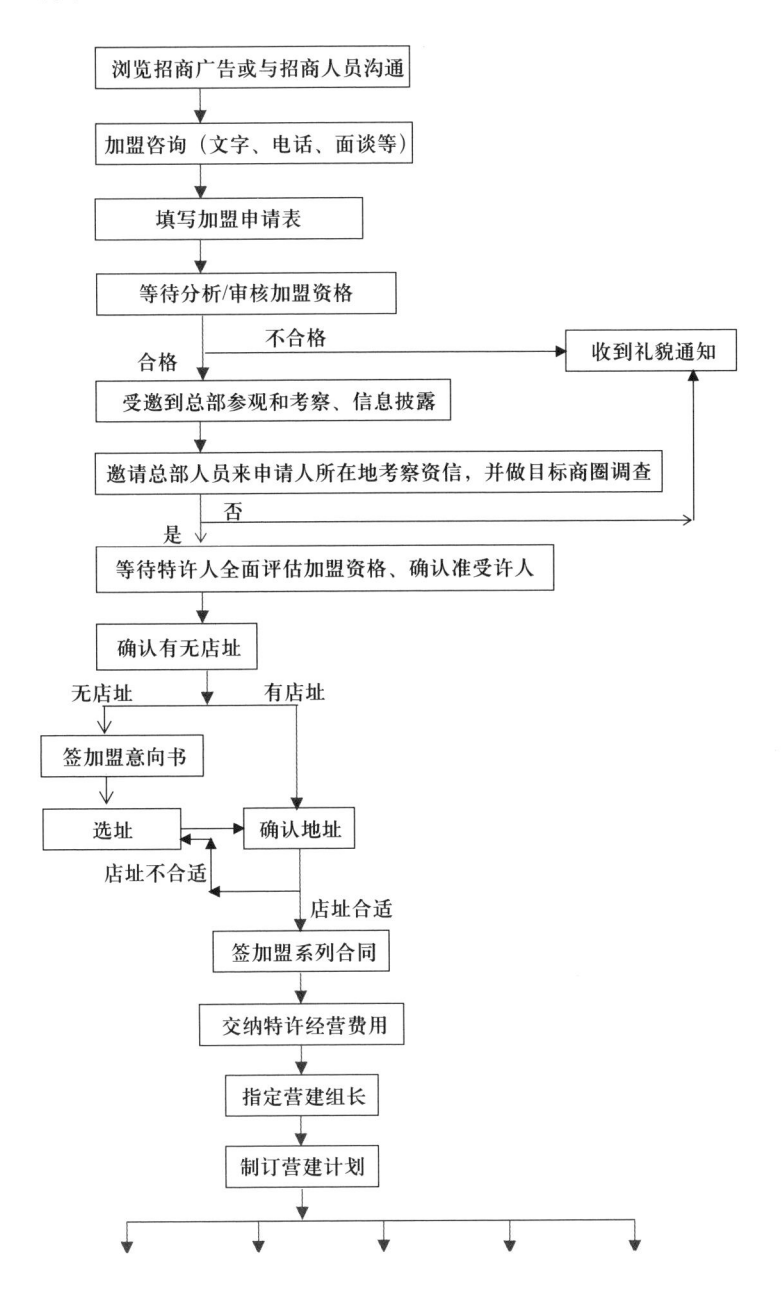

```
浏览招商广告或与招商人员沟通
         ↓
加盟咨询（文字、电话、面谈等）
         ↓
    填写加盟申请表
         ↓
   等待分析/审核加盟资格
   合格  ↓  不合格  →  收到礼貌通知
受邀到总部参观和考察、信息披露
         ↓
邀请总部人员来申请人所在地考察资信，并做目标商圈调查
   是  ↓  否  →
等待特许人全面评估加盟资格、确认准受许人
         ↓
    确认有无店址
  无店址 ↓  有店址
  签加盟意向书
         ↓
    选址 ⇄ 确认地址
    店址不合适
         ↓ 店址合适
    签加盟系列合同
         ↓
    交纳特许经营费用
         ↓
    指定营建组长
         ↓
    制订营建计划
```

成功构建特许经营体系五步法

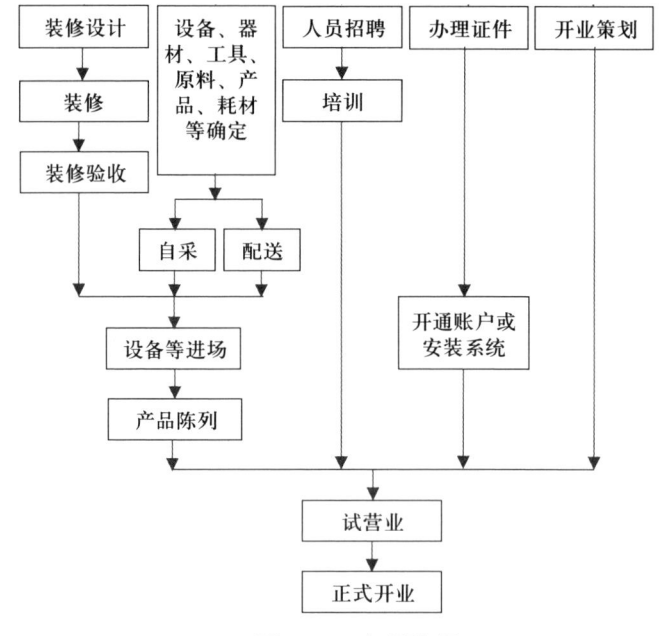

```
装修设计    设备、器    人员招聘    办理证件    开业策划
            材、工具、
   ↓        原料、产       ↓
  装修       品、耗材      培训
            等确定
   ↓          ↓
 装修验收
              ↓  ↓
            自采 配送
              ↓  ↓
                             ↓
          设备等进场        开通账户或
             ↓             安装系统
          产品陈列
                             ↓
                  试营业
                    ↓
                  正式开业
```

图 18-1 加盟流程

上面的流程环节相对较细，在实际的加盟指南中的加盟流程可以简化，即在上图中做减法即可。

除了上面的通用流程之外，企业可以根据自己的实际情况设计具有自己特点的流程。比如 2015 年，必胜客在中国开放加盟之后，其加盟流程就非常严格，申请人在提交申请后，先要进行电话面试，初审过关后会获得在一家必胜客餐厅实习 2 天的机会，加盟委员会面试后再次筛选出的申请者还要接受来自第三方调查机构的背景调查。通过后的准受许人需要接受为期 5 个月的受许人培训。（资料来源：《新闻晨报》,《必胜客放开特许经营加盟至少 300 万，业内称两年或回本》）

二、图片部分

加盟指南上的图片可以包括如下内容，企业根据自己的实际情况可以有所增减。

（1）特许人的商标、LOGO 等。

（2）特许人的总部大楼、工厂或种植基地等。

（3）特许人单店不同角度、不同场景的照片，比如可以有左侧的外观、右侧的外观和正面的外观等。

（4）单店营业现场，一般选客人多的时候、交易氛围热烈的时候的照片，效果会更好。

（5）特色的产品、设备或服务等。

（6）本特许经营体系或某些加盟店获得的荣誉证书、牌匾、证照等。

378

（7）已有成功受许人、消费者的有关照片。应基于不同地区、不同规模等选择能代表各个层面的受许人、消费者。

（8）外界媒体对于本体系的报道，通常会作为文字的背景。

（9）来本企业的交通图。地图要专门制作，特别突出本企业的位置，淡化其他所有建筑，比如可在大小、颜色、清晰度等方面加以区别。

（10）其他起衬托作用的相关图片。

注意：

（1）除非图片本身很明显地告诉了读者该图片的含义，否则图片附近最好有关于该图片的简短说明。

（2）有的图片未必要单独放置，也可以叠放或作为文字的背景。

（3）整个加盟指南最好是图文并茂，应尽量避免纯粹文字堆积或图片数量太多两种极端情况。

（4）单独放置的图片一定要有足够的清晰度。

三、加盟申请表

这份表格将用于收集一般资料，在法律上不会对公司或申请人构成任何约束。不过，提出申请的潜在受许人必须在他的能力范围内据实、完整地填报所有资料，以便特许人企业能够根据这些资料来评估申请人的资格。

加盟申请表常做成加盟指南的附页或可裁剪掉的形式，以便潜在受许人填完后邮寄给特许人。加盟申请表的基本内容一般包括以下四大部分。

（一）加盟申请人的基本情况

（1）申请人基本资料：姓名、性别、年龄、婚否、籍贯、身份证号等。

（2）申请人联系方式：微信、QQ、E-mail、电话（办公、住宅）、传真、手机等。

（3）申请人详细地址、邮政编码。

（4）申请人学习和工作简历。

（二）关于加盟的基本情况

（1）受许人计划加盟的类型：单店加盟、多店加盟、区域加盟。

（2）申请人欲以何种方式加盟，即加盟后企业的性质：私营、合资、股份制、国营等。

（3）申请人是否已有店址，若有，则此申请表里应包括该店的一些基本情况，比如建筑和使用面积、楼层、朝向、商圈类别、店址、拥有人、租金、押金、租期和剩余租期、房产情况（产权者还是租用者）、曾经的营业内容等。

（4）加盟的其他信息：计划中的店址所在地、签约时间、投资额、加盟店面积等。

（三）受许人商业计划书

包括对欲加盟地区的大致市场调研结果、自己如何开展加盟业务等。

（四）特许人的小调查

（1）您是从何种渠道知道本特许经营体系的？

（2）对特许人的希望或建议是什么？

需要注意的是，各个特许人可以根据自己的特殊情况对上述主要内容进行增删。比如在有些地方，创业者对于特许经营并不了解，所以特许人可以在其加盟指南上介绍什么是特许经营、特许经营的由来、特许经营的优势等，以期给潜在受许人一个关于特许经营的"启蒙教育"。

企业在实际编制加盟指南时还要注意以下几点。

第一，一般情况下，文字和图案等内容、逻辑由企业自己选择和确定，但加盟指南的外观最好请外部专业的设计公司来做，因为在颜色的搭配、位置的协调、大小的配合、字体的设置、内容的排版、整个加盟指南的风格、纸张材质等方面，都需要进行专业化的设计，如此才能在时下众多同行的宣传材料中凸显自己，才能引起潜在受许人的注意。

企业可以先提出一个大致的设想，然后请专业的设计公司实施、修改。这样的加盟指南既体现了特许人的意愿，也具备了艺术化的效果，是最理想的。

通常的情况下，只要企业准备好了内容而且双方配合顺利，设计公司就可以在1~2天之内拿出设计样品。从出品、打样、交付印刷，一直到加盟指南印刷出来，总共需要大概一周的时间。因此，企业可以据此时间合理地安排各个文件的编写和印刷。

第二，企业在设计加盟指南时，无论是在内容上，还是在外观上，都要善于学习和借鉴别家企业的做法，这些"别家企业"指的并不只是本行业内的竞争者，而是所有行业、地区的特许人企业。现在的特许经营展会已成为各家特许人企业进行加盟指南集中大比拼的战场，企业可以尽情地收集并加以比较。即使不参加展会，企业也可以有诸多方法收集到众多特许人的加盟指南，比如以咨询的名义索取相关资料等。总之，企业要善于吸收别人的长处，善于吸收最新的设计理念和形式，然后用这些先进的、有效的东西来合理化自己的加盟指南，但注意不能盲目地照搬，以免有抄袭之嫌。

第三，加盟指南上的内容，尤其是关于单店投资收益的部分，一定要专业、真实、准确和经得起推敲。笔者曾在特许经营展会上看到过无数的加盟指南，其中就有一些存在着各种各样的毛病。所以，特许人在设计加盟指南时，一定要谨慎小心，反复斟酌、校对，不能有半点偏差，否则就会影响企业的形象和招商效果。

第四，加盟指南上的有些内容，比如加盟政策、特许人对受许人的支持、对未来加盟店的利润预计等其实是特许人对受许人的一种承诺，一旦有人加盟，特许人就必须履行这些承诺。因此，特许人对待这些承诺必须持严肃认真的态度，不能仅仅为了吸引潜在受许人而海阔天空地胡乱承诺，因为那些不能兑现的承诺一定会在日后埋下隐患，这一点必须引起特许人的注意。而且，因为现在特许经营已成为热潮，潜在受许人也都具备了日益丰富的防欺诈知识，所以，太过夸张的承诺反而会引起潜在受许人的怀疑和警惕。

第二节　加盟条件双版本的编制

加盟条件就是对受许人的要求，是特许人对受许人资格的规定。通常，潜在投资人或潜在受许人满足了这个条件后，特许人企业才会与其洽谈更进一步的加盟事宜。

加盟条件事关能否招募到合格受许人，需要特许人进行认真、科学和艺术的设计。制定加盟条件时可从潜在受许人的以下几个方面考虑。

1. 资金实力

例如，麦当劳对受许人的资金实力要求非常严格。麦当劳规定，所有的受许人都必须首先支付加盟金。如果受许人受让的是麦当劳已有的新店铺，则受许人需要支付该店总成本的40%；如果受许人受让的是麦当劳的旧店铺，则受许人可以只支付成本的25%。除了对为数不多的特别优秀的受许人，麦当劳会给予其设备租赁支持，对于绝大多数的受许人，麦当劳都会要求受许人个人的非借贷资金至少在17.5万美元，而且这些资金必须是受许人个人的自有资金，即受许人所持有的现金、证券、债券等。实际上，即便是针对特别优秀的受许人的设备租赁支持，即麦当劳先代为购买设备，而后再将设备租给受许人，麦当劳仍然要求受许人最少要拥有10万美元的自有资金。

特许人企业在每一个加盟条件上都要去用心设计。比如在资金的要求上，特许人企业可以用一些小技巧来激发受许人的运营积极性，并借此提高受许人业务的成功率。例如，如果加盟店的投资需要100万元的话，特许人企业可能会要求受许人的自有资金只有80万元，然后为了加盟该事业，受许人必须去借贷20万元，另外还得再借贷单店运营所必需的备用金以及受许人本人的生活所需资金。如此，一个欠债20多万元的受许人，在压力之下必然会产生巨大的动力，所以其运营加盟业务的努力程度、用心程度要大得多。否则，如果一个潜在受许人拥有1000万元自有资金，那么，其加盟了特许人100万元的生意之后，通常，其努力程度远远比不上只有80万元自有资金的受许人，所以拥有1000万元自有资金的受许人的失败率通常会更高一些。

2. 信誉（个人品德、商誉等）

现在是互联网时代，想查某个人的信誉还是有很多办法的。比如，要求对方提供个人信用报告；在网络上搜索其负面信息；如果对方有企业的话，可以用天眼查、企查查之类的工具查询；等等。

特许人也可以外包加盟申请人的信誉调查，比如必胜客借助第三方调查机构进行加盟申请人的背景调查。

7-11便利店对受许人的要求里多有这样一条，即"需要一名连带保证人"。对于A型加盟即投资管理型加盟，7-11总部还要求连带保证人的资产达到30万元。

3. 行业经验

特许人企业可以要求潜在受许人有本行业经营经验，甚至具体到多少年的行业经验，也可以不要求其有行业经验。有行业经验的受许人开展加盟业务可能比较快，但这样的潜在受许人的基数通常较小，而且其原来行业的管理思维可能会影响特许人企业的统一性；没有行业经验的受许人开展加盟业务可能比较慢，但其不会因行业惯性思维而影响特许人的特许业务，而且没有行业经验的潜在受许人的基数通常更大。

现在的趋势是越来越多的特许人不要求受许人有行业经验，甚至不要求受许人有开店、做生意的经验。

4. 加盟动机

不同的加盟动机或加盟目的会直接影响受许人业务的成功率以及特许人的安全。例如，如果潜在受许人加盟的主要目的是学会这个行当的做法之后自己单干，那么这样的潜在受许人就是特许人企业未来的竞争者，特许人企业原则上是不能允许其进入体系的。如果潜在受许人的加盟动机是创业，欲借助加盟做一番事业，那么，这样的潜在受许人就会是比较合适的人选。

5. 文化素质

主要体现在对潜在受许人的学历要求上。

6. 家庭关系

因为加盟也是一种创业，需要受许人全身心地投入到事业的运营中，所以必然会影响受许人陪伴家人的时间，产生一定的财务风险等。因此，有些特许人就会对受许人的配偶、父母、子女的支持度有要求。

7-11便利店有两种加盟方式，其中第二种是委托管理型，其对受许人的第一个要求就是"需要两名店铺专职负责人（限夫妻）"。

7. 身体状况

除了要求身体健康之外，特许人企业还会因自身行业、企业的不同而对受许人的身体状况有独特的要求。比如对于减肥类的特许人企业，如果受许人特别胖，那么这样的受许人开设的加盟店是不能给人信任的。

8. 心理素质

对于受许人而言，其创业的过程中需要具备很多独特的心理素质，比如遵循胜于创新、团队精神、统一化胜于个性、承受压力、自我约束、拼搏奋进、学会分利、忠诚而非另起山头、依靠而不依赖等。

9. 个人社会关系、人脉资源状况

为了受许人能更好地开展加盟业务，有的行业的特许人会对受许人的社会关系、人脉资源有要求。

比如对于视力优化连锁而言，因为加盟店的客户群之一是儿童和青少年，所以拥有大中小学关系资源的受许人是特别受欢迎的。

10. 个人能力和资历

有的企业往往对受许人的个人能力（包括管理能力、财务能力、营销能力、公关能力等）和资历（比如多年的职业经验、职业资格证书等）有要求。

谭木匠的受许人之所以成功率可以高达95%，最重要的原因之一就是谭木匠在选择受许人时非常严格。比如仅 2004 年，全国各地向谭木匠公司递交加盟申请的报告就有 700 多份，而经严格考核论证准许开张的只有四五十家，考核的重点就是"是否有足够的盈利保证"。（资料来源：清大财富网，《从残疾人到百家连锁店，谭木匠创业之路》）

11. 个人基本情况

包括对年龄、性别、家庭所在地、户籍、国籍等的要求。

比如，家政这个行当的受许人可能更适合年龄大些的，时尚茶饮之类的特许人更欢迎年轻的受许人。

比如，对于美容院而言，特许人可能更喜欢女性加盟，因为男性受许人可能在美容院营业时间是不被允许进入到店内的，如此就会影响受许人对加盟店的监督和管理。

比如，对于进入到外国的特许人而言，他们更喜欢由当地人加盟，因为这样会减少当地人对外国业务的抵制，增加当地人对受许人业务的支持，而且当地人也更了解当地的特色。因为中国南北文化差异较大，所以星巴克刚进入中国时，分别挑选了具有代表性的三个区域性代理商：在东部，星巴克与中国台湾统一企业展开合作；在北方，星巴克与北京美大咖啡公司组建了一家合资企业；在南方，星巴克的合作伙伴是中国香港美心食品有限公司。这三个代理商根据他们各自的区域优势和当地知识，针对不同的区域制定更为精细的市场策略。（资料来源：腾讯网，付嘉，《这家企业收回全部加盟权，"三通一达"以后会这么干吗？》）

12. 对本体系企业文化的认可程度

这一条往往是所有特许人对受许人的要求。"道不同，不相为谋。"如果大家在企业的精神、道德、宗旨、价值观等上面不能一致的话，合作肯定是很难成功的。

13. 对行业和最终消费者的热爱

如果你想加盟儿童教育培训行业，那么特许人一定会刻意考察你对孩子们的热爱程度；如果你想加盟足疗、按摩之类的行业，那么特许人也一定会考察你对服务业是否真心热爱。

各个特许人对受许人的要求不尽一致，特许人应针对加盟业务运营的实际需要，根据直营店或直营业务负责人和团队分析的结果以及对已有受许人特征的分析，并考虑自己的期望，画出一个大致的受许人画像。

特别需要注意的是，虽然上述各项都可以作为加盟条件，但加盟条件其实是分为两个版本的：一个是对内的版本；另一个是对外发布的版本。

对内版本的加盟条件是特许人企业用以选择受许人的，不可公开。这个版本的加盟条件可以有很多的内容，每个条件都要准确描述。在实际的工作中，特许人可将上述各个指标做成一个选择受许人的打分表，给每个指标赋予一个权重，然后通过小组打分，去掉最高分与最低分，最后计算出加权平均值，以此作为选择受许人的依据。如表 18-3 所示（企业应根据自己的实际情况设计具有自己个性和特点的打分表，如加盟条件、权重、合格分与优秀分等都要个性化）。

表 18-3　特许人企业选择受许人的评定打分表（示例）

潜在受许人姓名：_____　　　　评定日期：_____年___月___日
受许人评定小组组长：_____
受许人评定小组成员：_____、_____、_____、_____、_____、_____、
　　　　　　　　　　　_____、_____、_____、_____、_____、_____、

序号	加盟条件	权重	分数（满分10分）	备注
1	资金实力	15		
2	个人品德和信誉	15		
3	行业经验	2		
4	加盟动机	5		
5	文化素质	5		
6	来自家庭成员的支持	10		
7	生理特征的符合度	2		
8	心理素质	5		
9	社会关系与人脉	4		
10	个人能力与资历	5		
11	性别与年龄	2		
12	对本体系的认可度	10		
13	对行业的热爱度	10		
14	意欲加盟的目标商圈	10		
总计		100		
	换算成百分制后的分数			

注：

①因为上表有14个加盟条件选项，如果都是满分的话，总分是140分。最后一行需要将总分换算成百分制下的分数，以便直观地评价。换算方法非常简单，拿倒数第二行的总分数除以140，再乘以100即可。

②企业可以定出自己的选择标准，比如换算后的总分在60分及以下的为不合格受许人，总分为61~80分的为合格受许人，总分在81分及以上的为优秀受许人。

③根据企业自己的规定，上述有些加盟条件如果严重不符，则可以一票否决，比如对于资金严重欠缺的、个人信誉很差的、对行业的热爱度不足的、加盟动机是想学会后自己单干的等；相反，对有些加盟条件特别好的，可以额外考虑，特例批准，比如个人能力、社会关系和人脉特别强的等。对于后者，特许人企业需要想办法帮助他们用其所长，补其所短，或者可以考虑别的合作方式，比如特许人投资而受许人占股和经营、免除加盟金等。

对外发布版本的加盟条件是对外公开的，通常要求不超过4条，而且条件含糊些更好，最好不要带数字，因为带数字的精确要求会导致很多经过努力就可以达到要求的潜在受许人放弃选择特许人的项目。数量少、内容含糊的加盟条件会让更多的潜在受许人

看起来更符合，而其到底合适不合适，则最终根据对内版本的加盟条件来打分决定。

第三节　招商战略规划的编制

《孙子兵法》说"谋定而后动"，招商也是一样，在招商工作实际开始之前，特许人企业一定要先做一份完备、科学的招商战略规划。

通常，招商战略规划包括以下内容。

一、战略目的

目的不同，招商的团队、投入、广告宣传、加盟条件、渠道、特许经营费用等也会不同。所以，我们必须首先明确企业招商的战略目的是什么。在实际中，企业招商的战略目的可能是下面的一种或多种。

（1）扩张地盘，占领更多市场。

（2）扩大规模。例如，周黑鸭在 2019 年开放了加盟，其原因和目的非常明确：因为利润下滑严重，所以他们必须借助规模的扩大来降低采购成本，占领更多的市场，从而实现利润增长。

（3）实现销售。可能的目的是销售一次性的机器产品设备、销售现成的产品、销售原材料、赚取加盟金、获得权益金或保证金等。

（4）对抗竞争者。

（5）加盟试验。有些特许人企业由于对加盟模式或当地的加盟市场不熟悉、特许经营体系不健全、对特许经营的相关知识不熟悉、害怕加盟会失控等，通常会先小规模地尝试性招商，从中摸索出招商的规律后，再大规模地开展招商工作。麦当劳、肯德基等企业在中国的招商过程就是如此，他们都是在进入中国市场 13 年之后才开始慢慢地放开加盟比例的。

（6）其他。

二、目标市场和目标消费者

此处的目标市场和目标消费者指的是创业人或潜在受许人。

特许人企业必须清晰地给出潜在受许人的画像。画像越精准，广告投放就越精准，成本越小，效果越好，效率越高。

为此，企业必须精心设计加盟条件。

三、营销的 4P

虽然营销的 4P 在当代有了很大的改变，但其经典的四项内容还是具有非常大的现实意义。与其他普通商品的营销一样，招商作为一类特殊的营销或销售，也有它的 4P。

（1）产品。指的是特许权的类型，比如有哪几种类型的加盟形式，是大店、中店还是小店；是独立店、店中店还是专柜；是单店加盟、多店加盟还是区域加盟；是特许加盟、合作加盟还是托管式加盟；等等。特许人一定要从不同的角度对特许权这种特殊的产品进行准确的界定和描述。

（2）价格。指的是三大类特许经营费用。

（3）渠道。就是前文所述的主动渠道和被动渠道，如自主招商和外包招商。

（4）促销。指的是招商的系列优惠政策，比如对于某地区的首个受许人、再次加盟的老受许人等的优惠措施，包括特许经营费用的打折、免费的赠送等。

四、战略目标

在此处，特许人企业要用数字的形式准确地描述招商所要达到的战略目标。具体来说，应明确地规划出至少3~5年内每年的下述战略目标。

（1）招商数量。指的是每年新招募的受许人的数量。

（2）加盟和直营的比例。

（3）区域、多店和单店受许人的比例。

（4）各类型特许权的比例。比如，大店、中店、小店的比例；独立店、店中店、专柜的比例；特许加盟、合作加盟、托管式加盟的比例；等等。

（5）各地区的招商数量。指的是各个国家、各个省区市每年新招募的受许人的数量。

（6）招商收入与利润。招商的收入主要指的是特许经营的三大类费用以及配送物品的差价、提供服务的收入（比如代为设计装修图、代为装修、推荐员工等）。招商的利润指的是上述收入减去为了招商必须支出的成本、费用、税等之后的盈余。

（7）招商的其他目标。比如受许人的成功率等。

五、战略原则

招商的战略原则有很多，具体如下。

（1）稳定的原则，即招一家、成一家，就是以受许人的成功率为最高指导原则，加盟条件和对潜在受许人的筛选非常严格。对于非著名的特许人，因为意欲加盟的潜在受许人的基数较少，所以采取这种策略会使招商的进展放缓、招商数量变少。

（2）乱而后治的原则，指的是先不刻意追求成功率，而是潜在受许人差不多满足加盟条件就允许其成为受许人，待体系有了一定的规模、品牌、实力之后再边招商边整顿。这种粗放型的招商有一定的风险，因为如果受许人死亡率很高的话，可能导致特许人企业的崩盘。但是如果特许人企业能控制住崩盘的风险，能在整顿时恰当补偿失败的受许人，则这种招商策略可以迅速地使特许人企业做大做强。

（3）直营和加盟的模式变换。比如星巴克在进入一个新的市场时，通常的策略是：第一步，先在当地招募区域代理商，由代理商自己开设或招募单店受许人，星巴克总部借以规避在新市场的风险并观察当地市场对于星巴克的接受情况；第二步，如果当地市场对于星巴克的接受度非常高，则星巴克总部会以占股甚至直接收购的方式夺回对当地市场的掌控权，改加盟店为直营店；第三步，待当地市场发展成熟，星巴克总部以基本上是5：5的比例同时发展直营店和加盟店。

六、招商时间

招商时间指的是什么时候开始招商，招商到什么时候为止。

七、目标地区

目标地区指的是特许人要招商的地区。有的特许人可能只在一、二线城市招商；有的特许人企业可能只在三、四线城市招商。企业要根据受许人画像以及战略目的等确定招商的目标地区。

例如，麦当劳、肯德基在中国的发展路线都是先占领一、二线大城市，然后再向下进入三、四线城市。德克士、华莱士在上述战略失败之后，改成"农村包围城市"的战略，即先占领三、四线城市，再进驻大城市，结果也取得了一定的成功。

八、广告宣传计划

包括投放媒体、投放频率、投放时间、投放地区、投放内容、费用预算等内容。

九、招商人员及任务分配

要对招商的战略目标进行分解，使具体的招商数量、质量等目标落实到每个人身上。当然，此处也可以根据招商战略规划的要求增减招商人员，优化招商团队，或者将自主招商和外包招商相结合。

十、投资回报预算

包括为了完成招商战略目标而需要的支出以及可能的收入。

招商的收入在前文已有描述。

招商的支出包括团队的薪酬福利、办公费用、房租、管理费用、广告宣传费用、差旅费用、渠道费用、活动费用、电话费用等。

十一、风险与对策

尽可能地预测招商中存在的风险，并给出切实可行的对策。

招商中的风险可能包括以下几点。

- 资金链断裂。对策：要提前做好资金规划
- 因受许人成功率太低而导致的集体诉讼。对策：在筛选、确定受许人时要采取科学的方法、严谨的态度；对受许人的后续支持要跟上，尽量提高受许人成功率；建立法律保护网；等等
- 招不到受许人。对策：要努力查找招商渠道、广告、团队、话术、特许权本身等方面的问题，然后进行有序的改进
- 招商人员的数量和质量不足。对策：与人力资源部门紧密合作，培养充足的招商团队后备队，同时用培训、激励、考核等方法多渠道提升招商人员的水平
- 没有足够的潜在受许人信息。对策：多渠道、多方法获取信息
- 国家政策不允许本行业的企业做招商广告，比如保健品之类的特许人就可能面临这样的风险。对策：找熟人朋友介绍，在消费者里寻找，等等

十二、附件

附件里可能包括潜在受许人的市场调查、以往年份的招商总结报告、不同招商广告媒体的对比等。

第四节　加盟档案的编制

特许人企业应为每个受许人或潜在受许人都建立一份独立、完整、动态更新、专人负责的加盟档案，并在受许人的生命周期内对此档案进行管理。

独立的意思是为每个受许人或潜在受许人都单独建立一份档案；完整的意思是该档案所记载的该受许人或潜在受许人的信息涵盖了其整个生命周期，没有遗漏；动态更新的意思是该加盟档案要随着时间、事件等信息内容的变化而更新；专人负责的意思是在不同的时间阶段，该档案由不同的指定专人负责记录与保管。

一、加盟档案的形式

除了文字记录之外，加盟档案里还应有重要事项的音频、视频、照片、表单、媒体报道原件等，这些可以作为另外的文件或附录，与文字记录的加盟档案同时存放于一个实体文件夹或电脑里。

对于由别的部门保存的重要档案，比如保存在法务部或财务部或行政办公室的系列特许经营合同，其存放位置、存放人、合同名称与编号等事项应记录在加盟档案里，或把系列合同的扫描件作为附件存在实体文件夹或电脑里。

二、加盟档案的分类

加盟档案包括两大部分：一是以文字记录形式为主的加盟档案表，这是加盟档案的主表及索引表；二是附录或附件，其形式可以是电子版的文字、音频、视频、照片等，也可以是实际的有形物，比如报刊、表单、合同等。

三、加盟档案的记录时间

记录的起始时间为招商人员第一次与受许人沟通的时间，终止时间因最后成交或不成交而不同：若未成交，终止时间为客户明确拒绝加盟且被特许人企业确定的时间；若成交，则终止时间为特许经营合同终止，且后续收尾的事情（包括退盟的受许人退还或销毁所有含特许人标记的物品、手册等，完成财务上的收尾工作，完成加盟终止后所有的手续和事务）完全结束的时间。

从起始时间到终止时间的这个时间段就是受许人或潜在受许人的加盟档案的生命周期。

四、加盟档案的记录或更新人

在受许人生命周期的不同阶段，负责记录或更新加盟档案的人员会发生相应的变化，通常会有四类人员分别在受许人生命周期的四个阶段对加盟档案进行记录或更新。

（1）在招商阶段，即签订正式的特许经营合同、受许人支付加盟金及之前，记录人为对应的招商人员。

（2）在营建阶段，即签订正式的特许经营合同、受许人支付加盟金之后，在受许人的加盟店正式开业或区域受许人的加盟业务进入正常运营状态及之前，记录人为负责该受许人的营建人员。

（3）在运营阶段，即受许人的加盟店正式开业或区域受许人的加盟业务进入正常运营状态之后，在特许经营合同中止、终止与收尾或续约之前，记录人为负责该受许人的督导人员。

（4）在中止、终止与收尾或续约阶段，即特许经营合同中止、终止与收尾及续约之后，在特许经营合同中止、终止后的后续收尾事情完全结束或续约完成及之前，记录人为对应的客服人员。

总之，记录人要随着受许人生命周期的变化而变化（见图18-2）。

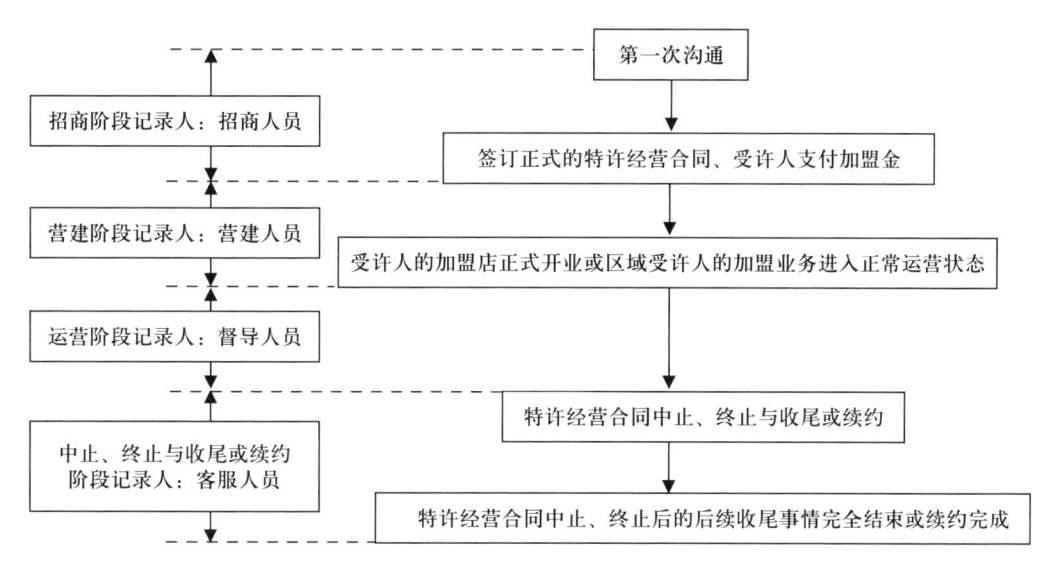

图18-2 加盟档案在不同阶段的记录或更新人

但是需要注意的是，不管是谁负责记录或更新，全企业的任何人在得知最新信息后，都要第一时间告知记录人，然后由记录人核实后记录或更新。记录人也应主动关注在其负责记录期间有关受许人或潜在受许人应该记录的事项。

五、加盟档案记录的内容

在不同的阶段，该档案的记录内容有所不同。

1. 招商阶段

此阶段记录的主要内容是招商的四类记录跟踪表。

2. 营建阶段

此阶段记录的主要内容是营建过程中发生的主要事项，包括受许人在装修、办证、招聘、参加培训、物流配送、陈列、打扫卫生、开业策划、试营业、正式开业等过程中履行特许经营合同、抱怨、与特许人发生纠纷等的状况。

3. 运营阶段

此阶段记录的主要内容是受许人在加盟期内履行特许经营合同、支付权益金、参加培训、抱怨、与特许人发生纠纷等的状况。

4. 中止、终止与收尾或续约阶段

此阶段记录的主要内容是特许经营合同中止、终止与收尾或续约过程中的重要事项，比如合同中止、终止的原因、时间，受许人欠费与结账，特许人退还保证金，受许人退盟后销毁或退还物品，续约的原因、时间，新特许经营合同的重大变化，重大节点事项（比如受许人关店、续约签约仪式），等等。

六、加盟档案的保存与保密

平时，加盟档案应保存在记录人那里，但是记录人每天下班前应将最新的加盟档案备份给人力资源部保管，如果有实物原件的话，记录人只能保存实物原件的复制件，实物原件应保存在人力资源部。

因为加盟档案里涉及公司、个人的商业秘密与私密信息，所以加盟档案必须严格保密。

任何人员要调用或查看加盟档案都必须向主管部门领导申请，然后由主管部门领导向公司董事长或总经理申请，董事长或总经理批示之后，人力资源部发放对应的加盟档案的内容，最后才能在指定的场所、指定的时间，填写了指定的调用或查看申请单（见表18-4），严格遵守调用或查看的保密制度与流程（见图18-3），并在指定人员的陪同下，用指定的方式（比如阅读、带走、拍照、扫描、复印等），调用或查看指定的内容，并且在调用或查看后立即完璧归赵。

表 18-4　加盟档案使用申请单

申请人		所在部门		申请时间	
档案使用目的					
档案使用场所			档案使用时间		
申请人签字		所在部门主管签字		总经理签字	
董事长签字		人力资源部主管签字		档案发放人签字	
档案交回时间		申请人签字		档案发放人签字	
人力资源部主管签字		备注			
备注	1. 本单一式三份，申请与发放加盟档案内容时，申请人、发放人、人力资源部各留一份 2. 使用后交还加盟档案时，申请人、发放人、人力资源部主管应在三份单据上全部签字，然后全部保存在人力资源部				

第四篇 成功构建第四步：复制体系、招商体系的设计、标准化、手册编制与实施

```
申请人填写加盟档案使用申请单,签订保密协议
            ↓
申请人所在部门主管在加盟档案使用申请单上签字
            ↓
       总经理在加盟档案使用申请单上签字
            ↓
       董事长在加盟档案使用申请单上签字
            ↓
人力资源部主管在加盟档案使用申请单、保密协议上签字
            ↓
    档案发放人在加盟档案使用申请单上签字
            ↓
              档案发放
            ↓
              档案使用
            ↓
申请使用人交还使用的档案,在加盟档案使用申请单上签字
            ↓
    档案发放人在加盟档案使用申请单上签字
            ↓
   人力资源部主管在加盟档案使用申请单上签字
            ↓
      使用过的档案归位,保存在人力资源部
```

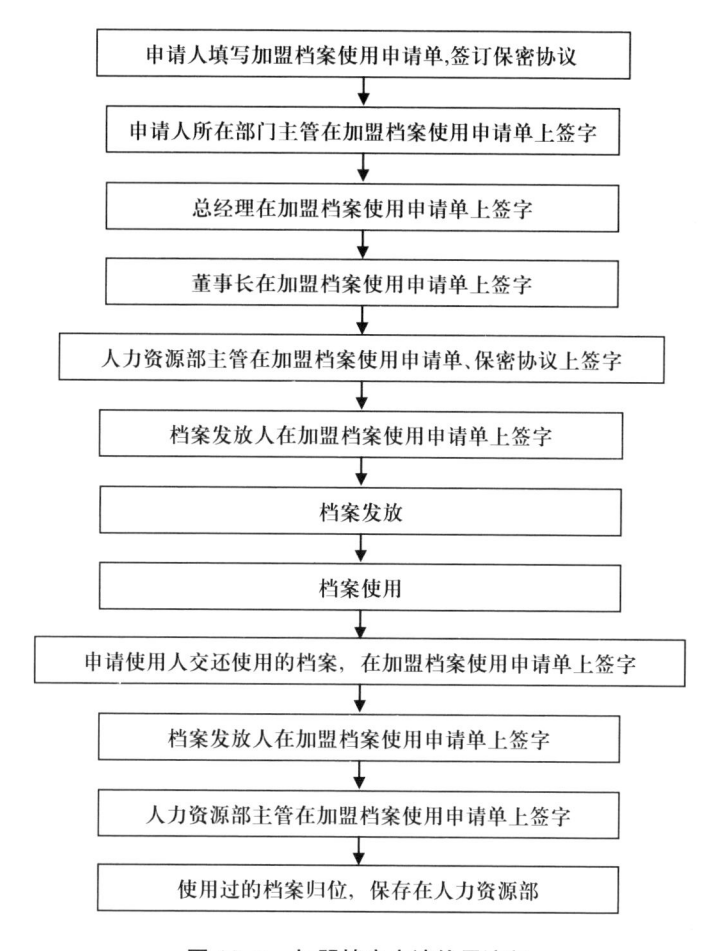

图 18-3 加盟档案申请使用流程

七、加盟档案的用途或意义

因为加盟档案记录了受许人整个加盟生命周期的方方面面，相当于公民的个人档案，所以加盟档案的用途非常广泛、意义巨大，具体如下。

（1）用于对受许人进行评价。评价结果可以作为对受许人奖励或处罚的依据，比如根据评价结果决定是否续约、给受许人多大的进货折扣等。

（2）通过对受许人或潜在受许人的大数据统计分析，可以得出很多有益的规律性结论，这些结论对于特许人企业的招商、营建、培训、物流、督导、客服等工作都有非常大的借鉴和指导意义。

比如通过对招商的四类记录跟踪表的分析，特许人企业可以轻松地发现受许人性别、年龄、籍贯、学历、是否已婚、联系方式、居住区域、欲加盟区域、欲采取的加盟形式、欲实施加盟的时间、可投入资金、资金来源、有无行业经验、有无商业经验、是

否有职业、是否有店铺等方面的规律，这对于特许人企业开展营销、招商洽谈等工作大有裨益。随着招商的四类记录跟踪表所记录人数的增加，特许人企业对于自己的受许人或潜在受许人的认识将越精准、越全面，而这有助于招商以及整个特许经营体系的构建、维护与升级。

（3）选出特殊的受许人案例。通过分析这些受许人加盟前后的变化，特许人企业可以选出特殊的受许人案例，以用于不同的场合，发挥特殊的作用。这些特殊的受许人包括可以在招商说明会上现身说法的受许人、短期内盈利巨大的受许人、多次反复续约的受许人等。

（4）对受许人进行全面资源开发。根据加盟档案的记录，特许人企业可以发掘出有特殊资源的受许人，比如在名人专家、供应商、政府、媒体、大中专院校、科研院所、海外等方面有特殊资源的受许人，如此，特许人企业就可以对受许人进行全面资源开发，以使特许经营模式、受许人的价值放大。

第五节　招商部工作手册的编制

主要包括招商部的组织架构、岗位职责与流程、制度、表单等。实例如下所示。

【实例18-2】招商部工作手册目录

1　招商工作的重要性	6.4.5　工作流程
2　招商工作的内容	6.5　招商主管
3　招商工作职业素质要求	6.5.1　岗位简介
4　招商工作名词释义	6.5.2　任职资格
5　特许经营全流程或受许人生命周期与特许人部门对应图	6.5.3　岗位职责
	6.5.4　工作计划
6　招商部组织架构及人员配备、岗位职责	6.5.5　工作流程
6.1　招商部部门职能	6.6　招商员
6.2　招商部组织机构图及人员配备	6.6.1　岗位简介
6.3　招商总监	6.6.2　任职资格
6.3.1　岗位简介	6.6.3　岗位职责
6.3.2　任职资格	6.6.4　工作计划
6.3.3　岗位职责	6.6.5　工作流程
6.3.4　工作计划	6.7　美工设计
6.3.5　工作流程	6.7.1　岗位简介
6.4　招商经理	6.7.2　任职资格
6.4.1　岗位简介	6.7.3　岗位职责
6.4.2　任职资格	6.7.4　工作计划
6.4.3　岗位职责	6.7.5　工作流程
6.4.4　工作计划	6.8　文案

续表

6.8.1 岗位简介	9.2 制订年度招商计划
6.8.2 任职资格	9.3 制定加盟条件和受许人招商优惠条件
6.8.3 岗位职责	10 发布与寻找加盟信息
6.8.4 工作计划	10.1 发布加盟信息
6.8.5 工作流程	10.2 寻找意向受许人信息
6.9 数据员	11 加盟申请人的咨询和信息收集
6.9.1 岗位简介	12 加盟申请人的考察和筛选
6.9.2 任职资格	13 来总部考察的意向受许人的接待
6.9.3 岗位职责	13.1 考察接待流程
6.9.4 工作计划	13.2 考察接待制度
6.9.5 工作流程	14 招商沟通方式与沟通工具
6.10 网络营销员	15 招商沟通的上、中、下三策
6.10.1 岗位简介	16 招商洽谈中应注意的问题
6.10.2 任职资格	17 受许人资格的全面评估和加盟意向书的签订
6.10.3 岗位职责	18 特许经营合同的签订
6.10.4 工作计划	19 招商人员工作守则和规章制度
6.10.5 工作流程	19.1 招商人员工作守则
7 加盟信息管理与分配	19.2 招商工作管理规章制度
7.1 加盟信息管理的规定	20 招商部薪酬体系及绩效考核管理制度
7.2 加盟信息管理的要求	21 附件
7.3 加盟信息分配的三种方法	附件一 加盟指南
8 招商工作流程	附件二 加盟申请表
9 制订招商计划与加盟条件	附件三 招商的四类记录跟踪表
9.1 制订总体招商计划	

第六节　加盟常见问题与回答手册的编制

一、为什么要编制这样一本手册

原因主要有以下三个。

（1）由于招商人员经常需要回答潜在受许人的各种各样的问题，因此，为了保证不同的招商人员都能以同样的回答熟练地应对所有关于加盟的问题，企业有必要编制一个专门的手册，即加盟常见问题与回答手册。加盟常见问题与回答手册实际上相当于招商谈判和回答咨询的"剧本"或"台词"。

（2）由于特许人企业在招商的过程中会不断碰到新的问题，因此有必要把这些新问题搜集起来并给一个"标准答案"，以便所有的招商人员都能在碰到同样的问题时应对自如。

（3）对同一个问题的回答可能有多种方式和内容，企业在长期的实践中应总结出最佳的回答方式和内容，并把它们记录下来，这样，当招商人员按照手册的内容来回答时，招商成功的概率会更大。

二、加盟常见问题与回答手册主要包括哪些内容

这本手册的核心内容是潜在受许人在签订正式的特许经营合同前的一些疑问和特许人的相应回答。

通常，其内容包括以下方面。

- 本体系的这个加盟店的主要业务是什么？
- 加盟条件是什么？
- 我没有任何的从业经验，真的能从事这个行业吗？
- 我应该怎么选择加盟方式？
- 不同类型加盟店的加盟政策各是什么呢？
- 如果当地有加盟店了，我还可以加盟吗？
- 总部给予的支持都有哪些？
- 我们的店与其他同类店的区别在哪儿？
- 可以把店变成商场专柜的形式吗？
- 商场专柜和独立店哪个好？
- 我们与同行竞争的优势是什么？
- 我们的产品或服务的特色是什么？
- 为什么我们的产品折扣定为这个数额？
- 加盟金为什么那么高？或那么低？
- 加盟你们能稳赚不赔吗？
- 总部如何保证加盟店盈利？
- 当地消费水平适合加盟吗？
- 产品或服务项目的成本怎么样？
- 我们当地至今还没有类似的店，开这样的店能行吗？
- 其他公司都有装修费的补贴和返回，你们为什么没有？
- 其他品牌都有很多的仪器、产品之类的配送或免费赠送，你们为什么没有？
- 能不能一个城市只设一家加盟店？
- 我想先做小点的类型，以后升级可以吗？
- 我加盟是不是一定要到总部去呢？
- 怎样选择合适的地址？
- 招聘什么样的员工最合适？
- 总部能帮受许人提供员工吗？
- 加盟店的员工怎么进行培训？培训什么内容？
- 装修的大概花费是多少？

第四篇　成功构建第四步：复制体系、招商体系的设计、标准化、手册编制与实施

- 为什么你们单店店面的装修各有不同？
- 从筹备到开业大概需要多少天？
- 开业时你们派人过来指导吗？主要指导什么？
- 每个店面都有主打项目，那我们的主打项目是什么？
- 总部做活动打折时，受许人的利润如何保证？
- 签特许经营合同时为什么没有公证？
- 我们的产品可以出口吗？
- 到总部考察的交通路线是什么？
- 如果加盟店打广告也吸引不来顾客，怎么办？
- 我们这个行业的未来发展趋势是什么？
- 加盟店销售好，进货数量大时，拿货折扣能否降低？
- 某些产品知名度不高，产品销量会好吗？
- 受许人如何知道产品新信息？
- 公司能经常有培训吗？
- 产品供货会及时吗？产品齐全吗？
- 加盟店的销售情况好，但没达到总部要求的底线怎么办？
- 总部如何实施全程的开业支持？
- 装修一定要与总部完全一样吗？
- 加盟店招聘不到合适的员工怎么办？
- 装修完后，按照总部的开业促销方案实施却未达到预期的效果，怎么办？
- 总部如何对加盟店的选址提供具体建议？
- 加盟店在开业前期的广告宣传不够到位，导致店面生意冷清，怎么办？
- 公司提供的宣传资料适合受许人的当地情况吗？
- 没有顾客进店怎么办？
- 顾客对我们不熟悉，能销售出去吗？
- 怎样发展新顾客呢？
- 加盟店生意不好的时候，公司会给什么样的支持？
- 店员专业技术和受许人经营管理知识十分欠缺怎么办？
- 总部驻店指导人员的驻店时间是多久？
- 做了多种形式的广告，效果不大怎么办？
- 总部的广告支持政策是怎么样的？
- 配送的内容包括什么？
- 特许经营费用都有哪些？如何交付？
- 加盟期满后可以续约吗？
- 店内设备可以由受许人自己购买吗？

- 总部现在有多少家加盟店？多少家直营店？
- 总部实施特许经营是合法的吗？
- 总部有区域加盟或区域代理政策吗？
- 除了单店之外，公司的产品还通过别的渠道销售吗？
- 公司有什么专利？
- 总部如何保障受许人的区域专卖权？
- 如果受许人的第一家店生意好，再加盟一家时加盟金会便宜吗？
- 总部会为受许人做单店投资预算吗？
- 具体的加盟流程是什么？
- 总部在营销上会给受许人什么支持？

当然，手册里也可以包括回答的人、回答的方式（固定电话、手机、传真、E-mail、QQ、微信、信函、短信、面谈、论坛留言等）、回答的时机、回答的地点、回答的记录、回答的技巧等。

第七节　受许人成败案例手册的编制

相比理论上的说教，人们更容易相信现实中的案例，比如软文的广告效果就比硬广更好。所以，为了打动客户的心，如果招商人员能根据客户的问题举出实际的受许人案例来，那么，招商的效果自然会更好。

因此，受许人成败案例手册的编制就变得非常重要。这本手册主要收集了特许人自己体系中成功与失败的受许人案例，以备招商或其他时候（比如媒体宣传、培训）引用。当然，特许人也可以辅助性地收集非自己体系中成功与失败的受许人案例。

寻找什么样的案例以及如何寻找呢？运用反向思维便不难得出答案，这些案例应该从正、反两个角度去支持或辅助招商人员回答加盟咨询者的问题，所以，我们就可以围绕加盟的常见问题去寻找对应的案例。

为了便于迅速地查找到所需要引用的案例，在本手册的目录上，应将案例的核心亮点直白地显示出来。比如，具备以下核心亮点与主要情节的案例都可以编到手册中。

一、成功受许人案例的核心亮点与主要情节

1. 核心亮点：从怀疑、否定到成功

主要情节：某受许人从怀疑项目、不相信项目甚至否定项目到抱着试试看的心态加盟了项目，结果竟然取得了巨大的成功。

2. 核心亮点：穷小子加盟后变大款

主要情节：某受许人本来是一个穷小子，但他抱着赌一把的心态借债加盟项目，结果取得了巨大的成功。

3. 核心亮点：开门红的惊人销售额

主要情节：某加盟店或区域受许人开业当天就有很大的销售业绩。

4. 核心亮点：销售百万，仅需三天

主要情节：某加盟店或区域受许人短时间内的销售奇迹。

5. 核心亮点：一个月，全额收回投资

主要情节：某加盟店或区域受许人具有非常短的投资回收期。

6. 核心亮点：反复加盟

主要情节：反复多次加盟的受许人故事。

7. 核心亮点：督导让加盟店起死回生

主要情节：受许人本来生意不好，但督导人员去了，受许人按照督导人员的建议落地实施之后，受许人的生意起死回生。

8. 核心亮点：外行照样加盟成功

主要情节：外行成功地运营了本项目。

9. 核心亮点：无经验者照样加盟成功

主要情节：根本没有行业经验的人成功地运营了本项目。没有行业经验的人可以再细分为大学应届毕业生、下岗工人、能源工矿企业类受许人、根本没做过生意的人、原国企或央企职工、家庭妇女等几类。

10. 核心亮点：按时汇报财务换来成功

主要情节：每月坚持把加盟业务的财务三张表如实报告给特许人的受许人，在得到了特许人根据报表给出的经营建议后，生意得到很大改善。

11. 核心亮点：总部装修好省快，自己装修差费慢

主要情节：自己找装修团队的受许人花费了巨大的装修成本还没能保证质量，而使用特许人统一装修团队的受许人却节省了很多，质量更好。

12. 核心亮点：货比百家，终选我家

主要情节：某受许人选了好多个特许经营项目，花费了不少的时间、精力、财力去比较，最后还是回头加盟了本体系。

13. 核心亮点：自己创业山重水复，加盟我们柳暗花明

主要情节：某受许人自己独立创业了好多年、好多次，或者加盟了别的品牌，均以失败告终，在几乎山穷水尽之际，发现了本项目并加盟，从此之后柳暗花明，其事业真正走上正轨，生意蒸蒸日上。

14. 核心亮点：一技之长，足以大成

主要情节：某受许人借助自己的独特资源取得了成功。

15. 核心亮点：没背景，照样成功

主要情节：某受许人没有任何的社会关系或背景，他只是按照总部的指导坚定地、老老实实地实施，结果取得了成功。

16. 核心亮点：在大家都不看好的地方，他成功了

主要情节：某受许人在大家都不看好的商圈或四、五线城市加盟，结果却非常

成功。

17. 核心亮点：名人、明星消费者

主要情节：某受许人通过展示演艺界名人来店里消费的照片，吸引了大量消费者，取得了成功。

18. 核心亮点：名人、知名企事业单位、外国人等受许人

主要情节：比如最让赛百味的招商人员津津乐道的案例之一就是著名球星乔丹也是赛百味的受许人之一。

19. 核心亮点：产品或服务的巨大功效

主要情节：本项目的产品或服务具有很好的功效，某受许人看重这一点，在加盟后取得了巨大的成功。

二、失败受许人案例的核心亮点与主要情节

1. 核心亮点：不参加总部培训

主要情节：某受许人自以为是，不愿意参加总部的培训，结果生意直线下滑。

2. 核心亮点：违反统一化规定

主要情节：某受许人背离总部的统一化标准，结果引起了顾客投诉，导致生意失败。

3. 核心亮点：加盟后坐等发财

主要情节：某受许人对加盟的理解存在误区，加盟后完全依赖特许人，自己不去努力，结果失败了。特许人企业收回店铺之后，自己经营得非常成功，或换了一个受许人，经营也非常成功。

4. 核心亮点：不与总部一起做促销

主要情节：某受许人不愿意按照总部的促销计划行动，担心盈利变低，结果生意远远比不上按照总部的促销计划行动的受许人。

5. 核心亮点：犹豫不决

主要情节：某受许人一直犹豫要不要加盟，结果别人在他看中的商圈加盟了，而且经营得非常成功，该受许人后悔莫及。

还要说明的是，既然是案例，那就要至少包括以下几个内容，即人物、时间、地点、故事情节、结果、启发性意义、前后对比。如果案例能配以实际的照片、视频、音频、文件等，则效果会更好。

案例的编制需要简洁，把核心亮点表达清楚就可以，千万不要啰唆，因为招商人员不可能记住那么多细节，同时，加盟咨询者也不会有耐心去聆听大量、冗长的案例。所以，案例应该都是一个一个的小故事。

从理论上讲，案例能惊心动魄、出人意料、生动有趣最好。

有确切的数字和事实、有代表性、有普适性是案例的最基本要求。

第四篇　成功构建第四步：复制体系、招商体系的设计、标准化、手册编制与实施

第十九章　招商的渠道管理

第一节　特许人自主招商和外包招商的对比

在特许权的营销或销售中，最关键和重要的内容之一就是选择合适的营销或销售渠道，即招商手段、方法或途径。

从招商的实施者角度看，招商可以分为特许人自主招商和外包招商两个基本的类别。当然，特许人可以把这两者结合起来同时使用。

特许人自主招商和外包招商是各有利弊的。假设招商外包公司是合格的，那么，通常情况下这两种招商方式的对比如表 19-1 所示。

表 19-1　通常情况下特许人自主招商和外包招商的对比

序号	对比类别	特许人自主招商	外包招商
1	初始成本费用	较低	较高
2	单次招商收入	较高	较低
3	单位时间招商数量	较少	较多
4	难度	较大	较小
5	成交率	较低	较高
6	风险	较高	较低
7	速度	较慢	较快
8	适用性	常见于成熟的特许人	常见于新兴的特许人
9	对潜在受许人的把关	较严	较松
10	招商团队	在全员招商原则下，专职的招商人员数量不固定	每个特许人项目配 5 个左右的招商人员

随着市场上招商外包公司的竞争加剧，现在的招商外包公司与特许人基本上采取事后付费的合作方式，即招商外包公司帮助特许人与受许人成交之后，特许人从收到的特许经营费用中拿出一部分作为返点支付给招商外包公司。

招商外包公司通常会在招商外包中收取三种费用。

第一种是用于梳理、包装特许人企业的策划费，金额在几万元到几十万元不等。

由于招商外包公司的擅长点是招商，并不是特许经营体系的构建，因此他们对于特许人企业的所谓梳理、包装几乎全部是关于招商方面的，而很少从整个特许经营体系的角度进行。这种头疼治头、脚疼治脚的策划的恶果之一就是为了招商而招商，只片面地追求受许人的招募数量，对于受许人是否真的适合于特许人企业的项目却并不关心，所以招募上来的受许人的加盟店存活率可能较低，与特许人产生纠

399

纷的可能性也较大。只有特许人企业本身具有科学的特许经营体系，再加上合格的招商外包公司的助力，招商的数量和质量才可能比较令人满意。

第二种是押金。在招商外包合同终止后，如果特许人没有违约的情况，招商外包公司应退还给特许人该押金的本金，不计利息。押金的数值在几万元到几十万元不等。

第三种费用是招商返点。招商返点的比率通常为40%~60%。其计算基数通常是加盟金或加盟店一次性交纳给特许人的资金，但其绝对值数额通常不会低于每家店2万元。如果单店的加盟金或加盟店一次性交纳给特许人的资金较低，比如在3万元以下，招商外包公司就会收取一个高于2万元的固定值或者后续从特许人的收入中再分一杯羹。

除了上述三种费用之外，特许人企业在招商外包的过程中，可能还需要支付以下费用。

● 对招商外包公司的人员进行培训的费用
● 招商外包公司举办招商说明会时，特许人企业派员参会的差旅食宿费用，加盟指南、宣传海报等物品印制的费用，参会的潜在受许人可能的食宿费用，现场促销时的奖品、折扣等费用
● 招商外包公司人员以及潜在受许人体验特许人产品或服务的费用
● 接待潜在受许人考察特许人单店、总部或者生产基地等的费用

招商外包公司与特许人企业的合作方式通常有两类：一类是特许人企业提供潜在受许人信息，招商外包公司帮助成交，或者特许人企业不提供信息，由招商外包公司负责做广告宣传等，以获得信息，并由特许人企业付费；另一类是完全由招商外包公司自己做广告宣传等，以获得信息，然后努力促成成交。在前一种方式中，招商外包公司收取的招商返点通常会比较低，比如40%；而在后一种方式中，招商外包公司收取的招商返点通常比较高，比如60%甚至更多。

通常，招商外包公司会为了一个特许人的项目专门组建5人左右的招商团队。招商外包公司如果要求在某些区域独家代理招商，则他们通常会承诺一个单位时间的招商数量。

刚起步的特许人企业喜欢与招商外包公司合作，成熟的特许人企业则更喜欢自己组建招商团队。

中国目前市面上的招商外包公司良莠不齐，特许人企业在选择招商外包的合作伙伴时，一定要慎重，从对方的合法性、过往业绩、成功案例、团队专业性、全国渠道数量、经营历史、客户口碑、数据来源和数据库、社会责任感、收费模式、与客户的沟通顺畅性等几个方面仔细审查，或者亲身体验，了解其举办的招商说明会的单场邀约率、控场状况、签约率和现场收款数额等。记住，特许人企业需要考察的是上述这些方面的综合实力，而不能只看某一个方面。比如有的招商外包公司虽然新成立，并没有多少成功案例，但其创始人为了打品牌，会更努力、收费更少，所以这样的新公

司未必是不可选择的。相反，那些规模很大、实力很强且做了长时间招商外包的公司可能会有大公司的官僚主义，因为其要招商的项目太多，所以可能并不重视你的项目，招商效果可能还不如那些新成立的小的招商外包公司。另外，有些考察因素可能会决定特许人对于招商外包公司的选择，比如如果招商外包公司与客户有太多的纠纷、客户口碑差、不好沟通、社会责任感差等，那么最好不要与这样的招商外包公司签约。无论如何，特许人企业都要仔细、慎重地选择招商外包公司，如果匆忙签约，损失可能是非常巨大的。

目前市面上招商外包公司的来源主要有如下几类。

1. 从零开始专职从事招商外包的公司

这些公司从创立伊始就定位为专职、专业的招商外包公司。

这类公司的招商人员相对专业，但是因为没有创业人或潜在受许人的数据，需要花费较多的资金，通过广告、会议等方式获取潜在受许人的信息，所以招商成本较高，也因此要求获得更多的招商返点，通常为50%~60%。

因为招商是这类公司的主要业务和收入来源，所以除了新成立的公司、专业水准不到位的公司等之外，此类招商外包公司的平均实际成交业绩还是不错的。

2. 由联展平台转化而来

由于竞争的加剧，以及国家对于买卖个人信息的严管，一些原本从事各类特许经营项目或代理类、经销类项目招商的网站或联展平台的生意不好做，所以他们就转变模式，由原来的广告商、数据销售商转化为招商外包公司。

这类招商外包公司因为有大量的后台信息作为支撑，所以他们的数据质量和数量都非常好，但是其招商人员的水平通常一般，所以这也会影响其最终的招商成交业绩。

3. 由一些媒体等转化而来

一些媒体因为频频发布关于创业、特许经营、加盟之类的文章或节目，吸引了大量的潜在受许人咨询关于加盟的事情。这些媒体等看到有利可图，就自己组建招商团队，开展招商业务。

这类招商外包公司在宣传、推广上比较专业，但是在招商业务上往往是外行，而且他们本身没有把招商外包当作主要的业务，所以其招商的效果难以保证。

4. 由一些特许人企业的招商部门分化而来

有些招商业绩不错的特许人企业，考虑到自身庞大的招商团队的维护成本较高、招商能力过剩，于是就把自己过剩的招商能力推向社会，承包别的特许人的招商业务。

此类招商外包公司的私心较重，因为在承接招商外包业务的时候，他们会把外包业务不能消化的潜在受许人的数据留为己用，这就等于是外包招商的特许人企业虽然花钱获得了潜在受许人的数据，但该数据的相当一部分被招商外包公司用于自己招商了。在这种私心作祟之下，此类招商外包公司的招商业绩通常也一般。

另外，因为此类招商外包公司的招商团队原本专注于某个行业的招商业务，所以他们通常只承接相同行业但又不能与自己的业务直接竞争的特许人企业的招商外包业务。

无论是特许人企业亲自招商，还是外包给别的组织或个人招商，最终实施招商的组织或个人的方法都可以分为最基本的两类：被动的"等"式营销或销售和主动的"找"式营销或销售。下面以特许人企业亲自招商为例，分别予以讲解。

第二节 招商渠道：被动的"等"式和主动的"找"式

一、被动的"等"式营销或销售

简单地讲，这种招募受许人的方法就是特许人企业借助某种媒介发布自己的招商信息，然后等待潜在受许人去接受该信息，等待有意向的潜在受许人主动与特许人企业联系加盟事宜。

在这种方法中，特许人企业在明处，而潜在受许人则在暗处。

在特许人企业的实际操作中，下述这些方法都可以采用。

1. 在面向潜在受许人群体的媒体上发布招商信息

媒体可以包括各种新老媒体，比如电视、电台、报纸、杂志、互联网（包括企业网站、联展平台、门户网站、可竞价的搜索引擎、微信、微博、抖音、头条、博客、贴吧、知乎、豆瓣等）、路边广告牌、交通工具媒体（包括出租车、公交车、飞机、高铁等）、酒店内名片架等，发布信息的形式既可以是硬性的广告，也可以是软文。

记住，在公开发布信息时一定要注意发布的媒体、发布的内容、发布的时间、发布的形式、发布的全程跟踪等。

在发布的媒体方面，如果你的特许权定位为大中型投资，则你应该在飞机、高铁等上做广告；如果你的目标受许人是在校大学生或刚毕业的大学生，则你应该选择大学生喜欢的媒体，比如微信、抖音等。

在发布的内容方面，虽然有的广告很俗，但能被成千上万人记住；而有的广告虽然是很优美的图片或视频，观众却常常不知道该广告是在推广模特的服装，还是那些出现在广告里的各类家具、用品等。

在发布的时间方面，不同时间段的广告效果相差巨大。

在发布的形式方面，有些广告只出现在高速公路上的其中一块牌子上，有的则是连续出现在很多牌子上，其结果是前者很容易被忽略或遗忘，而后者则在重复中让观众记忆深刻。

在可能的情况下，特许人最好多留几种联系方式，比如固定电话、传真、E-mail、传统邮寄地址和邮政编码、手机、QQ、微信等，这样可以给潜在受许人以更大的方便和更多的选择。

2. 参加全国性和地区性、行业性的与特许经营有直接或间接关系的展览会

企业既可以实际参展，在展会上租赁一个位置，也可以只是借助展会的人流，向参展人群发放自己的招募宣传册。

第四篇 成功构建第四步：复制体系、招商体系的设计、标准化、手册编制与实施

但要注意的是，如今展会招商的效果正呈现下降趋势，其原因有很多，比如各地展会的数量太多，展会的门票价格开始上升，参展企业的行业分布不均匀，布展费用不断增高，展会本身的宣传推广程度不够，替代性招商渠道异军突起，等等。

企业在参加各种各样的特许经营展会时，应在展会性质、展摊位置、参展费用等方面仔细论证，以使参展的效果达到最佳。

3. 参加潜在受许人群体可能会出现的会议、论坛、培训、活动等，比如创业类投资洽谈会、商业计划书大奖赛、投资类培训班、公开的论坛或集会等

如果经过分析后认为你的潜在受许人主要是商铺投资者，那么你就可以在商铺展、地产论坛等集体活动上招募你的受许人；如果经过分析后认为你的受许人主要是那些富裕的白领阶层，那么你就可以在白领参加的一些集体性活动上展开招募行动；如果经过分析后认为你的潜在受许人主要是下岗和再就业人群，那么你就可以在这些下岗和再就业人群集中的活动（如专项招聘会）上进行招商活动，或者直接与市、区、街道的就业办等机构联系；如果经过分析后认为你的受许人主要是刚毕业的大学生，那么在每年夏初的时候，各大高校的毕业典礼或许就是你招商的最佳场合。

4. 在专门为特许经营、连锁、加盟等服务的网站或其他媒介上发布招募信息

需要注意的是，由于特许经营市场的火爆，目前这类专门用于发布招商广告的网站和其他媒介特别多，但其各自定位（比如有的针对小型投资创业项目，有的针对大中型投资创业项目；有的只针对某特定行业招商，有的则不分行业；等等）、风格、有效性、价格等各有不同，因此特许人企业应多方比较、谨慎选择。

5. 召开地区性的招商发布会即 OPP 会议，现场发布加盟信息

招商发布会又叫项目说明会、招商说明会、OPP 会议，指的是特许人企业召集潜在受许人或投资人参会，然后特许人企业向这些参会人群集中性地发布自己的招商信息，并与参会者就加盟问题进行互动沟通，以达成现场或后续成功招商的目的。

在召开此类会议时，要特别注意以下几个方面。

（1）参会对象。一般应为通过初步资格审核的潜在受许人或加盟申请者，另外企业也可以邀请一些媒体参与以做宣传，邀请一些成功的受许人现身说法，邀请一些艺人来表演节目以活跃气氛。

（2）时间。根据特许人企业自己的邀约能力，可以每周、每月或每季度举办一次。

举办会议的时间可以选在潜在受许人都有空闲的日子，比如如果他们多数是上班族的话，招商说明会的时间就可以选在周六日。

会议的时间长度最好不要超过一整天，要在潜在受许人对特许人项目的热情达到高潮的时候迅速、现场成交，否则他们对特许人项目的热情就会有不同程度的减少，招商成交额就可能会下降。

（3）地点。最好是在企业的特许经营总部、分部、样板店或生产基地的附近，因为特许人可以借此向潜在受许人展示自己的企业实力，方便潜在受许人现场体验特许人的

产品或服务，增加潜在受许人对于特许人项目的好感。

为显示实力和档次，除了使用自己的会议室之外，特许人也可以租用星级酒店的会议室作为招商说明会的会议场所。通常，高大上的会议场所和布置对于招商的成功是有很大帮助的。

因为潜在受许人参加招商说明会通常都是自理差旅食宿费，所以对于需要住酒店的潜在受许人，特许人应事先帮助其谈好酒店价格。

（4）人数。不宜太少或太多，因为人太少的话没气氛，人太多的话，企业需要配备更多的招商人员。所以，一般而言，来参加此招商说明会的潜在受许人的人数下限最好是30人，人数上限则要根据特许人企业的招商人员的数量来定，但最好不超过特许人企业参加此次招商说明会的全部招商人员总数的7倍，这样的话，每个招商人员应对不超过7名的潜在受许人，沟通会比较轻松和有效。

（5）会议流程。可以采取特许人企业先做演讲（主要是介绍企业的特许权情况），然后与潜在受许人或投资人互动答疑的形式。当然，企业也可以加入其他一些会议内容，比如参观总部或单店或生产基地、现场消费体验、成功的受许人现身说法、专家的演讲、现场促销、现场抽奖、艺人表演等，同时还可以给参会者发放一些企业的资料、产品或小礼品。

（6）演讲人。这类会议一开始一般都是企业进行自我介绍，这个演讲特别重要，所以特许人企业要在演讲人（一定要富于感染力）、演讲内容（见下文）、演讲形式（最好采用多媒体的形式，这样会更生动）、演讲时间（最好不要超过1小时）等方面好好研究和设计。同时，为了不使特许人企业给参会者留下"王婆卖瓜，自卖自夸"的印象，增强企业的说服力和可信度，企业还可以请一些外部人士来演讲，比如代表着第三方的特许经营领域的专家、企业的成功受许人等。

（7）特许人企业的演讲内容。应至少包括企业加盟指南上的内容，具体而言，可以包括以下几个方面。

● 市场的容量、前景、政府支持等简介
● 特许人简介（名称、历史等）及联系方式，包括电话、传真、E-mail、网站、地址、邮政编码、微信、QQ等
● 特许人特许经营体系的优势及所提供的支持
● 一些宣传口号或企业文化的摘录（通常为企业理念，即MI部分）
● 已有的加盟店及本招募文件所要招募的受许人的数量、地区
● 对合格受许人的要求，即加盟条件
● 成功的受许人、满意的消费者的简要情况
● 专家推荐、背书、奖证牌匾、荣誉等
● 关于加盟的常见问题回答，即Q&A
● 特许经营相关费用

第四篇　成功构建第四步：复制体系、招商体系的设计、标准化、手册编制与实施

● 单店投资回收预算表，即单店的投资回报分析表

● 加盟流程

（8）事前策划、事中掌控、事后跟踪都要做好。要对招商说明会进行全程的管理，比如事前一定要做周密的策划，包括时间、地点、人物、事件、费用、物品、流程、设备等；在招商说明会举行的时候，一定要随时监控、掌控局面，确保按事先的计划进行，但也要有机动性和灵活性；在招商说明会结束之后，一定要汇总所有参加会议的潜在受许人的情况，包括其联系方式、初步洽谈结果等，并对他们进行分类，比如分为现场成交者、交纳定金者、迫切加盟者、一般加盟者、不愿加盟者、犹疑不定者等，然后根据不同类型确定下一步的招商成交策略。

6. 建立企业的网站、微信、微博、抖音、博客等，发布招商信息

在信息数字化的今天，这一点非常重要，因为越来越多的人习惯在网上搜索相关信息，所以可能的话，企业最好建立自己的网站、微信、微博、抖音、博客等。同时，企业自身的网站、微信、微博、抖音、博客等应该做得丰富多彩，更有利于推广企业的项目。如果一个特许人企业做得有声有色，但连自己的网站、微信、微博、抖音、博客等都没有，或网站、微信、微博、抖音、博客等做得非常不好，那么该特许人企业的投资、经营、现代意识往往就让人怀疑，这必然会影响特许人的招商。

事实证明，那些建有良好的网站、微信、微博、抖音、博客等，并通过网站链接、广告宣传、精准信息流推送等方法使自己的网站、微信、微博、抖音、博客等的点击率或粉丝达到一定数量的特许人，在获得潜在受许人咨询方面占有相当大的优势。另外，因为网络的普及程度越来越高，所以采用这种方式进行宣传与推广的效果也会越来越好。

7. 委托信息公司、顾问咨询公司、培训公司、营销中介等进行招商

8. 电话营销、短信营销

9. 邮寄营销，包括普通信件邮寄、电子信件（E-mail）邮寄（比如可以利用电子邮件群发软件）等

宜家家居连锁成立之初就成功地运用邮寄营销获得了大量的顾客，特许人企业也可以用邮寄营销的方式来招募受许人。

10. 鼓励已有受许人推荐

11. 鼓励特许人企业的合作伙伴推荐

12. 鼓励特许人企业自身的员工、股东等推荐

13. 利用特许人的已有单店进行招商信息的发布

比如在自己店的门头上印刷招商电话、在店内张贴招商海报、在店内摆放本企业的加盟指南等。事实证明，相当一部分受许人是因为在特许人的单店里消费了之后产生加盟意向，而且每天从特许人各个单店门前路过以及进店消费的人群数量是相当可观的，所以这个相当于免费的招商好渠道千万不要错过。

14. 利用特许人企业的产品及其他信息渠道发布招商信息，比如在包装袋、手提袋、

优惠卡、会员卡、宣传单、产品说明书等上面印刷招商信息。

15. 利用聊天工具发布招商信息

比如在QQ、微信等聊天工具上以特许人企业的名字（或在名字后备注"招商""加盟"等字样）注册账号，然后在各种各样的群、自己的空间或朋友圈里发布招商信息。但要注意，这些招商信息一定要措辞委婉，否则很容易被群主删除出群。

16. 在门户网站的"热点""焦点"等新闻、栏目、文章等后的"我要说两句""评论"等上发布招商信息

要注意，这些信息可以直白露骨地做广告，也可以措辞委婉，以防被删除或拉黑。

17. 借助一些网站的留言板、论坛等发布招商信息

企业可以在上面发布自己的招商信息，可以采取提问、回答等委婉的方式。

18. 与一些机构联合发布招商信息

可以联合招商的机构有行业性协会，地区性协会，街道办事处或就业办，高校就业办，青年、妇女协会，一些创业类的孵化园，拆迁办，专门为退伍军人服务的机构，等等。特许人企业可以与这些机构合作，向其会员或成员定向发布招商信息。

19. 发布间接的招商信息

比如在传统或新兴的媒体上发表一些不像广告的软文，这样的话，含有特许人企业招商信息的案例性论文、新闻、文章等被其他媒体转载、收录的可能性就会大些。

20. 主动接受媒体采访或参加一些电视、电台类的节目

企业应积极主动地联系媒体，接受他们的采访，向社会传播自己的招商信息。同时，企业也应积极主动地参加一些电视、电台类的节目，成为嘉宾、观察员等，从而借助这些节目举办方的推广来传播自己的招商信息。

21. 积极主动地参加一些论坛、峰会等

如果可能，争取在论坛、峰会等上成为演讲者，因为这样的话，招商信息的传播效果会更好。

22. 利用信息抓取技术或工具在网络上抓取创业人的信息

现在已经有这样的技术或工具，可以搜集特定对象的信息并用信息流精准推送的方式实现企业招商信息的推送。

23. 直播招商

不管你承认不承认，10多年前就存在的直播现在终于火起来了。直播经济已经在中国大地落地生根、开花结果了。据统计，2018年仅淘宝直播平台就带货超过1000亿元，同比增速近400%。

在连锁领域，运用直播成功卖货的企业比比皆是，包括麦当劳、肯德基、星巴克等，效果非常不错。比如麦当劳走进淘宝某网红的直播间，短短几分钟时间，单价112元的麦当劳5~6人套餐就卖出了2万多份；肯德基在某网红的直播间进行了全球直播，当晚，3万份4.5折潮汉堡欢享餐（4~5人）电子券一上架即售罄；星巴克联手某网红第一次直

播卖货时，光是可以兑换的饮品加起来就近16万杯，相当于一家出杯量大的茶饮店五个月的销量。（资料来源：餐饮职业网，《肯德基1.5亿，星巴克1亿，海底捞送项链，双十一餐饮业新突破》；海报时尚网，《直播间里卖炸鸡，肯德基走进淘宝第一主播薇娅直播间！》；微信公众号"咖门"，政雨，《掘金淘宝直播，星巴克一晚卖出16万杯咖啡》）

2019年的"双十一"，超过50%的淘宝商家都在当天开启了直播。不到9个小时的时间，直播引导成交超过百亿元。（资料来源：中证网，《2019年"双十一"淘宝直播带动成交近200亿元》）

直播的作用其实远不止卖货，它还可以挑起话题并引起媒体的报道、传播，从而展示企业形象，吸引更多的消费者，提高知名度，所以企业应利用直播的形式吸引潜在受许人，使之成为招商的利器之一。

二、主动的"找"式营销或销售

这种方法的实质就是，特许人企业主动寻找受许人，并直接与之洽谈加盟事宜。

下述这些具体的方法都可以采用。

1. 在自己的员工、上下游合作伙伴等中寻找

现在有很多特许人都采取了这样的做法。事实证明，效果非常好。比如企业如果发展自己的员工作为受许人的话，那么这样的受许人会具有许多独特的加盟优势，包括不需要更多的培训、更认可企业文化等。

2. 在一些"供""求"类网站、栏目等媒介上寻找

比如一些网站上会有一些公开的"供""求"信息。

3. 在网站留言、帖子之类的栏目里寻找，因为一些人会在上面留言或请求帮助

特许人企业需要注意的是，即便对方想寻求餐饮项目加盟，而你恰巧是干洗店的，你也不能放弃这条寻求加盟项目的信息，相反，你应努力说服想加盟餐饮的这个人转而加盟你的干洗店。毕竟，加盟任何行业和项目都是有利有弊的，如果你能充分运用你的超级销售话术，那么，说服其加盟你的项目是不成问题的。

4. 通过一些中介、顾问咨询机构、培训机构、投资性媒体之类的机构寻找

一些潜在受许人可能会寻求这些机构的投资帮助，这些机构也可能会积累一些潜在投资人的联系信息，所以通过这些机构寻找受许人是一种很好的方式。

5. 直接联系现有的同行业甚至不同行业的单店的所有者

比如很多便利店的特许人在发展受许人时，因为地址难以寻找等原因，往往会"收编"甚至"策反"现有市场中的同类便利店经营者，劝说他们成为自己体系的受许人。如果操作得当的话，那些经营状况不好、面对激烈市场竞争的单店的所有者很有可能会成为体系的受许人。

也有一些特许人企业，因为看到了行业内大量的个体户、夫妻店、路边摊等的小、散、脏、乱、差，以及他们急切需要正规的特许人企业的培训、物流、品牌、获客方法，于是采取业内招商的手段，即通过资金、信息、技术等的合作，把这些个体户、夫

妻店、路边摊等变为自己的受许人。

6. 在职业介绍机构、媒介里寻找

对于求职的人而言，他们寻求的是一种职业，而加盟无疑也是职业的一种，所以特许人企业可以有选择地与一些求职者联系。这个方法特别适合于那些小本投资的特许经营项目，因为一般而言，求职的人群不具备大投资的意识和能力。

7. 寻找意欲创业的人群

这些人群可能存在于创业类的孵化园、教育培训机构、协会、沙龙、培训班、论坛、政府管理部门、展会等。

8. 寻找意欲投资的人群

这些人群可能存在于孵化园、投资类的教育培训机构、协会、沙龙、培训班、论坛、政府管理部门、展会、投资公司等。因为这些人群的一个显著特征通常是他们在经济上比较富裕，所以白领、小资等富裕人群集聚的场所常常是某些特许人寻找受许人的好地方。

9. 寻找商铺，尤其是空闲商铺和待转商铺

通常，对于商铺而言，其开店的最主要方式无非就是自己单干和加盟别人，所以，只要特许人企业能寻找到适合做加盟的商铺的经营人，那么，就有可能实现成功招商。

10. 已有受许人的二次、多次开发

受许人在尝到了甜头后，就可能想开新的加盟店，特许人企业可以采取对二次加盟、多次加盟优惠的方式吸引已有受许人再次开设加盟店。

11. 与别的特许人交换潜在受许人或投资人的信息

按照笔者研究的结果，在所有咨询加盟的潜在受许人之中，特许人企业能最终签订特许经营合同或成交的比例通常不会超过30%，所以，特许人用广告资金或别的资源、努力换来的70%多的潜在受许人就浪费了，或者说，这70%多的想创业的人群没有找到理想的加盟项目。如此，特许人就可以与别的特许人企业交换这70%多的潜在受许人的信息，或许这70%多的没成交的潜在受许人会加盟别的特许人项目。

如果更多的特许人企业加入交换潜在受许人的商业模式中来，则其益处是显而易见的。一是每个特许人都可以在花费不变或稍微增加的基础上获得更多的潜在受许人。参加此商业模式的特许人数量越多，每个特许人提供的多余潜在受许人的数量越多，参与交换的特许人项目的可替代性越强，则每个参与交换的特许人可获得的潜在受许人数量就越多，甚至可以达到几何倍数的增加。二是每个潜在受许人找到自己心仪的项目的概率会大大增加，而这对于创业人圆梦以及整个国家、民族经济的发展都是非常有利的。

需要注意的是，无论是被动的"等"式营销或销售，还是主动的"找"式营销或销售，或者是这两大类方法中的每一个具体方法，都是有利有弊，所以企业应首先广泛采用各种方法，然后在逐步的实践中筛选出最适合自己的方法。对于有条件的企业，比如人力、财力都充裕的企业，在营销或销售特许权的时候，完全可以全面开花，广泛采用上述各种方法，因为"东方不亮西方亮"，这样的营销或销售效果会更好。

第四篇　成功构建第四步：复制体系、招商体系的设计、标准化、手册编制与实施

第二十章　招商的人力资源管理

第一节　招商部部门职能、组织架构与岗位职责

一、招商部部门职能

通常，招商部应该具备如表20-1所示的职能。

表20-1　招商部部门职能与详细内容

序号	部门职能	详细内容
1	部门与人员管理	● 不断优化组织结构和岗位设置、小组划分 ● 严格按照招商部的工作要求招聘、培训、培养、激励，管理各职位人员的增减、进出、升降、奖罚
2	招商体系建设	● 积极参与公司整个特许经营体系的建设，重点是招商体系的建设 ● 不断搜集整理市场上有关招商的法规政策、趋势、模式等信息，为本公司招商体系的建设与维护、升级提出建议，并在获得批准后落地实施 ● 与时俱进地更新招商战略战术规划，广告与宣传推广计划，招商政策、制度与流程，招商系列手册，特许经营系列合同，加盟档案
3	市场拓展	● 负责招商活动等的策划并实施 ● 发布招商信息与主动寻找受许人 ● 负责新受许人的招募及老受许人的裂变，按质按量完成招商任务 ● 负责以下工作：回答咨询、指导填表、受许人评定小组的组织与实施、签订加盟意向书、协助选址、邀请受许人考察及接待、招商谈判、签订特许经营合同、协助财务部收取特许经营费用等
4	渠道管理	● 建立并管理招商渠道
5	关系维护	● 全程维护、协助维护良好的受许人关系 ● 做好与法务、营建、培训、物流、督导、财务、人力、行政等公司其他部门的交接与配合等工作 ● 做好与招商媒介、展会公司等的关系维护
6	其他工作	● 完成领导交代的其他工作

二、招商部组织架构、人员配置与岗位职责

（一）组织架构

下面仅举例说明了大公司招商部的组织架构与人员配置，中小公司可以参照这些内容做减法。

通常，对于大公司而言，其招商部的组织架构如图20-1所示。

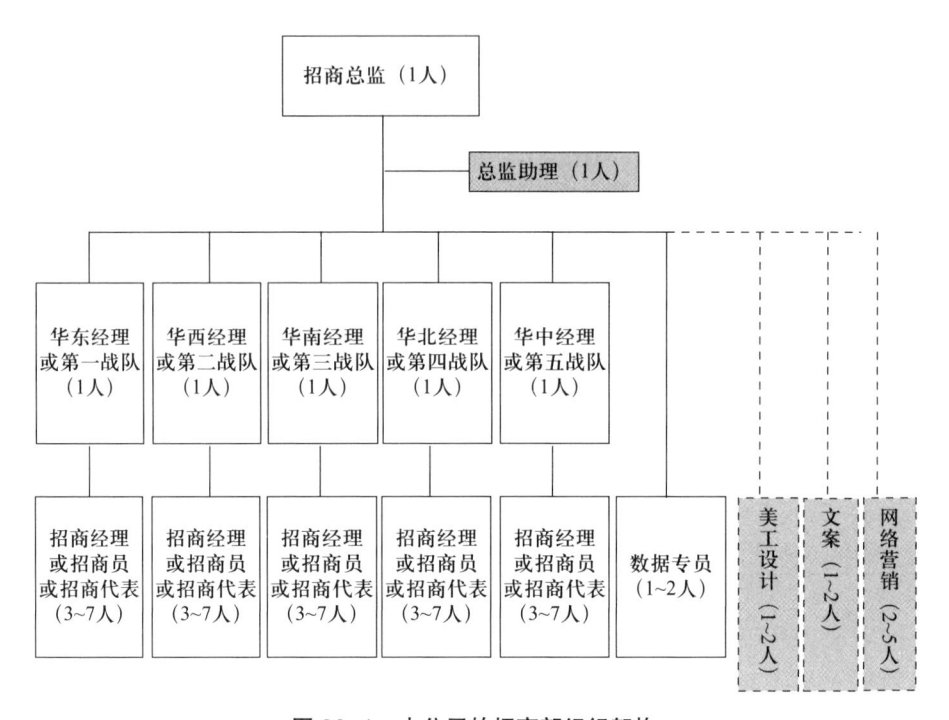

```
                    招商总监（1人）
                         │
                    总监助理（1人）
                         │
    ┌──────┬──────┬──────┬──────┬──────┬──────┬──────┬──────┐
  华东经理  华西经理  华南经理  华北经理  华中经理                     美工    文案   网络
  或第一战队 或第二战队 或第三战队 或第四战队 或第五战队                   设计   （1~2人） 营销
  （1人）   （1人）   （1人）   （1人）   （1人）                   （1~2人）       （2~5人）
    │       │       │       │       │       │
  招商经理  招商经理  招商经理  招商经理  招商经理  数据专员
  或招商员  或招商员  或招商员  或招商员  或招商员  （1~2人）
  或招商代表 或招商代表 或招商代表 或招商代表 或招商代表
  （3~7人） （3~7人） （3~7人） （3~7人） （3~7人）
```

图20-1 大公司的招商部组织架构

需要注意以下几点。

（1）为了招商的方便，通常公司内部会将招商人员分为招商员、招商主管、高级招商主管、招商经理等职级，但对外称呼时，都会称为招商经理，如此，客户会感觉被重视，招商人员也不会因级别太低而减少信心。

（2）招商需要的美工设计、文案、网络营销等并非招商部所独有的职能岗位，即便是不做特许经营的公司也可能会有，所以招商部需要的这些岗位通常会与公司其他部门共享，在此处的组织架构里可以不单列。当然，特许人企业也可以将其归于招商部。

（3）为提高工作效率、节省人力支出，招商总监的总监助理可以由下属的大区经理、招商经理或招商员或招商代表、数据专员等兼职。

（4）每个招商战队或招商小组的人数可多可少，但通常不同小组的人数应相同，否则，任务量的分配、考核以及相互的PK等不好掌控。通常，一个招商战队或小组的成员数量在3~7人最合适。

（二）岗位配置与主要职责

因为总监助理、美工设计、文案、网络营销等岗位的职责与其他公司相同岗位的职责非常相似，所以此处不再赘述，在表20-2中仅列出特许经营企业招商部所独有的四类岗位的主要职责。

表20-2　招商部岗位配置数量与主要职责

岗位名称	配置数量	主要职责
招商总监	1人	• 负责整个招商体系的建立、维护与更新，拟定公司招商战略战术规划 • 招商政策、手册、合同、制度、流程、策划等的起草、报批、下发、执行、更新 • 部门日常会议、培训等的主持召开 • 协调与公司外的政府、媒介等的关系，与公司内部其他各部门之间的关系，以及招商部内部各小组、成员之间的关系 • 管理整个招商部的人、财、物，使其胜任与合格 • 建立并管理招商渠道 • 全程维护、协助维护良好的受许人关系
总监助理	1人	（略）
大区经理	5人	• 负责各大区招商指标的跟进、监督与达成 • 对招商经理日常工作的监督管理 • 区域市场重点客户的关系维护 • 团队人员培养及专业技能培训 • 建立并管理招商渠道 • 全程维护、协助维护良好的受许人关系
招商经理	20人	• 负责分配的招商指标的达成 • 空白市场的开发及新受许人的招募、老受许人的再开发 • 不定期回访老受许人，收集加盟信息并及时上报 • 记录加盟档案 • 建立并管理招商渠道 • 全程维护、协助维护良好的受许人关系
数据专员	1人	• 潜在受许人、受许人信息资料汇总并归档 • 部门人员考勤 • 部门内部工作会议的记录等工作 • 搜集整理市场上有关招商的法规政策、趋势、模式等信息
美工设计	1~2人	（略）
文案	1~2人	（略）
网络营销	2~5人	（略）
总计	32~37人	

三、招商人员职业素质要求

招商是特许经营总部的重要工作之一，总部配置具有相应职业素质的人员专职负责该项工作。招商人员要有以下特别的职业素质。

（一）关于特许经营
- 熟悉特许经营的有关知识
- 熟悉国家有关特许经营的法律法规和政策

（二）关于本企业
- 熟悉本企业的历史、经营理念与企业文化等基本内容

（三）关于本企业的特许经营
- 熟知本企业的特许经营业务
- 熟知本企业特许经营合同的各项条款
- 熟知本企业招募受许人的条件即加盟条件
- 熟知本企业的加盟政策、流程等

（四）关于销售
- 拥有良好的沟通能力、亲和力和人际关系
- 拥有丰富的谈判经验和谈判技巧

（五）关于个人
- 正直诚实，具有强烈的责任心
- 形象好，给人诚实、敬业、专业的感觉
- 勤奋、坚持
- 具有强大的心理承受力

第二节 招商人员的激励管理

为尽快扩大特许经营体系的规模，更好地激励与表彰招商有功人员，更好地实施全员（包括总部员工、分部员工、分公司员工、直营店员工、受许人、加盟店员工、供应商等合作伙伴等）招商工程，推动招商工作，特许人应制定一些有效的精神与物质激励办法。

物质激励办法可以分为两个大的类别，分别针对非专职招商人员和专职招商人员。

数额可以为加盟金、单店投资额、受许人进货额等的一个比例，也可以是按加盟店面积、受许人所属地区等确定的一个固定值。

那么，是比例更好，还是固定值更好呢？

上述这两种招商提成的方式各有利弊。到底选择哪一种，需要根据特许人企业的实际情况来确定。

假设特许人企业的店分为三类，即大店、中店和小店，其加盟金之间的差别在3倍之内，比如说大店是10万元，中店是8万元，小店是6万元，那么按照同一个加盟金

的比例设计招商提成的话,招商提成在三类店之间的差别也在3倍之内,如此,招商人员通常不会刻意地只招募大店或中店的受许人。如果是另一种情况,比如大店、中店和小店的加盟金之间的差别超过3倍,那么按照同一个加盟金的比例设计招商提成的话,招商提成在三类店之间的差别也会超过3倍,如此,招商人员就可能会刻意地只招募大店或中店的受许人而放弃小店的招商。大店、中店和小店的加盟金之间的差别倍数越高,招商人员刻意地只招募大店或中店的受许人而放弃小店的招商的可能性就越大。这样的坏处是显而易见的,因为大店、中店的潜在受许人的基数较小,所以招商的数量就少,招商进展就慢。还有可能发生的情况就是,招商人员会鼓动加盟小店就能盈利的潜在受许人加盟盈利可能性较小的大店、中店,如此,受许人的成功率就可能变低,从而影响整个特许经营体系的发展。

一、对非专职招商人员的激励办法

(1)提供信息奖。

① 凡是提供潜在受许人联系方式和信息,并由招商人员确认是真实的,不论最终是否招商成功,总部都向提供信息者立即发放一次性奖金,比如每条信息50元。

②由招商人员与该潜在受许人谈判并签订特许经营合同的,在正式特许经营合同生效后,且受许人单方解除合同的期限(这个期限规定在正式的特许经营合同之中)已过的一定时间(比如两周)内发放一次性奖金。

● 对于最终签订单店特许经营合同的,由总部向提供信息者发放一次性奖金

● 对于最终签订多店特许经营合同的,由总部向提供信息者发放一次性奖金(比如可以是上述一次性奖金乘以店数)

● 对于最终签订区域特许经营合同或区域代理特许经营合同的,由总部向提供信息者发放一次性奖金(可为固定值;也可为比例,比如数额为区域受许人加盟金或区域代理商代理费的百分数)

对于这种激励办法,为了防止提供虚假信息,公司还应制定相关处罚办法。

(2)全程谈判奖。专职招商人员不但提供潜在受许人信息,而且全程与受许人进行主谈判(招商部人员可以协助)并最终签订特许经营合同的,在正式特许经营合同生效后,且受许人单方解除合同的期限(这个期限规定在正式的特许经营合同之中)已过的一定时间(比如两周)内发放一次性奖金。

● 对于最终签订单店特许经营合同的,由总部向提供信息且全程谈判者发放一次性奖金

● 对于最终签订多店特许经营合同的,由总部向提供信息且全程谈判者发放一次性奖金(比如可以是上述一次性奖金乘以店数)

● 对于最终签订区域特许经营合同或区域代理特许经营合同的,由总部向提供信息且全程谈判者发放一次性奖金(可为固定值;也可为比例,比如数额为区域受许人加盟金或区域代理商代理费的百分数)

但要注意的是，因为招商是一个很专业的工作，所以为了不浪费每个加盟咨询信息，提高招商的成功率，特许人企业应鼓励非专职招商人员尽可能提供信息给总部的专职招商人员并由专职招商人员去沟通和成交，而不是鼓励非专职招商人员去全程谈判。

通常，特许人企业应建立一个针对不同招商人员的招商成功奖励机制。例如，招商提成的比例为受许人加盟金的20%，那么，对于专职招商人员和非专职招商人员共同参与沟通、成交的提成机制就是，总提成即受许人加盟金的20%不变，而将这20%按照一定的比例分配给专职招商人员和非专职招商人员。因为专职招商人员起的作用会更大，所以在非专职招商人员只提供信息的情况下，非专职招商人员与专职的招商人员的分配比例可以为2∶8；在非专职招商人员全程参与谈判的情况下，根据非专职招商人员的作用大小，非专职招商人员与专职招商人员的分配比例可以为3∶7或4∶6。

特许人企业应尽量不让非专职招商人员的分配比例超过40%，否则，专职招商人员的动力就会减少，非专职招商人员也可能会不务正业，耽误自己的本职工作。

（3）如果非专职招商人员为本公司员工或受许人员工、受许人，公司可以在物质奖励之外给一些精神奖励，比如在公司内部通报表扬，并作为评优、晋级、晋升的重要依据。

如果非专职招商人员不是本公司的员工或受许人员工、受许人，而是股东、供应商等合作伙伴，那么其招商提成比例或数值应比本公司的员工或受许人员工、受许人高，比如高出50%。

（4）非专职招商人员如果要申请得到专职招商人员的协助，必须填写联合招商申请单，由招商总监统一安排招商人员。

二、对专职招商人员的激励办法

在特许经营合同（正式合同）生效后（且受许人单方解除合同的期限已过）的一定时间（比如两周）内发放一次性的奖金。

● 对于最终签订单店特许经营合同的，由总部发放一次性奖金

● 对于最终签订多店特许经营合同的，由总部发放一次性奖金（比如可以是上述一次性奖金乘以店数）

● 对于最终签订区域特许经营合同或区域代理特许经营合同的，由总部发放一次性奖金（可为固定值；也可为比例，比如数额为区域受许人加盟金或区域代理商代理费的百分数）

三、递进奖

对于上述的奖励数额，特许人企业还可以采取递进的方式来刺激招商人员不断出单，比如在一定时期内，签第一单时奖励2000元，签第二单时奖励数额比上一单的奖励数额增加一个比例，比如5%，以此类推。

四、层级奖

比如招商数量在5个受许人以下时是一个提成比例或固定值，在5~10个时是更高

的比例或固定值，在 10 个以上就是更高的比例或固定值。

五、团队奖

需要注意的是，由于上述这些奖励办法是针对个人的，必然会出现个人利益与团队利益的冲突问题，即每个招商人员都可能倾向于单兵作战，团队的意识被淡化，因此，企业在上述的个人激励办法之外，还应设置专门的团队奖，即每个受许人成功招商，所有招商人员都可以得到一份奖励。

为了激发招商人员的团队精神，企业还可以采用一些"捆绑"式的正面办法。

比如某公司有 3 个招商人员，公司规定，每签一个受许人，公司奖励成功签单的招商员 2000 元。公司规定每个招商员每月至少要完成 2 个签单任务，也就是说，这三个招商员的每月最低任务是签 6 个单。

那么，如何使用"捆绑"式的激励办法而使招商人员更有团队精神呢？

对于公司而言，可以增加一些规定。比如，如果某月招商总数为 7 个的话，则每个招商员的每单奖励由 2000 元提高至 2200 元；如果某月招商总数为 8 个的话，则每个招商员的每单奖励由 2000 元提高至 2400 元；以此类推。

如此，每个招商人员都会明白，他协助别的招商人员成功也会给他自己带来直接的利益，这样其团队精神或意识就会更强烈一些。

六、任务量

招商人员的任务量分为两个部分：一个是日常工作的任务量；另一个是成交的目标任务量。

（一）日常工作的任务量

没有量变，就没有质变。为了保证招商人员的最终成交业绩，特许人一定要规定每个招商人员每天的日常工作任务量，至少应包括以下方面。

（1）最少电话数，以能打通为计数依据，通常每人每天 200 个以上。

（2）最少准成交客户数，以签订特许经营合同或加盟意向书的意愿、时间确定为依据，通常为每人每周 2 个及以上。

（3）最少强意向客户数，以明确表示愿意考虑加盟为计数依据，通常为每人每天 3 个及以上。

（4）最少意向客户数，以没有明确拒绝，但也没有明确表示愿意考虑加盟为计数依据，通常为每人每天 15 个及以上。

（5）最少新客户数，以之前没联系过的为计数依据，通常为每人每天 50 个及以上。

（6）最少私发短信数，通常为每人每天 200 条及以上。

（7）最少私发微信数，通常为每人每天 500 条及以上。

（二）成交的目标任务量

特许人企业应对整个招商部门、每个招商小组、每个招商人员都设定每天、每周、每月、每季、每年的最小招商任务量，其每月的提成比例与任务量的完成度有关。任务量应至少包括实际成交的受许人数量以及实际收到的特许经营费用。

虽然特许人会规定招商的提成比例或固定值，但是招商人员实际的招商提成比例或固定值还应与任务量的完成度挂钩。

比如，特许人企业规定每个招商人员的每月最低任务量是 n 个受许人，每个受许人成交后的招商提成比例是 m，招商人员当月完成的任务量是 x 个受许人。那么，每个招商人员每月实际的招商提成比例的计算公式为：

$$实际招商提成比例 = (x \div n) \times m$$

为了防止实际招商提成比例过低或过高，上式中的（x÷n）应设定一个下限与上限，比如下限设定为20%，上限设定为300%，总的实际招商提成比例应能使特许人企业有满意的分配比例。

当然，招商人员的任务量除了受许人的个数之外，还应包括实际收到的特许经营费用。招商人员实际的招商提成比例的计算原理与前述相同。

比如，特许人企业规定每个招商人员的每月最低成交额任务量是 n 万元，每个受许人成交后的招商提成比例是 m，招商人员当月完成的任务量是 x 万元。那么，每个招商人员每月实际的招商提成比例的计算公式为：

$$实际招商提成比例 = (x \div n) \times m$$

为了防止实际招商提成比例过低或过高，上式中的（x÷n）也应设定一个下限与上限，比如下限设定为20%，上限设定为300%，总的实际招商提成比例应能使特许人企业有满意的分配比例。

第三节 特许人企业招商部薪酬体系及绩效考核管理制度的编制

以下是笔者为某特许人企业设计的招商部薪酬体系及绩效考核管理制度，有关商业秘密的部分已经隐去，企业可以根据自己的实际情况进行修改。

【实例】招商部薪酬体系及绩效考核管理制度

第一章 总则

（1）为建立更加科学合理的招商组织管理系统，规范招商系统的职位、职级序列体系，拓展招商人员的职业发展通道，将建立更为科学、更富有活力与竞争力的薪酬激励体系。

（2）公司对招商部实行岗位绩效与薪酬挂钩相结合的办法，采取"以岗定责、以责定量、以量定分、以分定薪"的科学方法，建立起目标考核评价体系，并依据评价结果发放绩效工资、晋级工资和奖金。

（3）公司建立起目标考核评价体系，旨在科学地评价招商人员的工作业绩，激发招商人员的积极性和创造性，提高员工的满意度和成就感，提升员工的工作绩效，从而完成企业的招商战略目标。

第二章　招商体系业务人员岗位设置

1. 招商部组织架构

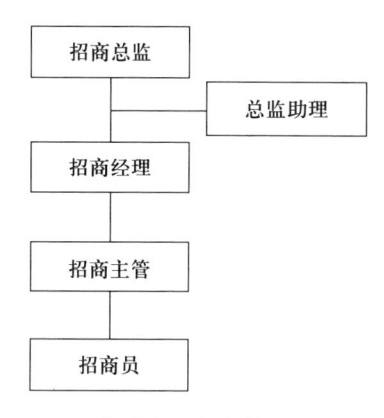

```
招商总监 ── 总监助理
   │
招商经理
   │
招商主管
   │
招商员
```

招商部组织架构图

2. 岗位主要职责

招商员：①新客户的开发及老客户的再开发；②按照公司的要求完成招商任务；③客户信息的录入及整理；④领导安排的其他工作。

招商主管及高级招商主管：①新客户的开发及老客户的再开发；②按照公司的要求完成招商任务；③客户信息的录入及整理；④对团队成员进行管理，协助成员完成招商目标；⑤对团队成员进行培养及督导；⑥领导安排的其他工作。

招商经理：①新客户的开发及老客户的再开发；②按照公司的要求完成招商任务；③客户信息的录入及整理；④对团队成员进行管理，协助成员完成招商目标；⑤对团队成员进行培养及督导；⑥目标计划的制定及执行督导；⑦领导安排的其他工作。

总监助理：①新客户的开发及老客户的再开发；②按照公司的要求完成招商任务；③客户信息的录入及整理；④对团队成员进行管理，协助成员完成招商目标；⑤对团队成员进行培养及督导；⑥协助总监对全体招商人员进行督导；⑦协助总监开好晨夕会；⑧在招商总监不在的时候，协助安排好招商工作；⑨其他临时性工作。

招商总监：①市场的开发及招商；②目标计划的制定及执行督导；③团队建设管理；④其他临时性工作。

3. 招商管理职级

包括招商主管、高级招商主管、招商经理、总监助理、招商总监。

4. 招商职级序列

分为招商代表（专员）、客户经理、招商主管。

5. 总监助理不单独设立岗位，由一名招商主管或高级招商主管兼任

第三章 薪酬结构与计算方法

薪酬结构与计算方法

构成		相关解释
员工薪酬	基本工资	即底薪部分，按照员工的职级计算发放，同时基本工资是计算员工出勤异常或旷工扣款的直接依据
	招商提成	依据个人业绩及提成制度规定的办法计发。业绩计算周期及提成计算周期以自然月为单位
	团队管理提成奖金	指招商人员管辖下的团队完成业绩并达到一定的标准后其获得的奖金。团队完成业绩只指团队成员的业绩，不包含本人的业绩，本人的业绩按照个人提成计发
	全勤奖	当月在公司规定的上班时间内未出现任何迟到、早退、请假、旷工者，公司给予的奖金，全勤奖数额为500元
	工龄奖	指在职时长每超过一年增加工龄月度奖金200元，工龄奖直接纳入基本工资之中进行考核
	费用补助	转正的员工每月增加电话补助300元、交通补助300元，费用补助不纳入基本工资之中进行考核
	年度奖	1. 100%完成年度任务的，奖励20000元 2. 超出120%完成年度任务的，奖励100000元

员工基本工资体系具体如下表所示。

员工基本工资体系

岗位名称	基本工资体系	职级	职级工资
招商总监	20000	A1	700
		A2	0
		A3	−600
招商经理	15000	B1	600
		B2	0
		B3	−500
高级招商主管	10000	C1	500
		C2	0
		C2	−400

续表

岗位名称	基本工资体系	职级	职级工资
招商主管	8000	D1	400
		D2	0
		D3	−300
客户经理	6000	D1	300
		D2	0
		D3	−200
招商代表	4000	D1	200
		D2	0
		D3	−100

注：
①职级工资按照三个月为一个评定期，评定完成之后再进行职级工资的补发补扣。
②试用期薪资按照定岗时80%的薪资发放。
③每月8日为工资发放时间，如遇节假日则推迟或提前发放。
④总监助理薪资在原岗位薪资的基础之上，每月增加补助500元。

第四章　招商人员的职级评定

（1）招商人员的职级从低到高为招商代表、客户经理、招商主管。

（2）各职级人员的评定标准如下。

①招商代表：应届生或拥有一年以内的工作经验，大专以上学历或者高中以上学历，综合素质较为优秀者，思维有条理，能清晰、专业地表达出自己的观点。

②客户经理：拥有一年以上的招商经验，大专以上学历或者高中以上学历，综合素质优秀者，有良好的表达能力，思维清晰有条理，招商意识强，具备一定的招商技巧。

③招商主管：拥有三年以上的招商工作经验，带过团队，大专以上学历，表达能力、招商能力都较为优秀。

第五章　晋级保级规定与标准

晋级保级规定与标准

	晋级条件	
招商总监	1. 关键指标	衡量标准
	最近三个月业绩目标完成率不低于（x%）	90%
	最近三个月开发的有效新客户不低于（个）	20个

续表

招商总监	2. 考核指标	
	团队合作、客户服务意识、管理能力、执行力	分别不低于85分
	3. 否决指标	
	有严重违反公司规章制度及劳动纪律的行为（次）	1次
	保级条件	
	1. 关键指标	衡量标准
	每期目标完成率不低于（x%）	80%
	最近三个月开发的有效新客户不低于（个）	16个
	考核期内小组成员业绩为0的出现次数不能高于（次）	1次
	2. 考核指标	
	团队合作、客户服务意识、招商能力、管理能力、执行力	分别不低于85分
	3. 否决指标	
	有严重违反公司规章制度及劳动纪律的行为（次）	1次
招商经理	晋级条件	
	1. 关键指标	衡量标准
	最近三个月业绩目标完成率不低于（x%）	90%
	最近三个月开发的有效新客户不低于（个）	15个
	2. 考核指标	
	团队合作、客户服务意识、管理能力、执行力	分别不低于85分
	3. 否决指标	
	有严重违反公司规章制度及劳动纪律的行为（次）	1次
	保级条件	
	1. 关键指标	衡量标准
	每期目标完成率不低于（x%）	80%
	最近三个月开发的有效新客户不低于（个）	12个
	考核期内小组成员业绩为0的出现次数不能高于（次）	1次
	2. 考核指标	
	团队合作、客户服务意识、招商能力、管理能力、执行力	分别不低于85分
	3. 否决指标	
	有严重违反公司规章制度及劳动纪律的行为（次）	1次

第四篇　成功构建第四步：复制体系、招商体系的设计、标准化、手册编制与实施

续表

	晋级条件	
高级招商主管	1. 关键指标	衡量标准
	最近三个月业绩目标完成率不低于（x%）	90%
	最近三个月开发的有效新客户不低于（个）	12个
	2. 考核指标	
	团队合作、客户服务意识、管理能力、执行力	分别不低于85分
	3. 否决指标	
	有严重违反公司规章制度及劳动纪律的行为（次）	1次
	保级条件	
	1. 关键指标	衡量标准
	每期目标完成率不低于（x%）	75%
	最近三个月开发的有效新客户不低于（个）	10个
	考核期内小组成员业绩为0的出现次数不能高于（次）	1次
	2. 考核指标	
	团队合作、客户服务意识、招商能力、管理能力、执行力	分别不低于85分
	3. 否决指标	
	有严重违反公司规章制度及劳动纪律的行为（次）	1次
招商主管	晋级条件	
	1. 关键指标	衡量标准
	最近三个月业绩目标完成率不低于（x%）	90%
	最近三个月开发的有效新客户不低于（个）	10个
	2. 考核指标	
	团队合作、客户服务意识、管理能力、执行力	分别不低于85分
	3. 否决指标	
	有严重违反公司规章制度及劳动纪律的行为（次）	1次
	保级条件	
	1. 关键指标	衡量标准
	每期目标完成率不低于（x%）	70%
	最近三个月开发的有效新客户不低于（个）	8个
	考核期内小组成员业绩为0的出现次数不能高于（次）	1次

续表

招商主管	2. 考核指标	
	团队合作、客户服务意识、招商能力、管理能力、执行力	分别不低于80分
	3. 否决指标	
	有严重违反公司规章制度及劳动纪律的行为（次）	1次
客户经理	晋级条件	
	1. 关键指标	衡量标准
	最近三个月业绩目标完成率不低于（x%）	90%
	最近三个月开发的有效新客户不低于（个）	8个
	2. 考核指标	
	团队合作、客户服务意识、管理能力、招商能力、执行力	分别不低于80分
	3. 否决指标	
	有严重违反公司规章制度及劳动纪律的行为（次）	1次
	保级条件	
	1. 关键指标	衡量标准
	每期目标完成率不低于（x%）	65%
	最近三个月开发的有效新客户不低于（个）	6个
	2. 考核指标	
	团队合作、客户服务意识、招商能力、执行力	分别不低于70分
	3. 否决指标	
	有严重违反公司规章制度及劳动纪律的行为（次）	1次
招商代表	晋级条件	
	1. 关键指标	衡量标准
	最近三个月业绩目标完成率不低于（x%）	90%
	最近三个月开发的有效新客户不低于（个）	6个
	2. 考核指标	
	团队合作、客户服务意识、招商能力、执行力	分别不低于70分
	3. 否决指标	
	有严重违反公司规章制度及劳动纪律的行为（次）	1次
	保级条件	
	1. 关键指标	衡量标准
	每期目标完成率不低于（x%）	60%

续表

招商代表	最近三个月开发的有效新客户不低于（个）	4个
	2.考核指标	
	团队合作、客户服务意识、招商能力、执行力	分别不低于60分
	3.否决指标	
	有严重违反公司规章制度及劳动纪律的行为（次）	1次

注：
①有效客户的界定标准：以签订特许经营合同并收到加盟金为准。
②若连续2次职级考核完成上级岗位指标任务，则在第3次职级考核时享受相对应上级岗位的待遇，职务不一定发生变化。
③若连续2次职级考核仅实现下级岗位指标任务，则在第3次职级考核时享受相对应下级岗位的待遇，职务不一定发生变化。
④以关键指标、考核指标、否决指标全部符合某一职级参数作为最终的核定标准。
⑤季度任务未能完成者将无法获得该季度的职级工资，但是年度任务完成（年度任务表如下表所示）的，则可以获得任务奖励（年度累计，完成年度任务的，则给予补发）。

年度任务表

序号	职务	销售额（万元）	单店受许人数量（个）	区域受许人数量（个）
1	招商总监			
2	招商经理			
3	高级招商主管			
4	招商主管			
5	客户经理			
6	招商代表			

第六章 招商提成规定与标准

一、招商的提成

1. 个人奖金提成

按照月度目标完成的不同情况，对招商人员实施不同的奖金提成比例。

个人奖金提成

职位级别	提成标准
招商代表	业绩完成10万元（含）以下，提成比例为10%
	业绩完成10万~20万元（含），提成比例为13%
	业绩完成20万元以上，提成比例为15%

续表

职位级别	提成标准
客户经理	业绩完成20万元（含）以下，提成比例为10%
	业绩完成20万~40万元（含），提成比例为13%
	业绩完成40万元以上，提成比例为15%
招商主管	业绩完成30万元（含）以下，提成比例为10%
	业绩完成30万~40万元（含），提成比例为13%
	业绩完成40万元以上，提成比例为15%
高级招商主管	业绩完成50万元（含）以下，提成比例为10%
	业绩完成50万~60万元（含），提成比例为13%
	业绩完成60万元以上，提成比例为15%
招商经理	业绩完成50万元（含）以下，提成比例为10%
	业绩完成50万~60万元（含），提成比例为13%
	业绩完成6万元以上，提成比例为15%
招商总监	业绩完成50万元（含）以下，提成比例为10%
	业绩完成50万~60万元（含），提成比例为13%
	业绩完成60万元以上，提成比例为15%
营销副总	业绩完成50万元（含）以下，提成比例为10%
	业绩完成50万~60万元（含），提成比例为13%
	业绩完成60万元以上，提成比例为15%

2. 团队管理奖金提成

团队管理奖金提成

职位名称	提成标准
招商主管	团队业绩完成当月目标额60%（含）以下，没有提成
	团队业绩完成当月目标额60%~80%（含），提成比例为2%
	团队业绩完成当月目标额80%以上，提成比例为3%
高级招商主管	团队业绩完成当月目标额60%（含）以下，没有提成
	团队业绩完成当月目标额60%~80%（含），提成比例为2%
	团队业绩完成当月目标额80%以上，提成比例为3%

续表

职位名称	提成标准
招商经理	团队业绩完成当月目标额60%（含）以下，没有提成
	团队业绩完成当月目标额60%~80%（含），提成比例为2%
	团队业绩完成当月目标额80%以上，提成比例为3%
招商总监	团队业绩完成当月目标额60%（含）以下，没有提成
	团队业绩完成当月目标额60%~80%（含），提成比例为2%
	团队业绩完成当月目标额80%以上，提成比例为4%
营销副总	团队业绩完成当月目标额60%（含）以下，没有提成
	团队业绩完成当月目标额60%~80%（含），提成比例为2%
	团队业绩完成当月目标额80%以上，提成比例为4%

3. 代理招商奖金提成

代理人奖金提成＝代理额×提成比例（30%~50%）

员工奖金提成＝［代理额－代理额×提成比例（30%~50%）］×个人业务奖金提成比例

注：

①代理人指与公司签订代理协议的代理招商机构或者个人，未签订代理协议的机构或个人，公司不予认可。

②提成比例（30%~50%）的标准按照代理人代理额的大小来界定。代理额100万元（含）以下的提成比例为30%，代理额100万~300万元（含）的提成比例为40%，代理额300万元以上的提成比例为50%。

二、达成受许人进货的奖金提成

1. 员工直接达成受许人进货时的奖金提成

计算公式：达成受许人进货的奖金提成＝实际到账进货金额×提成比例10%

2. 代理人达成受许人进货时的奖金提成

计算公式：达成受许人进货的奖金提成＝（实际到账进货金额－代理提成）×提成比例3%

三、网络营销部与招商部合作签单奖金提成比例分配

网络营销部人员奖金分配比例为60%，招商部人员奖金分配比例为40%。

计算公式：网络营销部人员奖金提成＝受许人加盟金×60%×个人奖金提成比例

招商部人员奖金提成＝受许人加盟金×（1－60%）×个人奖金提成比例

四、非招商人员独自完成招商的奖金提成

提成比例为在招商人员奖金提成比例的基础之上下浮10%。

五、非招商人员与招商人员合作签单奖金提成比例分配

非招商人员奖金提成比例为40%，招商人员奖金提成比例为60%。

计算公式：非招商人员奖金提成＝受许人加盟金×40%×个人奖金提成比例

招商人员奖金提成＝受许人加盟金×（1－40%）×个人奖金提成比例

合作签单说明：

（1）网络营销部人员与非招商人员提供的有效客户名单须含客户姓名或姓、联系方式、公司全称、咨询业务或者合作意向。

（2）招商部须后期跟进且最终成交。

六、总经理基金

每月从招商总额中提出2%作为总经理基金，由总经理论功行赏发放给各职能部门人员。

七、招商提成发放的时间

当月结算，次月8日发放。

第七章　招商人员的绩效考核方案

（1）对招商人员根据目标关键指标、软性综合素质以及否决指标进行考核。每月由公司给招商部下达目标考核任务，招商部门负责人将目标任务分解到个人。考核内容以目标完成程度为主，晋升降级时要考虑综合素质及否决指标。

（2）待目标下达后，各责任人上报目标考核任务，公司依据各目标任务对各责任人进行考核。

（3）若招商部在任务目标的基础之上超额完成，则超额完成部分的10%作为部门奖金。招商部负责人制定内部奖金分配方案，经公司审批通过后，将奖金发放给招商部门成员。

（4）绩效工资的计算周期为一个自然月。如果一个目标考核周期跨两个及以上月份，那就按照所跨的月份进行计算。例如，一个目标考核周期跨了2个月，其绩效工资的计算方法为：绩效工资标准×考核系数×2。

（5）考核时间为每月3日，当日是节假日的则顺延到下一个周一，当月没有考核任务的则顺延到考核任务期结束后进行考核。

（6）每期考核结束后，都要进行考核面谈。考核面谈人由招商部负责人与人力资源部人员及被考核人组成，招商部负责人进行主谈，人力资源部人员进行监督和指导。绩效考核面谈的内容为：帮助被考核人分析没有完成目标任务的主观原因，找到解决办法，制定下一步的行动方案。

第八章　招商人员的转正考核方案

（1）招商人员的转正考核周期为1~3个月。

（2）考核评价维度为：遵章守纪，敬业度，学习能力，执行力，招商能力，忠诚度，正能量，团结度。

（3）考评标准：迟到不超过2次，硬抵制与软抵制上级命令不超过1次，掌握招商的基本知识，具备与客户正常沟通的能力。如果在考核周期内业绩达到15万元以上，可即时转正。

第九章 其他政策说明

（1）由招商总监决定临时调用的专职招商人员A负责协助非专职招商人员B的招商成交，在为非专职招商人员B的客户提供服务时，非专职招商人员B享受公司实际入账金额的提成奖励，专职招商人员A不享受提成奖励。

（2）部门之间因工作的需要进行人员调动时，需通过相关部门负责人进行，如无法联络到部门负责人时，可以经招商总监审核后进行专职招商人员的调动。

第十章 相关表单

1. 招商任务表

招商任务表

签单日期　年　月　日				
总任务额	单店受许人个数（个）	区域受许人个数（个）	成交金额（万元）	招商总监（签章）
招商一战队				招商经理（签章）
组员				（签章）
				（签章）
				（签章）
				（签章）
招商二战队				招商经理（签章）
组员				（签章）
				（签章）
				（签章）
				（签章）
招商三战队				招商经理（签章）

续表

组员					（签章）
					（签章）
					（签章）
					（签章）
招商四战队					招商经理 （签章）
组员					（签章）
					（签章）
					（签章）
					（签章）
招商五战队					招商经理 （签章）
组员					（签章）
					（签章）
					（签章）
					（签章）
总经理（签章）					

注：本招商任务表一式两份，原件留存人力资源部备案，复印件留存招商总监处。

2. 联合招商申请单

联合招商申请单

申请部门		申请人（签章）	
项目信息	潜在受许人名称		
	潜在受许人概况		
	跟进程度		
受请部门		受请人（签章）	
招商总监（签章）			

注：本联合招商申请单一式三份，原件留存人力资源部备案，复印件留存外联部长处。

第四篇　成功构建第四步：复制体系、招商体系的设计、标准化、手册编制与实施

第十一章　其他

（1）本制度自××××年××月××日至×××年××月××日施行。

（2）本制度的解释权归人力资源部。

第四节　防止招商与后续的营建等工作脱节

在一些特许人企业里，经常发生如下情况，即不合格的受许人进入了特经营体系。

比如，招商人员明知潜在受许人不适合做受许人，但招商人员却极力促成不合格的潜在受许人签订特许经营合同。为什么？最主要的原因之一就是招商与后续的营建等工作脱节了。换句话说就是，招商人员只管招商拿提成，而根本不管潜在受许人是否适合做受许人以及后来的加盟业务运营是否能成功。

再比如，招商人员明知潜在受许人只有做小店才更盈利，但偏要强推给潜在受许人很难盈利的大店甚至推荐其成为区域受许人。为什么？最主要的原因之一也是招商与后续的营建等工作脱节了。因为招商人员的招商提成与受许人的投资额或加盟金相关，所以招商人员为了拿更大的提成，即便明知潜在受许人更适合小店，也会极力推荐大店甚至推荐其成为区域受许人。如此下来的恶果至少有三个：一是大店受许人或区域受许人的潜在受许人基数低，所以特许人招商的数量会变小，招商进展缓慢；二是受许人的死亡率增加；三是受许人和特许人的纠纷增加。

不管何种情况，在利益的驱使之下，招商与后续的营建等工作就脱节了，招商人员极有可能招募大量不合格的受许人进入本体系，这些不合格的受许人进入特许经营体系后，给招商之后的营建、培训、物流、督导、客服、财务等工作带来了巨大的困难和麻烦，该加盟的结果一定是特许人和受许人的双双失败。

要解决上述问题，关键就是避免招商与后续的营建、培训、物流、督导、客服、财务等工作脱节，操作方法有很多，具体如下。

（1）招商人员与后续的营建、培训、物流、督导、客服、财务等部门等组成一个受许人评定小组。

某潜在受许人是否合格不能由招商人员一个人确定，而应由受许人评定小组集体评判。

受许人评定小组对是否与潜在受许人签约以及潜在受许人的具体加盟形式等具有最终决定权。当然，受许人评定小组也可以介入招商的其他一些工作，比如协助制定和审核加盟条件、加盟政策、加盟流程、招商推广与广告计划乃至招商的其他战略战术等。

通常，受许人评定小组包括三类人：①组长，由特许人企业的董事长或总经理担任；②固定成员，包括招商、营建、培训、物流、督导、客服、财务等部门的最高领导或总监；③流动成员，包括招募某潜在受许人的招商人员，意思是说，在针对某具体的潜在受许人进行最终评判时，就让对应的招商人员进入小组。具体的组织架构如图20-2所示。

成功构建特许经营体系五步法

```
         组长（董事长或总经理）
         ┌──────────┴──────────┐
    固定成员：              流动成员：
    ● 招商部门的最高领导或总监    ● 对应的招商人员
    ● 营建部门的最高领导或总监
    ● 培训部门的最高领导或总监
    ● 物流部门的最高领导或总监
    ● 督导部门的最高领导或总监
    ● 客服部门的最高领导或总监
    ● 财务部门的最高领导或总监
```

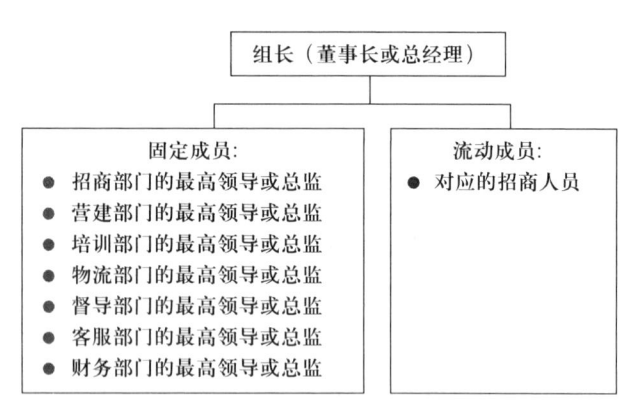

图 20-2　受许人评定小组的组织架构

受许人评定小组采用打分制，打分的项目就是特许人企业加盟条件的内部版本。企业可以规定满分 100 分，只有超过 80 分的才可以签订特许经营合同。为了防止个人倾向等误差，在最终取每个成员所打分数的时候，可以去掉最高分和最低分，然后用剩下的分数计算平均数。

（2）招商人员必须与其招募的受许人利益相关。

招商人员必须与其招募的受许人利益相关，而不能只签了特许经营合同就一次性地拿走全部提成。

比如，可以将招商提成分开，签特许经营合同时提一部分，然后根据后续受许人的盈利状况再提另一部分。如果只要签订特许经营合同，招商人员就可以一次性提走全部提成，受许人后续的运营利益与招商员人无关，那么，招商人员就会明知潜在受许人不适合成为本体系的受许人，也尽力促成其签订特许经营合同，至于招商成功后的烂摊子，就全扔给营建、培训、督导、客服、财务等部门。招商人员的后续提成占其招商总提成的比例越大，招商人员就越会注重招募合格的受许人。

具体的做法如下。

● 招商人员的招商提成的一部分必须在受许人全部或部分收回全部初始投资之后才能发放。如此，因为不合格的受许人通常不能收回初始投资，所以招商人员就不会拿到相应的提成。而为了拿到提成，招商人员就会招募那些至少能收回初始投资的受许人。而只要受许人能收回初始投资，其加盟业务盈利的可能性就会大许多，其与特许人的纠纷也会减少很多。

● 招商人员从其招募的受许人的权益金、日常运营收入等中获得一定的提成或奖励。如此，为了拿到这个提成或奖励，招商人员就会只招募那些有能力成功运营加盟业务的受许人，并主动、勤于帮助受许人解决运营上的问题，帮助受许人成功运营。这个提成或奖励的数值越大，招商人员就越会注重招收合格的受许人。

（3）把受许人的存活率加入对招商人员的考核中。

比如可以这样设定，招商人员实际的初次招商提成比例＝设定的初次招商提成比例×受许人的存活率。

通常，只要受许人能在事先预估的回收期内收回初始投资，该受许人之后的存活率就一直都是100%。如果受许人没有在事先预估的回收期内收回初始投资，则其已回收资金占初始投资的比例就是该受许人的存活率。

比如，假设某受许人初始投资是10万元，事先预估的回收期为3个月，设定的初次招商提成比例为加盟金的10%。

如果该受许人在3个月内收回了初始投资10万元，则在全部收回初始投资的那天，特许人就可以为对应的招商人员发放初次招商提成，发放比例为设定的初次招商提成比例×受许人的存活率=10%×100%=10%。

如果该受许人在3个月内只收回8万元的资金，那么，该受许人的存活率=8万元÷10万元=80%。在事先预估的回收期期满的那天，特许人就可以为对应的招商人员发放初次招商提成，发放比例为设定的初次招商提成比例×受许人的存活率=10%×80%=8%。

第二十一章　招商的信息管理

第一节　潜在受许人信息的分配

在特许人开展招商的前期，所有有关潜在受许人的信息等可以由行政人员或招商人员收集、整理、记录后交给总经理，然后由总经理统一分配给各个招商人员，但为了激励获得信息的人员，每条信息都应明确记录信息的来源人，以便加盟成功后进行奖励。

待招商部门正式成立并开展工作后，个人通过个人资源或努力获得的信息属于个人；公司通过广告、参加展会、与第三方合作、微信、网站、博客、抖音、今日头条等公司渠道获得的信息可有多种方式进行分配，具体如下。

1. 招商人员轮流接收加盟咨询信息

在每个招商人员或招商小组组长负责接听加盟电话、接收邮件等的当天，所获信息由接听人员利用或分配给自己小组的成员。注意，可按周次进行轮流调换，以保证每个招商人员或招商小组组长都能接听到加盟电话、接收到邮件等。

比如，周一、周三、周五由A接收信息，周二、周四、周六由B接收信息，周日轮流值班；下周时，周一、周三、周五由B接收信息，周二、周四、周六由A接收信息。以此类推轮流。

2. 把全国按地区划分，由不同的招商人员或招商小组分别负责不同的地区

注意不同地区间的均衡，以保证所有招商人员或招商小组均能公平地接收到加盟

信息。

中国各个省区市的潜在受许人数量和质量有很大差距，比如山东、河南、江苏、浙江、广东等地的潜在受许人的数量多、质量好，而宁夏、甘肃、新疆、西藏等地的潜在受许人的数量少，其加盟能力（比如资金）、创业意识等潜在受许人的质量以及当地的市场消费力都相对较差。因此，按地区分配咨询信息时，需要对不同地区进行搭配，以免在信息来源上出现"贫富不均"。

3. 由专人负责接听所有电话、接收邮件等，并由专人负责分配，以保证每个招商人员或招商小组公平接收信息

在经过一段时间的信息分配的"公平"运营后，企业应能分辨出优秀的招商人员或招商小组，即那些将信息转化为实际加盟事件的概率较高的人员或小组。然后，企业应逐步调整信息分配的倾斜度，即可以有意识地将信息多分配给这些优秀的招商人员或招商小组，而逐步淘汰掉那些成绩不理想的招商人员或招商小组。

对于加盟信息的来源渠道，特许人企业应严格管理，确保信息来源渠道畅通无阻，具体措施如下：

● 电话：上班时间的招商热线必须随时能接听，保证随时畅通；下班的时间，开通招商咨询手机，以招商团队成员轮流接听的方式保证加盟咨询者可以24小时咨询成功

● 招商E-mail：每天至少以均等时间打开查看8次

● 招商QQ、微信：随着手机移动网络的逐渐普及，招商的QQ、微信等联系方式必须保持在线状态，随时应答或在最短的延后时间回答

● 网谈通：上班时间必须保持在线状态，随时应答

● 论坛、微博、抖音等留言：每天至少以均等时间打开查看16次

第二节 潜在受许人信息的管理与招商的四类记录跟踪表

一、成交信息终身制，未成交信息循环制，一般一季度循环一次

所谓成交信息终身制，指的是一旦由招商人员负责的潜在受许人成功签订正式的特许经营合同，则受许人终身所产生的利益都要与招募他的招商人员挂起钩来，即招商人员不但能拿到一次性的招商提成，还可以从受许人后续的运营中获得持续的运营收益提成。如此，既扩大了招商人员的提成范围和延长了提成时间，也会促使招商人员更多地招募合格的受许人以及在受许人的加盟期内持续地对受许人给予关注和支持服务等。

所谓未成交信息循环制，指的是在一定的时间内，比如3个月内，如果某招商人员没有与其负责跟进的潜在受许人发生"实质性的业务关系"，则该潜在受许人的信息将由招商总监重新分配，移交给别的招商人员负责跟进。此后该潜在受许人的成交与之前的招商人员没有丝毫关系。此举是考虑到招商人员可能因个人原因而导致无法成交，所以在换了招商人员后，可能会促进成交。"实质性的业务关系"包括签订加盟意向书、签订特许经营合同、支付定金等。

二、招商的四类记录跟踪表

每个招商人员都必须建立一个招商的四类记录跟踪表，用于记录潜在受许人签订正式的特许经营合同、受许人支付加盟金及之前的所有客户信息、活动等内容，以更好地管理所有客户的信息，管理招商过程，促进招商成交。招商的四类记录跟踪表是加盟档案的第一份档案和重要内容，由招商人员负责记录。

我们可以把招商的四类记录跟踪表做成 Excel 的形式，这样的话，易学易会、操作简单、成本低，当然，企业也可以把它做成计算机软件。

Excel 的形式如表 21-1 所示。

表 21-1 招商的四类记录跟踪表

记录人_____ 职务_____ 所属部门_____ 记录起始时间_____年____月_____日

序号	受许人或潜在受许人的档案信息								
	姓名	第一次沟通时间	获得加盟信息的来源	性别	年龄	籍贯	学历	……	备注
1									
2									
3									
4									
5									
6									
……									

上表中的"受许人或潜在受许人的档案信息"应该包括以下内容。

（1）与特许人第一次沟通的时间、方式。

（2）受许人获得加盟信息的来源。

（3）性别。

（4）年龄。

（5）籍贯。

（6）学历。

（7）是否已婚。

（8）联系方式。

（9）居住区域。

（10）欲加盟区域。

（11）欲单店加盟、多店加盟还是区域加盟或采取别的加盟形式。

（12）欲自己加盟还是有合伙人。

（13）欲实施加盟的时间。

（14）可投入资金。

（15）资金来源。

（16）有无行业经验。

（17）有无商业经验（需说明是多少年的经验、什么商业的经验）。

（18）是否有职业。

（19）什么职业。

（20）是否有店铺。

（21）已有店铺的位置和面积。

（22）店铺是否为自有产权。

（23）店铺租金。

（24）店铺楼层。

（25）每次沟通时间和内容精要。

（26）成交时间。

（27）其他。

对于所有客户，我们可以把他们分为四大类，分别如下。

（1）准成交客户，指的是签订特许经营合同或加盟意向书的意愿、时间已经确定的客户。

（2）强意向客户，指的是明确表示愿意考虑加盟的客户。

（3）意向客户，指的是没有明确拒绝，但也没有明确表示愿意考虑加盟的客户。

（4）非客户，指的是明确表示不会加盟的客户。

对上述四类客户，我们可以把他们统一记录在招商的四类记录跟踪表里，并用不同的颜色代表不同的客户，以便查找、统计。也可以分别为这四类客户建立不同的表格，然后随着招商沟通的进行，不断地把客户归于不同的类别里。

记住，因为非客户是明确表示不会加盟的客户，所以招商人员在确认某客户为非客户的时候，一定要慎重，反复斟酌，判断准确，因为一旦进入非客户名录里，招商人员就不再继续跟进，或者，此类别的客户需要交接给其他的招商人员。原则上，只要进入非客户名单，此名单里的客户就应该由另一个招商人员跟进了。

【练习与思考】

（1）寻找一个特许人企业，为其设计完整的单店营建计划。

（2）寻找一个特许人企业，为其设计完整的受许人培训计划。

（3）寻找一个特许人企业，为其设计完整的供应链体系。

第四篇　成功构建第四步：复制体系、招商体系的设计、标准化、手册编制与实施

（4）寻找一个特许人企业，为其设计受许人生命周期或特许经营全流程。

（5）寻找一个特许人企业，为其设计招商全流程。

（6）寻找一个特许人企业，为其设计加盟阶段签订合同的流程。

（7）寻找一个特许人企业，为其设计招商说明会即 OPP 会议的流程。

（8）寻找一个特许人企业，为其设计接待来总部考察的潜在受许人的流程。

（9）寻找一个特许人企业，为其编制加盟指南。

（10）寻找一个特许人企业，为其编制加盟条件的双版本。

（11）寻找一个特许人企业，为编制招商战略规划。

（12）寻找一个特许人企业，为其编制加盟档案。

（13）寻找一个特许人企业，为其编制招商部工作手册。

（14）寻找一个特许人企业，为其编制加盟常见问题与回答手册。

（15）寻找一个特许人企业，为其编制受许人的成败案例手册。

（16）寻找一个特许人企业，为其计算开店数量以及直营与加盟比例。

（17）你认为招商的渠道还有哪些？写出至少 50 条。

（18）寻找一个特许人企业，为其设计招商部部门职能、组织架构与岗位职责。

（19）你认为应如何激励招商人员呢？

（20）寻找一个特许人企业，为其编制特许人企业招商部薪酬体系及绩效考核管理制度。

（21）在防止招商与后续的营建等工作脱节方面，你有什么好的建议吗？

（22）在潜在受许人信息的分配方面，你有什么好的建议吗？

（23）你对招商的四类记录跟踪表有什么好的改进建议吗？

第五篇　成功构建第五步：
督导体系、合同及备案和信息披露的法律法规体系、TQM 体系的设计、标准化、手册编制与实施

[本篇要点]

本篇的第一节主要是讲解督导体系的设计、标准化、手册编制与实施，目的是使读者掌握督导的方法和技巧。

本篇的第二节主要是讲解特许经营的系列合同以及特许人企业所需要做的法律法规方面的准备工作，包括备案和信息披露，目的是使读者掌握特许经营合同的基本内容，意识到特许经营活动必须在法律法规的框架内开展，掌握实际的备案和信息披露的内容与方法。

本篇的第三节主要是讲解全面质量管理的若干知识及其在特许经营模式中的实际应用，目的是使读者以全面质量管理的思想意识来动态、科学地管理整个特许经营体系。

对特许人而言，在特许经营体系建立之后，并不就等于宣告万事大吉了。相反，特许人的许多烦琐、复杂的工作才刚刚开始。特许经营体系建立之后，特许人企业要继续进行该体系的督导体系的构建和全面质量管理，随时维护与不断地更新，这样才能在瞬息万变的激烈市场竞争中永葆活力，不至于被竞争者和无情的市场吞噬。同时，企业为了在市场中守法运作，还必须进行特许经营的备案和信息披露工作。

第二十二章　督导体系的设计、标准化、手册编制与实施

在一个完善的特许经营体系中，对受许人的有效管理是整个体系至关重要的环节，也是科学地对整个特许经营体系实施有效控制与支持的基础。在这个以特许人为中心的特许经营体系之中，特许经营总部的支持与控制自然也就成为总部非常重要的任务。整个管理机能需要总部的管理职能部门与其他各部门密切配合，针对受许人所开展的运营活动予以监测、检讨和调整，并综合分析机能、计划机能和控制机能，最终通过督导员实施培训、指导和监督，以达成管理目标，实现有效控制与支持，从而保证整个体系的高效平稳运转。

一、督导工作的组织架构图

特许经营体系的督导一般是客服部的工作内容之一（见图 22-1），当然，也可以单独地划分出来，设立一个单独的部门——督导部（见图 22-2）。

第五篇　成功构建第五步：督导体系、合同及备案和信息披露的法律法规体系、TQM体系的设计、标准化、手册编制与实施

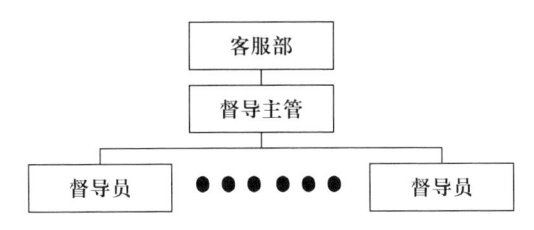

```
        客服部
          │
        督导主管
          │
   ┌──────┴──────┐
  督导员  ●●●●●●  督导员
```

图22-1　督导工作隶属于客服部的组织架构图

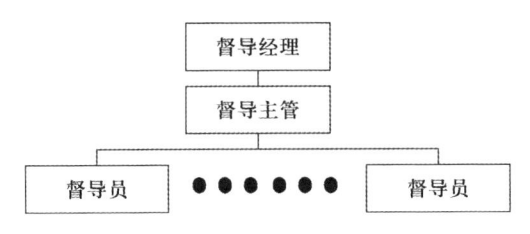

```
        督导经理
          │
        督导主管
          │
   ┌──────┴──────┐
  督导员  ●●●●●●  督导员
```

图22-2　专门的督导部的组织架构图

二、督导员的分类

按照不同的标准，一家特许经营企业的督导员可以分为多种类别。

（一）按照督导员身份来源分类

（1）专职督导员，指的是特许经营体系所聘的专职工作人员。

（2）兼职督导员，可以有多种来源。比如，企业在其顾客中邀请他们积极参与，即每个顾客都可以成为本体系的义务督导员。另外，企业也可以在社会上公开邀请兼职人员担当。

需要说明的是，对于兼职督导员的要求要比专职督导员低得多，即并不要求他们像专职督导员那样具有专业的督导素质。

（二）按照督导员所负责的地理区域分类

比如在中国领土内的话，可以设置华北区督导员、华南区督导员等。

（三）按照督导内容或督导对象分类

可以分为专项督导员和综合督导员。

比如对于餐饮企业而言，专项督导员可以分为前厅督导员和后厨督导员等，综合督导员所督导的范围则应包括前厅和后厨等多个方面。

三、督导的方式

为了提高督导的效果，企业的督导未必一定是公开的、事先通知的、定期的。事实证明，隐蔽的、不期而至的、非定期的督导的效果更好，因为这样可以使被督导的对象时刻保持"紧张"状态，否则的话，很容易使督导变成一种形式和猫捉老鼠的游戏。

例如，麦当劳就有三种检查督导制度：一是常规性月度考评；二是公司总部的检查；三是抽查，即在选定的分店每年进行一次。地区督导常以普通顾客的身份去加盟店

考察食品的新鲜度、温度和味道，地板、天花板、墙壁、桌椅等是否整洁卫生，以及柜台服务员为顾客服务的态度和速度等。另外，公司还会有各种各样的神秘顾客，他们可能会在任何时刻光临任何一家单店。如此定期和不定期的经常性督导使得任何一家麦当劳店的经营者时刻都不敢马虎、懈怠，这也正是麦当劳各店的经营始终如一的最主要原因之一。

7-11便利店公司会为每6～8个便利店配一位"店铺教官"或"经营咨询师"，他们每周去两次店铺进行2个小时以上的对话。这个"店铺教官"或"经营咨询师"的实质就是督导人员。（资料来源：鱼多多，《7-11玩转零售的秘密》）

通常而言，督导的方式可以分为以下几类。

（1）现场督导。即督导人员亲临单店现场进行实际的监督与指导工作。

（2）非现场督导。指的是督导人员没有亲临现场就可以实现对单店的督导，具体采取的手段包括以下几个。

- 信息系统：比如通过MIS、POS、EDI等就可以督导单店的部分工作
- 通信工具沟通：具体的工具可以包括电话、传真、QQ、E-mail等
- 第三方反馈：比如顾客投诉、政府管理部门的通知、供应商意见、媒体报道等
- 其他

四、综合督导员的岗位职责

（1）单店的规划与商品配置的督导工作。

（2）单店的每日开店作业流程、进度说明及控制重点的督导工作。

（3）单店的整洁管理的督导工作。

（4）单店的安全管理，如防火、防盗、防骗、防抢、防止意外伤害等的督导工作。

（5）单店的设备使用、维修及保养的督导工作。

（6）单店的门店商品管理，如进货验收、损坏品处理、商品调拨、退货处理、商品价管理、盘点、商品耗损防止的督导工作。

（7）单店的收银、钱财、会计等财务管理的督导工作。

（8）单店的服务管理的督导工作。

（9）单店的人员出勤管理的督导工作。

（10）单店的退货作业、损耗管理的督导工作。

（11）接受上级主管的业务督导和业务培训。

（12）监督市场价格。

（13）维护品牌形象。

（14）监督顾客对服务的满意程度。

（15）监督特许经营系列合同的执行。

（16）信息、情报的收集、分析与管理。

（17）负责区域经营报表的汇总及分析，及时反馈给总部。

（18）按时提交区域市场的开发进度和市场分析报告。

（19）定期与不定期地进行店铺巡查，以销售业绩的提高为目的，进行终端维护与督导。

（20）了解单店的经营状况并提出建设性意见，协助其制定切实可行的店铺营销方案。

（21）对单店进行必要的培训。

（22）协调不同单店之间的利益和纷争。

（23）协调总部和单店之间的关系。

（24）与其他部门紧密合作，完成上级主管布置的工作任务。

（25）执行上级主管布置的其他事项。

五、督导的工作流程

（1）制订工作计划。

（2）设定标准并执行。

（3）对存在的问题进行分析和解决。

（4）上述内容的反复循环。

六、督导工作的管理规章制度

（1）对于各个具体的受许人制定相应的核检标准。

（2）定期和不定期地进行督导。

（3）将督导结果记录备案，观察其进步或退步情况。

（4）对成功的经验进行总结归纳，对不足之处加以分析并提出改进方案。

（5）根据改进方案，制订培训计划，督导改进。

七、督导工作的主要内容

必须注意的是，督导员并不仅仅是进行简单的检查、考核工作和对单店的经营行为进行监督，还应善于发现单店存在的问题以及帮助解决这些问题，帮助、指导单店提升业绩和改进经营水平，即督导员不但要会"督"，更要会"导"。同时，督导员本身还是单店与总部间沟通的桥梁，因此，督导员要做好上通下达的工作，保证体系中的信息上下顺畅流动。

总部对加盟店的督导主要应包括两个大的方面。

（1）加盟店本身的经营管理的各个方面，包括硬件、软件，或有形的和无形的所有方面。

（2）受许人履行对特许人的加盟义务方面，比如交纳特许经营费用、履行特许经营合同等。

具体而言，督导工作的主要内容或对象如下。

（一）商品

（1）店面商品构成：根据总部的统一规划进行商品陈列，主力商品、辅助商品、刺激性商品（销售性商品、观赏性商品、诱导性商品）等都要随市场情况而不断变化。

（2）商品陈列：主要包括商品陈列的空间、色彩、位置、种类等方面。

（3）商品价格。

（4）库存和盘点。

（5）其他：包括商品的包装、质量、数量、来源、宣传措施、附赠品、品牌等。

（二）店面

主要包括店前空间、店面外观、橱窗摆设、店内布局、色彩、陈列设备及用具的维护和选用、店内卫生等。

（三）销售

（1）销售状况，包括硬件和软件。

（2）促销状况，包括硬件和软件。

（四）顾客服务

单店经营活动的最关键环节就是对顾客的服务。现代商业竞争的本质是争夺顾客的竞争，谁的服务做得更细致、更能满足顾客的需求，谁就能赢得顾客，谁就能在竞争中立于不败之地。

顾客服务督导的主要内容如下。

（1）顾客服务程序。

（2）顾客服务内容与质量。

（3）接待顾客技术。

（4）顾客档案管理。

（5）顾客服务的相关硬件与软件状况。

（五）人员

人员督导指的是对单店内各个岗位工作人员实际工作情况的检查。具体包括以下方面。

（1）仪表：包括着装、化妆、工作牌佩戴、精神面貌等。

（2）言谈举止：是否符合企业规范。

（3）数量。

（4）出勤和上岗情况。

（5）岗位技能。

（6）人力资源管理的其他方面。

（六）其他

（1）员工的培训状况、单店参加总部培训的状况等。

（2）广告宣传的硬件和软件。

（3）特许经营系列合同的履行情况。

（4）广义的 CIS 的贯彻、实施情况。

（5）财务会计与税收管理情况。

（6）总部规定的其他事项的执行状况。

按照前文对于督导员的分类，专项督导员可以只督导上述内容的一部分，但综合督导员就需要负责上述内容的更多部分甚至全部。

八、综合督导员的职业素质要求

综合督导员的职业素质要求很高，并不是任何人都能胜任的。因为他必须对整个特许经营体系、总部、单店的人、财、物以及所有工作的方方面面都有所了解才行，如果他自己对什么是正确的、什么是应该的都搞不清楚，又怎么能去督导别人呢？

（一）综合督导员所需要的基本知识

（1）本体系督导员的工作职责及行为模式。

（2）特许人企业的规章、制度、政策、中长期发展计划、历史、现状及未来。

（3）国家、地区、行业的相关政策法令。

（4）特许经营系列合同。

（5）特许经营体系运营手册的内容。

（6）特许经营的基本理论。

（7）企业诊断的基本技术。

（二）综合督导员所需要的基本专业知识

（1）商圈调查与商情分析知识。

（2）店铺销售策略、促销策略制定方法。

（3）盘损分析与行动计划制订方法。

（4）谈判技巧。

（5）POS情报运用与商品管理知识。

（6）门市店辅导实务技巧。

（7）单店运营的相关知识，包括财务会计、物流配送、人力资源、广告宣传、市场推广等方面的知识。

（三）综合督导员所需要的基本管理才能

（1）领导的才能。

（2）建立团队的能力。

（3）咨询辅导和培训的能力。

（4）组织、沟通与人际关系能力。

（5）问题分析与决策能力。

（6）时间管理能力。

（7）压力管理能力。

（8）公关能力。

（9）计划能力。

上述职业素质要求是针对综合督导员而言的，对于专项督导员、兼职督导员而言，其职业素质要求就不必这么严格，只要具备上述要求中的某些就足够了。

【专题】建立对受许人的超级管控体系

受许人是在雇主、雇员之外的第三种独特的职业，兼具雇主（或独立老板）与雇员、主体与从属等的部分特征，所以对于受许人的管控需要采取独特的手段，不能简单地照搬人力资源管理或商业合作等的管控方法。

对于受许人的管控手段不能依赖"一招鲜"，应多样化、全面化、系统化、长期化、标准化，从政府反贪、军队管理、工厂控制质量、老师管理学生、金融征信管理、社会治安、员工考核、团队管理、国家治理等中汲取经验和教训，然后结合特许经营的商业模式特点开发出一套独特的理论与方法，但是其关键在于建立一整套完善、完整、科学的管控体系。

为此，特许人至少需要做到如下五点。

一、删除"管控"意识，树立"服务"意识

这就要求特许人将受许人作为特许权这类特殊商品的消费者来对待，树立"服务"受许人而非"管控"受许人的意识。

在"服务"的意识或理念之下，企业对待消费者的许多方法、心态和行动等就可以直接被特许人拿来以对待受许人，比如特许人应把受许人当成上帝，让受许人百分百满意，给受许人提供物超所值的价值，在设计产品和服务等的时候从受许人的角度进行反向思维，先受许人之忧而忧、后受许人之乐而乐等。

所以，下文再提到管控时，我们都要为管控加个引号，即称之为"管控"，以时刻提醒读者真正强大的管控、管控的最高境界其实是服务。

二、全程"管控"

对受许人的"管控"应从零开始，并贯穿始终，绝对不能三天打鱼、两天晒网。

所谓全程，指的是特许人应本着防患与救灾并重的原则，从设计单店一直到加盟合同终止，以及竞业禁止期结束的整个时间过程，都应一直坚持"管控"。

在不同的时期，需要特许人采取不同的科学方法，具体如下。

1. 在设计单店时

特许人应该充分考虑到日后"管控"的便利性，比如安装监控、采用统一的信息系统、采用统一的收银系统、把单店的有形和无形的内容标准化、编制系列的统一化手册等。

2. 在设计特许权时

对于所有纳入特许权里的有形和无形的工业产权和/或知识产权，特许人都应考虑到能否更好地让受许人遵循统一化规定，并且能否方便地获得受许人是否违规以及违规比例的相关信息。比如特许权中，有的内容如果很难标准化，那么就不要纳入特许权里

第五篇　成功构建第五步：督导体系、合同及备案和信息披露的法律法规体系、TQM 体系的设计、标准化、手册编制与实施

而改由特许人统一实施，如特许人自己生产后统一配送给受许人成品或半成品，或者指定供应商等，尽量减少受许人在单店现场质量不稳定模式下制作的比例，如此，质量的"管控"就会更容易些。

对于特许权的约束条件，包括加盟期、特许经营费用、商圈保护、再特许权利等，特许人也要设计得便于"管控"，比如在合理的前提下尽可能缩短加盟期或对守规程度不同的受许人在续约时的加盟期长短上有所区分，对于违规的受许人依据违规程度分别决定是否续约，对于违规程度不同的受许人采取不同的加盟金征收制度，对于受许人违规在保证金上设置经济处罚，对于违规程度不同的受许人在开新店上予以不同的政策，等等。总之，特许人要充分利用这些约束条件，鼓励遵守特许经营规则的受许人，惩罚不遵守规则的受许人。

3. 在确定招商战略规划时

特许人应充分考虑到一些招商战略。在意欲招商的区域上，特许人应考虑自己的督导人员能否方便地"管控"，如是否方便统一配送、巡店等；在受许人画像上，特许人应考虑将遵守规则的个人或组织的特征列入受许人画像的因素里；在确定业内招商而不是业外招商的时候，要充分考虑业内或有行业经验的人是否因既有经验、经历、思维、资源等而更容易"失控"；在加盟店的日常运营上，特许人可以考虑特许人的团队全部或部分托管加盟店；等等。

4. 在制定加盟条件时

在制定加盟条件时，特许人应该充分考虑到"管控"的问题并在加盟条件里充分显示，比如对该申请人或潜在受许人的过往经历、诚信程度、人品等进行审核，对于那些上过失信名单、有违法犯罪前科、被媒体曝光过等的申请人或潜在受许人必须慎之又慎，将这些条件的评分权重加大，或者可以将这些条件的一部分直接列为一票否决的加盟条件。

5. 在招商洽谈时

从言谈举止等各个方面观察、判断受许人是否具备遵守规则、服从"管控"的品质。有时，生活上的一些小细节也可以反映出一个人遵循规则的意愿或程度，比如约会的准时性、礼貌程度、开车是否系安全带、过马路是否遵守红绿灯、对承诺的履行度等。

6. 在审核申请人或潜在受许人时

在招商审核中，特许人应对加盟申请人或潜在受许人进行背景调查、背对背打分等，以防止特许人招商团队的个人偏向和主观意愿导致选择错误。

7. 在签订特许经营合同时

特许人应准备好包含了"管控"内容的科学的特许经营系列合同，比如规定好受许人在哪些方面必须服从规定，什么可为，什么不可为，以及如果违规，其应该受到什么处罚。

特许人应把这些合同一起纳入专门为每个受许人建立的受许人档案中，以确保对受许人的终生行为进行记录取证，并定期不定期地举行受许人在守规违规方面的评比等活动。

8. 在对受许人培训时

特许人可以采用所有加盟店人员都必须持证上岗、人员定期或不定期更新"证"、抽查人员岗位技能、开展员工和店面的自查与互查等方式。在培训课程的设置上，除了硬技术、软技术的培训课程外，还应设置企业文化课程、特许经营规则课程，内容包括受许人的权利义务、违约责任、督导体系等。

特许人应把企业文化等软性手段和特许经营的合同、督导等硬性手段结合起来，把奖励和处罚结合起来，把利益吸引和压力制约结合起来。

对于受许人的守规培训必须常态化，要定期和不定期地举行，可以采用授课、现身说法、通告、评比、标语张贴、树立标杆和样板、参观考察、互查互纠等多种形式。

9. 在编制受许人手册时

应在手册里尽量全面、详细地规定受许人应该做什么和不应该做什么，以及对应的结果和后果。

10. 在加盟店的正常经营中

特许人要采用多种手段，包括现场巡店、定期盘点与对账、要求受许人每月提供财务报表、搜集顾客投诉、关注媒体报道、开展消费者调查、开展定期或不定期的专项检查运动、关注与搜集网友评论、查询和研究单店人员与消费者的朋友圈动态等。

11. 在对受许人提供客户服务时

特许人应敏锐捕捉受许人的思想和行为动态，一旦发现其有违规、"失控"的不良苗头，应迅速采取行动将其消灭在萌芽状态，阻止事态继续恶化。

同时，特许人还需要特别加强与受许人的感情交流。通常，关系好了之后，不管是出于友情的考虑还是碍于面子，受许人遵循规则的可能性会更大些，特许人"管控"的时候也能更方便、更直截了当地指出问题和提出建议。

特许人必须开通24小时的受许人热线电话或提供其他沟通方式。很多时候，受许人都是在自己的不满、抱怨、建议等得不到妥善处理之后，才被迫走上"失控"之路的。特许人如果能认真对待受许人的每一个不满、抱怨、建议等并切实地给受许人满意的处理方案，那就可以大幅度地减少受许人的"失控"现象，加强对受许人的"管控"。

12. 在加盟中止或终止时

要依据受许人档案中受许人守规和违规的情况与受许人进行中止或终止前"结算"，并继续密切关注退盟后的受许人是否有违规现象。对于那些加盟期间违规较严重的受许人，在其退出体系后应给予特别的关注。

三、全面"管控"

为了全面地"管控"受许人，特许人需要针对受许人所有可能的"失控"事项提前准备好相应的措施，因为有些受许人的"失控"行为的根源可能并不在于受许人，而是在于特许人。

下表是一些常见的受许人"失控"现象与特许人的对策举例。

常见的受许人"失控"现象与特许人的对策举例

序号	常见的受许人"失控"现象	特许人的对策举例
1	私自开新店	1. 加强督导，发现后严厉处罚 2. 鼓励其他受许人和消费者等举报
2	泄露商业秘密	1. 签订保密协议 2. 申请相关专利 3. 把商业秘密物化为不易泄露的有形物 4. 建立商业秘密的"护城河" 5. 涉及商业秘密的关键岗位由特许人团队托管
3	逃避交费义务	1. 受许人的收入统一归到特许人处，由特许人对加盟店的收支进行统一管理 2. 抵扣保证金 3. 先款后货 4. 收取押金
4	违反统一化规定	1. 加强督导、培训，要求持证上岗 2. 特许人托管 3. 加大守规奖励和违规处罚
5	私自采购或窜货	1. 统采统配 2. 指定产品或服务标准 3. 指定供应商 4. 借助统一的信息系统 5. 随时抽查
6	降低产品和服务质量	1. 加强督导、培训 2. 随时抽查 3. 加强统一化配送的比例 4. 特许人托管
7	做假账	1. 审计 2. 盘点 3. 借助统一的信息系统和收银系统
8	不参加特许人的培训、会议等活动	1. 将培训、会议等活动参加情况与对受许人的经济奖惩、续约条件、进货折扣、返点数量等挂钩 2. 提升培训、会议等活动的价值 3. 培训、会议等活动免费或降低受许人需要支出的费用

续表

序号	常见的受许人"失控"现象	特许人的对策举例
9	拒绝促销活动	1. 优化促销政策 2. 加强与受许人的沟通 3. 提升加盟店参与促销活动的实际收益
10	对特许人的支持等不满而自行其是	1. 成立受许人咨询委员会，收集受许人的意见并改进 2. 在对受许人"领进门、扶上马、送一程、保终生"的思想指导下不断完善和提升特许经营体系 3. 加强沟通 4. 建立和维护与受许人的友情

当然，随着店数的增多，特许人可能会遇到越来越多、各种各样的受许人"失控"现象，因此应注意搜集、整理、总结这些现象，采用集体讨论等方式汇编出科学的应对之策，并有针对性地改进自己的"管控"体系，或者编制一本受许人常见"失控"事项与预防、对策之类的手册。

四、全员"管控"

显然，在上述全程、全面"管控"的时候，需要特许人的不同部门或人员对接受许人的不同部门或人员，而只有当每个部门与人员都负起责任来，切实地实施"管控"体系时，特许经营的"管控"才能真正取得成功。

特许人需要在督导部牵头和为主的前提下，实施全员的"管控"。

五、建立强大的督导体系

一个强大的督导体系至少应包括：特许人设立单独的督导部门，设置专职和兼职的督导员，根据每个督导员的实际能力和连锁分店的分布等实际情况确定每个督导员的督导半径，对督导员本身严格考核，编制标准化的督导手册，规范督导内容、对象、方法方式、工具、制度、流程、技术等。

总而言之，如果特许人能做到上述几条的话，笔者相信特许人的"管控"一定会非常成功，一定会最大限度地消灭"失控"现象，不会被"加盟不如直营好控制"的谎言误导。

第二十三章 合同及备案和信息披露的法律法规体系的设计、标准化、手册编制与实施

第一节 特许经营合同

广义的特许经营合同分为特许经营主合同及辅助合同，其中，特许经营主合同又可

分为单店特许经营合同、多店特许经营合同和区域特许经营合同。

一般而言，双方在签订正式的特许经营合同之前都要签署一份特许经营加盟意向书，其目的是给潜在受许人一定的时间来慎重考虑是否加盟，或者给潜在受许人一定的时间来选址、筹集资金等。在此期间，特许人一般不能再将潜在受许人意欲加盟的区域单店的特许权再授予他人，潜在受许人也不能再选择其他的特许人。

第二节　特许经营主合同

经过多年的发展，特许经营主合同基本已经定型和模板化，但国内外的特许经营主合同是有较大差别的。本书仅就国内的特许经营主合同做一简单陈述，有深入研究兴趣的读者可以参阅相关的书籍。

特许经营主合同又可分为单店特许经营合同、多店特许经营合同和区域特许经营合同。前两者与第三者的条款事项大致相同，只是具体内容上存在差异，但我们可以把区域受许人视为一个特殊的单店受许人，并以此来改写单店特许经营合同为区域特许经营合同。此处仅以单店特许经营合同为例来说明特许经营合同的结构及内容。

目前，国内的单店特许经营合同大致包括四个组成部分，即合同引言、合同中关键用语释义、合同的主体部分以及合同的附件。具体包括的内容和条款如下（注意：这是一个作为示例的特许经营合同，特许人可以根据自己的实际需要进行修改。下面的叙述略去了合同前的双方名称、地址等以及合同结尾的签字）。

一、合同引言

主要说明特许人的特许权内容、声明特许人的商标是已经注册过的合法商标，以及明确本合同的意图。

二、合同中关键用语释义

说明合同中一些简略词的准确全称，比如合同里常用的"甲方""乙方""非独占许可""特许人的标志""特许业务""生效日""加盟店店长"等。

三、合同的主体部分

合同的主体部分共有二十二条，分别如下。

第一条　特许授权的内容

说明该特许权的授予对象、内容、时间期限等，以及合同续签等事项。

第二条　加盟店的所在地

说明加盟店的具体地址与要求，以及加盟店地址的变更办法、程序、条件等。

第三条　特许费用

主要说明应交纳的特许经营费用的名称、内容、数额、交纳的具体办法以及未交的惩罚措施等。

第四条　特许人的权利

主要说明特许人对受许人拥有监督和收取相应的特许经营费用等权利。

第五条　特许人的义务

主要说明特许人在受许人开业前后所应尽的义务，比如培训、开店指导、商品配送、广告宣传等。

第六条　受许人的权利

主要包括受许人有权使用或经营特许人授予的特许权，获得特许人提供的支持、指导和帮助等。

第七条　受许人的义务

主要包括受许人按规定支付特许经营费用、按特许人的 CIS 及手册规定建设单店、按与特许人的约定运营单店、维护特许人的商标及声誉、遵守特许人单店手册的运营规定、接受特许人的监督与管理、保守商业秘密、同侵犯特许人商标权的行为做斗争等。

第八条　特许人声明

主要是确认特许人关于商标、合同限定内容以及对签约人的授权等的认识。

第九条　受许人声明

主要是确认受许人关于单店地址、加盟意图、遵守手册等的认识。

第十条　当事人关系

本条款旨在说明受许人是且应为一个独立的缔约方，本合同中任何规定不得解释为在特许人和受许人之间建立代理人、联营关系或共同投资人关系。除非本合同另有规定，特许人或受许人皆不得以对方的代理人或代表人的身份开展活动，或承担对方的各项债务及相关财产责任。未经特许人的许可，受许人不得为他方的债务提供担保。

第十一条　合同权益的转让

说明受许人转让该合同时的条件、程序以及应交纳给特许人的费用等。

第十二条　特许人保留的权利

主要是阐明并确认特许人关于其特许权内容的权利，比如在受许人确认及同意的条件下，特许人有权随时修改和补充其按照本合同授权给受许人使用或经营的特许经营体系，以及在本合同有效期内，对特许经营体系所做的任何改进应归特许人所有，并以特许人名义就该改进部分取得相应的工业产权和／或知识产权等。

第十三条　合同的终止

主要是说明不同的合同终止方法及相应的程序、结果等，既包括特许人的终止，也包括受许人的终止，既有正常的终止，也有非正常的终止。同时本条款还应对不同终止情况下特许人和受许人各自应负的责任进行说明。

我国《商业特许经营管理条例》中第十二条也必须满足："特许人和被特许人应当在特许经营合同中约定，被特许人在特许经营合同订立后一定期限内，可以单方解除合同。"

第十四条　合同终止后受许人的义务

主要是说明本合同因故终止（包括期满或提前终止）时受许人应尽的义务以及未

尽义务时的惩罚办法。受许人的义务有支付应付特许人的所有特许费用、立即并永远停止使用特许人体系的所有工业产权和／或知识产权、在规定期限内将含有特许人标记的物品退还特许人或销毁、尽快并永远停止以特许人加盟店或受许人的名义进行对外活动等。

第十五条　违约责任

本条款主要是说明特许人和受许人各自违约时所应承担的责任。

第十六条　不可抗力

主要是对"不可抗力"进行定义，说明在发生不可抗力事件时各方应采取的措施，规定在出现不可抗力时合同的部分或全部义务可能被免除。

第十七条　争议的解决

主要说明双方在发生争议时的解决原则、办法、程序等。

第十八条　可分割性

主要是说明如果本合同的某一或若干条款在任何方面无效、非法或无法执行，这些无效、非法或无法执行的条款将视为从未包括在本合同中。其他条款的效力不变，同时具有法律效力，并可执行。

第十九条　通知

主要是说明在本合同项下发出通知的格式、时间、方式等要求，以及特许人和受许人各自接收通知的具体地址、邮编、传真号、收件人与地址变更的应对事项等。

第二十条　对合同的弃权

主要是说明特许人和受许人对于弃权的约定，比如规定：合同中的任何一方对于对方任何违反本合同规定的弃权不应当视为对任何后续违约或其他类似违约的弃权。

第二十一条　对合同的变更、解除和终止

说明合同变更、解除和终止的条件、内容及程序等要求。

第二十二条　其他约定事项

包括附件说明、本合同适用法律、合同的有效期、份数、解释权等。

四、合同的附件

通常可以包括特许人单店的经营范围及工作程序、合同中提及的受许人必须遵守的手册、加盟店设计图及照片等。

按照我国 2007 年 5 月 1 日实施的《商业特许经营管理条例》的规定，特许经营合同应当包括下列主要内容：

（一）特许人、被特许人的基本情况；

（二）特许经营的内容、期限；

（三）特许经营费用的种类、金额及其支付方式；

（四）经营指导、技术支持以及业务培训等服务的具体内容和提供方式；

（五）产品或者服务的质量、标准要求和保证措施；

（六）产品或者服务的促销与广告宣传；

（七）特许经营中的消费者权益保护和赔偿责任的承担；

（八）特许经营合同的变更、解除和终止；

（九）违约责任；

（十）争议的解决方式；

（十一）特许人与被特许人约定的其他事项。

第三节 特许经营辅助合同

在特许经营过程中，特许经营双方除了需要签订标准、独特和主要的特许经营合同外，还需要根据行业、地域、时间、特许双方等的不同签订其他的合同作为辅助。这一系列的特许经营合同才构成完整的特许经营法律文件体系。

作为受许人而言，其之所以要选择加盟而非独自创业的方式，主要原因之一就是希望能够获得来自总部或特许人的支持，其中包括提供企业在创办和运作过程中所需的一系列法律性文件，比如工程装修合同、工程保修合同、房屋租赁合同、人员管理中的劳动合同、保密协议、产品或设备购买合同、广告代理合同、运输合同以及行业内的专有合同等，这些合同是所有企业都有的普遍性法律文件。

但由于特许经营商业模式的独特性，在特许经营辅助合同里，还有一些独具特色的合同，比如商标许可合同、防止腐败合作协议、软件许可与服务协议、保证金合同、竞业禁止协议等。

谢尔曼在《特许经营手册》(The Franchising Handbook)中列举出了特许经营合同中通常使用的补充合同样本。谢尔曼认为，特许经营合同不是受许人在被授予特许经营权时所签订的唯一文件。根据特许人想要得到法律保护的程度、特许人与受许人之间经济关系的性质以及特许经营体系在运营时所依据的行业规则，下列文件可能也是必不可少的。[1]

▲ 全面弃权文件。

▲ 个人担保文件。

▲ 租赁协议。

▲ 特许经营合同下受许人经营地点选择附录。

▲ 雇员非竞争和不泄密协议。

▲ 特别弃权书。

▲ 存货购买协议。

▲ ……

---

[1] 谢尔曼.特许经营手册[M].李维华，张恒，译.北京：机械工业出版社，2005.

第五篇　成功构建第五步：督导体系、合同及备案和信息披露的法律法规体系、TQM体系的设计、标准化、手册编制与实施

【实例23-1】加盟意向书实例

下面举一个加盟意向书的例子，供读者学习、研究和实战时参考。但要注意，每个特许人都要根据自己的实际情况来拟订一份加盟意向书，而不能生搬硬套别人的意向书。同时，为出版需要，下面的内容有所删改，因此与实际的意向书并不完全相同。

甲方：
法定代表人：
地址：
邮编：
电话：

乙方：
法定代表人：
地址
邮编：
电话：

经甲乙双方协商一致，本着互信、互惠、互利的原则，就乙方加盟"***"达成如下共识及意向：

1. 甲方许可乙方具备在＿＿＿＿＿＿＿＿＿＿＿＿＿＿＿＿（精确地址）经营"***"加盟分店的候选资格，在此同意接受其申请，并与乙方进行进一步的正式加盟谈判。

2. 在本意向书签订时，乙方向甲方交纳保证金＿＿＿＿＿元人民币。甲方向乙方出具保证金收据。在双方签订正式的特许经营合同时，此保证金从乙方应交的加盟金中扣除，乙方返还保证金收据。保证金不计利息。

3. 甲方在乙方支付保证金并签订本意向书后，至甲乙双方签订正式的特许经营合同前，为乙方保留加盟资格＿＿＿＿天。甲方承诺在本合同有效期内，不再将本合同约定的区域特许权许可给第三方。

4. 在本合同约定的加盟资格保留期限内，乙方应遵循甲方的指导并努力按照甲方的要求进行选址。

5. 在本合同约定的加盟资格保留期限内，若乙方没有按照甲方的要求进行选址，甲方有权收回乙方的加盟资格，同时，在保证金中扣除甲方因指导乙方选址等而产生的相关费用（包括但不限于甲方人员的工作报酬、食宿费用等），余额返还乙方，乙方返还保证金收据。

6. 甲乙双方承诺在签订正式的特许经营合同之前的谈判、考察等时间内，向对方提供的资料、信息等都是真实可靠的。如果甲方有弄虚作假和故意隐瞒的情况，乙方有权要求甲方承担双方谈判和选址等的一切费用；如果乙方有弄虚作假和故意隐瞒的情况，甲方有权要求乙方赔偿双方谈判和选址等的一切费用。

7. 乙方在与甲方谈判中所获取的有关甲方的商业经营资料、信息，以及"***"特许经营体系的资料、信息均属于甲方的商业秘密，乙方应采取相应的保密措施，保证其自身及工作人员不自己利用或向任何第三方泄露该信息资料；否则，乙方应向甲方赔偿因此造成的一切损失。此保密义务在本合同终止后继续生效。

8. 甲方在与乙方谈判中所获取的有关乙方的商业经营资料、信息，均属于乙方的商业秘密，甲方应采取相应的保密措施，保证其自身及工作人员不自己利用或向任何第三方泄露该信息资料；否则，甲方应向乙方赔偿因此造成的一切损失。此保密义务在本合同终止后继续生效。

9. 本合同权益不能转让给第三方。

10. 甲乙双方应严格遵守本意向书的规定，履行本意向书下的义务。任何一方当事人违反，均应向对方赔偿因其违约而造成的一切损失。

11. 因本意向书产生或与本意向书相关的一切纠纷，应提交×××仲裁委员会仲裁裁决，该裁决对甲乙双方均具有约束力。

12. 本意向书自签订之日起生效，甲乙双方共同遵守，并据此谈判签订特许经营合同。本意向书一式两份，双方各执一份。

13. 在双方签订正式特许经营合同后，本合同自动终止。

14. 若在本合同规定期限内未签订正式特许经营合同，则本合同有效期截止至_____年____月____日，届时，本合同将自然终止。

甲方（盖章）：_____　　乙方（盖章）：_____
法定代表人（签字）：_____　　法定代表人（签字）：_____
委托人（签字）：_____　　委托人（签字）：_____
地址：_____　　地址：_____
签订时间：_____年____月____日　　签订时间：_____年____月____日

【实例23-2】单店特许经营合同实例

下面举一个单店特许经营合同的例子，供读者学习、研究和实战时参考。但要注意，特许人应根据自己的实际情况来拟订单店特许经营合同，而不能生搬硬套别人的合同。同时，为出版需要，下面的内容有所删改，因此与实际的合同并不完全相同。

第五篇　成功构建第五步：督导体系、合同及备案和信息披露的法律法规体系、TQM 体系的设计、标准化、手册编制与实施

甲　　　　方：
地　　　　址：
法定代表人：
授权代表：
联系电话：

乙　　　　方：
地　　　　址：
法定代表人：
身份证号：
联系电话：

引言

1. "***"品牌是指 *** 公司所拥有，可以授予其受许人使用的包括但不限于公司商标、商号、产品和服务、专利、专有技术、经营模式、管理体系、VI 系统、SI 系统等以及上述要素的整合所构成的"***"的文化、经营理念和公司商誉。

2. "***"商标是甲方经国家工商行政管理总局商标局核准的注册商标，类别是第____类，注册证号为_____，有效期为从_____年____月____日至____年____月____日。

3. 为宣传"***"的商标／商号并为以下所使用的专有技术提供方便，*** 公司为其特许的受许人设计并开发了标准化的标志、公司名称、名片、商业表格、经营流程手册、销售培训计划、人事管理和控制体系等，以及特定的"***"单店服务标识，以下统称"***"特许体系。

4. 现乙方欲根据以下约定从甲方取得本合同项下的特许经营权，在核准地点经营一家"***"加盟店。

5. 甲乙双方本着平等互利、等价有偿、诚实信用的原则订立本合同。甲乙双方应严格遵守国家法律、法规的相关规定并严格执行本合同。

释义

本合同以下条款中，下列词语具有如下含义：

1. 甲方是指享有"***"特许体系的独立使用权，并有权许可乙方使用该特许体系的法人，在本合同中指 *** 公司。

乙方是指与"***"特许体系特许方签订特许经营合同，而被授予在本合同规定的核准地点使用"***"特许体系的一方，在本合同中指的是_____

（受许人个人姓名或公司名称）。

2. 非独占许可是指甲方根据本合同授予乙方的一种特许权利，根据该特许权，乙方可以在本合同规定的核准地点使用"***"特许体系经营特许业务。该特许权不是排他的，即甲方可以许可他人享有与乙方同样的权利，但甲方承诺在本合同所指的加盟期内不在本合同有效区域授予第三方相同的权利。

3. 特许业务是指为本合同之目的，乙方经授权使用"***"特许体系及"***"特许体系商标，以本合同及其附件所规定的方式经营的具体业务。

4. 生效日是指本合同经甲乙双方签署的日期（如甲乙双方签署日期不一致，以后一个签署日期为准）。

5. 加盟店店长是指受许人实际聘用的加盟店店长。

第1条　特许授权的内容

1.1　特许经营权的授予：甲方同意根据本合同规定的条款及条件授予乙方在本合同有效期内，在本合同核准地点内经营"***"加盟店业务而使用"***"特许体系的非独占、不可再分许可的权利（以下简称特许经营权或特许权）。

1.1.1　甲方承诺在本合同所指的加盟期内不在同一区域授权第三方享有与乙方同样的权利；本合同所指区域是_____
_____（商圈范围）。

1.1.2　前述1.1.1的承诺并不表示甲方授权乙方可以未经甲方批准增开新店、扩大或缩小本合同约定的单店面积。

1.2　名称与使用

1.2.1　乙方应以"***"（以下简称特许商号）为商号经营规定的餐饮业务，且未经甲方事先书面同意，不得在本合同规定的核准地点使用其他名称。

1.2.2　乙方所使用的特许商号的外观及其他识别所用字样，应当事先经过甲方书面同意。甲方保留要求乙方更改或修正任何乙方标示"***"加盟店名称或商标的权利。甲方在乙方不正当使用名称或在乙方标示未按要求更改或修正时，不视为甲方放弃以后要求更改或修正的权利。

1.2.3　乙方为经营加盟店的目的标示上述特许商号时，包括但不限于办公室标牌、营业场所标牌、文具、名片、广告材料等，应严格遵照甲方的相关合同与手册约定。

1.2.4　乙方未经甲方事先书面同意，不得将"***"的字样用作公司名称的一部分。

1.2.5　除非甲方同意，乙方不得在经营合同规定的特许业务外使用"***"标志。

1.3　期限与展期

1.3.1　除依本合同的规定提前终止合同外，本合同的有效期为__年，自甲乙双方在本合同上签字之日起开始生效。

1.3.2　如乙方完全充分地执行本合同规定的各项条款和履行各项义务，经甲方书面同意，本合同可以展期。甲方有权选择在乙方满足以下条件时与乙方签订展期合同。

第五篇　成功构建第五步：督导体系、合同及备案和信息披露的法律法规体系、TQM体系的设计、标准化、手册编制与实施

1. 乙方在合同期限届满之前半年内向甲方提交展期的书面申请。
2. 乙方所欠甲方的债务都已清偿。
3. 乙方完全履行本合同，并不存在任何违反本合同的行为。
4. 乙方同意交纳续约时的特许经营相关费用。

1.3.3　期满未续展

乙方在本合同所规定的期限届满后没有选择展期而又继续从事"***"加盟店业务的，应立即停止实施上述行为，并赔偿因此给甲方造成的一切损失。

第2条　加盟店的所在地点

2.1　乙方仅在_____（以下简称核准地点）设立及经营面积为_____平方米的"***"加盟店，行使其根据本合同获得的特许权。

2.2　乙方若需变更核准地点，应提前50日向甲方提出书面请求，说明：①新地点的地址；②变更原因；③其他可能影响甲方批准与否的因素。

2.3　非经甲方事先书面同意，不得以"***"加盟店的名义从事任何非特许业务。乙方从事特许业务以外的其他业务时均无权使用"***"特许体系。

第3条　特许经营费用

在本合同有效期内，乙方应当支付下述费用。

特许经营费用

序号	名称	数值	交纳方式
1	加盟金	_____万元	一次性交纳
2	权益金/管理费	_____万元	自____年____月____日起，每月____日交纳
3	品牌保证金	_____万元	一次性交纳
4	设备、器材、原料等	_____万元	一次性交纳

3.1　上表中一次性交纳的支付方式为：自双方在合同上签字之日起__2__个工作日内向甲方一次性支付。甲方应向乙方开具正式的现金收据。乙方也可用银行汇兑方式足额汇入甲方指定银行的指定账号（银行汇款时务必注明汇款用途为"加盟金"）。

甲方指定银行：_____
甲方户名全称：_____
甲方指定账号：_____

3.2　乙方支付的加盟金不予退还。

3.3　如乙方延迟交付任何款项，每延迟一日，乙方应当向甲方支付每日万分之四的滞纳金及延迟支付款项期间的利息（按照同期中国人民银行一年期固定资产贷款利率计算）。

3.4 培训费

为保证"***"特许体系的运行，甲方建立了完善的培训体系，乙方在组织人员参加培训时，应向甲方交纳适当的费用。

3.4.1 乙方开业前首次集中培训的培训费全免，但乙方人员的差旅食宿等自费。如果乙方后续新聘人员继续接受集中培训，每人须交纳培训费用，具体请参见甲方针对受许人的培训手册及相关规定。

3.4.2 乙方参加甲方组织的临时培训、论坛、活动等时，费用交纳方式及数额等参见届时甲方发给乙方的培训规定。

3.5 品牌保证金

3.5.1 如由于乙方的原因，包括但不限于媒体曝光、执法机关判罚等，导致"***"品牌受损的，甲方有权根据实际情况扣减乙方的保证金。甲方在做出最终决定之前，应给予乙方充分申辩的机会。

3.5.2 若乙方在加盟期内没有做出导致甲方品牌损失的行为，期满后，甲方将保证金按本金全额退还乙方，不计利息。

第 4 条　甲方的权利

甲方在本合同项下的权利包括但不限于：

4.1 为确保"***"特许体系经营的统一性和产品服务质量的一致性，甲方有权对乙方的经营活动进行监督、指导。

4.2 甲方有权向乙方收取本合同及甲方的系列手册所规定的各种费用。

第 5 条　甲方的义务

5.1 甲方根据本合同的规定向乙方提供与"***"特许体系有关的服务与管理培训，包括但不限于向乙方提供系列经营手册。

5.2 为乙方提供开业前的培训和指导。

5.3 协助乙方做好开店准备工作。

5.4 在本合同有效期内为乙方提供持续的经营指导。

5.5 甲方将根据市场情况对"***"品牌进行广告宣传，以维护和提升该体系的整体形象。

第 6 条　乙方的权利

乙方在本合同项下的权利包括但不限于：

6.1 乙方有权在本合同约定的期限和核准地点行使特许经营权。

6.2 乙方有权依本合同规定在从事本合同约定的业务时使用"***"特许体系。

6.3 乙方有权在本合同有效期内获得甲方提供的"***"特许体系特许业务的经营技术。

6.4 乙方有权接受甲方按本合同规定所提供的"***"特许体系的培训和指导。

6.5 如遇特殊情况，乙方可于本合同签订__7__日内单方面解除合同，但乙方需要弥补此前甲方因此而遭受的所有损失以及付出的成本、费用。

第 7 条　乙方的义务

7.1　支付费用

7.1.1　乙方应及时向甲方支付本合同第 3 条中规定的各项费用以及按照本合同或甲乙双方之间的其他约定应由乙方支付给甲方的任何其他款项及费用，并不得附有任何条件或限制。

7.1.2　乙方延期支付费用的，除按万分之四加收滞纳金外还加收利息，利率应以同期中国人民银行固定资产一年期贷款利率计算。

7.1.3　乙方在此确认及同意其对本条的任何违反将构成违约，情节严重时甲方有权依据本条款的规定终止本合同。

7.2　开办义务

乙方在以本合同规定的特许商号开始营业之前，应自行负担费用完成下列各项义务，该义务在本合同有效期间内应持续履行。

7.2.1　营业场所外观：乙方需依本合同和甲方提供的装修设计效果或方案的规定对其未来营业的加盟店营业场所进行必要的装修、翻修或更新。加盟店的设计方案必须经甲方书面认可。

7.2.2　营业场所招牌：乙方应在核准地点装设一个或多个有内部照明的显示特许商号的招牌。该招牌的式样必须符合甲方规定的标准及规格，其字形排列、色彩设计、大小尺码、结构及整体外观等须经甲方事先书面核准。

7.2.3　设备、器材、原料、工具：乙方应购置足够数量的设备、器材、原料、工具及相关物品，其上应载明甲方的特许商号或符合甲方的规定。

7.3　持续性义务：除上述开办义务外，乙方应在本合同有效期间内严格按照本合同和甲方的其他相关规定开展营业活动。

7.3.1　管理及督导

乙方同意按下述规定积极参与甲方对加盟店营业的管理及督导：

1. 乙方应积极、直接参与加盟店的运营，以及确保乙方遵守本合同的规定。

2. 加盟店店长如有任何变动，乙方应征得甲方的同意。但甲方无正当理由不应拒绝乙方更换加盟店店长的要求。

7.3.2　记录

乙方同意建立并保持本合同和系列运营手册中规定的各种记录与报告，并应根据本合同和系列运营手册中规定的提交时间及方式将该记录及报告提供给甲方。

7.3.3　财务报表

乙方应按甲方要求，于每一会计年度结束后 30 天内将其按会计准则、营业规范守则编制的一份完整翔实的财务报表提交给甲方。

乙方承诺将及时和如实地记录其营业收入的情况，不得隐瞒或虚报任何营业收入和其他数据，否则将构成严重违约，甲方可以据此立即终止本合同并追究乙方的违约责任。

7.3.4 竞业禁止

未经甲方事先书面同意，乙方及其加盟店的股东、合伙人、高级职员在本合同有效期内或期满或终止后五年内不得直接或间接以高级主管、董事、股东身份或名义从事任何与本特许经营体系相关或相似的行业。

7.3.5 免责条款

除本合同规定的应由甲方承担的费用以外，甲方不应承担因乙方经营加盟店或与乙方经营有关的争议而发生的其他任何费用（包括但不限于诉讼费用与律师费用），否则由乙方予以赔偿。乙方根据本项规定应履行的义务于本合同期满或提前终止后继续有效。

7.4 与服务的品质及商誉有关的义务

乙方提供的服务应保持"***"加盟店特许体系要求的标准，并应努力提高与"***"商标有关的声望与商誉。因此，乙方同意履行下列各项义务：

7.4.1 特许商号的使用

乙方同意在本合同有效期内经营其特许业务时，在一切广告、推广及交流等活动中使用甲方的特许商号，包括电话答询、营业场所招牌、场地牌示、名片、文具、促销及广告材料，以及乙方使用的一切其他资料。乙方承诺在本合同有效期及在核准地点经营特许业务的过程中，除了使用特许商号外，不得以任何方式使用其他的商标或商号。乙方同意甲方对参与乙方特许经营权业务的所有人员进行督导，并确保乙方全体人员遵守本合同及系列运营手册的规定。

7.4.2 营业时间

本合同有效期内，乙方应保证每日的正常营业时间。乙方承诺提供迅速、礼貌及高效率的服务，使乙方的服务及经营水准符合甲方的系列运营手册及专业标准的要求，从而保持并提高"***"商标及"***"特许体系的价值。

7.4.3 接受甲方稽核

乙方允许甲方于任何时间检查乙方的业务及营业场所，并承诺将乙方的账册、纳税申报资料与记录提供给甲方稽核。甲方根据本合同行使其稽核权时，乙方应于收到甲方的书面通知后，保证在乙方的核准地点备妥一切相关账册、纳税申报资料及其他记录，供甲方稽核。甲方有权为其所有加盟店制定一套统一的簿记制度，而乙方同意依甲方的规定保持其账册记录。

7.4.4 职业道德标准

乙方同意以符合本合同和系列运营手册中的规定，国家、地方法律法规，以及行业惯例或类似规定的方式经营加盟店，并以相同方式督导乙方的所有雇员。乙方应将任何与乙方营业有关的案件及惩处资料提供给甲方。乙方同意在本合同有效期内保持其经营、资质证书、注册登记文件及执照合法有效。

7.4.5 "***"特许体系

1. 乙方承认甲方享有自行使用，或在甲方核准地点内授权他人使用"***"特许体系的权利。

2. 乙方同意并承诺仅在核准地点经营时使用"***"特许体系，并且乙方的上述使用权以乙方能继续充分并及时履行其在本合同项下的各项义务为先决条件。

3. 乙方承诺将以适当且符合本合同要求的方式使用"***"特许体系。

4. 乙方除享有根据本合同规定使用"***"特许体系的权利外，并未取得与该体系和标志有关的任何其他权利。

5. 乙方同意在本合同有效期内或提前终止后的任何时间，不得对"***"特许体系提出有关所有权的任何主张，或于任何时间对"***"特许体系的有效性提出争议，进行诽谤或怀疑。

6. 乙方同意不在本合同有效期内或期满或提前终止后的任何时间，采用或使用或设法登记、注册足以与本合同特许使用的"***"特许体系构成混淆的任何相同或相似名称、标记、标识、互联网域名、微博、微信、头条、抖音、论坛、旗帜或符号等。

7. 乙方同意在与上述"***"特许体系以及甲方根据本合同规定授予乙方使用的其他产品及物品的权益保护有关的任何法律诉讼（不论是由甲方自行提起还是由他人提起）程序中与甲方配合并协助甲方。

7.4.6 商业秘密

1. 乙方承诺，由甲方根据本合同透露给乙方的、有关"***"特许体系的任何资料，其中包括但不限于在会议、研讨会、培训课程、会谈、系列运营手册或其他材料中随时透露的信息和资料，都是甲方独家的、保密的商业秘密。乙方同意将在本合同有效期内和之后对所有这些资料保守绝对机密，并同意不在甲方没有特别书面授权或批准的任何其他业务中或任何其他方式下使用这些资料。乙方除了依据甲方在本合同中对乙设置的限制行使其本合同项下的权利或履行本合同项下的义务所必须外，不应当将这些资料泄露给其他雇员。

2. 乙方特此同意如果在对"***"特许体系的经营管理中开发出任何有关该体系的新概念、流程或改进，应当于20日内通知甲方，并向甲方全部、无偿提供有关的各项资料。

3. 乙方承认，所有上述概念、流程或改进应当成为甲方的无形资产，甲方可以自行使用或将这些资料分享给其他受许人与直营店。

4. 乙方应当促使其高级职员、董事和股东履行本条规定的保密义务。本合同终止后，本条款继续有效。

7.4.7 广告及广告的审查

乙方可自行出资做广告宣传与推广，但活动的计划、内容等应事先征得甲方的书面同意。

7.4.8　营业场所面积与外观要求

1. 乙方所有营业场所的地点、面积、外观、内部装饰及整洁状况，必须符合甲方的标准要求。为此，乙方同意并保证使其营业场所在面积及外观等方面均符合系列运营手册所规定的各项要求，并且乙方只有在其加盟店的营业场所经甲方验收合格后方可正式营业。

2. 乙方应持续将其营业场所的内部与外部形象保持在与当初被甲方验收时相同或更高的标准。如乙方不遵守此项规定，甲方有权利单方面提前终止本合同。

7.4.9　顾客关系与商誉的维护

1. 乙方同意，当乙方客户向甲方投诉时，甲方可以就该投诉进行调查，并可以从乙方、该投诉当事人以及相关证人处获得他们对相关事实的意见。

2. 乙方同意在此调查过程中与甲方充分配合。甲方收到一项投诉后，除特殊情况外，将于 45 天内完成调查。完成调查后（且乙方仍未解决该争议时），若甲方根据其获得的事实资料足以认定该项争议是乙方提供的服务品质不符合标准要求，或以重大不当方式处理事务导致的，甲方将以书面形式告知乙方该项调查结论，并将甲方提出的指导原则提供给乙方，规定乙方正确解决该项争议的方法。

3. 对于乙方未能按照甲方提供的指导原则解决该争议时，甲方有权利使用乙方交纳的保证金对乙方客户先行赔偿，详见保证金协议。

7.4.10　甲乙双方的关系

甲乙双方同意，甲方有权指定第三方受让本合同项下甲方的权利和义务。如第三方受让本合同，乙方承诺其应继续向第三方支付本合同规定的原来应向甲方支付的所有特许费用并继续履行本合同规定的义务。转让时，如乙方尚未完全支付本合同规定的向甲方支付的特许费用和其他费用，乙方应向甲方履行支付义务。

7.4.11　第三方侵权的处理

乙方发现第三方对"***"特许体系的侵权行为后，应告知甲方，并对甲方针对侵权行为所采取的措施进行积极配合。

第 8 条　甲方声明

甲方兹声明下列陈述确属真实无误：

8.1　甲方有权自行使用并授权乙方使用"***"特许体系。

8.2　甲方签订本合同的行为不违反或不构成不履行甲方作为当事人的其他任何合同或承诺。

8.3　签署本合同的甲方高级主管人员被合法授权代表甲方签订本合同。本合同一经双方代表签署且加盟金等特许经营费用支付到位，即构成对甲方有效并具约束力的义务，甲方应根据本合同的要求履行其义务。甲方并未授权其他任何业务人员代表甲方签署本合同。

第 9 条　乙方声明

乙方兹声明下列陈述确属真实无误：

9.1　乙方有能力与意愿领取到在核准地点从事本合同项下特许经营业务所需的营业执照、资质资格等所有有关文件，从而可以合法从事本合同所定义的特许业务。

9.2　乙方并无任何意图出售，或试图出售，或转让其加盟店的全部或部分股份，乙方也不存在正在进行解散或清算的程序，乙方董事会或其股东也没有采取任何行动授权解散或清算程序。

9.3　乙方理解并认同甲方规定的高水准及统一的质量、外观及服务标准对于维护"***"商标价值的重要性和按照"***"特许体系经营加盟店的必要性。乙方特此声明有能力与意愿遵守该标准。

9.4　乙方在签署本合同之前已认真阅读并充分理解甲方向其提供的所有有关"***"特许体系的资料及相关文件。

9.5　乙方在签署本合同 30 日之前已认真阅读并充分理解甲方按照《商业特许经营管理条例》《商业特许经营信息披露管理办法》所做出的全部信息披露。

9.6　乙方签订本合同的行为不违反或不构成不履行乙方作为当事人的其他任何合同或承诺。

9.7　代表乙方签署本合同的签约人经过乙方授权。本合同一经双方代表签署，即构成对乙方有约束力的义务，乙方应根据本合同的要求履行其义务。

9.8　乙方确认，除甲方交付乙方的各种材料中列明的事项外，甲方本身或任何甲方的全权代理人或代表人未曾做出任何其他性质的声明、承诺、担保或保证，以诱使乙方签署本合同。乙方了解，加盟店的成功依赖于乙方的努力。乙方声明，其有意愿管理或督导乙方加盟店的业务。乙方确认，甲方或任何他人均未担保或保证乙方加盟店的经营必然盈利。

9.9　乙方及乙方高级职员、董事与重要股东均已仔细阅读本合同并充分了解其中条款的内容及重要性，并共同声明，其各均有能力也有意愿遵守该规定。

9.10　乙方完全了解应于甲方规定的期限内支付其应交纳的费用，若未于甲方规定的期限内交纳，且经甲方按本合同催告后仍未于甲方规定的期限交纳的，甲方可以在书面通知乙方后提前终止本合同且不承担任何责任。

9.11　乙方向甲方提供的信息是真实无误的，包括但不限于店面地址、面积、人员的姓名和性别、报表等。

第 10 条　当事人关系

乙方是一个独立的缔约方，且本合同中任何规定不得解释为在甲方和乙方之间建立代理人、联营关系或共同投资人关系。除非本合同另有规定，否则甲方或乙方皆不得以对方的代理人或代表人的身份开展活动，或承担对方的各项债务及相关财产责任。未经甲方的许可，乙方不得以与"***"有关的任何事项为他方的债务提供担保。

第 11 条　合同权益的转让

11.1　本合同中规定的任何权利或利益，未经甲方的事先书面许可，乙方皆不得以任何方式转让、转移或分割给任何第三方或与之共享；且未经甲方事先同意的任何此等转移、转让、共享或分割，均属无效。甲方有权拒绝乙方转让本合同的权利或权益的要求。甲方给予的同意或许可可以附加以下条件，其中包括但不限于：

11.1.1　受让人的资格须符合转让时甲方当时评定新加盟成员的标准。

11.1.2　乙方付清应向甲方支付的一切款项。

11.1.3　乙方已经对其违反本合同、乙方与甲方签订的任何其他合同的行为以及对甲方的侵权行为承担了全部责任。

11.1.4　由受让人签署一份于上述转让行为发生时甲方使用的特许经营合同，该合同的格式可以载有与本合同不同的条款。

11.1.5　由受让人向甲方支付一笔转让费，金额为届时单店加盟金的_____%。

11.1.6　受让人须自行负担费用参加甲方举行的新加盟成员培训。

11.1.7　受让人应签署一份声明，证明受让人于预定转让日之前至少 30 个营业日已收到最新的关于"***"特许体系的文件，并已仔细阅读并理解、同意所有上述文件的内容。

11.1.8　若乙方预定的受让人拟于本合同核准地点以外的其他地址经营特许业务，该预定的新地点应符合甲方当时的加盟店址评定标准并经甲方书面确认。

11.2　乙方如欲转让（不论直接还是间接）其在本合同下的特许经营权，应提前以书面形式通知甲方，载明预定转让的条款、预定受让人的最近财务报表以及甲方就该项转让计划所要求的其他资料，且应给予甲方充裕的时间，使甲方就拟议中的转让计划能够依照与新加盟成员有关的规定处理。

11.2.1　接到该项通知后，甲方应于 60 天内同意或拒绝同意该转让计划，或选择依通知书中列明的相同条款自行接受该转让计划。若甲方既未行使其任何权利或选择权，也未以其他方式答复乙方，应视为甲方拒绝同意该项转让计划。

11.2.2　甲方对某一转让计划，根据该计划特定条款所做出的同意，不应视为甲方也同意可按任何其他条款的规定做出转让，或可转让予任何他人，或甲方同意任何后续的转让。

11.3　在根据本合同规定对特许经营权做出任何转让之前，乙方或乙方预定的受让人同意自行支付合理的必要费用，使该预定受让人的营业场所符合甲方当时就其加盟店营业场所的内部或外部面积、装潢、整体外观以及整洁状况等所订的最新标准。

11.4　非经甲方事先书面许可，乙方不得在"***"特许体系、加盟店的经营场所或从事"***"加盟店特许经营业务所获得的任何营业收入或收益上设定任何担保。

第 12 条　甲方保留的权利

12.1　乙方明确了解并同意，甲方对依本合同授予乙方使用的"***"特许体系的商誉、商业秘密与专有财产保留一切权利及权益。

12.2　乙方确认及同意，甲方有权随时修改和补充其按照本合同授权乙方使用的"***"特许体系，包括修改和补充系列运营手册中规定的各种标准、规格与其他要求事项。乙方应依本合同规定自行负担费用并遵守有关修改和补充事项。在本合同有效期内，对"***"特许体系所产生的新概念、流程及改进应归甲方所有，并以甲方名义就该改进部分取得相应的知识产权。

12.3　甲方就其未明确授权乙方的"***"特许体系的各部分，保留一切权利。

第13条　合同的终止

13.1　甲乙双方经协商一致决定终止合同的，自终止协议签署之日起，本合同终止。

13.2　本合同规定的期限届满时，合同自然终止，除非乙方选择展期。

13.3　如本合同履行中乙方出现以下情况，甲方有权单方面提前终止合同且不承担任何责任。

13.3.1　乙方擅自在本合同规定的核准地点外行使特许经营权。

13.3.2　未经甲方同意，乙方擅自向第三方转让"***"特许体系的特许经营权。

13.3.3　乙方违反本合同及系列运营手册的规定，不向甲方提供真实的财务会计报表或其他经营数据。

13.3.4　乙方因资不抵债、破产、资产被强制留置给债权人而进入任何形式的无清偿能力、破产程序或为债权人利益提出申请而使用的程序。

13.3.5　乙方营业执照被工商管理部门吊销或其股份在未经甲方同意的情况下被出售。

13.3.6　乙方或其股东、董事、高级职员等违反本合同规定的保密义务及竞业禁止义务。

13.4　乙方出现包括但不限于以下违约情况时，甲方应提前5日书面通知乙方纠正违约行为，如乙方未在通知规定的期限内予以纠正，甲方有权单方面提前终止合同且不承担任何责任。

13.4.1　乙方未按本合同规定的付款金额、期限、方式等向甲方履行付款义务。

13.4.2　乙方未遵守本合同和系列运营手册中关于"***"特许体系商号使用的规定。

13.4.3　乙方未按本合同和系列运营手册的规定维护"***"特许体系的商誉和统一形象。

13.4.4　乙方未按本合同的规定办理并取得从事本合同规定业务所必需的各种批文、批复、执照等手续。

13.4.5　乙方未能在本合同生效之日起_____天内开设并运营符合要求的加盟店，或未能对其现有营业场所进行装修，使其成为符合要求的加盟店。所谓符合要求，包括但不限于：符合甲方关于营业场所面积、装潢与品质的要求，一切标牌符合本合同及系列运营手册所规定的其他要求。

13.4.6　乙方未能依照法律、法规的规定和餐饮行业的职业道德准则经营特许业务。

13.5　甲方出现以下违约事项时，乙方应提前5日书面通知甲方纠正该违约行为。如甲方拒不纠正，乙方有权单方面提前终止合同。

13.5.1　无正当理由，甲方不提供"***"特许体系的特许经营权。

13.5.2　在乙方未出现任何违约事项的情况下甲方违反本合同的规定。

13.6　因任何一方违约导致合同终止的，违约方应按照第15条的规定，向另一方承担赔偿损失等违约责任。

13.7　本合同的终止不能免除任何当事人于该合同终止前产生的责任，也不影响由本合同明确规定的本合同终止后仍然有效的条款的效力和履行。

13.8　除非本合同另有规定，否则乙方应向甲方支付的款项不应当以产生于本合同或与本合同有关的争议为理由，被预扣或抵作甲方因被起诉而需要赔偿的款项。

第14条　合同终止后的义务

本合同因故终止（包括期满或提前终止）时，乙方不再是一个被授权的前述"***"受许人，但下述义务不受本合同终止的影响，属于乙方的持续性义务。

14.1　付清乙方欠付甲方的所有特许费用。

14.2　乙方应立即并永远停止使用所有"***"特许体系，包括但不限于所有类似"***"特许体系的名称及商标，以及含有"***"特许体系的任何其他名称或标识，或表示乙方是或曾经是一个被授权的受许人或加盟店的任何其他名称、标识、标记、类似的色彩及文字。

14.3　乙方应于 30 日内将表示或足可表示乙方是或曾经是一个被授权的"***"受许人或加盟店的标记、文具、信件、表格、手册、印刷材料、胶卷、磁带、磁盘、光碟、经许可的软件等销毁或交付甲方，并尽快将甲方租借给乙方的任何设备、器材、工具、原料等退还甲方。

14.4　乙方应尽快并永远停止以"***"加盟店的名义刊登广告，包括但不限于立即将乙方营业场所内外含有"***"特许体系标记或其他类似识别标记的招牌拆除，并立即将表明出售或出租的含有"***"特许体系标记或其他类似识别标记的招牌或旗帜（包括现场招牌及支架）以及与"***"特许体系现场标牌的色彩或造型或形状结构类似的任何现场标牌或其他招牌拆除。

14.4.1　乙方承认此等物品构成甲方专有的商业用品，且乙方与甲方建立特许经营关系之前在其经营中从未使用过该类型的商业宣传品。

14.4.2　若乙方未能于本合同终止之日起 30 日内拆除营业场所内的所有上述标记，乙方在此授权甲方进入营业场所内查处该标记，并偿付甲方因查处、储存及处置该类物品所发生的一切费用。若乙方未能于甲方拆除该类物品后 15 日内取回该类物品，甲方有权自行决定出售或以其他方式处置该类物品，且甲方有权用出售或处置该类物品的收入所得，抵扣拆除、储存及出售该类物品所发生的费用，并抵扣乙方欠付甲方的款项。

14.5 乙方应立即并永远停止使用"***"特许体系，包括但不限于含有"***"特许体系内容的各种手册及辅助资料、推广影片及促销资料，以及甲方依本合同规定交付乙方使用的一切商业秘密、机密资料及专用资料。

14.6 乙方应立即将系列运营手册等"***"特许体系经营窍门相关资料原件及复印件退还甲方。

14.7 乙方应避免做任何可能表示乙方现为或者曾经为一个被授权的"***"受许人或加盟店的行为。

14.8 对于甲方根据本合同规定要求乙方建立并保持的一切簿册、记录和报告，于本合同终止后乙方应至少保留3年，并且许可甲方于该保留期在正常营业时间对乙方的簿册、记录和报告进行最后的检查及稽核，以查证乙方根据本合同规定应交付的相关款项是否均已付清。

14.9 乙方应被视为已依据本合同规定授权甲方可采取任何必要措施注销乙方在公用电话簿及其他名录上以"***"特许体系名称刊登的电话号码或广告，并停止使用其他表示乙方现在或过去与"***"特许体系之间存在关系的资料。任何刊登该资料的电话公司、名录出版商及其他个人或实体，因为甲方根据乙方上述的委托授权所采取的任何措施而蒙受任何损失的，乙方应负责赔偿。

14.10 乙方应立即并永远使其所有高级主管、员工停止穿着任何表示或可能表示乙方现在是或过去是一个被授权的"***"受许人或加盟店的服装，并尽快将该类服装销毁或交回甲方。

14.11 乙方确认，本合同有效期内及本合同终止（包括期满，且随后未发生转让的情况）后，甲方应有权获取和使用乙方根据合同或相关规定提供给甲方的资料。

第 15 条 违约责任

15.1 本合同因乙方原因被提前终止时，乙方应向甲方支付违约金，违约金的数额为人民币＿＿＿＿＿＿＿万元整。

15.2 乙方未按本合同规定的期限或金额向甲方支付特许费用，经甲方书面通知后予以补交的，乙方应向甲方支付滞纳金及迟延支付期间的利息。滞纳金以迟延交付金额的万分之四/日的方式确定；利息按照同期中国人民银行一年期固定资产贷款利率确定。

15.3 如乙方违反竞业禁止规定，甲方除按照本合同的规定要求乙方纠正或终止合同外，还有权按乙方违反竞业禁止规定所得的金额向乙方索赔损失。

15.4 在得知特许区域内存在对"***"特许体系的侵权行为后，乙方未按照本合同的规定及时通知甲方的，应当赔偿因未能履行其义务而使甲方受到的更大损失。

15.5 除本条规定的事由外，如乙方在履行合同中出现其他违约事项，其应当即时纠正，继续履行合同，并向甲方赔偿因其违约而遭受的实际损失。

15.6 甲方违反本合同规定的，乙方有权书面通知其纠正，如甲方拒不纠正，乙方有权终止合同并要求甲方承担因违约而使乙方遭受的实际损失。

第 16 条　不可抗力

16.1 不可抗力指本合同双方无法预见、无法控制、无法避免且在本合同签署之日后发生并使任何一方无法全部或部分履行本合同的任何事件。不可抗力包括但不限于爆炸、火灾、洪水、地震、战争、征收、没收、政府主权行为、法律变化、未能取得政府对有关事项的批准、政府的有关强制性规定和要求，以及其他重大事件或突发事件的发生。

16.2 如果发生不可抗力事件，受影响的一方应当以最便捷的方式毫无延误地通知另一方。不可抗力事件发生的 15 天内应向另一方提供该事件的详细书面报告及当地公证机关开具的不可抗力发生的有效证明。受到不可抗力影响的一方应当采取所有合理行为消除不可抗力事件对本合同履行的影响，以便另一方决定是否终止或推迟本合同的履行，或部分或全部地免除受影响方在本合同中的义务。

第 17 条　争议的解决

17.1 双方之间因本合同产生的或与本合同（包括但不限于本合同的生效、解释、履行、修改和终止）有关的一切争议、纠纷或索偿均应当首先通过友好协商的方式解决。

17.2 如果通过协商未能解决争议，任何一方当事人均不得在其后的仲裁程序和其他任何程序中援引对方当事人在协商中提过、建议过、承认过以及愿意接受的任何陈述、意见、观点或建议作为其请求、答辩及／或反请求的依据。

17.3 在提起仲裁程序之前，当事人应当书面通知对方争议的存在及性质。甲方和乙方各自同意双方收到通知起 60 日内尽可能友好地解决争议。如果在以上期限内争议未得到解决，则任何一方可将争议事项提交_____仲裁委员会申请仲裁，该仲裁裁决为终局裁决，对双方当事人均具有法律约束力。

第 18 条　分割性

如果本合同的某一或若干条款在任何方面无效、非法或无法执行，这些无效、非法或无法执行的条款将视为从未包括在本合同中。其他条款的效力不变，同时具有法律效力，并可执行。

第 19 条　通知

19.1 本合同项下发出的任何通知或其他文件应以中文形式书写，可以通过专人递送、挂号信、E-mail、手机短信、传真或快递服务方式按下述地址送达。

19.1.1 甲方：

地址：

邮编：

传真号：

E-mail：

手机：

收件人：

19.1.2　乙方：

地址：

邮编：

传真号：

E-mail：

手机：

收件人：

如任何一方变更其通信地址，则应提前 15 日将其新通信地址书面通知对方。

19.2　任何通知或文件的送达时间按以下方式确定：

19.2.1　如为递送，为实际送达时间。

19.2.2　如为邮寄，为交付挂号邮寄后 7 天。

19.2.3　如为通过 EMS 快递服务发出，为该服务受理后 3 天。

19.2.4　如为传真，为传真机打印出传输成功报告时。

19.2.5　如为 E-mail、手机，为发出信息后 1 天。

第 20 条　弃权

任何一方对于对方任何违反本合同规定的弃权不应当视为对任何后续违约或其他类似违约的弃权。

第 21 条　修改

对本合同的任何修改应当采取书面形式，并由双方当事人签字。

第 22 条　附件

本合同的附件是本合同不可分割的组成部分，与本合同具有同等法律效力。本合同附件若与合同规定不一致，以合同为准。

第 23 条　其他约定

_____

_____

_____

_____

法定代表人（授权代表）　　　　　　　　法定代表人（授权代表）

签约地点：　　　　　　　　　　　　　　签约地点：

签约时间：　　　　　　　　　　　　　　签约时间：

附件：系列特许经营手册目录及实际的手册

【实例23-3】区域特许经营合同实例

下面举一个区域特许经营合同的例子,供读者学习、研究和实战时参考(本合同实例中的受许人是一个不具备再特许权的区域受许人,或称为多店受许人)。注意,特许人应根据自己的实际情况来拟订区域特许经营合同,而不能生搬硬套别人的合同。同时,为出版需要,下面的内容有所删改,因此与实际的合同并不完全相同。

甲　　　方:
地　　　址:
法定代表人:
授 权 代 表:
联 系 电 话:

乙　　　方:
地　　　址:
法定代表人:
身 份 证 号:
联 系 电 话:

引言

1. "***"品牌是指***公司所拥有,可以授予其受许人使用的包括但不限于公司商标、商号、产品和服务、专利、专有技术、经营模式、管理体系、VI体系、SI体系等以及上述要素的整合所构成的"***"的文化、经营理念和公司商誉。

2. "***"商标是甲方经国家工商行政管理总局商标局核准的注册商标,类别是第____类,注册证号为_____,有效期为从_____年____月____日至_____年____月____日。

3. 为宣传"***"的商标/商号并为以下所使用的专有技术提供方便,***公司为其特许的受许人设计并开发了标准化的标志、公司名称、名片、商业表格、经营流程手册、销售培训计划、人事管理和控制体系等,以及特定的"***"连锁店服务标识,以下统称"***"特许体系。

4. 现乙方欲根据以下约定从甲方取得本合同项下的特许经营权,在核准区域经营"***"加盟店。

5. 甲乙双方本着平等互利、等价有偿、诚实信用的原则订立本合同。甲乙双方应严格遵守国家法律、法规的相关规定并严格执行本合同。

第五篇　成功构建第五步：督导体系、合同及备案和信息披露的法律法规体系、TQM体系的设计、标准化、手册编制与实施

释义

本合同以下条款中，下列词语具有如下含义：

1. 甲方是指享有"***"特许体系的独立使用权，并有权许可乙方使用"***"特许体系的法人，在本合同中指***公司。

2. 乙方是指与"***"特许体系特许方签订特许经营合同，而被授予在本合同规定的核准区域使用"***"特许体系的法人，在合同中指＿＿＿＿＿＿＿＿＿＿＿＿＿＿＿＿＿。

3. 非独占许可是指甲方根据本合同授予乙方的一种特许权利，根据该特许权，乙方可以在本合同规定的核准区域使用"***"特许体系和标志经营特许业务。该特许权不是排他的，即甲方可以许可他人享有与乙方同样的权利，但甲方应遵守本合同的相关规定。

4. "***"标志是指使用"***"加盟店这一名称的各种表现形式，包括但不限于"***"加盟店商标及本合同和甲方配发给乙方的系列运营手册中所列明的"***"特许体系的其他宣传用语、商标、标志、核准商号等。

5. 特许业务是指为本合同之目的，乙方经授权使用"***"特许体系和标志，以本合同及其附件所规定的方式经营的具体业务。

6. 生效日是指本合同经甲乙双方签署的日期（如甲乙双方签署日期不一致，以后一个签署日期为准）。

7. 加盟店店长是指受许人实际聘用的加盟店店长。

第1条　特许授权的内容

1.1　特许经营权的授予：甲方同意根据本合同规定的条款及条件授予乙方在本合同有效期内，在本合同核准区域内经营"***"加盟店市场开发、餐饮等业务而使用特定"***"特许体系的非独占、不可再分许可的权利（以下简称特许经营权或特许权）。

上述"***"特许体系规定在甲方配发给乙方的系列运营手册中，包括其修订及补充部分。乙方同意接受甲方的上述授权。

1.2　名称与使用

1.2.1　乙方应以"***"区域受许人的名义经营***加盟业务，且未经甲方事先书面同意，不得在本合同规定的核准区域外经营。甲方保留要求乙方更改或修正任何乙方标示"***"名称或商标的权利。甲方在乙方不正当使用名称或在乙方标示未按要求更改或修正时，不视为甲方放弃以后要求更改或修正的权利。

1.2.2　乙方为经营"***"特许体系的目的标示上述特许商号时，包括但不限于办公室标牌、营业场所标牌、文具、名片、广告材料等，应严格遵照甲方配发给乙方的系列运营手册的规定。

1.2.3　乙方未经甲方事先书面同意，不得将"***"及其中任意词的组合用作公司名称的一部分。

1.2.4　除非甲方书面同意，否则，乙方仅可为经营特许业务而使用"***"加盟店及类似标志。

1.3　期限与展期

1.3.1　除依本合同的规定提前终止合同外，本合同的期限为_____年，自甲乙双方在本合同上签字之日（以下简称生效日）起开始生效。

1.3.2　如果乙方充分完全地执行本合同规定的各项条款和履行各项义务，则经甲方书面同意，本合同可以展期。甲方有权选择在乙方满足以下条件时，按届时与其他受许人签订特许经营合同的条件与乙方签订展期合同。

1. 乙方应在合同期限届满之前 90 天内向甲方提交展期的书面申请。
2. 乙方所欠甲方的债务都已经清偿。
3. 乙方完全履行本合同，并不存在任何违反本合同的行为。
4. 乙方支付一笔展期费，数额为当时的加盟金全额的_____%。

1.3.3　期满未续展

乙方在本合同所规定的期限届满后没有选择展期而又继续从事"***"特许体系相关业务的，应立即停止实施上述行为并赔偿因此给甲方造成的一切损失。

第 2 条　区域受许人的经营区域

2.1　乙方仅在_____（以下简称核准区域）设立及经营"***"加盟事业，行使其根据本合同获得的特许权。非甲方事先书面批准，乙方不得在其他任何地点经营任何"***"的特许业务。

2.2　乙方不得在核准区域从事任何非特许业务。乙方从事特许业务以外的其他业务时均无权使用"***"特许体系。

2.3　乙方可在核准区域内代甲方招募甲方的受许人，但所有受许人必须与甲方直接签订特许经营合同，所有特许经营费用交甲方，然后由甲方付给乙方相应的酬劳。

2.4　经甲方事先书面同意，乙方可以开办临时办公室和其他种类的办公室，具体办法另行协商。

第 3 条　特许费用

在本合同有效期内，乙方应当支付下述费用：

3.1　乙方向甲方支付的加盟金为_____万元人民币。支付方式为自本合同生效后 3 个工作日内向甲方一次性支付。乙方支付的加盟金不予退还。

3.2　为保证"***"特许体系的运行，甲方建立了完善的培训体系，乙方在组织人员参加培训时，参照甲方系列运营手册的规定交纳培训费用。

3.3　乙方应与甲方签订保证金合同，向甲方交纳_____万元人民币的品牌保证金。

3.4　本合同及本体系的系列手册所规定的乙方应向甲方交纳的其他费用。

第4条　甲方的权利

甲方在本合同项下的权利包括但不限于：

4.1　为确保"***"特许体系经营的统一性和产品服务质量的一致性，甲方有权对乙方的经营活动进行监督、指导。

4.2　甲方有权向乙方收取本合同及本体系的系列手册所规定的各种费用。

第5条　甲方的义务

5.1　甲方根据本合同的规定向乙方传授与"***"特许体系有关的经营方法与技巧，包括但不限于向乙方提供系列运营手册。

5.2　在本合同有效期内为乙方提供经营指导、培训。

5.3　甲方应对"***"特许体系进行广告宣传，维护与提升"***"特许体系的整体形象。

5.4　甲方对乙方在核准区域内自建店及招募加盟店、进货等的回馈支付标准与政策，详见甲方的特许权手册。

5.5　乙方的所有受许人及其人员的培训由乙方统一负责。

第6条　乙方的权利

乙方在本合同项下的权利包括但不限于：

6.1　乙方有权在本合同约定的期限和核准区域行使特许经营权。

6.2　乙方有权依本合同规定在从事"***"特许业务时使用"***"特许体系。

6.3　乙方有权在本合同有效期内获得甲方提供的"***"特许业务的经营技术。

6.4　乙方有权接受甲方按本合同规定所提供的"***"特许体系的培训和指导。

6.5　乙方有权在本合同签署后的_7_日内退出本特许经营体系，但乙方需要弥补此前甲方因此而遭受的所有损失和支出的成本、费用。

第7条　乙方的义务

7.1　支付费用

乙方应及时向甲方支付本合同第3条中规定的各项费用以及按照本合同、本体系系列手册或甲乙方之间的其他约定应由乙方支付给甲方的任何其他款项及费用，并不得附有任何条件或限制，或有任何抵销或抵扣。乙方延期支付费用的，甲方除按万分之四加收乙方滞纳金外应加收利息，利率应以同期中国人民银行固定资产一年期贷款利率计算。乙方在此确认及同意其对本条的任何违反将构成严重违约，甲方有权依据本条款的规定终止本合同，并保留对乙方的追索赔偿权。

7.2　拓展义务

乙方应自行负担费用完成各项义务，在本合同有效期内努力开设并运营规定数量的_____家"***"加盟店。

合同生效后的第一年必须至少开设_____家"***"加盟店，其中属于乙方直营店的_____家，不属于乙方直营店的_____家。

合同生效后的第二年必须至少开设_____家"***"加盟店，其中属于乙方直营店的_____家，不属于乙方直营店的_____家。

合同生效后的第三年必须至少开设_____家"***"加盟店，其中属于乙方直营店的_____家，不属于乙方直营店的_____家。

合同生效后的第四年必须至少开设_____家"***"加盟店，其中属于乙方直营店的_____家，不属于乙方直营店的_____家。

合同生效后的第五年必须至少开设_____家"***"加盟店，其中属于乙方直营店的_____家，不属于乙方直营店的_____家。

7.3 对所有核准区域内的受许人，乙方按照甲方要求的质量和进度进行指导、培训、管理及督导，同时协助甲方对受许人进行物流配送和督导。

7.4 竞业禁止

未经甲方事先书面同意，乙方本人、董事、股东、合伙人与高级职员在本合同有效期内和期满或终止后 5 年内不得直接或间接以高级职员、董事、股东身份或名义投资、经营或管理任何位于核准区域周围 200 千米范围内的其他餐饮或相关企业、实体或业务等。

7.5 免责条款

甲方不因乙方的经营或与乙方经营有关的争议而承担任何费用（包括但不限于诉讼费用、律师费用），否则由乙方予以赔偿。乙方根据本项规定应履行的义务于本合同期满或提前终止后继续有效。

7.6 与服务的品质及商誉有关的义务

乙方提供的服务应保持"***"特许体系要求的标准，并应努力提高"***"加盟店与产品、服务、商标有关的声望与商誉。

7.7 接受甲方稽核

乙方允许甲方于合理时间检查乙方的业务及营业场所，并承诺将乙方的账册、纳税申报资料与记录提供给甲方稽核。甲方根据本合同行使其稽核权时，乙方应于收到甲方的合理通知后，保证在乙方的核准区域备妥一切相关账册、纳税申报资料及其他记录，供甲方稽核。甲方有权为其所有"***"受许人制定一套统一的簿记制度，而乙方同意依甲方的规定保持其账册记录。

若甲方对乙方的账册记录稽核结果显示任何一个月内乙方及其下的"***"加盟店的特许经营费用断缴，则甲方除有权根据本合同或法律规定纠正外，还有权要求乙方支付甲方稽核费用以及甲方因催收各类拖欠款项而发生的任何费用。此外，每延迟一日，乙方应按上述迟付（或未付）款项的万分之四向甲方支付滞纳金，并加付利息，利率应按照同期中国人民银行固定资产贷款利率计算，直至上述拖欠款项全部付清为止。

7.8 职业道德标准

乙方同意以符合本合同和甲方系列运营手册中的规定，国家、地方法律法规，以及

第五篇　成功构建第五步：督导体系、合同及备案和信息披露的法律法规体系、TQM 体系的设计、标准化、手册编制与实施

相关的道德规约或类似规定的方式经营甲方的区域特许业务，并以相同方式督导乙方及其下的所有"***"加盟店、雇员。乙方应将任何与乙方营业有关的案件及惩处资料提供给甲方。乙方同意在本合同有效期内保持其经营、资质证书、注册登记文件及执照合法有效。

7.9　系列运营手册

乙方同意遵守系列运营手册的规定。

乙方确认，甲方在其认定对"***"特许体系的持续成功与发展有重大影响时，有权对系列运营手册做合理的修改和补充。因此，乙方同意甲方可以随时以合理方式变更或补充"***"特许体系以及系列运营手册规定的标准与规格。乙方同意自行担负费用并于收到上述修改和补充事项　30　日内予以修改。

上述修改和补充应被视为签订本合同时的"***"特许体系和系列运营手册中的一部分。甲方应以书面、传真或邮件方式通知乙方关于"***"特许体系或系列运营手册的修改和补充及其他变更事项。

7.10　"***"特许体系

乙方承认甲方享有自行使用，或在甲方核准区域内授权他人使用"***"特许体系的权利。

乙方同意并承诺仅在核准区域经营时使用"***"特许体系，并且乙方的上述使用权以乙方能继续充分并及时履行其在本合同项下的各项义务为先决条件。

乙方承诺将以适当且符合本合同要求的方式使用"***"特许体系。乙方除享有根据本合同规定使用"***"特许体系的权利外，并未取得与该体系和标志有关的任何其他权利。

乙方同意在本合同有效期内或提前终止后的任何时间，不得对"***"特许体系提出有关所有权的任何主张，或于任何时间对"***"特许体系的有效性提出争议，进行诽谤或怀疑。

乙方同意不在本合同有效期内或期满或提前终止后的任何时间，采用或使用或设法登记、注册足以与本合同特许使用的"***"特许体系构成混淆的任何相同或相似名称、标记、标识、互联网域名、微博、微信、头条、抖音、论坛、旗帜或符号等。

此外，乙方同意在与上述"***"特许体系以及甲方根据本合同规定交付乙方使用的其他产品及物品的权益保护有关的任何法律诉讼（不论是由甲方自行提起还是由他人提起者）程序中与甲方配合并协助甲方。

7.11　商业秘密

1. 乙方承诺，由甲方根据本合同透露给乙方的、有关"***"特许体系、"***"加盟店特许权的材料以及甲方服务和产品的经营和业务知识，其中包括但不限于在会议、研讨会、培训课程、会谈、区域系列运营手册、单店系列运营手册中随时透露的信息和资料，都是甲方独家的、保密的商业秘密。乙方同意将在本合同有效期内和之后对所有这些资料保守绝对机密，并同意不在甲方没有特别书面授权或批准的任何其他业务中或任何其他方式下使用这些资料。乙方除了依据甲方在本合同中对乙设置的限制行使其本合同项下的权利或履行本合同项下的义务所必须外，不应当将这些资料泄露给其他雇员。

2. 乙方同意如果其及其下的任何单店在对"***"特许体系的经营中开发出任何有关"***"特许体系的新概念、流程、材料或改进，应当于 7 日内通知甲方，并向甲方全部、无偿提供有关的各项资料。

3. 乙方承认，所有上述概念、流程、材料和改进应当成为甲方的独有财产，甲方可以自行使用或将这些资料分享给其他受许人。乙方应当促使其职员、董事和股东履行本条规定的保密义务。本合同终止后，本条款继续有效。

7.12 广告的审查

乙方同意至少应于广告计划发表或推出广告之前 7 天将其制作的一切广告或推销资料提交甲方审查。

7.13 顾客关系与商誉的维护

乙方同意，当任何当事人就乙方处理的某项交易而向甲方投诉时，甲方可以就该案进行调查，并可以从乙方、该投诉当事人以及相关证人处获得他们对相关事实的意见。乙方同意在此调查过程中与甲方充分配合。甲方收到一项投诉后，将设法于 30 天内完成调查。

完成调查后（且乙方仍未解决该争议时），若甲方根据其获得的事实资料足以认定该项争议是乙方提供的服务品质不符合标准要求，或在该项交易中以重大不当方式处理事务导致的，甲方将以书面形式告知乙方该项调查结论，并将甲方提出的指导原则提供给乙方，规定乙方正确解决该项争议的方法（例如，取消该项进行中的合同，并退还所收定金或其他款项等）。

如果甲方直接收到投诉人的反映或了解到涉及乙方的有关某项交易的投诉，且依本款的规定认定乙方或其代理人在该交易中有重大不当行为，同时确认乙方于收到甲方认定乙方处理失当的通知后，未能于 30 天内与投诉当事人以甲方满意的方式解决该项争议，甲方可以在提前 10 天书面通知乙方后终止本合同。

7.14 甲乙双方的关系

甲乙双方同意，甲方有权指定第三方受让本合同项下甲方的权利和义务。

如第三方受让本合同，乙方承诺其应继续向第三方支付本合同规定的原来应向甲方支付的所有特许费用并继续履行本合同规定的义务。转让时，如乙方尚未完全支付本合同规定的向甲方支付的特许费用和其他费用，乙方应向甲方履行支付义务。

7.15 第三方侵权的处理

乙方发现第三方对"***"特许体系的侵权行为后，应告知甲方，并对甲方针对侵权行为所采取的措施进行积极配合。

7.16　乙方合法经营

乙方经营其业务所发生的一切税费，乙方应于到期日缴付。

第 8 条　甲方声明

甲方兹声明下列陈述确属真实无误：

8.1　甲方有权自行使用并授权乙方使用"***"特许体系。

8.2　甲方签订本合同的行为不违反或不构成不履行甲方作为当事人的其他任何合同或承诺。

8.3　签署本合同的甲方高级主管人员被合法授权代表甲方签订本合同。本合同一经双方代表签署，即构成对甲方有效并具约束力的义务，甲方应根据本合同的要求履行其义务。甲方并未授权其他任何业务人员代表甲方签署本合同。

第 9 条　乙方声明

乙方兹声明下列陈述确属真实无误：

9.1　乙方是在核准区域所在地合法设立并存在的公司。乙方有能力和意愿领取到在核准区域从事本合同项下特许经营业务所需的营业执照、资质资格等所有有关文件，从而可以合法从事本合同所定义的特许业务。

9.2　乙方并无任何意图出售，或试图出售，或转让其公司的全部或部分股份，乙方也不存在正在进行解散或清算的程序，乙方董事会或其股东也没有采取任何行动授权解散或清算程序。

9.3　乙方理解并认同甲方规定的高水准及统一的质量、外观及服务标准对于维护"***"特许体系商标价值的重要性，理解并认同按照"***"特许体系经营"***"区域受许人、加盟店的必要性。乙方特此声明自己有能力与意愿遵守该标准。

9.4　乙方在签署本合同之前 30 日已认真阅读并充分理解甲方向其提供的所有有关"***"特许体系的资料和相关文件，包括但不限于甲方按照《商业特许经营信息披露管理办法》的规定提供的信息披露内容。

9.5　乙方签订本合同的行为不违反或不构成不履行乙方作为当事人的其他任何合同或承诺。

9.6　代表乙方签署本合同的签约人经过乙方授权。本合同一经双方代表签署，即构成对乙方有约束力的义务。

9.7　乙方确认，除甲方交付乙方的各种材料中列明的事项外，甲方本身或任何甲方的全权代理人或代表人未曾做出任何其他性质的声明、承诺、担保或保证，以诱使乙方签署本合同。乙方了解，受许人的成功依赖于乙方的努力。乙方声明，其有意愿管理或督导乙方区域内所有"***"加盟店的业务。乙方确认，甲方或任何他人皆未担保或保证乙方区域受许人、加盟店的经营必然盈利。

9.8　乙方及乙方高级职员、董事与重要股东均已仔细阅读本合同并充分了解其中条款的内容及重要性，并共同声明，其各自均有能力也有意愿遵守该规定。

9.9 乙方完全了解应于甲方规定的期限内支付其应交纳的费用，若未于甲方所规定的期限内交纳，且经甲方按本合同催告后仍未于甲方规定的期限交纳的，甲方可以在书面通知乙方后终止本合同。

第 10 条 当事人关系

乙方是一个独立的缔约方，且本合同中任何规定不得解释为在甲方和乙方之间建立联营关系或共同投资人关系。除非本合同另有规定，否则甲方或乙方皆不承担对方的各项债务及相关财产责任。未经甲方的许可，乙方不得为他方的债务提供担保。

第 11 条 合同权益的转让

11.1 本合同中规定的任何权利或利益，未经甲方的事先书面许可，皆不得以任何方式转让、转移或分割给任何第三方或与之共享；且未经甲方事先同意的任何此等转移、转让、共享或分割，均属无效。甲方有权拒绝乙方转让本合同的权利或权益的要求。甲方给予的同意或许可可以附加以下条件，其中包括但不限于：

11.1.1 受让人的资格须符合转让时甲方当时评定新加盟成员的标准。

11.1.2 乙方付清欠付甲方的一切款项，包括但不限于应付的特许权使用费等以及经营区域受许人、加盟店等而欠甲方的任何其他债务。

11.1.3 乙方已经对其违反本合同、"***"特许体系列运营手册、乙方与甲方签订的任何其他合同的行为以及对甲方的侵权行为承担了全部责任。

11.1.4 由受让人签署一份于上述转让行为发生时甲方使用的特许经营合同，该合同的格式可以载有与本合同不同的条款；且如经甲方要求，由本合同的保证人（如果有的话）签署一份确认其继续就乙方履行本合同义务提供保证的声明书。

11.1.5 由受让人向甲方支付一笔转让费，其金额为当时的加盟金全额的_____%。

11.1.6 受让人参加甲方举行的新加盟成员培训的费用、时间、内容形式等需遵照甲方的相关手册规定执行。

11.1.7 受让人应签署一份声明，证明受让人于预定转让日之前至少 30 个营业日已收到最新的关于"***"特许体系许经营的文件，并已仔细阅读并理解所有上述文件的内容。

11.1.8 若乙方预定的受让人拟于本合同核准区域以外的其他地址经营特许业务，该预定的新地点应在原核准区域的附近以及预定的新营业场所应符合甲方当时的受许人评定标准。

11.2 乙方如欲转移或转让（不论直接还是间接）其在本合同下的特许经营权，应提前以书面形式通知甲方，载明预定转移或转让的条款、预定受让人的最近财务报表以及甲方就该项转移或转让计划所要求的其他资料，且应给予甲方充裕的时间，使甲方就拟议中的转移或转让计划能够依照与新加盟成员有关的规定处理。

接到该项通知后，甲方应于 60 天内同意或拒绝同意该转移或转让计划，或选择依通知书中列明的相同条款自行接受该移转或转让计划。甲方可选择是接受该特许经营权以及其加盟点的移转或转让，还是接受该特许经营权的移转。如选择后者，则交易中的价金应反映特许经营合同的价值，且其金额不得超过甲方当时出让新特许经营权的特许经营费用。

若甲方既未行使其任何权利或选择权，也未以其他方式对乙方的通知做出答复，应视为甲方拒绝同意该项移转或转让计划。

甲方对某一移转或转让计划根据该计划特定条款所做出的同意，不应视为甲方也同意可按任何其他条款的规定做出移转或转让，或可转移或转让予任何他人，或甲方同意任何后续的转移或转让。

11.3 在根据本合同规定对特许经营权做出任何转让之前，乙方或乙方预定的受让人同意自行支付合理的必要费用，使该预定受让人的营业场所符合甲方当时针对受许人的最新标准。

11.4 非经甲方事先书面许可，乙方不得在"受许人"的经营场所或乙方从事"特许权"业务所获得的任何营业收入或收益上设定任何担保。

第 12 条 甲方保留的权利

12.1 乙方明确了解并同意，甲方对依本合同授予乙方使用的"***"特许体系的商誉、商业秘密与专有财产保留一切权利及权益。

12.2 乙方确认及同意，甲方有权随时修改和补充其按照本合同授权乙方使用的"***"特许体系，包括修改和补充系列运营手册中规定的各种标准、规格与其他要求事项。乙方应依本合同规定自行负担费用并遵守有关修改和补充事项。在本合同有效期内，对"***"特许体系所做的任何改进应归甲方所有，并以其名义就该改进部分取得相应的知识产权。

12.3 甲方就其未明确授权乙方的"***"特许体系的部分保留一切权利。

第 13 条 合同的终止

13.1 甲乙双方经协商一致决定终止合同的，自终止协议签署之日起，本合同终止。

13.2 本合同规定的期限届满时，合同自然终止，除非乙方选择展期。

13.3 如本合同履行中乙方出现以下情况，甲方有权立即终止合同。

13.3.1 乙方擅自在本合同规定的核准区域外行使特许经营权。

13.3.2 未经甲方同意，乙方擅自向第三方转让"***"特许体系的特许经营权。

13.3.3 乙方违反本合同、系列运营手册、销售信息指南的规定，不向甲方提供真实的财务会计报表。

13.3.4 乙方因资不抵债、破产、资产被强制留置给债权人而进入任何形式的无清偿能力、破产程序或为债权人利益提出申请而使用的程序。

13.3.5 乙方营业执照被工商管理部门吊销或其股份在未经甲方同意的情况下被出售、转让。

13.3.6　乙方或其股东、董事、雇员等违反本合同规定的保密义务及竞业禁止义务。

13.3.7　乙方没有遵守甲方的统一化经营模式，经甲方书面通知后，乙方在限定时间内未能改善。

13.4　乙方出现包括但不限于以下违约情况时，甲方应提前15日书面通知乙方纠正违约行为，如乙方未在通知中规定的期限内予以纠正，甲方有权终止合同。

13.4.1　乙方未按本合同规定的付款金额、期限、方式等向甲方履行付款义务。

13.4.2　乙方未遵守本合同和系列运营手册中关于"***"特许体系商号使用的规定。

13.4.3　乙方未按本合同和系列运营手册的规定维护"***"特许体系的名誉和统一形象。

13.4.4　乙方未按本合同的规定办理并取得从事合同规定业务所必需的各种批文、批复、执照等手续。

13.4.5　乙方未能在本合同规定的期限内开设符合质量与数量要求的"***"加盟店，或未能对其现有营业场所进行装修，使其成为符合要求的"***"单店受许人。所谓符合要求，包括但不限于：符合甲方关于营业场所面积、装潢与品质的要求，一切标牌符合本合同及系列运营手册所规定的其他要求。

13.4.6　乙方未能依照法律、法规的规定和相关的职业道德准则经营特许业务。

13.4.7　乙方未完成本合同及甲方手册规定的区域内及各店的销售及进货任务。

13.5　甲方出现以下违约事项时，乙方应提前 15 日书面通知甲方纠正该违约行为。如甲方拒不纠正，乙方有权终止合同。

13.5.1　无正当理由，甲方不提供"***"特许体系的特许经营权。

13.5.2　在乙方未出现任何违约事项的情况下，甲方违反本合同的规定。

13.6　因任何一方违约导致合同终止的，违约方应按照本合同的规定，向另一方承担赔偿损失等违约责任。

13.7　本合同的终止不能免除任何当事人于该合同终止前产生的责任，也不影响由本合同明确规定的本合同终止后仍然有效的条款的效力和履行。

13.8　除非本合同另有规定，否则乙方应向甲方支付的款项不应当以产生于本合同或与本合同有关的争议为理由，被预扣或抵作甲方因被起诉而需要赔偿的款项。

第14条　合同终止后的义务

本合同因故终止（包括期满或提前终止）时，乙方不再是被授权的前述"***"特许体系加盟方，但下述义务不受本合同终止的影响，属于乙方的持续性义务。

14.1　付清乙方欠付甲方的特许费用。

14.2　付清乙方欠付甲方的其余费用。

14.3　立即并永远停止使用所有"***"特许体系，包括但不限于所有类似"***"特许体系的名称及商标，以及含有"***"特许体系的任何其他名称或标示，或表示乙

第五篇　成功构建第五步：督导体系、合同及备案和信息披露的法律法规体系、TQM体系的设计、标准化、手册编制与实施

方是或曾经是被授权的"***"特许体系加盟方或加盟店的任何其他名称、标示或标记、类似的色彩及文字。

14.4　 45 日内将表示或足可表示乙方是或曾经是被授权的"***"特许体系加盟方或加盟店的标记、文具、信件、表格、手册、印刷材料、胶卷、磁带、磁盘、光碟、经许可的软件和广告等销毁或交付甲方，并尽快将甲方租借给乙方的任何设备、材料、工具等退还甲方。

14.5　尽快并永远停止以"***"特许体系受许人的名义刊登广告，包括但不限于立即将乙方营业场所内外含有"***"特许体系标记或其他类似识别标记的招牌拆除，并立即将表明出售或出租的含有"***"特许体系标记或其他类似识别标记的招牌或旗帜（包括现场招牌及支架）以及与"***"特许体系现场标牌的色彩或造型或形状结构类似的任何现场标牌或其他招牌拆除（乙方承认此类物品构成甲方专有的商业用品，且乙方与甲方建立特许经营关系之前在其经营中从未使用过该类型的商业宣传品）。

若乙方未能于本合同终止之日起 45 天内拆除营业场所内的所有上述标记，乙方在此授权甲方进入营业场所内查处该标记，并偿付甲方因查处、储存及处置该类物品所发生的一切费用。

若乙方未能于甲方拆除该物品后 15 天内取回该类物品，甲方有权自行决定出售或以其他方法处置该类物品，且甲方有权用出售或处置该类物品的收入所得，抵扣拆除、储存及出售该类物品所发生的费用，并抵扣乙方欠付甲方的款项。

14.6　立即并永远停止使用"***"特许体系，包括但不限于含有"***"特许体系内容的各种手册及辅助资料、推广影片及促销资料，以及甲方依本合同规定交付乙方使用的一切商业秘密、机密资料及专用资料。

14.7　立即将系列运营手册等"***"特许体系经营窍门相关资料原件及复印件退还甲方。

14.8　避免做任何可能表示乙方现为或者曾经为被授权的"***"特许体系加盟方或加盟店的行为。

14.9　对于甲方根据本合同规定要求乙方建立并保持的一切簿册、记录和报告，于本合同终止后乙方应至少保留三年，并且许可甲方于该保留期在正常营业时间对乙方的簿册、记录和报告进行最后检查及稽核，以查证乙方根据本合同规定应交付的特许权使用费及其他相关款项是否均已付清。

14.10　乙方应被视为已依据本合同规定授权甲方可采取任何必要措施注销乙方在公用电话簿及其他名录上以"***"加盟店名称或区域受许人名称刊登的电话号码或广告，并停止使用其他表示乙方现在或过去与"***"特许体系之间存在关系的资料。任何刊登该等资料的电话公司、名录出版商及其他个人或实体，因为甲方根据乙方上述的委托授权所采取的任何措施而蒙受任何损失的，乙方应负责赔偿。

14.11　立即并永远使其所有高级主管、员工停止穿着任何表示或可能表示乙方现在

是或过去是被授权的"***"特许体系加盟方或加盟店的服装，并尽快将该类服装销毁或交回甲方。

乙方确认，本合同有效期内及本合同终止（包括期满，且随后未发生转让或转移的情况）后，甲方应有权获取和使用下列资料：

乙方根据"***"特许体系系列运营手册和销售信息指南的规定提供给甲方的资料，以及系列运营手册的任何其他补充资料。

以上资料，在本合同下文合称为客户资料。

甲方可于本合同有效期内为营业目的使用该类客户资料，包括但不限于公共关系、广告及统计资料编制、客户投诉的调查与解决、服务品质调查等目的。此外，甲方有权于本合同终止后继续使用上述客户资料，并于甲方认为必要时，为商业目的将该类客户资料提供给其他"***"受许人使用。

乙方同意，在本合同期满或提前终止（包括乙方转让其特许经营权的情况）后的 5 年内，不在核准区域或任何"***"加盟店所在地点周围＿＿＿＿千米内设立餐饮经营机构或办公室，经营本合同中所定义的特许业务，并不得以任何直接或间接的方式带走原受许人的客户或业务。

第15条 违约责任

15.1 本合同因乙方原因（包括但不限于本合同的规定）被提前终止时，乙方应向甲方支付违约金，甲乙双方一致同意采取以下方式计算违约金的具体数额：先行确定乙方自本合同生效日起至本合同被提前终止之日为止，乙方每月应交付甲方的特许权使用费的平均金额，所得总金额即为乙方应支付的违约金。尽管有上述规定，如果甲方在本合同的最后一年内根据本合同的 13.3 和 13.4 的规定终止本合同，则乙方向甲方支付的违约金应为本合同被提前终止之日起前两年乙方每年应交付甲方的特许权使用费的平均金额。

15.2 乙方未按本合同规定的期限或金额向甲方支付特许费用，经甲方书面通知后予以补交的，乙方应向甲方支付滞纳金及迟延支付期间的利息。滞纳金以迟延交付金额的万分之四／日的方式确定；利息按照同期中国人民银行一年期固定资产贷款利率确定。

15.3 如乙方违反竞业禁止规定，甲方除按照本合同的规定要求乙方纠正或终止合同外，还有权按乙方违反竞业禁止规定所得的金额向乙方索赔损失。

15.4 在得知特许区域内存在对"***"特许体系的侵权行为后，乙方未按照本合同的规定及时通知甲方的，应当赔偿因未能履行其义务而使甲方受到的更大损失。

15.5 除本条规定的事由外，如乙方在履行合同中出现其他违约事项，其应当即时纠正，继续履行合同，并向甲方赔偿因其违约而遭受的实际损失。

15.6 甲方违反本合同规定的，乙方有权书面通知其在30天内纠正，如甲方拒不纠正，乙方有权终止合同并要求甲方承担因违约而使乙方遭受的实际损失。

第 16 条　不可抗力

16.1　不可抗力指本合同各方无法预见、无法控制、无法避免且在本合同签署之日后发生并使任何一方无法全部或部分履行本合同的任何事件。不可抗力包括但不限于爆炸、火灾、洪水、地震、战争、征收、没收、政府主权行为、法律变化、未能取得政府对有关事项的批准、政府的有关强制性规定和要求，以及其他重大事件或突发事件的发生。

16.2　如果发生不可抗力事件，受影响的一方应当以最便捷的方式毫无延误地通知另一方，并在 15 天内向另一方提供该事件的详细书面报告及当地公证机关开具的不可抗力发生的有效证明。受到不可抗力影响的一方应当采取所有合理行为消除不可抗力事件对本合同履行的影响，然后另一方再决定是否终止或推迟本合同的履行，或部分或全部地免除受影响方在本合同中的义务。

第 17 条　争议的解决

17.1　双方之间因本合同产生的或与本合同（包括但不限于本合同的生效、解释、履行修改和终止）有关的一切争议、纠纷或索偿均应当首先通过友好协商的方式解决。

17.2　在提起仲裁程序之前，当事人应当书面通知对方争议的存在及性质。甲方和乙方各自同意，双方的代表应当在收到通知后 60 日内尽可能友好地解决争议。如果在以上期限内争议未得到解决，则任何一方可将争议事项提交甲方所在地的_____仲裁委员会申请仲裁，该仲裁裁决为终局裁决并约束双方。

17.3　如果通过协商未能解决争议，任何一方当事人均不得在其后的仲裁程序和其他任何程序中援引对方当事人在协商中提过、建议过、承认过以及愿意接受的任何陈述、意见、观点或建议作为其请求、答辩及／或反请求的依据。

第 18 条　可分割性

如果本合同的某一或若干条款在任何方面无效、非法或无法执行，这些无效、非法或无法执行的条款将视为从未包括在本合同中。其他条款的效力不变，同时具有法律效力，并可执行。

第 19 条　通知

19.1　本合同项下发出的任何通知或其他文件应以中文形式书写，可以通过专人递送、挂号信、E-mail、手机短信、传真或快递服务方式按下述地址送达。

19.1.1　甲方：

地址：

邮编：

传真号：

E-mail：

手机：

收件人：

19.1.2　乙方：

　　　　　地址：

　　　　　邮编：

　　　　　传真号：

　　　　　E-mail：

　　　　　手机：

　　　　　收件人：

如任何一方变更其通信地址，则应提前 15 日将其新通信地址书面通知对方。

19.2　任何通知或文件的送达时间按以下方式确定：

19.2.1　如为递送，为实际送达时间。

19.2.2　如为邮寄，为交付挂号邮寄后 7 天。

19.2.3　如为通过 EMS 快递服务发出，为该服务受理后 3 天。

19.2.4　如为传真，为传真机打印出传输成功报告时。

19.2.5　如为 E-mail、手机，为发出信息后 1 天。

第20条　弃权

任何一方对于对方任何违反本合同规定的弃权均不应当视为对任何后续违约或其他类似违约的弃权。

第21条　修改

对本合同的任何修改应当采取书面形式，并由双方当事人签字。

第22条　附件

本合同的附件是本合同不可分割的组成部分，与本合同具有同等法律效力。本合同附件若与合同规定不一致，以合同为准。

第23条　其他约定

_____

_____

_____

_____

_____

法定代表人（授权代表）　　　　　　　　法定代表人（授权代表）

签约地点：　　　　　　　　　　　　　　签约地点：

签约时间：　　　　　　　　　　　　　　签约时间：

附件：系列特许经营手册目录及实际的手册

【实例 23-4】《市场推广与广告基金管理办法》实例

下面举一个《市场推广与广告基金管理办法》的例子，供读者学习、研究和实战时参考。但要注意，特许人应根据自己的实际情况来制定《市场推广与广告基金管理办法》，而不能生搬硬套别人的管理办法。同时，为出版需要，下面的内容有所删改，因此与实际的管理办法并不完全相同。

市场推广与广告基金管理办法

为宣传、推广 *** 特许人（以下简称 ABC）品牌，并使所有加盟店从中受益，特制定本《市场推广与广告基金管理办法》，所有受许人和 ABC 都应严格遵守并切实执行。

一、基金的收取：

1. 各受许人均应在每月 5 日之前上交其上月营业额的__%到特许人指定的账户，以作为市场推广与广告基金。

2. 基金的交纳不得拖延或少交、分期支付，不得以非现金之外的物品抵押或充当。

3. 受许人不得在其营业额上弄虚作假。

4. 一经发现受许人违反基金收取的上述规定，将处以隐瞒或虚假部分、少交部分的 10 倍罚款。

5. 连续 2 月未交、少交、虚交此基金的，特许人有权终止其特许经营合同，并追究受许人的相应违约责任。

二、基金的管理：

1. 基金由特许人负责管理。由受许人选举产生的受许人基金管理委员会进行监督。

2. 特许人于每年 1 月做出上年度的基金使用汇报和本年度的基金使用规划，并通报全体受许人。

3. 特许人应仔细研究市场及本体系状况，力求以最少的资金发挥最大的效果。

4. 受许人基金管理委员会每年举行一次选举，具体内容和形式见《受许人基金管理委员会章程》。

三、基金的使用：

1. 原则上，基金款项将用于全国性广告宣传，投放媒介可包括电视、报纸、杂志、户外展示、广播、网络、交通工具等，特许人应合理、科学地确定基金在各媒介上的分配比例。

2. 基金在各媒介上的分配比例可由特许人随时根据市场情况及企业内部状况做出修改。

3. 基金的使用应本着公平、公开、公正的原则，以使每个受许人都能合理地得到来自基金的回报。

4. 特许人应跟踪每笔基金的支出，并及时在全体系内公告。

5. 本基金不可挪用于任何非宣传本体系品牌、使所有受许人直接受益的活动。

四、各受许人可自行出资做广告宣传与推广，但活动的计划、内容等应事先征得特许人的书面同意。

五、任何受许人若对基金的使用不满，均可直接向特许人或受许人基金管理委员会提出口头或书面申诉。特许人或基金管理委员会必须在接到不满申诉后的一周内做出书面回答。

六、本办法系特许经营合同的补充条款，对ABC、受许人具有法律约束力。本办法未尽事宜，依照特许经营合同、系列运营手册的相关规定执行。

七、本办法的最终解释权属于ABC总部。

特许人：　　　　　　　　　　　　　受许人：
委托代理人：　　　　　　　　　　　委托代理人：
法人代表：　　　　　　　　　　　　法人代表：
地址：　　　　　　　　　　　　　　地址：
时间：　　　　　　　　　　　　　　时间：

【实例23-5】保证金合同实例

下面举一个保证金合同的例子，供读者学习、研究和实战时参考。但要注意，特许人应根据自己的实际情况来拟订保证金合同，而不能生搬硬套别人的合同。同时，为出版需要，下面的内容有所删改，因此与实际的合同并不完全相同。

甲　　方：
地　　址：
法定代表人：
授 权 代 表：
联 系 电 话：

乙　　方：
地　　址：
法定代表人：
身 份 证 号：
联 系 电 话：

鉴于双方已于＿＿＿＿＿年＿＿＿月＿＿＿日签署了特许经营合同（以下简称主协议），为了保证上述合同的顺利履行，根据《中华人民共和国合同法》等有关法律、法规的规定，甲乙双方就已签订的特许经营合同中关于保证金的支付及其管理等具体事宜，经协商达成如下补充协议：

1. 乙方应在本补充协议生效之日起3个工作日内向甲方交纳保证金人民币¥_____元整（大写：_____）。甲方应向乙方开具正式的现金收据。乙方也可用银行汇兑方式将保证金足额汇入甲方指定银行的指定账号（银行汇款时务必注明汇款用途为"预交保证金"）。

甲方指定银行：_____
甲方户名全称：_____
甲方指定账号：_____

2. 保证金的管理：

保证金由甲方统一进行管理。

3. 甲方只能将上述保证金用于如下用途：

（1）乙方向甲方支付的保证金用于保证向甲方支付应付的费用（包括但不限于特许经营权使用费、培训费、货品费等）；如果乙方违反本协议规定，甲方有权从乙方支付的保证金中直接扣除其欠付部分及相应利息。

（2）如甲方接到乙方客户对乙方的投诉，经调查认定乙方应该对该客户赔偿，但乙方接到甲方通知后拒绝赔偿的，甲方有权根据实际情况，直接使用保证金向该客户进行赔偿。

（3）如乙方违反甲乙双方之间任何协议的规定给甲方造成任何损失，甲方有权直接从保证金中扣除相当于损失的金额，保证金不足以赔偿的，甲方可继续向乙方追偿。

（4）如乙方违反其应对甲方履行的其他义务，应当承担违约责任的，甲方有权从该保证金中扣除乙方应支付的违约金。

4. 保证金的补足：

（1）在本补充协议有效期内，乙方应使保证金总额始终保持不低于初始交纳的数量，如发生赔付事件导致保证金总额减少，甲方有权通知乙方补足上述差额部分。乙方应在接到甲方书面补交通知的3个工作日内向甲方补足保证金。

（2）甲方如使用保证金进行任何赔付，应以书面方式（包括电子邮件、传真等）通知乙方。在向乙方出具的书面通知中，应详细描述赔付事件、赔付事件的处理过程、赔付金额。赔付完成后，应向乙方出具必要的赔付资金往来凭证（银行的转账证明或被赔付方收款的签字确认）。

（3）保证金不能足额赔付时，甲方没有义务替乙方支付额外的赔付金额，如因特殊情况，导致甲方向消费者支付了超出保证金数额的赔付金，甲方有权要求乙方补偿甲方代替乙方支付的赔付金，并在指定时间内补足保证金。

（4）乙方接到甲方书面补交通知后未能在规定期限内向甲方补足保证金差额的，甲方有权单方面提前终止与乙方签订的特许经营合同，并保留其余追索赔偿的权利。

5. 保证金的返还：

（1）保证金不是甲方收取的服务费用，在主协议终止后一个月内，如果乙方未违反本协议规定，且乙方不再欠甲方任何应付款项，则甲方应将保证金余额退还乙方。乙方应退还甲方开具的保证金收据，并向甲方开具现金收据。

（2）保证金的返还不计利息。

6. 本协议未尽事宜，按照甲方与乙方签订的特许经营合同执行。

7. 与本协议有关的一切争议应由双方协商解决。如协商不成，则任何一方均可将该争议提交仲裁委员会（地址：＿＿＿＿＿＿＿＿＿＿＿＿＿＿＿＿＿）仲裁，仲裁地为＿＿＿＿＿＿＿市。该仲裁裁决为终局裁决，对双方当事人均具有法律约束力。

8. 如本补充协议中任何条款的规定与主协议相冲突，以本补充协议的规定为准。

9. 本协议自双方签署盖章之日起生效，至主协议有效期满时终止。

10. 本协议一式两份，由双方各执一份，具有同等法律效力。

11. 本协议的解释权属于甲方。

甲方（盖章）：＿＿＿＿＿＿＿＿＿＿＿＿　　　乙方（盖章）：＿＿＿＿＿＿＿＿＿＿＿＿

法定代表人（签字）：＿＿＿＿＿＿＿＿＿　　　法定代表人（签字）：＿＿＿＿＿＿＿＿＿
委托人（签字）：＿＿＿＿＿＿＿＿＿＿＿　　　委托人（签字）：＿＿＿＿＿＿＿＿＿＿＿
地址：＿＿＿＿＿＿＿＿＿＿＿＿＿＿＿＿　　　地址：＿＿＿＿＿＿＿＿＿＿＿＿＿＿＿＿
签订时间：＿＿＿＿年＿＿＿月＿＿＿日　　　签订时间：＿＿＿＿年＿＿＿月＿＿＿日
签订地点：＿＿＿＿年＿＿＿月＿＿＿日　　　签订地点：＿＿＿＿年＿＿＿月＿＿＿日

【实例23-6】商标使用许可合同实例

下面举一个商标使用许可合同的例子，供读者学习、研究和实战时参考。但要注意，特许人应根据自己的实际情况来拟订商标使用许可合同，而不能生搬硬套别人的合同。同时，为出版需要，下面的内容有所删改，因此与实际的合同并不完全相同。

合同编号：＿＿＿＿＿＿＿＿＿＿

商标使用许可人（甲方）：＿＿＿＿＿＿＿＿＿＿＿＿＿＿＿＿＿＿＿＿＿＿＿＿＿＿
商标使用被许可人（乙方）：＿＿＿＿＿＿＿＿＿＿＿＿＿＿＿＿＿＿＿＿＿＿＿＿＿

根据《中华人民共和国商标法》的规定，甲乙双方基于平等互利的原则，经充分协商，签订本商标使用许可合同，共同信守。

一、"＊＊＊"商标是甲方经国家工商行政管理总局商标局核准的注册商标，类别是第＿＿＿类，注册证号为＿＿＿＿＿＿＿＿＿＿＿＿＿，有效期为从＿＿＿＿年＿＿＿月＿＿＿

第五篇　成功构建第五步：督导体系、合同及备案和信息披露的法律法规体系、TQM体系的设计、标准化、手册编制与实施

日至_____年____月____日。

二、被许可人经营范围："***"加盟店。

三、甲方同意将"***"商标许可给乙方在_____（精确地址）使用，许可期限自_____年____月____日至_____年____月____日。若乙方是单店受许人，则不得以任何形式再许可给第三方使用；若乙方为区域受许人，则在甲方书面授权的前提下，乙方可以将商标许可给乙方所在区域的次受许人。合同期满后，乙方需延长使用时间的，甲乙双方应另行续订商标使用许可合同。

四、甲方有权监督乙方使用"***"注册商标的情况。乙方提供的商品及服务必须符合甲方的特许经营合同和特许经营系列手册中的相应规定，不得以次充好。乙方若违反双方之间的任何协议，甲方有权单方面提前终止本合同，且不承担任何责任。

五、乙方不得任意改变甲方注册商标的文字、图形等或其任意组合，并不得超越许可的范围使用甲方的注册商标。

六、若乙方为区域受许人，甲方不得于_____年____月____日至_____年____月____日内在_____地区使用或许可第三方使用"***"注册商标。

七、商标使用许可合同提前终止须经甲乙双方协商一致，并在国家商标局备案。

八、本合同终止时，乙方应立即终止使用该商标，否则视为违约，按照《中华人民共和国商标法》等有关法律法规处理。

九、合同发生争议时，按以下第（____）项方式处理：

1. 提请_____仲裁委员会仲裁解决。

2. 向_____省_____市人民法院起诉。

十、本合同一式__三__份，经法定代表人签字后生效，甲方两份（一份自留，一份备案）、乙方一份。

许可方（盖章）：_____　　被许可方（盖章）：_____
法定代表人：_____　　　　法定代表人：_____
签订时间：_____年____月____日　　　　签订时间：_____年____月____日
签订地点：_____　　　　　签订地点：_____

【实例23-7】特许经营授权书实例

为了美观和表示隆重，特许人通常将特许经营授权书做成牌匾或挂件的形式。其大致内容和格式如下。

编号：

×××（特许人全称）兹授权＿＿＿＿＿＿＿＿＿＿＿＿＿＿＿＿（受许人全称）获得×××（特许人全称）＿＿＿＿＿＿＿＿＿＿＿＿（受许人加盟地区准确、详细的全称）的特许经营资格。

授权内容：

授权期限：

经营地点：

备注：

×××（特许人全称）

　年　　月　　日

当然，企业也可以根据自己的实际情况对上述格式和内容进行变更，比如有的特许人喜欢加上自己企业的LOGO、有的喜欢加上特许经营体系创始人的签名等。

第四节　备案和信息披露的法律法规体系

企业构建特许经营体系之后，在正式地大规模营建加盟店之前，还应该按照《商业特许经营管理条例》的规定进行备案和信息披露，否则将会受到严厉的处罚。

备案和信息披露必须遵照"一条两法"的规定，所谓"一条两法"，是指：

● 《商业特许经营管理条例》（2007年5月1日起施行）

● 《商业特许经营备案管理办法》（2012年2月1日起施行）

● 《商业特许经营信息披露管理办法》（2012年4月1日起施行）

具体而言，这些工作应包括以下内容。

一、在商务主管部门备案

《商业特许经营备案管理办法》的具体规定如下。

第三条　国务院商务主管部门及省、自治区、直辖市人民政府商务主管部门是商业特许经营的备案机关。在省、自治区、直辖市范围内从事商业特许经营活动的，向特许人所在地省、自治区、直辖市人民政府商务主管部门备案；跨省、自治区、直辖市范围从事特许经营活动的，向国务院商务主管部门备案。

商业特许经营的备案工作实行全国联网。符合《商业特许经营管理条例》规定的特许人，都应当通过政府网站进行备案（笔者注：网址为www.mofcom.gov.cn）。

第四条　商务部可以根据有关规定，将跨省、自治区、直辖市范围从事商业特许经营的备案工作委托有关省、自治区、直辖市人民政府商务主管部门完成。受委托的省、自治区、直辖市人民政府商务主管部门应当自行完成备案工作，不得再委托其他任何组织和个人备案。

受委托的省、自治区、直辖市人民政府商务主管部门未依法行使备案职责的，商务部可以直接受理特许人的备案申请。

第五篇　成功构建第五步：督导体系、合同及备案和信息披露的法律法规体系、TQM 体系的设计、标准化、手册编制与实施

第五条　任何单位或者个人对违反本办法规定的行为，有权向商务主管部门举报，商务主管部门应当依法处理。

第六条　申请备案的特许人应当向备案机关提交以下材料：

（一）商业特许经营基本情况。

（二）中国境内全部被特许人的店铺分布情况。

（三）特许人的市场计划书。

（四）企业法人营业执照或其他主体资格证明。

（五）与特许经营活动相关的商标权、专利权及其他经营资源的注册证书。

（六）符合《条例》第七条第二款规定的证明文件。

在 2007 年 5 月 1 日前已经从事特许经营活动的特许人在提交申请商业特许经营备案材料时不适用于上款的规定。

（七）与中国境内的被特许人订立的第一份特许经营合同。

（八）特许经营合同样本。

（九）特许经营操作手册的目录（须注明每一章节的页数和手册的总页数，对于在特许系统内部网络上提供此类手册的，须提供估计的打印页数）。

（十）国家法律法规规定经批准方可开展特许经营的产品和服务，须提交相关主管部门的批准文件。

外商投资企业应当提交《外商投资企业批准证书》，《外商投资企业批准证书》经营范围中应当包括"以特许经营方式从事商业活动"项目。

（十一）经法定代表人签字盖章的特许人承诺。

（十二）备案机关认为应当提交的其他资料。

以上文件在中华人民共和国境外形成的，需经所在国公证机关公证（附中文译本），并经中华人民共和国驻所在国使领馆认证，或者履行中华人民共和国与所在国订立的有关条约中规定的证明手续。在香港、澳门、台湾地区形成的，应当履行相关的证明手续。

第七条　特许人应当在与中国境内的被特许人首次订立特许经营合同之日起 15 日内向备案机关申请备案。

第八条　特许人的以下备案信息有变化的，应当自变化之日起 30 日内向备案机关申请变更：

（一）特许人的工商登记信息。

（二）经营资源信息。

（三）中国境内全部被特许人的店铺分布情况。

第九条　特许人应当在每年 3 月 31 日前将其上一年度订立、撤销、终止、续签的特许经营合同情况向备案机关报告。

第十条　特许人应认真填写所有备案事项的信息，并确保所填写内容真实、准确和

完整。

第十一条　备案机关应当自收到特许人提交的符合本办法第六条规定的文件、资料之日起 10 日内予以备案，并在商业特许经营信息管理系统予以公告。

特许人提交的文件、资料不完备的，备案机关可以要求其在 7 日内补充提交文件、资料。备案机关在特许人材料补充齐全之日起 10 日内予以备案。

第十二条　已完成备案的特许人有下列行为之一的，备案机关可以撤销备案，并在商业特许经营信息管理系统予以公告：

（一）特许人注销工商登记，或因特许人违法经营，被主管登记机关吊销营业执照的。

（二）备案机关收到司法机关因为特许人违法经营而作出的关于撤销备案的司法建议书。

（三）特许人隐瞒有关信息或者提供虚假信息，造成重大影响的。

（四）特许人申请撤销备案并经备案机关同意的。

（五）其他需要撤销备案的情形。

第十三条　各省、自治区、直辖市人民政府商务主管部门应当将备案及撤销备案的情况在 10 日内反馈商务部。

第十四条　备案机关应当完整准确地记录和保存特许人的备案信息材料，依法为特许人保守商业秘密。

特许人所在地的（省、自治区、直辖市或设区的市级）人民政府商务主管部门可以向通过备案的特许人出具备案证明。

第十五条　公众可通过商业特许经营信息管理系统查询以下信息：

（一）特许人的企业名称及特许经营业务使用的注册商标、企业标志、专利、专有技术等经营资源。

（二）特许人的备案时间。

（三）特许人的法定经营场所地址与联系方式、法定代表人姓名。

（四）中国境内全部被特许人的店铺分布情况。

二、信息披露

《商业特许经营信息披露管理办法》的具体规定如下。

第四条　特许人应当按照《条例》的规定，在订立商业特许经营合同之日前至少 30 日，以书面形式向被特许人披露本办法第五条规定的信息，但特许人与被特许人以原特许合同相同条件续约的情形除外。

第五条　特许人进行信息披露应当包括以下内容：

（一）特许人及特许经营活动的基本情况。

1. 特许人名称、通讯地址、联系方式、法定代表人、总经理、注册资本额、经营范

第五篇　成功构建第五步：督导体系、合同及备案和信息披露的法律法规体系、TQM 体系的设计、标准化、手册编制与实施

围以及现有直营店的数量、地址和联系电话。

2. 特许人从事商业特许经营活动的概况。

3. 特许人备案的基本情况。

4. 由特许人的关联方向被特许人提供产品和服务的，应当披露该关联方的基本情况。

5. 特许人或其关联方过去 2 年内破产或申请破产的情况。

（二）特许人拥有经营资源的基本情况。

1. 注册商标、企业标志、专利、专有技术、经营模式及其他经营资源的文字说明。

2. 经营资源的所有者是特许人关联方的，应当披露该关联方的基本信息、授权内容，同时应当说明在与该关联方的授权合同中止或提前终止的情况下，如何处理该特许体系。

3. 特许人（或其关联方）的注册商标、企业标志、专利、专有技术等与特许经营相关的经营资源涉及诉讼或仲裁的情况。

（三）特许经营费用的基本情况。

1. 特许人及代第三方收取费用的种类、金额、标准和支付方式，不能披露的，应当说明原因，收费标准不统一的，应当披露最高和最低标准，并说明原因。

2. 保证金的收取、返还条件、返还时间和返还方式。

3. 要求被特许人在订立特许经营合同前支付费用的，该部分费用的用途以及退还的条件、方式。

（四）向被特许人提供产品、服务、设备的价格、条件等情况。

1. 被特许人是否必须从特许人（或其关联方）处购买产品、服务或设备及相关的价格、条件等。

2. 被特许人是否必须从特许人指定（或批准）的供货商处购买产品、服务或设备。

3. 被特许人是否可以选择其他供货商以及供货商应具备的条件。

（五）为被特许人持续提供服务的情况。

1. 业务培训的具体内容、提供方式和实施计划，包括培训地点、方式和期限等。

2. 技术支持的具体内容、提供方式和实施计划，包括经营资源的名称、类别及产品、设施设备的种类等。

（六）对被特许人的经营活动进行指导、监督的方式和内容。

1. 经营指导的具体内容、提供方式和实施计划，包括选址、装修装潢、店面管理、广告促销、产品配置等。

2. 监督的方式和内容，被特许人应履行的义务和不履行义务的责任。

3. 特许人和被特许人对消费者投诉和赔偿的责任划分。

（七）特许经营网点投资预算情况。

1. 投资预算可以包括下列费用：加盟费；培训费；房地产和装修费用；设备、办公用品、家具等购置费；初始库存；水、电、气费；为取得执照和其他政府批准所需的费用；启动周转资金。

2. 上述费用的资料来源和估算依据。

（八）中国境内被特许人的有关情况。

1. 现有和预计被特许人的数量、分布地域、授权范围、有无独家授权区域（如有，应说明预计的具体范围）的情况。

2. 现有被特许人的经营状况，包括被特许人实际的投资额、平均销售量、成本、毛利、纯利等信息，同时应当说明上述信息的来源。

（九）最近2年的经会计师事务所或审计事务所审计的特许人财务会计报告摘要和审计报告摘要。

（十）特许人最近5年内与特许经营相关的诉讼和仲裁情况，包括案由、诉讼（仲裁）请求、管辖及结果。

（十一）特许人及其法定代表人重大违法经营记录情况。

1. 被有关行政执法部门处以30万元以上罚款的。

2. 被追究刑事责任的。

（十二）特许经营合同文本。

1. 特许经营合同样本。

2. 如果特许人要求被特许人与特许人（或其关联方）签订其他有关特许经营的合同，应当同时提供此类合同样本。

第六条　特许人在推广、宣传活动中，不得有欺骗、误导的行为，发布的广告中不得含有宣传单个被特许人从事商业特许经营活动收益的内容。

第七条　特许人向被特许人披露信息前，有权要求被特许人签署保密协议。

被特许人在订立合同过程中知悉的商业秘密，无论特许经营合同是否成立，不得泄露或者不正当使用。

特许经营合同终止后，被特许人因合同关系知悉特许人商业秘密的，即使未订立合同终止后的保密协议，也应当承担保密义务。

被特许人违反本条前两款规定，泄露或者不正当使用商业秘密给特许人或者其他人造成损失的，应当承担相应的损害赔偿责任。

第八条　特许人在向被特许人进行信息披露后，被特许人应当就所获悉的信息内容向特许人出具回执说明（一式两份），由被特许人签字，一份由被特许人留存，另一份由特许人留存。

为方便操作，企业可以按照上述规定分别编制关于备案和信息披露的手册，即备案手册和信息披露手册。

【实例 23-8】关于信息披露的保密协议书

甲　　　方：
地　　　址：
法定代表人：
授 权 代 表：
联 系 电 话：

乙　　　方：
地　　　址：
法定代表人：
身 份 证 号：
联 系 电 话：

因 *** 公司（甲方）按照《商业特许经营管理条例》和《商业特许经营信息披露管理办法》之规定向乙方提供完整的信息披露手册，为明确乙方的保密义务，甲乙双方平等协商，自愿签订并均愿严格恪守如下保守商业秘密协议：

一、乙方确认在签署本协议之前已经详细审阅了协议内容，并已理解协议各条款含义。

二、本协议所称甲方的商业秘密包括甲方信息披露手册中所有未在甲方官方网站上公开的内容（以下简称甲方的商业秘密）。

三、乙方无条件履行下列保守商业秘密的义务：

1. 甲方的商业秘密仅限于乙方本人阅读。
2. 乙方不得将甲方的商业秘密的任何部分以任何形式披露给任何第三方。
3. 乙方不得利用所知悉的甲方的商业秘密从事有损甲方或甲方关联企业利益的行为。
4. 乙方不得将载有甲方的商业秘密的文件放在别人容易看得到的地方。
5. 乙方不得通过酒店、商业机构或会议中心的人员收发或复印载有甲方的商业秘密的文件。
6. 乙方不得以任何形式复制、出租、出借、出售甲方的商业秘密。
7. 乙方收到甲方的信息披露手册后，必须在 2 天内阅读完毕并完整归还甲方。若有丢失，则立即负责挽回因丢失而造成的损失，同时赔偿甲方 5 万元。

四、违反保密义务的法律责任如下：

如乙方未履行本协议规定的保密义务，应立即赔偿甲方损失 20 万元。此外，甲方还可以向乙方继续追索其他损失的赔偿。乙方构成犯罪的，将被依法移送司法机关。

五、本协议自甲乙双方签字后永久性有效。

六、因履行本协议发生争议的，甲乙双方可自愿平等协商解决。协商不成的，可向***人民法院提起诉讼。

七、本协议未尽事宜，按照国家法律或政府主管部门的有关规章、制度执行。

甲方：（盖章）　　　　　　　　　　乙方：（签字）
法定代表人：（签章）　　　　　　　身份证号：
时间：　　　　　　　　　　　　　　时间：

【实例23-9】信息披露的回执

兹收到_____公司严格按照《商业特许经营管理条例》和《商业特许经营信息披露管理办法》之规定提供的完整信息披露手册，特出此回执以证明。

本人将对此信息披露的所有内容严格保密，不以任何方式向任何第三方泄露手册中未在_____公司官方网站上公开的任何内容，否则，将自愿承担所有的民事和刑事责任。

本声明一式两份，_____公司一份，本人自留一份。

收到人（签字）：
身份证号：
联系方式：
收到日期：

【实例23-10】加盟店受训人员技术培训协议

用人单位（以下简称甲方）：_____
法定代表人（负责人/委托代理人）：_____　　职　位：_____
地　址：_____
邮政编码：_____　　联系电话：_____

员工姓名（以下简称乙方）：_____
身份证号码：_____　　性别：_____
出生日期：____年____月____日　民族：_____　文化程度：_____
户口所在地：_____
通信地址：_____　　邮政编码：_____
联系电话：_____

第五篇　成功构建第五步：督导体系、合同及备案和信息披露的法律法规体系、TQM体系的设计、标准化、手册编制与实施

　　根据"***"特许体系的统一要求，为了保证所有"***"加盟店的统一化、系统化、专业化，甲方需要聘请"***"总部或专业机构进行专业技术培训，或外派乙方至"***"总部或专业机构处参加专业技术培训；乙方自愿参加上述培训，学习专业知识及技能，并愿意承担甲方安排的岗位和工作，在约定的期限内向甲方提供相应的服务。双方在平等自愿、协商一致的基础上，就甲方对乙方进行专业技术培训的事宜，签订如下协议，以便共同遵守。

　　一、双方确认甲方向乙方提供的本次培训为专项技术培训，乙方表示接受并愿意履行相应的义务。

　　二、培训内容：
_____
_____
_____
_____
_____
_____
_____

　　三、培训期：_____年___月___日至_____年___月___日。

　　四、培训费：甲方已经代乙方交纳培训费人民币_____元。

　　五、培训机构：_____

　　六、培训地点：_____

　　七、培训要求：

　　1. 乙方在培训期间必须遵守培训机构的各项管理规定与要求，遵守培训时间，服从管理安排。乙方在培训期间不得请假，如遇特殊重大事件必须请假时，乙方必须事先向甲方提出书面申请，经甲方同意后方可请假，否则以旷工论处。

　　2. 乙方应珍惜此次培训机会，认真参加培训，自觉遵守培训单位的纪律。凡因违规违纪受到培训单位处分的，甲方将视同在本公司内违规，按公司制度追加惩处。

　　3. 乙方参加培训后，须达到此次培训的目的。乙方在培训期间应认真学习，虚心请教，熟悉并切实掌握各项专业技术，独立完成单项操作等，并在培训期内按甲方要求至少每周定期与甲方沟通，汇报学习情况。培训结束后，乙方应将培训成绩单、培训证书等交甲方检验，甲方将复印件存入员工档案。乙方未取得培训机构颁发的证明培训合格的成绩单、相关证书等证明材料的，所有费用由乙方自行承担，甲方有权按相关制度扣除已发放的或垫付的相关费用（包括但不限于培训费、交通费、伙食补贴等）。

　　八、培训期间待遇：按甲方的人力资源管理制度，根据相应在岗员工的待遇减半执行。在相关晋级或工资办法修订时，受训员工的社会保险、劳动保险等，原则上按有关规定参照在册人员处理。受训员工受训期内不享受年度休假。

九、乙方承诺在该培训结束之时随即返回甲方指定的岗位任职。培训期间如另有临时工作安排，乙方应及时返回甲方上班。否则，除应支付因此产生的费用及按逾期报到的天数做旷工处理外，还应承担因此给甲方造成的损失。

十、服务期限及补偿费：

1. 服务期从乙方培训结束并提供成绩合格的证明材料之日起算，期限长度按甲方为乙方支付的培训费用确定。培训费用在_____元（含）以下的，乙方应为甲方服务满三年，不满三年的，按以下标准补偿甲方为乙方支付的培训费用。

（1）服务满两年、不满三年的，补偿_____%。

（2）服务满一年、不满两年的，补偿_____%。

（3）服务不满一年的，补偿100%。

2. 培训费用在_____元以上的，乙方应为甲方服务满五年，不满五年的，按以下标准补偿甲方为乙方支付的培训费用。

（1）服务满四年、不满五年的，补偿20%。

（2）服务满三年、不满四年的，补偿40%。

（3）服务满两年、不满三年的，补偿60%。

（4）服务满一年、不满两年的，补偿80%。

（5）服务不满一年的，补偿100%。

培训费用指培训期内甲方为乙方支付的全部费用，包括学费、书费、报名费、考务费、调研费、实习费、上机费、住宿费、来回往返公司的交通费等。

3. 由于甲方原因终止乙方服务的主体或项目，经过甲方书面同意后，双方可以另行约定变更服务期。

4. 本次培训后，乙方的必须服务期为甲方的加盟期。若甲方与乙方约定的服务期限长于劳动合同期限，劳动合同期满后由甲方终止培训合同的，甲方将不再追索乙方服务期的赔偿责任，劳动关系依法终止；劳动合同期满后甲方要求乙方继续履行服务期的，双方应当续签劳动合同。乙方违反本合同约定的，应当承担违约责任。

十一、对于培训涉及的技术秘密和商业秘密，乙方有绝对保密的义务和责任，任何时间均不得以任何方式把培训的任何内容向甲乙双方之外的任何第三方透露。否则，将承担因此而给甲方带来的全部损失，并承担相应的民事和刑事责任。本条款在协议有效期届满后仍然有效。乙方保证承担本协议相应的保密及竞业禁止义务，按照双方单独签订的保密协议及竞业禁止协议的内容执行。

十二、赔偿责任：

1. 培训期间，出现以下任一情况，乙方须在该情况发生之日起的十五个工作日内按照本条第3款之公式返还甲方为其支付的培训费用。返还费用须在乙方办理离职手续时一次性结清。

（1）乙方由于违反国家的有关法律法规、甲方的规章制度，或培训机构的规章制度而被终止培训的。

（2）乙方由于自身的原因中途退学的。

（3）乙方培训结束后未获得毕业文凭或毕业证书的，或者没有通过考核的。

2. 在合同期内，出现以下任一情况，乙方须按照本条第3款之公式返还甲方为其支付的培训费用。返还费用须在乙方办理离职手续时一次性结清。

（1）甲方依法与乙方解除劳动合同的：

① 在试用期内，乙方不符合甲方的录用条件的。此种录用条件是指甲方与乙方在劳动合同中约定的或法律规定的条件。

② 乙方严重违反甲方的劳动纪律或者规章制度，应当受到解除劳动合同处理的。

③ 乙方严重失职，对甲方的利益造成重大损害的。

④ 乙方被依法追究刑事责任、劳动教养或违反国家《治安管理处罚条例》受到公安机关拘留处罚的。

（2）乙方因任何原因提出辞职、离职的。

3. 赔偿费用＝培训总费用×（1－已履行服务期年限/服务期年限）。

4. 甲乙双方保证信守本协议，如一方违约，违约方将承担由此而给守约方造成的实际损失。

十三、本协议一式两份，自双方签字盖章之日起生效，甲乙双方各执一份。协议除了第十一条之外，其有效期到乙方的工作服务年限期满为止。

十四、本协议生效后作为双方劳动合同的附件，为劳动合同不可分割的一部分。劳动合同中与本协议不一致的地方，以本协议为准。

甲方（盖章）：　　　　　　　　　　　乙方（签字）：

　年　　月　　日　　　　　　　　　　　年　　月　　日

合同签订地：　　　　　　　　　　　　合同签订地：

第二十四章　TQM体系的设计、标准化、手册编制与实施

一、质量管理历史概述

曾被日本企业奉为大师的美国质量管理专家戴明认为，质量就是以一种最经济的手段，制造出市场上最有用的产品。

戴明是世界著名的质量管理专家，他对世界质量管理的发展做出了卓越贡献。1951年，日本设立以戴明命名的"戴明品质奖"，其至今仍是日本品质管理领域的最高奖。日本企业的质量管理经历了1946—1954年引进和推广美国统计质量管理的阶段，1955—1970年推行全面质量控制的阶段，1970年以后质量管理技术方法大发展的阶段。目前，日本大多数企业在实行全面质量管理。

戴明作为质量管理的先驱者，其学说对国际质量管理理论和方法产生了异常重要的影响。戴明学说简洁明了，他所提倡的企业质量工作需要注意的"十四点"成为全面质量管理（Total Quality Control，TQC）的重要理论基础。

戴明提出的"十四点"的内容主要如下。

（1）建立产品与服务改善的长期目标。

（2）采纳新的哲学。

（3）停止依靠大批量事后检验来达到质量标准。

（4）废除"价低者得"的做法。

（5）持续及永无止境地改进生产及服务系统。

（6）建立现代的岗位培训方法。

（7）建立现代的督导方法。

（8）驱走恐惧心理。

（9）打破部门之间的围墙。

（10）停止给员工设置计量化的目标。

（11）取消工作标准及数量化的定额。

（12）消除妨碍基层员工工作畅顺的因素。

（13）建立严谨的教育及培训计划。

（14）创造一个每天都推动以上13项的高层管理结构。

按照传统的观点，质量管理从20世纪初发展到今天，大致经历了三个阶段。

第一个阶段是质量检验阶段，即传统质量管理阶段，大约是在第二次世界大战以前。当时的质量管理主要限于质量检验，以检验为基本内容，对最终产品是否符合规定要求做出判定。但检验时产品质量已经定型，所以这种方法不能有效地提高产品质量。

第二个阶段是统计质量控制阶段，又称统计质量管理阶段。在这一阶段，质量管理的范围从过程的结果拓展到了生产过程之中，典型的代表就是统计过程控制（SPC），它通过对过程中影响因素的控制来达到控制结果的目的。

第三个阶段是全面质量管理阶段，大约是从20世纪50年代末、60年代初期开始，以"三全"式的管理为主要特征。

1961年美国费根堡姆（A. V. Feigonbaum）首先提出全面质量管理的观点。当时他给全面质量管理下的定义是，"为了能够在最经济的水平上，并考虑到充分满足顾客要求的条件下进行市场研究、设计、制造和售后服务，把企业内各部门的研制质量、维持质量和提高质量的活动构成为一体的一种有效的体系"。英国质量协会给出全面质量管理的三种选择性定义：①第一种定义强调软的质量特征，如客户倾向优秀文化、排除绩效障碍、团队工作、培训、雇员参与及竞争优势；②第二种定义强调硬的生产方面，如工作衡量、绩效标准和统计程序；③第三种定义是前两种的综合，但内容上离不开质量、科学方法的需求以及认为所有雇员都是团队的一部分的观点。[①] 演变至今，全面质量管理是指在企业中以质量为中心，建立全员参与基础上的管理，目的在于通过让顾客满意和本组织所有成员及社会受益而达到长期成功。

全面质量管理的基本内容或特征是"三全"，"三全"是系统科学中全局观点和全局最优原则的反映，"三全"的内容如下。

（1）对全面质量的管理。全面质量指所有质量，即不仅是产品质量，还包括工作质量、服务质量。在全面质量中，产品质量是核心。企业应以质量为中心。

（2）对全过程的管理。对产品的质量管理不限于制造过程，而是扩展到市场研究、产品开发、生产准备、采购、制造、检验、销售、售后服务等全过程。

（3）由全体人员参与的管理。企业把"质量第一，人人有责"作为基本指导思想，将质量责任落实到全体职工，人人为保证和提高质量而努力。

全面质量管理对企业具有非常重要的意义，主要体现为它可以有效地提高产品质量、改善产品设计、加速生产流程、鼓舞员工士气和增强质量意识、改进产品售后服务、提高市场的接受程度、降低经营成本、减少经营亏损、降低现场维修成本、减少责任事故等。

在如今的知识经济时代，随着企业产销的国际化、经营的多元化和世界范围高新技术的兴起，全面质量管理呈现出许多新的特点，比如采用科学的系统方法满足用户需求[比如对产品性能进行定量描述的质量功能配置（QFD）方法在工业发达国家得到广泛应用]、进行以预防为主的事先控制、应用计算机支持的质量信息管理CAQ系统及集成质量系统、突出人的因素等。

还有学者认为其实现在已经进入了TQC的升级阶段，即第四个阶段，称为综合质量管理阶段（TQM阶段）。他们认为，相对于TQC，TQM同样以顾客满意为中心，但同时开始重视与企业职工、交易伙伴、股东等顾客以外的利益相关者的关系；为了强化这些关系，企业努力充实"核心技术"，提高"速度"和"活力"，建立起具有"存在感"的组织；重视中长期的"预测与规划"和经营管理层的"领导"能力；重视"人"以及"信息"等经营资源，使组织充满自律、学习力、速度、柔韧性和创造性。

全面质量管理的手段就是戴明最先提出的著名的PDCA循环或"戴明环"，PDCA循环是能使任何一项活动有效进行的一种合乎逻辑的工作程序，但是它在全面质量管理中得到了广泛的应用并因此而出名。

PDCA循环应用了科学的统计观念和处理方法。作为推动工作、发现问题和解决问题的有效工具，其典型的模式被称为四个阶段、八个步骤和七种工具。

四个阶段就是P（Plan，计划）、D（Do，执行）、C（Check，检查）、A（Action，行动或处理）。

---

① 所罗门. 培训战略与实务［M］. 孙乔，任雪梅，刘秀玉，译. 北京：商务印书馆国际有限公司，1999.

成功构建特许经营体系五步法

八个步骤分别如下。

P中有四个步骤：

（1）找出质量问题。

（2）找出质量问题的原因。

（3）找出主要原因。

（4）根据主要原因，制定解决对策。

D中有一个步骤：执行，即具体运作，实现计划中的内容。

C中有一个步骤：总结执行计划的结果，分清哪些对了、哪些错了，明确效果，找出问题。

A中有两个步骤：

（1）对总结结果进行处理，肯定成功的经验，并予以标准化，或制定作业指导书，便于以后工作时遵循。

（2）对于失败的教训也要总结，以免重现。对于没有解决的问题，应放在下一个PDCA循环中解决。

七种工具是指在质量管理中广泛应用的直方图、控制图、因果图、排列图、相关图、分层法和统计分析表。

PDCA循环有以下四个明显特点。

其一，周而复始。

PDCA循环的四个过程不是运行一次就完结，而是周而复始地运行。一个循环结束了，解决了一部分问题，可能还有问题没有解决，或者又出现了新的问题，所以需要再进行下一个PDCA循环，以此类推。

其二，大环带小环。

类似行星轮系，一个公司或组织整体运行的体系与其内部各子体系形成大环带小环的有机逻辑组合体。

其三，阶梯式上升。

PDCA循环不是停留在一个水平上的循环，其不断解决问题的过程就是水平逐步上升的过程。

其四，科学统计。

戴明学说反映了全面质量管理的全面性，说明了质量管理与改善并不是个别部门的事，而是需要由最高管理层领导和推动才能实现。

二、特许经营体系的全面质量管理

其实，全面质量管理的本质并不是针对质量而言，它的范围和使用对象如今已经被大大地扩充到了企业的全方位管理中，它更多的是一种管理和运营企业的思路、理念和方法，所以这里质量的概念是广义的。我们可以通过以下学者的观点清楚地看出质量的真正概念是什么。

第五篇　成功构建第五步：督导体系、合同及备案和信息披露的法律法规体系、TQM体系的设计、标准化、手册编制与实施

美国质量管理专家朱兰博士指出，过去的20世纪是生产率的世纪，而21世纪是质量的世纪。全面质量管理就是为了获得世界级质量的领导地位所要做的一切事情。

美国的费根堡姆博士提出，质量是一个综合的概念，涉及战略、质量、价格、成本、生产率、服务和人力资源、能源和环境学等，即要认识到现代经济中质量的广泛性，树立"大质量"概念。

美国营销学家菲利普·科特勒指出，产品质量分为绩效质量与吻合质量。绩效质量是产品的绝对工作质量，它是单纯以产品中所包含的工程技术水平来衡量的质量，而不考虑质量的市场定位；吻合质量是指由市场定位决定的，与目标市场的需要相一致的质量。

日本著名质量管理专家石川馨博士指出，全面质量管理是经营的一种思想革命，是新的经营哲学。

国际质量科学院院士刘源张指出，世界上最好的东西莫过于全面质量管理了。他对全面质量管理有着十分精辟的见解：①全面质量管理是通过改善职工素质和企业素质，以达到提高质量、降低消耗和增加效益的目的；②全面质量管理的关键是质量管理工作的协调和督促，而这件事最后只有一把手有权去做；③管理的历史就是从管人到尊重人。[①]

因此，企业在特许经营体系建立之后，必须用全面质量管理的核心思想和本质哲学来进行整个特许经营体系的维护和不断升级。具体如下。

（1）正确理解"大质量"的概念。特许经营体系中的产品、服务、工作、设备、流程、技术、包装、单店外观、内部布置等无形和有形的东西都需要优秀的"质量"，体系发展的源泉在于每个方面而不是几个主要方面的持续改进。

（2）以顾客为中心，既提高产品的质量，也提高服务的质量，让顾客满意是特许经营体系所有部门、单店、人员的最高目标。体系中每个组成部分都互为顾客关系，例如，员工之间互为顾客关系，特许人和受许人之间互为顾客关系，配送中心和单店之间互为顾客关系，等等。因此，在特许经营体系内应大力宣扬服务意识。

（3）企业的经营应以人为本，树立人力资源是企业第一资源的意识。在员工方面，应加强培训和人性化管理。对待受许人，应从招募开始就坚持双赢的原则，并在以后合作的过程中相互理解、携手共进。对待体系的合作者，应坚持互利互惠、共同发展的原则。对体系内单店所在社区的公众以及其他的利益相关者，企业也应充分地使其体会到与本企业和特许经营体系共同成长的乐趣。

（4）全面改善体系的质量，必须依靠全体人员，包括直营店、加盟店、区域分部、总部的人员以及体系的合作者，所有与体系相关的人员都要树立质量意识和精品意识。每个单店都必须意识到，因为特许经营体系的"克隆"性质，任何一个单店的劣质都必

---

① 管政. 全面质量管理——TQM［R］. AMT-企业资源管理研究中心，2003-07-05.

然影响其他单店以及整个特许经营体系的形象和质量，所以，体系的质量与形象的提升需要每个人、每个协作单位、每个组成部分的共同努力。特许经营体系是一个在地域上分布很广的单店群体，由于各个地区的实际情况千差万别，体系内的分工要远比一个或几个单店复杂得多。为了使体系的所有顾客在任何不同地区都可以享受到同样优质的产品和服务，每个体系的直接和间接工作人员都应把自己职责范围内的质量做好，只有每个都优秀了，整体才会优秀。

（5）实现体系整体质量和特许经营事业的发展，需要每个人在其工作的全部流程中的每个环节上努力，因此，所有人都应注意细节，关注每一个环节和步骤，并切实提高其质量。特许经营体系为每一个工作都设计和规划了详细、科学的程序与步骤，体系内的人员应严格遵守，尤其是受许人，应按照体系运营系列手册的规定去操作，既不能打折扣地执行，也不能擅自创新。

（6）无缺陷的产品和服务不是最后检验测出来的，也不是中间生产过程中用统计分析控制出来的，而是从工作的一开始，比如计划、设计阶段就决定了的，所以，对于质量的控制和管理应坚持"一切从头开始"的原则。比如对于加盟店网络的建设，应在设计招募计划时就精心制定符合体系发展标准的受许人条件，从而在加盟的起跑线上就保证加盟质量。再比如，对于直接提供给单店顾客即最终消费者的产品或服务，应在其设计和规划阶段就充分考虑顾客消费需求的特性，并切实给顾客带来物有所值、物超所值的享受。

（7）PDCA循环的一个特点就是它在不断的循环中上升，在上升中再不断循环，不满现状、追求更好是全面质量管理的真谛。特许经营体系也应如此，企业应该树立持续创新的精神、居安思危的意识、追求卓越的斗志、永不停步的观念，不断地把特许经营体系、体系提供的产品和服务推向质量更好的层次。

【实例】TQM及后续工作持续提升手册

一、全部手册持有人与负责更新人等属性汇总表

全部手册持有人与负责更新人等属性汇总表

序号	一级部门	二级部门	三级部门	手册名录	交付总部还是加盟商	交付加盟商电子版还是纸质版	交付给加盟商的时间	交付册数	收取费用	总部做PPT课件？	手册使用者	手册知晓者	纸质手册持有者和更新者	备注
1														—
2														—
3														—

续表

序号	一级部门	二级部门	三级部门	手册名录	交付总部还是加盟商	交付加盟商电子版还是纸质版	交付给加盟商的时间	交付册数	收取费用	总部做PPT课件？	手册使用者	手册知晓者	纸质手册持有者和更新者	备注
4														
……														

二、手册更新管理制度

（1）本特许经营体系的标准化手册的保存、更新、保密、使用等的总负责人为总经理，具体的执行总负责人为总经理助理或人力资源经理，手册的纸质持有者也就是手册的直接负责更新者。

（2）日日、时时更新才能实现手册价值的最大化。

（3）纸质手册持有者与直接负责更新者必须把手册的内容切实地在直营店或公司内推行并落实，并在推行的过程中不断改进手册的内容和实际工作，负责手册的更新。

（4）随时发现问题，随时、随手更新手册。但是，任何更新必须征得总经理的批准，否则严禁更新到手册里。

（5）保存、备份好最新版本，严禁新旧版本混淆。

（6）在任何更新后的第一时间，必须用全体大会或别的纸质文件的方式通知到公司的每个同事，涉及加盟商、供应商等的也要第一时间通知到。然后，督促、确保每个同事、加盟商、供应商等立即根据该更新来更新各自所负责的手册。

（7）对手册必须严格保密，任何泄露在违法的同时，都是对公司、对项目组全体人员最严重的不尊重，因为手册是大家集体智慧的结晶，它不属于个人，只属于公司。

（8）除了总经理之外，任何人不得持有电子版的任何手册，违者罚款2000元或辞退。总经理除了在个人工作用的电脑中保存一套完全的手册之外，还应在安全的硬盘与光盘上各备份一套，交财务处保险箱保管。在每月末时，上述三处（总经理处、硬盘处、光盘处）文件的电子版全部、同时更新。

（9）但凡更新，哪怕一字一符一数字，必须立即保存好最新版本，替换及收缴旧纸质版本，不交纳旧纸质版本，不能发放新版本。

（10）手册更新严格按照更新流程进行，未按照时间节点进行者，延迟一天惩款100元。更新内容者需认真、细致、负责，以保证手册更新质量，否则罚款200元。

（11）每月最后一天，由人力资源部下发统一文件，详细说明本月手册的更新之处。

三、系列手册的更新流程

系列手册的更新流程

流程图	流程说明	主要负责人	时间节点
1. 提出更新需求	1. 纸质手册持有者与直接负责更新者将需要更新的内容填写到***手册更新申请表中，统一汇报给总经理助理或人力资源经理	1. 总经理助理或人力资源经理	1. 于每月初至15日
2. 审批更新需求	2. 总经理助理或人力资源经理汇报给总经理，由总经理召集相关部门负责人召开会议，讨论决定是否需要更新	2. 总经理、总经理助理或人力资源经理、其他相关部门负责人	2. 于每月16日前
3. 更新需求内容	3. 总经理助理或人力资源经理全程陪同更新人共同在总经理的电脑上修改相应的电子版	3. 总经理助理或人力资源经理	3. 于每月18日前
4. 通报更新内容	4. 总经理助理或人力资源经理主持召开纸质手册持有者与直接负责更新者的全体会议，通报最新更新内容。与已更新手册相关的部门自我审查所属手册是否需要同步更新	4. 总经理助理或人力资源经理	4. 于每月19日前
5. 启用新版手册	5. 总经理助理或人力资源经理负责通知更新后的手册所涉及的全部使用人立即废除和上缴旧纸质手册，启用新的手册	5. 总经理助理或人力资源经理	5. 当月19日
6. 替换旧版手册	6. 总经理助理或人力资源经理负责用最新电子版文件替换总经理专用电脑、硬盘、光盘里的文件	6. 总经理助理或人力资源经理	6. 当月19日

四、手册更新申请表

手册更新申请表

（企业LOGO）			表单编号：	制定部门：
			版本：	保存部门：
所属部门		填表人	填表时间	
手册名称				

续表

更新依据/更新原因	
主要更新内容	

部门负责人审批通过（签字）		审核信息无误（总经理助理或人力资源经理签字）		审核通过（总经理签字）	
填表说明	1. 此表由纸质手册持有者与直接负责更新者填写 2. 纸质手册持有者与直接负责更新者直接上级审核无误后提交总经理助理或人力资源经理 3. 总经理助理或人力资源经理持此表上报总经理 4. 总经理审阅后签批				

注：
①此表一式三联。
②采用流水签批制。
③原件留存总经理助理或人力资源经理处备案。

五、系列手册的保存、领取与使用

（1）手册的电子版只能保存在总经理的电脑、硬盘、光盘里。

（2）手册的纸质版只能保存在各部门的负责人处，员工需要领取和交回纸质版手册时，由总经理助理或人力资源经理亲自办理领取和交回登记，并妥善保管好该登记表。

六、手册借用表

手册借用表

序号	纸质手册名称	领取时间	领取人签字	交回时间	交回人签字	备注
1						
2						
3						

续表

序号	纸质手册名称	领取时间	领取人签字	交回时间	交回人签字	备注
4						
5						
……						

（1）除了本部门需用的手册之外，其他手册在领取与使用时，如无特殊情况，必须当天领取，当天交回，不得在领取人处过夜，违者罚款500元每次。

（2）纸质手册持有者与直接负责更新者必须妥善保管所持手册，不得以复制、影印、拍照等任何方式保留手册，不得带至公司外的任何场所，如有特殊情况，须总经理亲自批准，违者罚款2000元每次。

（3）各部门除负责人外的人员不得持有纸质或电子版手册，如需借用，需在纸质手册持有者与直接负责更新者的监督下阅读与学习，否则，出借人与借用人各罚款500元每次。

【练习与思考】

（1）虚拟或实际找一个项目，为其撰写一本督导手册。

（2）请思考：你还有什么更好的"管控"受许人的方法吗？

（3）虚拟或实际找一个项目，为其编制系列的特许经营合同。

（4）特许人企业备案的内容主要是什么？

（5）特许人企业信息披露的内容主要是什么？

（6）虚拟或实际找一个项目，为其撰写全面质量管理的成果汇报书（提示：请按照PDCA循环来做）。

参考文献

[1] 波特尼.如何做好项目管理[M].宁俊,韩燕,翟文芳,译.北京:企业管理出版社,2001.

[2] 伯克兰.特许经营之梦[M].李维华,陆颖男,译.北京:机械工业出版社,2005.

[3] 蔡明烨.商店·连锁店·超市经营规划和作业设计[M].上海:上海三联书店,1999.

[4] 陈东升.资本运营[M].北京:企业管理出版社,1998.

[5] 成栋.连锁商店计算机管理系统[M].2版.北京:中国人民大学出版社,1999.

[6] 仇一,丁浩.如何开一家成功的餐饮店[M].北京:机械工业出版社,2004.

[7] 杜根.特许经营101[M].李维华,王林花,译.北京:机械工业出版社,2003.

[8] 贺昆.克隆名店:特许经营的投资与管理[M].北京:新华出版社,2003.

[9] 吉多,克莱门斯.成功的项目管理[M].张金成,译.北京:机械工业出版社,2004.

[10] 贾斯蒂斯,加德.特许经营[M].李维华,高鸿雁,徐哲潇,译.北京:机械工业出版社,2005.

[11] 贾斯蒂斯,文森特.特许经营致富[M].李维华,江漫,译.北京:机械工业出版社,2004.

[12] 江景波,葛震明,何治.网络技术原理及应用[M].2版.上海:同济大学出版社,1997.

[13] 柯普.特许经营宝典[M].窦莹,译.北京:机械工业出版社,2003.

[14] 李松,李维华.单店软性复制即培训的组合式考核体系[J].时代经贸,2014(4):46-47.

[15] 李维华,李松.特许经营与连锁经营手册编制大全[M].北京:经济管理出版社,2017.

[16] 李维华,陆颖蕊,侯吉建.特许经营概论[M].北京:机械工业出版社,2003.

[17] 李维华,魏法杰.成也统一,败也统一[J].连锁与特许,2004(6):52.

[18] 李维华,魏法杰.发现资源[J].经营与管理,2004(5):45.

[19] 李维华."加盟"成为"放大器"的本质和条件[J].销售与市场,2004(7):9.

[20] 李维华."危机"时期如何招商?[J].财富人物(名人传记),2011(1):86-87.

［21］李维华.1万还是100万：收多少加盟金合适？［J］.销售与市场，2008（1）：78-80.
［22］李维华.2008中国特许经营十一变［J］.连锁与特许，2008（1）：17.
［23］李维华.不要做杀兄弟的皇帝［N］.中国经营报，2007-10-15.
［24］李维华.草根选址十大法则：低成本圈定好店址［J］.销售与市场，2007（11）：82-85.
［25］李维华.从"店"到"点"的根本转变［J］.销售与市场，2020（10）：72-73.
［26］李维华.从笔谈到面谈，让招商咨询成功率翻倍［J］.医学美学美容，2014（4）：56-57.
［27］李维华.大学教育和社会培训之比较分析［J］.高等教育改革理论与实践探索，2013（1）：52-55.
［28］李维华.单店盈利：不离其"宗"［J］.连锁与特许，2006（4）：47.
［29］李维华.店老板的六个飞跃［J］.财富人物（名人传记），2011（3）：86-87.
［30］李维华.给成都小吃的特许经营的几点建言［N］.华夏时报，2007-07-28.
［31］李维华.关于顾问咨询的九个误区［J］.连锁与特许，2007（8）：54-56.
［32］李维华.国美为什么是第一［J］.连锁与特许，2006（7）：54.
［33］李维华.国美在胡润富豪榜上的另外失败［J］.连锁与特许，2008（3）：44-45.
［34］李维华.加盟和直营，哪个更赚钱［J］.财富人物（名人传记），2011（2）：88-89.
［35］李维华.加盟商开业前的培训［J］.连锁与特许，2009（1）：60.
［36］李维华.加盟商欺诈总部的七种套路［J］.销售与市场，2008（3）：62-64.
［37］李维华.加盟失败，不应让特许模式背"黑锅"［N］.中国商报，2007-09-21.
［38］李维华.加盟洗衣店如何防止欺诈［J］.连锁与特许，2008（10）：22-23.
［39］李维华.加盟招商三策论［J］.连锁与特许，2009（4）：58.
［40］李维华.叫停"为招商而招商"［J］.名人传记（财富人物），2014（1）：87.
［41］李维华.借鉴美国连锁企业经验，看中国汽车后市场走向何处［J］.汽车维修与保养，2020（5）：84-86.
［42］李维华.谨防另类欺诈［J］.连锁与特许，2005（3）：44.
［43］李维华.警惕加盟商对特许人的欺诈［N］.中国商报，2007-02-16.
［44］李维华.老字号需系统变革［N］.华夏时报，2008-02-15.
［45］李维华.两创四众下的特许经营新走势［J］.汽车维修与保养，2018（7）：100-101.
［46］李维华.盟主变脸有玄机［N］.中国经营报，2007-10-28.
［47］李维华.模式无定：正确看待特许经营［J］.市场研究，2011（5）：37-38.
［48］李维华.片面的"开源节流"要不得［J］.连锁与特许，2006（3）：12-13.
［49］李维华.企业环境与资源运营［J］.企业改革与管理，2004（5）：14.
［50］李维华.企业全面资源运营论［M］.北京：机械工业出版社，2003.
［51］李维华.潜在加盟商"长短脚"：放弃，还是争取？［J］.销售与市场：2007（10）：

28-30.
- [52] 李维华.浅尝辄止是失败的最大根源[J].商界（评论），2014（11）：122.
- [53] 李维华.抢他的种子，还是帮他种地？——如何对待困顿加盟商[J].连锁与特许，2008（11）：34-35.
- [54] 李维华.庆丰包子铺加盟问题不少[J].中国商界，2014（2）：26.
- [55] 李维华.如何编制特许经营手册[J].财富人物（名人传记），2011（2）：86-87.
- [56] 李维华.如何编制特许经营手册107问[M].北京：机械工业出版社，2006.
- [57] 李维华.如何打破招商"危机"[N].中国经营报，2009-01-19.
- [58] 李维华.如何确定区域加盟商开店数量与特许经营费用[J].对外经贸实务，2009（8）：50-51.
- [59] 李维华.如何制定连锁经营的操作手册[J].连锁与特许，2003（45）：41.
- [60] 李维华.是商机还是陷阱 知识给你答案[J].销售与市场，2004（6）：64.
- [61] 李维华.特许经营，模式无定[J].中国连锁，2011（2）：104.
- [62] 李维华.特许经营的本质研究[J].连锁与特许，2005（6）：52-53.
- [63] 李维华.特许经营的未来趋势[J].连锁与特许，2005（11）：52.
- [64] 李维华.特许经营理论与实务[M].北京：机械工业出版社，2005.
- [65] 李维华.特许经营是企业拓展的有效方式[J].国际商务，2005（9）：80-83.
- [66] 李维华.特许经营学[M].北京：中国发展出版社，2009.
- [67] 李维华.特许权与特许经营费用研究[J].连锁与特许·专家论坛，2004（4）：58.
- [68] 李维华.退市：狗不理的失败不仅仅是价格贵[J].销售与市场，2020（12）：72-74.
- [69] 李维华.先读懂中国市场[J].商界（评论），2015（3）：131-132.
- [70] 李维华.以"模式无定"来创新特许经营[J].企业活力，2011（3）：25-27.
- [71] 李维华.政府特许经营的演化辨析[J].经济管理，2005（6）：36-37.
- [72] 李维华.中国特许经营大趋势[J].企业管理，2013（12）：6-9.
- [73] 李维华.中国特许经营市场的"维华加盟指数"[M]//2015第二届中国法商管理创新学术年会论文汇编，2015.
- [74] 李维华.中国特许经营市场的"维华加盟指数"[M]//法商管理评论.北京：经济管理出版社，2016.
- [75] 李维华.中国特许经营未来25大趋势（一）[J].财富人物（名人传记），2014（3）：82-84.
- [76] 李维华.资源观的演化及全面资源论下的资源定义[J].管理科学文摘，2003（2）：10.
- [77] 罗珉.资本运作：模式、案例与分析[M].成都：西南财经大学出版社，2001.
- [78] 门德尔松.特许经营指南[M].李维华，陆颖男，译.北京：机械工业出版社，2004.
- [79] 珀维.如何避免特许经营欺诈[M].李维华，王林花，译.北京：机械工业出版社，2004.

［80］舍曼.特许经营与许可经营.［M］.李维华，黄乙峰，译.北京：电子工业出版社，2012.

［81］申光龙，寇小萱.论企业的资源外取战略［J］.天津商学院学报，2001，21（1）：26.

［82］孙连会.特许经营法律精要［M］.北京：机械工业出版社，2006.

［83］所罗门.培训战略与实务［M］.孙乔，任雪梅，刘秀玉，译.北京：商务印书馆国际有限公司，1999.

［84］王利平.连锁商店经营与发展［M］.北京：中国人民大学出版社，1999.

［85］王霖.特许经营［M］.北京：中国工人出版社，2000.

［86］王云，侯吉建.如何开一家成功的时装店［M］.北京：机械工业出版社，2004.

［87］谢尔曼.特许经营手册［M］.李维华，张恒，译.北京：机械工业出版社，2005.

［88］徐重九.餐饮特许经营实务［M］.北京：机械工业出版社，2005.

［89］约翰逊，斯科尔斯.公司战略教程［M］.金占明，贾秀梅，译.北京：华夏出版社，1998.

［90］赵盛斌.连锁经营管理实务［M］.深圳：海天出版社，2001.

［91］赵涛.特许经营管理［M］.北京：北京工业大学出版社，2002.

［92］周建.战略联盟与企业竞争力［M］.上海：复旦大学出版社，2002.

［93］朱明侠，李维华.特许经营在中国［M］.北京：机械工业出版社，2004.

［94］BATES T. Franchise startups：low profitability and high failure rates［J］. EGII News，1993（11）：9.

［95］JOHNSON G，SCHOLES K. Exploring corporate strategy［M］. London：Prentice Hall，1993.

［96］THAMHAIN H. Best practices for controlling technology—based projects［J］. Project management journal，1996（11）：38.

［97］WARD A J. Productivity through project management：controlling the project variables［J］.Information systems management，1994，11（1）：16-21.